NIKOLAUS VON KUES

PHILOSOPHISCH-THEOLOGISCHE
SCHRIFTEN

NIKOLAUS VON KUES

PHILOSOPHISCH-THEOLOGISCHE SCHRIFTEN

Herausgegeben und eingeführt von
Leo Gabriel
Übersetzt und kommentiert von
Dietlind und Wilhelm Dupré

LATEINISCH-DEUTSCH

BAND I

Lizenzausgabe für die Wissenschaftliche Buchgesellschaft, Darmstadt
Copyright ©Herder Verlag, Freiburg 2014

Die Deutsche Nationalbibliothek verzeichnet diese Publikation in der
Deutschen Nationalbibliografie; detaillierte bibliografische Daten sind im Internet
über http://dnb.d-nb.de abrufbar.

Das Werk ist in allen seinen Teilen urheberrechtlich geschützt.
Jede Verwertung ist ohne Zustimmung des Verlags unzulässig.
Das gilt insbesondere für Vervielfältigungen, Übersetzungen,
Mikroverfilmungen und die Einspeicherung in und Verarbeitung
durch elektronische Systeme.

Sonderausgabe 2014
Die Herausgabe des Werkes wurde durch die Vereinsmitglieder der WBG ermöglicht.
Einbandabbildung: Nikolaus von Kues © akg / Bildarchiv Steffens
Einbandgestaltung: Peter Lohse, Heppenheim
Gedruckt auf säurefreiem und alterungsbeständigem Papier
Printed in Germany

Besuchen Sie uns im Internet: www.wbg-wissenverbindet.de

ISBN 978-3-534-25754-6

INHALT

Vorwort zur Sonderausgabe VII
Vorwort (Wilhelm Dupré) XI
Einführung (Leo Gabriel) XIII
Aufbau, Text und Übersetzung XXIX

De venatione sapientiae
Die Jagd nach der Weisheit 1
De docta ignorantia
Die wissende Unwissenheit
    Erstes Buch 191

De Deo abscondito
Der verborgene Gott 299

De docta ignorantia
Die wissende Unwissenheit
    Zweites Buch 311
    Drittes Buch 419

Apologia doctae ignorantiae
Verteidigung der wissenden Unwissenheit 519

VORWORT ZUR SONDERAUSGABE

Nikolaus von Kues bzw. Nicolaus Cusanus wurde 1401 in dem Ort Kues, heute ein Teil der Stadt Bernkastel-Kues, geboren. Er machte nach Universitätsstudien, vor allem im kanonischen Recht, in Heidelberg, Padua und Köln schnell Karriere als Jurist und Diplomat im kirchlichen Dienst. An den großen Konflikten und Entscheidungen seiner Zeit, wie den Auseinandersetzungen um das Konzil von Basel, die Union mit der Ostkirche und die Anerkennung von Papst Eugen IV. im deutschen Reich, war er unmittelbar beteiligt. 1448 wurde er zum Kardinal und 1450 zum Bischof von Brixen in Südtirol ernannt. Bevor er sein Bischofsamt in Brixen antreten konnte, reiste er als päpstlicher Legat 1451/52 durch das gesamte deutsche Reich, um den Jubiläumsablass des Jahres 1450 zu verkünden und kirchliche Reformen in den Bistümern, Reichsstädten und Klöstern durchzusetzen. Durch die Kombination dieser beiden Ämter wurde er, der Bürgersohn von der Mosel, einem Prinzen gleichgestellt und war zugleich ein Fürst des deutschen Reiches. Als Bischof von Brixen bemühte er sich um umfassende Reformen in seinem weitläufigen Bistum und zugleich um eine Stärkung des kleinen Hochstiftes Brixen, dessen Landesherr er war. Da die Initiativen des Cusanus den Interessen des Herrschers von Tirol, Herzog Sigismund, sowie des einheimischen Adels widersprachen, wurde er bedroht und musste schließlich fluchtartig sein Bistum verlassen.

Die letzten Jahre seines Lebens verbrachte er ab dem Herbst 1458 an der römischen Kurie, am 11. August 1464 starb Nikolaus in Todi. Er liegt begraben in seiner römischen Titelkirche San Pietro in Vinculi, sein Herz befindet sich im St. Nikolaus-Hospital in Kues, das Cusanus zusammen mit seinen Geschwistern gestiftet hat, um 33 alten und bedürftigen Menschen ein Heim zu bieten. Das Hospital existiert immer noch und erfüllt unverändert seinen ursprünglichen Stiftungszweck. Dort befindet sich ebenfalls noch immer die Bibliothek des Cusanus, eine der bedeutendsten und wertvollsten Privatbibliotheken des späten Mittelalters.

Cusanus gehört zu den faszinierendsten Gestalten der europäischen Geistesgeschichte. Bemerkenswert an seinem Leben ist, dass er nie die ruhige und zurückgezogene Existenz eines Universitätsgelehrten führte und nicht führen wollte, er lehnte zwei Rufe auf

kirchenrechtliche Lehrstühle an der Universität Löwen ab, sondern über viele Jahre hinweg höchste politische und zugleich kirchliche Ämter innehatte und trotzdem auf verschiedenen Gebieten, vor allem im Bereich der Theologie und der Philosophie, große Leistungen vollbrachte.

Cusanus, der geistig an der Schwelle von Mittelalter und Neuzeit steht, eröffnet mit seiner Person die Reihe jener europäischen Denker, die nicht schul- und institutionengebunden, sondern nur individuell auf sich gestellt, die Entwicklung der neuzeitlichen Wissenschaften maßgeblich geprägt haben. Ebenso wie er selbst keiner wissenschaftlichen Schule angehörte, so hat er auch seinerseits keine eigene Schule gebildet. Das Denken des Cusanus eignet sich auch nicht für eine schulmäßige Aneignung und er selbst stand der Haltung der scholastischen Universitätswissenschaft seiner Zeit skeptisch gegenüber. Sein Ideal war nicht die professorale, sich aus Büchern und überkommenem Wissen speisende Existenz (obwohl er ein großer Büchersammler war!), sondern die Haltung des *Idiota*, des ‚Laien', der vorurteilsfrei die Phänomene der Wirklichkeit untersucht und zu ihrem tieferen Grund vordringt. Sein Motto lautet im Anschluss an das Buch der Sprüche (1,20): „Die Weisheit schreit auf den Plätzen", d. h. man muss sie in der Erfahrung des Alltäglichen suchen und zu erkennen lernen.

Die Weisheit – das ist für Cusanus letztlich Gott. Der Gottesfrage sind viele Schriften des Cusanus gewidmet. Dabei hütet er sich aber, Gott einfachhin als Gegenstand unter Gegenständen zu betrachten, sondern betont unermüdlich den Unterschied zwischen Unendlichem und Endlichem, Gott und Mensch. Diese Einsicht drückt sich in dem Begriff *docta ignorantia*, belehrtes bzw. wissendes Nichtwissen, aus. Gotteserkenntnis ereignet sich im Umfassen des Nichtbegreifbaren in unbegreifbarer Weise.

Die stete Hervorhebung der Differenz zwischen Unendlichem und Endlichem, Gott und Mensch, besitzt bei Cusanus eine besondere Pointe. Sie führt bei ihm nicht zur Skepsis oder zum Fideismus, d.h. zum reinen Glaubenspostulat, sondern bringt ihn im Gegenteil dazu, die gesamte geschaffene Wirklichkeit und zugleich das je einzelne Seiende in seiner begrenzten Symbol- bzw. Verweisfunktion auf das Göttliche hin zu sehen. Mit diesem Ansatz korrespondiert eine besondere Hochschätzung der Individualität bzw. Singularität, die zugleich eine grundsätzlich positive,

wenn auch keineswegs vorbehaltlos positive Wertung von Vielheit bzw. Verschiedenheit impliziert. Auch in diesem Punkt überschreitet Nikolaus das Denken der mittelalterlichen Scholastik und weist in die Neuzeit.

In der Schrift *De pace fidei* wird die varietas rituum, die Vielfalt der Riten und religiösen Gebräuche, positiv gewertet und als Beitrag zur Mehrung der Gottesverehrung betrachtet, insofern sich in ihr jener eine Glaube ausdrückt, den Cusanus zufolge alle Religionen als ihren inneren Kern voraussetzen. Cusanus entwickelt in diesem nach der Eroberung Konstantinopels durch die Türken 1453 verfassten Buch den heute noch faszinierenden Gedanken einer *una religio in rituum varietate*, einer Einheit der Religion in der Vielfalt der Riten und Gebräuche. Er sieht alle Religionen, auch den in Europa damals so verhassten Islam, rückgebunden an die eine göttliche Wahrheit, die sich in Christus inkarniert und offenbart habe.

Für die Ideen von *De pace fidei* gilt ähnlich wie für viele andere Schriften des Nikolaus von Kues, dass sie noch längst nicht erschöpfend bedacht und ausgewertet sind. Wir befinden uns, vielleicht nicht zufällig, zurzeit in einer Periode der Cusanus-Renaissance. Nikolaus von Kues ist ein unruhiger Geist, der ständig auf der Suche, bzw. noch schärfer formuliert, auf der Jagd nach der Weisheit ist, wie er sich selbst ausdrückt. Diese Unruhe können die Menschen von heute gut nachempfinden, weil wir ebenfalls in unruhigen, von epochalen Umbrüchen geprägten Zeiten leben.

Die im Jubiläumsjahr 1964 begonnene dreibändige Übersetzung der philosophisch-theologischen Schriften des Nikolaus von Kues durch Wilhelm und Dietlind Dupré hat sich als außerordentlicher Glücksfall für die Cusanus-Forschung im deutschsprachigen Raum erwiesen. Mit dieser Studienausgabe stand breiten Kreisen von Interessierten erstmals ein lateinisch-deutscher Paralleltext der zentralen Schriften des Nikolaus von Kues zur Verfügung, dessen wesentlicher Vorzug im Vergleich zu anderen Editionen darin besteht, dass die verschiedenen Werke nach einheitlichen Prinzipien übersetzt sind. Dieses Alleinstellungsmerkmal der Dupré-Ausgabe gilt noch heute und rechtfertigt eine Neuauflage, auch 50 Jahre nach dem Erstdruck des ersten Bandes. Hinzu kommt, dass sich die Übersetzung insgesamt bestens bewährt hat. Sie gibt, wie mitt-

lerweile mehrere Generationen von Cusanus-Forschern bestätigen können, in gut verständlichem Deutsch die Gedanken des Nikolaus von Kues in zuverlässiger Weise wieder.

Vor diesem Hintergrund stellt die Tatsache, dass sich die Wissenschaftliche Buchgesellschaft zu einer Neuauflage der philosophisch-theologischen Schriften des Nikolaus von Kues entschlossen hat, ein freudiges Ereignis für alle dar, die am cusanischen Denken interessiert sind. Diese Neuausgabe wird sicherlich wesentlich zu einer weiteren Verbreitung der Ideen des bedeutendsten Philosophen und Theologen des 15. Jahrhunderts im deutschen Sprachraum beitragen.

Trier, im Oktober 2013
Prof. Dr. Walter Andreas Euler

VORWORT

Die vorliegende Edition der philosophisch-theologischen Schriften des Nikolaus von Kues (1401–1464) verdankt ihr Entstehen dem Umstand, daß es im Jahre 1962 (als der Plan zur Herausgabe gefaßt wurde) noch keine zweisprachige Studienausgabe der Werke des Kardinals gab. In der Zwischenzeit sind zwar verschiedenen Schriften in lateinisch-deutschen Einzelausgaben zugänglich geworden, so daß es heute wesentlich einfacher ist, sich mit den Gedanken des Nikolaus von Kues vertraut zu machen. Am eigentlichen Anliegen aber, dem mit der Studienausgabe entsprochen wurde, haben sie nichts verändert. Wer sich einen Gesamtüberblick von den philosophisch-theologischen Schriften verschaffen will und die Übersetzung direkt mit dem Original vergleichen möchte, bleibt nach wie vor auf die Jubiläumsausgabe angewiesen, deren erster Band noch rechtzeitig zum 500. Todestag des Kardinals fertiggestellt werden konnte.
Daß der Gestalt und dem Denken des Nikolaus von Kues ein eigener Platz in der Geistesgeschichte des Westens zukommt, braucht heute nicht mehr eigens begründet zu werden. Die Forschungsergebnisse, über die man sich an Hand der „Mitteilungen und Forschungsbeiträge der Cusanusgesellschaft" informieren kann, sprechen in dieser Hinsicht eine eindeutige Sprache.
Dagegen ist die Frage, wie dieser Platz zu deuten ist, d. h. ob und wie Cusanus selbst nicht auch als Schlüsselfigur in der Entwicklung des westlichen Bewußtseins zu begreifen ist, noch weitgehend offen. Angesichts der Tatsache, daß der Gedanke der Post-Moderne an Bedeutung gewinnt, erscheint auch das Zeitalter der Prae-Moderne in einem neuen Licht. Den veränderten Perspektiven und Erkenntnisinteressen entsprechend ist es durchaus möglich, daß damit insbesondere das 15. Jahrhundert und die es prägenden Ereignisse von Grund aus neu bedacht werden müssen. Von Cusanus selbst erfahren wir, daß er die beiden Grundthemen seines Philosophierens, nämlich das der wissenden Unwissenheit (docta ignorantia) und der im schöpferischen Wesen des Menschen begründeten Mutmaßung (coniectura), als Ansätze zu einem neuen Denken verstanden wissen wollte. Obwohl Motive dieses Denkens durchaus wirksam wurden, kann dies vom Gesamtansatz nicht gesagt werden. Möglicherweise hat hier die Geschichte das letzte Wort bereits gesprochen.

Es ist aber auch denkbar, daß die historische Distanz, die das eigene Zeitalter vom 15. Jahrhundert trennt, weit weniger groß ist, als bisher angenommen wurde, und daß die Fragen, Probleme und Möglichkeiten, die heute aktuell werden, zum Teil dieselben sind, die damals bereits aktuell geworden waren, in der Folge jedoch unterdrückt und abgewiesen wurden. Vor allem denke ich hier an das Baseler Konzil, das nicht abgeschlossen, sondern abgebrochen wurde, und damit als Symbol einer pluralen, vom Gedanken der Mitbestimmung und Mitverantwortung geprägten Ordnung kirchlichen und politischen Lebens zwar einerseits dem Ungeist der Zeit zum Opfer fiel, andererseits aber in seinen Einsichten und Forderungen noch immer um Anerkennung und Vollendung fragt. Ich denke aber auch an Cusanus, sofern er in seinem Denken die bewegenden Fragen der Zeit aufgriff, mit den Antworten, die er gab, jedoch nicht wirklich zum Bewußtsein des Zeitalters durchdringen konnte. Während es damit offenbar möglich war, einen geistigen Raum zu beschreiben, in dem der Mensch frei und das Maß aller Dinge sein konnte, um als lebendiges Gottesbild in „personaler Wahrheit" (I. 512) seine eigene Welt zu gestalten, bleibt die Verwirklichung dieser Möglichkeit ein Widerspruch, an dem nicht nur das 15. Jahrhundert scheiterte, sondern an dem wir im Grunde genommen noch immer leiden.

Gewiß, so wie sich uns heute die Frage nach dem Sinn des Daseins stellt und eine Ordnung verlangt, in der Menschen und Kulturen mit sich selbst und der Natur in Frieden leben können, müssen wir diese Frage selbst zu beantworten versuchen. Doch ist uns weder diese Frage ohne die anderen gegeben, die vor uns darüber nachgedacht haben und in der Gestaltung ihres Daseins zum Beispiel geworden sind, noch kann die Antwort, die wir selbst finden müssen, vernünftigerweise gefunden werden, ohne daß wir uns in Zustimmung und Abweisung an diesem Beispiel orientieren. Da Cusanus zweifelsohne ein solches Beispiel ist, ist die Besinnung auf sein Werk und die Zeit, in der er lebte, eine Aufgabe, der wir uns nicht entziehen sollten. Es ist dies Grund genug, um nach fünfundzwanzig Jahren die Studienausgabe aufs neue im Druck erscheinen zu lassen.

W. Dupré

EINFÜHRUNG

Die Philosophie des Nikolaus von Kues zeichnet sich durch die spezifische Eigenart aus, daß sie in ursprünglicher Radikalität nach jenem Ganzen fragt, das das Geringste wie das Größte gleichermaßen umschließt. Mehr noch als dies: Nikolaus Cusanus fragt nicht nur danach, sondern läßt das Fragen selbst in Methode und Thematik von diesem Blickpunkt bestimmt sein.

Damit stellt sein Werk einen Anspruch an uns, der jenseits von historischer Verknüpfung und Bedeutung an die Gegenwart gerichtet ist.

In diesem Sinn will auch diese Einführung keine historisch-kritische Darstellung des cusanischen Systems geben, sondern nur Hinweise bieten, die unseres Erachtens für eine philosophische Translation des cusanischen Denkens in unser gegenwärtiges Bewußtsein wesentlich sind[1].

I. Die Erfahrung des Denkens

Das Grundanliegen, das in allen Schriften des Cusaners immer wieder anklingt und als treibende Kraft ihre Thematik bestimmt, ist der Mensch; der denkende und schreibende nicht weniger als jeder andere. Jener Mensch, der auf steiniger Erde mit dem ihm zur Verfügung stehenden Möglichkeiten seinen Lebensunterhalt zu gewinnen sucht, jener, der mit Hilfe der Wissenschaften die Geheimnisse des Himmels und der Erde zu ergründen trachtet; der Mensch, der, mit bestimmten Fähigkeiten ausgestattet, in dieser oder jener Form an einen Sinn des Lebens glaubt und danach strebt, diesen zu verwirklichen (vgl. S. 2ff, 194ff).

---

[1] In diesem Zusammenhang können aus der in den letzten fünfzig Jahren recht umfangreich gewordenen Cusanus-Literatur vor allem folgende Werke als gute Ergänzung für eine philosophische Einführung erwähnt werden: Maurice de Gandillac, Nikolaus von Cues, Studien zu seiner Philosophie und philosophischen Weltanschauung, Düsseldorf 1953; Rudolf Haubst, Das Bild des Einen und Dreieinen Gottes in der Welt nach Nikolaus von Kues, Trier 1952; A. Petzelt, Nicolaus von Cues, Texte seiner philosophischen Schriften (Einführung), Stuttgart 1949.

Das Eigentümliche daran ist, daß sich der Mensch als solcher erfährt. Verwoben in ein vorgegebenes Ganzes, selbst Teil dieses grenzenlosen Ganzen, weiß er in persönlicher Teilhabe darum; jedoch so, daß er, im begrenzten Wissen daraus hervorgehoben, sich zugleich wieder auf es bezieht (wie es heute Louis Lavelle in den Begriffen der „Teilhabe" und der „Gegenwart des Ganzen" erneut verdeutlicht hat). In diesem Bezug entdeckt Cusanus den Ursprung und zugleich auch das Fundament der Philosophie.
Der Mensch wird hier — vor Descartes — zum „archimedischen Punkt" der Welt, ja eines noch umgreifenderen Ganzen, zum Mittler der Transzendenz, die durch ihn in dem personare seiner personalen Existenz hindurchtönt, die als zentrierende Struktur „die Welt im Innersten zusammenhält". Noch immer Gott im Auge wie vordem, hält der Mensch aus der Tiefe seines neuen Selbstverständnisses den Blick auf die Welt gerichtet, sieht die Welt in der Perspektive des Absoluten, die er in aktueller Unendlichkeit existentiell erfährt. Aus der Unendlichkeit resultiert im Absoluten das Ganze als ungegenständliche Aktualität, die mit der substantiellen, dinglichen Realität des Seienden nicht mehr zu denken ist (worauf Walter Schulz[1] mit Recht verweist). Dieser gewandelten Gestalt des Seins entspricht der Formwandel des Denkens und die Gestaltung des Erkenntnisweges. Das aktuell Unendliche verlangt den translativen Aufstieg des Erkennens von der Stufe des Verstandes — des ab- und ausgrenzenden Begriffs — zur Stufe der Vernunft, die die abgrenzende, ausschließende Begrifflichkeit in einer integrierenden Einheit zusammenfallender Gegensätze aufhebt. So vertritt die Vernunft den Standpunkt der *Totalität* (mit impliziter Einschließung des Widerspruchs), der Verstand aber den der *Identität* (mit expliziter Ausschließung des Widerspruchs), die Sinnlichkeit, in der Verstand und Vernunft sich strukturell durchdringen, die *Singularität*, durch die das Einzelne ein Ganzes, eine Totalität in der Differenz ist (darin schon eine Vorwegnahme des monadologischen Ansatzes und der Einsicht in das Wesen des Kon-

---

[1] Walter Schulz, Der Gott der neuzeitlichen Metaphysik, Pfullingen 1957. S. 13ff (15).

kreten und Individuellen). Doch ist diese echte, „differenzierte" Erkenntnis des Konkret-Individuellen nur von der Idee des personalen Wesens her möglich und verständlich, woraus wieder die zentrale Stellung des Menschen erhellt. Aus der Unmittelbarkeit des am Ganzen teilnehmenden Lebensvollzuges tritt die Erfahrung als Verwirklichung dieses Bezuges hervor und findet so ihre Begründung in sich selbst. Das schließt jedoch nicht aus, daß sie sich in der Verwirklichung der Erfahrung im Denken als vermittelte begreift (vgl. S. 195ff).
Sofern nun das Ergebnis der Erfahrung das Gewußte ist, dies jedoch nur auf Grund eines vorgegebenen Nicht-Gewußten durch Vergleich mit Schon-Gewußtem, solches werden kann, erweist sich das Wesen der Erfahrung — aus ihrem Grund auf ihren Gegenstand bezogen — als *„wissende* Unwissenheit". Erfahrung ist im Grunde wissende Unwissenheit in dem Sinn, daß diese sie (im Hinblick auf den Fundierungsgrund) allererst ermöglicht, zugleich aber auch das jeweilige Resultat im Ganzen darstellt. Die spätere transzendental-kritische Ermöglichungs- und Fundierungsproblematik scheint hier noch unentfaltet, aber in einem weiteren erkenntnis- und seinstheoretischen Horizont gegenüber ihrer späteren Gestalt angedeutet.
Versucht man daraus die Konsequenzen zu ziehen, so ergibt sich, daß Nikolaus von Kues von einem Erfahrungsverständnis ausgeht, das nicht nur die Gegenstände der sinnlichen Wahrnehmung — gegenüber einer späteren, *empiristischen* Einschränkung — betrifft, sondern auch das Denken selbst, das nicht auf *rationalistische* Weise von der Erfahrung selbstherrlich gelöst ist. Denken und Erfahrung gehören dergestalt zusammen, daß das Denken sich selbst und alles erfährt und in der Erfahrung die Möglichkeit des Denkens als ihr eigener Ermöglichungsgrund zugleich zum Inhalt wird.
Dies geschieht insofern, als die Unmittelbarkeit nichts anderes besagt als die Ganzheit von tatsächlichen und möglichen Bezügen. In ihr ist noch nichts abgeschieden und ausgeschlossen, wie es der Fall ist, wenn das empirisch Einzelne herausgelöst, als solches mit anderem verknüpft und als begrenztes Wissen vermittelt wird.

In der Erfahrung des Ganzen ist das Wissen nicht isoliert, sondern als integraler Bestand — freilich notwendig als wissendes Nichtwissen — im Wesen seines Grundes verankert.

Für das innerhalb der Erfahrung begründete Wissen entsteht die Aufgabe, den Sinn seiner eigenen Gegebenheit einzuholen, sich auf sich selbst zu besinnen, das heißt im Wissen die eigene Grenze zu erreichen, um sie als solche zu überwinden. Diese ist zwar im Nichtwissen prinzipiell, jedoch noch völlig unbestimmt, das heißt noch nicht vom Wissen erreicht.

Cusanus setzt dort ein, wo sich das Wissen in seinem Umfang erweitert. Das Wissen der Grenze als deren Überwindung ist für ihn die Eröffnung des Wissensraumes als Erschließung des offenen Horizonts. So enthüllt sich die Grenze in der Besinnung auf sie als das integrierende Band zweier Seiten, der Diesseite und Jenseite (Immanenz und Transzendenz). Die Erweiterung des Wissens geschieht, wie schon angedeutet, durch den Vergleich, dessen Wesensmerkmale auf „größer" und „kleiner" reduziert werden.

Die Grenze von größer und kleiner aber ist das Größte und das Kleinste, wobei sowohl das Größte als auch das Kleinste als Ziel des erfahrenden Denkens zwar angestrebt, als Grenze im bisherigen Sinn (Begriff—Horismos) jedoch nicht eingeholt werden können. Die durch die logische Negation nicht erreichbare, unbestimmte Grenze des Nichtwissens ist im Wissen als das Größte, über das hinaus nichts Größeres gedacht werden kann, und als das Kleinste, über das hinaus nichts Kleineres gedacht werden kann, im Verweisungszusammenhang denkend bestimmt.

Damit ist das Doppelte erreicht:

Sofern das Nichtwissen im Grundbezug als der Ermöglichungsgrund des Wissens und der Erfahrung die Wirklichkeit selbst ist, dieses aber zugleich das Größte und Kleinste, ist auch das Größte und Kleinste die Wirklichkeit selbst.

Die *Wirklichkeit* ist nicht nur das Nichtwissen in seinem Bezug, sondern steht zugleich als Bezug auch im Abstand, in Distanz zu jedem Vergleichbaren und jedem Gewußten. Damit wird das Nichtwissen als unendliche *Möglichkeit* zur eigentlichen Posivität des Denkens und der menschlichen

Existenz, sofern es vom Wissen als solches erfahren wird. Die im Nichtwissen aufgeschlossene Möglichkeit ist damit die eigene und eigentliche Positivität der Wirklichkeit und Existenz. — Ergibt sich hier nicht gegenüber dem aristotelischen Verhältnisbezug von Möglichkeit und Wirklichkeit ein Ausschlag zugunsten der Möglichkeit, die von der Personalität her als Raum der Freiheit einzusehen ist, als „Möglichkeit vor der Möglichkeit" (S. Kierkegaard)?
Die Wirklichkeit als solche wird als das Kleinste und Größte in dem zum Wissen gebrachten Nichtwissen erreicht, womit sich das Wissen als eine Bewegung aus dem Nichtwissen erweist. Das eigentliche Ziel der Erfahrung ist, „im Nichtwissen höchst weise befunden zu werden" (S. 196). Daraus folgt aus der Erfahrung folgender Grundsatz für die Erfahrung (Regel der wissenden Unwissenheit): Dort, wo es noch ein „Größer" oder „Kleiner" geben kann, ist die eigentliche Grenze des wissenden Nichtwissens noch nicht erreicht (S. 125; 201).
Faßt man das bis jetzt Gesagte zusammen, so ergibt sich, daß in der unmittelbar gegebenen Erfahrung das Denken als zentrierender Bezugspunkt von aller Wirklichkeit und Wirkung getrennt, aber doch nur in bezug auf diese es selbst sein kann. Zur Wirklichkeit schlechthin steht es, sofern es seine äußerste Grenze erreicht, im Abstand des Nichtwissens, darin Freiheit und Personalität gewinnend (vgl. De Deo abscondito, S. 300ff).
Die Gegebenheit des Menschen ist grundsätzlich als wissendes Nichtwissen bestimmt.

II. Reflexion und Relation

(Die Stufen der Philosophie)

Versucht man die Ausgangsposition der cusanischen Philosophie in ihren Grundzügen zu erhellen, so ergibt sich, daß die als docta ignorantia bestimmte Erfahrung deshalb möglich ist, weil diese als prinzipielles Bezugsgefüge eines integrierenden Ganzen so verstanden wird, daß nichts ausgeschlossen noch irgendeine Differenz nicht durchgehalten

wird. Relation und Totalität bilden das wirkliche Ganze in seiner differentiellen Struktur, von dem her das Einzelne begriffen wird. Damit ist der logischen Herrschaft der Identität schon Einhalt geboten. Der Gegenstand wird nicht durch seine Beziehung zum Gleichen, sondern durch seine Beziehung zum Ganzen erkannt.

Wie schon die Erfahrung des Denkens jede Isolierung desselben aufhob, so hebt auch das Denken jede einseitige Isolierung von Gegenständen, von Gewußtem auf. Das Denken als theoretische Praxis ist nur im Horizont des integralen Ganzen möglich. Als relationales Ganzes ist dieses nicht undifferenziert, sondern weist den es konstituierenden Relationen entsprechend eine integrierende Strukturierung auf, durch die das Unterschiedene nicht unter das Allgemeine subsumiert, sondern im Ganzen als solches integer erhalten und gewahrt wird. Das Abgleiten von der Totalität zur subsumierenden Identität aus einem zentralen Systembegriff hat die neuzeitlichen Monismen und ihre Dialektik hervorgebracht.

Die integrierende Struktur ist für das Denken dreifach relevant: Insofern es um Gegenstände weiß, und zwar so weiß, daß es sie für das tägliche Leben nutzbar machen, das heißt den menschlichen Körper damit aufbauen kann, ist es Wissen (vgl. S. 9ff).

Insofern es von diesem Wissen weiß, und zwar so, daß es die Art und Weise, die Prinzipien und Gesetze des Wissens weiß und so Wissenschaft entfalten kann, ist es Wissen des Wissens, das heißt Reflexion (S. 13ff, vgl. auch S. 49).

Insofern es um die Begründung der Prinzipien des Wissens, um die Begründung des Wissens und seiner eigenen Existenz überhaupt weiß und so Reflexion der Reflexion oder einholendes Wissen ist, ist es wissendes Nichtwissen, das heißt Theorie (vgl. De filiatione Dei, letzter Abschnitt).

In ihrer Beziehung zum Ganzen konstituieren diese drei Gestalten des Denkens den Menschen als geistig-sinnlichen Repräsentanten dieses Ganzen.

Für die Philosophie ist allein die letzte Gestalt des Denkens von wesentlicher Bedeutung, da sie es ist, die den Menschen, der in ihr als Geist angesprochen wird, als denkendes Wesen in seiner Existenz ermöglicht.

Cusanus formuliert das in den lapidaren Sätzen: „Da unsere geistige Natur lebt, muß sie notwendigerweise ernährt werden. Wie alles Lebende durch Speise, die seinem Leben gemäß ist, ernährt wird, kann auch sie mit keiner anderen Speise als der des geistigen Lebens erhalten werden... Die Weisheit nun ist es, die gesucht wird, denn sie ernährt den Geist." (S. 5 und 11.)
Sofern jedoch der hier aufgezeigte Prozeß eine repräsentative Konstitution, das heißt Darstellung in „Bild" und „Zeichen", beinhaltet, beschränkt sich der Bezug der als Suchen und Finden der Weisheit gekennzeichnet werden kann, in seiner Verwirklichung nicht nur auf die dritte Gestalt des Denkens, sondern greift von dieser auf die anderen über. Daraus folgt, daß es drei Bereiche der Weisheit gibt, in denen sie den Gestalten des Denkens entsprechend modifiziert erscheint, ohne damit jedoch mit den ihr nicht eigentümlichen Denkgestalten zu verschmelzen. Der erste Bereich, in dem sich die Weisheit darstellt, ist jener, „in dem sie gefunden wird, wie sie ewig ist, der zweite, in dem sie in dauernder Ähnlichkeit gefunden wird und der dritte, in dem sie im zeitlichen Fluß der Ähnlichkeit von ferne leuchtet" (S. 48).
Mit dem Aufweis dieser drei Bereiche, in denen das Totalitätsgefüge des Wissens sich stufenweise vom Grund her zum Grund hin implikativ-explikativ entfaltet, und zwar als Grundbewegung, die ihr Weg (Methodos) ist, wird für das philosophische Denken jener Ort gefunden, von dem aus es sich auch gegenständlich entfalten kann, ohne dabei irgendeine Seite seiner Wirklichkeit oder der Gegenstände auszuschließen oder ihr verfallen zu müssen.

III. Die Methode

Auf Grund des in unmittelbarer Erfahrung gewonnenen Bezugsganzen ergibt sich für die Philosophie, daß sie nur methodisch fortschreiten kann, daß ihre Methode eine ganz bestimmte, ihr eigentümliche sein muß.
Entsprechend dem sich im darstellenden Zeichen symbolhaft entfaltenden Denken, ist es die translative Methode, die der

Philosophie in den aufsteigenden Stufen sinnbestimmter Darstellung eigen ist.
Mit Hilfe einer „hypothetischen Deduktion" (Gandillac, a. a. O., S. 202), das heißt indem die jeweilige Stufe des Denkens Voraussetzung oder Ergebnis bedeutet, wird das eine im andern vergegenwärtigt, und so das eine ins andere in rückläufiger Reduktion „übersetzt". — Man vergleiche dazu die Methode der positiven Philosophie Schellings! — Der Modus des Vergegenwärtigens ist das Symbol, die Entfaltung des Denkens in hypothetischen Symbolen das „symbolice investigare" (S. 228, 232).
Damit ist die philosophische Logik keine bloß kategoriale Begriffs- oder Wissenslogik mehr, sondern diese begründend, selbst *Grundlogik* (in der konstitutiven logischen Bestimmung des Gegenstandes, der im Rückbezug zum Grund und im Hinblick auf das Ganze demonstriert wird), insofern die drei Gestalten des Denkens jeweils und wesentlich von der dritten Gestalt, das heißt von der Theorie bestimmt und geprägt werden. Nur wenn sich die Weisheit zeigt, bewegen wir uns im gegenständlichen Erkennen im philosophischen Raum. Da dieses demonstrative Denken gestuft ist, kommt es nur dann zustande, wenn sich die Relationen des Wissens vom Ganzen her auf das Ganze zurück bewegen.
Am deutlichsten hat Cusanus dies im Bereich des Mathematischen durchgeführt. Wenn er in seinen philosophischen Überlegungen die Mathematik zu Hilfe nimmt, so bedeutet das keineswegs, daß er mathematisch, das heißt more mathematico philosophiert. Das hieße den Cusaner gründlich mißverstehen. Das mathematische Beispiel dient ihm vielmehr dazu, das Denken für das Ganze des Endlichen — in seiner figurativen Begrenzung — und darin gleichsam an der Grenze angelangt, für das Ganze — in seiner reduktiv zusammenfassenden Entgrenzung zum Grund hin — überhaupt aufzuschließen.
So ergibt sich für das die Möglichkeiten einer endlichen Linie ausweitende Denken, daß die unendliche Linie nur eine ist, daß sie in dieser Einzigkeit alle jene Gestalten umgreift, an denen die endliche Linie beteiligt ist, das heißt sie ist Dreieck, Kreis und Kugel (vgl. S. 235ff).

In diesem Ergebnis kann jedoch das in rationaler Bewegung vorgehende Denken nicht wie in einem τόπος νοητός verharren, sondern muß, seinem fortschreitenden und rückführenden Wesen gemäß auf jenen unendlichen Horizont weisen, von dem her es das andere als den nur für seine eigene Endlichkeit notwendigen Denkgrund erkennt, aus dem sich jene in Translation aus diesem konstituiert.
Das Denken ist seinem Wesen und darum auch der Methode nach translativ. Deshalb kann auch die philosophische Methode, will sie nicht einer abgeleiteten Denkgestalt verfallen, keine andere sein.

IV. Theorie und System

Sowohl die Erfahrung des Denkens als auch die relationale Stufung und die daraus sich ergebende translative Methode verweisen auf den letzten Zusammenhang, der einerseits das Denken begründet, andererseits aber das Ziel des Denkens selbst ist. Weil darin die begründende Unmittelbarkeit des ganzheitlichen Bezugsgefüges und seine gegenständlich vermittelnde Begründung zusammentreffen, können wir sie Theorie nennen.
In der Theorie erhalten wir ein integrales Verhältnis zum Ganzen; es ist in ihr gegenwärtig und bietet dadurch die Möglichkeit, es aus dem Abstand zu sehen (visio) und zu überblicken (theoria). Daraus folgt, daß die Theorie nie abstrakt-formal sein kann, sondern sich jeweils aus dem materialen Bezug (Praxis) in ihrer formalen Gestalt (Theorie) konstituiert, das heißt sich als System entfaltet. Dieses System ist der sich konstituierenden Theorie gemäß nicht abgeschlossen, sondern grundsätzlich offen, weil diese — als Ganzes — nicht abgeschlossen werden kann, da weder die Zahl der unmittelbaren Bezüge begrenzt noch deren Inhalte völlig bestimmt sein können[1].

---

[1] Damit ist die Begründung dafür gegeben, daß Cusanus für das Denken der Gegenwart von Bedeutung ist: als konstituierendes kann sein Denken — weil nicht abgeschlossen, sondern offen — jederzeit weitergeführt werden, sofern seine Anfänge die geschichtliche Translation erfahren.

Die Frage ist nun: wie konstituiert sich die Theorie bei Nikolaus von Kues? Welches sind die wesentlichen Strukturen seines „Systems"?
Es wurde schon gesagt, daß das Denken im Horizont der Erfahrung auf die Wirklichkeit als das Größte und das Kleinste verweist. Das Wesen der theoretischen Betrachtung zeigte, daß diese Wirklichkeit, die Grenze also, an und in der sie sichtbar wird, der eigentliche „Gegenstand" der Philosophie ist. Demnach kommt jetzt alles darauf an, beide Aspekte zu verbinden und in ihrer Einheit zu erhellen.
Sowohl das Größte als auch das Kleinste ist in der Wirklichkeit enthalten. Da die Wirklichkeit, die alles umfaßt und das Ganze ist, eine einzige sein muß, folgt, daß beide — das Größte und das Kleinste — nicht verschieden sein können. Darüber hinaus wird im komparativen Denken nicht nur das Größte und Kleinste offenbar, sondern die Komparation selbst, die das Größte nicht mehr und nicht weniger ist als das Kleinste.
Versucht man, diese sich als Grenze abzeichnende Situation („Grenzsituation") im Zeichen, das heißt im wissenschaftlichen Begriff auszudrücken, so heißt das nichts anderes als coincidentia oppositorum (S. 204 u. a.).
Die Wirklichkeit des Größten erscheint in der von der wissenden Unwissenheit geprägten Begrifflichkeit als Wirklichkeit des Kleinsten, das heißt als Koinzidenz der Gegensätze. Da die Koinzidenz der Gegensätze aus dem — durch die Einheit mit der Erfahrung — konkreten Denken der Wirklichkeit gewonnen ist, bedeutet sie keine abstrakte Größe — auch wenn sie selbst nicht im Sinne der erscheinenden Gegenstände konkret sein kann —, sondern den maßgeblichen Ort, wo sich der Mensch als wissende Unwissenheit stiftende Relation verwirklicht. Aus diesem Verhältnis empfangen alle Gegenstände ihre Gegenständlichkeit und Erkennbarkeit, damit auch ihr Wirklichsein, wenngleich gerade darin offenbar wird, daß die Koinzidenz der Gegensätze nur die Mauer ist, hinter der sich jenes Land erstreckt, das zu erschauen man unter solchen Voraussetzungen nur erstreben kann (vgl. De visione Dei, cap. IX). Konkret gesprochen heißt das, daß der Mensch als Subjekt grundsätzlich für dieses Größte aufgeschlossen ist, und zwar

deshalb, weil dieses „größte Objekt" in der abständlichen Beziehung den Subjektcharakter und das, was — ebenfalls abständlich — zu ihm gehört, die Welt, allererst ermöglicht, ohne darin die Distanz der Transzendenz und damit ihre ontologische Basis aufzugeben.
Hier ist jener Punkt erreicht, von dem aus sich das System dreifach expliziert, ohne einen der gegebenen Aspekte zu vernachlässigen oder für sich allein zu sehen: Die Anthropologie entfaltet sich über Kosmologie und Theologie, die Kosmologie über Theologie und Anthropologie, und die Theologie schließlich über Anthropologie und Kosmologie. Daraus folgt, daß der Mensch als Bild Gottes selbst abbildliches Maß der Welt und der Dinge ist. Wie der Mensch selbst sein Wesen erst im Angesichte Gottes als Ebenbild erfährt, so erhalten die Dinge Gestalt und „Bildung" in der Beziehung zum Menschen, die zugleich und zuletzt in die des Menschen zu Gott eingeht.
Gott wird als die complicatio der Weltdinge erfahren, diese als explicatio Gottes, in deren Mitte sich der Mensch befindet (vgl. S. 330ff; 436ff). Die kosmologische Mittelstellung des Menschen im Mittelalter wird zugunsten der kosmischen Mitte relativiert.
Diese Erfahrung des Ganzen fordert vor allem eine neue Theologie, in der Gott als der Weltjenseitige zugleich vom Menschen her, der erst in seiner Gegenwart Mensch wird, gesehen wird und gesehen werden muß. (Das Absolute erscheint in humaner und das Humane in absoluter Perspektive.) In der coincidentia oppositorum als Theorem der Gotteslehre — aus dem logisch-metalogischen Bezug des Endlichen zum Unendlichen gewonnen — wurde dieser Denkerfahrung in entfernter Weise Ausdruck verliehen. Stärker und systemmächtiger tritt sie in den Begriffen possest (Können-Ist), posse ipsum (Können) — als neue ontologische Dimension der Totalität — und non aliud (das Nicht-Andere) — als konkrete Identität in der Differenz — hervor. Aber auch die Begriffe unitas, aequalitas, connexio, lux, laus, terminus und ordo, deren Verknüpfungsgefüge den Ausblick auf das Ganze wie auf das Einzelne und dessen Grund gestattet, verlieren nicht ihre Geltung, sofern sie sich den genannten Aufgaben erschließen. Dies sind die zehn

Felder, auf denen sich der Cusaner eine erfolgreiche „Jagd" verspricht.

Entscheidend ist hier, daß sowohl Denken als auch Gedachtes in eine Ganzheit hineingenommen sind, in der jedes Ding seinen Platz und Ort hat, wobei Gott selbst das Ganze der Dinge zwar als jenseitiger, aber auch als personaler Gott — die Distanz ist zugleich begründend und Freiheit gewährend — alles verbindend umfaßt. Alle Dinge sind in ihm und er selbst in ihnen. Gott ist in allen Dingen, bleibt aber er selbst.

In der translativen Explikation des Unendlichen in der Welt und der daraus folgenden differentiellen, die Substanz in Relation überführenden Struktur der Wirklichkeit, findet sich — bei gleichzeitiger Gegenwart des integrierenden Ganzen im Einzelnen wie im Gesamten — die Leibnizsche Monadologie vorgebildet, insbesondere, wenn nach Cusanus die Kreaturen Spiegel mit verschiedener Krümmung sind, und Gott in den einzelnen Spiegeln gemäß ihrer verschiedenen Krümmung widerstrahlt.

Gott ist das Kleinste, weil in allem so enthalten, daß jedes Ding ganz es selbst ist; Gott ist das Größte, über das hinaus nichts Größeres sein kann. Er ist der letzte Grund von allem, der von jedem unendlich weit entfernt ist, um ihm auf diese Weise zugleich auch unendlich nahe zu sein.

Die Schöpfung ist das Größte konkret, das heißt Gott als explicatio, als deus creatus. Alles, was in ihr ist, kann größer oder kleiner sein, wenngleich sie als Gesamtheit, der Vollkommenheit des Schöpfers entsprechend, ein vollkommenes Werk ist, das heißt nicht größer sein kann. Sie ist nicht die Summe der Dinge, sondern das Ganze der Prinzipien — wie wir das posse fieri (S. 14 u. a.) verstehen müssen. In deren Zusammentreffen begründet sie das Einzelne als bestimmtes Seiendes.

In ihr gibt es jedoch ein konkret Größtes, das heißt das Größte von dem, was es tatsächlich gibt. Dieses ist jenes Seiende, in dem sich alle Formen des Universums wesentlich berühren, der Mensch im allgemeinen und im besonderen: Christus der Gottmensch. Während die Welt das konkrete Maximum darstellt, ist der Gottmensch ihr maximum Concretum. Mit dem Logos ist in ihm der Kosmos inkarniert.

Damit hängt die cusanische Erkenntnislehre zusammen, die darin ihr Wahrheit verleihendes Fundament findet. Der Geist stellt sich im Sinnlichen dar, um dieses wieder als Verstand mit sich selbst zu verbinden: sensus, ratio, intellectus; der vernünftige Geist berührt die Mauer der coincidentia oppositorum: es eröffnet sich ihm die Richtung zum Grund: visio.
Mit der Deutung der Welt als dem konkret Größten und dem Gottmenschen als dem größten Konkreten hängt aber auch die cusanische Christologie und in weiterem Sinn die Trinitätsspekulation zusammen. Damit verweisen wir jedoch auf das Problem von Glaube und Wissen, das über das Verhältnis von Theorie und System hinaus als eigenes zu betrachten ist.

V. *Glaube und Wissen*

Dem Cusaner sind die drei Auffassungen über das Verhältnis von Glaube und Wissen, wie sie von der Patristik her überliefert wurden (credo ut intelligam; intelligo ut credam; credo quia absurdum) nicht unbekannt. Gleichwohl schließt er sich keiner dieser Richtungen im eigentlichen Sinn an, sondern versteht dieses Verhältnis aus den Ursprüngen seines Philosophierens. — Auch das Verhältnis von Glaube und Wissen ist integrierend und nicht dialektisch bestimmt, so daß sich keineswegs beide gegensätzlich als reiner Glaube (sola fides) und „absolutes Wissen" korrespondierend scheiden.
Die Ursprünge des cusanischen Philosophierens wurden hier im unmittelbaren Bezug des personalen Menschenwesens zur Wirklichkeit überhaupt und im vermittelnden Prozeß der Theorie aufgedeckt. Der unmittelbare Bezug selbst ist das, was wir im weiten Sinn als Glauben verstehen müssen. Nur so lassen sich folgende Sätze adäquat interpretieren: Unsere Vorfahren waren einstimmig der Meinung, daß der Glaube der Anfang der Einsicht sei. In jedem Können werden bestimmte, erste Prinzipien vorausgesetzt, die nur vermittels des Glaubens begriffen werden und durch die die Einsicht in das zu Erforschende erreicht wird. Jeder, der zur

Wissenschaft gelangen will, muß an sie glauben. Ohne sie kann er nicht aufsteigen. Der Glaube also schließt alles Vernünftige in sich ein. Das vernünftige Denken aber ist die Entfaltung des Glaubens (S. 492).
Glaube und Wissen stehen in keinem Gegensatz, sondern im Verhältnis von unmittelbarer Vollzugsgegebenheit und vermittelter Gegenständlichkeit; ein Verhältnis, dessen Existenz die eigentliche Voraussetzung für das theoretisch-praktische Wesen des Menschen bildet[1].
Die Haltung des Glaubens zu gewinnen, bedeutet darum zunächst die lebendige Theorie gewinnen, denn der verwirklichte Geist ist die Entfaltung des Glaubens.
Insofern der Intellekt als endliche Erscheinung wachsen, das heißt größer und kleiner werden kann, steht er in dem einleitend aufgezeigten Verweisungsprozeß. Darin erscheinen Maximum und Minimum als absolute Einsicht und als absoluter Glaube. Da aber Maximum und Minimum koinzidieren, fallen auch Glaube und Wissen in äußerster Berührung (S. 499) zusammen. Sie sind darin nichts anderes als das in der docta ignorantia zusammentreffende Ganze, dessen durchgehende Struktur der Sinn als wirkliche, konkrete Relation von Glaube und Wissen ist, die weder dem einen noch dem andern allein zugeordnet werden kann.
Von dieser Koinzidenz ausgehend, ergeben sich modifiziert dieselben Abstufungen wie bei Gott, Welt und Mensch im allgemeinen. Der coincidentia oppositorum entsprechend, fallen auch in Gott Glaube und Wissen zusammen. Um diesen Gedanken durchhalten zu können, ist es allerdings notwendig, die Gottheit selbst personal und heterothetisch (drei Personen und eine Natur) in der Distanz der docta ignorantia zu verstehen; eine Notwendigkeit, die sich überall dort ergibt, wo eine durchgehende Relation im Sinne der docta ignorantia gegeben ist (vgl. S. 206ff). Daraus erhellt wieder das konkrete Moment des Personalen in seinem Grundsein.
Entsprechend dem Größten, das als Schöpfung konkret ist,

---

[1] Damit ist nicht gesagt, daß je Glaube in Vernunft übergehen könnte oder sollte, wie in der abstrakten Identität einer späteren, „aufklärerischen" Denksetzung.

erscheint das Verhältnis von Glaube und Wissen als ursprüngliche Relation von Theorie und Praxis, von Sinn und Ordnung inmitten der Vielheit des Seienden und der Dinge. Es bedeutet die logisch-metalogische Grundgestalt der Welt als Ermöglichungsgrund aller Dinge, der in der konkreten Struktur als personaler Einheitsgrund erkennbar wird.
Der Ort für die größte Konkretheit des Verhältnisses von Glaube und Wissen ist der Mensch. Im Glauben an ihn, der als Bild Gottes und wesentliche Mitte der Welt alles in konkretem Bezug abständlich in sich einschließt, entfaltet sich das Wissen, sofern der Geist sich für seine eigene Herkunft entscheidet und diese ergreift. Da diese Entscheidung und der sich darin realisierende Bezug wächst, wird die eigentliche Größe gemäß dem Gesetz von mehr oder weniger (Regel der docta ignorantia) in jener menschlichen Gestalt erreicht, die Bild Gottes und Gott selbst ist, im Gottmenschen. Als Glaubender und zugleich Geglaubter ist er das Größte, in dem Glaube und Wissen konkret koinzidieren (S. 505ff). Er ist das größte Konkrete.
Wie entscheidend diese Gedanken für die Christologie auch sein mögen, ihre eigentliche Bedeutung wird erst sichtbar, wenn wir die sich daraus ergebenden Konsequenzen für die christliche Philosophie betrachten.
Da nämlich der Glaube des Menschen an sich selbst zugleich auch den Glauben an den andern — im personalen Verhältnis von Ich und Du — und an die Menschheit bedeutet, ist die konkrete Gestalt des Gottmenschen — als persönliches Wort der Liebe — sowohl in ihrer geschichtlichen Erscheinung als auch in ihrer kosmologisch-kreativen Stellung maßgebend.
Verweist das eine auf die bestimmte, christliche Theologie, so das andere auf jene christliche Philosophie, die, auf die Welt als Ganzes ausgreifend, von jener zwar Hinweis und Hilfe erhält, ihre Selbständigkeit jedoch ohne Widerspruch zum bestimmten Glauben „vor Grundlegung der Welt" (Jo 17,24) erhalten hat. Der Glaube an den Menschen, der Bild Gottes ist und in dessen Wesen sich der Ursprung Gottes sowie der Dinge repräsentativ wiederholt, ist der eigentliche Anfang der Philosophie, die — da sie ihre eigene ratio findet — dem Evangelium den Weg bereitet.

Darin gipfelt das geistige Vermächtnis des Cusaners. Da er den Menschen als Person begriff und so more humano philosophierte, hat er jenen Horizont erschlossen, in dem wir die Freiheit des Denkens erreichen, die Fülle des Glaubens entfalten und die Wahrheit des Ganzen gewinnen.

Universität Wien *Leo Gabriel*

AUFBAU, TEXT UND ÜBERSETZUNG

Wie aus dem Vorwort zu „De venatione sapientiae" ersichtlich ist (S. 3), möchte der Autor in dieser Schrift weniger eine in sich abgeschlossene, sich mit einem begrenzten Thema beschäftigende, philosophische Untersuchung vorlegen, als vielmehr in der Form eines geistigen Vermächtnisses eine methodische und zusammenfassende Einführung in sein bisheriges Werk der Nachwelt anvertrauen.

In dieser Intention des Autors wird offenbar, daß es für ihn nicht mehrere zeitlich begrenzte und in sich verschiedene Abschnitte seines Denkens gibt, sondern daß er seine Denkbemühungen als ein einziges und kontinuierliches Streben nach der Weisheit beziehungsweise Wahrheit ansieht[1]. Zwar gibt es verschiedene Zugänge und sich in der methodischen Thematik unterscheidende Möglichkeiten, die Grundabsicht jedoch ist ein und dieselbe.

Ferner zeigt sich, daß diese Zugänge nicht planlos vollzogen werden können, sondern sich gegenseitig ergänzend — teilweise allerdings auch überschneidend — eine gewisse Ordnung bilden, deren Beachtung für ein ursprüngliches Verständnis wesentlich ist. Cusanus spricht von Feldern, die er in bestimmter Reihenfolge anführt und denen er jeweils bestimmte Werke zuordnet.

Für den Aufbau und die Anordnung dieser Studienausgabe ergab sich daraus, daß schon rein äußerlich das Vermächtnis des greisen Denkers soweit als möglich zum

---

[1] Dem widerspricht auch nicht das zu Beginn von „De apice theoriae" (1464) Gesagte. Dort bittet der Gesprächspartner den Kardinal, zunächst das „Neue" (quid id novi) zu sagen, das ihm in der letzten Zeit in den Sinn gekommen sei. Die Antwort, ganz in der Ebene der docta ignorantia, lautet, daß nicht einmal Paulus, als er in den dritten Himmel entrückt worden sei, den „Unbegreiflichen" erfaßt hätte. Und wenn es dann im folgenden heißt, daß er einst der Meinung gewesen sei, die „Wahrheit" werde eher im „Dunkel" gefunden, so ist im Grunde genommen der Satz „veritas quanto clarior tanto facilior" nichts anderes als die Konsequenz aus dem Prinzip der docta ignorantia, die solcherart jedoch erst nach langem Weg ausgetragen werden konnte.

Ausdruck kommen sollte. Es geschah dadurch, daß die Anordnung der Werke, statt nach chronologischen Gesichtspunkten, der Thematik dieser Spätschrift (De venatione sapientiae) entsprechend vorgenommen wurde, wobei diese selbst als allgemeine Einführung dem Werk vorangestellt wurde. Anordnung und Aufbau der Studienausgabe folgt also den Richtlinien, die uns der Autor selbst gegeben hat. Da Nikolaus von Kues als „erstes Feld" das der „wissenden Unwissenheit" nennt, folgen auf „De venatione sapientiae" jene Schriften, die in ihrer Hauptthematik diesem Feld entsprechen. Es sind dies „De docta ignorantia", „De deo abscondito" und „Apologia doctae ignorantiae". Da hiermit ein Umfang erreicht ist, der, quantitativ gesehen, etwa den dritten Teil der philosophisch-theologischen Schriften ausmacht, ist damit der Inhalt des ersten Bandes der auf drei Bände berechneten Jubiläumsausgabe abgeschlossen. Der weitere Aufbau der Studienausgabe ist schon angedeutet worden. Der Thematik der Felder entsprechend folgen in den beiden folgenden Bänden die übrigen Schriften. Untersuchungen, die sich ausdrücklich über mehrere Felder erstrecken, wie „De coniecturis" und „Compendium" können dabei jeweils als wiederholte Einführung vorangestellt werden.

Die lateinische Textgrundlage zur kritischen Herstellung dieser Ausgabe bilden jene Handschriften von den Werken des Cusaners, die dieser für seine Bibliothek zu Kues gegen Ende seines Lebens (um 1462) auf Grund der Autographe herstellen ließ (Codex Cusanus 218 und 219), und die er insofern autorisierte, als er sie selbst durchsah und nach dem Zusammenhang korrigierte[2]. Darüber hinaus wurde der von Faber Stapulensis besorgte Pariser Druck von 1514, der zwar manche, scheinbar unverständliche Textstellen „polierte", andererseits aber die dem Humanismus eigene Sorgfalt für das Verständnis des Werkes und seines Textes

---

[2] Für „De venatione sapientiae" ist, soweit bekannt, nur diese Handschrift (Cod. cus. 219, f. 112r—137r) überliefert. Für De Deo abscondito ist uns in Cod. cus. 220, 113r-v das Autograph erhalten.

nicht vermissen läßt, zu Rate gezogen³. Ebenso bedeutete die textkritische Ausgabe der „Opera omnia, iussu et auctoritate Academiae Litterarum Heidelbergensis ad codicum fidem edita" (Leipzig 1932, ff.) eine ausgezeichnete Hilfe, soweit die in Frage kommenden Texte erschienen sind (in diesem Band „De docta ignorantia" und „Apologia doctae ignorantiae").

Bei der Übersetzung des Textes wurde von dem — an und für sich selbstverständlichen — Grundsatz ausgegangen, daß das Verhältnis des Autors zur Sprache nicht nur für das Verständnis des Textes, sondern auch für die Übertragung maßgebend sei. Wie Cusanus wiederholt ausführt, soll der Philosophierende zwar genau auf den Gebrauch der Wörter und ihre Verwendung innerhalb der Sprache achten⁴, da sich darin, wie es in der „Venatio" heißt (S. 153), in abgeleiteter Form das ursprüngliche menschliche Wissen verbirgt, doch darf er andererseits nicht am Wort hängen bleiben. Wichtiger ist die *Intention des Denkens*, die in der Sprache der Differenziertheit ihrer Strukturen entsprechend Gestalt gewinnt.

Die Folge davon ist, daß die exakte Abgrenzung des Wortes, die in einer festgeformten Terminologie erstrebt wird, zugunsten des nur aus dem Ganzen sinnvoll werdenden Bedeutungsgehaltes zurücktritt. Damit ist keineswegs einer Sprachverwirrung das Wort geredet, wenngleich die sich darin zeigende Logik den technischen Perfektionismus der herkömmlichen Horismatik zugunsten des Ganzen und seines „Gedankens" überwindet. Denken und Sprache bilden ein lebendiges Ganzes, das aller Gewalt abhold, ein ursprüngliches, integrierendes Verhältnis zur Wirklichkeit ermöglicht. Die Theorie erscheint als konstitutives Ganzes, in dem sich die Strukturen vermittels der Sprache erhellen,

---

³ Abweichungen vom Text des Cod. Cus. sind, außer es handelt sich um abweichende Schreibweise bzw. Schreibfehler, als solche in den Anmerkungen gekennzeichnet. Wo es für den Sinnzusammenhang erforderlich schien, sind Worte in eckigen Klammern, wenn nicht anders vermerkt, nach dem Pariser Druck ergänzt. Die Schreibweise wurde einheitlich der bei der Edition klassischer Texte üblichen, angeglichen.
⁴ So ist, um ein Beispiel zu geben, absolutus im ursprünglichen Sinn zu verstehen: ab — solutus, losgelöst.

ohne daß dadurch eine Konstruktion zustande käme. Das Wort hat nicht nur eine Bedeutung, sondern einen Bedeutungsgehalt. Sprachstruktur und Bedeutungsgehalt sind also die beiden Pole, denen sich die Übersetzung nahezukommen bemüht. Bedeutet nun die Darstellung der Sprachstruktur im übersetzten Text auf der einen Seite eine im Deutschen etwas ungewohnte Weise der Differenzierung des Satzbaues — dessen „Unebenheiten" man vielfach durch Substantivierungen überdecken könnte —, so war sie auf der anderen Seite notwendig, wollte man nicht die sich darin manifestierende Eigenart des Denkens unterdrücken und die Feinheiten in der Art und Weise der Aussage und deren Bedeutung im Einzelnen verflachen.
Was die aus dem Ganzen zu gewinnenden Bedeutungsgehalte anbelangt, so ergab sich, daß dasselbe lateinische Wort in der deutschen Übertragung oftmals in verschiedenem Ausdruck aufscheint und umgekehrt. So steht zum Beispiel „ratio" Begriffen wie „Verstand", „Wesenssinn", „Bestimmungsgrund" gegenüber; „Geist" steht mitunter für „spiritius", „mens" und „intellectus". Manchmal ändert sich die Übersetzung im selben Satz, oder im selben Zusammenhang, beziehungsweise es werden zwei Wörter für eines wiedergegeben. Der Grund dafür ist der soeben genannte: die Fülle des Bedeutungsgehaltes läßt sich nur in wechselseitiger Verwobenheit der Wörter und Sätze zum Ausdruck bringen[5]. Daß darin eine Schwierigkeit liegt, die prinzipiell für jede Übersetzung, hier jedoch in besonderem Maße vorhanden ist, braucht nicht eigens erwähnt zu werden. Als letzte Kontrolle steht jedenfalls der Originaltext daneben, so daß sich jeder vergewissern kann und letzten Endes auch vergewissern muß.
Der Quellenapparat ist im Sinne einer Studienausgabe, die das Werk selbst sprechen lassen möchte, auf das Wesentliche beschränkt. Es werden darum nur jene Quellen angegeben, die der Autor ausdrücklich oder wenigstens wörtlich zitiert. Die Verweisungen im Werk selbst werden nicht

---

[5] Wollte man in diesem Zusammenhang die Übersetzung im einzelnen begründen, so hieße das zugleich das „System" des Cusaners entfalten, eine Aufgabe, zu der diese Edition zwar anregen möchte, die auszuführen jedoch hier nicht der Ort ist.

berücksichtigt, da ein Sachregister am Ende des letzten
Bandes diese Funktion naturgemäß übernehmen wird. Bezüglich der Testimonia, die vor allem dem historischen
Studium dienen, wird auf die seit 1932 erscheinende Heidelberger Akademieausgabe verwiesen.

DE VENATIONE SAPIENTIAE

Diese Schrift, die anläßlich der Lektüre des Diogenes
Laertius zustande kam, wurde Anfang des Jahres 1463 in
Rom verfaßt[6]. Als Einführung und Vermächtnis gedacht,

---

[6] Da die Abschrift von Diogenes Laertius am 9. Dezember 1462
fertiggestellt worden war (vgl. Vansteenberghe, Le Cardinal
Nicolas de Cues, Paris 1920, S. 274), Cusanus selbst das 61. Lebensjahr überschritten hatte (S. 3), eine Ausdrucksweise, die auf
die erste Hälfte des 62. Lebensjahres schließen läßt, das Werk
selber aber nicht mehr 1462 geschrieben worden sein kann, da
„im vergangenen Jahr" (S. 67) das „Nicht-andere" verfaßt
wurde, das 62. Lebensjahr jedoch im August 1463 erreicht worden
wäre (vgl. Vansteenberghe, a. a. O. S. 461), bleiben nur die
ersten Monate des Jahres 1463 als Entstehungszeit übrig. Dieses
Datum würde auch jenes Problem beseitigen, das im Anschluß
an Kapitel XXII entsteht. Dort spricht der Autor davon, daß
er „nuperrime" in Orvieto ein Werk über die Gestalt der Welt
(De figura mundi) geschrieben habe. G. v. Bredow hat schon die
Vermutung ausgesprochen, daß es sich hier um De ludo globi
handelt (Vom Globusspiel, Hamburg 1952, Meiners Phil. Bibl.
233, S. 109). Diese Annahme wird durch folgende Umstände
sehr wahrscheinlich gemacht: Cusanus war im Sommer 1462
in Orvieto. Wenn er, wie im Jahre zuvor und wie im Jahre
1463, im Oktober oder November wieder nach Rom zurückkehrte, so steht dem nichts im Wege, daß der Mitunterredner
Johannes, der im September 1462 in Mantua Eheverhandlungen
bezüglich seiner Familie führte (vgl. G. v. Bredow, ebda.), den
Cusaner anschließend in Orvieto besuchte und dort das besagte
Gespräch über die Gestalt der Welt, das sich an das von
Cusanus (zur Erholung) gespielte Globusspiel anknüpfte, durch-
führte. Als dann der Gesprächspartner des zweiten Dialogs,
Albert, im Herbst 1463 in Rom weilte, wurde das erste Gespräch aufgegriffen und in einem eigenen Dialog weitergeführt.
Auf diese Weise wird die Einleitung zum 2. Buch von De ludo
globi verständlich. Möglicherweise führte überhaupt erst der
Wunsch Alberts, das Globusspiel näher erklärt zu bekommen,
den Autor dazu, den beiden Dialogen den Titel De ludo globi
zu geben.

skizziert sie nicht nur das bis dahin vorliegende Werk[7], sondern bedeutet in dieser umfassenden Synthese zugleich eine neue Anstrengung des Denkens und damit einen weiteren Schritt, sich der stets gesuchten Wahrheit und Weisheit zu nähern.

Der Ausgangspunkt ist auch hier — ebenso wie in der Docta ignorantia — die menschliche Gesamtsituation. Diese ist, vom Prinzip der Assimilation durchgehend bestimmt, prinzipiell für die Weisheit erschlossen, und zwar in der dreifachen Stufung des Ewigen, Dauernden und Zeitlichen (S. 49). Auf die logisch-ontologische Ebene übersetzt, findet der Autor dafür die Formel, daß alles, was geworden ist, werden konnte (S. 177f, vgl. S. 12). Obwohl dieser Satz weitgehend auf Aristoteles zurückgeht, so versteht er ihn dennoch in einem ursprünglicheren Verständnis, das heißt nicht nur mathematisch-rational, sondern ganzheitlich und integral.

Das sich aus diesem Ansatz, der in zehn verschiedenen Feldern jeweils wiederholt wird, ergebende Resultat ist die aus der Unmittelbarkeit herausgeführte Anfangssituation: der vom Horizont der Dauer und der Zeit bestimmte Ort des Menschen (S. 148). Damit sind die Grundstrukturen angedeutet, die für ein genuines philosophisches, das heißt in das eigene Philosophieren übersetztes, translatorisches Verständnis des Cusaners maßgebend sind. Es sind die Strukturen des Ganzen, die sich in der Grenze[8] als Horizont

---

[7] In diesem Zusammenhang kann der Satz „conscripsi dudum conceptum de quaerendo Deum, profeci post hoc et iterum signavi coniecturas" (S. 2) wohl kaum so verstanden werden, als würde Cusanus hier — einem modernen Quellenanalytiker gleich — das Opusculum De quaerendo Deum (1445) und die „zweite Redaktion" von De coniecturis zitieren (vgl. P. Wilpert, Kontinuum oder Quantensprung, W. u. W. 1963, S. 102ff). Dieser Satz bedeutet vielmehr die komprimierte Darstellung seines Lebenswerkes: Der Entwurf eines Weges zu Gott, der als solcher immer wieder erneuert wurde. Vgl. auch J. Koch, Die ars coniecturalis des Nikolaus von Kues, Köln 1956, S. 8f.

[8] Besonders deutlich wird das in der von der Scholastik vorgebildeten Grenzbestimmung von sensibile in actu est sensus in actu; intelligibile in actu est intellectus in actu (p. 186; Thomas, S. Theol. I, I, 14,2 co. Arist. De Anima III, 8). Vgl. auch das Feld: de termino.

erhellen, und zwar als Horizont der Zeit, die das Seiende in seinem Gewordensein und im Wirkungszusammenhang dieses Gewordenseins umfaßt und als Horizont des Dauernden, das als schöpferische Teilhabe das Zeitliche dem Ewigen vermittelt und in dieser Vermittlung dem Denken Raum gewährt; insofern nämlich, als dieses auf die rationale und eigengestaltliche Struktur des Ganzen angewiesen, diese wie auch sein Wesen nur im Dauernden findet. Das so begründete Denken erhält damit die Möglichkeit, sich auf seinen Begründungszusammenhang erschließend zurückzubeziehen und ihn als solchen aufzuhellen, beziehungsweise in seine Gegenwart zu gelangen. Von hier aus werden dann auch jene Denkbemühungen einsichtig, die sich vor allem an die Problematik des Nichtandern anschließen.

Im Nicht-andern als der Definition seiner selbst und jedes Einzelnen soll die Wirklichkeit des Denkens soweit abgeschritten werden, daß sie mit der Wirklichkeit des Gedachten zusammenstimmt. Das wird dadurch erreicht, daß jene Begriffe, die als solche für das Ganze transparent sind, zu diesem transzendiert werden. Damit wird ein Kategoriensystem entworfen, das einerseits der Wirklichkeit gegenüber zwar prinzipiell integer ist, das aber andererseits als erweiterungsfähiges nie abgeschlossen, sondern jeweils aufgegeben ist, sowohl hinsichtlich der Wirklichkeit (Praxis), die erfahren werden soll, als auch dem Denken (Theorie) gegenüber, das sich selbst ausmessen muß[9].

Damit kommt auch das Verhältnis des Cusaners zur geschichtlichen Vergangenheit in ein neues Licht. Die philosophische Tradition ist für ihn — und das wird vor allem aus der Behandlung des Diogenes Laertius wie auch in der Einbeziehung zeitgemäßer Anschauungsformen (S. 181ff) deutlich — ein transparentes Gefüge, das in seinem persönlichen Denken verschränkt, zum konkreten Ausgangspunkt für eine weitere Denkentfaltung wird. Die Tradition ist

---

[9] Von hier aus erhält der Ansatz der philosophischen Bemühung im Raum mehrerer Felder einen tieferen Sinn: Das grundsätzliche Offensein für das Ganze, das Philosophie allererst ermöglicht, ist — im einzelnen — notwendig auch Erschlossensein des Ganzen, jedoch so, daß damit kein Abschluß, sondern die Dynamik weiteren Erschließens — d. h. die Entdeckung der übrigen Felder — mitgegeben ist!

nicht nur positiver Inhalt von Wissen, das als solches bloß
Gewußtes wäre, sondern Möglichkeit für das Denken, das
— wie es zweihundert Jahre später Giovanni Battista Vico
ausgeführt hat — hier den angemessenen „Gegenstand"
seines Verstehens findet. Daß dabei für Cusanus — wie vor
allem aus der Venatio ersichtlich ist — gewisse Gestalten
der Tradition (wie das Christentum im allgemeinen und wie
Dionysius und Proklos im besonderen) eine Art autoritative
Funktion ausüben, widerspricht dem nicht, da das konkrete
Denken als solches dem konkreten Glauben als dem Fundament allen Lernens verbunden bleibt[10].

Auf Cusanus selbst angewandt heißt das, daß wir ihm in
zweifacher Weise begegnen können — als dem Lehrer, der
einführt, und als dem Denker, der in seinem Gedachten zum
integrierenden Teil einer neuen Symbolgestalt für die Gegenwart des stets Gesuchten wird. Dazu ist jedoch erforderlich, daß wir die Höhe seines Denkens zumindest erreicht
haben.

DE DOCTA IGNORANTIA

Das Buch De docta ignorantia (Cod. Cus. 218, f. 1—42^r)
wurde, wie der Autor selbst bemerkt (S. 516), am
12. Februar 1440 in Kues beendet. Es bildet zeitlich nicht
nur die erste philosophisch-theologische Schrift, sondern
auch, aus der Rückschau der Venatio, das erste Feld für die
Jagd nach der Weisheit[11]. Diese erweist sich hier als das
dreifache Suchen nach Gott, das im Göttlichen beziehungs-

---

[10] Vgl. dazu Ludwig Baur, Nicolaus Cusanus und Ps. Dionysius
im Lichte der Zitate und Randbemerkungen des Cusanus.
Sitzungsberichte der Heidelberger Akademie der Wissenschaften
1940/41, 4. Abhandlung, Phil. hist. Klasse. Heidelberg 1941.
Rudolf Haubst, Die Thomas- und Proklos-Exzerpte des „Nicolaus Treverensis" in Codicillus Strassburg 84, Mitteilungen und
Forschungsbeiträge der Cusanusgesellschaft 1/1961, S. 17—51.

[11] Daß hierbei auch das Feld der Einheit in besonderer Weise
beschritten wird, ist dadurch ermöglicht, daß letzten Endes in
jedem einzelnen Feld die übrigen Felder prinzipiell eingeschlossen
sind; sie brauchen nicht expressis verbis entfaltet zu werden,
können es jedoch. Vgl. Anm. 9.

weise im Grund von allem, in der Welt und im Menschen beziehungsweise im Gottmenschen entfaltet wird. Das spezifisch Cusanische daran ist nicht dieses Faktum als solches — beschäftigt sich doch die Philosophie, vornehmlich aber das Mittelalter von Anfang an damit —, sondern die Art und Weise, wie Nikolaus von Kues vorgeht und die Probleme entwickelt.

Im folgenden sollen zwei Momente, das Moment des transzendentalen Ansatzes und das der Theorie, die für das Verständnis des Werkes — das wie auch die anderen Werke für sich selbst spricht — wesentlich erscheinen, eigens hervorgehoben werden.

Betrachtet man die drei Bücher in ihrem wesentlichen Gehalt, so fällt auf, daß in jedem Buch der Gedanke des Maximum von entscheidender Bedeutung ist: das erste Buch handelt vom maximum absolutum (Gott), das zweite vom maximum contractum[12] (Welt-Schöpfung) und das dritte vom maximum contractum et absolutum (Mensch-Gott). Diese Bedeutung des Maximums ergibt sich nach den Ausführungen des ersten Buches aus der Spannung der docta ignorantia. Die wissende Unwissenheit als Prinzip der Erkenntnis aus der unmittelbaren Gegebenheit der Wirklichkeit macht deutlich, daß die Erkenntnis des „Was" der Dinge — in der Voraussetzung des „Daß" als solchem ermöglicht — unlösbar mit dem „Wie" des Erkennens verbunden ist und umgekehrt[13]. Allerdings nur dann, wenn es

---

[12] In der Übersetzung des Wortes contractio, contractus — Verschränkung, verschränkt soll neben dem Bedeutungsgehalt von zusammenziehen, verdichten, verwirklichen, vor allem jenes Bild zur Sprache kommen, das die sich kreuzenden und zusammentreffenden Prinzipien anzielt, die darin ihr Verwachsensein, d. h. als bestimmte, in der Freiheit der Prinzipien eingeschränkte Dinge, ihre Wirklichkeit erhalten.

[13] Mit Recht kann man von hier aus die Philosophie des Cusaners als „realistische Transzendentalphilosophie" (R. Haubst, Nikolaus von Kues und die moderne Wissenschaft, Kleine Schriften der Cusanus-Gesellschaft, Heft 4, Trier 1963, S. 7) bezeichnen. In Übereinstimmung und zugleich im Gegensatz zu Kant (Kr. d. r. V., A XVII) fragt nämlich der Cusaner nicht nur nach dem Wie der Erkenntnis, sondern verknüpft diese Frage zugleich auch mit dem Warum und Woher, d. h. mit der Begründung und Wirklichkeit der Erkenntnis.

sich um die äußerste Grenze des Erkennens, um das Maximum handelt, in dem sich Denken und Sein vom Grund her berühren, um auf diese Weise selbst eins, das heißt das alles umfassende und umschließende Ganze zu sein, dem gegenüber der Grund aus positiver Mächtigkeit heraus, in der vom Wissen erhellten Verborgenheit des Nicht-Wissens verbleibt.

Dieses Resultat nimmt seinen Ausgang in jener konkretsymbolischen Betrachtung der Wirklichkeit, die das Abstrakte als bestimmte wirkliche Gestalt integriert. Es ergibt sich — dem zweifachen „Zwischenraum" der dreifachen Stufung des Wissens entsprechend (De ven. sap., S. 49) — in einem zweifachen Transcessus: im Transcessus des Sinnlichen zum eigengestaltlichen Wesenssinn, der im Mathematischen am deutlichsten zu erreichen ist; im Transcessus des Eigengestaltlich-Konkreten zum absoluten Grund[14].

Ist der Grund erreicht, so ist zugleich auch die Begründung für die Möglichkeit dieses zweifachen Transcessus gegeben. Die geheimnisvolle Gegenwart des Grundes — das Wort „Geheimnis" ist hier absichtlich gebraucht — zeigt sich zugleich als Anfang und Ende, wobei der Abstand beider in seiner Uneinholbarkeit positiv begriffen wird (S. 203 u. a.). Damit führt diese geheimnisvolle Gegenwart, die dem zweifachen Transcessus entsprechend als Zeit und Dauer entfaltet, beziehungsweise im Regreß von Zeit und Dauer angezielt wird, zu jenem Satz aus der Venatio — in horizonte temporis et perpetui collocavit eum (S. 148) —, der als theoretisch-praktischer Leitsatz erfahren, sowohl die docta ignorantia als auch die übrigen sich daran anschließenden Theoreme (coincidentia oppositorum, possest, non aliud u. a.) zusammenfaßt. Die Position, die damit erreicht ist, bietet nun die Möglichkeit, die Theorie auf die Wirklichkeit als Aufgabe der Erfahrung anzuwenden.

Auf den Menschen angewandt, entsteht daraus die Cusa-

---

[14] Darin erhält auch die Aufschließung der Welt in Eigengestalt (species) und Gattung (genus) ihren systematischen Horizont: Die Verschränkung zum Konkreten vollzieht sich vom Allgemeinen her (genus); das Einzelne verhält sich darum wesentlich zu diesem, d. h. es erhält in diesem Verhalten — in seiner Eigengestalt — die ihm zugemessene Weise des Allgemeinen.

nische Anthropologie, deren christologischer Aspekt (das menschlich Größte und absolut Größte ist Jesus von Nazareth) zwar in sich eigenständig, vom Ganzen gesehen jedoch nicht getrennt ist[15]. Dies wird dadurch ermöglicht, daß der Glaube von der Theorie nicht exkludiert wird, sondern ebenso wie auch die unmittelbare Ganzheit der menschlichen Existenz, konstitutiv den Horizont des Fragens nach dem Sinn und der Wahrheit bildet.
Die Bedeutung und Eigenständigkeit der Theorie als solcher zeigt sich vor allem in der Kosmologie. Zunächst bedeutet Kosmologie die Entfaltung der Theorie in bezug auf die sinnliche Welt, und zwar in Korrelation mit Theologie und Anthropologie. Es geht um die Welt beziehungsweise Schöpfung als solche. In welchem Verhältnis steht sie zum Absoluten? Wie verhält sie sich in sich selbst? Welches sind ihre tragenden Prinzipien?
In der Beantwortung dieser Fragen, deren wichtigstes Ergebnis — wie schon gesagt — wohl in der Deutung des uneinholbaren, jedoch positiv zu denkenden göttlichen Abstandes liegt, entfaltet Cusanus die Lehre von der complicatio und explicatio aller Dinge. Bedeutet diese Lehre in Hinblick auf Einheit und Vielheit einerseits die Einbeziehung der Freiheit Gottes im System — jedes Einzelne ist in seiner Einmaligkeit ein „Stück" der Freiheit Gottes —, so bedeutet sie andererseits die Aufrechterhaltung der absoluten Notwendigkeit, insofern nämlich die Schöpfung durchgängig davon bestimmt ist, daß Jedes in Jedem ist, quodlibet in quolibet.
Wissenschaft und Philosophie werden jeweils begründet, da die ontologische Differenz von Sein und Seiendem in der begründenden Differenz von Schöpfer und Geschöpf aus der Starre der negativen Unmittelbarkeit in die Bewegung der geistigen Differenz von Wissen und Nichtwissen erweitert wird.
Die konkreten Folgerungen dieser Theorie auf den Kosmos machen in ausgezeichneter Weise deutlich, wie ihre Wahrheit gegenüber der empirischen Erfahrung durchgehalten

---

[15] Vgl. dazu R. Haubst, Die Christologie des Nikolaus von Kues, Freiburg 1956.

wird, auch wenn sich diese im Laufe der Jahrhunderte erweitert beziehungsweise überholt. Obwohl nämlich Cusanus durchaus an typisch mittelalterlichen Kosmosvorstellungen festhält (vgl. die Lehre von den Elementen, dem Aufbau der Himmelssphären u. a.), so ergeben sich in bezug auf diese Anschauungen, die er als mundum similitudinarium des Geistes bezeichnet (S. 354), grundsätzliche Aussagen der Theorie, die ihre Gültigkeit auch dann behalten, wenn diese Anschauungen schon längst durch andere, dem Zusammenhang der Dinge besser entsprechende, ersetzt sind, wobei selbst dann niemals eine Identität von wissenschaftlicher Modellvorstellung (mundus similitudinarius) und Theorie erreicht werden kann, wenngleich das Verhältnis beider zutreffender wird[16].

Für den konkreten Menschen, hic et nunc, sind die Grenzen zwischen Theorie und Anschauung allerdings vielfach fließend, so daß es der stets erneuten Anstrengung bedarf, die Theorie, die mit der Anschauung vereint ist und es auch sein soll, aus dieser Vereinigung zu lösen, damit sie von neuem zum Horizont geistigen Verstehens geworden, zur Grundlage neuer, innigerer und tieferer Vereinigung werden kann. In diesem Sinn bedeutet das zweite Buch der Docta ignorantia ein Musterbeispiel für das Verhältnis von philosophischer Theorie und wissenschaftlicher Anschauung, sowohl was ihre Einheit als auch was ihre Unterschiedenheit anbelangt, wobei uns für das letztere die Erfahrung von 500 Jahren zu Hilfe kommen kann.

DE DEO ABSCONDITO

Betrifft die von der wissenden Unwissenheit ausgehende Untersuchung die Gotteserkenntnis als solche, das heißt die Theorie, um in ihr nicht nur das Fundament, sondern auch den Inhalt alles Erkennens zu finden, so ist der Dialog De Deo abscondito der Gotteserkenntnis als praktischem Pro-

---

[16] Die markantesten Sätze dafür sind wohl jene: Mittelpunkt und Umfang der Welt sind nirgends und überall, die Erde ist Stern unter Sternen. Vgl. S. 391ff.

blem gewidmet¹⁷. Sofern nun dieser Dialog um das Wesen der Anbetung kreist, die, da sie Glaube, Hoffnung, Liebe, Erkennen, kurzum die Fülle der personalen Vermögen umgreift, den höchsten aller personalen Akte darstellt, wird deutlich, daß das Wissen des Nichtwissens letzen Endes nur personal begreifbar ist.

Erst wenn der Mensch in die Dimension der Anbetung gelangt, findet er das eigentliche Wesen seiner Personalität. Denn wenngleich das Wesen der Person nicht ohne die Bejahung des eigenen Selbst (Ich) möglich ist, so wird diese Bejahung doch erst dann vollständig, wenn sie die Herkunft des Selbst miteinbegreift, das heißt wenn sie zugleich die letzte und ursprüngliche Abhängigkeit und alles was daraus folgt einschließt.

Diese Dimension ist nun von Cusanus als wissende Unwissenheit bestimmt worden, beziehungsweise da sie von der Theorie der Docta ignorantia her gesehen nicht anders bestimmt werden kann und von ihr aus zugleich so bestimmt werden muß, so bedeutet das, daß ihre Eigengestaltlichkeit zugleich auch der wissenden Unwissenheit zukommen muß. Daraus folgt, daß die wissende Unwissenheit niemals rein abstrakt und endgültig, das heißt negativ verstanden werden kann. Entsprechend der Sehnsucht des Menschen nach der Wahrheit, ist sie wie dieser konkret. Ihre Unwissenheit schließt das Wissen um Gewußtes mit ein, ist wissendes Nichtwissen um das Wissen des Wissens. Aus dem Verlangen nach der Wahrheit geboren ist sie lebendig im Raum der Anbetung. Wissende Unwissenheit bedeutet so Entscheidung für die Wahrheit, deren Kommen im Weichen (κένωσις) des Menschen sichtbar wird. Mit anderen Worten: obwohl die wissende Unwissenheit im Wissen ansetzt, kann sie doch nur in der personalen Entscheidung zu ihrem eigentlichen Wesen geführt und durchgehalten werden.

---

¹⁷ Der Dialog entstand in dem für Cusanus überaus fruchtbaren Jahr 1445. Er ist uns im Autograph erhalten (Cod. Cus. 220, f. 113r—v. Da De Deo abscondito gleichsam eine erste „Anwendung" der im ersten Buch der Docta ignorantia entwickelten Grundgedanken bedeutet, wurde diese Schrift sinngemäß diesem Buch beigegeben.

Der transzendentale Ansatz ist nur dann wirklicher Ansatz, wenn er personal verstanden wird, das heißt wenn die einigende Mitte von Wissen und Handeln, von Theorie und Praxis, auch für die Theorie konstitutiv maßgebend ist. Jedes spätere „Ableiten" dieser Mitte vergißt, daß das Wesen des Personalen im Vollzug der eigenen Möglichkeit besteht, daß es also seinem Wesen nach jedem „Ableiten" schon zuvorgekommen ist. Wollte man es trotzdem ableiten, so kann man es nur verfehlen, da man — cusanisch formuliert — nur das „ableiten" kann, was wirklich ableitbar ist.

APOLOGIA DOCTAE IGNORANTIAE

Wie der Titel schon sagt, verteidigt Cusanus hier die wissende Unwissenheit. Er richtet sich dabei gegen den Heidelberger Professor Johannes Wenck († 1460), der ihn in einer Schrift „De ignota litteratura" 1442/43 heftigst angegriffen hatte[18].
Wenck glaubt, wie R. Haubst ausführlich gezeigt hat, daß es sich bei Cusanus um einen theologischen Neuerer und einen den Begarden nahestehenden Denker handle. Daraus ergeben sich die wichtigsten Kontroversmomente.
Cusanus antwortete im Oktober 1449 in der literarischen Form eines Schülerbriefes (Cod. Cus. 218 f., 43—51ᵛ) auf diese Angriffe, deren Grundtenor dahin ging, daß Cusanus „ein gelehrter Ignorant oder ein ignoranter Gelehrter" sei, „ein ‚konfuser Mensch', dessen ‚Weg in die Unvernunft und Torheit der Unwissenheit führt'"[19]. Der Grund, warum Nikolaus nicht schon früher antwortete, liegt offenbar darin, daß ihm die Wencksche Schrift nicht eher zu Gesicht gekommen war[20].

---

[18] Vgl. Rudolf Haubst, Studien zu Nikolaus von Kues und Johannes Wenck, Beiträge zur Geschichte der Philosophie und Theologie des Mittelalters, Bd. XXXVIII/1, Münster 1955, S. 99. De ignota litteratura wurde erstmals in dieser Reihe von E. Vansteenberghe ediert (VII/6, 1910).
[19] a. a. O., S. 127.
[20] a. a. O., S. 100; S. 112, Anm. 8.

Wie bedeutsam der Vergleich von Wenck und Cusanus für die Zeitgeschichte im einzelnen auch sein mag, so ist der philosophische Gehalt dieser Schrift vornehmlich darin zu erblicken, daß wir hier gewissermaßen einen Kommentar zu bestimmten „Lehrstücken" der Docta ignorantia erhalten. Diese sind das Verhältnis von Gott und Welt, der göttliche Charakter des Menschen, das Verhältnis der Cusanischen Philosophie zur Schulphilosophie beziehungsweise zur Logik.

Die Antwort Cusas greift vor allem das erste Problem auf, das, mit dem letzten vereint, die Lösung aller anderen einschließt.

Cusanus lehnt die traditionelle Schullogik als solche zwar nicht ab, wohl aber als einzige Form beziehungsweise in ihrer Brauchbarkeit für das theologische Denken (A dialecticis libera nos Domine — S. 562). Die traditionelle Logik ist soweit brauchbar, als die (quantitativ reduzierbare) Proportionalität vorherrscht. Für die Betrachtung der Gegenwart des Absoluten jedoch brauchen wir ein dieser Gegenwart angemessenes Denken: das symbolische beziehungsweise Bilddenken. Dieses ist jedoch selbst nicht bildlich, da es zur Erstellung der Bildstruktur den rationalen Diskurs benötigt. Die Einheit von Bildlichkeit und Rationalität ist vielmehr das Wesen der docta ignorantia, wie es im Anschluß an das Sokratische οἶδα οὐκ εἰδέναι entwickelt wird (S. 523). Dementsprechend *kann* auch das Verhältnis Gottes zur Welt einerseits nur aus der Distanz heraus dargestellt werden, *muß* andererseits jedoch so, das heißt im Sinne der docta ignorantia, dargestellt werden, soll Gott nicht in seiner Absolutheit und Transzendenz aufgelöst werden. Die Koinzidenz Gottes bedeutet also das genaue Gegenteil von jedem pantheistischen In-Eins-Denken von Gott und Welt.

Weil in Gott die Gegensätze koinzidieren, steht er jenseits der Welt und ihrer Erscheinungen, und weil er — als Grund — jenseits dieser Erscheinungen steht, müssen in ihm die Gegensätze koinzidieren. „Und Gott so zu sehen, heißt alles als Gott und Gott als alles sehen — so wie wir vermittels der wissenden Unwissenheit wissen, daß er von uns nicht gesehen werden kann" (S. 537).

Das eigentliche Problem also, um das Cusanus immer wieder ringt, ist das der Repräsentation Gottes in der Welt, die die Gegenwart des Grundes aus dem unendlichen Abstand ist und die letzten Endes nur dort begriffen werden kann, wo sie zum konkreten Bild ihrer selbst wird, das heißt im Menschen, der als Bild Gottes Mittelpunkt jener Schöpfung ist, die so in Gott ist, daß Gott alles und nichts von allem ist. Dem Menschen aber ist diese Schöpfung aufgegeben, so daß er sich in jedem einzelnen Fall, auch im überlieferten Glauben beziehungsweise der Tradition gegenüber in dieser Aufgabe bewähren muß, deren Wesensraum die wissende Unwissenheit umschreibt und — aus der einmaligen Betroffenheit des Heiligen und Unsagbaren, der den Menschen aus dem Ganzen erwählt und ihn in dieser Erwählung als Wesen der docta ignorantia zugleich wieder mit dem Ganzen verbindet — mit ihren Konsequenzen inhaltlich auffüllt.

DE VENATIONE SAPIENTIAE

DIE JAGD NACH DER WEISHEIT

Prologus[1]

Propositum est meas sapientiae venationes, quas usque ad hanc senectam mentis intuitu veriores putavi, summarie notatas posteris relinquere, cum nesciam, si forte longius et melius cogitandi tempus concedatur; sexagesimum enim primum transegi annum.

Conscripsi dudum conceptum de quaerendo Deum, profeci post hoc et iterum signavi coniecturas. Nunc vero, cum in Diogenis Laertii de vitis philosophorum libro[2] varias philosophorum legissem sapientiae venationes, concitatus ingenium totum contuli tam gratae speculationi, qua nihil dulcius homini potest advenire; et quae diligentissima meditatione repperi, licet parva sint, ut acutiores moveantur ad melius mentem profundandum, peccator homo timide verecundeque pandam. Hocque ordine procedam.

Sollicitamur appetitu naturae nostrae indito ad non solum scientiam, sed sapientiam seu sapidam scientiam habendum. Circa huius rationem primo pauca praemittam, deinde volenti philosophari (quod venationem sapientiae voco) regiones et in illis loca quaedam describam in camposque ducam, [quos] praedae, quam quaerunt, apprime puto refertos.

---

[1] Cod. Cus.: Reverendissimi Domini Nicolai [de Cusa] Cardinalis Sancti Petri ad Vincula prologus libri de venatione sapientiae.
[2] Cusanus benützte die Übersetzung des Camaldulenser Generals Ambrosius Traversari (1386 bis 1439), den er auf dem Konzil von Basel (1435) kennengelernt hatte. Die auf sein Geheiß hin angefertigte Kopie befindet sich heute als Cod. harleian. 1347 im Britischen Museum. Im folgenden wird hier die griechisch-lateinische Ausgabe von C. Gabr. Cobet zitiert: Diogenis Laertii de clarorum philosophorum vitis, dogmatibus et apophthegmatibus libri decem, Paris 1862.

Vorwort

Da ich das einundsechzigste Lebensjahr bereits überschritten habe und nicht weiß, ob mir noch eine längere und bessere Zeit der Besinnung gegönnt ist, habe ich die Absicht, meine Jagdzüge nach Weisheit, die ich bis zu diesem Alter durch geistiges Betrachten für immer richtiger hielt, kurz zusammengefaßt der Nachwelt zu überliefern.

Vor langer Zeit habe ich die Grundgedanken über das Suchen nach Gott ausgeführt. Daraufhin forschte ich weiter und habe noch andere Mutmaßungen niedergeschrieben. Da ich aber nun im Werk des Diogenes Laertius „Das Leben der Philosophen" von deren verschiedenen Jagdzügen nach Weisheit gelesen habe, hat mich dies dazu bestimmt, meinen Geist dieser so angenehmen Betrachtung, der köstlichsten, die ein Mensch nur finden kann, ganz zuzuwenden; was ich durch eifrigstes Nachsinnen gefunden habe, will ich, wenn es auch nur wenig ist, als unvollkommener Mensch in Bescheidenheit und Ehrfurcht darlegen, auf daß Scharfsinnigere dadurch angeregt werden, ihren Geist besser zu vertiefen. Ich werde in folgender Weise vorgehen.

Ein unserer Natur angeborenes Verlangen führt uns dazu, nicht nur nach Wissen, sondern auch nach Weisheit (oder „schmackhaftem Wissen") zu streben und sie besitzen zu wollen. Zuerst werde ich über deren Wesenssinn einiges vorausschicken, dann werde ich dem, der philosophieren will — dies nenne ich die Jagd nach Weisheit —, die Ebenen und in diesen bestimmte Plätze beschreiben und ihn zu den Feldern leiten, die meiner Meinung nach voll der von ihm gesuchten Beute sind.

I.

Sapientiam pastum esse intellectus

Intellectualis nostra natura cum vivat necessario pascitur; sed alio, quam intelligibilis vitae cibo nequaquam refici potest, quemadmodum omne vivens simili cibo vitae suae pascitur. Nam cum vitalis spiritus sit delectabiliter movens (qui motus vita dicitur) tunc vis ipsa spiritus vitae nisi restauretur naturali sua refectione exspirat et deficit.

Pytagorici aiebant vitalem spiritum in vapore seminis, corpus in corpore eius, potentialiter subsistere[1]. Quod et Stoici (qui et Zenonii) approbantes substantiam fructiferi seminis in spiritu vaporabili esse dixerunt[2]. Qui dum in grano aut in alio semine exspiravit non fructificat. Ignem enim videmus deficere et exspirare, si pabulum eius defecerit.

Unde et caelestia cum moveantur spiritus veteres apellabant; ut sapiens Philo et Jesus filius Sirach solem[3] spiritum affirmant; ideo et solem pasci dicebant vapore oceani et lunam similiter vapore aliorum fluminum refici affirmant. Et Planetas, quos divina vita pollere putabant, et deos alios vapo-

---

[1] Diogenes Laertius, a. a. O. lib. VIII, 1, p. 211ff.
[2] Ibid. lib. VII, 1, p. 193, 23ff.
[3] Wohl Sap. 5, 6. Dort heißt es in der Vulgata-Übersetzung: Sol intelligentiae non est ortus nobis. Das würde erklären, weshalb die Pariser Ausgabe hier statt Philo Salomon nennt, dem das Weisheitsbuch zugeschrieben wurde, bzw. warum Philo und Jesus Sirach miteinander genannt werden, denn wie Cusanus in der Apologia doctae ignorantiae bemerkt, werden die Weisheitsbücher von bedeutenden Männern dem Philo zugeschrieben. (Vgl. Apologia doctae ignorantiae p. 525.) Im übrigen bewegt sich Cusanus hier in einer Spekulation, die für sein eigenes Philosophieren nur noch eine Art Hinführung zum eigentlichen Gedanken darstellt. Vgl. auch Philo, ed. L. Cohn, Berlin 1962² (deutsch), De opificio mundi, p. 36f.

I.

Die Weisheit ist die Nahrung des Geistes

Da unsere geistige Natur lebt, muß sie notwendigerweise ernährt werden. Wie alles Lebende sich durch Speise, die seinem Leben gemäß ist, ernährt, so kann auch sie mit keiner anderen Speise als der des geistigen Lebens erhalten werden. Weil der lebendige Geist sich in Freude und Genuß bewegt — diese Bewegung wird Leben genannt —, nimmt die Kraft des Lebensgeistes, wenn sie nicht durch ihre natürliche Ernährung erneuert wird, ab und geht zugrunde.

Die Pythagoräer sagten, daß der Lebensgeist im Dunsthauch des Samens, der Körper in seinem Körper als Möglichkeit gründe. Die Stoiker, die man auch als Anhänger des Zenon bezeichnet, stimmten dem zu und glaubten, daß der Grundbestand des fruchtenden Samens im Dunsthauch sei. Wenn dieser im Getreidekorn oder in einem anderen Samen aushaucht und abstirbt, bringt er keine Frucht, so wie wir sehen, daß das Feuer abnimmt und verlöscht, wenn ihm die Nahrung ausgeht.

Daher nannten auch die Alten die Gestirne, weil sie sich bewegten, lebendige Geistwesen. So versichern z. B. der weise Philo und Jesus Sirach, die Sonne sei lebendiger Geist; deshalb sagte man auch, die Sonne nähre sich vom Dunsthauch des Ozeans, und Mond und Planeten, die man von göttlichem Leben erfüllt glaubte, würden in ähnlicher

ribus delectari credentes thure et odoriferis placabant. His enim spiritum vitae aetheriae seu caelestis purgatissimi ignis naturae inesse asserentes vaporem odoris suavissime obtulerunt.

Quoniam autem animalia omnia naturalem mentem fixamque memoriam pabuli sui similitudinisque suae sensum habent, quae sunt eiusdem speciei, sentientes, aiebat Plato hoc ex idea necessario esse cum praeter illas nihil maneat[1]. Ex quo elicias ideas non esse sic ab individuis separatas sicut extrinseca exemplaria. Nam natura individui cum ipsa idea unitur a qua habet haec omnia naturaliter.

Dicebat Laertius Platonem affirmare ideam unum et multa, stare et moveri[2]. In eo enim, quod est species incorruptibilis, est intelligibilis et una, in eo vero, quod multis unitur individuis, multa dicebat. Sic fixam stabilemque in eo, quod inalterabilis et intelligibilis, in eo vero, quod coniungitur mobilibus, moveri dixit.

Proclus[3] latius explanat quomodo principia essentialia sint intriseca et non extrinseca et quomodo per contactum[4] illum, quo individuum ideae suae iungitur per ipsam ideam intelligibilem divinitati connectitur, ut secundum suam capacitatem meliori modo sit quo esse et conservari potest.

---

[1] Diogenes Laertius, a. a. O. III, p. 72, 27ff.
[2] Ibid. III, p. 83, 14ff.
[3] Proclus, In Platonis theologiam, ed. A. Portus, Hamburg 1618 (Frankfurt 1960), IV, 33, p. 232. Vgl. auch Cod. Cus. 185.
[4] Cod. Cus.: contractum.

Weise durch den Dunst der Gewässer erquickt. Und in der Meinung, daß auch die anderen göttlichen Wesen sich an solchen Dünsten erfreuen, versöhnte man sie mit Weihrauch und Wohlgerüchen. Denn man war überzeugt, daß in ihnen der Geist des ätherischen oder himmlischen Lebens von der Natur des reinen Feuers enthalten sei, und brachte ihnen eben deshalb den Rauch der süßesten Wohlgerüche dar.

Die Tatsache, daß alle Lebewesen einen natürlichen Verstand, eine feste Erinnerung an ihre Nahrung und ein Empfinden ihrer Ähnlichkeit haben und erkennen, welche Wesen von derselben Art sind, muß, wie Platon sagt, notwendigerweise aus der Idee stammen, da nichts außer den Ideen Bestand hat. Daraus kann man erkennen, daß die Ideen nicht so von den Individuen getrennt sind, als wären sie äußerliche Urbilder. Denn die Natur des Individuums ist mit der Idee selbst geeint und hat von ihr alles auf natürliche Weise.

Laertius sagte: Platon versichere, daß die Idee das Eine und das Viele begründe und bewege. Darin, daß sie unzerstörbare Eigengestalt ist, ist sie geistig und eine, darin aber, daß sie aus vielen Einzelgestalten geeint ist, ist sie viele. Ebenso sagte er, daß sie in dem Unveränderlichen und Geistigen fest und beständig sei, dem Beweglichen verbunden aber bewegt werde.

Proklos erklärt ausführlicher, auf welche Weise die wesenhaften Ursprungsgründe innerliche und nicht äußerliche sind und auf welche Weise das Individuum vermittels jener Berührung, in der es seiner zugehörigen Idee verbunden ist, durch eben diese geistige Idee der Gottheit verknüpft wird, damit es entsprechend seiner Fähigkeit auf die beste Weise, nach der es sein und erhalten werden kann, sei.

Refert etiam Laertius Platonem dicere, ideas principium et initium esse eorum, quae natura consistunt, ut huiusmodi sint, qualia sunt[1]. Quae si bene intelligantur, forte non tantum adversantur veritati, quantum mali interpretes ipsius suggesserunt.

Epicharmos[2] etiam dixit omnia quae vivunt notioni et sapientiae participare. Gallina enim non parit viventes sed ova prius incubat et calore animat. Haec autem sapientia ut sese habet natura novit sola, ab ea quippe eruditur. Ac rursum ait: nihil profectum mirum — si ita loquar — et placere eas sibi et mutuo fovere et videri praeclara. Nam et canis cani videtur esse pulcherimum et bovi bos et asino asinus susque item sui videtur venustate praestare.

Ecce si animal omne habet cognatam intelligentiam eorum, quae ad necessitatem conservationis ipsius in se et in eius prole, cum sit mortale, sunt necessaria et hinc industriam habet venandi pabulum suum et lumen opportunum et organa venationi suae apta (ut lucem oculis congenitam animalia quae nocte venantur) cognoscitque inventum et eligit sibique unit, utique vita intellectualis nostra his nequaquam carebit; quare intellectus dotatus est a natura logica ut illa mediante discurrat et suam faciat venationem. Est enim, ut Aristoteles dicebat[3], logice[4] exactissimum instrumentum ad venationem tam veri quam verisimilis. Unde dum invenit cognoscit et avide amplectitur.

---

[1] Diogenes Laertius, a. a. O. III, p. 83, 14ff.
[2] Diogenes Laertius, a. a. O. III, p. 72, 34ff.
[3] Diogenes Laertius, a. a. O. V, 1, p. 117, 26ff.
[4] Logice ist das griechische λογική.

Laertius berichtet auch, daß Platon gesagt habe, die Ideen seien der Ursprung und Anfang der von Natur aus bestehenden Dinge, auf diese Weise seien sie, was sie sind. Und das steht, wenn man es richtig begreift, vielleicht zur Wahrheit in gar keinem so großen Widerspruch, wie es ihm seine schlechten Interpreten unterstellt haben.

Auch Epicharmos sagte, daß alles Lebendige an Erkenntnis und Weisheit teilhabe. Eine Henne bringt keine lebendigen Jungen auf die Welt, sondern sitzt erst auf den Eiern und belebt sie durch ihre Wärme. Die Natur allein weiß durch die Weisheit, wie sich das verhält, denn von ihr wird die Henne herangebildet. Weiter sagt er: es ist wahrlich nicht erstaunlich — wenn ich so sagen darf —, daß jene einander gefallen und wechselseitig wohlgesinnt sind und schön erscheinen. Ein Hund hält einen Hund für ein wunderschönes Tier und einem Ochsen scheint ein Ochse und einem Esel ein Esel und ebenso ein Schwein einem Schwein alle anderen an Lieblichkeit zu übertreffen.

Jedes Lebewesen hat also die angeborene Fähigkeit, die Dinge, welche zu seiner Erhaltung in ihm selbst und, weil es sterblich ist, in seiner Nachkommenschaft notwendig sind, zu erkennen, hat daher auch Interesse, seine Nahrung zu erjagen, besitzt das geeignete Augenlicht und die für seine Jagd notwendigen Organe (wie z. B. die Nachttiere das angeborene gute Sehvermögen); es erkennt das Gefundene, wählt es aus und verleibt es sich ein; so kann auch unser geistiges Leben diese Dinge unter keinen Umständen entbehren. Deshalb hat die Natur dem Intellekt die Logik geschenkt, damit er mit ihrer Hilfe alles absucht und durchläuft und seine Jagd macht. Die Logik ist, wie Aristoteles sagte, das genaueste Instrument sowohl zur Jagd nach dem Wahren als auch nach dem Wahrscheinlichen. Wenn daher der Geist etwas findet, erkennt er es und umfaßt es voll Eifer.

Sapientia igitur est quae quaeritur, quia pascit intellectum. Immortalis est enim cibus, immortaliter igitur pascit. Illa autem in variis rationibus lucet quae ipsam varie participant. In variis enim rationibus quaerit sapientiae lumen, ut inde sugat et pascatur; quemadmodum in variis sensibilibus, in quibus aliquando vita pascebatur, rationabiliter quaerit sensibilis vita pastum, ita et in sensibilibus notionibus ratione applicata intellectus intelligibilem cibum venatur. Unde in uno cibo melius quam in alio reficitur, sed difficilius id, quod pretiosius repperitur.

Et quia homo maiore industria indiget ut suam animalitatem bene nutriat, quam aliud animal, habetque opus, ut ad hoc logica sua naturali in venatione corporalis cibi utatur, non est ad intellectualem ita deditus et attentus, sicut illa natura exposcit.

Haec occupatio dum nimia est a speculativa sapientiae alienat. Quare philosophia carni contraria mortificare scribitur.

Etiam inter philosophos magna differentia repperitur et hoc maxime evenit, quia unius intellectus est melior venator, quia exercitatus et logica sibi promptior et ea utitur exquisite scitque unus melius in qua regione sapientia, quae quaeritur, citius repperiatur et quomodo detineatur. Nihil enim sunt philosophi nisi venatores sapientiae quam quisque in lumine logicae sibi cognatae suo modo investigat.

Die Weisheit nun ist es, die gesucht wird, denn sie ernährt den Geist. Da sie unsterbliche Speise ist, nährt sie auf unsterbliche Art. Sie leuchtet in verschiedenem Bestimmungsgrund und Wesenssinn, der an ihr auf verschiedene Weise teilhat. Und in verschiedenem Bestimmungsgrund und Wesenssinn sucht der Geist das Licht der Weisheit, damit er sich an ihr tränke und nähre; ebenso wie in den verschiedenen sinnlichen Dingen, in denen das Leben sich irgendeinmal ernährt hat, dieses sinnliche Leben sinngemäß seine Nahrung sucht, jagt der Geist in den sinnlichen Erkenntnissen, indem er die Vernunft gebraucht, geistige Nahrung. Daher wird er durch die eine Speise mehr als durch die andere gestärkt; schwieriger jedoch ist, was köstlicher zu finden.

Weil der Mensch, um seine körperliche Existenz gut zu ernähren, eines größeren Fleißes bedarf als ein anderes Lebewesen, und weil es vonnöten ist, daß er seine naturgegebene Logik bei der Jagd nach körperlicher Nahrung gebraucht, ist er nicht so sehr auf das Geistige gerichtet und ihm hingegeben, wie es jene Natur verlangt.

Wenn diese Beschäftigung allzu großen Raum einnimmt, dann entfremdet sie von der Beschäftigung mit der Weisheit. Aus diesem Grund schreibt man, daß die Philosophie, die dem Fleisch entgegengesetzt ist, dieses töte.

Auch unter den Philosophen findet man große Unterschiede, und zwar vor allem deshalb, weil der Geist des einen ein besserer Jäger ist als der des andern; weil er geübt ist, weil die Logik ihm schneller zu Gebote steht und er sie sorgfältiger gebraucht. Auch weiß der eine besser als der andere, in welcher Ebene man die gesuchte Weisheit schneller finden wird und auf welche Weise man sie festhalten kann. Denn die Philosophen sind nichts anderes als Jäger der Weisheit, die jeder im Licht der ihm angeborenen Logik auf seine Weise erforscht.

II.

Quo principio rationes sapientiae perquisivi

Dicit inter sapientes primus Thales ille Milesius[1] Deum antiquissimum, quia ingenitus, mundum pulcherrimum, quia a Deo factus.

Quae verba, cum in Laertio legerem, summe mihi placuere. Inspicio mundum pulcherrimum miro ordine unitum, in quo summa summi Dei bonitas, sapientia, pulchritudoque relucet.

Moveor ad quaerendum huius tam admirandi operis artificem et intra me dico: cum ignotum per ignotius non posset sciri, capere me oportet aliquid certissimum ab omnibus venatoribus indubitatum et praesuppositum et in luce illius ignotum quaerere. Verum enim vero consonat.

Cum haec sollicite intra me avida mens quaereret, incidit philosophorum assertio, quam et Aristoteles[2] in Physicorum principio assumit, quae est quod impossibile fieri non fit; et ad ipsam conversus introspexi regiones sapientiae hoc qualicumque discursu.

---

[1] Diogenes Laertius, a. a. O. I, 1, p. 9, 1—3.
[2] Die Aristoteles-Stelle, die hier am ehesten in Frage kommt, ist De caelo I, 274b, 13. Dort heißt es: ἀδύνατον γὰρ γίνεσθαι ὃ μὴ ἐνδέχεται γενέσθαι. Eine ähnliche Stelle findet sich zwar auch in der Physik (Physicae auscultationis VIII, 265, 19: non enim id fit quot impossibile est), doch ist es wahrscheinlich, daß Cusanus hier den Anfang der Physik, wo die Problematik des Werdens behandelt wird, mit dem Anfang von „De caelo", wo das Zitat zu finden ist, kompiliert.

II.

Mit welchem Prinzip ich nach dem Bestimmungsgrund der Weisheit forschte

Der erste unter den Weisen, Thales von Milet, sagte, daß Gott das Älteste sei, da er ungeschaffen ist, und daß die Welt das Schönste sei, da sie von Gott gemacht ist.

Diese Worte haben mir, als ich sie im Laertius las, überaus gefallen. Ich sehe, daß die schöne Welt, in der die höchste Güte, Weisheit und Schönheit des größten Gottes widerleuchtet, in bewundernswerter Ordnung geeint ist.

Ich werde dazu angetrieben, nach dem Künstler zu fragen, der dieses so bewunderungswürdige Werk geschaffen hat, und mir selbst sage ich: da das Unbekannte nicht durch ein noch Unbekannteres gewußt werden kann, bin ich dazu verhalten, etwas ganz Sicheres und von allen Weisheitsjägern Unbezweifeltes und stets Vorausgesetztes zu ergreifen, und in dessen Licht das Unbekannte zu suchen. Denn das Wahre stimmt mit dem Wahren überein.

Als mein Geist in mir voll Verlangen und Besorgnis danach fragte, fiel mir die Versicherung der Philosophen ein, die auch Aristoteles zu Beginn seiner Physik annimmt, und die lautet: „Das was unmöglich werden kann, wird nicht." Dieser Versicherung gemäß betrachtete ich die Ebenen der Weisheit auf folgende Weise.

III.

Quo discurso ratio venatur

Cum impossibile fieri non fiat nihil factum est aut fiet quin potuit aut possit fieri. Quod autem est [et] non est factum nec creatum non potuit necque potest fieri necque creari. Praecedit enim posse fieri et est aeternum, cum non sit nec factum nec creatum nec possit fieri aliud.

Omne autem quod est factum aut fiet, cum sine posse fieri nec sit factum nec fiet, habet principium unum absolutum quod est principium et causa ipsius posse fieri et id est illud aeternum, quod posse fieri antecedit et est absolutum principium et incontrahibile, quia est omne quod esse potest et ipsum quod fit de posse fieri producitur, quia ipsum posse fieri fit actu omne quod fit.

Omne autem quod factum est ex posse fieri aut est id, quod fieri potest aut est post illud et numquam est id, quod fieri potest sed sequitur et imitatur ipsum fieri posse, cum non sit factum nec a se est factum nec ab alio. Nam cum omne factum praecedat li posse fieri — quomodo fieret ipsum posse fieri?

Sed cum sit post id, quod est, omne quod esse potest scilicet aeternum, habet initium, tamen non potest dificere posse fieri. Si enim deficeret hoc fieri posset. Non igitur posse fieri deficeret.

Posse fieri igitur initiatum in aevum manet et perpetuum est. Et cum non sit factum et tamen initiatum, ipsum dicimus creatum, cum nihil praesupponat ex quo sit dempto eius creatore. Omnia igitur quae post ipsum sunt a creatore de ipso posse fieri producta sunt.

III.

Auf welchem Wege die Vernunft jagt

Da das, was unmöglich werden kann, nicht wird, ist nichts geworden und wird nichts, das nicht werden konnte oder werden kann. Was aber ist und nicht gemacht noch geschaffen wurde, konnte und kann weder werden noch geschaffen werden. Denn da es weder geworden noch geschaffen ist noch etwas anderes werden kann, geht es dem Werden-Können voran und ist ewig.

Alles aber, was geworden ist oder wird, hat, da es ohne das Werden-Können weder geworden ist noch wird, einen absoluten Ursprung; dieser ist der Ursprung und der Grund des Werden-Könnens; er ist jenes Ewige, das dem Werden-Können vorangeht, der absolute und, da er alles ist, was er sein kann, der nicht verschränkbare Ursprung. Das, was entsteht, entsteht aus dem Werden-Können, da dieses alles, was entsteht, wirklich wird.

Alles aber, das aus dem Werden-Können geworden ist, ist entweder das, was werden kann oder es ist als Gewordenes nach ihm und niemals das, was werden kann. Es folgt dem Werden-Können und ahmt es nach, da dieses weder von sich noch von einem andern gemacht worden ist. Denn wie soll das Werden-Können selbst werden, da dieses jedem Gewordenen vorausgeht?

Aber da es nach dem ist, das alles ist, was sein kann, nämlich nach dem Ewigen, hat es einen Beginn. Dennoch kann das Werden-Können nicht aufhören. Wenn es nämlich aufhörte, dann könnte das geschehen. Das Werden-Können hört daher nicht auf.

Das Werden-Können, das begonnen hat, bleibt für alle Zeit und ist immerwährend. Weil es nicht geworden ist und dennoch begonnen hat, nennen wir es geschaffen, denn es setzt außer seinem Schöpfer nichts voraus, aus dem es ist. Alles nämlich, das nach ihm ist, ist vom Schöpfer aus dem Werden-Können hervorgebracht.

Quae autem facta sunt id quod fieri possunt, haec caelestia et intelligibilia nominantur; quae autem sunt, sed non id quod fieri possunt, numquam fixa sunt et deficiunt. Imitantur igitur perpetua et non attingent umquam illa; temporalia igitur sunt et terrena sensibiliaque vocantur.

Cum igitur me converto ad contemplandum aeternum video ipsum actum simpliciter et in ipso mente intueor omnia ut in causa absoluta complicite.

Cum in aevum et perpetuum intueor intellectualiter video ipsum posse fieri et in ipso naturam omnium et singulorum, ut secundum perfectam explicationem praedistinationis divinae mentis fieri debent. Cum in tempus intueor omnia in successione explicari perfectionem perpetuorum imitando sensibiliter comprehendo. Imitantur enim sensibilia ipsa intelligibilia. Quare in posse fieri creato omnia creata sunt praedeterminata, ut hic mundus pulcher uti est fieret; de quo infra plenius.

Quomodo autem hoc concipi possit aliquale exemplum licet remotum subiungam.

IV.

Quomodo [intellectus] exemplo artis logicae se iuvat

Intellectus magistri vult creare artem syllogisticam. Ipse enim posse fieri huius artis praecedit, quae ars in ipso est ut in causa. Ponit igitur et firmat posse fieri huius artis.

Nam quae ars illa requirit, fieri possunt, ut sunt nomen et verbum et propositiones ex illis et ex illis syllogismus, qui fit ex tribus propositionibus, quarum duae praemittuntur, ex quibus tertia concludens sequitur. Requiritur etiam

Das aber, welches geworden ist, was es werden kann, wird das Himmlische und Geistige genannt; das hingegen, was ist, jedoch nicht das ist, was es werden kann, ist niemals fest und vergeht. Es ahmt das Immerwährende nach, erreicht es aber niemals; es ist das Zeitliche und wird Irdisches und Sinnliches genannt.

Wenn ich mich daher zur Betrachtung des Ewigen wende, sehe ich es als Wirklichkeit schlechthin, und im Geist betrachte ich alles in ihm als im absoluten Grund eingeschlossen.

Wenn ich das Immerwährende und Beständige betrachte, dann sehe ich geistig das Werden-Können und in ihm selbst die Natur aller Einzeldinge so, wie sie entsprechend der vollkommenen Ausfaltung der Vorbestimmung des göttlichen Sinnes werden sollen; wenn ich dagegen auf die Zeit hinblicke, dann verstehe ich auf sinnliche Weise, daß sich alles der Reihe nach durch die Nachahmung der Vollendung des Immerwährenden entfaltet. Denn das Sinnliche ahmt das Geistige nach. Darum ist in dem geschaffenen Werden-Können alles Geschaffene vorherbestimmt; so wurde auch diese schöne Welt, so wie sie ist. Doch darüber später mehr.

Wie dieses gedacht werden kann, will ich durch ein, wenn auch nur einigermaßen zutreffendes Bild erläutern.

IV.

Der Geist hilft sich mit dem Beispiel der Logik

Der Geist des Meisters will die Syllogistik schaffen, denn er selbst geht dem Werden-Können dieser Kunst, die in ihm als in ihrem Ursprungsgrund ist, voraus. Er gründet und festigt das Werden-Können dieser Kunst, denn was jene Kunst erfordert, kann werden.

Es sind dies: Name, Wort, die aus ihnen bestehenden Prämissen und der aus diesen zusammengesetzte Syllogismus; dieser besteht aus drei Sätzen, von denen zwei vorausgeschickt werden, aus denen sich der dritte als Schlußfolgerung ergibt.

quod subiecta et praedicata omnium trium propositionum non habeant nisi tres terminos; ideo necesse est unum in praemissis bis resumi, qui dicitur medium. Aut igitur hoc est quando in prima praemissa, quae dicitur maior, ille est subiectum et in minori praemissa praedicatum; aut ubi in ambabus praedicatum aut subiectum.

Et ita oriuntur tres figurae, cuiuslibet figurae etiam varii modi oriuntur ex varia et utili combinatione propositionum inutilibus combinationibus reiectis, sicut sunt trium negativarum et trium particularium propositionum et aliis secundum figuram inutilibus. Et primum ex tribus affirmativis universalibus nominant Barbara in prima figura. Secundum ex universalibus maiori negativa et minori affirmativa et conclusione negativa nominant Celarent; et ita consequenter. Et hae sunt specificae formae syllogisticae in ratione fundatae et permanentes; quas necesse est omnem syllogismum, qui sensibili sermone exprimitur imitari. Et ita posse fieri huius artis explicatur. Hanc artem inventor magister oboedienti tradit discipulo et mandat, ut secundum omnes sibi propositos modos syllogizet.

Sic forte se aliqualiter habet mundi artificium.

Nam eius magister gloriosus Deus volens constituere mundum pulchrum posse fieri ipsius et in ipso complicite omnia ad illius mundi constitutionem creavit necessaria. Requirebat autem pulchritudo mundi tam illa quae essent quam quae et viverent atque etiam quae et intelligerent atque etiam quod horum trium variae essent species seu modi pulchritudinis, quae sunt divinae mentis practicae praedeterminatae rationes et utiles pulchrae combinationes ad mundi constitutionem opportunae.

Es ist darum erforderlich, daß die Subjekte und Prädikate aller drei Sätze nur drei Begriffe enthalten. Daher muß ein Begriff, den man Mittelbegriff nennt, in den Prämissen zweimal enthalten sein. Das ist der Fall, wenn er in der ersten Prämisse, die Obersatz genannt wird, Subjekt ist und im Untersatz Prädikat, oder wenn er in beiden Prädikat oder Subjekt ist.

Und so entstehen drei Figuren. Auch die verschiedenen Arten der einzelnen Figuren entstehen aus der verschiedenen und brauchbaren Kombination der Sätze, nachdem man die unbrauchbaren Kombinationen ausgeschieden hat, wie die von drei Negationen oder von drei partikulären Sätzen oder der andern, der Figur zufolge unbrauchbaren Kombinationen. Den ersten Syllogismus, der aus drei allgemeinen, affirmativen Urteilen besteht, nennt man in der ersten Figur „Barbara", den zweiten, der aus einem allgemeinen, verneinenden Obersatz und einem bejahenden Untersatz und aus einem verneinenden Schlußsatz besteht, nennt man „Celarent", usw. Diese eigenen spezifischen Formen des Syllogismus sind in dem bestimmenden Verstand begründet und bestehen in ihm. Diesen muß jeder in sinnlich wahrnehmbarer Rede ausgedrückte Syllogismus entsprechen. Und so kann man das Werden-Können dieser Kunst erklären. Der Meister, der sie gefunden hat, übermittelt diese Kunst dem aufmerksam hörenden Schüler und befiehlt ihm, allen ihm vorgelegten Arten gemäß Schlüsse zu ziehen.

Ebenso verhält sich auch vielleicht irgendwie das Kunstwerk der Welt.

Denn als ihr Meister, der glorreiche Gott, die schöne Welt ins Dasein rufen wollte, schuf er ihr Werden-Können, und in diesem eingeschlossen alles, was zum Aufbau dieser Welt notwendig war. Die Schönheit der Welt forderte aber sowohl das Seiende als auch das Lebende und auch das Verstehende und auch, daß diese drei verschiedene Eigengestalten oder Arten der Schönheit hätten, welche die wirkenden, vorherbestimmten Wesensgründe des göttlichen Geistes und die brauchbaren und schönen Verbindungen sind, die sich zum Aufbau der Welt eignen.

Hoc divinum opificium Deus oboedienti scilicet naturae ipsi posse fieri concreatae tradidit, ut posse fieri mundi secundum iam dictas praedeterminatas divini intellectus rationes explicaret; puta posse fieri hominis secundum rationem hominis praedeterminatam explicaret. Et ita de cunctis, sicut syllogizans ad praedeterminatas rationes, quae Barbara [et] Celarent nominantur, syllogizando respicit.

V.

Quomodo exemplo geometrico proficit

Videtur autem naturam imitari geometer dum circulum figurat. Nam ad praedeterminatam circuli respicit rationem, secundum quam studet operari, quantum hoc posse fieri sensibilis subiecti permittit. Unum enim aptius est alio nec aliud est haec ratio quam aequidistantia centri circuli ad circumferentia, quae est vera circuli ratio seu causa, non recipiens magis nec minus.

Sed nullus sensibilis circulus adeo perfecte fieri potest, quod rationem illam praecise attingat. Nam posse fieri sensibilem circulum[1] est post illam intelligibilem rationem fixam et stabilem, quam ut imago veritatem sequitur et imitatur posse fieri circulum in sensibili materia. Quae cum sit variabilis, nequaquam erit circulus, qui describitur, omne id, quod sensibilis circulus fieri potest, cum omni sensibili dato possit fieri verior et perfectior et dicto intelligibili similior.

---

[1] Cod. Cus.: sensibilis circulus.

Dieses göttliche Kunstwerk übergab Gott der aufmerksam gehorchenden Natur, die mit dem Werden-Können zusammen geschaffen war, damit sie entsprechend den genannten vorherbestimmten Wesensgründen des göttlichen Geistes das Werden-Können der Welt entfalte. So entfaltet sie z. B. das Werden-Können des Menschen entsprechend dem vorbestimmten Wesensgrund des Menschen. Und so wie der Schlußfolgernde sich beim Schlußfolgern an die vorgegebenen Wesensgründe, die Barbara und Celarent heißen, hält, verhält es sich mit allem.

V.

Der Geist macht am Beispiel der Geometrie Fortschritte

Wenn der Geometer einen Kreis zieht, scheint er die Natur nachzuahmen; er blickt auf den vorgegebenen Wesenssinn des Kreises, dem er sich in seinen Durchführungen soweit zu entsprechen bemüht, als es das Werden-Können des sichtbaren Gegenstandes erlaubt, denn der eine ist dazu besser geeignet als der andere. Jener Wesenssinn ist nichts anderes als der gleichbleibende Abstand zwischen Mittelpunkt und Kreisumfang; das ist der wahre Bestimmungs- oder Wesensgrund des Kreises, der weder mehr noch weniger aufnimmt.

Aber kein wahrnehmbarer Kreis kann so vollkommen werden, daß er jenen Bestimmungsgrund genau erreicht. Denn das Werden-Können eines sichtbaren Kreises ist jenem festbestimmten geistigen Wesenssinn nachgestellt, dem es wie das Abbild der Wahrheit folgt. Es ahmt das Kreis-Werden-Können in der sichtbaren Materie nach. Da diese veränderlich ist, wird ein Kreis, der gezogen wird, niemals alles das sein, was ein sichtbarer Kreis werden kann, da er wahrer und vollkommener und jenem geistigen Kreis ähnlicher werden kann, als jeder sichtbar gegebene Kreis.

Sic, dum vult geometer angulum rectum figurare, ad intelligibilem eius respicit rationem, quae est id, quod rectus intelligibilis esse potest, quam nullus sensibilis praecise potest imitari nec ad aliam respicit speciem quando acutum vel obtusum angulum facit, quam speciem recti, cui acutus est minor et obtusus maior. Acutus enim semper potest esse recto similior; ita et obtusus; et si alter ipsorum esset minime talis, ita quod minus esse non posset, rectus esset. Quare in ratione recti complicatur, cum sint recti quando id sunt, quod fieri possunt.

Sic nec natura respicit ad aliam speciem quam humanam quando aut masculum aut feminam producit, quamvis ratio hominis non sit masculus nec femina, quae sensibilibus conveniunt. Species enim medium est in se uniens a se vel ad dexteram vel ad sinistram declinantia.

Vides bene ista sic esse quando advertis intelligibilia nihil eorum aut esse aut habere quae in sensibilibus reperiuntur. Non enim habent aut colorem aut figuram, quae sensibili visu attinguntur, aut duritiem seu lenitatem sive aliquid tale, quod tactu sentitur; ita nec quantitatem nec sexum nec aliquid, quod sensus apprehendit. Illa enim omnia intelligibilia sequuntur sicut temporalia perpetua.

Sic nihil intelligibilium est in aeternitate, quae omne intelligibile antecedit, sicut aeternum perpetuum. Omnia autem praecisa et permanentia pulchriora sunt imperfectis et fluidis. Sic intelligibilia pulchriora sensibilibus, quae intantum sunt pulchra inquantum intelligibiles species seu pulchritudines in ipsis relucent.

VI.

Dilucidatio ipsius posse fieri

Erit qui haec legerit, non dubium, occupatus, ut posse fieri concipiat et hoc ideo difficile, quoniam posse fieri non ter-

Wenn ein Geometer einen rechten Winkel bilden will, dann blickt er auf dessen geistigen Wesenssinn, der das ist, was ein intelligibler rechter Winkel sein kann und den kein sichtbarer Winkel genau nachahmen kann; auch wenn er einen spitzen oder stumpfen Winkel macht, blickt er auf keine andere Art als die des rechten, da der spitze kleiner und der stumpfe größer ist als dieser. Und wenn einer von ihnen das Minimum des spitzen, bzw. stumpfen Winkels erreicht hätte, wäre er ein rechter. Darum sind beide im Wesenssinn des rechten Winkels eingefaltet, weil die Winkel rechte sind, wenn sie das sind, was sie werden können.

So blickt die Natur nur auf die menschliche Art, wenn sie Männliches oder Weibliches hervorbringt, obwohl der Wesenssinn des Menschen weder männlich noch weiblich ist; diese Entscheidung kommt dem Sichtbaren zu. Die Eigengestalt ist das Mittlere, welches das von ihr nach rechts oder links Abweichende vereint.

Daß es sich so verhält, wirst du sehr wohl erkennen, wenn du bemerkst, daß das Geistige nichts von dem ist oder hat, was im Sinnlichen gefunden wird. Denn es hat weder Farbe noch Gestalt, die das sinnliche Sehen erreicht, noch Härte oder Weichheit oder etwas, das vom Tastsinn wahrgenommen wird, ebenso weder Quantität noch Geschlecht noch etwas anderes, das der Sinn erfaßt. Das alles folgt dem Geistigen wie das Zeitliche dem Dauernden.

Aber ebenso ist nichts Geistiges in der Ewigkeit, die allem Geistigen so vorangeht, wie das Ewige dem Dauernden. Denn alles Genaue und Unwandelbare ist schöner als das Unvollkommene und Wandelbare, und so ist das Geistige schöner als das Sinnliche, das nur insofern schön ist, als in ihm die geistigen Gestalten und Schönheiten widerstrahlen.

VI.

Erläuterung des Werden-Könnens

Wer dies gelesen hat, wird sich sicherlich damit beschäftigen, das Werden-Können zu verstehen, und das wird deshalb

minatur, nisi in suo principio. Quomodo igitur formari possit conceptus de eo quod interminabile? Ne tamen penitus aberres rudi quodam exemplo succurram.

Esto lucem aeternam Deum appellari, mundum vero penitus invisibilem, qui per visum iudicatur non esse, cum nihil visus esse iudicet nisi per ipsum videatur. Disponit autem lux velle mundum visibilem facere et quia posse fieri visibilem mundum est color, ipsius lucis similitudo (nam coloris hypostasis lux est) creat igitur lux colorem, in quo omne quod videri potest complicatur. Sicut enim sublato colore nihil videtur, ita de colore per lucem omne visibile ut tale de potentia ad actum perducitur.

Unde quia varie color in coloratis resplendet, in certis luci propinquior color apparet et illa sunt magis visibilia et ut talia nobiliora, uti albus color; nullum tamen coloratum participat adeo perfecte colorem aliquem quin perfectius participari possit; et non est terminus ipsius posse fieri nisi causa coloris.

Aliqua stabiliter et perpetue manent eiusdem coloris ut caelestia, alia instabiliter et temporaliter ut terrestria et quae huius corruptibilis mundi sunt. Color igitur est posse fieri visibile; omne enim quod videtur quia coloratum est videtur et discrete ab omni alio colorato videtur et discernitur propter discretum et singularem suum colorem.

Et quia sensus visus, qui spiritus lucidus est, lucem discretivam et cognoscitivam participat et nequaquam est coloratus ut de omni colore iudicet, igitur color non est posse fieri ipsius. Sic et intellectus lucidior est visu. Discernit enim subtilissime quae invisibilia sunt: puta intelligibilia a visi-

schwierig sein, weil das Werden-Können — außer in seinem Ursprung — weder begrenzt noch bestimmt ist. Denn wie kann von dem, was unbestimmbar ist, ein Begriff gebildet werden? Damit man aber nicht zu weit in die Irre geht, werde ich mit einem — wenn auch unzureichenden — Beispiel zu Hilfe kommen.

Stellen wir uns vor, daß das ewige Licht Gott genannt werde und daß die Welt vollkommen unsichtbar und infolgedessen nach dem Urteil der Sinne nicht vorhanden wäre, da für die Sinne nur das vorhanden ist, was sie selbst wahrnehmen. Das Licht entscheidet nun, die Welt sichtbar machen zu wollen. Da das Werden-Können der sichtbaren Welt die Farbe, das Abbild des Lichtes ist, schafft es die Farbe — denn das Licht ist die Hypostase der Farbe —, in der alles Sichtbare eingefaltet ist. Denn da ohne Farbe nichts gesehen wird, so wird vermittels der Farbe durch das Licht alles Sichtbare als solches aus der Möglichkeit zur Wirklichkeit gebracht.

Da die Farbe im Farbigen auf verschiedene Art widerstrahlt, erscheint sie in manchem dem Licht näher, und dieses ist sichtbarer und deshalb edler, wie z. B. die weiße Farbe; dennoch hat aber kein Farbiges an irgendeiner Farbe so vollkommen teil, daß dieses Teilhaben nicht noch vollkommener sein könnte. Nur der Bestimmungsgrund der Farbe ist Zielgrenze dieses Werden-Könnens.

Manches, wie das Himmlische, bleibt beständig und dauernd in derselben Farbe, anderes, wie das Irdische und was sonst von dieser vergänglichen Welt ist, unbeständig und zeitlich. Daher ist die Farbe das sichtbare Werden-Können; denn alles was gesehen wird, wird nur deshalb gesehen, weil es farbig ist und wegen seiner unterschiedlichen und ihm eigenen Farbe von jedem andern getrennt gesehen und unterschieden wird.

Weil der Gesichtssinn, der ein lichthafter Lebenssinn ist, an dem unterscheidenden und erkennenden Licht teilhat und, wiewohl er über jede Farbe urteilt, selbst keineswegs farbig ist, so ist die Farbe nicht sein Werden-Können. Ebenso ist auch der Geist lichthafter als das Auge, denn er

bilibus abstracta. Quare nec color posse fieri ipsius intellectus existit, sed posse fieri lucidum et pulchrum mundum et cuncta, quae in ipso sunt, etiam ipsum colorem, est simplicius colore, qui dicitur aeternae lucis similitudo in sua potentia passiva omnia lucida quae sunt, quae vivunt et intelligunt, uti semen participalis lucis et pulchri complicans.

Quod lucidum semen animale huius seminis participatio aliqualiter ostendit, cum sit posse fieri animalis quod est, vivit, sentit et suo modo intelligit. Quam virtutem non haberet nisi illius posse fieri mundi et dicti seminis seminum similitudinem participaret et imago esset.

Unde semen seminum existentium, viventium et intelligentium est participabilis Dei similitudo, quam posse fieri nominamus. De qua lux aeterna hunc pulchrum et lucidum mundum produxit et cuncta quae fiunt constituit. Nam cum sit aeternae lucis participabilis similitudo bona est, quod constat in sui ipsius larga diffusione, magna est, quia virtus numquam terminabilis, vera, delectabilis, perfectaque est et per omnia laudabilis; cuius opera laudabilia et gloriosa sunt, uti infra narrabimus.

VII.

Quod una est causa ipsius posse fieri omnia

Id in quo meae quiescunt venationum coniecturae hoc est, quod non est nisi una omnium causa creatrix, posse fieri omnium et quod illa omne posse fieri praecedat sitque ipsius terminus.

unterscheidet das Unsichtbare genauestens, wie zum Beispiel das vom Sichtbaren gelöste, Geistig-Einsichtige. Deshalb ist die Farbe nicht das Werden-Können des Geistes; das Werden-Können der lichthaften und schönen Welt und aller in ihr befindlichen Dinge ist vielmehr einfacher als die Farbe, die Abbild des ewigen Lichtes genannt wird, das in seiner passiven Potenz alles Lichthafte, das ist, lebt und einsieht gleichsam als einen am Lichten und Schönen teilhaftigen Keim in sich einschließt.

Das Lichthafte am tierischen Samen zeigt die Teilhabe an diesem Keim auf irgendeine Weise, da er das Werden-Können des Tieres ist, das ist, empfindet und auf seine Weise versteht. Diese Fähigkeit hätte es nicht, wenn es nicht an der Ähnlichkeit des Werden-Könnens der Welt und des genannten Samens der Samen teilhätte und deren Abbild wäre.

Daher ist der Same der seienden, lebenden und einsehenden Keime die mitteilbare Ähnlichkeit Gottes, die wir als das Werden-Können bezeichnen. Aus diesen führte das ewige Licht diese schöne und lichthafte Welt hervor und gestaltete alles, was wird. Denn als des ewigen Lichtes teilhaftige Ähnlichkeit ist sie gut, weil sie in seinem freigebigen Verströmen Bestand hat; ist sie groß, weil seine Kraft niemals begrenzt werden kann; sie ist wahr, angenehm und vollkommen und über alles lobenswert. Des Lichtes Werke sind lobenswert und rühmlich, wie wir später darlegen werden.

VII.

Der Grund des Werden-Könnens aller Dinge ist einer

Der Punkt, in dem die Mutmaßungen meiner Jagdzüge zur Ruhe kommen, ist die Erkenntnis, daß es nur einen Grund von allem gibt, den schöpferischen Ursprung des Werden-Könnens aller Dinge und daß er allem Werden-Können vorangeht und sein Ziel ist.

Quae nec est nominabilis nec participabilis, sed eius similitudo in omnibus participatur.

Et quia varia participantia sunt in omnibus, quae secundum eandem speciem similitudinis participant ipsius causae similitudinem est devenire ad unum, quod est maxime tale et est primum seu praecipuum aut principium illius specificae participationis et in ordine ad alia eiusdem speciei maxime tale et per se tale, cuius specificam similitudinem alia illius ordinis participant.

Sicut lucem dicimus primae causae similitudinem quae in maxime lucido, puto sole, primo et principaliter resplendet ut in per se lucido; in aliis vero lucidis ut in participantibus solarem lucem. Causa autem solaris lucis nihil commune habet cum luce solis, sed est omnium causa; ideo nihil omnium.

Quo vero rationis discursu venationes fecerim, nunc revelabo, ut tam praedicta quam quae sequuntur capias et iudices.

Certum est primum principium non esse factum, cum nihil a se ipso, sed ab eo priori fiat. Quod autem non est factum necque resolvi aut interire potest et hoc aeternum dicimus.

Et quia posse fieri non potest se ipsum in actum producere (nam producere ex actu est) implicat igitur dicere potentiam passivam se ipsam in actum [non][1] producere. Quare ante potentiam est actus. Non est igitur posse fieri aeternum principium.

Recte dicebat quidam doctor sanctus[2] affirmare potentiam passivam semper fuisse haeresis est; sequitur igitur primam causam. Asserit autem magnus Dionysius in IX cap. de divi-

---

[1] Konjektur.
[2] Vielleicht Basilius d. Große. Vgl. Hex. II, 2; MG p. 29Cf.

Ihn kann man weder nennen noch an ihm teilhaben, aber an seiner Ähnlichkeit haben alle Dinge teil.

Und weil die verschiedenen Teilhabenden in allen sind, die nach derselben Art der Ähnlichkeit an der Ähnlichkeit jenes Ursprungsgrundes teilhaben, muß man zu einem gelangen, das am meisten ein solches ist. Es ist das erste oder wichtigste oder der Ursprung jener eigengestaltlichen Teilhabe und im Zusammenhang mit den andern der selben Art am meisten und durch sich selbst ein solches, an dessen eigengestaltlicher Ähnlichkeit die andern dieser Ordnung teilhaben.

So nennen wir das Licht ein Abbild des ersten Grundes, welcher im Lichthaftesten, wie zum Beispiel der Sonne, da sie aus sich selbst leuchtet, zuerst und im besonderen Maße widerstrahlt, in allem andern Lichthaften aber als in des Sonnenlichtes Teilhaftigem. Der Grund des Sonnenlichtes hat jedoch nichts mit dem Licht der Sonne gemeinsam; er ist der Grund von allem und daher nichts von allem.

Damit man sowohl das Vorausgegangene als auch das Folgende verstehen und beurteilen kann, werde ich jetzt darlegen, nach welcher Methode des Denkens ich meine Jagdzüge unternommen habe.

Gewiß ist, daß der erste Ursprung nicht geworden ist, denn nichts wird von sich selbst, sondern zuvor durch ihn. Was aber nicht geworden ist, kann sich weder auflösen noch zugrunde gehen. Wir nennen es ewig.

Und weil das Werden-Können sich selbst nicht in die Wirklichkeit bringen kann — denn das Hervorbringen kommt aus der Wirklichkeit —, schließt es den Satz ein, daß die passive Möglichkeit sich selbst nicht zur Wirklichkeit bringt. Daher steht die Wirklichkeit vor der Möglichkeit und so ist das Werden-Können nicht der ewige Ursprung.

Mit Recht sagt ein heiliger Lehrer, es sei eine Häresie, zu behaupten, die passive Möglichkeit sei immer gewesen, denn sie folgt dem ersten Grund. Aber der große Dionysius

nis nominibus primum illud aeternum inflexibile, inalterabile, inmixtum, immateriale, simplicissimum, non indigens, inaugmentabile, imminorabile, non factum, semper ens[1].

Haec et omnia similia quisque ita esse videt, qui attendit primum ipsum posse fieri anteire. Nam flexibile, alterabile, materiale, augmentabile, minorabile et factibile et quaeque similia passivam dicunt potentiam et nequaquam posse fieri praecedunt, ideo de aeterno principio neganda sunt.

Capio autem haec duo scilicet inaugmentabile et imminorabile et cum illis ad venationem propero et dico inaugmentabile maius esse nequit; maximum igitur est. Imminorabile minus esse non potest; est igitur minimum. Unde cum sit maximum pariter et minimum nullo utique est minus, quia maximum, neque maius, quia minimum, sed omnium sive magnorum sive parvorum formalis seu exemplaris praecissima causa et mensura.

Quemadmodum in libello de beryllo[2] in aenigmate anguli ostendi, angulum maximum necessario pariter et minimum omnium angulorum, qui fieri possent, formalem adaequatissimam causam. Nec solum est causa formalis immo et efficiens atque finalis, ut ipse Dionysius[3], ubi de pulchro scri-

---

[1] Dionysius Areopagita, De divinis nominibus, IX, Dionysiaca I, Brügge 1937, p. 458f. Cusanus war ein großer Verehrer des Pseudo-Areopagiten, dessen Schriften er immer wieder studierte. Er hatte sie unter anderem in der Übersetzung des schon erwähnten Ambrosius Traversari (vgl. Cod. Cus. 43; in der zitierten Ausgabe Text A) von Papst Nikolaus V. geschenkt erhalten. Vgl. Apologia doctae ignorantiae. Im folgenden werden auch die übrigen Schriften nach der Ausgabe von Brügge, Dionysiaca I und II, die durchgehend paginiert sind (1—720; 725—1664) zitiert.
[2] Cusanus, De Beryllo (1458), cap. 16.
[3] Dionysius, a. a. O. De divinis nominibus IV, p. 178ff, 196f u. a.

versichert im neunten Kapitel des Buches „De divinis nominibus", jenes erste Ewige sei unabänderlich, unveränderlich, unvermischt, immateriell, einfach, bedürfnislos, unvermehrbar, unverringerlich, nicht geworden, immer seiend.

Daß dies und alles Ähnliche sich so verhält, erkennt jeder, der beachtet, daß das Erste dem Werden-Können vorausgeht. Denn Eigenschaften wie abänderlich, veränderlich, materiell, vermehrbar, verringerbar, machbar und ähnliches dergleichen bezeichnen die passive Möglichkeit und gehen dem Werden-Können niemals voraus; daher sind sie in bezug auf den ewigen Ursprung abzulehnen.

Ich greife aus diesen zwei, nämlich das Unvermehrbare und das Unverringerbare, heraus und eile mit ihnen zur Jagd; ich sage, daß das Unvermehrbare nicht größer sein kann und daß es also das Größte ist. Das Unverringerbare kann nicht kleiner sein und ist daher das Kleinste. Und weil es gleicherweise das Größte und das Kleinste ist, ist es als Größtes in keiner Weise kleiner und als Kleinstes in keiner Weise größer als irgend etwas, sondern sowohl des Großen als auch des Kleinen zutreffendster formaler und urbildhafter Grund und Maßstab.

Wie ich im Buch „De Beryllo" am Gleichnis des Winkels gezeigt habe, ist der größte Winkel notwendigerweise zugleich auch der kleinste und der zutreffendste Gestaltgrund aller möglichen Winkel. Und er ist nicht nur Gestaltgrund, sondern auch Wirk- und Zielgrund (wie Dionysius im

bit, ostendit. Nam pulchritudo quae id est, quod esse potest, inaugmentabilis et imminorabilis, cum sit maxima pariter et minima, est actus posse fieri omnis pulchri, omnia pulchra efficiens, sibi, quantum capacitas recipit, conformans et ad se convertens.

Sic de bono, quod est id, quod esse potest et de vero, de perfecto, et cunctis, quae in creaturis laudamus. Quae videmus in Deo Deum esse aeternum, quando id sunt, quod esse possunt. Et ideo Deum omnium causam efficientem, formalem, et finalem laudamus.

Patet iam maxime notandum, quomodo posse fieri non potest terminari per aliquid, quod ipsum sequitur seu fieri potest, sed idem est eius principium et finis. De quo infra latius.

VIII.

Quomodo Plato et Aristoteles venationem fecerunt

Plato[1], venator miro modo circumspectus, considerabat superiora in inferioribus esse participative; inferiora vero in superioribus excellenter. Ideo cum videret multa nominari bona ex participatione boni et sic iusta et honesta, attendebat illa nomen participati sortiri et se convertit ad videndum per se bonum et iustum ac quod, si participantia sunt bona et iusta, utique per se talia sunt maxime talia et causae aliorum.

Et in hoc Peripateticorum princeps acutissimus Aristoteles consentit[2]. Qui sic in naturalibus multa participatione calida

---
[1] Diogenes Laertius, a. a. O. III, p. 72; vgl. Proclus, In Platonis theologiam, a. a. O. p. 96.
[2] Diogenes Laertius, a. a. O. V, p. 118.

Kapitel über das Schöne zeigt). Denn die vollkommene Schönheit, welche, da sie zugleich die größte und die kleinste ist, nicht vergrößert oder verkleinert werden kann, ist die Wirklichkeit allen Schönwerden-Könnens, weil sie alles Schöne bewirkt und sich dieses, soweit dessen Fähigkeit reicht, angleicht und es auf sich ausrichtet.

Ebenso verhält es sich mit dem vollkommenen Guten, dem Wahren, dem Vollkommenen und allem, das wir in den Geschöpfen loben. Wir sehen, daß sie, wenn sie das sind, was sie sein können, in Gott der ewige Gott sind. Und daher loben wir Gott als den Wirk-, Gestalt- und Zielgrund aller Dinge.

Vor allem ist noch festzuhalten, daß das Werden-Können nicht durch irgend etwas begrenzt werden kann, welches ihm folgt, oder das werden kann; vielmehr ist sein Anfang und Ende dasselbe. Darüber im folgenden mehr.

VIII.

Wie Plato und Aristoteles ihre Jagd durchgeführt haben

Plato, ein sehr umsichtiger Jäger, erwog, daß das Höhere im Niedrigeren in der Weise der Teilhabe, das Niedrigere dagegen im Höheren in überragender Weise enthalten sei. Als er sah, daß das Viele auf Grund der Teilhabe am Guten gut genannt werde und ebenso gerecht und ehrenhaft, bemerkte er, daß jene den Namen dessen, an dem sie teilhaben, erlangen. Er richtete nun seine Aufmerksamkeit auf das durch sich Gute und Gerechte und darauf, daß, wenn schon die Teilhabenden gut und gerecht sind, das durch sich selbst Gute und Gerechte dies im weitaus höchsten Grade und der Grund der anderen ist.

Und darin stimmt Aristoteles, der scharfsinnige Gründer der Peripatetiker, mit Plato überein. Als jener sah, daß es

videns, ad per se calidum devenire oportere affirmabat, quod sit maxime tale et causa caloris in omnibus est, uti ignis. Et hac via ad primam et per se causam omnium causarum pervenerunt, sic ad ens entium, vitam viventium atque intellectum intelligentium.

Plato autem universalem omnium causam per ascensum de bono participato ad per se bonum venatus est hoc modo: Considerabat enim omnia entia — atque etiam nondum actu entia, sed tantum potentia, — participatione unius boni bona dici. Processus enim de potentia in actum et omne actu existens non caret boni participatione. Maxime igitur tale scilicet unum per se bonum ab omnibus desideratur. Omne enim eligibile sub ratione boni est eligibile. Terminus igitur eligibilis et desiderabilis cum sit bonum erit per se bonum omnium causa, cum omnia ad suam causam conversa, ipsam appetant, a qua habent quicquid habent.

Affirmabat igitur principium primum Deum per se unum et bonum et principia aliorum, scilicet entis, vitae et intellectus et talium, nominabat per se existens, per se vita, per se intellectus et principia causasque esse ipsius esse, vivere et intelligere et hos conditorios deos Proclus nominat[1], quorum participatione omnia quae sunt existunt, quae vivunt vivunt, et quae intelligunt intelligunt; et quoniam omnia, quae vivunt et intelligunt nisi essent, nec viverent nec intelligerent, ideo causam entium vocavit post primum Deum deorum, quem unum bonum, ut dixi, affirmabat secundum Deum scilicet conditorem intellectum. Hunc Proclus Iovem omnium regem et principalem credidit.

---

[1] Proclus, In Pl. theol. a. a. O. II, 4, p. 97, III, 1, p. 122, V, 22, p. 292f. u. a.

in der Natur vieles gibt, das durch Teilhabe warm ist, stellte er fest, daß man zu dem aus sich selbst Warmen kommen müsse, das am meisten ein solches und in allem, wie zum Beispiel im Feuer, der Grund der Wärme ist. Und so gelangte man zum ersten und durch sich selbst bestehenden Grund aller Gründe, zum Sein des Seienden, zum Leben des Lebenden und Denken des Denkens.

Plato aber bemühte sich, den allgemeinen Grund aller Dinge durch den Aufstieg vom teilhabenden Guten zum Durch-sich-Guten auf folgende Weise zu erreichen: Er bedachte, daß alles Seiende, sowohl das Wirklich-Seiende als auch das Möglich-Seiende, auf Grund der Teilhabe an dem einen Guten gut genannt wird. Der Übergang von der Möglichkeit in die Wirklichkeit entbehrt nämlich ebenso wie alles in Wirklichkeit Existierende nicht der Teilhabe am Guten. Daher wird das, was am meisten ein solches ist, nämlich das Eine durch sich selbst Gute, von allen erstrebt, denn jedes Erwählbare ist in Hinblick auf das Gute erwählbar. Und weil das Ziel des Erwählbaren und Wünschenswerten das Gute ist, ist das durch sich Gute der Grund von allem. Alles ist auf seinen Grund gerichtet und erstrebt den, von dem es alles, was es hat, besitzt.

Er nannte also das erste Ursprungsprinzip den durch sich einen und guten Gott und die Ursprungsprinzipien der andern, wie zum Beispiel des Seienden, des Lebens, des verstehenden Denkens und dergleichen mehr das Sein durch sich, das Leben durch sich, das Denken durch sich, und er behauptete, daß sie die Ursprünge und Gründe des Seins, des Lebens und des Denkens seien. Proklos nannte diese Gründer-Gottheiten; durch die Teilhabe an ihnen existiert alles, das existiert, lebt alles, das lebt und denkt alles, das denkt. Und da alles, das lebt und denkt, weder lebte noch dächte, wenn es nicht wäre, bezeichnete er die Ursachen des Seienden nach dem ersten Gott der Götter, den er, wie ich ausgeführt habe, den Einen Guten nannte, als den zweiten Gott — die schöpferische Vernunft. Der zweite Gott, glaubte er, sei Jupiter, der König und oberste Herrscher über alles.

Posuit sic caelestes et mundanos et alios varios et aeternos deos prout haec extense Proclus in sex libris de theologia Platonis expressit. Omnibus tamen praeposuit Deum deorum causam universalem omnium, et ita illa quae Deo bono attribuimus, quae non sunt nisi ratione et nequaquam re differentia, ipse videtur deos asserere diversos propter diversam attributorum rationum; motus, [quod] nihil intelligibile nisi actu sit, cum esse necessario per intelligibile participetur. Ideo omne quod intelligitur esse affirmabat. Sicut intelligibilem hominem et leonem et cuncta quae a materia vidit abstracta et absoluta, intellectualiter esse asseruit modo quo supra ponitur.

Sed cum ipso in hoc non consentiunt Peripatetici, qui ens rationis viderunt a nostro intellectu constitui reale ens non attingere nec in hoc quod bonum sit antiquius ente concordant. Unum et ens et bonum dicunt converti.

Unde cum causa entis sit prima causa et conditor omnium intellectus, illi qui dicunt quod unum et ens et bonum convertuntur, etiam fatentur causam unius et entis et boni esse eandem. Tamen Aristoteles[1], qui, ut Anaxagoras[2], primam causam intellectum, qui est principium motus, asserit, non sibi attribuit totius universi administrationem sed caelestium tantum; caelestia vero haec terrena dicit gubernare.

Epicurus[3] vero totam Deo soli sine cuiuscumque adminiculo universi tribuit administrationem.

---
[1] Diogenes Laertius, V, 1, p. 118.
[2] Ibid. II, 3, p. 35.
[3] Diogenes Laertius, a. a. O. X, p. 262ff. Offenbar deutet Cusanus den Brief Epikurs an Herodot im Sinne der Annahme einer göttlichen Weltregierung.

So stellte er himmlische und irdische und verschiedene andere ewige Götter auf, wie er es ausführlich in den sechs Büchern der „Theologia Platonis" dargelegt hat. Dennoch stellte er allen Göttern den Gott der Götter als universalen Grund von allem voran und schien so das, was wir dem guten Gott zuteilen, und was wir nur als Wesenssinn, nicht aber als Sache verschieden ist, wegen der verschiedenen Wesensgründe der Attribute, für verschiedene Götter zu halten. Er ging von dem Gedanken aus, daß es nichts Denkbares gäbe, außer wenn es wirklich wäre, da das Denkbare notwendigerweise am Sein teilhat. Darum versicherte er, daß alles, was gedacht wird, auch sei. So sagte er, daß ein intelligibler Mensch oder Löwe und alles, das er von der Materie losgelöst und getrennt fand, auf geistige Weise bestehe, wie oben dargelegt wurde.

Die Peripatetiker, die der Meinung waren, daß das Sein des Wesenssinns von unserem Geist konstituiert werde und das Sein der Wirklichkeit nicht berühre, stimmen mit ihm nicht überein, noch stimmten sie darin überein, daß das Gute älter sei als das Seiende. Sie sagen, daß sowohl das Eine als auch das Seiende und auch das Gute miteinander vertauscht werden können.

Wenn daher der Grund des Seienden der erste Grund ist und der Geist derjenige, der alles gründet, dann geben jene, die behaupten, daß das Eine, das Seiende und das Gute vertauschbar seien, damit auch zu, daß der Ursprung des Einen, des Seienden und des Guten derselbe ist. Dennoch spricht ihm Aristoteles, der wie Anaxagoras als ersten Grund den Geist, das Prinzip der Bewegung, ansetzt, nicht die Lenkung des ganzen Universums, sondern nur die des Himmels zu. Das Himmlische aber, so sagt er, lenke das Irdische.

Epikur dagegen glaubt, daß Gott allein und ohne irgendwelchen Beistand das ganze Universum lenke.

Sed divini nostri theologi revelatione superna didicerunt primam causam — cum omnium assertione sit tricausalis, scilicet efficiens, formalis et finalis, quae per Platonem unum et bonum, per Aristotelem intellectus et ens entium nominantur — esse sic unam, quod trina, et ita trinam, quod una. Quae cum sit causa efficiens vocatur iuxta Platonem unitas et [cum] sit causa formalis iuxta Aristotelem entitas [cum vero] et sit causa finalis iuxta utrosque bonitas. Verum quomodo haec sacratissima trinitas in unitate, quae intelligibile omne omnemque quantitatem continuam et discretam, numerum omnem et alteritatem antecedit, hic in aegnimate per fidelem videri possit, inferius ut Deus dederit annotabo.

IX.

Quomodo sacrae litterae et philosophi idem varie nominarunt

Si quis cum his taliter praemissis primo ad genesim mundi per sanctum Moysem dudum ante philosophos descriptam se convertit, supra de principiis, quae dicta sunt, ibi reperiet. Ait enim „In principio creavit Deus caelum et terram", deinde lucem[1].

Per hoc innuens posse fieri mundum, qui caelo et terra continetur, in principio creatum. Nam postea id quod actu factum est caelum scilicet firmamentum et quod terra factum scilicet aridam et quod lux factum est scilicet solem iuxta Dionysium expressit.

Omnia enim in posse fieri confuse et complicite creata, quae postea facta et explicata leguntur. Unde quando ait Deum dixisse „fiat lux et facta est lux"[2] ad naturam posse fieri

---
[1] Gen. 1, 1 und 1, 3.
[2] Gen. 1, 3.

Aber unsere Theologen lernten aus der göttlichen Offenbarung, daß der erste Grund — (da dieser nach allgemeiner Überzeugung ein dreifacher, nämlich ein Wirk-, Gestalt- und Zielgrund ist, der von Platon das Eine und Gute, von Aristoteles Denken und Sein des Seienden genannt wird) — auf solche Weise einer sei, daß er ein dreifacher ist und auf solche Weise ein dreifacher, daß er einer ist. Insofern er Wirkgrund ist, wird er nach Platon Einheit genannt, sofern er Gestaltgrund ist, nach Aristoteles Seiendheit, und insofern er Zielgrund ist, wird er nach beiden das Gute genannt. Der Gläubige aber kann auf dieser Erde im Gleichnis sehen, wie die heiligste Dreiheit in der Einheit allem Denkbaren und aller zusammenhängenden und getrennten Quantität, aller Zahl und Andersheit vorausgeht. Ich werde das später so niederschreiben, wie Gott es geben wird.

IX.

Die Heilige Schrift und die Philosophen haben dasselbe verschieden benannt

Wenn jemand mit diesen Vorkenntnissen sich zuerst zur Schöpfungsgeschichte wendet, die von Moses lange vor den Philosophen niedergeschrieben wurde, dann wird er dort finden, was ich oben über die Ursprünge gesagt habe. Moses sagt: „Im Anfang schuf Gott Himmel und Erde, dann das Licht."

Damit kennzeichnet er das Werden-Können der Welt, die in Himmel und Erde enthalten ist, als im Ursprung geschaffen. Denn anschließend bezeichnet er das, was wirklich Himmel geworden ist, als Firmament, das, was Erde geworden ist, als das Trockene, und das, was Licht geworden ist, als Sonne; so Dionysius.

Alles, von dem man später als von Gewordenem und Entfaltetem liest, ist im Werden-Können verschmolzen und eingefaltet geschaffen. Wenn Moses daher sagt, „Gott sprach,

haec dicit. Vidit enim in posse fieri lucem et illam bonam et necessariam ad visibilis mundi pulchritudinem et ipsi naturae lucis in posse fieri dixit, ut fieret lux actu, et facta est lux posse fieri lucis.

Imperio verbi creatoris naturaliter facta est lux. Hic motus, quo posse ut actu fiat movetur, naturalis dicitur. Est enim a natura, quae est divini praecepti instrumentum in ipso posse fieri creatum, ut naturaliter et delectabiliter omni labore fatigaque exclusis actu fiat, quod fieri potest.

Verbum autem Dei, ad quod natura respicit ut fiat omnia, Deus est; nihil enim est Dei quod non ipse Deus. Hoc autem verbum Platonici conditorem intellectum appellant, quem et unigenitum dicunt atque dominum universorum, ut Proclus credit[1]; Deum enim unum appellant, ideo conditorem intellectum unigenitum.

Quidam vero primam intelligentiam appellant. Anaxagoras[2] autem ipsum mentem nominat, Stoici[3] verbum, quod et Deum asserunt, ut in Laertio legitur. Et hi optime secuti sunt David Prophetam qui dixit „Verbo Domini caeli firmati sunt" et alibi „dixit et facta sunt, mandavit et creata sunt"[4].

Ad haec, quid philosophi senserint de his principiis, attende[5].

---

[1] Proclus, In Pl. theol. V, 12ff, p. 268ff.
[2] Diogenes Laertius, a. a. O. II, 3, p. 34ff.
[3] Ibid. VII, 1, p. 159ff.
[4] Psalm 32, 6; 148, 5.
[5] Die folgenden Ausführungen stellen die in Diogenes Laertius verstreuten und z. T. schon zitierten Lehren zu diesem Thema zusammen. Vgl. a. a. O. II, 3, p. 34; VIII, 1, p. 205, u. a. m. Im folgenden werden die entsprechenden Stellen des Diogenes Laertius nur noch zitiert, wenn ausdrücklich Bezug darauf genommen wird.

es werde Licht und es ward Licht", sagt er das in bezug auf die Natur des Werden-Könnens. Gott sieht im Werden-Können das Licht und erkennt, daß es gut und für die Schönheit der sichtbaren Welt notwendig ist, und im Werden-Können sagt er der Natur des Lichtes, daß Licht als Wirklichkeit werde — und geschaffen ist das Licht des Lichtwerden-Könnens.

Auf Befehl des Schöpferwortes ist das Licht natürlich geworden. Daher wird die Bewegung, durch die die Möglichkeit in die Wirklichkeit übergeführt wird, eine natürliche genannt. Sie ist von der Natur, dem Werkzeug des göttlichen Gebotes, im Werden-Können selbst geschaffen, damit natürlich und mit Freude ohne Mühe und Ermüdung als Wirklichkeit werde, was werden kann.

Jenes Wort Gottes aber, auf das die Natur blickt, damit alles werde, ist Gott; denn nichts ist Gottes, was nicht selbst Gott ist. Dieses Wort nannten die Platoniker schöpferische Vernunft, die sie auch als den Eingeborenen und den Herrn des Universums bezeichneten, wie Proklos meint. Denn sie nannten Gott das Eine und die schöpferische Vernunft das Eingeborene.

Manche nennen es die erste Geistigkeit, Anaxagoras bezeichnet ihn als Vernunft, die Stoiker als Wort, das sie, wie bei Laertius zu lesen ist, auch Gott heißen. Und so folgen diese alle genau dem Propheten David, der gesagt hat: „Durch das Wort des Herrn sind die Himmel gefestigt", und an anderer Stelle: „Er sprach und es entstand, er befahl und es wurde geschaffen."

Beachte, was die Philosophen hinsichtlich dieser Prinzipien dachten.

Anaxagoras mentem motus principium dicit accessisse ad materiam in qua omnia erant in confuso et singula discrete composuisse. Sic Plato Deum et materiam duo dicit rerum principia, Aristoteles resolvit omnia in actum et potentiam, Pythagoras principia monadi et dualitate assimilat, dualitatem uti indefinitam materiam, monadi auctori aiebat subiectam. Stoici Deum, quem et mentem et Jovem nominant, opificem dicunt immensi huius operis; quibus visum est duo esse rerum omnium principia, faciens et patiens. Et quod patitur sine qualitate substantiam seu materiam, quod autem facit verbum quod et Deum esse dicunt. Epicurus autem dicebat imperio Dei omnia ex materia, quam atomorum infinitatem credidit. Haec in Laertio latius[1].

Quae si bene consideras, nihil nisi id quod praedicitur intendunt, scilicet Deum, qui purissimus actus, ex posse fieri omnia facere. Sed posse fieri esse Dei creaturam expressius dixit Moyses. Thales autem non dissentit, quando ait mundum esse facturam Dei, quem antiquissimum confidetur. Est igitur et Deus ipsius posse fieri mundi principium et creator, qui mundum, qui factus est, praecessit. In quo mundus fuit ipsum posse fieri, quem factum [Moyses] dicit, cum nihil actu factum, quod fieri non potuit.

Sic et Plato mundum genitum sive factum tenet. Dicit enim constanter omne sensibile ab antiquiori principio necessario esse, non ante ipsius mundi posse constare tempus, quia cum conderetur, simul et tempus affuit.

Aristoteles vero posse fieri negat initium habere; sic nec motum nec tempus facta credit, deceptus hac ratione: mun-

---
[1] Diogenes Laertius, a. a. O. X, p. 263ff.

Anaxagoras ist der Meinung, daß der Geist als Ursprung der Bewegung zur Materie, in der alles zur Einheit verschmolzen vorhanden war, hinzugekommen sei, und daß er das Einzelne in seiner Bestimmtheit geordnet habe. So bezeichnet Plato Gott und die Materie als die beiden Ursprünge der Dinge. Aristoteles löst alles in Akt und Potenz auf. Pythagoras ordnet die Prinzipien der Einheit und Zweiheit zu, indem er sagt, daß die Zweiheit als unbestimmte Materie der Einheit als ihrem Schöpfer unterworfen sei. Die Stoiker sagen, daß Gott, den sie auch Geist oder Jupiter nennen, der Erbauer dieses unermeßlichen Werkes sei. Und sie meinen, daß es zwei Prinzipien aller Dinge gäbe, das tätige und das leidende. Das leidende sei die qualitätslose Substanz oder Materie, das tätige aber das Wort, das Gott sei. Epikur meinte, daß auf Befehl Gottes alles aus der Materie, die er für eine unbegrenzte Fülle von Atomen hielt, enstanden sei; darüber findet man Ausführlicheres bei Laertius.

Wenn man das wohl überlegt, erkennt man, daß alle nichts anderes ausdrücken wollen als das Vorausgeschickte, daß nämlich Gott, als die reinste Wirklichkeit, alles aus dem Werden-Können macht. Aber daß das Werden-Können eine Schöpfung Gottes ist, sagt Moses deutlicher. Dem widerspricht nicht der Ausspruch des Thales, daß die Welt ein Werk Gottes sei, von dem er überzeugt ist, daß er der Uralt-Ewige ist; denn Gott ist, weil er der Welt, die gemacht ist, vorausgegangen ist, auch der Ursprung und Schöpfer des Werden-Könnens der Welt. In ihm war die Welt (die Moses ja als Werk Gottes bezeichnet hat) das Werden-Können selbst, denn nichts ist tatsächlich geworden, was nicht werden konnte.

So ist auch Plato der Meinung, daß die Welt gezeugt oder geschaffen worden ist, denn er sagt stets, daß alles Sinnliche notwendigerweise von einem früheren Ursprung stamme, und daß es vor dem Ursprung der Welt keine Zeit geben konnte, da die Zeit zugleich mit der Welt entstand.

Aristoteles aber leugnet, daß das Werden-Können einen Anfang habe, und glaubt ebensowenig, daß Bewegung und

dum factum potuisse fieri et posse fieri non fit actu sine motu. Sic nec motum nec tempus factum concludit. Si attendisset ante posse fieri actu aeternum, posse fieri ab eo, quod ipsum praecedit, principiatum non negasset. Successio enim, quae in motu est, cuius mensura est tempus, de se fatetur tempus et motum et quae moventur non esse aeterna, cum aeternitas sit actu simul id, quod esse potest; ideo ante successionem; cadit enim successio ab aeterno.

Quare Plato melius videns recte aiebat tempus imaginem sempiterni; imitatur enim sempiternum et sequitur posse fieri. Quomodo enim fieret successio nisi fieri posset?

Anaxagoras initia rerum et temporis finem posuit. Interrogatus enim si mare aliquando futurum esset ubi erant montes Lampsaceni, respondit immo nisi tempus deficeret[1]. Credebat igitur tempus aliquando finiri.

Sic et Stoici, qui mundum corruptibilem affirmabant, melius cum nobis revelata per fidem veritate concordantes.

X.

Quomodo sapientes posse fieri nominarunt

Thales Milesius assimilabat aquam ipsi posse fieri quando vidit ex eius vapore aerem et illius subtilitate ignem atque ex aquae grossitie terram fieri cunctaque viventia ex ipsa nutriri ideo et fieri. Ex his enim ex quibus sunt viventia, ex illis nutriuntur.

---

[1] Diogenes Laertius, a. a. O. II, 3, p. 35, 34ff.

Zeit gemacht worden seien, denn er unterliegt folgender Einbildung: da die gewordene Welt werden konnte und da das Werden-Können nicht ohne Bewegung wirklich wird, folgerte er, daß die Bewegung und die Zeit nicht gemacht worden sei. Wenn er darauf geachtet hätte, daß vor dem Werden-Können als Wirklichkeit das Ewige sei, hätte er nicht geleugnet, daß das Werden-Können von dem, das ihm vorausgeht, den Anfang genommen hat. Das Aufeinanderfolgen nämlich, welches in der Bewegung, deren Maß die Zeit ist, liegt, bekennt aus sich, daß Zeit, Bewegung und das Bewegte nicht ewig ist, da die Ewigkeit als Wirklichkeit zugleich das ist, was sein kann; also steht sie vor diesem Aufeinanderfolgen, und das Aufeinanderfolgen kommt aus dem Ewigen.

Darum sieht Plato klarer, wenn er — mit Recht — sagt, daß die Zeit das Bild des Ewigen sei, denn sie ahmt das Ewige nach und folgt dem Werden-Können. Wie sollte auch das Aufeinanderfolgen werden, wenn es nicht werden könnte?

Anaxagoras behauptete einen Anfang der Dinge und ein Ende der Zeit. Auf die Frage, ob einmal an Stelle der Lampsakenischen Berge das Meer sein werde, antwortete er, sicherlich, außer die Zeit reicht nicht aus. Er glaubte also, daß die Zeit einmal zu Ende ginge.

So stimmen auch die Stoiker, die versichern, daß die Welt vergänglich sei, mit uns, denen die Wahrheit durch den Glauben enthüllt worden ist, besser überein.

X.

Wie die Weisen das Werden-Können bezeichnet haben

Thales von Milet hielt das Wasser für das Werden-Können; er glaubte zu sehen, daß aus dessen Dunst Luft und durch deren Verdünnung hinwiederum Feuer, dagegen aus der Verdichtung des Wassers Erde werde und daß alles Lebende aus ihm genährt werde und entstehe. Denn aus dem, woraus das Lebende besteht, ernährt es sich.

Sed quod aqua non sit posse fieri mundi et omnium licet in ea multum reluceat ex hoc videtur. Deus enim, ut ipse recte ait, est antiquissimum, ante igitur omne factum aut creatum. Aqua igitur, cum sit post ipsum, facta est, ipsam igitur posse fieri antecedit.

Zeno vero Stoicus[1] Deum aiebat ignis substantiam per aerem in aquam convertisse et quemadmodum semen in foetu continetur, ita et serendi rationem in humore residisse, materia scilicet ad operandum aptissime parata, a qua cetera post haec gignerentur.

Oportet ut intelligas nostrum principium, scilicet posse fieri, aquam et cuncta elementa et quae facta sunt praecedere, sive sint, sive vivant, aut intelligant, neque hic humor, de quo Zeno, est pura aqua, etiam si aqueus. Cum enim detur aqua una purior et simplicior alia omnis dabilis aqua purior esse potest simpliciorque. Non igitur uni elemento sed omnibus invicem compositis posse fieri sensibilia corporalique attribui debet.

Sic enim et Stoicos sensisse tradit Laertius[2] in Zenonis Citiei vita; de sensibili et corruptibili mundo loquens ait mundum factum, quando ignis substantia per aerem versa fuerat in humorem, dum crassior ipsius pars effecta fuit terra, porro subtilior in aerem cessit, eaque magis ac magis extenuata in ignem evasit et ex his permixtis exorta esse animalia et arbores et alia genera mundanae creaturae.

Patet satis istos et eorum sequaces de hoc sensibili terrestrique mundo locutos esse ac quod in ipso non reperiantur

---

[1] Diogenes Laertius, a. a. O. VII, p. 188, 25ff.
[2] Diogenes Laertius, a. a. O. VII, p. 189, 39ff.

Aber aus folgendem läßt sich erkennen, daß das Wasser, obwohl viel davon in ihm widerstrahlt, nicht das Werden-Können der Welt und aller andern Dinge ist. Gott ist, wie Thales richtig bemerkt, das Uralt-Ewige; er steht also vor allem Gewordenen oder Geschaffenen. Das Wasser dagegen ist, da es nach ihm ist, geworden. Das Werden-Können geht ihm also voran.

Zeno, der Stoiker, sagte, daß Gott die Substanz des Feuers zuerst in Luft, dann über die Luft in Wasser verwandle. Ebenso wie der Same in der Frucht sei der Bestimmungsgrund des Keimes in der Feuchtigkeit enthalten, und zwar als Materie, die zum Wirken aufs beste geeignet ist und aus der alles übrige später entstehen kann.

Es ist notwendig, zu verstehen, daß unser Ursprungsgrund, das Werden-Können, dem Wasser, allen Elementen und allem Gewordenen vorausgeht, ob es ist, lebt oder denkt. Und jene Feuchtigkeit, von der Zeno spricht, ist nicht reines Wasser, auch wenn sie wäßrig ist. Da es nämlich immer Wasser gibt, das reiner und einfacher ist als anderes, kann alles Wasser, das es gibt, noch reiner und einfacher sein. Das Werden-Können des Sichtbaren und Körperlichen kann also nicht einem Element allein, sondern muß allem wechselseitig Zusammengesetzten zugesprochen werden.

Ebenso hätten auch die Stoiker gedacht, berichtet Laertius in der Lebensbeschreibung des Zenon von Kition, wo er über die sinnliche und vergängliche Welt spricht. Dort sagt er, daß die Welt geworden sei, indem die Substanz des Feuers sich über die Luft in Wasser verwandelte, während der dichtere Teil desselben zu Erde wurde, der dünnere dagegen als Luft entwich, und nachdem sich diese mehr und mehr verdünnt hatte, zu Feuer wurde. Aus der Mischung dieser Stoffe seien die Lebewesen und die Bäume und alle anderen Arten irdischer Geschöpfe entstanden.

Es ist offenbar, daß diese und ihre Anhänger über die sinnliche und irdische Welt gesprochen haben, in der keine ein-

simplicia elementa, sed permixta ut unum ex altero et ex omnibus cuncta etiam viventia fieri possent. Si enim elementum simplex et purum esset cum id esset quod fieri posset non foret in potentia ad aliud, sicuti Dionysius in caelesti hierarchia ignem inalterabilem asserit[1]. Immo alibi libro de divinis nominibus in cap. de malo affirmat nihil secundum naturam et substantiam corrumpi, licet aliqua secundum alia eis accidentia corrumpantur[2].

Stoici vero partes huius terreni mundi corruptibiles affirmarunt. Hinc concluserunt hunc mundum et genitum et corruptibilem. Peripatetici[3] vero restaurari ipsum per circulationem astruunt. Ideo numquam posse deficere motu circulari semper perseverante ingenitumque esse dicunt.

Hoc tamen certissimum: universum mundum numquam deficere posse. Intelligibilia enim, quae sunt principales eius partes, id sunt, quod fieri possunt, ut supra diximus.

XI.

De tribus regionibus et decem campis sapientiae

Ut autem propositum nostrum explicemus, dicimus, quod tres sunt regiones sapientiae. Prima in qua ipsa reperitur uti est aeternaliter. Secunda in qua reperitur in perpetua similitudine. Tertia in qua in temporali fluxu similitudinis lucet a remotis.

Decem vero puto campos venationi sapientiae plurimum aptos.

---

[1] Dionysius, De caelesti hierarchia, Dionysiaca II, cap. XV, p. 997.
[2] Dionysius, Dionysiaca, a. a. O., De divinis nominibus IV, 230ff.
[3] Vgl. Aristoteles, Metaphysik ∧ 6, 1071b und 1072a.

fachen Elemente, sondern nur vermischte gefunden werden, da so das eine aus dem andern und auch aus allen alles Lebende werden konnte. Denn wenn es ein einfaches und reines Element gäbe, dann wäre in ihm, wenn es das wäre, was es werden kann, keine Möglichkeit zu etwas anderem, wie es bei jenem Feuer der Fall ist, das Dionysius in dem Buch „De caelesti hierarchia" unveränderlich nennt. Und an anderer Stelle, im Buch „De divinis nominibus" im Kapitel über das Böse, versichert er, daß nichts hinsichtlich seiner Natur und Substanz zugrunde gehe, wenn auch manches in bezug auf seine Akzidentien zugrunde gehe.

Die Stoiker aber waren überzeugt, daß Teile der Welt vergänglich seien, und schlossen daraus, daß diese Welt sowohl entstanden sei als auch vergehen werde. Die Peripatetiker dagegen behaupteten, daß sie sich vermittels eines Kreislaufes selbst erneuere. Weil diese Kreisbewegung stets anhalte, könne sie nie aufhören und sei auch ohne Anfang.

Jedenfalls ist sicher, daß die ganze Welt niemals aufhören kann. Denn die geistigen Dinge, ihre Hauptbestandteile, sind das, was sie werden können, wie oben gesagt wurde.

XI.

Die drei Ebenen und zehn Felder der Weisheit

Um aber das von uns Vorgebrachte zu entfalten, stellen wir fest, daß es drei Ebenen der Weisheit gibt. In der ersten wird sie als ewige gefunden, in der zweiten in immerwährender Ähnlichkeit, in der dritten leuchtet sie im zeitlichen Fluß der Ähnlichkeit von ferne.

Zehn Felder aber halte ich für die Jagd nach Weisheit besonders geeignet.

Primum nomino doctam ignorantiam, secundum — possest, tertium — non aliud, quartum — lucis, quintum — laudis, sextum — unitatis, septimum — aequalitatis, octavum — connexionis, nonum — termini, decimum — ordinis.

XII.

De primo campo doctae scilicet ignorantiae

In primum intrans adverto quomodo incomprehensibilis incomprehensibiliter capitur.

Refert Eusebius Pamphili[1] Indum Athenas adventasse, quem Socrates convenit an Deo ignorato sciri aliquid posset. Qui admirans quaestionem respondit quomodo hoc fieret? Non enim voluit Indus nihil sciri, sed nec Deum penitus ignorari. Omnia enim quia sunt et Deum quia est attestantur, immo potius, quia Deus est omnia sunt.

Scilicet quia omne, quod scitur, melius perfectiusque sciri potest nihil uti scibile est scitur. Hinc sicut „quia-est" Dei est causa scientiae omnium „quia-sunt", ita „quia-Deus" quid sit uti scibilis est ignoratur; quidditas etiam omnium, uti scibilis est, ignoratur, quam ait Aristoteles semper quaesitam, quemadmodum et ipse eam in prima quaerit philosophia, sed non invenit[2].

---

[1] Eusebius von Kaisareia, 265—339. War Schüler und geistiger Erbe des Pamphilos. De evangelica praeparatione interprete Georgio Trapezuntino, lib. XI, PL. 21, p. 848ff, Cod. Cus. 41.
[2] Aristoteles, Metaphysik, Z 1, 1028b, 2—4.

Das erste nenne ich wissende Unwissenheit; das zweite Können-Ist; das dritte das Nicht-Andere; das vierte bezeichne ich als Feld des Lichtes; das fünfte als Feld des Lobes; das sechste als Feld der Einheit; das siebente als Feld der Gleichheit; das achte als Feld der Verknüpfung; das neunte als Feld der Ziel-Grenze und das zehnte als Feld der Ordnung.

XII.

Das erste Feld: Die wissende Unwissenheit

Wenn ich das erste Feld betrete, richte ich meine Aufmerksamkeit darauf, wie der Unbegreifbare unbegreiflicherweise begriffen wird.

Eusebius, der Schüler des Pamphilus, berichtet, daß ein Inder nach Athen gekommen sei. Mit diesem kam Sokrates zusammen und fragte ihn, ob man irgend etwas wissen könne, wenn man Gott nicht kennt. Dieser wunderte sich über die Frage und erwiderte, wie dies möglich sei? Denn der Inder wollte weder nichts wissen noch auch über Gott in völliger Unkenntnis sein. Denn dadurch, daß es ist, bezeugt alles, daß auch Gott ist, oder vielmehr: weil Gott ist, ist alles.

Weil alles, was gewußt wird, besser und vollkommener gewußt werden kann, wird nichts so, wie es wißbar ist, gewußt. Wie daher das „Weil-Ist" Gottes der Grund des Wissens von dem „Weil-Sind" aller Dinge ist, so wird das „Weil-Gott" in dem was es ist, nicht wie es wißbar ist, gewußt. Ebenso wird die Washeit aller Dinge nicht so gewußt, wie sie wißbar ist. Von ihr sagt Aristoteles, daß sie immer gesucht wird so wie auch er selbst in der „Ersten Philosophie" nach ihr fragt, sie aber nicht findet.

Visum est Proclo[1] quomodo quid sit id quod est principium omnium repertu difficillimum non esse aliud quam unum plura, unum in essentia, plura in potentia. Sed per hoc non scitur quid unum plura existat; de quo infra latius.

Fieri enim non potest quod id sciatur, quod posse fieri antecedit. Deus igitur cum praecedat non potest fieri comprehensibilis, et cum quid sit posse fieri, non sit comprehensibile, sicut nec eius causa ipsum praecedens, nullius quidditas (causis ignoratis) uti scibilis est actu comprehenditur.

Quanto igitur quis melius sciverit hoc sciri non posse tanto doctior. Nam si doctior est de magnitudine claritatis solis negans ipsam visu comprehensibilem, quam affirmans, et de magnitudine maris negans ipsam quacumque mensura liquidorum mensurabilem quam affirmans utique doctior est negans magnitudinem absolutam incontractam ad claritatem solis vel amplitudinem maris aut alterius cuiuscumque et penitus interminatam et infinitam mensuram mentis, quae ad mentem contracta est, mensurabilem quam affirmans.

Et hanc partem in libellis doctae ignorantiae, prout potui, explicavi.

Mira res! Intellectus scire desiderat, non tamen hoc naturale desiderium eius ad sciendum quidditatem Dei sui est sibi cognatum, sed ad sciendum Deum suum tam magnum quod magnitudinis eius nullus est finis; hinc omni conceptu et scibili maior. Non enim contentaretur de se ipso intellectus si similitudo foret tam parvi et imperfecti creatoris, qui maior esse posset et perfectior. Omni enim scibili et com-

---

[1] Vgl. Proclus in Parmenidem, ed. R. Klibansky u. C. Labowsky (mit Marginalien des Cusanus), London 1953, p. 34ff und 64ff; in Pl. theol. III, s. p. 122.

Proklos glaubte, daß dasjenige, was der Ursprung von allem und am schwersten zu finden ist, nichts anderes sei als das Eine Viele, das Eine im Wesen und das Viele in der Möglichkeit. Doch weiß man dadurch nicht, was das Eine Viele ausmacht. Darüber im folgenden mehr.

Es ist unmöglich, das zu wissen, was dem Werden-Können vorangeht. Gott also kann, da er ihm vorangeht, nicht begreiflich werden, und weil nicht begreifbar ist, was das Werden-Können ist, so ist es auch dessen ihm vorangehender Grund nicht, denn keiner Sache Wesen wird wirklich so begriffen, wie es wißbar ist, wenn man ihre Gründe nicht kennt.

Je besser also jemand weiß, daß dies nicht gewußt werden kann, desto gelehrter ist er. Denn wenn jener, der sagt, daß die Größe des Sonnenlichtes vom Sehen nicht begriffen werden kann, weiser ist als jener, der es für möglich hält, und derjenige, der die Größe des Meeres nicht mit irgendeinem Flüssigkeitsmaß messen zu können glaubt, weiser als jener ist, der behauptet, daß es möglich sei, dann ist derjenige, der leugnet, daß sowohl die absolute Größe, die zur Helligkeit der Sonne oder zur Weite des Meeres oder eines anderen Dinges verschränkt ist als auch das völlig unbegrenzte und unbeschränkte Maß des Geistes, das zum Geist verschränkt ist, meßbar sei, bei weitem weiser als derjenige, der behauptet, daß man es messen könne.

Diese Frage habe ich in den Büchern der Docta ignorantia so gut ich konnte dargelegt.

Es ist seltsam! Der Geist sehnt sich danach, zu wissen. Dennoch richtet sich dieses sein angeborenes Verlangen nicht darauf, die Wesenheit seines Gottes zu wissen, sondern zu erfahren, daß sein Gott so groß ist, daß es kein Ende seiner Größe gibt; daß er also größer ist als jeder Begriff und jedes Wißbare. Denn der Geist würde sich nicht mit sich selbst zufriedengeben, wenn er das Abbild eines Schöpfers

prehensibili infinitae et incomprehensibilis perfectionis utique maior est.

Hunc Deum suum omnis creatura et huius se asserit similitudinem nequaquam eo minoris. Contentatur enim omnis creatura de sua specie tamquam perfectissima, ut Epicharmus dicebat, quia ipsam infinitae pulchritudinis Dei sui scit similitudinem et donum perfectum. Ideo Moyses[1] scripsit Deum vidisse cuncta, quae fecerat, et erant bona valde. Quare merito quiescit quaelibet res in sua specie, quae est ab optimo bona valde.

Adhuc attende quomodo Deus posse fieri excedens praecedit omne quod potest fieri. Nihil igitur potest fieri perfectius quod non praecedat. Est igitur omne id quod esse potest, omne perfectibile perfectumque. Quare est ipsum perfectum quod et perfectio omnium perfectorum et perfectibilium.

Gaudet igitur intellectus se talem cibum perficientem numquam consumptibilem habere, per quem videt se immortaliter perpetueque pasci delectabilissimeque vivere semperque in sapientia perfici, crescere augerique posse. Uti is plus gaudet qui invenit infinitum et innummerabilem incomprehensibilem atque inexhauribilem thesaurum quam ille, qui repperit finitum, nummerabilem comprehensibilemque. Hoc ille magnus Leo[2] Papa videns ait in sermone, ubi Deum ineffabilem laudat, dicens „Sentiamus in nobis bonum esse quod vincimur. Nemo ad cogitationem veritatis magis propinquat, quam qui intelligit in rebus divinis, etiam si multum proficiat, semper sibi superesse, quod quaerat".

---

[1] Gen. 1, 31.
[2] Leo der Große, Liber sermonis beati Leonis Papae, Cod. Cus. 39, 3. Sermo XXIX, PL. 54, p. 226C.

wäre, der so klein und unvollkommen ist, daß er größer und vollkommener sein könnte. Er ist größer als alles, das gewußt und begriffen werden kann, von unbegrenzter und unfaßbarer Vollkommenheit.

Ihn anerkennt jedes Geschöpf als seinen Gott und sich selbst als sein Abbild und keineswegs als das eines geringeren. Denn jede Kreatur ist, wie Epicharm sagt, mit ihrer Eigengestalt als mit der gewissermaßen vollkommensten zufrieden, weil sie weiß, daß sie ein Abbild der unbegrenzten Schönheit ihres Gottes und ein vollkommenes Geschenk ist. Daher schrieb Moses: Gott sah alles, was er gemacht hatte, und es war sehr gut. Darum ruht mit Recht jedes Ding in seiner Eigengestalt, die von dem Besten erschaffen und sehr gut ist.

Beachte, wie Gott das Werden-Können überragt und allem, das werden kann, vorausgeht! Daher kann nichts so vollkommen werden, daß er ihm nicht dennoch vorangeht. Er ist alles, was sein kann, alles, was vollkommen werden kann, und alles, was vollkommen ist. Deshalb ist er das Vollkommene selbst, das die Vollkommenheit alles Vollkommenen und Vervollkommenbaren ist.

Der Geist freut sich darüber, eine solche Nahrung, die sich vervollkommnet und niemals aufgezehrt werden kann, zu besitzen und zu sehen, daß er durch sie unsterblich und unaufhörlich genährt werden, glücklich leben und stets an Weisheit zunehmen, wachsen und sich in ihr vollenden kann. Ebenso freut sich der, welcher einen unbegrenzten und unzählbaren, unfaßbaren und unerschöpflichen Schatz findet, mehr als jener, der einen begrenzbaren, zählbaren und faßbaren entdeckt. Das erkannte Papst Leo der Große, welcher in einer Predigt, in der er den unaussprechlichen Gott preist, sagt, wir wollen in uns empfinden, daß es gut ist, überwunden zu werden. Niemand nähert sich der Betrachtung der Wahrheit mehr als derjenige, der einsieht, daß ihm in den göttlichen Dingen, auch wenn er schon viel erkannt hat, immer etwas bleibt, was er suchen muß.

Vides nunc venatores philosophos, qui nisi sunt rerum quidditates (ignorata quidditate Dei) venari et qui Dei quidditatem semper scibilem facere scitam nisi sunt fecisse labores inutiles, quoniam campum doctae ignorantiae non intrarunt.

Solus autem Plato aliquid plus aliis Philosophis videns dicebat se mirari, si Deus inveniri, et plus mirari, si inventus posset propalari.

XIII.

De secundo campo possest

Intellectus intrans in campum possest (hoc est, ubi posse est actu) venatur cibum sufficientissimum.

Deus enim, quem Thales Milesius antiquissimum recte affirmabat, quia non factus seu genitus, antiquior est omni nominabili. Nam ante aliquid et nihil, effabile et ineffabile, atque posse fieri et factum; non igitur potest fieri, quod aeternum non sit actu.

Licet enim humanitas sit id, quod humanitas requirit, non tamen est actu id, quod fieri potest. Est enim post fieri posse sub omnipotenti potestate creatoris ipsius posse fieri.

Nihil igitur omnium quae sequuntur posse fieri umquam a posse fieri aliud quam est absolvitur. Solus Deus est possest, quia est actu, quod esse potest. Non est igitur Deus quaerendus in alio campo quam possest. Nam quocumque demonstrato hoc Deus non est, quia hoc potest fieri aliud. Non est Deus parvus, quia parvum potest esse maius, neque magnus, quia magnum potest esse minus, sed ante omnia, quae aliter fieri possunt et ante omnia, quae differunt.

Du siehst nun, daß die Philosophen, die versuchten, die Wesenheit der Dinge ohne Kenntnis der Wesenheit Gottes zu erjagen und die Wesenheit Gottes zur stets wißbaren und gewußten machen wollten, unnütze Arbeit getan haben, weil sie das Feld der wissenden Unwissenheit nicht betreten haben.

Nur Platon, der etwas weiter sah als die andern Philosophen, pflegte zu sagen, daß es ihn erstaunen würde, wenn Gott gefunden, und noch mehr, wenn er, gefunden, mitgeteilt werden könnte.

XIII.

Zweites Feld: Das Können-Ist

Der Geist, der das Feld des Können-Ist (d. h. jenes Gebiet, wo das Können Wirklichkeit ist) betritt, erjagt Nahrung im Überfluß.

Gott, den Thales mit Recht den Uralt-Ewigen nennt, ist älter als alles Benennbare, weil er nicht geschaffen oder gezeugt ist. Denn er ist vor dem Etwas und dem Nichts, vor dem Aussprechbaren und Unaussprechbaren und auch vor dem Werden-Können und Gewordenen. Und er kann nichts werden, das er nicht von Ewigkeit als Wirklichkeit ist.

Auch wenn die Menschheit das ist, was die Menschheit erfordert, so ist sie dennoch nicht als Wirklichkeit das, was sie werden kann. Denn sie folgt dem Werden-Können und steht unter der allgewaltigen Macht seines Schöpfers.

Nichts von allem, das dem Werden-Können folgt, wird jemals frei von der Möglichkeit, etwas anderes zu werden, als es ist. Gott allein ist das Können-Ist, weil er als Wirklichkeit ist, was er sein kann. Darum darf Gott in keinem andern Feld als dem des Können-Ist gesucht werden. Was immer man darstellt, ist nicht Gott, weil es anders werden kann; Gott ist nicht klein, weil das Kleine größer werden kann, und nicht groß, weil das Große kleiner werden kann, er steht vor allem, das anders werden kann, und vor allem, das sich unterscheidet.

Est enim ante differentiam omnem, ante differentiam actus et potentiae, ante differentiam posse fieri et posse facere, ante differentiam lucis et tenebrae, immo ante differentiam esse et non esse, aliquid et nihil atque ante differentiam indifferentiae et differentiae, aequalitatis et inaequalitatis et ita de cunctis.

Unde si respicis ad cuncta, quae post ipsum sunt, omnia sunt ab invicem differentia atque etiam ad invicem concordantia in genere entis aut specie, numero differentia. Ipse autem Deus est ante omnem differentiam differentiae et concordantiae, quia possest, et cum sit ante differentiam unius et alterius non est plus unum quam aliud, et [cum] ante differentiam parvi et magni, non maior uni et minor alteri, nec aequalior uni et alteri inaequalior.

Sunt in hoc campo delectabilissimae venationes, quia possest est actu omne posse; omne igitur, quod sequitur posse fieri ut fiat actu, non est actu nisi ut imitetur actum possest, qui est actus aeternus, non factus, secundum quem omne, quod actu fit, necesse est fieri. Nam cum posse fieri et esse actu differant et aeternitas quae Deus, illam differentiam praecedat, respicis in aeternitate, in qua posse fieri et actu esse non differunt, omnia quae facta sunt et fieri possunt actu et ibi ipsa aeternitatem esse vides. Unde omne, quod factum est aut fiet, posse fieri creatum necessario etiam sequitur actum suum qui est aeternitas.

Iterum unum et eius potentia differunt. Nam unum actu, ut est principium numeri, est post posse fieri, quia est multiplicabile et non est actu quod esse potest. Unum vero potentialiter est omnis numerus. Differt igitur unum et eius potentia.

Er ist vor jedem Unterschied, vor dem Unterschied von Tatsächlichkeit und Möglichkeit, vor dem Unterschied des Werden-Können und des Machen-Können, vor dem Unterschied von Licht und Finsternis, auch vor dem Unterschied von Sein und Nichtsein, Etwas und Nichts, und vor dem Unterschied von Unterschiedslosigkeit und Unterschiedenheit, Gleichheit und Ungleichheit usw.

Wenn man alles, was nach ihm ist, betrachtet, sieht man, daß alles voneinander verschieden ist, und auch das, was miteinander in der Art des Seins oder der Eigen-Gestalt nach übereinstimmt, sich durch die Zahl unterscheidet. Aber Gott selbst steht vor jedem Unterschied des Unterschiedes und der Gleichheit, weil er das Können-Ist ist; weil er vor dem Unterschied des einen und des andern steht, ist er eines nicht mehr als ein anderes, und weil er vor dem Unterschied des Kleinen und des Großen steht, ist er nicht größer als eines und kleiner als ein anderes und nicht dem einen ähnlicher und dem andern unähnlicher.

In diesem Gebiet sind sehr erfreuliche Jagdzüge möglich, weil das Können-Ist als Wirklichkeit jedes Können ist. Alles nämlich, das dem Werden-Können folgt, so daß es wirklich wird, ist nur insoweit wirklich, als es die Wirklichkeit des Können-Ists nachahmt. Dieses ist die ewige, ungewordene Wirklichkeit, der folgend alles, das wirklich wird, werden muß. Denn da das Werden-Können und das Wirklich-Sein sich unterscheiden und die Ewigkeit, die Gott ist, diesem Unterschied vorangeht, erblickt man in dieser Ewigkeit — in der Werden-Können und Wirklich-Sein sich nicht voneinander unterscheiden — alles, was geworden ist und werden kann, als Wirklichkeit und sieht, daß es dort selbst die Ewigkeit ist. Daher folgt alles, was geworden ist oder wird, notwendigerweise dem geschaffenen Werden-Können und auch seiner Wirklichkeit, die die Ewigkeit ist.

Ebenso unterscheiden sich das Eine und dessen Verwirklichungsmöglichkeit. Denn das Eine als Wirkliches, zum Beispiel als Prinzip der Zahl, steht nach dem Werden-Können, weil es vervielfältigt werden kann und als Wirkliches nicht ist, was es sein kann. Als Verwirklichungsmöglichkeit

Respice igitur in possest ante illam differentiam et vides in aeternitate unum et eius potentiam ante differentiam esse actu aeternitatem.

Omnem igitur numerum, qui ex potentia unitatis post posse firei actu constitui potest, actu vides esse aeternitatem, et illum actum aeternum actus numeri, qui fit aut fiet, sequitur ut imago veritatem. Nam sicut monas in aeternitate est ita unum, quod omnia actu quae unum fieri possunt, sic et duo in aeternitate est ita duo, quod omnia quae duo fieri possunt; ita de omnibus. Vides igitur quod duo actu post posse fieri imitatur actum ipsius duo in aeternitate. Scilicet proportio ipsius duo post posse fieri ad duo illa, quae sunt aeternitas, est sicut numerabilis ad innumerabile seu finitum ad infinitum.

Patet quomodo philosophi, qui hunc campum non intraverunt, de delectabilissimis venationibus non degustarunt. Id autem, quod eos terruit ne hunc campum intrarent, fuit, quia praesupposuerunt, etiam Deum sicut alia quae posse fieri sequuntur, citra differentiam oppositorum quaerendum.

Nam ante differentiam contradictorie oppositorum non putabant Deum reperiri. Volentes igitur venationem eius includi infra ambitum principii illius „quodlibet est vel non est" ipsum, qui etiam illo principio antiquior et qui ambitum illius principii excellit, non quaesiverunt in campo possest, ubi posse esse et actu esse non differunt. De possest alibi in trialogo plura scripsi[1]. Haec igitur nunc sic tacta sufficiant.

---

[1] Cusanus, De possest 1460.

aber ist das Eine jede Zahl. Darum unterscheidet sich das Eine und seine Verwirklichungsmöglichkeit.

Wende also deinen Blick auf das Werden-Können, wie es vor jenem Unterschied ist, und du wirst sehen, daß in der Ewigkeit das Eine und seine Verwirklichungsmöglichkeit vor diesem Unterschied die Ewigkeit als Wirklichkeit sind.

Man sieht daher, daß jede Zahl, die aus der Verwirklichungsmöglichkeit der Einheit nach dem Werden-Können tatsächlich gebildet werden kann, die Ewigkeit als Wirklichkeit ist. Und dieser ewigen Wirklichkeit folgt die Tatsächlichkeit der Zahl, die wie ein Abbild der Wahrheit wird oder werden kann. Denn ebenso wie die Eins in der Ewigkeit so Eins ist, daß sie als Wirklichkeit alles ist, das Eins werden kann, so ist auch die Zwei in der Ewigkeit so Zwei, daß sie alles ist, was Zwei werden kann. Und so verhält es sich mit allem. Du siehst also, daß die nach dem Werden-Können wirkliche Zwei die Wirklichkeit dieser Zwei in der Ewigkeit nachahmt. Das Verhältnis der Zwei, die aus dem Werden-Können hervorgegangen ist, zu jener Zwei, die die Ewigkeit ist, ist freilich wie das des Zählbaren zum Unzählbaren oder des Begrenzten zum Unbegrenzten.

Es ist klar, daß die Philosophen, die dieses Gebiet nicht betreten haben, diese wundervollen Jagdzüge nicht kennengelernt haben. Das, was sie von diesem Feld abhielt, war die Annahme, daß auch Gott, wie alles andere, das dem Werden-Können folgt, diesseits der Unterschiede des Gegensätzlichen zu suchen sei.

Sie glauben nämlich nicht, daß Gott vor dem Unterschied des kontradiktorisch Entgegengesetzten gefunden wird. Da sie deshalb die Jagd nach ihm auf den Umkreis des Prinzips, daß etwas ist oder nicht ist, beschränken wollten, suchten sie ihn, der älter als dieses Prinzip ist und dessen Umkreis überragt, nicht im Gebiet des Können-Ists, wo Wirklich-sein-Können und Wirklichkeit nicht unterschieden sind. Über das Können-Ist habe ich andernorts in einem Trialog ausführlicher geschrieben. Hier soll das so Skizzierte genügen.

XIV.

De tertio campo scilicet non aliud

Aristoteles Socratem ad definitiones primo ingenium contulisse in metaphysica sua scribit[1]. Definitio enim scire facit. Exprimit enim definiti genericam concordantiam et differentiam specificam, quam vocabulum in suo significato complicat.

Videtur igitur quaesitum in definitione sua eo modo quo cognosci potest. Oportet igitur intellectum, qui venatur id, quod ipsum posse fieri praecedit, attendere, quomodo etiam li aliud praecedit.

Non enim potest fieri aliud, quod posse fieri antecedit, quia aliud est post ipsum. Et quia hoc sic se habet, non potest per alios terminos definiri scilicet per genus et differentias specificari seu determinari, quae praecedit.

Oportet igitur quod ipsum sit sui ipsius definitio, et hoc etiam clarum ex antehabitis, quando praecedit differentiam definitionis et definiti. Nec hoc solum, sed etiam necesse est, per ipsum omnia definiri, cum esse nequeant nisi per ipsum sint et definiantur.

Optime haec vidit Dionysius in cap. de perfecto et uno libri divinorum nominum dicens[2]. „Neque est unum illud omnium causa unum ex pluribus, sed ante unum omne omnem multitudinem uniusque omnis ac multitudinis definitivum[3]."

---

[1] Aristoteles, Metaphysik I, 6, 987b, 1ff.
[2] Dionysius, a. a. O., De divinis nominibus XIII, p. 541f.
[3] Cod. Cus.: definitum. Korrigiert nach Dionysius, p. 542.

XIV.

Drittes Feld: Das Nicht-Andere

Aristoteles schreibt in seiner Metaphysik, daß sich Sokrates als erster um die Definition bemühte. Die Definition erzeugt nämlich Wissen; sie drückt die ursprüngliche Übereinstimmung und den eigengestaltlichen Unterschied des Definierten, welche das Wort in seinem Bedeutungsgehalt zusammenschließt, aus.

Das Gesuchte wird in seiner Definition auf jene Weise eingesehen, in der es erkannt werden kann. Der vernünftige Geist, der das, was dem Werden-Können vorausgeht, erjagt, muß also überdies darauf achten, daß es auch dem Anderen vorausgeht.

Denn das, was dem Werden-Können vorausgeht, kann nicht ein Anderes werden, weil das Andere nach ihm ist. Weil es sich so verhält, kann es nicht durch andere Begriffe, nämlich seiner Art und Herkunft nach, definiert und durch Unterschiede spezifiziert oder determiniert werden, da es diesem allen vorangeht.

Es ist also notwendig, daß es die Definition seiner selbst ist; das wurde auch aus dem bereits Vorgebrachten deutlich, da es der Differenz von Definition und Definiertem vorangeht. Dann gilt nicht nur dies, sondern es ist auch notwendig, daß alles durch es definiert wird, weil alles nur sein kann, wenn es durch es ist und definiert wird.

Sehr gut sieht dies Dionysius, der in seiner Schrift De divinis nominibus im Kapitel über das Vollkommene und Eine sagt: Dieses Eine, das die Ursache von allem ist, ist nicht Eines aus Vielen, sondern vor jedem einzelnen Einen und vor jeder Vielheit das Bestimmende jedes Einzelnen und jeder Vielheit.

Campum autem ubi est venatio iocundissima eius, quod se et omnia definit, nomino: Non Aliud. Ipsum enim non aliud se et omnia definit.

Nam cum interrogo: quid est non aliud, convenientissime respondetur: non aliud est non aliud quam non aliud. Et cum quaero quid est igitur aliud, bene respondetur, ipsum aliud esse non aliud quam aliud. Et sic mundus est non aliud quam mundus, et ita de omnibus, quae nominari possunt.

Vides nunc aeternum illud antiquissimum in eo campo dulcissima venatione quaeri posse. Nam cum sit sui ipsius et omnium aliorum definitio, non reperitur in alio aliquo clarius quam in li non aliud.

Attingis enim in eo campo antiquissimum trinum et unum, qui et sui ipsius definitio. Nam non aliud est non aliud quam non aliud.

Miratur de hoc secreto intellectus, quando attente advertit trinitatem, sine qua Deus se ipsum non definit, esse unitatem, quia definitio definitum, deus igitur trinus et unus est definitio se et omnia definiens.

Reperit igitur intellectus Deum non esse aliud ab alio, quia ipsum aliud definit. Sublato enim li non aliud non manet li aliud. Oportet enim aliud si esse debet, esse non aliud quam aliud, alias esset aliud quam aliud et ita non esset. Non aliud igitur cum sit ante aliud non potest fieri aliud, et est actu omne quod simpliciter esse potest.

Advertas autem quomodo li non aliud non significat tantum sicut li idem. Sed cum idem sit non aliud quam idem, non aliud ipsum et omnia quae nominari possunt praecedit.

Ideo et si deus nominetur non aliud, quia ipse est non aliud ab alio quocumque. Sed propterea non est idem cum aliquo.

Das Feld aber, auf dem die angenehmste Jagd nach dem stattfindet, das sich und alles definiert, nenne ich das Nicht-Andere. Dieses Nicht-Andere definiert sich und alles.

Wenn ich zum Beispiel frage, was das Nicht-Andere ist, dann ist die angemessenste Antwort: Das Nicht-Andere ist nichts Anderes als das Nicht-Andere. Und wenn ich frage, was nun das Andere ist, antwortet man vernünftigerweise: Das Andere ist nichts Anderes als das Andere. Ebenso ist die Erde nichts Anderes als die Erde; und dasselbe gilt von allem, das benannt werden kann.

Du siehst nun, das jenes Uralt-Ewige in diesem Gebiet in sehr ergötzlicher Jagd gesucht werden kann. Denn da es die Definition seiner selbst und alles andern ist, wird es in keinem andern klarer als im Nicht-Andern gefunden.

Du berührst nämlich auf diesem Feld das Uralt-Drei- und Eine, das auch die Definition seiner selbst ist. Denn das Nicht-Andere ist nichts Anderes als das Nicht-Andere.

Mit Bewunderung blickt der Geist auf dieses Geheimnis, wenn er mit aufmerksamer Hingabe erkennt, daß die Dreiheit, ohne die sich Gott selbst nicht definiert, Einheit ist, weil die Definition zugleich das Definierte, Gott also als Drei-Einiger die sich und alles definierende Definition ist.

Der vernünftige Geist erfährt nämlich, daß Gott nicht etwas Anderes vom Andern ist, da er selbst das Andere bestimmt und begrenzt. Nimmt man nämlich das Nicht-Andere weg, dann bleibt auch das Andere nicht bestehen. Es ist notwendig, daß das Andere, wenn es sein soll, nichts anderes ist als das Andere. Ansonsten wäre es anders als das Andere und so überhaupt nicht. Da das Nicht-Andere also vor dem Andern ist, kann es kein Anderes werden und ist in Wirklichkeit alles, was überhaupt sein kann.

Beachte aber auch, daß das Nicht-Andere nicht nur soviel wie das Selbe bedeutet. Da das Selbe nichts anderes ist als das Selbe, geht es vielmehr allem, was genannt werden kann, voraus.

Wenn nun Gott auch das Nicht-Andere genannt wird, weil er das Nicht-Andere eines Jeden ist, so ist er deshalb doch

Sicut enim non est aliud a coelo, ita non est idem cum coelo.

Habent igitur omnia ut non alia quam sunt, quia deus ipsa definit. Et ab ipso non aliud habent non aliud in specie generare, sed sibi simile efficere. Bonitas igitur bonificat, album albificat, et ita de omnibus.

Venatores philosophi hunc campum non intrarunt, in quo solo negatio non opponitur affirmationi. Nam li non aliud non opponitur li aliud[1], cum ipsum definiat et praecedat.

Extra hunc campum negatio affirmationi opponitur, ut immortale mortali, incorruptibile corruptibili, et ita de omnibus. Solum li non aliud excepto. Quaerere igitur Deum in aliis campis ubi non reperitur, vacua venatio est. Non enim est Deus qui alicui opponitur, cum sit ante omnem oppositorum differentiam. Imperfectiori igitur modo Deus nominatur animal cui non animal opponitur, et immortalis cui mortale opponitur quam non aliud, cui nec aliud nec nihil opponitur, cum etiam ipsum nihil praecedat et definiat. Est enim nihil non aliud quam nihil.

Subtilissime aiebat divinus Dionysius Deum esse in omnibus omnia, in nihilo nihil[2]. Scripsi autem latius de li non aliud in tetralogo Romae anno transacto[3]. Ideo nunc de hoc satis.

---

[1] Cod. Cus.: li non aliud.
[2] Dionysius, a. a. O., De divinis nominibus, VII, p. 405. Der außergewöhnlichen Bedeutung wegen, die diesem Gedanken in der Cusanischen Philosophie zukommt, sei diese Stelle hier zitiert: „Neque est aliquid eorum, quae sunt, neque in aliqua creatura cognoscitur, et in omnibus omnia est atque in nihilo nihil et ex omnibus cunctis agnoscitur et ex nullo nemini."
[3] Cusanus, Directio speculantis (seu De non-aliud), 1462.

nicht mit einem Andern identisch. Wenn er nämlich das Nicht-Andere vom Himmel ist, so ist er doch nicht mit dem Himmel identisch.

Alle Dinge verhalten sich also dergestalt, daß sie keine Anderen sind, als sie sind, da Gott sie begrenzt und bestimmt. Und vom Nicht-Andern ist ihnen eigen, nichts Anderes in der Eigengestalt zu zeugen, sondern sich selbst Ähnliches hervorzubringen. Die Güte macht also gut, das Weiße weiß, und so ist es mit allem.

Die philosophischen Jäger haben dieses Feld, auf dem allein die Negation nicht der Affirmation entgegengesetzt ist, nicht betreten. Denn das Nicht-Andere steht, da es dieses definiert und ihm vorangeht, nicht im Gegensatz zum Andern.

Außerhalb dieses Gebietes wird die Negation der Affirmation entgegengesetzt, wie zum Beispiel das Sterbliche dem Sterblichen, das Unauflösbare dem Auflösbaren usw. Das Nicht-Andere allein ist davon ausgenommen. Gott in andern Feldern, auf denen er nicht gefunden wird, zu suchen, ist also eine vergebliche Jagd. Denn da Gott vor allem Unterschied der Gegensätze steht, wurde er nicht entgegengesetzt. Auf unvollkommene Weise wird Gott also Lebendiges genannt, dem Nicht-Lebendiges entgegengesetzt wird, und unsterblich, dem sterblich entgegengesetzt wird; auf vollkommenere Weise aber Nicht-Anderes, dem weder Anderes noch Nichts entgegengesetzt wird, da er auch dem Nichts vorangeht und es definiert. Es ist nämlich das Nichts nichts anderes als Nichts.

Dionysius bemerkte sehr scharfsinnig, Gott sei alles in Allem und im Nichts nichts. Da ich aber in einem Gespräch zu Vieren im vergangenen Jahr in Rom ausführlicher über das Nicht-Andere geschrieben habe, sei damit hier genug gesagt.

XV.

De quarto campo scilicet lucis

Volo nunc intrare campum lucis et in data luce quaerere lumen sapientiae. Est enim, ut ait Propheta, signatum super nos lumen vultus seu notitiae dei et in illa fit laeta valde iocundaque venatio[1]. Dico autem quoniam omnis videns nivem albam eam affirmat. Huic assertioni contradicere delirare est. Sic quae omnis intelligens vera dicit vera esse negare nequit.

Cum autem id, quod omnia definit, definitio sit, utique definitio, quae se et omnia definit, est bona valde magnaque est, haec definitio vera est, pulchra est, sapientifica est, delectabilis est, perfecta est, clara est, aequa est et sufficiens. Haec omnia et his similia de definitione illa verissime dici omnis fatetur intellectus. Sunt igitur illa in definitione definitio et in definito definitum. Cum igitur definio mundum non aliud esse quam mundum haec omnia, quae praemisi, video in definitione illa definitionem esse, quae de his omnibus verificatur, et in mundo definito mundum esse.

Bonitas igitur, magnitudo, veritas, pulchritudo, sapientia, perfectio, claritas et sufficientia in mundo definito mundus sunt, in terra definita terra; sicut in Deo definito Deus et sicut in li non aliud sunt non aliud, sic in li aliud aliud. Quando igitur in sole, qui est quid aliud, sunt sol, tunc sunt sol, qui est aliud (silicet sol) dictum. Sicut igitur in Deo non sunt aliud quam non aliud simpliciter, sic in sole non sunt aliud quam aliud sic dictum. Bonitas igitur solis non est ipsum non aliud simpliciter, sed ipsum non aliud solare, quoniam in sole sol est; ita in omnibus.

---

[1] Psalm 4, 7.

XV.

Viertes Feld: Das Licht

Nun will ich das Feld des Lichtes betreten und in dem uns gegebenen Licht den Lichtglanz der Weisheit suchen. Denn wir sind gesiegelt, wie der Prophet sagt, mit dem Lichte des Antlitzes oder der Erkenntnis Gottes, und in ihr gibt es eine freudige und fröhliche Jagd. Jeder, der Schnee sieht, sagt, daß er weiß ist, und dieser Feststellung zu widersprechen, wäre unsinnig. Man kann das, von dem jeder vernünftig Denkende sagt, daß es wahr sei, nicht ableugnen.

Da also das, was Alles definiert, eine Definition ist, so ist jene Definition, die sich und alles definiert, sehr gut und groß. Es ist die Definition, die schön, weisheitsbringend, erfreulich, vollkommen, durchsichtig, gleich und genügend ist. Jeder vernünftige Geist gibt zu, daß all das und ähnliches mit vollem Recht von jeder Definition gesagt werden kann. Denn das alles ist in der Definition die Definition und im Definierten das Definierte. Wenn ich definiere, daß die Welt nichts anderes ist als die Welt, dann sehe ich, daß alles, was ich vorausgeschickt habe, in der definierten Welt die Welt, und in jener Definition die Definition ist, die aus diesem allem ihre Wahrheit erhält.

Die Güte also, die Größe, Wahrheit, Schönheit, Weisheit, Vollkommenheit, Durchsichtigkeit und Hinlänglichkeit sind in der definierten Welt die Welt, in der definierten Erde die Erde. Ebenso sind sie im definierten Gott Gott und im Nicht-Andern das Nicht-Andere, wie auch im Andern das Andere. Wenn sie also in der Sonne, die ein Anderes ist, Sonne sind, dann sind sie Sonne, die ein Anderes, nämlich Sonne, genannt wird. Wie sie daher in Gott nichts anderes sind als das Nicht-Andere auf einfache Weise, so sind sie in der Sonne nichts anderes als das Andere, das Sonne genannt wird. Die Güte der Sonne ist also nicht das Nicht-Andere schlechthin, sondern das sonnenhafte Nicht-Andere, weil dieses in der Sonne Sonne ist. Und so ist es mit allem.

Hic venatur intellectus admirabilem atque sapidissimam scientiam quando certissime intuetur haec omnia in aeterno simplicissimo Deo ipsum Deum se et omnia definientem; hinc et in omni definito definitum. Ex quo scit, quod nihil omnium quae sunt, penitus potest esse expers boni, magni, veri, pulchri, et sic consequenter de singulis praemissis.

Et quia nihil omnium est expers sufficientiae sufficientissime omnia condita sunt, cum quodlibet tantum habeat sufficientiae quantum sibi sufficit. Sic nihil omnium expers est sapientiae et claritatis seu lucis, sed quodlibet tantum habet de his, quantum suae naturae sufficit, ut sit non aliud, quam est, meliori modo, quo esse potest.

O mirabilis sapientia Dei, quae cuncta, quae fecit, vidit bona valde! Pervenire igitur per omnem venationem usque ad admirationem illius aeternae sapientiae est prope accedere, quoniam, ut ait sapiens Philo, ipsa est vapor virtutis maiestatis Dei[1]. Huius suavissimum et novum, totam intellectualem capacitatem reficientem odorem admiratur venator et inflammatur inenarrabili desiderio in odore illo currendi, ut capiat quam prope esse non dubitat.

Hac spe gaudiosa confortatur et augetur cursus venatoris, retardatur tamen ob aggravans corpus, quod circumfert, et sapientiam velocissimam, quae attingit a fine usque ad finem, comprehendere nequiens cupit dissolvi a corpore et illi amicitiae, quae nectit ipsum ad corpus, quae maior secundum naturam esse nequit, renunciat et mori non pertimescit, ut cibum immortalem Dei scilicet sapientiam comprehendat et degustet. Neque est possibile quemquam venatorem aliter ad eius comprehensionem pervenire, ut haec nos incarnata docuit Dei sapientia, quam nemo nisi dignus

---

[1] Sapientia 7, 25. Bezüglich Philo vgl. Seite 4, Anmerkung 3.

Wunderbares und genußreiches Wissen erjagt hier der vernünftige Geist, wenn er wirklich mit größter Gewißheit erkennt, daß alles in dem ewigen und einfachen Gott Gott selbst ist, der sich und alles definiert und daher auch in jedem Definierten das Definierte ist. Daher weiß er, daß nichts von allem, das ist, des Guten, Großen, Wahren, Schönen und der Reihe nach aller anderen oben erwähnten Eigenschaften, vollkommen unteilhaftig sein kann.

Und weil nichts von allem von der Hinlänglichkeit ausgeschlossen ist, ist alles völlig hinlänglich gegründet, da jedes soviel Hinlänglichkeit besitzt, als es für sein Auslangen braucht. So ist nichts von allem der Weisheit und Klarheit und des Lichtes unteilhaftig, sondern jedes hat soviel davon, wie seine Natur bedarf, so daß es nicht anders ist als auf die relativ beste Weise, in der es sein kann.

O wunderbare Weisheit Gottes, die, als sie alles, was sie geschaffen hatte, sah, sagte, daß es sehr gut sei! Durch alle diese Jagdzüge zur Bewunderung der ewigen Weisheit zu gelangen, bedeutet, ihr selbst nahe zu kommen, da sie, wie der weise Philo sagt, der Hauch der Macht und Majestät Gottes ist. Der Suchende bewundert ihren süßen und unbekannten Duft, der die Fassungskraft des Geistes vollkommen erquickt. Er wird von unsagbarer Sehnsucht erfüllt, in jenem Duft weiterzueilen und sie zu erreichen, denn er zweifelt nicht, daß sie nahe ist.

Diese freudige Hoffnung stärkt und beschleunigt den Lauf des suchenden Jägers. Dennoch hemmt ihn die beschwerliche Last des Körpers, die er mit sich tragen muß, und er kann die schnell enteilende Weisheit, die von einem Ende bis zum andern reicht, nicht festhalten. Er sehnt sich danach, vom Körper gelöst zu werden und sagt sich von der Verbindung, die ihn an jenen knüpft und die die stärkste aller natürlichen Bindungen ist, los und fürchtet den Tod nicht, um die Weisheit, die unsterbliche Speise Gottes, zu erreichen und zu kosten. Auf keinem andern Wege — wie uns die

apprehendit. Dignus autem est omnis ille, qui ipsam [non][1] ignorat omnibus et vitae propriae praeferendam et ita ardeat eius amore, ut se et omnia perdat et ipsam lucretur.

XVI.

De eodem

Gaudet intellectus in hac venatione laetissima. Nam haec venatio bona, magna, vera, pulchra, sapida, delectabilis, perfecta, clara, aequa et sufficiens est.

Videt enim, cum bonum definitur ipsa omnia praedicta magnum, verum, et cetera esse ipsum bonum; et dum magnum definitur, in ipso bonum, verum et cetera esse ipsum magnum; et ita in quolibet ipsorum omnia sunt ipsum; et quia in non aliud sunt ipsum non aliud, non est ibi bonum aliud a magno et vero et ceteris; nec magnum aliud a bono et vero et ceteris. Nam non aliud ipsa omnia facit esse non aliud. Sic aliud ipsa omnia facit aliud.

Bonum enim in aliud est aliud, ita magnum et verum. Cum igitur quodlibet sit aliud, non erit bonum tunc non aliud a magno nec a vero. Sed sicut in ipso non aliud non aliud, ita in ipso aliud aliud. Unde cum sol sit aliud non est eius bonitas non aliud quam eius magnitudo aut veritas et cetera, sed quodlibet illorum cum sit solare est aliud ab alio. Solaris enim bonitas ad solem contracta non est illa absoluta bonitas, quae non aliud; ideo est alia a magnitudine solari et veritate solari et aliis.

---

[1] Konjektur; im Cod. Cus. steht dieses non nach Dignus autem.

fleischgewordene Weisheit Gottes lehrte — kann irgendein Suchender sie erreichen, und der Würdige allein erlangt sie. Würdig aber ist nur der, der weiß, daß sie allem, auch dem eigenen Leben vorzuziehen ist und der von der Liebe zu ihr so entflammt ist, daß er sich und alles hingibt, um sie zu gewinnen.

XVI.

Fortsetzung

Es freut sich der Geist bei diesem hoffnungsfrohen Suchen. Denn diese Jagd ist gut, groß, wahr, schön, schmackhaft, erfreulich, vollkommen, klar, angemessen und hinlänglich.

Der Geist erkennt in der Definition des Guten, daß alle Aussagen wie groß, wahr usw. dieses Gute sind, und in der Definition des Großen, daß in ihm gut, wahr usw. das Große sind. Und so sind in jedem einzelnen von diesen alle anderen es selbst. Da sie nun im Nicht-Andern das Nicht-Andere selbst sind, ist hier das Gute dem Großen und Wahren und allen andern gegenüber kein Anderes. Und das Große dem Guten und Wahren und den Andern gegenüber auch kein Anderes. Denn das Nicht-Andere macht alles zum Nicht-Andern, wie das Andere alles zum Andern macht.

Das Gute nämlich ist im Andern das Andere, und ebenso das Große und das Wahre. Da also ein Jedes ein Anderes ist, wird das Gute folglich nicht nichts Anderes vom Großen oder Wahren sein. Sondern so, wie es im Nicht-Andern das Nicht-Andere ist, so ist es auch im Andern das Andere. Wenn daher die Sonne ein Anderes ist, ist ihr Gutsein nicht nichts Anderes als ihre Größe oder Wahrheit usw., sondern jedes Einzelne von ihnen ist, wenn es sonnenhaft ist, ein vom Andern unterschiedenes Anderes. Das sonnenhafte Gutsein als das zur Sonne verschränkte Gutsein ist nicht jenes absolute Gutsein, das das Nicht-Andere ist. Folglich ist es als ein Anderes von der sonnenhaften Größe, Wahrheit usw. unterschieden.

Non enim in alio aliud quod sol dicitur, essent illa ipsum aliud, si non essent quodlibet ipsorum aliud. Sol enim alio est bonus et alio magnus et alio verus et ita de singulis illis. Quare aliud citra simplicitatem ipsius non aliud non caret — respectu ipsius non aliud — compositione. Magis autem compositum est ipsum aliud, in quo non aliud minus relucet, ut magis [compositum] in aliud sensibili quam intelligibili. Neque in bonitate solari, in qua magnitudo, veritas et cetera sunt, ipsa bonitas [et]¹ magnitudo est non aliud, sed aliud a veritate; et quodlibet a quolibet aliud, cum sint in solari bonitate quae est alia ipsa scilicet solaris bonitas. Necesse est igitur solarem bonitatem cadere in compositionem, cum a simplicitate ipsius non aliud seu Dei in solarem alteritatem contrahatur.

Bonitas igitur, magnitudo, veritas et cetera, quae in composito compositum sunt, alia et composita esse necesse est. Sicut in simplicissimo Deo non alia sed incomposite simplex ipse Deus existunt, sicut causata in causa, causa sunt. Omnia autem, quae intellectus concipere potest, aut sunt non aliud aut aliud. In non aliud, cum ipsum sit id, quod esse potest, simplicissimum et perfectissimum, non cadit varietas. Ideo in li aliud omnem cadere varietatem videt.

Varietas igitur modorum essendi ipsius aliud alia et alia sortitur nomina. Bonitas igitur, magnitudo, veritas et cetera secundum alium modum combinationis constituunt id, quod vocatur esse, secundum alium id, quod vocatur vivere, secundum alium id, quod vocatur intelligere et ita de omnibus. Nec illa omnia, quae sunt, vivunt et intelligunt, aliud

---

¹ Konjektur.

Denn jene wären nicht in irgendeinem Andern, das Sonne genannt wird, selbst dieses Andere, wenn nicht jedes von ihnen selbst ein Anderes wäre. Die Sonne nämlich ist auf andere Weise gut, auf andere Weise groß und wahr. Und so verhält es sich mit allen jenen Aussagen. Deshalb fehlt dem Andern, das diesseits der Einfachheit des Nicht-Andern ist, in Hinblick auf das Nicht-Andere, nicht die Zusammensetzung. Dasjenige Andere, in dem das Nicht-Andere weniger widerstrahlt, ist stärker zusammengesetzt. Also ist das Sinnlich-Andere zusammengesetzter als das Geistig-Andere. Auch sind im sonnenhaften Gutsein, in dem Größe, Wahrheit und die übrigen enthalten sind, Gutsein und Größe nicht das Nicht-Andere, sondern als Anderes von der Wahrheit unterschieden. Und jedes ist von jedem andern unterschieden, wenn sie im sonnenhaften Gutsein sind, das selbst ein anderes, nämlich sonnenhaftes Gutsein, ist. Es ist also notwendig, daß das sonnenhafte Gutsein der Zusammensetzung verfällt, da es von der Einfachheit des Nicht-Andern oder Gottes zu der Andersheit der Sonne verschränkt wird.

Das Gutsein also, die Größe, die Wahrheit und alles übrige, die im Zusammengesetzten das Zusammengesetzte sind, müssen notwendigerweise Andere und Zusammengesetzte sein. Wie sie im einfachsten Gott nicht Andere sondern als Unzusammengesetzte der einfache Gott selbst sind, so sind die Begründeten im Grund der Grund. Alles, was der Geist erfassen kann, sind entweder das Nicht-Andere oder das Andere. In das Nicht-Andere dringt, da es das Einfachste und Vollkommenste ist — das ist, was es sein kann —, die Verschiedenheit nicht ein. Also sieht der Geist, daß alle Verschiedenheit dem Anderen zufällt.

Daher nimmt die Verschiedenheit der Wirklichkeitsweisen des Anderen immer wieder neue Namen an. Gutsein, Größe, Wahrheit usw. ergeben entsprechend einer bestimmten Art der Zusammenstellung das, was Sein genannt wird, nach einer andern das, was Leben genannt wird, nach einer weiteren Art das, was verstehendes Denken genannt wird usw.

sunt, quam ipsius non aliud, quod omnia definit, varia receptio.

Ex qua sequitur varia eius relucentia in uno clarius, in alio obscurius. Clarius et durabilius in intellectualibus, obscurius et corruptibilius in sensibilibus et in his differenter.

XVII.

De eodem

Refert Proclus in primo libro theologiae Platonis Socratem, qui vices Platonis tenet in Alcibiade dicere intellectivam animam, cum intra se conspicit, Deum et omnia speculari. Ea enim, quae post ipsam sunt, umbras esse videt intelligibilium. Quae vero ante ipsam ait in profundo clausis quodammodo oculis conspici. Omnia enim in nobis animaliter esse dicit.

Ecce divinum Platonis iudicium! Ita quidem arbitror ut ipse, omnia in omnibus scilicet suo esse modo. In intellectu igitur nostro secundum ipsius essendi modum sunt omnia. Nam bonitas, magnitudo, veritas et omnia illa decem in omnibus sunt omnia, in Deo Deus, in intellectu intellectus, in sensu sensus. Si igitur quae in Deo Deus, in intellectu intellectus et in omnibus omnia utique omnia in intellectu intellectus sunt. Intellectualiter igitur sunt ibi omnia, seu notionaliter sive cognoscibiliter. Et quia intellectus est bonus, magnus, verus, pulcher, sapiens et cetera decem, cum se intuetur, se talem, ut dixi, esse videt et contentatur maxime, cum videat se perfectum et sufficientem.

Et quoniam illa est intellectualiter per suam bonitatem intellectualem potens est intelligere bonitatem absolutam et bonitatem contractam. Sic per magnitudinem, sic per

Denn alles, was ist, lebt und denkt, ist nichts anderes als die verschiedene Aufnahme des Nicht-Andern, das alles begrenzt und bestimmt.

Daraus folgt, daß die verschiedene Widerspiegelung von ihm in dem einen deutlicher und durchsichtiger, im anderen verdunkelt und verborgener ist; deutlicher und beständiger im Geistigen, verschleierter und vergänglicher im Sinnlichen und auch in diesem unterschiedlich.

XVII.

Fortsetzung

Proklos berichtet im ersten Buch der Platonischen Theologie, daß Sokrates, dem Plato seine Ansichten in den Mund legt, im Alkibiades sagt, daß die Geistseele, wenn sie in sich selbst schaut, Gott und alles betrachtet. Sie sieht, daß alles, was nach ihr kommt, nur Schatten des Geistigen ist. Was aber vor ihr ist, das erblickt sie, so sagt er, im Grunde gleichsam mit geschlossenen Augen. Denn er meint, in uns sei alles nach Art der Lebewesen.

Welch wunderbare Erkenntnis Platons! So glaube ich, daß alles in allem nach seiner eigenen Weise enthalten sei. In unserem Geist ist daher alles nach seiner eigenen Wirklichkeitsweise enthalten. Die Güte, Größe, Wahrheit und alle jene zehn sind in allen alles, in Gott Gott, im Geiste Geist, im Sinn Sinn. Wenn also diese in Gott Gott, im Geiste Geist und in allen alles sind, so ist „Alles" im Geiste Geist. Alles ist dort also auf geistige Weise bzw. auf begriffliche oder erkenntnismäßige Weise. Und weil der vernünftige Geist gut, groß, wahr, schön, weise usw. ist, sieht er, wenn er sich selbst betrachtet, daß er so ist — wie ich gesagt habe —, und er ist aufs höchste zufrieden, da er sieht, daß er vollkommen und hinlänglich ist.

Und weil die Geist-Seele auf geistige Weise ist, ist sie vermittels ihres geistigen Gutseins fähig, sowohl die absolute Güte als auch die verschränkte Güte zu erkennen. Ebenso

veritatem, sic per sapientiam intellectualem suam notiones facit sapientiae absolutae ab omnibus et ad omnia contractae ordinemque rerum in sapientia intuetur et ordinata contemplatur.

Unde, cum cognitio sit assimilatio, reperit omnia in se ipso ut in speculo vivo vita intellectuali. Qui in se ipsum respiciens cuncta in seipso assimilata videt. Et haec assimilatio est imago viva creatoris et omnium. Cum autem sit viva et intellectualis Dei imago, qui Deus non est aliud ab aliquo, ideo cum in se intrat et sciat se talem esse imaginem, quale est suum exemplar in se speculatur.

Hunc enim indubie Deum suum cognoscit, cuius est similitudo. In bonitate enim sua notionali cognoscit eius bonitatem, cuius est imago, maiorem quam concipere aut cogitare possit. Sic intuendo in suam magnitudinem omnia intellectualiter ambientem cognoscit exemplarem Dei sui magnitudinem ambitum, quae illius est imago, excedere, quia ipsius non est finis; ita de reliquis cunctis. Videt etiam supra se intelligentias lucidiores divinitatis capaciores, et post se sensibilem cognitionem magis tenebrosam et divinitatis minus capacem.

Quantum sufficientiae habeat intellectualis venatio, quando intra se pergit non cessans se ipsam profundare, ostendunt theologorum, philosophorum et mathematicorum inventa nobis per eorum scripta multipliciter reserata. Quo autem modo Dionysius in campo lucis venationem fecerit utique electam in libro ipsius de divinis nominibus reperitur[1].

---

[1] Dionysius, a. a. O., De divinis nominibus, IV, 172ff.

gewinnt der Geist vermittels seiner geistigen Größe, Wahrheit und Weisheit Erkenntnisse von der von allem abgelösten und von der zu allem verschränkten Weisheit und betrachtet die Ordnung der Dinge in der Weisheit und denkt nach über das Geordnete.

Und weil Erkennen Angleichung bedeutet, findet er alles vermittels des geistigen Lebens in sich selbst wie in einem lebendigen Spiegel. Er sieht in sich selbst blickend alles als in ihm Angeglichenes. Und diese Angleichung ist das lebendige Bild des Schöpfers und aller Dinge. Da dieses aber ein lebendiges und geistiges Bild Gottes ist, wobei Gott nichts anderes von einem andern ist, erblickt der Geist, wenn er in sich selbst eintritt und weiß, daß er ein solches Bild ist, die Beschaffenheit seines Urbildes in sich.

Diesen seinen Gott, dessen Gleichnis er ist, erkennt er ohne zu zweifeln. Denn in seinem begrifflichen Gutsein erkennt er, daß das Gutsein Gottes, dessen Bild er ist, größer ist als er begreifen oder denken kann. So erkennt er beim Betrachten seiner eigenen Größe, die alles auf geistige Weise umfaßt, daß die urbildhafte Größe seines Gottes, deren Bild er ist, sein Fassungsvermögen überragt, weil sie kein Ende hat. Und das gilt von allem. Auch sieht er über sich Geistigkeiten, die dem Licht näher erleuchteter und fähiger sind, das Göttliche aufzunehmen, und unter sich sinnliche Erkenntnis, die stärker verdunkelt und weniger fähig ist, das Göttliche zu begreifen.

Welche Erfüllung diese geistige Jagd bringt, wenn sie ohne Aufhören fortfährt, tiefer vorzudringen, beweisen die Erkenntnisse der Theologen, Philosophen und Mathematiker, die uns in ihren Schriften in reicher Zahl bewahrt sind. Auf welche Weise Dionysius im Gebiet des Lichtes seine auserlesene Jagd macht, findet man in seinem Buch „De divinis nominibus".

XVIII.

De campo quinto scilicet laudis

Cum hunc lucis campum peragrassem statim se campus laudis Dei amoenissimus ostendit.

Nam cum haec, quae in campo lucis venatus fui, de quibus decem praedicta, scilicet bonitatem, magnitudinem, veritatem et reliqua, in mentis escario reconderam, repperi illa omnia et plura Dei in laudis campo plantata et dixi: cum hic floridus laetusque campus non producat nisi illa decem et similia sunt igitur ipsa decem laudes Dei.

Et intra me conspiciens attendi, quomodo intellectus affirmans definitionem se et omnia definientem esse bonam, magnam, veram et reliqua, laudem eius exprimere conatur. Laudavit enim illam definitionem quae Deus est, quia bona, quia magna, quia vera et ita consequenter. Quid igitur sunt illa decem nisi laus Dei? Quid laudatur per illa nisi laus illa quae Deus? Nonne haec omnia laudantur? Bonitas laudatur, magnitudo laudatur, veritas laudatur et singula sequentia. Haec igitur decem et alia, quae per omnem intellectu vigentem laudantur, in Dei laudem summuntur et bene de ipso dicuntur, quia ipse est fons laudis. Sunt igitur omnia ex Dei laudibus et benedictionibus id, quod sunt.

Ideo Propheta Daniel[1] ad omnia respiciens Dei opera canebat: „Benedicite omnia opera Domini Domino, laudate et superexaltete eum in saecula." Et singulariter enumerat angelos, coelos et terram, aquam et cetera cuncta creata, quae laudant Deum. Nihil enim sunt omnia, nisi decora Dei iocundaque laudatio. Nam attestante Dionysio divina sola participatione noscuntur. Quomodo enim in suo principio et sua sede sint nullus intellectus attingit.

---

[1] Daniel 3, 57. In der Handschrift ist Daniel hier mit David verwechselt worden.

XVIII.

Fünftes Feld: Das Lob

Nachdem ich dieses Feld des Lichtes durchwandert hatte, zeigte sich sogleich das liebliche Feld des Gotteslobes.

Denn als ich alles, was ich im Feld des Lichtes erbeutet habe — es wurden jene oben erwähnten zehn erbeutet, nämlich Güte, Größe, Wahrheit usw. —, in der Vorratskammer des Geistes geborgen hatte, fand ich, daß sie alle und noch mehr im Feld des Gotteslobes eingepflanzt sind, und sagte mir: Da dieses blühende und frohe Feld nur diese zehn und ihnen Ähnliches hervorbringt, sind diese sonach das Lob Gottes.

Und in mich hineinblickend bemerkte ich, wie der vernünftige Geist, der die sich und alles definierende Definition gut, groß, wahr usw. nennt, versucht, deren Lob auszudrücken. Er lobt nämlich jene Definition, die Gott ist. Denn sie ist gut, groß, wahr usw. Was also sind jene zehn anders als das Lob Gottes? Was wird durch sie gelobt, wenn nicht jenes Lob, das Gott ist? Werden nicht diese alle gelobt? Das Gutsein wird gelobt, die Größe, die Wahrheit usw. Diese zehn und andere, die von jedem, der im Besitz seiner geistigen Kraft ist, gelobt werden, sind im Gotteslob zusammengefaßt und werden zu seinem Lob gesagt, weil er selbst die Quelle des Lobes ist. Sie sind folglich alle auf Grund des Gotteslobes und der Lobpreisungen das, was sie sind.

Daher sang der Prophet Daniel beim Anblick der Werke Gottes: Preiset den Herrn, alle Werke des Herrn, lobt und erhebt ihn in Ewigkeit. Und einzeln nennt er die Engel, die Himmel, die Erde, das Wasser und alle übrigen Geschöpfe, die Gott loben. Denn sie sind nichts anderes als ein geziemendes und freudiges Lob Gottes, da, wie Dionysius bezeugt, das Göttliche nur auf Grund der Teilhabe erkannt wird. Auf welche Weise es aber in seinem Ursprung und an seiner eigentlichen Stätte ist, erreicht kein verstehendes Denken.

Porro sive supersubstantiale illud occultum lucem aut vitam sive verbum appellamus nihil intelligimus aliud quam ex eo in nos emanantes participationes atque virtutes, quibus assumamur in Deum et quae nobis vel subsistentiam vel vitam vel sapientiam largiantur; haec Dionysius[1].

Merito igitur quaelibet Dei factura Deum laudat quia bonus; quia ipsa se fatetur bonam et laudabilem ipsius dono, sic magnam sic veram et reliqua. In campo laudis[2] fecerunt suas devotissimas venationes omnes Prophetae seu videntes et elevatores intellectus, quod attestantur sacrae litterae et scripta sanctorum, in quibus omnia ad laudem Dei referuntur.

Cum enim Dionysius de divinis tractaret nominibus nomina illa Dei laudes appellavit et Deum per ipsa laudans in eius laudem ipsa exposuit, ut in cap. de sapientia laudatur intellectus et ratio, et dicit, quod ex substantiis omnibus laudatur[3].

Deprehendi igitur in hoc laudis campo sapidissimam scientiam consistere in laude Dei, quae omnia ex suis laudibus ad sui laudem constituit. Sicut enim hymni laudum varii varias continent harmonicas combinationes, sic quaelibet species humana scilicet leonina, aquilina et ita de omnibus est specialis quidam hymnus ex laudibus Dei et in laudem eius conditus.

Coelici hymni magis festivi et fecundi sunt laudibus, quam terrestres. Sol enim mirabilis est laudum Dei combinatio et quilibet hymnus in hoc pulcher et singularis, quia habet in sua singularitate aliquid, quo alii hymni carent. Ideo Deo cuncti accepti, qui omnia quae creavit participatione laudis suae bona dixit eisque bene dixit.

---

[1] Dionysius, a. a. O. De div. nom. II, p. 94f.
[2] Cod. Cus.: lucis.
[3] Dionysius, a. a. O., De divinis nominibus, VII, p. 380ff; XI, S. 516ff u. a.

Ferner erkennen wir — ob wir jetzt das verborgene Übersubstantiale Licht oder Leben oder Wort nennen — nichts anderes von ihm als die von ihm zu uns ausgehende Teilhabe und die Kräfte, durch die wir in Gott aufgenommen und mit ihm verbunden werden, und die uns Substanz, Leben und Weisheit spenden. So Dionysius.

Mit Recht lobt jedes Geschöpf Gottes seinen Gott, weil er gut ist; denn es bekennt, daß es selbst durch sein Geschenk gut und lobenswert, groß und wahr usw. ist. Daß alle Propheten, Seher und erhabenen Geister voll Ehrfurcht und Hingabe auf dem Feld des Lobes ihre Jagdzüge machten, bezeugen die Heilige Schrift und die Werke der Heiligen, in denen alles auf das Lob Gottes hinzielt.

In der Untersuchung über die göttlichen Namen nennt Dionysius jene Namen Lobpreisungen Gottes; indem er Gott durch sie preist, stellt er sie zu dessen Lob dar. So werden im Kapitel über die Weisheit Geist und Denken gelobt. Und er sagt, daß Gott von allem, was besteht, gelobt wird.

Ich erfaßte also, daß in diesem Feld des Lobes das genußreichste Wissen im Gotteslob besteht, welches alles aus Gottes Lob zum Lob Gottes aufbaut. So wie die verschiedenen Lobgesänge unterschiedliche Harmonien und Akkorde enthalten, so stellt jegliche geschöpfliche Eigengestalt wie Mensch, Löwe, Adler usw. ein besonderes Lied zum Lobpreis Gottes dar und ist in diesem Lob begründet.

Die himmlischen Gesänge sind festlicher und reicher an Lob als die irdischen. Denn die Sonne ist ein wunderbarer Akkord im Gotteslob, und jeglicher Hymnus ist in sich schön und einzigartig, weil er in seiner Einmaligkeit etwas hat, dessen die andern entbehren. Daher sind sie Gott, der alles, was er schuf, durch die Teilhabe an seinem Lobe guthieß und segnete, alle angenehm und willkommen.

Ex his elicui hominem vivum quendam et intelligentem laudum Dei hymnum optime compositum plus cunctis visibilibus de Dei laudibus habere, ut Deum praeceteris indesinenter laudet et in hoc solo consistere vitam suam, ut id reddat Deo, quod, ut esset, accepit laudes scilicet. Tunc ad finem properat et immortalium laudum felicissima merita consequetur.

XIX.

De eodem

Omnia igitur suo esse laudant Deum.

Postquam quodlibet adeo est perfectum et sufficiens, quod nulla ex parte laude careat, utique suum laudat opificem, a quo solum hoc habet, quod laudatur.

Naturaliter igitur omnia creata Deum laudant et cum creatura laudatur, non ipsa, quae se ipsam non fecit, sed in ipsa conditor eius. Idolatria igitur, qua creaturae divinae laudes dantur, insania est infirmae, caecae et seductae mentis. Nam cum colitur pro Deo illud, quod sua natura suum laudat factorem, utique insanire est.

Neque est quicquam, quod alium cognoscat Deum, quam illum, quem ut conditorem laudat, cui nihil scit praestantius. Scit igitur omnis creatura et quantum sufficit sibi, cognoscit conditorem suum omnipotentem. Ipsum laudat auditque et intelligit verbum eius et oboedit. Si enim dixerit lapidi quod vivat, utique audit intelligit et oboedit. Mortui enim audient verbum Dei et vivent. Sicut Lazarus quadriduanus et alii mortui audiverunt et vixerunt, ut haec sciunt Christiani.

Ex quo certum est hominem, qui habet liberum arbitrium, quando a laudibus Dei cessat et Dei verbum non audit,

Daraus schloß ich, daß ein lebender und denkender Mensch, der herrlichste aller Lobgesänge Gottes, mehr als alle andern sichtbaren Dinge am Gotteslob Anteil habe, auf daß er Gott mehr als die andern unaufhörlich preise, und daß darin allein sein Leben bestehe, daß er Gott das zurückgäbe, was er, um zu sein, empfangen hat, nämlich den Lobgesang. Wenn er das tut, eilt er auf sein Ziel zu und erlangt die wunderbare Erfüllung unsterblichen Gotteslobes.

XIX.

Fortsetzung

Alles lobt Gott durch sein Sein.

Und da alles so vollkommen und genügend ist, daß es in keiner Hinsicht des Lobes entbehrt, lobt es seinen Schöpfer, von dem allein es das hat, was gelobt wird.

Von Natur loben alle Geschöpfe Gott; Wenn aber ein Geschöpf gelobt wird, dann gilt dieses Lob nicht ihm, denn es hat sich nicht selbst geschaffen, sondern in ihm seinem Urheber. Götzendienst, in dem einer Kreatur das Gott bestimmte Lob gespendet wird, ist daher ein Unsinn, der einem schwachen, blinden und irregeleiteten Denken entspringt. Denn an Stelle Gottes das zu verehren, was seiner Natur nach seinen Schöpfer lobt, ist völlig sinnlos.

Es gibt kein Geschöpf, das einen andern Gott anerkennt, als den, welchen es als seinen Schöpfer lobpreist, und von dem es weiß, daß er alles überragt. Das weiß also jedes Geschöpf und soweit es sein Auslangen findet, erkennt es seinen allmächtigen Schöpfer. Ihn lobt es, hört sein Wort, begreift und gehorcht. Wenn er z. B. einem Stein befehlen würde, lebendig zu werden, so wird er ihn vollkommen vernehmen, verstehen und gehorchen. Ja sogar die Toten wie Lazarus, der vier Tage im Grabe lag, und andere hören das Wort Gottes und leben, wie es die Christen wissen.

Daraus folgt mit Sicherheit, daß es keine Entschuldigung gibt, wenn ein Mensch, der die Möglichkeit des freien Wil-

quod in ipso et conscientia eius loquitur, nec vult intelligere et oboedire, ut bene agat, inexcusabilis est, cum a propria natura reprehendatur et indignus est societate felicium Deum perpetue laudantium.

Venatus sum praeterea in hoc campo indicibilem esse sanctorum spirituum perpetuam iocundissimamque Domini laudationem, qui quantum amant tantum clamant et quanto plus laudant, tanto et ipsi maiorem laudem assequuntur et ad infinite laudabilem propius accedunt, licet numquam ad eius aequalitatem pertingant. Sicut enim finibile tempus non potest umquam ita augeri, quod fiat simile infinibili perpetuo ita nec initiatum perpetuum potest umquam aequari inprincipiato aeterno.

Sic nec perpetua rebellium spirituum damnatio umquam temporalis finibilisque fiet.

Qualem autem laudem homines perfecti laudatores Dei consequantur observantia semper servata docet, quae eos ad Dei et sanctorum consortium exaltat et divinis prosequitur laudibus; perfecti autem in excelsis Deum laudant et quae hanc laudem possunt impedire abiiciunt uti est amor sui et mundi huius, et relegant se ipsos habituantes se in religione hunc impeditivum sui et mundi amorem mortificante. Imitates magistrum veritatis Dei verbum incarnatum, qui in Dei laudem omnium terribilium terribilissimum, mortem scilicet turpissimam, voluntarie verbo et exemplo docuit subeundum. Quem infiniti martyres secuti morte vitam adepti sunt immortalem et hodie religiosi quam plurimi mundo mortui his Dei laudibus vacantes perfecti Dei laudatores esse contendunt.

lensentscheides hat, vom Lob Gottes abweicht und dessen Wort, das in ihm und seinem Gewissen spricht, weder hören noch verstehen und ihm zum rechten Handeln gehorchen will, da er von seiner eigenen Natur getadelt wird. Und nicht würdig ist er der Gemeinschaft der Seligen, die Gott unaufhörlich loben.

Außerdem habe ich in diesem Feld gefunden, daß das unaufhörliche und freudige Gotteslob der seligen Geister unsagbar sei. Wie sie ihn lieben, so preisen sie ihn auch, und je mehr sie ihn loben, um so mehr Lob erlangen sie selbst und nähern sich so immer mehr dem unendlich Lobenswerten, wenn sie auch niemals zur Gleichheit mit ihm gelangen. Denn so, wie die begrenzte Zeit niemals soweit vergrößert werden kann, daß sie der unbegrenzten Dauer ähnlich wird, so kann auch nicht das begonnene Dauernde jemals dem nicht begonnenen Ewigen angeglichen werden.

Ebensowenig kann auch die endlose Verdammnis der rebellischen Geister jemals zeitlich werden und ein Ende haben.

Welches Lob aber die Menschen erreichen, die Gott vollkommen loben, zeigt der stets beobachtete, ehrfürchtige Gehorsam, der sie zu der Gemeinschaft mit Gott und den Heiligen erhöht und ihnen himmlische Ehren bringt. Die zur Vollendung Gelangten aber loben Gott in der Höhe und tun alles von sich ab, was dieses Lob hindern könnte, wie die Eigenliebe und die Weltliebe, und weisen sich selbst zurück, indem sie auch ganz in den Glauben eingehen, der die hinderliche Eigen- und Weltliebe ertötet. Sie ahmen den Lehrer der Wahrheit, das fleischgewordene Wort Gottes nach, der zum Lobe Gottes den schrecklichsten der Schrecken, den schändlichsten Tod, freiwillig durch Wort und Beispiel auf sich zu nehmen lehrte. Ihm folgend erlangten unzählige Märtyrer durch den Tod unsterbliches Leben und auch heute streben die meisten Religiosen danach, für die Welt zu sterben und für das Gotteslob frei zu werden, um seine vollkommenen Sänger zu werden.

XX.

De eodem

Mandavit Propheta psallere Dei laudes in psalterio decachordo[1].

Hoc ego attendens decem laudis chordas tantum sumpsi: bonitatem, magnitudinem, veritatem ac alias praenominatas. Psalterium autem opus est intelligentiae, ut homo habeat instrumentum, in quo dulces et delectabiles tangat modos. Illos enim modos, quos in se habet intelligibiliter, facit audibiles et sensibiles et cum sint in intellectu modi illi habentes intellectum delectantur aure et sensibiliter audire in sono, quod insensibiliter habent in anima. Unde si concordant voces cum harmonicis vitalibus animae numeris laudant psallentem, si dissentiunt vituperant.

Tria sunt necessaria, si psalli debet: psalterium ex duobus, scilicet vase et chordis, compositum atque psaltes: hoc est intelligentia, natura et subiectum; psaltes intelligentia, chordae natura, quae ab intelligentia movetur, et vas naturae conveniens [subiectum].

In homine microcosmo haec ut in maiori mundo sunt. Est in ipso intelligentia, est natura humana et corpus ei conveniens. Ita est homo vivum psalterium in se omnia habens ad psallendum Deo laudes, quas in se ipso cognoscit. In psalterio enim et cithara, in cymbalis iubilationis et bene sonantibus omnis spiritus laudat dominum[2].

Haec omnia instrumenta in se viva habet spiritus noster intellectualis. Mirandum autem unde homo vigens intellectu

---
[1] Psalm 143, 9.
[2] Vgl. Psalm 150.

XX.

Fortsetzung

Der Prophet befahl, das Lob Gottes auf dem zehnsaitigen Psalter zu singen.

Im Gedanken daran habe ich nur diese zehn Saiten des Lobes, die Güte, Größe, Wahrheit und die andern vorerwähnten, gegriffen. Das Psalterium aber ist ein Werk vernünftigen Denkens, damit der Mensch ein Instrument habe, auf dem er süße und freudebringende Weisen spielen kann. Denn er macht jene Melodien, die er auf geistige Weise in sich trägt, sinnlich hörbar und da diese Weisen im Geist sind, freuen sich jene, welche am Geiste Anteil haben, das, was sie auf nicht sinnliche Weise in der Seele klingt, vermittels des Ohres in Klängen sinnlich zu vernehmen. Wenn diese Lieder mit den lebendig melodischen Harmonien der Seele übereinstimmen, dann gereichen sie dem Sänger zum Lobe; wenn nicht, zum Tadel.

Drei Dinge sind notwendig, wenn man Psalter spielen will: ein Psalterium, das aus zwei Teilen, dem Klangkörper und den Saiten besteht, und ein Psalterspieler. Dem entspricht das Zusammenwirken von Geist, Natur und „Stoff". Der Psalterspieler ist der Geist, die Saiten sind die Natur, die vom Geist bewegt wird, und der Klangkörper der zur Natur hinzukommende Stoff.

Das verhält sich in dem Mikrokosmos, den der Mensch bildet, genauso wie in der größeren Welt. In ihm ist vernünftiges Denken, menschliche Natur und der diese unterstützende Körper. So ist der Mensch ein lebendiges Psalterium, das in sich alles vereinigt, um die in sich selbst erkannten Lobpreisungen Gottes zu singen. In Psalterspiel und Harfenton, im Wohlklang der jauchzenden Zymbeln lobt jeder Geist den Herrn.

Alle diese Instrumente hat unser denkender Geist lebendig in sich. Es ist erstaunlich, woher ein Mensch, der seines Gei-

naturaliter habet scientiam laudis et laudabilium et vituperabilium. Nisi enim illi naturae haec scientia necessaria esset ad sui pascentiam et conservationem non haberet plus homo ipsam, quam asinus. Divina enim providentia sicut non deficit in necessariis ita non abundat in superfluis.

Et quoniam ex quibus sumus illis nutrimur et pascimur omne vivens quaerit cibum suum, quem dum invenit, cognoscit et hoc ex conformitate cibi ad id, unde est. Quare, cum homo secundum intellectualem animam laudabilia naturaliter cognoscat et amplectatur delicieturque in illis tamquam in cibo naturae suae conformi, hinc scit se de his naturaliter esse, quae ob conformitatem naturalem ad suum esse laudat et amplectitur.

Habet igitur intellectus in se dono divinae providentiae omnem sibi necessariam scientiam principiorum, per quae venatur suae naturae conforme; et infallibile est hoc iudicium. Et quoniam principia sua sunt laudabilia, uti sunt decem illa saepe dicta et ipse homo ex his principiatus est, ut laus Dei suum laudet creatorem, non est penitus homo Dei sui ignarus, quem scit laudabilem et gloriosum in saecula.

Neque est sibi alia scientia necessaria, quia scit tantum quantum sufficit sibi ad hoc, ut faciat illa propter quae creatus est. Laudando igitur Deum, quia bonus, utique bonitatem scit laudabilem, ita veritatem et sapientiam et cetera. Et quamvis ignoret quid illa sint, non tamen habet omnimodam eorum ignorantiam, quando cognoscit illa esse laudabilia et in laude Dei complicari et in tantum laudi Dei convenientia, quod homo sine illis non capit nec Deum nec quicquam laudari posse.

Scit etiam homo, quod ipsum oporteat liberum arbitrium suum per laudabilia determinare, ut sit ex electione sicut a natura laudabilis. Bonitas, virtus, veritas, honestas, aequitas

stes mächtig ist, von Natur aus dieses Wissen um das Lob, um das Lobenswerte bzw. um das Tadelnswerte hat. Wenn jene Natur dieses Wissen zur Nahrung und Erhaltung ihrer selbst nicht bedürfte, hätte der Mensch es nicht mehr als der Esel. Denn ebenso wie die göttliche Vorsehung es nicht am Nötigen fehlen läßt, so gibt sie auch keinem unnötigen Überfluß.

Und weil wir von dem, aus dem wir stammen, auch ernährt werden, sucht jedes Lebendige seine Nahrung und wenn es sie findet, erkennt es sie auch auf Grund ihrer Übereinstimmung mit dem, das sein Ursprung ist. Wenn daher der Mensch gemäß seiner Geist-Seele das Lobenswerte von Natur aus erkennt, erfaßt und sich an ihm als an einer mit seiner Natur übereinstimmenden Nahrung erfreut, weiß er, daß er auf natürliche Weise von dem stammt, das er wegen der natürlichen Gleichstellung mit seinem Sein lobt und mit Liebe erfaßt.

Durch die Huld der göttlichen Vorsehung besitzt der Geist also in sich die ganze für ihn notwendige Wissenschaft der Ursprünge, mit deren Hilfe er das seiner Natur Entsprechende erjagt. Und diese Grundentscheidung ist untrüglich! Und da seine Ursprünge lobenswert sind — so wie jene oft genannten zehn — und der Mensch selbst aus ihnen begründet ist, damit er als Lob Gottes seinen Schöpfer lobt, ist er nicht völlig ohne Wissen von seinem Gott; er weiß, daß dieser lobenswert ist und hoch erhaben in Ewigkeit.

Kein anderes Wissen ist für ihn notwendig; er weiß soviel wie er braucht, um zu tun, wozu er geschaffen ist. Dadurch, daß er Gott lobt, weil dieser gut ist, weiß er, daß das Gute lobenswert ist. Ebenso verhält es sich mit der Wahrheit, Weisheit usw. Obwohl er deren Wesen nicht erkennt, sind sie ihm dennoch nicht vollkommen unbekannt, wenn er einsieht, daß jene lobenswert, im Lobe Gottes eingefaltet sind und diesem Lobe soweit entsprechen, daß es der Mensch ohne sie nicht vermag, Gott oder irgend etwas anderes zu loben.

Der Mensch weiß auch, daß es für ihn gut ist, seinen freien Willen auf das Lobenswerte auszurichten, auf daß er ebenso wie von Natur auch aus eigener Entscheidung lobenswert ist.

et cetera talia laudabilia sunt possuntque eligi per liberum arbitrium aut eorum contrarium.

Si eliguntur totus homo tam ex naturalibus quam arbitrii electione laudabilis perfecte Deum laudat; si vero vitia et laudabilibus adversa eligit, non est laudabilis, sed sibi Deoque contrarius. Quomodo tunc laudare Deum poterit laudi contrarius? Proficit autem continue semper laudans Deum sicut citharoedus citharizando et fit Deo semper similior.

Et hic est finis hominis, Deo scilicet similiorem fieri ut recte Plato[1] dicebat. Nam quantum plus Deum laudat, tantum ipse Deo gratior. Igitur et ipse laudabilior divinaeque laudabilitati similior.

Recte sapiens Socrates[2] comperit nihil nos certius scire, quam ea quae laudabilia sunt, et monuit ad illa ceteris dimissis tamquam superfluis et incertis solum nostrum studium converti. Laudabilibus enim moribus suasit insudandum, quorum ex nobis scientiam haurire possumus et ex consuetudine perficientem habitum acquirere et ita continue fieri meliores.

XXI.

De sexto campo scilicet unitatis

Aurelius Augustinus dum sapientiam venari niteretur in libello De ordine[3] scribit omnium philosophorum considerationem circa unum versari. Post ipsum doctissimus Boethius[4] de unitate et uno scribens similiter venationem sapien-

---

[1] Plato, Staat, X, 613a.
[2] Vgl. Xenephon, Memorabilia, III, 9.
[3] Aurelius Augustinus, De ordine, ML 32, 976—1020.
[4] Boethius, De unitate et uno, ML 63, 1075ff.

Denn die Güte, Tugend, Wahrheit, Ehrenhaftigkeit, Gleichheit usw. ... sind lobenswert und aus freier Entscheidung können sie oder ihr Gegenteil erwählt werden.

Wenn sie erwählt werden, dann ist der ganze Mensch sowohl von Natur aus als auch auf Grund der eigenen Willensentscheidung lobenswert und lobt Gott auf vollkommene Weise. Wenn er sich aber für die Laster und das dem Lobenswerten Entgegengesetzte entscheidet, ist er nicht lobenswert, sondern sich selbst und Gott zuwider. Wie könnte er dann, wenn er selbst das Gegenteil des Lobes wäre, Gott loben? Wer aber Gott immer lobt, wird ständig vollkommener, wie der Kitharaspieler durch sein Spiel; und er wird Gott immer ähnlicher.

Das ist, wie es Plato ganz richtig sagte, das Ziel des Menschen: Gott ähnlicher zu werden. Je mehr er Gott lobt, um so mehr wird er selbst Gott wohlgefälliger, daher auch selbst lobenswerter und dem Göttlich-Lobenswerten ähnlicher.

Mit Recht erkannte der weise Sokrates, daß wir nichts sicherer wissen als das, was lobenswert ist, und er ermahnte uns, unser Bemühen ganz allein darauf zu richten, und alles sonstige als überflüssig und unsicher abzutun. Auch riet er, sich sehr um lobenswerte Sitten zu bemühen, deren Kenntnis wir aus uns selbst schöpfen können, aus dieser ständigen Bemühung eine sich vervollkommnende Haltung und Gewohnheit zu gewinnen und so ständig besser zu werden.

XXI.

Sechstes Feld: Die Einheit

Als Aurelius Augustinus sich um die Jagd nach Weisheit bemühte, schrieb er in dem Buch „De ordine", daß das Denken aller Philosophen um die Frage nach dem Einen kreise. Ebenso hat nach ihm der gelehrte Boethius in seiner

tiae ibi f[ac]iendam facto declarat. Platonem hi secuti sunt, qui li unum primum et aeternum asserit principium. Ante quem Pythagoras ille Samius, qui, cuncta in proprietate numeri investigans, monadem omnium affirmabat principium; ante enim omnem multitudinem unitas.

Volumus igitur hunc unitatis campum venationis gratia mente perlustrare. Unitas enim, etsi ipsam li non aliud praecedat, tamen prope ipsum videtur. Unum enim et idem videntur ipsum non aliud plus ceteris participare.

Voluit Plato unum esse aeternum; nihil enim vidit nisi post unum. Est enim ante finem et infinitatem, ut dicit Dionysius[1], qui in hoc Platonem imitatur.
Quando, ut refert Proclus[2], post primum principium posuit finitum et infinitum principia, quoniam ex illis omne existens mixtum est, a finito essentiam, ab infinito virtutem seu potentiam habens; et cum unum sit id, quod esse potest et penitus simplex et immultiplicabile, omnia in se complicare videtur, quae remoto ipso nequaquam manent.

Omnia enim in tantum sunt in quantum unum sunt. Complectitur autem tam ea quae sunt actu, quam ea quae possunt fieri. Capacius est igitur unum quam ens, quod non est nisi actu sit, licet Aristoteles dicat ens et unum converti.

Id autem, quod Platonem movebat unum cunctis praeferendum et fateri omnium principium, erat, quia cum principiatum nihil a se habeat, sed omnia a suo principio, oportet quod principio posito omnia principiata sint posita. Sed cum posito ente non ponitur potentia ens, quod est utique

---

[1] Vgl. Dionysius, a. a. O., De divinis nominibus, V. S. 364ff.
[2] Proclus, Commentarium in Parmenidem, a. a. O., p. 62ff.

Schrift über die Einheit und das Eine gezeigt, daß man die Jagd nach Weisheit auf dieselbe Weise wie es dort geschehen ist anstellen müssen. Beide folgen hierin Plato, der das Eine das erste und ewige Prinzip nennt. Früher lehrte Pythagoras von Samos, der alles in Hinblick auf die Eigentümlichkeit der Zahl untersucht, daß die Monas das Prinzip aller Dinge sei. Denn vor jeder Vielheit ist die Einheit.

Daher wollen wir dieses Feld der Einheit dem Sinn unserer Jagd entsprechend im Geist durchstreifen. Wenn auch das Nicht-Andere der Einheit vorausgeht, so ist diese dennoch ganz nahe bei ihm zu sehen. Denn das Eine und Selbe scheinen mehr als alles andere am Nicht-Andern teilzuhaben.

Plato nahm an, daß das Eine ewig sei. Denn er sah nichts, das nicht nach dem Einen war. Dies ist, wie Dionysius, der sich darin Plato anschließt, sagt, vor Endlichkeit und Unendlichkeit. Demnach setzte Plato, wie Proklos berichtet, nach dem ersten Prinzip die Prinzipien des Endlichen und Unendlichen, weil alles Existierende aus ihnen gemischt ist, indem es vom Endlichen die Wesensbestimmung und vom Unendlichen die Kraft oder Verwirklichungsmöglichkeit hat. Und da das Eine das ist, was es sein kann, und zwar völlig einfach und unwiederholbar, scheint es in sich alles zu enthalten, das, sofern es vom Einen entfernt wird, in keiner Weise fortdauert.

Alles besteht nämlich nur insoweit als es Eines ist. Es umfaßt sowohl das, was tatsächlich ist, als auch das, was werden kann. Das Eine ist also umfassender als das Seiende, das nur ist, wenn es tatsächlich ist, wenn auch Aristoteles behauptet, daß das Seiende und das Eine vertauschbar seien.

Der Grund aber, der Plato dazu bestimmte, das Eine allem voranzustellen und es als den Ursprungsgrund von allem zu bezeichnen, war folgender: Da das Angefangene nichts von sich selbst hat, sondern alles von seinem Ursprung, muß dadurch, daß der Anfang gegeben ist, auch alles An-

aliquid, posita vita non ponitur ens vita carens et posito intellectu non ponitur ens non intelligens; et cum esse, vivere et intelligere reperiantur in mundo, non erit mundi principium aut ens aut vita aut intellectus, sed id, quod illa in se complicat et quae illa esse possunt et hoc dicebat unum.

Verificatur enim unum de potentia et de actu [ut] una potentia, unus actus; sic de ente, vita et intellectu. Neque potest esse multitudo, quae non participet unitate. Nam si foret simile esset dissimile in non participare unitatem. Omnia multa similia forent et similiter dissimilia ex eadem ratione, quia non participarent unitate. Cessarent igitur omnia multa et plura et numerus omnis et quae unum dici possunt uno sublato, ut haec in Parmenide Platonis mira subtilitate ostenduntur[1].

Non potest igitur unum esse factum cum ipsum antecedat. Neque potest corrumpi nec alterari nec multiplicari, cum praecedat posse fieri et sit omne, quod esse potest. Verum, ut ait Dionysius, „unum quod est, multiplicari dicitur multas ex se producens substantias[2]". Manet tamen unum, quod Deus et multiplicatione unus et procedendo coniunctus.

Omnia igitur, quae fieri possunt participatione invariabilis et immultiplicabilis unitatis fieri possunt et fiunt actu. Et quia non potest esse nisi una unitas quae, ut dicit Dionysius[3], est sensu eminentior et menti incomprehensibilis et ante-

---

[1] Proclus, a. a. O., p. 56.
[2] Dionysius, a. a. O., De divinis nominibus, II, p. 113.
[3] Dionysius, a. a. O., De div. nom., I, p. 34f.

gefangene gegeben sein. Da aber mit der Setzung des Seienden nicht auch das der Verwirklichungsmöglichkeit nach Seiende gegeben ist — dies ist durchaus etwas Anderes — mit der Setzung des Lebens nicht das des Lebens entbehrende Seiende und mit der Setzung des Geistes nicht das ungeistige Seiende gegeben ist, und da Sein, Leben und Denken in der Welt gefunden werden, kann der Ursprungsgrund der Welt weder das Sein noch das Leben noch das Denken sein, sondern dasjenige, was jene sind und sein können in sich einschließt. Und das nennt man das Eine.

Das Eine erhält nämlich seine Wahrheit von seiten der Verwirklichungsmöglichkeit als eine einzige Verwirklichungsmöglichkeit und von der Wirkung als eine einzige Wirkung. Dasselbe gilt vom Sein, vom Leben und vom Denken. Auch kann es keine Vielheit geben, die nicht an der Einheit teilhätte, denn wenn es sie gäbe, wäre das Ähnliche dadurch, daß es nicht an der Einheit teilhätte, unähnlich. Alles Viele wäre ähnlich und aus demselben Grund — weil es nicht an der Einheit teilhätte — in ähnlicher Weise unähnlich. Es würde alles Viele und Vielfältige, jede Zahl und alles, was Eines genannt werden kann, aufhören, wenn dieses Eine, wie dies im Parmenides des Plato ausgezeichnet nachgewiesen wird, getilgt würde.

Das Eine kann nicht geworden sein, da es dem Gewordenen vorausgeht. Und es kann nicht zerstört, nicht geändert, nicht vervielfältigt werden, da es dem Werden-Können vorausgeht und alles ist, was es sein kann. Wohl sagt man, wie Dionysius richtig bemerkt, daß sich das Eine vervielfältige, indem es viele Substanzen hervorbringt. Dennoch bleibt dieses Eine, das Gott ist, auch in der Vervielfältigung Einer, und im Hervorgehen ein Verbundener.

Auf Grund der Anteilhabe an der unveränderlichen und nicht vermehrbaren Einheit können und werden tatsächlich alle Dinge, die werden können. Und weil, wie Dionysius sagt, nur eine Einheit sein kann, ist sie höher als es der Sinn zu

cedens ipsam ideo ipsa est unum, quod omnia unit, ut quodlibet in tantum sit, in quantum est unum.

Non est etiam nisi unum aeternum ante posse fieri. Hinc non est illa positio vera, quod ante posse fieri sint dii participantes unum tamquam divinam speciem. Nam cum unum aeternum sit immultiplicabile, quia ante posse multiplicari, non possunt dii multi esse in uno ut primo aeterno Deo quasi in divina specie uniti; nam si essent dii multi essent. Varie igitur divinam naturam in aeternitate participarent quod est impossibile, cum aeternum sit et aeternitas simplicissima penitus imparticipabilis.

Supervacuos igitur fecit Proclus labores in sex libris de theologia Platonis volens investigare ex coniecturis incertis deorum illorum aeternorum differentias et ordinem ad unum Deum deorum, cum non sit nisi Deus unus aeternus, qui ad omnia propter quae ipse Deus ponit sufficientissimus est, huius totius mundi administrator.

Videntur philosophi venatores in omni eorum discursu ex hoc sensibili mundo et his quae illi necessaria sunt, ut id sit, quod est meliori modo quo hoc fieri potest de Deo, de diis, de coelo et eius motu et fato intelligentiis spiritibus et ideis atque ipsa natura inquirere, quasi haec omnia sint necessaria huic mundo terreno et hic mundus sit omnium operum illorum finis. Sic Aristoteles Deum ut Plato, quem sua providentia coelos administrare posuit, coelos vero ob hunc mundum esse et moveri per intelligentias, ut generationes et cuncta ad huius mundi conservationem necessaria ordinem et motum coeli sequentes naturaliter fiant et continuentur non attendentes tot innumerabiles stellas huic terrae habitabili maiores et tot intelligentias non esse conditas ad finem huius terreni mundi, sed ad laudem creatoris, ut supra tactum est.

begreifen vermag; sie bleibt für den menschlichen Geist unfaßlich, da sie ihm vorangeht. Daher ist sie das Eine, das alles eint, so daß jedes beliebige nur insoweit ist, als es eines ist.

Vor dem Werden-Können ist nur das ewige Eine. Daher ist jene Behauptung, daß vor dem Werden-Können Götter seien, die an dem Einen, wie an einer göttlichen Eigengestalt teilhaben, nicht wahr. Denn da das ewige Eine, das vor der Möglichkeit der Wiederholbarkeit liegt, nicht vervielfältigt werden kann, kann es nicht viele Götter geben, im Einen als im ersten, ewigen Gott gleichsam als in göttlicher Eigengestalt geeint. Wenn es so wäre, gäbe es viele Götter. Sie würden auf verschiedene Weise an der göttlichen Natur in der Ewigkeit teilnehmen. Das ist aber unmöglich, da sie das Ewige ist und die ganz einfache Ewigkeit in keiner Weise mitgeteilt werden kann.

Deshalb gab sich Proklos vollkommen überflüssig Mühe, als er in den sechs Büchern der Theologia Platonis auf Grund unsicherer Gesamtaussagen erforschen wollte, welche Unterschiede zwischen jenen ewigen Göttern seien und in welchem Verhältnis sie zu dem einen Gott der Götter stünden; denn es gibt nur den einen ewigen Gott, der diese ganze Welt regiert und der für alles genügt, für das Proklos jene postuliert.

Von dieser sichtbaren Welt und von dem, was für sie notwendig ist, damit sie das, was sie ist, auf die bestmögliche Weise sei, ausgehend, scheinen die Philosophenjäger auf jedem ihrer Jagdzüge über Gott, Götter, den Himmel, dessen Bewegung und Schicksal, über vernünftig denkende Geister, Ideen und die Natur selbst Untersuchungen anzustellen, so als ob dies alles für die irdische Welt notwendig wäre und diese Welt der Zweckgrund aller jener Werke sei. So glaubten Aristoteles und Plato, daß Gott durch seine Vorsehung die Himmel lenke, die Himmel aber nur um dieser Welt willen da seien und durch Intelligenzen bewegt würden, damit Zeugung und alles zur Erhaltung der Welt Notwendige der Ordnung und Bewegung der Himmel folgend auf natürliche Weise ohne Unterbrechung geschähe. Aber sie achteten nicht darauf, daß soviel unzählige Sterne, größer

Unus est igitur Deus omnipotens, cuncta ad sui laudem creans et optima providentia gubernans, ut recte Epicurus dicebat. Qui licet non negaret deos esse, tamen id, quod de ipsis dicitur et scribitur penitus a veritate dixit alienum.

Hoc attendendum: neminem umquam affirmasse plures Deos, qui unum multitudini deorum, Deum scilicet, non praeferret. Venationes igitur in hoc unitatis campo sapidas facit qui — ut fecit Augustinus in libro De trinitate[1] — unitatem fecundam de se aequalitatem generantem et amorem connectentem ab unitate [et] aequalitate procedentem videt sic in aeternitate quod sunt ipsa simplicissima aeternitas. De quo alibi in Docta ignorantia et De visu Dei et aliis multis libellis ea quae concipere potui, adnotavi[2].

XXII.

De eodem

Campum unitatis Plato diligenter perlustrans repperit unum, quod omnium causa ante potentiam et actum ex potentia egredientem, quodque ipsum unum — ut sit causa omnium — nihil omnium est, non est plura, ut sit causa plurium. Unde omnia de eo negans ipsum ante omnia ineffabiliter vidit.

Quomodo autem venationem suam per logicam de uno fecerit liber Parmenidis ostendit, et Proclus secundo libro de theologia ipsius epilogat et dicit, qui Platoni credit in negationibus remanet. Nam additio ad unum unius excellen-

---
[1] Aurelius Augustinus, De Trinitate, ML 42, 819—1098.
[2] Cusanus, De docta ignorantia, 1440; De visione Dei, 1453.

als die bewohnbare Erde, und soviele geistige Wesenheit nicht als Zweckgrund der irdischen Welt geschaffen sind, sondern zum Lob des Schöpfers wie oben dargelegt wurde.

Ein einziger also ist der allmächtige Gott, der alles zu seinem Lobe schafft und mit vollkommener Vorsehung leitet, wie Epikur mit Recht bemerkt. Wenn er auch nicht leugnet, daß es Götter gibt, so sagt er trotzdem, daß das, was von ihnen gesagt und geschrieben wird, von der Wahrheit weit entfernt sei.

Es ist bemerkenswert, daß niemals jemand, der behauptet hat, es gäbe mehrere Götter, nicht trotzdem dieser Menge von Göttern den einen Gott vorangestellt hätte. Daher macht derjenige in diesem Feld der Einheit genußreiche Jagden, der, wie es Augustinus im Buch De Trinitate getan hat, die fruchtbare Einheit, die von sich die Gleichheit zeugt und die von der Einheit und Gleichheit ausgehende, beide verknüpfende Liebe so in der Ewigkeit schaut, daß sie die einfache Ewigkeit selbst sind. Was ich davon begreifen konnte, habe ich andernorts in der Docta ignorantia, in De visione Dei und in vielen andern Büchlein niedergelegt.

XXII.

Fortsetzung

Als Plato das Feld der Einheit sorgfältig durchforschte, fand er, das Eine, das als Grund von allem vor der Verwirklichungsmöglichkeit und der aus ihr hervorgehenden Wirkung, zugleich aber auch als Grund von allem, nichts von allem ist. Um der Grund des Vielen zu sein, ist es nicht das Viele. Daher sah er es, indem er alle Aussagen über das Eine ablehnte, auf unaussprechliche Weise vor allem.

Den Verlauf seines mit Hilfe der Logik unternommenen Jagdzuges nach dem Einen zeigt er im Parmenides. Proklos faßt es im zweiten Buch seiner Theologia Platonis zusammen und sagt, daß die Platoniker in der Negation verharren.

tiam contrahit et minuit et per ipsam potius non unum quam unum ostenditur[1].

Dionysius qui Platonem imitatur, in campo unitatis similem venationem fecit et negationes, quae sunt privationes sed excellentiae et praegnantes affirmationes, veriores dicit affirmationibus[2]. Proclus vero qui Origenem allegat[3] post Dionysium venit. Dionysium sequendo unum et bonum, licet ita Plato primum nominaverit, de primo negat quod penitus est ineffabile. Hos mirandos venatores sequendos laudandosque esse cum arbitrer ad ipsorum nobis relictam in scriptis diligentiam studiosum remitto[4].

Et quia in campo unitatis est quoddam singulare pratum ubi singularissima praeda reperitur, pratum illud nunc venationis gratia visitemus. Nominatur autem singularitas.

Nam cum unum non sit aliud quam unum, singulare videtur, quia in se indivisum et ab alio divisum. Singulare enim cuncta complectitur; cuncta enim singula sunt et quodlibet implurificabile. Singula igitur cum omnia et implurificabilia sint ostendunt esse unum maxime tale quod omnium singularium causa et quod per essentiam est singulare et implurificabile. Est enim id quod esse potest et omnium singularium singularitas.

Unde sicut simplicitas omnium simplicium est per se simplex quo simplicius esse nequivit, ita singularitas omnium singu-

---

[1] Proclus, In Pl. theol. II, 11, p. 114.
[2] Dionysius, a. a. O., De divinis nominibus, II, p. 72 u. a.
[3] Proclus, In Pl. theol. II, 4, p. 90.
[4] In der Dionysius-Ausgabe Cod. Cus. 44 bemerkt Nikolaus, daß er sich wundert, daß Ambrosius, Augustinus und Hieronymus den Areopagiten nicht kannten. Dionysius war für ihn derjenige, als der er sich ausgab, Areopagite, Bekehrter des Apostels Paulus.

Denn ein Zusatz zum Einen schmälert und vermindert seine Vorzüglichkeit; durch ihn wird eher das Nicht-Eine denn das Eine gezeigt.

Dionysius folgt Platon und macht auf diesem Feld der Einheit ähnliche Jagdzüge. Er sagt, daß die Negationen, welche als Einschränkungen, die die Erhabenheit anzeigen, bedeutungsvolle Affirmationen sind, wahrer als einfache Affirmationen seien. Proklos aber, der Origenes zitiert, folgt zeitlich auf Dionysius. Im Anschluß an Dionysius leugnet er, daß man vom Ersten aussagen könne, es sei das Eine und das Gute, wenn auch Platon dieses so nannte, denn es sei gänzlich unaussagbar. Weil ich der Meinung bin, daß man diesen bewundernstwürdigen Forschern folgen müsse, weise ich die Studierenden auf ihre mit Eifer und Sorgfalt verfaßten und erhaltenen Schriften hin.

Es gibt im Feld der Einheit ein besonderes Gebiet, wo die außergewöhnlichste Beute gefunden werden kann; dieses Gebiet wollen wir nun im Sinne unserer Jagd besuchen. Wir nennen es Einzigkeit.

Denn da das Eine nichts anderes ist als das Eine, ist es offensichtlich ein Einzelnes, da es in sich ungeteilt und von allem andern abgeteilt ist. Das Einzelne umfaßt das Gesamt. Das Gesamt nämlich besteht aus Einzelnem und jedes davon ist nicht wiederholbar. Da die Einzelnen alles und unwiederholbar sind, zeigen sie, daß es das Eine gibt, das dieses in jeder Beziehung ist, und das der Grund von jedem Einzelnen ist. Durch seine Wesenheit ist es das Einzelne und Unwiederholbare. Denn das Eine ist das, was es sein kann und die Einzigkeit alles Einzelnen.

So wie die Einfachheit alles Einfachen durch sich so einfach ist, daß sie nicht einfacher sein kann, so ist die Einzigkeit

larium est per se singularis quo singularius esse nequit. Singularitas igitur unius et boni maxima est, cum omne singulare necesse sit unum et bonum esse, et ita in singularitate unius et boni complicari. Sicut singularitas speciei singularior quam suorum individuorum et singularitas totius singularior quam partium et singularitas mundi singularior quam singulorum omnium.

Unde sicut singularissimus Deus est maxime implurificabilis ita post eum mundi singularitas maxime implurificabilis et deinde specierum post individuorum, quorum nullum plurificabile. Gaudet igitur unum quodque de sua singularitate, quae tanta in ipso est quod non est plurificabilis, sicut nec in Deo nec mundo nec angelis. In hoc enim omnia se gaudent similitudinem Dei participare, et quando de ovo fit pullus licet singularitas ovi cesset, non tamen ipsa singularitas cum ita singulare sit ovum sicut pullus nec alia singularitate unum quam aliud, sed una est omnium singularium causa quae omnia singularizat. Quae neque est totum neque pars neque species neque individuum neque hoc neque illud neque omne nominabile, sed est singulorum singularissima causa.

Singulare cum sit ab aeterna causa singularizatum numquam in non singulare resolvi potest. A quo enim resolveretur ab aeterna causa singularizatum?

Hinc singulare bonum numquam desinit cum omne singulare sit bonum. Sic singulare ens numquam cessat id esse, cum omne actu singulare ens sit et singulare corpus, quantumcumque dividatur, semper manet singulare corpus. Ita et linea et superficies et totum singulare non est divisibile nisi in singulares partes, quae erant in singularitate totius comprehensae.

Omnis igitur varietas non est circa singulare, sed circa accidens ad singulare, quod facit tale et tale singulare quod si varietas non est in tali scilicet aut qualitate aut quanti-

alles Einzelnen durch sich so einzig, daß sie nicht einziger sein kann. Die Einzigkeit des Einen und Guten ist daher die größte, weil notwendigerweise alles Einzelne das Eine und Gute ist, und so in der Einzigkeit des Einen und Guten eingeschlossen wird. Ebenso wie die Einzigkeit der Eigengestalt einziger ist als die ihrer Individuen, ist auch die Einzigkeit des Ganzen einziger als die der Teile und die Einzigkeit der Welt einziger als die aller Einzelnen.

Wie daher der einzigste Gott am unwiederholbarsten ist, so ist es nach ihm die Einzigkeit der Welt, dann die der Arten und anschließend die der Individuen, von denen keines wiederholbar ist. Es freut sich also ein Jedes über seine Einzigkeit, die in ihm so groß ist, daß es unwiederholbar ist, nicht in Gott noch in der Welt noch in den Engeln. Alle freuen sich, darin an der Ähnlichkeit teilzuhaben; wenn aus dem Ei ein Kücken entschlüpft, dann schwindet zwar die Einzigkeit des Eies, aber nicht die Einzigkeit selbst; denn das Kücken ist genauso einzig wie das Ei, beide sind von der gleichen Art der Einzigkeit, denn es gibt nur einen Grund alles Einzelnen, der alles vereinzelt. Dieser ist weder das Ganze noch ein Teil noch eine Eigengestalt noch ein Individuum, weder dieses oder jenes oder irgend etwas Nennbares, sondern der einzigste Grund alles Einzigen.

Da das Einzelne von einem ewigen Grund vereinzelt worden ist, kann es niemals in das Nicht-Einzelne aufgelöst werden. Denn von welcher Seite sollte das von einem ewigen Grund Vereinzelnte aufgelöst werden?

Weil jedes Einzelne gut ist, läßt das Einzelne niemals vom Guten ab. So hört das einzelne Seiende niemals auf, dies zu sein, da alles Wirkliche ein Einzel-Seiendes ist und wie sehr ein einzelner Körper auch geteilt wird, so bleibt er doch immer ein einzelner Körper. Ebenso ist die Linie, die Oberfläche, das Ganze als Einzelnes nicht teilbar, außer in einzelne Teile, die in der Einzigkeit des Ganzen zusammengehalten waren.

Daher betrifft jede Verschiedenheit nicht das Einzelne, sondern nur das zu dem Einzelnen Dazukommende, das ein Einzelnes so oder so macht, so daß dieses Einzelne auf die-

tate, manet semper singulare eodem modo ut in caelestibus corporibus constat. Sic dicebat Dionysius secundum naturam et substantiam nihil corruptibile, sed quae illis accidunt[1].

Incorruptibilis igitur singularitas est, quae omnia format et conservat et omnia suae singularitatis causam, ut omnium singularissimum bonum sufficiens et perfectum, naturalissimo desiderio appetunt.

Adicere tibi volo unum quod video super alia mirabile, in quo omnia simul Dei similitudinem gerere probabis. Dionysius recte dicebat de Deo simul opposita debere affirmari et negari[2]. Ita si te ad universa convertis pariformiter comperies. Nam cum sint singularia, sunt pariter similia, quia singularia, et dissimilia, quia singularia, [neque similia] neque dissimilia, quia singularia. Sic de eodem et diverso, aequali et inaequali, singulari et plurali, uno et multis, pari et impari, differentia et concordantia et similibus licet hoc absurdum videatur philosophis, principio quodlibet est vel non est etiam in theologicis inhaerentibus.

Adhuc attende posse fieri esse singulare. Ideo omne quod factum est aut fit, quia de posse fieri fit, singulare est. Imitabilis igitur singularitas est ipsum posse fieri in cuius singulari potentia omnia singulariter complicantur et de ipsa explicantur.

Nec aliud est singularitas quam aeternae lucis similitudo. Singularitas enim discretio est; lucis autem est discernere et

---

[1] Vgl. Dionysius, a. a. O., De divinis nominibus, IV, S. 273ff.
[2] Vgl. Ibid. V, 347f.

selbe Weise bestehen bleibt wie in den Himmelskörpern, wenn nicht in ihm die Verschiedenheit von Qualität und Quantität ist. So sagt auch Dionysius, daß nichts in Hinblick auf Natur und Substanz zugrunde gehen könne, sondern nur in bezug auf die Akzidentien.

Daher ist die Einzigkeit, die alles bildet und bewahrt, unvergänglich. Alle verlangen im letzten Streben der Natur nach dem Grund ihrer Einzigkeit als nach dem hinlänglichen, vollkommenen und einzigen Gut von allem.

Ich will noch etwas hinzufügen, das mir wunderbarer als alles andere erscheint und in dem man erkennt, daß alle zugleich die Ähnlichkeit Gottes tragen. Dionysius sagt mit Recht, daß man von Gott das Entgegengesetzte gleichermaßen bejahen und verneinen muß. So wird man, wenn man sich zum Gesamt wendet, die Erfahrung machen, daß alles gleichgestaltet ist. Wenn alles einzig ist, dann ist es zugleich ähnlich, eben weil es einzig ist, und unähnlich, weil es einzig ist und auch nicht ähnlich und nicht unähnlich, weil es einzig ist. Ebenso verhält es sich mit dem Selben und Verschiedenen, Gleichen und Ungleichen, Einzelnen und Vielfachen, Einen und Vielen, Ebensolchen und Nicht-Ebensolchen, mit Verschiedenheit und Übereinstimmung usw., wenn es auch jenen Philosophen absurd erscheint, die an dem Prinzip, daß ein Jedes entweder ist oder nicht ist, auch in der Gotteslehre festhalten.

Beachte ferner, daß das Werden-Können einzig ist. Daher ist alles, was gemacht wurde oder wird, weil es vom Werden-Können her wird, einzig. Die nachahmbare Einzigkeit ist also das Werden-Können selbst, in dessen Einzig-Möglichkeit jedes einzeln zusammengefaßt und auch entfaltet wird.

Denn die Einzigkeit ist nichts anderes als das Abbild des ewigen Lichtes. Die Einzigkeit nämlich ist Sonderung. Dem

singularizare. Supra de his atque in libello, quem de fingura mundi nuperrime in urbe veteri compilavi[1].

XXIII.

De septimo campo scilicet *aequalitatis*

Campum aequalitatis venationibus refertum subintremus.

Certum est nihil uti est actu multiplicabile. Aequalitas enim quae id est, quod esse potest, cum sit ante aliud et inaequale, non reperitur nisi in regione aeternitatis. Aequalitas vero, quae potest fieri aequalior, posse fieri sequitur. Unde aequalitas, quae est actu id, quod esse potest, immultiplicabilis est. Ipsam enim in aeternitate aeterna gignit unitas.

Non possunt igitur plura esse praecise aequalia; non enim tunc plura essent, sed ipsum aequale. Sicut enim bonitas, magnitudo, pulchritudo, veritas et reliqua quae in aeternitate sunt ipsa aeternitas, sunt etiam ita aequalia quod aequalitas quae aeternitas, ideo non sunt plura, sicut nec plura aeterna esse possunt, cum aeternum sit ipsum possest, scilicet id, quod simpliciter esse potest et ita omnia aeterna non sunt plura aeterna, sicut aeterna bonitas, aeterna magnitudo, aeterna pulchritudo, aeterna veritas, aeterna aequalitas non sunt plura aeterna, sic nec plura aequalia, quia sic sunt aequalia, quod ipsa aequalitas simplicissima, quae omnem pluralitatem antecedit, sic nec aequalitas cuiuscumque actu existentis est multiplicabilis.

Praecisio enim quae in indivisibili consistit sicut numerus non est multiplicabilis sicut nec quaternarius aut quinarius.

---

[1] Welches Werk hier gemeint ist, ist nicht sicher. Möglicherweise handelt es sich um De ludo globi (1462/63); vgl. p. XXIX.

Licht aber steht es zu, zu sondern und zu vereinzeln. Darüber mehr in dem schon Gesagten und in dem Büchlein über die Gestalt der Welt, das ich vor kurzem in Orvieto geschrieben habe.

XXIII.

Siebentes Feld: Die Gleichheit

Wir wollen das Feld der Gleichheit betreten, das reich an Möglichkeiten für unsere Jagd ist.

Gewiß ist nichts so wie es tatsächlich ist, wiederholbar. Die Gleichheit, die das ist, was sie sein kann, steht vor dem Andern und Ungleichen und wird daher nur im Bereich der Ewigkeit gefunden. Die Gleichheit aber, die noch gleicher werden kann, folgt dem Werden-Können. Darum ist die Gleichheit, die als Wirklichkeit ist, was sie sein kann, unwiederholbar. Denn sie wird in der Ewigkeit von der ewigen Einheit gezeugt.

Daher können nicht mehrere Dinge genau gleich sein; sie wären somit nicht mehrere Dinge, sondern das Gleiche selbst. So wie die Güte, Größe, Schönheit, Wahrheit usw., die in der Ewigkeit diese selbst sind, auch so gleich sind, daß sie die Gleichheit sind, welche die Ewigkeit ist, sind sie nicht mehrere, weil es nicht mehrere Ewige geben kann, da das Ewige das Können-Ist selbst ist, nämlich das, was schlechthin sein kann. Und so ist alles Ewige nicht eine Vielzahl von Ewigen, wie auch die ewige Güte, Größe, Schönheit, Wahrheit und Gleichheit nicht eine Vielzahl von Ewigen sind; ebenso gibt es auch nicht eine Vielzahl von Gleichen, weil sie dergestalt Gleiche sind, daß sie die einfachste Gleichheit selbst sind, die jeder Vielheit vorangeht. Und so ist die Gleichheit jedes tatsächlich existierenden Dinges nicht wiederholbar.

Die Genauigkeit nämlich, die im Unteilbaren besteht, ist wie die Zahl nicht wiederholbar, ebensowenig wie Vier oder

Unde non plurificatur humanitas in pluribus hominibus, sicut nec unitas in pluribus unis; nec ipsa humanitas potest a pluribus hominibus, quibus dat nomen quod sint homines, aequaliter participari. Homines enim sunt ex participatione immultiplicabilis humanitatis et inaequali participatione, quae facit eos esse plures. Et sicut humanitas uti est, est immultiplicabilis, ita et hic homo et cuncta.

Omne etiam compositum ex partibus inaequalibus est compositum; sic nec numerus compositus potest esse compositus nisi ex pari et impari, et cantus harmonicus ex grosso et acuto. Patet omnia aequalia quae [non] sunt ipsa absoluta aequalitas aequaliora fieri posse et hoc posse fieri omnium non definitur nec determinatur nisi per ipsam aequalitatem posse fieri praecedentem. Quae sola est non aliud ab omni, cunctis inter se inaequaliter inaequalibus, licet nullum omnium sit aequalitatis expers per quam quodlibet est id quod est aequaliter, quia nec plus nec minus et penitus non aliud quam id quod est.

Nam aequalitas est verbum illud ipsius non aliud, scilicet Dei creatoris, se et omnia dicentis et definientis.

Omnia igitur inter se inaequalia aequalitatem quasi cuiuslibet essendi formam participant et in hoc aequalia sunt et quia illam inaequaliter participant inaequalia sunt. Concordant igitur pariter et differunt omnia. Quaecumque species, sicut est unitas uniens in se omnia suae speciei, ita et aequalitas aequaliter unita formans, similiter et omnium nexus.

Et quia de aequalitate alias Romae late scripsi haec sic sufficiant[1].

---
[1] Cusanus, De aequalitate, 1459.

Fünf. Die Menschheit wiederholt sich nicht in mehreren Menschen und auch die Einheit nicht in mehreren Einen. Noch kann die Menschheit von mehreren Menschen, denen sie den Namen „Menschen" gibt, in gleicher Weise partizipiert werden. Auf Grund der Teilhabe an der unwiederholbaren Menschheit sind sie Menschen. Durch ungleiche Teilhabe sind sie viele Menschen. Und ebenso wie die Menschheit als solche nicht wiederholbar ist, so ist auch jeder einzelne Mensch und alles andere unwiederholbar.

Jedes Zusammengesetzte ist aus ungleichen Teilen zusammengesetzt; so kann auch eine zusammengesetzte Zahl nur aus geraden und ungeraden zusammengesetzt sein, und ein harmonischer Gesang aus hohen und tiefen Tönen. Daraus geht klar hervor, daß alles Gleiche, das nicht die absolute Gleichheit ist, noch gleicher werden kann und daß dieses Werden-Können aller Dinge nur durch eine ihm vorangehende Gleichheit begrenzt und beendet werden kann. Sie allein ist das Nicht-Andere von allem; alles übrige ist auf ungleiche Weise untereinander ungleich, wenn auch nichts von allem von der Gleichheit ausgeschlossen ist, durch die alles Seiende auf gleiche Weise das ist, was es ist, weil es nicht mehr und nicht weniger und vor allem nichts anderes ist als das, was es ist.

Denn die Gleichheit ist jenes Wort des Nicht-Andern, d. h. des Schöpfer-Gottes, der sich und alles nennt und bestimmt.

Alle untereinander Ungleichen haben daher an der Gleichheit als an der Gestalt eines jeden Seienden teil. Darin ist alles einander gleich; dadurch aber, daß es an ihr auf ungleiche Weise teilhat, ungleich. Folglich steht alles gleicherweise in Einklang und Verschiedenheit. So wie jede Eigengestalt die Einheit ist, die alles zu ihr Gehörige zusammenfaßt, ist sie auch die Gleichheit, die auf gleiche Weise das Geeinte gestaltet. Auf ähnliche Weise ist sie auch die Verknüpfung von allem.

Da ich schon früher in Rom ausführlich über die Gleichheit geschrieben habe, möge das genügen.

XXIV.

De octavo campo scilicet nexu

Nunc in campo nexus venationem facientes attendimus ante omnem divisionem nexum constitui.

Hunc igitur indivisibilem videmus aeternitatem id esse, quod esse potest posse fieri praecedentem rectissime ab aeterna unitate et eius aequalitate procedentem. Sicut enim divisio procedit ab pluralitate et inaequalitate, sic amorosus nexus ab unitate et aequalitate. Quae cum sint ante pluralitatem in indivisibili simplicissima aeternitate erit similiter et ipsorum nexus aeternus. Sunt igitur unitas et ab ipsa genita aequalitas atque utriusque nexus ante posse fieri et pluralitatem divisivam simplex aeternitas.

Aeterna enim unitas, aeterna ipsius aequalitas aeternusque utriusque nexus non sunt plura divisa aeterna, sed ipsa aeternitas implurificabilis et penitus indivisibilis et inalterabilis et licet unitas generans non sit aequalitas ab ea genita nec nexus ab eo procedens, tamen non est aliud unitas, aliud aequalitas, aliud nexus, cum sint non aliud, quod aliud antecedit. Sicut igitur aeterna unitas, quae id est, quod esse potest, uniter in se omnia complicat et aequalitas omnia aequaliter ita et nexus utriusque omnia in se nectit.

Omnia igitur quae sunt, quia ab hac aeterna trinitate, quae sic nominatur licet minus proprie, id sunt quod sunt video trinitatem imitari. In quolibet enim video unitatem, entitatem, et utriusque nexum, ut sit actu id quod est.

Entitas, quae et essendi forma, aequalitas est unitatis. Unitas enim uniens de se generat sui aequalitatem. Aequalitas uni-

XXIV.

Achtes Feld: Die Verknüpfung

Nun, da wir unsere Jagd auf dem Feld der Verknüpfung beginnen, bemerken wir, daß vor jeder Trennung die Verknüpfung steht.

Von hier sehen wir, daß die unteilbare Ewigkeit das ist, was sie sein kann, daß sie dem Werden-Können vorangeht und unmittelbar aus der ewigen Einheit und deren Gleichheit hervorgeht. Denn so wie Trennung von der Vielheit und Ungleichheit ausgeht, so geht die Liebesverknüpfung von der Einheit und Gleichheit aus. Da diese vor der Vielheit in der unteilbaren, einfachsten Ewigkeit sind, muß zugleich auch ihre Verknüpfung ewig sein. Die Einheit, die von ihr gezeugte Gleichheit und die Verknüpfung beider sind daher vor dem Werden-Können und der teilbewirkenden Vielheit die einfache Ewigkeit.

Denn die ewige Einheit, ihre ewige Gleichheit und die ewige Verknüpfung beider sind nicht mehrere, geteilte Ewige, sondern selbst die unwiederholbare Ewigkeit, die nicht geteilt und nicht geändert werden kann; und wenn auch die zeugende Ewigkeit nicht die von ihr gezeugte Gleichheit und die davon ausgehende Verknüpfung ist, so sind dennoch Einheit, Gleichheit, Verknüpfung kein Anderes, da sie das Nicht-Andere sind, das dem Andern vorangeht. Wie daher die ewige Einheit, die das ist, was sie sein kann, alles auf einende Weise in sich einschließt und die Gleichheit alles auf gleichende Weise, verknüpft die Verbindung beider alles in sich.

Daher sehe ich, daß alles Seiende, deshalb, weil es von dieser ewigen Dreiheit stammt — die, wenn auch nicht ganz zutreffend, so genannt wird —, das ist, was es ist und diese Dreiheit nachahmt. In jedem beliebigen sehe ich Einheit, Seiendheit und die Verknüpfung beider, so daß jenes tatsächlich das ist, was es ist.

Die Seiendheit, die Gestalt der Wirklichkeit ist, ist die Gleichheit der Einheit. Die einende Einheit nämlich zeugt aus

tatis non est nisi species seu forma essendi, quae entitas dicitur, quia graece entitas ab uno derivatur[1]. Non est igitur aliud omne existens nisi unitas et eius aequalitas, quae et entitas et utriusque nexus. Unitas est fluxibilitatis constrictio, aequalitas uniti et constricti formatio, nexus utriusque amorosa connexio. Posse fieri nisi ab uniente a sua confusa fluxibilitate constringeretur, non esset capax pulchritudinis, sive speciei aut formae. Et quia constringitur per unitatem omnia ad finem operantem ideo generatur forma ab ipsa unitate, quam talis constrictio requirit seu meretur; quare ex his procedit utriusque nexus amorosus.

XXV.

De eodem

Iam vides amorem qui nexus est unitatis et entitatis, naturalissimum esse. Procedit enim ex unitate et aequalitate, quae sunt eius principium naturalissimum. Ab illis enim spiratur nexus, in quo desideriosissime connectuntur.

Nihil igitur illius amoris expers, sine quo nec quicquam persisteret. Omnia igitur penetrat invisibilis connexionis spiritus. Omnes mundi partes intra se hoc spiritu conservantur et toti mundo connectuntur. Hic est spiritus animam corpori connectens, quo exspirato cessat vivificatio. Intellectualis natura numquam privabitur spiritu tali connexionis, cum ipsa sit spiritualis naturae.

---

[1] Vgl. De docta ignorantia, I, 8, p. 218.

sich ihre Gleichheit. Die Gleichheit der Einheit ist nichts anderes als die Eigengestalt oder Gestalt des Seins, die Seiendheit genannt wird, weil dieses Wort „entitas" im Griechischen von der Bezeichnung des Einen abgeleitet wird. Daran ist alles Seiende nichts anderes als die Einheit, ihre Gleichheit, die auch Seiendheit ist, und die Verknüpfung beider. Die Einheit ist die Zusammenfassung der Wandelbarkeit, die Gleichheit die Gestaltung des Geeinten und Zusammengefaßten, die Verknüpfung die Liebesverbindung beider. Würde das Werden-Können nicht durch das Vereinende von seiner unbestimmten Wandelbarkeit abgehalten, wäre es keiner Schönheit, weder der Eigengestalt noch der Form, fähig. Und weil es von der Einheit, die alles auf ein Ziel zuführt, festgehalten wird, wird die Gestalt von der Einheit, die ein solcher Zusammenschluß braucht oder verdient, selbst gezeugt. Daher geht aus ihnen die Liebesverknüpfung beider hervor.

XXV.

Fortsetzung

Du siehst damit, daß die Liebe, die Verknüpfung der Einheit und Seiendheit, ganz natürlich ist. Sie geht aus der Einheit und Gleichheit hervor, die ihr natürlichster Ursprungsgrund sind. Aus ihnen entströmt die Verbindung, in der sie voll Sehnsucht verknüpft werden.

Nichts ist von dieser Liebe ausgeschlossen; ohne sie kann nichts bestehen bleiben. Alles durchdringt der unsichtbare Geist-Hauch dieser Verbindung. Alle Teile der Welt werden untereinander durch diesen Geist-Hauch erhalten und mit dem Ganzen der Welt verknüpft. Dies ist der Hauch, der die Seele dem Körper verbindet und bei dessen Verschwinden das Lebendigsein weicht. Die vernünftig denkende Natur wird niemals dieses Geist-Hauches der Verbindung beraubt werden, da sie selbst geistiger Natur ist.

Unitas enim et entitas intellectualis naturae intellectuales cum sint, intellectuali nexu constringuntur. Nexus vero amoris intellectualis non potest deficere nec exspirare, cum intelligere pascatur immortali sapientia. Nexus igitur naturalis intellectualis naturae ad sapientiam inclinatae ipsam naturam intellectualem non solum ut sit conservat, sed ad id quod naturaliter amat, ut illi connectatur, adaptat.

Spiritus igitur sapientiae in spiritum intellectus ut desideratum in desiderans, secundum fervorem desiderii descendit et convertit spiritum intelligentiae ad se, qui ei amore nectitur, ignis instar, ut ait Dionysius, quae sibi unita iuxta singulorum aptitudinem assimilat, et in hoc amoris nexu felicitatur intellectus et vivit feliciter[1].

Hoc pauci philosophi cognoverunt. Principium enim connexionis sine quo nihil subsistit et omnis intellectualis natura felicitate careret, non reperitur eos cognovisse. Sed quia in illo defecerunt veram sapientiam non attingerunt. Alibi multa de hoc in variis etiam sermonibus dixi et scripsi, quae sic recapitulasse sufficit.

XXVI.

De eodem

Nunc vero subiciam manuductionem unam mathematicam, ut videas trinitatem praemissam, cum sit unitas id esse, quod esse potest, licet omnem intellectum antecedat et non nisi incomprehensibiliter comprehendatur per omnem humanam mentem. In qua Deus tam ante posse fieri quam impossibile sic videtur, quasi sit illud quodlibet, quod impossibile sequitur.

---

[1] Dionysius, a. a. O., De divinis nominibus, II, S. 78ff. De ecc. hier. II, p. 1113.

Da die Einheit und Seiendheit der geistigen Natur geistig sind, werden sie durch eine geistige Verknüpfung verbunden. Die Verknüpfung der geistigen Liebe kann nicht aufhören noch enden, da das geistige Verstehen durch unsterbliche Weisheit genährt wird. Die natürliche Verknüpfung der geistigen Natur, die der Weisheit gegenübersteht, bewahrt daher diese Natur nicht nur so, wie sie ist, sondern paßt sie auch dem an, was sie von Natur aus liebt, damit sie mit ihm verknüpft werde.

Der Geist der Weisheit steigt in den Geist des Denk-Wirklichen herab wie das Ersehnte in das Ersehnende gemäß der Glut dieses Sehnens und wendet den Geist der Einsicht zu sich, der ihm in Liebe verbunden ist, gleich dem Feuer, wie Dionysius sagt, das die ihm geeinten Dinge gemäß ihrer Eignung sich angleicht; in dieser Verknüpfung der Liebe wird der Geist beglückt und lebt glücklich.

Das erkannten wenige Philosophen. Sie scheinen das Prinzip der Verknüpfung, ohne das nichts besteht und die ganze geistige Natur des Glückes entbehren müßte, nicht erfaßt zu haben. Weil sie es daran fehlen ließen, erreichten sie die wahre Weisheit nicht. Andernorts habe ich in verschiedenen Predigten viel darüber gesagt und geschrieben und deshalb soll das hier Rekapitulierte genügen.

XXVI.

Fortsetzung

Nun möchte ich mit Hilfe einer mathematischen Modellvorstellung die Einsicht ermöglichen, daß jene erwähnte Dreiheit als Einheit das ist, was sie sein kann, wenn sie auch jedem verstehenden Denken vorangeht und nur auf unbegreifliche Weise von dem menschlichen Geist begriffen wird. In diesem wird Gott — ebenso vor dem Werden-Können wie vor dem Nichtmöglichen — so gesehen, als sei er jenes Etwas, dem das Nichtmögliche folgt.

Praemitto autem lineam rectam esse curva simpliciorem, cum a recta curva declinans non sine concavo et convexo concipi possit.

Deinde praesuppono primam figuram rectilineam terminatum esse triangulum, in quam omnes polygoniae resolvuntur, ut in priorem et simpliciorem, ante quam nulla, in quam resolvi possit. Cum autem linea sine longitudine non sit, tunc linea quae non est sic longa quod longitudo respectu ipsius, quae maior esse nequit, imperfecta est. Quare si primum principium figurari posset, esset perfectus triangulus trium perfectorum laterum. Quemadmodum hunc videt intellectus in posse fieri sensibilis trianguli hoc modo:

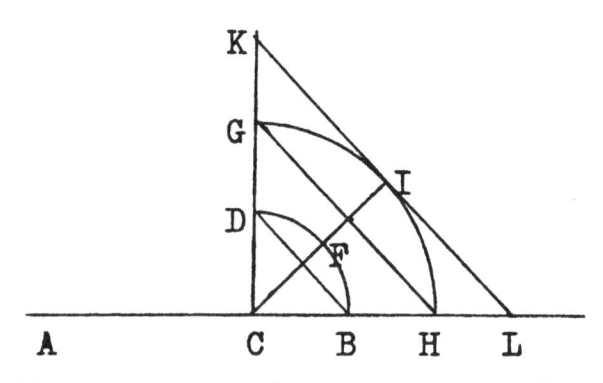

Sit AB recta et super uno eius puncto puta C, describe quartam circuli cuius semidiameter sit CB, et trahe aliam semidiametrum CD et DB arcus sit quarta, cuius medium sit F; trahe cordam DB, deine continua CD et CB in infinitum, et super C describe quartam circuli maioris, quae sit GH, cuius medium I, et trahe ut prius cordam GH et trahe rectam circumscriptam arcui GH, quae sit KIL.

Certum est CDFB figuram triangularem habere circa centrum angulum rectum et circa arcum duos angulos, quorum quisque maior simirecto quantum cadit supra cordam et infra arcum de angulis[1]. Et quia in maiore circulo scilicet CGIH anguli circa arcum sunt maiores quam in minori circulo maior enim est angulus incidentiae super GH chordam cadens quam supra chordam DB quare certum est angulos illos ex semidiametro et arcu continue possefieri maiores, quando arcus est maioris circuli.

---

[1] Es handelt sich also weder um den von der Tangente noch um den von der Sehne mit CDGK bzw. CBHL gebildeten Winkel.

Ich setze voraus, daß die gerade Linie einfacher ist als die gekrümmte, denn die gekrümmte, die von der geraden abweicht, kann nicht ohne das Konkave und Konvexe begriffen werden. Dann nehme ich an, daß die erste, geradlinige Figur näher bestimmt ist als ein Dreieck, auf das alle Vielecke als auf das Erste und Einfachste zurückgeführt werden und vor dem es kein Vieleck gibt, in das es aufgelöst werden könnte. Da es aber keine Linie ohne Länge gibt, so ist jene Linie, die nicht so lang ist, daß die Länge in bezug auf sie nicht größer sein könnte, unvollkommen. Wenn daher der erste Ursprung dargestellt werden könnte, wäre er das vollkommene Dreieck mit drei vollkommenen Seiten. Dieses sieht der vernünftige Geist im Werden-Können des sichtbaren Dreiecks folgendermaßen:

AB sei eine Gerade. Man beschreibe um einen Punkt C dieser Geraden einen Quadranten, dessen Halbmesser CB ist. Man ziehe die andere Linie des Halbmessers CD. Der Bogen DB sei der Quadrant, dessen Mitte Punkt F sei. Man ziehe die Sehne DB und verlängere CD und CB ins Unendliche. Über C zeichne man den Quadranten eines größeren Kreises; dieser ist GH mit der Mitte I. Wie zuvor ziehe man die Sehne GH und die Umfassungsgerade zum Bogen GH; diese sei KIL.

Es ist gewiß, daß die dreiwinklige Figur CDFB im Mittelpunkt einen rechten Winkel und beim Bogen zwei Winkel hat, von denen jeder, sofern er über die Sehne hinausgeht und innerhalb des Winkelbogens fällt, größer ist als ein halber rechter Winkel. Und weil im größeren Kreis CGIH die Bogenwinkel größer sind als im kleineren Kreis — der Einfallswinkel über der Sehne GH ist nämlich größer als der Einfallswinkel über der Sehne DB —, ist es sicher, daß diese Winkel, die aus Halbkreis und Bogen gebildet werden, stetig größer werden können, sofern es sich um den Bogen eines größeren Kreises handelt.

Si igitur foret possibile designare arcum circuli maximi, qui maior esse non posset, illi anguli circa arcum necessario forent id quod acuti anguli esse possent et ita forent recti. Quando enim acutus angulus maior esse non potest, tunc est rectus. Et quia arcus cadens super duas rectas semidiametrales constituit duos rectos angulos, non est possibile quin ille arcus sit linea recta.

Sic igitur triangulus CKL ille quem sic mente intueor, utique cum CK sit semidiameter circuli, qui non potest esse maior, erit et semidiameter CK linea, quae maior esse non potest. Sic et CL. Arcus autem KL non potest esse minor, nam arcus quadrantis quomodo foret minor semidiametro circuli? Erunt igitur omnes illae lineae, quae latera sunt trianguli, aequales et quoniam quaelibet est maxima, ideo si ad quodlibet latus trianguli aliud aut duo alia adderes, non fieret maius. Quodlibet igitur latus est aequale cuilibet et duobus et omnibus simul. Deinde angulus extrinsecus scilicet KCA aequatur duobus intrinsecis sibi oppositis et quia ACK est ut KCL duo anguli recti CKL et CLK erunt ut KCL.

Et, quia omnis triangulus habet tres angulos aequales duobus rectis et quilibet angulus ex dictis aequatur duobus rectis, aequatur igitur quilibet angulus omnibus tribus. Sic quilibet est aequalis alteri et aequalis aliis duobus et aequalis omnibus tribus essetque [hic triangulus] omnium figurarum figurabilium complicatio, ut principium et resolutio, ut finis atque mensura praecisissima.

Constat igitur si posse fieri sic perficeretur quod penitus ad actu esse deduceretur ut foret possest, illa sic necessario evenirent. Certissimus autem sum, si haec qualitercumque necessaria video, incomparabiliter verius in possest actu esse. Non enim potest quicquam rationabiliter videri, quo ipsum possest careat, cum omnia comprehensibilia et omnem comprehensionem excedentia perfectissime actu existat beato Anselmo[1] veraciter asserente Deum esse maius quam concipi possit et clarius dicit sanctus Thomas in libello de aeternitate mundi sic aiens:

---

[1] Anselm, Proslogion, ML 158, 3; 228 C: Deus enim est id quo maius cogitari non potest. Dieser Gedanke ist wesentlich für das Philosophieren des Cusanus, da er es ist, der ihm die „regula doctae ignorantiae" schenkt.

Wenn es also möglich wäre, den Bogen des größten Kreises, der nicht mehr größer sein könnte, zu bezeichnen, dann würden jene Bogenwinkel notwendigerweise das sein, was spitze Winkel sein könnten. Und so wären sie rechte Winkel. Wenn nämlich der spitze Winkel nicht mehr größer sein kann, dann ist er ein rechter Winkel. Und weil der Bogen, der sich über zwei gerade Halbmesser erstreckt, zwei rechte Winkel bildet, so ist dies nicht möglich, ohne daß jener Bogen eine gerade Linie wäre.

So wird also jenes Dreieck CKL, das ich auf diese Weise im Geiste schaue, durchaus auch die Halbmesserlinie CK sein, die größer nicht sein kann, da CK der Halbmesser jenes Kreises ist, der nicht größer sein kann. Dasselbe gilt von CL. Der Bogen KL aber kann nicht kleiner sein, denn wie sollte der Bogen des Quadranten kleiner sein als der Halbmesser des Kreises? Es werden also alle jene Linien, die die Seiten des Dreiecks sind, gleich sein. Da jede davon die größte ist, wird es also nichts Größeres geben, auch wenn man irgendeiner Seite des Dreiecks eine andere oder zwei andere hinzufügt. Jede Seite ist also einer jeden beiden und allen zumal gleich. Folglich wird der äußere Winkel KCA den beiden inneren, ihm entgegengesetzten Winkeln angeglichen und die beiden Rechten CKL und CLK werden, da ACK wie KCL ist, wie KCL sein.

Und weil jedes Dreieck drei Winkel hat, die zwei Rechten gleich sind und jeder Winkel auf Grund des Gesagten zwei Rechten angeglichen wird, wird jeder Winkel allen drei Winkeln angeglichen. So ist jeder Winkel dem andern und den beiden andern und allen drei Winkeln gleich und wäre die Einfaltung wie auch Ursprung und Rückführung, wie auch Ziel und genauestes Maß aller möglichen Figuren.

Dies wäre das notwendige Ergebnis, wenn das Werden-Können so vervollkommnet würde, daß es ganz zur Wirklichkeit geführt würde und das Können-Ist wäre. Wenn ich diese irgendwie notwendigen Ergebnisse betrachte, bin ich sicher, daß sie unvergleichlich wahrer im Können-Ist Wirklichkeit sind. Man kann sich vernünftigerweise nichts vorstellen, das dem Können-Ist selbst fehlte, da dieses alles Begreifbare und alles, was über das Begreifen hinausgeht, in vollendeter Wirklichkeit darstellt. Anselm sagt die Wahrheit, wenn er versichert, daß Gott größer sei, als daß er

„Cum enim ad omnipotentiam Dei pertineat ut omnium intellectum et virtutem excedat, expresse omnipotentiae derogat, qui dicit aliquid posse intelligi in creaturis, quod a Deo fieri non possit[1]."

Igitur in ipso possest actu aeterno video triangulum maximum sic se habere ut praemittitur. Est igitur possest ante omnem quantitatem corpoream, quoniam in corporali quantitate sive discreta sive continua possest non est reperibile, sed est ante omne sensibile et intelligibile et omne finitum. In omnibus enim illis quae concipi possunt non reperitur trinitas quae unitas sive unitas quae trinitas.

Vides etiam posse fieri unius naturae in eandem non terminari, quia alterius naturae est possest et posse fieri. Puta calefactibile, si id esse debet quod esse potest, non erit calefactibile sed tantum calefaciens. Ligna possent plus et plus calefieri, quando autem in tantum sunt calefacta, quod non possunt plus calefieri, tunc oritur actu ignis ex potentia, qui non potest plus calefieri, sed solum calefacit et si in uno calefactibili citius devenitur ad calefaciens quam in alio, est, quia unum citius venit ad terminum suae calefactibilitatis quam aliud. Et illud quod numquam ita calefit, quin possit plus calefieri, numquam venit ad terminum, ut fiat ignis. Calefaciens tantum in calefactibili est calefaciens in potentia. Quando igitur de potentia venit in actum nihil essentialiter novi oritur. Idem enim de uno essendi modo in alium pervenit.

---

[1] Thomas, De aeternitate mundi, Opuscula philosophica, Marietti p. 106; 297.

erfaßt werden könnte; noch besser sagt es der hl. Thomas in der Schrift „De aeternitate mundi", wo er folgendermaßen schreibt: „In bezug auf die Allmacht Gottes, die aller Geist und Fähigkeit übertrifft, ist zu sagen, daß derjenige die Allmacht Gottes ausdrücklich vermindert, der behauptet, daß in den Geschöpfen etwas erkannt werden könne, das von Gott nicht gemacht werden kann."

Daher sehe ich, daß sich im Können-Ist das größte Dreieck in ewiger Wirklichkeit so verhält, wie gesagt wurde. Das Können-Ist ist vor jeder körperlichen Quantität, weil in der körperlichen Quantität, sei sie gesondert oder stetig, das Können-Ist nicht gefunden werden kann. Es steht vielmehr vor jedem Sinnlichen, Geistigen und Begrenzten. In allen Dingen, die erfaßt werden können, findet man die Dreiheit, die Einheit oder die Einheit, die Dreiheit ist, nicht.

Man sieht, daß das Werden-Können einer Natur nicht in die Grenzen derselben eingeschlossen ist, weil das Können-Ist und das Werden-Können von verschiedener Natur sind. Das Erwärmbare z. B. wenn es das sein soll, was es sein kann, wird nicht mehr das Erwärmbare sein, sondern vielmehr das Erwärmende. Holz kann immer mehr erwärmt werden. Wenn es aber soweit erwärmt ist, daß es nicht weiter erwärmt werden kann, dann entsteht Feuer als Wirkliches auf Grund der Verwirklichungsmöglichkeit. Dieses kann nicht weiter erwärmt werden, sondern wärmt selbst. Wenn man bei einem Erwärmbaren schneller zu dem Punkt gelangt, da es selbst zu einem Wärmenden wird, als bei einem andern, so deshalb, weil das eine schneller zur Grenze seiner Erwärmbarkeit kommt als das andere. Jenes, das niemals so warm wird, das es nicht noch wärmer werden könnte, kommt niemals zu der Grenze, daß es Feuer würde. Das Wärmende ist nur im Erwärmbaren das Wärmende in der Verwirklichungsmöglichkeit. Wenn es also von der Verwirklichungsmöglichkeit zur Wirkung gelangt, entsteht nichts wesenhaft Neues. Denn das Selbe geht von der einen Wirklichkeitsweise in die andere über.

In omni igitur calefactibili, cum sit ignis in potentia, licet in uno in propinqua et in alio in remota, ostenditur in omni re huius mundi ignem latitare. Omnia enim aut calefaciens sunt ignis aut calefactibile. Sed cum ignis non [sit] frigidefactibilis licet ignis in actu sit extinguibilis vel suffocabilis, ideo in igne non est aqua in potentia et est inalterabilis, ut dicit Dionysius[1].

Haec est ratio regulae doctae ignorantiae quod in recipientibus magis et minus numquam devenitur ad maximum simpliciter vel minimum simpliciter, licet bene ad actum maximum et minimum.

Quando enim calefactibile ad maximum simpliciter pervenerit non est calefactibile, sed calefaciens. Est enim calefaciens maximum calefactibilis sic frigefaciens maximum frigefactibilis et naturaliter movens maximum mobilis et generaliter in natura faciens maximum factibilis. Non est factibilitas potentia faciens, sed in ipsa factibilitate faciens est in potentia. Factibile enim numquam fit faciens, sed potentia faciens in termino factibilitatis in actum pervenit.

Unde calefactibile numquam fit calefaciens ignis, licet ignis in potentia in ipso calefactibili existens in termino calefactibilis [in] actum perveniat et ita in termino intelligibilium videtur intellectus agens. Terminus autem intelligibilium est actus; sic intelligibile in actu est intellectus in actu et sensibile in actu est sensus in actu. Sic in termino illuminabilium lumen illuminans et in termino creabilium creator creans, qui in creabilibus potest videri. Sed actu non nisi in termino creabilium, qui est terminus interminus seu infinitus. Magna enim est venatio per rete huius regulae saepe dictae.

---

[1] Dionysius, De caelesti hierarchia, XV, p. 997.

Jedes Erwärmbare ist der Möglichkeit nach Feuer; es zeigt sich, daß in jedem Ding dieser Welt das Feuer verborgen ist, wenn auch in dem einen weniger und in dem andern mehr. Alles nämlich ist entweder wärmendes Feuer oder erwärmbar. Da aber das Feuer nicht kühlbar ist, wenn es auch in seiner Wirklichkeit ausgelöscht oder erstickt werden kann, ist in ihm nicht das Wasser der Möglichkeit nach enthalten, und es ist, wie Dionysius sagt, unveränderlich.

Das ist der Wesenssinn der Regel von der wissenden Unwissenheit, daß man in dem, was mehr oder weniger aufnimmt, niemals zu dem schlechthin Größten oder Kleinsten gelangt, wenn auch wohl zum tatsächlich Größten und Kleinsten.

Wenn nämlich das Erwärmbare das schlechthin Größte erreicht hat, ist es nicht mehr Erwärmbares, sondern Erwärmendes. Denn das Wärmende ist das am meisten Erwärmbare, ebenso das Kühlende das am meisten Kühlbare und das natürliche Bewegende das am meisten Bewegbare und ganz allgemein: das in der Natur Wirkende das am meisten Wirkbare. Nicht ist die Wirkbarkeit wirkende Möglichkeit, sondern in der Wirkbarkeit ist das Wirkende in der Möglichkeit. Das Wirkbare nämlich wird niemals Wirkendes, sondern die Wirk-Möglichkeit geht an der Ziel-Grenze der Wirkbarkeit in Wirklichkeit über.

Daher wird das Erwärmbare selbst niemals wärmendes Feuer, wenn auch das Feuer, das im Erwärmbaren der Möglichkeit nach enthalten ist, in der Ziel-Grenze des Erwärmbaren in die Wirklichkeit übergeht, und ebenso erkennt man an der Ziel-Grenze des Denkbaren das wirkende Denken. Die Zielgrenze des Denkbaren aber ist dessen Wirklichkeit — so ist das Denkbar-Wirkliche das wirkliche Denken und das Empfindbar-Wirkliche das wirkliche Empfinden. So steht in der Zielgrenze des Erleuchtbaren das erleuchtende Licht und an der Zielgrenze des Erschaffbaren der schaffende Schöpfer, der im Erschaffbaren gesehen werden kann. Aber als Wirklichkeit kann er nur in der Zielgrenze des Erschaffbaren, der unbegrenzten und unendlichen Zielgrenze, gesehen werden. Groß ist die Jagd mit dem Netz dieser oft erwähnten Regel.

XXVII.

De nono campo scilicet termini

Campus prope nexum, quem terminum appello, plenus desideratis praedis venationi aptissimus maximus et interminus est, quia magnitudinis eius non est finis. Non enim habet nec principium nec finem, sed principia media et fines omnium terminabilium in se habet, sicut radix omnipotentiae in sua virtute omnia continens cuncta explicat universaque determinat.

Consistunt singula in sua praecisione, ut non sint aliud quam id quod sunt. Sed interminus terminus omnium finibilium finis est et omnium praecisionum praecisio et terminus.

Terminus, qui est omne quod esse potest, est ante omnem terminum eorum qui fieri possunt. Determinat igitur cuncta definitque singula. Est enim terminus ipsius posse fieri utique interminus, omnia in se determinate quae fieri possunt ante habens; terminus igitur omnium rerum et omnium scientiarum.

Quid est autem, quod terminum ponit, nisi mens et sapientia? Mens enim, ut optime Anaxagoras videbat, confusam possibilitatem determinat et discernit movetque cuncta, ut ad terminum suum, quem eis praedeterminavit, perveniant. Haec rerum exemplaria definivit, quae sunt — ut optime vidit Dionysius de divinis scribens nominibus — rerum rationes in ipsa praeexistentes secundum quas divina sapientia omnia praedestinavit seu praedeterminavit produxitque. Quid igitur aliud sunt exemplaria illa, de quibus etiam supra habes, quam termini determinantes omnia? Certum est omnium illarum divinam mentem [esse] terminum. Ipsa enim illa in se rationabiliter determinavit.

XXVII.

Neuntes Feld: Die Ziel-Grenze

Das Feld, das nahe bei dem der Verknüpfung liegt, und welches ich Ziel-Grenze nenne, ist voll der ersehnten Beute und ausgezeichnet für unsere Jagd geeignet. Es ist sehr groß und ohne Begrenzung, weil seine Größe kein Ende hat. Es hat keinen Anfang und kein Ende, aber es enthält Anfang, Mitte und Ende alles Begrenzbaren, wie der Ursprung der Allmacht in seiner Kraft jedes enthält, alles entfaltet und das Gesamte bestimmt.

Es bestehen die Einzel-Dinge in ihrer Eigentümlichkeit, so daß sie nichts anderes sind, als das, was sie sind. Aber die unbegrenzte Ziel-Grenze ist das Ende alles Beendbaren und die Eigentümlichkeitsbestimmung alles Eigentümlichen.

Die Ziel-Grenze, die alles ist, was sein kann, liegt vor jeder Bestimmung dessen, was werden kann. Sie bestimmt daher das All und begrenzt das Einzelne. Sie ist die vollkommen unbegrenzte Ziel-Grenze des Werden-Könnens, die alles, was werden kann, im voraus auf bestimmte Weise in sich trägt. Sie ist also Ziel und Grenze eines jeden Dinges und alles Wissens.

Was anders aber setzt Ziel und Grenze, wenn nicht Geist und Weisheit? Der Geist nämlich bestimmt — wie Anaxagoras richtig sah — die gestaltlose Möglichkeit, und sondert und bewegt alles, auf daß es zu seiner von ihm vorbestimmten Ziel-Grenze gelange. Er bestimmt und umgrenzt die Urbilder der Dinge, die — wie Dionysius in „De divinis nominibus" sehr wohl erkannte — die Wesensbestimmung der in ihm vorgegebenen Dinge sind, und gemäß denen die göttliche Weisheit alles vorherbestimmte und hervorbrachte. Was anderes sind also jene oben erwähnten Urbilder als die alles bestimmenden Ziel-Grenzen? Es ist gewiß, daß die göttliche Vernunft all dieser Dinge Ziel-Grenze ist. Denn sie selbst bestimmte jene in sich nach dem Wesenssinn.

Dum respicis ante posse fieri et humaniter consideras Deum ab aeterno concepisse velle creare utique cum nihil esset creatum neque coelum neque terra neque angeli nec aliud quicquam, non fuerunt illa plus creabilia quam alia, quae nihil commune cum istis habent et de quibus nullum possumus conceptum facere. Sed Deus ipse determinavit intra suum conceptum quod mundum istum seu hanc quam videmus, pulchram creaturam crearet. Omnia igitur ex determinatione mentis in seipsa suum terminum sic et sic essendi receperunt.

Et secundum hunc aeternum conceptum creando posse fieri ipsum determinavit ad mundum et eius partes in aeternitate praeconceptum. Non enim posse fieri vagum et indeterminatum, sed ad finem et terminum, ut fieret mundus iste et non aliud, creatum est. Conceptus igitur ille, qui et verbum mentale seu sapienta dicitur, terminus est, cuius non est terminus. Non enim praecessit ipsam mentem divinam alia mens, quae ipsam determinaret ad creandum hunc mundum.

Sed quia ipsa mens aeterna libera ad creandum et non creandum vel sic vel aliter suam omnipotentiam ut voluit intra se ab aeterno determinavit. Mens enim humana, quae est imago mentis absolutae, humaniter libera omnibus rebus in suo conceptu terminos ponit, quia mens mensurans notionaliter cuncta. Sic ponit terminum lineis, quas facit longas vel breves, et tot ponit punctales terminos in ipsis sicut vult. Et quicquid facere proponit intra se prius determinat et est omnium operum suorum terminus neque cuncta, quae facit, ipsam terminant, quin plura facere possit et est suo modo interminus terminus. De quo in libro de mente scripsimus[1].

---

[1] Cusanus, Idiota de mente, 1450.

Wenn man vor das Werden-Können blickt, und auf menschliche Weise erwägt, daß Gott von Ewigkeit den Willen zur Schöpfung gefaßt hat, als noch nichts geschaffen war, weder Himmel noch Erde noch Engel noch sonst irgend etwas, erkennt man, daß jene nicht mehr als andere, die mit diesen nichts gemein haben und von denen wir uns keine Vorstellung machen können, geschaffen werden konnten. Gott selbst beschloß innerhalb seines Gedankens, diese Welt, diese schöne Schöpfung, die wir sehen, zu schaffen. Alles also empfing aus der Bestimmung des Geistes in sich selbst seine Ziel-Grenze, so und so zu sein.

Gemäß diesem ewigen Gedanken schuf und bestimmte er das Werden-Können, das er von Ewigkeit her für die Welt und ihre Teile vorgedacht hatte. Das Werden-Können ist nicht planlos und unbestimmt erschaffen, sondern auf den Zweck und das Ziel ausgerichtet, daß aus ihm diese und keine andere Welt werde. Jener Gedanke, der auch geistiges Wort oder Weisheit genannt wird, ist die Ziel-Grenze, die kein Ende hat. Denn dem göttlichen Geist geht kein anderer Geist, der ihn zur Schöpfung dieser Welt bestimmt hätte, voraus.

Aber da der ewige Geist frei ist, zu schaffen und nicht zu schaffen, bzw. so oder anders zu schaffen, hat er seine Allmacht von Ewigkeit in sich selbst bestimmt, wie er wollte. Der menschliche Geist, der ein Bild des absoluten Geistes ist, ist auf menschliche Weise frei und setzt allen Dingen in seinem Gedanken Grenze und Ziel, weil er ein Geist ist, der alles begrifflich bemißt. So gibt er den Linien Grenzen, die er lang oder kurz sein läßt und legt in ihnen so viele Abschnitte fest, wie er will. Wenn er sich vornimmt, etwas zu tun, bestimmt er es zuerst in sich selbst; er ist die Ziel-Grenze aller seiner Werke und nichts von allem, das er macht, setzt ihm selbst eine Grenze, über die hinaus er nichts mehr machen könnte; auf seine Weise ist er eine unbegrenzte Ziel-Grenze. Darüber habe ich in „De mente" geschrieben.

XXVIII.

De eodem

Palam igitur est divinam sapientiam in hoc campo latere et diligenti venationi reperiri.

Nam haec est, quae posuit terminum mari et aridae, soli, lunae, stellis et motui eorum legemque determinavit omni creaturae, quam praeterire non potest. Determinavit speciem orbem seu locum singulis, posuit terram in medio, quam gravem esse et ad centrum mundi moveri determinavit, ut sic semper in medio subsisteret et neque sursum neque lateraliter declinaret.

Determinavit omni creaturae suam mensuram, suum pondus et numerum. Et ita omnia mens divina determinavit sapientissime, ita, quod nihil caret ratione cur sic et non aliter, et si aliter omnia confusa. Mens igitur divina mensura et terminus omnium, quia ratio et definitio sui et omnium. Posse igitur fieri perfectionis et termini specierum non terminatur in se ipsis, sed [in] termino intermino ipsarum. Ideo non habent exemplaria nisi mentem divinam per quam id sunt quod sunt et ad ipsam terminantur.

Nam ipsa est ratio, quae maior perfectiorque esse non potest, ideo et mens ipsa. Ratio enim in tantum perfecta, in quantum mens seu intellectus in ipsa relucet. In variis igitur rationibus varie lucet, in una perfectius quam in alia.

Ratio igitur, quae perfectior esse non potest cum sit omne id quod esse potest, est mens ipsa aeterna. Omnium igitur rerum rationes seu exemplaria ad illam aeternam rationem respiciunt, in qua terminantur perfectissime, quia non sunt validae neque perfectae rationes nisi in quantum de illa,

XXVIII.

Fortsetzung

Darum ist es klar, daß die göttliche Weisheit in diesem Feld verborgen ist und durch eifrige Jagd gefunden werden kann.

Sie ist es, die dem Meer und dem Land, der Sonne, dem Mond, den Sternen und deren Bewegung die Ziel-Grenze gab, und jeder Kreatur ein Gesetz auferlegte, das nicht vergehen kann. Sie bestimmte dem Einzelnen seinen eigengestaltlichen Lebenskreis oder Ort, sie setzte die Erde in die Mitte und bestimmte sie, schwer zu sein und sich zum Zentrum der Welt zu bewegen, auf daß sie stets in dieser Mitte ausharre und weder in die Höhe noch seitlich abweiche.

Jedem Geschöpf gab sie sein Maß, sein Gewicht und seine Zahl. Und so bestimmte der göttliche Geist alles auf das weiseste dergestalt, daß nichts des Bestimmungsgrundes, warum es so und nicht anders ist, entbehrt. Wäre es anders, so wäre alles verwirrt. Daher ist der göttliche Geist als Wesenssinn und Bestimmung seiner selbst und aller Dinge Maß und Ziel von allem. Das Werden-Können der Vervollkommnung und der Bestimmung der Eigengestalten wird deshalb nicht in diesen begrenzt, sondern in ihrer unbegrenzten Ziel-Grenze. Daher haben sie keine anderen Urbilder als den göttlichen Geist, durch den sie das sind, was sie sind und auf den hin sie zielgerichtet sind.

Er selbst ist der Wesenssinn, der nicht größer und vollkommener sein kann, also auch der Geist selbst ist. Der Wesenssinn ist soweit vollkommen, als der Geist oder das Denk-Wirkliche in ihm widerleuchtet. In den verschiedenen Bestimmungs- und Wesensgründen leuchtet er verschieden, in dem einen vollkommener als in dem andern.

Der Wesenssinn also, der vollkommener nicht sein kann, da er alles das ist, was sein kann, ist der ewige Geist selbst. Aller Dinge Wesensgründe oder Urbilder blicken auf jenen ewigen Wesens- und Bestimmungsgrund hin, in dem sie auf das vollkommenste beschlossen werden, weil sie nur

quae mens est aeterna, participant, cuius participatione id sunt quod sunt.

Exemplarium igitur varietas non [est] nisi ex varia rationum participatione varie rationem aeternam participanti-[um]¹. Omnia igitur suis exemplaribus specifice determinantibus contentantur, quia in suis speciebus eorum posse fieri determinatur. In quibus speciebus aeternam rationem divinamque mentem omnium optimam creatricem participant.

Species igitur, cum sit specifica determinatio ipsius posse fieri, ostendit illa eiusdem speciei, quorum posse fieri in idem si fieret terminaretur. Sic omnes homines eiusdem sunt speciei, quia si fieret quilibet homo id, quod homo fieri posset, cuiuslibet fieri posse perfectio in ratione exemplari seu homine intelligibili terminaretur. Sicut de omnibus circulis, quorum quisque si fieret ita perfectus, sicut circulus fieri posset, in ratione illa exemplari aequidistantiae centri a circumferentia terminaretur. Ideo cuncti eiusdem speciei et qui hoc non attenderunt saepe decepti sunt, negantes eiusdem speciei esse, quae erant et affirmantes quae non erant.

XXIX.

De eodem

Quoniam mens nostra non est principium rerum nec essentias earum determinat (hoc enim divinae mentis est) [sed] principium suarum operationum quae determinat et in sua virtute cuncta nationaliter complicantur frustra

---

¹ Konjektur. Cod. Cus.: participantibus.

insoweit wirksam und vollkommen sind, als sie an jenem, dem ewigen Geist, durch deren Teilhabe sie das sind, was sie sind, teilhaben.

Die Verschiedenheit der Bilder beruht also nur auf der verschiedenen Teilhabe der Wesensgründe am ewigen Wesens- und Bestimmungsgrund. Alle Dinge, die durch ihre Urbilder eigengestaltlich bestimmt werden, sind zufrieden, weil ihr Werden-Können in ihren Eigengestalten begrenzt wird. In diesen Eigengestalten haben sie am ewigen Wesenssinn, dem göttlichen Geist, dem besten Schöpfer aller Dinge, teil.

Da die Eigengestalt eine eigengestaltliche Bestimmung des Werden-Könnens ist, zeigt sie, daß jene von derselben Eigengestalt sind, deren Werden-Können, wenn es würde, im Selben begrenzt und zielgerichtet wird. So sind alle Menschen von derselben Eigengestalt; denn wenn jeder Mensch das wird, was der Mensch werden kann, dann wird die Vollendung des Werden-Könnens eines jeden im urbildhaften Wesenssinn oder im geistigen Menschen bestimmt. Ebenso verhält es sich mit den Kreisen; würde jeder von ihnen so vollkommen, wie ein Kreis werden kann, dann würde er in jenem urbildhaften Wesenssinn der gleichbleibenden Entfernung des Mittelpunktes vom Umkreis bestimmt. So verhält es sich mit allen Dingen der gleichen Eigengestalt. Diejenigen, die darauf nicht achteten, täuschten sich oft, da sie das, was derselben Eigengestalt angehörte als zusammengehörig leugneten und es von dem, was ihr nicht zukam, behaupteten.

XXIX.

Fortsetzung

Da unser Geist nicht der Ursprungsgrund der Dinge ist und auch nicht ihre Wesenheiten bestimmt — das nämlich tut der göttliche Geist —, sondern nur der Ursprungsgrund der eigenen Handlungen, und da in seiner von ihm bestimmten

se plerique venatores fatigarunt quaerentes rerum essentias apprehendere. Nihil enim apprehendit intellectus quod in se ipso non reperit. Essentiae autem et quidditates rerum non sunt in ipso ipse, sed tantum notiones rerum, quae sunt rerum assimilationes et similitudines.

Est enim virtus intellectus posse se omnibus rebus intelligibilibus assimilare. Sic sunt in ipso species seu assimilationes rerum. Ob hoc dicitur locus specierum. Sed nequaquam est essentia essentiarum.

Supervacue igitur in intelligi suo quaerit rerum essentias, quae ibi non sunt. Sicut enim visus in sua virtute et potentia non habet nisi visibiles species seu formas et auditus audibiles, ita et intellectus in sua virtute et potentia non habet nisi formales species.

Deus vero solus in sua virtute et potentia causali continet omnium rerum essentias et essentiales formas. Quapropter licet omnia in visu sunt visibiliter, tamen propterea visus non potest attingere intelligibilia, quae suam virtutem praecedunt et excedunt, neque directe audibilia, quae in potestate eius non includuntur. Attingit tamen aliquando illa indirecte in signis et scripturis visibilibus. Nequaquam autem directe aut indirecte intelligibilia, cum sit post illa et insufficientis virtutis apprehensivae ad illa. Sic intellectus essentiales rerum formas et quidditates, cum sint ante notionalem suam virtutem et ipsam excedant, nequaquam attingere potest, ut intelligat, licet coniecturas de ipsis per ea, quae intelligit, facere possit.

Solus Deus creator et dator formarum illarum essentialium illas in se ipso intuetur. Deus enim proprie non intelligit, sed essentiat et hoc [est] esse terminum omnium. Nam posse

Kraft alles auf begriffliche Weise zusammengefaltet wird, mühten sich die meisten Philosophen, die die Wesenheiten der Dinge erfassen wollten, vergebens ab. Denn das Denk-Wirkliche erfaßt nichts, was es nicht in sich selbst findet. Die Wesenheiten und Washeiten der Dinge sind nicht in ihm es selbst, sondern nur die Begriffe der Dinge, die deren Angleichungen und Gleichnisse sind.

Es ist die Kraft des Geistes, sich allen denkbaren Dingen angleichen zu können. Darum sind in ihm die Eigengestalten oder Angleichungen der Dinge, und er heißt Ort der Eigengestalten. Aber er ist keineswegs die Wesenheit der Wesenheiten.

Deshalb handelt er sinnlos, wenn er in seinem verstehenden Denken die Wesenheiten der Dinge sucht, die dort nicht sind. Ebenso wie der Gesichtssinn in seiner Kraft und Möglichkeit nichts hat als die sichtbaren Eigengestalten oder Formen und das Gehör nichts als die hörbaren, so hat auch das Denken in seiner Kraft und Möglichkeit nichts als formale Eigengestalten.

Gott allein enthält in seiner Kraft und ursächlichen Fähigkeit die Wesenheiten und Wesensgestalten aller Dinge. Deshalb kann der Gesichtssinn, auch wenn in ihm alles auf sichtbare Weise ist, doch nicht das Denkbare erreichen, das seiner Fähigkeit vorausgeht und sie übersteigt, und ebenso ist das, was in der Möglichkeit des Gehörsinns nicht eingeschlossen ist, nicht unmittelbar hörbar. Dennoch erreicht er es auf mittelbare Weise in Zeichen und sichtbarer Schrift. Keineswegs aber erreicht er unmittelbar oder mittelbar das Denkbare, denn er ist nach ihm und hat nicht Kraft genug, es zu erfassen. So kann das Denken die Wesensgestalten und Washeiten der Dinge, da sie vor seiner begrifflichen Fähigkeit sind und diese übersteigen, niemals so erreichen, daß es sie versteht, auch wenn es sich von ihnen durch das, was es versteht, Mutmaßungen bilden kann.

Gott allein, der sie geschaffen und ihnen jene Wesensgestalten gegeben hat, betrachtet sie in sich selbst. Er sieht nämlich im eigentlichen Sinn nicht ein, sondern gibt das Wesen;

fieri intelligens non terminatur nisi in intellectu, qui est, quod esse potest. Ideo eius intelligere non oritur ex rebus, sed res sunt ex ipso. Intellectus vero noster intelligit, quando se assimilat omnibus. Nihil enim intelligeret, nisi se intelligibili assimilaret, ut intra se legat quod intelligit, scilicet in suo verbo seu conceptu.

Neque intellectus propriam suam quidditatem et essentiam intra se attingere potest, nisi modo quo alia intelligit formando, si potest, ipsius intelligibilem assimilationem. Sicut nec visus videt se; nisi enim visus fieret visibilis quomodo videret? Sed bene ex eo, quia homo videt alia attingit, quia est in eo visus, non tamen videt visum. Sic homo se intelligere sciens intelligit, quia est in eo intellectus, non tamen intelligens quid sit. Haec supra tacta sunt, ubi recitatur responsum Indi.

Divina enim essentia, cum sit incognita, consequens est nullam rerum essentiam cognitione posse comprehendi. Et adverte, quomodo dixi supra notiones rerum sequi res. Virtus igitur intellectiva ad rerum notiones se extendit et ideo sequitur rerum essentias. Sed essentia illius virtutis prior est virtute sua et essentiis ignobilioribus sensitivis, quae post ipsam sunt. Non enim essentia animae intellectivae est sua virtus et potentia. Hoc quidem solum in Deo verum esse potest, qui est ante differentiam actus et potentiae, ut satis supra ostensum videtur.

Non enim scimus omnia quae per hominem sciri possunt. Tu enim non es grammaticus, rhetor, logicus, philosophus, mathematicus, theologus, mechanicus et talia omnia, quae tamen, cum sis homo, fieri potes. Posse fieri hominem licet in te sit actu modo tali, uti es, determinatum, quae determinatio est essentia tua, tamen posse fieri hominis nequaquam est in te perfectum et determinatum. Unde ad hoc

das bedeutet, daß er die Zielgrenze von allem ist. Denn das Werden-Können des Denkens wird nur in dem Denken begrenzt, das ist, was es sein kann. Daher entsteht sein Denken nicht aus den Dingen, sondern die Dinge sind aus ihm. Unser Geist jedoch sieht ein, wenn er sich allem angleicht. Er könnte nichts erkennen, wenn er sich nicht dem Erkennbaren angleichen würde, so daß er in sich selbst, nämlich in seinem Wort oder Gedanken lesen kann, was er erkennt.

Auch kann der vernünftige Geist nicht seine eigene Washeit und Wesenheit in sich erreichen, es sei denn auf die selbe Art, in der er anderes erkennt: indem er nämlich, soweit er es vermag, eine intelligible Angleichung seiner selbst bildet. So sieht auch der Gesichtssinn sich selbst nicht. Denn wie sollte er sich sehen, wenn er selbst nicht zuvor sichtbar wird? Wohl erkennt der Mensch dadurch, daß er anderes sieht, daß in ihm der Gesichtssinn ist. Trotzdem sieht er ihn nicht. Ebenso erkennt der Mensch, wenn er weiß, daß er erkennt, daß in ihm die Fähigkeit des Denk-Wirklichen ist, obwohl er nicht einsieht, was es ist. Dies wurde schon oben erwähnt, wo die Antwort des Inders wiedergegeben wurde.

Die göttliche Wesenheit ist unerkannt. Folglich kann keine Wesenheit der Dinge durch Erkenntnis erfaßt werden. Man vergleiche dazu, was ich oben über die Begriffe der Dinge, die den Dingen folgen, gesagt habe. Die geistige Kraft erstreckt sich bis zu den Begriffen der Dinge und folgt also den Wesenheiten der Dinge. Aber die Wesenheit dieser Kraft ist früher als diese und die weniger edlen sinnlichen Wesenheiten, die nach ihr sind. Denn die Wesenheit der Geist-Seele ist nicht ihre Kraft und Fähigkeit. Die Einheit von Wesen und Fähigkeit kann nur in Gott wahr sein, der vor dem Unterschied von Wirklichkeit und Möglichkeit steht, wie oben wohl zur Genüge aufgezeigt worden ist.

Wir wissen nicht alles, was ein Mensch wissen kann. Du bist nicht Sprachwissenschaftler, Redner, Logiker, Philosoph, Mathematiker, Theologe, Techniker und alles andere, obwohl du als Mensch dieses werden kannst. Wenn auch das Menschwerdenkönnen in dir tatsächlich auf solche Weise, wie du bist, bestimmt ist und diese Bestimmung deine Wesenheit ist, so ist dennoch das Werden-Können des Menschen

posse fieri infinitum et interminatum respicientes Platonici, ut Proclus refert[1], dicebant omnia ex finito seu determinato et infinito esse, finitum ad determinatam essentiam, infinitum ad potentiam et posse fieri referentes.

XXX.

De decimo campo scilicet ordine

Postquam Dionysius[2] ille cunctis acutior Deum quaerens repperit in ipso contraria coniuncte verificari privationemque excellentiam esse. Insubstantialis enim dicitur omnium substantia omnem substantiam exedens. Demum in cap. de sapientia sic dicit: „Ad haec quaerendum quomodo nos Deum scimus, qui neque intelligibilis neque sensibilis neque omnino quicquam intelligibilium est? Forte id veraciter dicemus nos Deum ex ipsius natura non cognoscere (id quippe ignotum est omnemque superat rationem ac sensum) sed ex creaturarum omnium ordinatissima dispositione, ut ad ipsa producta, et imagines quasdam et similitudines divinorum ipsius exemplarium pro se ferente ad id, quod omnia transcendit via et ordine pro viribus scandimus in omnium eminentissima privatione atque in omnium causa. Idcirco et in omnibus Deus agnoscitur et seorsum ab omnibus et per scientiam et ignorantionem noscitur Deus. Estque ipsius et intelligentia et ratio et notio et tactus et sensus et opinio et imaginatio et nomen et alia omnia et neque intelligitur neque dicitur neque nominatur neque est aliquid eorum quae sunt neque in aliqua creatura cognoscitur et in omnibus omnia est et in nihilo nihil et ex omnibus omnibus noscitur et ex nullo nemini."

---

[1] Proclus, Commentarium in Parmenidem, a. a. O., p. 62ff; in Pl. theol. IIIa, p. 134.
[2] Dionysius, a. a. O., I, De divinis nominibus, V, p. 347ff; VII, p. 380ff.

in dir keineswegs vollendet und endgültig beschlossen. In Hinblick auf dieses unendliche unbegrenzte Werden-Können pflegten die Platoniker, wie Proklos berichtet, zu sagen, daß alles aus dem Endlichen oder Begrenzten und dem Unendlichen bestehe: endlich in bezug auf die begrenzte Wesenheit, unendlich in bezug auf Möglichkeit und Werden-Können.

XXX.

Zehntes Feld: Die Ordnung

Nach diesen fand Dionysius — scharfsinniger als alle anderen — bei seiner Suche nach Gott, daß in diesem die Gegensätze vereint ihre Wahrheit erhalten und daß der Mangel Reichtum bedeute. Grundbestandlos nämlich wird der jeden Grundbestand überschreitende Grund von allem genannt. Im Kapitel über die Weisheit spricht er so: Wir müssen danach fragen, wie wir Gott, der weder geistig noch sinnlich noch sonst etwas des Erkennbaren ist, erkennen. Vielleicht werden wir richtig sagen, daß wir Gott nicht aus seiner eigenen Natur erkennen können (deshalb, weil er unbekannt ist und jeden Wesenssinn übersteigt). Vielmehr steigen wir aus der wunderbaren Einteilung und Ordnung aller Geschöpfe, die von ihm hervorgebracht ist und die gewisse Abbilder und Ähnlichkeiten der göttlichen Urbilder trägt, gemäß unseren Kräften durch Weg und Ordnung zu dem, was alles überschreitet, in letzter, alles übersteigender Befreiung von allem und im Grund aller Dinge, auf. Daher wird Gott in allem und abgesondert von allem erkannt und durch Wissen und Nichtwissen gewußt. Ihm gehört Einsicht, Wesenssinn, Begriff, Berührung, Sinn, Meinung, Vorstellung, Name und alles andere und doch wird er weder erkannt, ausgesagt, genannt noch ist er sonst irgend etwas von dem, was ist, noch wird er in irgendeinem Geschöpf erkannt und ist in allem alles und im Nichts nichts, und aus allem wird er von allem erkannt und aus nichts von niemandem.

Quippe „et ista de Deo rectissime dicimus et ex substantiis omnibus celebratur et laudatur iuxta omnium analogiam et rationem quorum est auctor. Etiam est rursus divinissima Dei cognitio per ignorantiam cognita secundum eam, quae supra intellectum unionem, quando intellectus ab entibus omnibus recedens deinde et seipsum dimittens unitur supersplendendibus radiis, inde et illic inperscrutabili profunditate sapientiae illuminatus. Etiam quidem ex omnibus, quod quidem dixi, noscenda est. Ipsa enim est secundum eloquium omnium factiva et semper omnia concordans et indissolubilis omnium concordiae et ordinis causa et semper fines priorum connectens principiis secundorum et unam universi conspirationem et harmoniam pulchri faciens[1]."

Haec mihi magna visa sunt et maxime illius divini viri completam venationem continentia, ideo ponenda hoc loco iudicavi.

Paulus Apostolus eiusdem Dionysii magister differentiam inter ea, quae a Deo sunt, et alia in hoc consistere aiebat, quod quae a Deo sunt, ordinata esse dicebat. Recte alibi Dionysius Deum ordinem ordinatorum confessus est[2].

In termino igitur ordinabilium auctor videtur ordinis. Nam cum hic mundus pulcher esse debuit et partes eius non potuerunt esse praecise similes sed variae, ut immensa pulchritudo in ipsarum varietate perfectius reluceret, quando omnia quantumcumque varia non forent pulchritudinis expertia, placuit creatori varietati concreare ordinabilitatem talem, quod ordo, qui est ipsa pulchritudo absoluta, in cunctis simul reluceret, per quem suprema infimorum infimis supremorum connexa concordanter in unam universi pulchritudinem conspirarent. Per quem cuncta de gradu suo con-

---

[1] Dionysius, De div. nom. VII, p. 402—408. Cusanus benützt hier die Übersetzung von Ambrosius Traversari und von Robert Grosseteste.
[2] Dionysius, a. a. O., De divinis nominibus, V, p. 340.

Alle diese Aussagen werden von Gott mit Recht gemacht und darum wird er auch von allen Substanzen gemäß der Übereinstimmung und des Wesenssinnes aller Dinge, deren Urheber er ist, gepriesen und gelobt. Wiederum wurde die göttliche Erkenntnis Gottes durch Unwissenheit jener Einung gemäß erkannt, die jenseits des Denk-Wirklichen steht, wenn dieses sich von allen Seienden zurückzieht und von sich selbst ablassend mit dem alles überstrahlenden Strahlen vereint und daher von der unerforschlichen Tiefe der Weisheit erleuchtet wird. Sie muß aus allen Dingen erkannt werden, wie ich schon gesagt habe. Denn nach den Worten aller ist sie es, die schafft, die alles immer einträchtig verbindet, der unzerstörbare Grund aller Eintracht und Ordnung, die immer das Ende des Ersten mit den Anfängen der Folgenden verbindet und den Einklang und die Harmonie des schönen Universums bewirkt.

Diese Erkenntnisse schienen mir groß zu sein und die vollendete Jagd jenes göttlichen Mannes gänzlich zu enthalten. Darum hielt ich es für richtig, sie an dieser Stelle darzulegen.

Der Apostel Paulus, der Lehrer eben dieses Dionysius, sagte, daß der Unterschied zwischen jenem, das von Gott ist und dem andern darin bestünde, daß alles, was von Gott ist, geordnet sei. Und mit Recht bekennt andernorts Dionysius selbst, daß Gott die Ordnung alles Geordneten sei.

In der Ziel-Grenze dessen, was geordnet werden kann, sieht man den Urheber der Ordnung. Denn da diese Welt schön sein mußte und ihre Teile nicht genau gleich sein konnten, sondern verschieden, damit die Unermeßlichkeit der Schönheit in ihrer Verschiedenheit vollkommener widerstrahle (denn alles, wie verschieden es auch sei, ist der Schönheit teilhaftig), gefiel es dem Schöpfer, mit der Verschiedenheit zugleich eine solche Ordnungsmöglichkeit zu schaffen, daß die Ordnung, die die absolute Schönheit ist, in allen zugleich widerstrahle; durch sie ist das Höchste des Tiefsten mit dem

tenta ad finem universi pace et quiete qua nihil pulchrius fruerentur.

Contentatur enim pes infimus in homine de eo, quod infimus et pes, sicut oculus de eo, quod oculus et in capite. Quia vident ad perfectionem hominis et eius pulchritudinem se necessaria membra, si sic fuerint et sic in suo locata ordine, extra quae loca nec pulchra nec necessaria nec pulchritudinem totius corporis perfectam conspiciunt nec ad ipsius ipsis completam pulchritudinem contribuunt, sed, ut sunt deformia, omne corpus deforme reddunt. Ordinata igitur est in ipsis magnitudo, ut sit pulchra, ut ex ipsis et ceteris membris magnitudo corporis pulchra resultet. Proportio igitur cuiuslibet membri ad quodlibet et ad totum ordinata est ab omnium ordinatore hominem pulchrum creante. Est enim proportio illa, sine qua una totius et partium eius ad totum relata habitudo nequaquam pulchra ordinatissimaque videretur.

XXXI.

De eodem

Adhuc ut ordinem in aeternitate videas considera. Cum cuncta, quae de posse fieri ut sint actu ordinem praesupponunt, quo hoc possibile fieri fiat utique ordo aeternus est, qui est omne id, quod esse potest. Si enim factus esset ordo utique ordine de possibile fieri ad actum devinisset; sic fuisset antequam fuisset. Non habet igitur initium ordo neque finem; aeternus est igitur ordo.

Sed quomodo est ordo in simplicissimo rerum principio nisi sit ipsum principium, tam principium sine principio

Tiefsten des Höchsten verknüpft und vereint zu der einen Schönheit des Gesamt. Durch die Ordnung genießt alles, mit seinem Platz in Hinblick auf das Gesamt zufrieden, Frieden und Ruhe, das Schönste, das es gibt.

Es hat nämlich der Fuß als das unterste am Menschen darin sein Genüge, daß er der Fuß ist und das Unterste; genauso ist das Auge damit zufrieden, Auge zu sein und im Kopfe zu sein; beide erkennen ja, daß sie auf diese Weise für die Vollendung des Menschen und seine Schönheit notwendige Glieder sind und so an ihrem bestimmten Platz stehen. Wenn sie sich aber außerhalb dieser Stellen befinden, sind sie weder schön noch notwendig und sehen weder, daß die Schönheit des ganzen Körpers vollkommen ist, noch daß sie zu seiner durch sie selbst vervollständigten Schönheit beitragen, vielmehr machen sie, wenn sie selbst mißgestaltet sind, den ganzen Körper mißgestaltet. In ihnen ist die Größe so geordnet, daß sie schön ist, so daß sich aus ihnen und den übrigen Gliedern die Größe des Körpers als schöne ergibt. Das Verhältnis jedes einzelnen Gliedes zu jedem andern und zum Ganzen ist vom Schöpfer aller Dinge, der den Menschen schön geschaffen hat, geordnet. Es ist jenes Verhältnis, ohne das die eine Gestaltung des Ganzen und seiner Teile zum Ganzen hin niemals schön und geordnet erscheinen würde.

XXXI.

Fortsetzung

Um die Ordnung in der Ewigkeit zu sehen, betrachte folgendes. Weil alles, um aus dem Werden-Können heraus wirklich zu sein die Ordnung voraussetzt, durch die dieses mögliche Werden wirklich wird, ist die Ordnung, die alles das ist, was sein kann, unbedingt ewig. Wenn nämlich die Ordnung gemacht wäre und man unbedingt durch die Ordnung aus der Möglichkeit des Werdens zur Wirklichkeit käme, dann wäre sie gewesen, bevor sie war. Die Ordnung hat daher keinen Anfang und kein Ende; sie ist also ewig.

Aber wie wäre die Ordnung im einfachsten Ursprungsgrund und Anfang der Dinge, wenn sie nicht selbst dieser Anfang

quam principium de principio quam etiam principium ab utroque procedens? Sine enim illis non potest ordo in principio videri, cum de essentia ordinis sit principium, medium et finis, quae in simplicitate aeterni principii, quod est et ordo aeternus si negantur, ordo negatur. Quo sublato nihil manet, cum expers ordinis et pulchritudinis esse nequeat.

Esse enim ordine et pulchritudine carens quomodo ad actum de posse devenisset? Et si principium ordine caret—unde principiata ordinem habent? Adhuc video ex quo est principium sine principio et principium de principio et principium ab utroque procedens, sic erit et principiatum sine antiquiori principiato [et principiatum de principiato][1] et principiatum ab utroque procedens.

Principiatum sine antiquiori principio est essentia, principiatum de principiato est virtus, principiatum ab utroque procedens est operatio.

Illa quidem in omnibus reperiuntur ut cuncta divinum ordinem participent et totus hic mundus est ex intellectualibus, ex vitalibus et existentibus. Intellectualis natura suprema est ante se non habens antiquius principiatum. Vitalis natura media habens ante se intellectualem, quae est eius hypostasis. Existens vero natura procedit ab utraque.
In prima complicantur sequentes, nam intelligit, vivit et existit.

Secunda vivit et existit; igitur in ipsa complicatur tertia, sicut et in prima, quae tantum existit. Primae existere et vivere est intelligere, secundae existere et intelligere est vivere, tertiae intelligere et vivere est esse.

---

[1] Konjektur auf Grund des nachfolgenden Satzes.

wäre, und zwar ebenso ein Anfang ohne Anfang als ein Anfang aus dem Anfang und sogar ein Anfang, der aus beiden hervorgeht? Ohne das kann die Ordnung nicht im Ursprung erschaut werden, da aus dem Wesen der Ordnung der Ursprung, die Mitte und das Ziel kommt. Wenn sie in der Einfachheit des ewigen Ursprungs, der zugleich die ewige Ordnung ist, geleugnet werden, wird die Ordnung selbst geleugnet. Wenn man sie tilgt, bleibt nichts, denn nichts kann ohne Ordnung und Schönheit bestehen.

Ein Sein, das der Ordnung und Schönheit entbehrt — wie könnte es aus dem Wirken-Können zur Wirkung gelangen? Und wie sollte, wenn der Ursprung der Ordnung entbehrte, das aus dem Ursprung Entstammende Ordnung haben? Schon erkenne ich: dort, woher der Ursprung ohne Ursprung und der Ursprung aus dem Ursprung und der aus beiden hervorgehende Ursprung stammt, wird auch das dem Ursprung Entstammende ohne früher Begonnenes und das Begonnene aus dem Begonnenen und das Begonnene, das von beiden ausgeht, stammen.

Das Begonnene ohne vorher Begonnenes ist die Wesenheit, das Begonnene aus dem Begonnenen ist die Kraft, und das Begonnene, das aus beiden hervorgeht, ist das Wirken.

Jene sind in allen Dingen zu finden, so daß alles an der göttlichen Ordnung teilhat; diese ganze Welt besteht aus dem Geistigen, Lebendigen und Existierenden. Die geistige Natur ist die höchste und hat vor sich nichts früher Begonnenes. Die lebendige Natur hält die Mitte inne. Vor ihr steht die geistige Natur, die ihre Hypostase ist. Die existierende Natur aber geht aus beiden hervor.

In der ersten sind die folgenden eingefaltet und beschlossen, denn sie denkt, lebt und existiert. Die zweite lebt und existiert. So ist in ihr ebenso wie in der ersten die dritte Natur beschlossen, die nur existiert. Für die erste ist Sein und Leben das vernünftige Denken, für die zweite ist Sein und Denken Leben, und für die dritte ist Denken und Leben das Sein.

Quae sit divini ordinis participatio in angelica hierarchia et quae in ecclesiastica hierarchia, divinus Dionysius describit[1]. Quaeve ordinis participatio specierum et in qualibet specie quisve in caelestibus corporibus et temporalibus eorum atque animalium motibus quaeve ordinis participatio in omnibus, quae ab humana mente oriuntur, in virtutibus, in regiminibus et rei publicae et pirvatae gubernationibus, in mechanicis, in liberalibus scientiis et quibus ordinatissimis regulis et modis omnia pulchre procedunt, reperiuntur, conscribuntur et communicantur, studiosus videt et admiratur.

Interrogatus puer Menon ex ordine, quem interrogans servavit, ad cuncta geometrica recte respondit acsi scientiam cum ordine cognatam haberet, ut Platon in libro Menonis refert; qui enim in ordinem scit redigere, quae studet et inquirit, perficit[2].

Non est nec orator nec alius peritus, si sermo eius ordine caret, nec enim se intelligit nec intelligitur alienus ab ordine.

Est enim relucentia sapientiae ordo, sine quo nec pulchra nec clara nec esset nec sapienter operaretur.

Memoria in ordinem redacta de facili reminiscitur, sicut in arte memorativa in ordine locorum fundata patet. Lector ut memoretur et capiat dicenda distinguit distinctaque ordinat. Ita patet ordinem multum de luce sapientiae participare.

---

[1] Dionysius, De caelesti hierarchia, IV, 799ff, De ecclesiastica hierarchia, II—VI, 1259ff. Für Dionysius ist Hierarchie heilige Ordnung, in der und durch die Gottähnlichkeit erreicht wird. ῎Εστι μὲν ἱεραρχία, κατ'ἐμέ, τάξις ἱερὰ καὶ ἐπιστήμη καὶ ἐνέργεια πρὸς τὸ θεοειδὲς ὡς ἐφικτὸν ἀφομοιουμένη, καὶ πρὸς τὰς ἐνδιδομένας αὐτῇ θεόθεν ἐλλάμψεις, ἀναλόγως ἐπὶ τὸ θεομίμητον ἀναγομένη. De cael. hier. III, p. 785f.
Damit ist die Ordnung als eigenes Feld des Philosophierens von seiten der Tradition motiviert.
[2] Plato, Menon XVI, 82ff.

Dionysius beschreibt, auf welche Weise die Hierarchie der Engel und der Kirche an der göttlichen Ordnung teilhat. Der voll Eifer Suchende sieht und bewundert die Ordnungsteilhabe in allen Eigengestalten und in jedem Einzelnen, in den Himmelskörpern und in ihren zeitlichen Abbildern, in der Bewegung der Lebewesen und in allem, was aus dem menschlichen Geist entsteht, in den Mächten, Herrschaften und in der Leitung des Staates und des privaten Lebens, in der Technik und in den freien Wissenschaften und staunt, in welch herrlich geordneten Regeln und Weisen alles schön hervorgeht, gefunden, aufgezeichnet und mitgeteilt wird.

Der Sklave des Menon konnte auf alle geometrischen Fragen richtig antworten, so als ob ihm dieses Wissen mit der Ordnung angeboren wäre, weil derjenige, der ihn fragte die Ordnung der Fragen einhielt. So berichtet Platon im Menon. Wer es nämlich versteht, alles auf die Ordnung zurückzuführen, vollendet das, was er erstrebt und erforscht.

Niemand kann ein Redner oder ein anderer Fachmann sein, wenn seiner Redeweise die Ordnung fehlt, denn einer, dem Ordnung fremd ist, wird weder von andern verstanden noch versteht er sich selbst.

Die Ordnung ist der Widerschein der Weisheit, ohne die nichts schön und deutlich ist oder weise ins Werk gesetzt wird.

Ein geordnetes Gedächtnis erinnert sich leicht; das wird offenbar in der Kunst der Erinnerung, die darin besteht, daß alles an seinen festbestimmten Platz gerückt ist. Damit der Vortragende sich erinnert und begreift, gliedert er das, was zu sagen ist und ordnet das Unterschiedene. Daraus geht klar hervor, daß die Ordnung am Licht der Weisheit hohen Anteil hat.

XXXII.

De eodem

Posuit igitur ordinem in caelo et terra et cunctis summa sapientia ut et ipsa sapientia se ipsam meliori quo creatura capax fuerit modo patefaceret.

Ordo enim exercitus ostendit prudentiam capitanei ordinatoris plus cunctis quae agit. Est igitur ordo universi prima et praecisior imago aeternae et incorruptibilis sapientiae per quem tota mundi machina pulcherrime et pacifice persistit. Quam pulchre copulam universi et microcosmum hominem in supremo sensibilis naturae et infimo intelligibilis locavit connectens in ipso, ut in medio inferiora temporalia et superiora perpetua!

Ipsum in horizonte temporis et perpetui collocavit uti ordo perfectionis deposcebat.

Experimur in nobis, qui cum ceteris animalibus convenimus in sensibus, ultra illa habere mentem ordinem scientem et laudantem, et in hoc scimus nos capaces ordinatricis omnium immortalis sapientiae esseque Deo cum intelligentiis connexos. Sicut enim in ea parte, qua aliis iungimur animalibus, animalium naturam sortimur, ita in parte illa, qua intellectuali naturae iungimur, intellectualem participamus naturam. Ideoque per mortalitatem animalitatis non exstingui spiritum intelligentiis perpetuis connexum.

Quin immo scimus mortalem naturam soluta moriendi possibilitate per nexum, quo mortali nectitur, posse ad vitam immortalis spiritus resurgere in virtute verbi Dei, per quod omnia facta sunt, in homine Jesu Christo incarnati. In quo humanitas non solum medium est connexionis inferioris et superioris naturae, temporalis et perpetuae, sed et Dei crea-

XXXII.

Fortsetzung

Die höchste Weisheit legte die Ordnung in Himmel und Erde und in alles, um sich auf die relativ beste Weise, deren die Kreatur fähig ist, zu offenbaren.

Die Ordnung eines Heeres zeigt die Weisheit des Heerführers besser als alle seine Taten. Die Ordnung des Gesamt ist daher das erste und genaueste Bild der ewigen und unzerstörbaren Weisheit, durch die das ganze Gefüge der Welt auf herrliche und friedliche Weise besteht. Wie herrlich richtete sie es ein, daß sie dem Menschen als Verbindung des Universums und als Mikrokosmos im Höchsten der sinnlichen und im Untersten der geistigen Natur seinen Platz gab, indem sie in ihm, wie in einer Mitte, das niedere Zeitliche und höhere Immerwährende verband!

Sie stellte ihn in den Horizont von Zeit und Dauer, wie es die Ordnung der Vollkommenheit verlangte.

Wir erfahren an uns, denen mit den übrigen Lebewesen die Sinne gemeinsam sind, daß wir darüber hinaus den Geist haben, der um die Ordnung weiß und sie lobt; und darin wissen wir, daß wir der unsterblichen Weisheit und der Verknüpfung mit Gott und dem Geistigen fähig sind. So wie wir in jenem Teil, in dem wir den andern Lebewesen verbunden sind, deren Natur erlangt haben, so haben wir in jenem Teil, durch den wir der geistigen Natur verbunden sind, an dieser Anteil. Deshalb wird durch die Sterblichkeit des Tierischen in uns der Geist nicht ausgelöscht, denn er ist dem Geistigen verbunden, das immer währt.

Ja, wir wissen sogar, daß die sterbliche Natur, von der Verbindung mit dem Sterblichen und damit von der Möglichkeit des Sterbens gelöst, zum Leben des unsterblichen Geistes auferstehen kann in der Kraft des Gotteswortes, durch das alles geschaffen ist und das in dem Menschen Jesus Christus Fleisch geworden ist. In ihm ist die Menschheit

toris et aeternae immortalitatis, si ipsi mediatori nostro conformes fuerimus, quod fide fit et amore. Et quid pulchrius admirabili ordine regenerationis quo ad hanc resurrexionem vitae deventum est, qui in sanctissimis evangeliis describitur?

Diximus aliqua de campis venationum sapientiae, sed ibi sapientia incarnata viam suam, per quam mortuus pervenit ad resurrectionem vitae, quae est quidquid quaeritur, exemplo manifestavit.

Appetimus sapientiam, ut simus immortales, sed cum nulla sapientia nos liberet ab hac sensibili et horribili morte, vera erit sapientia per quam necessitas illa moriendi vertatur in virtutem et fiat nobis certum [iter] et securum ad resurrectionem vitae, quod solum viam Jesu tenentibus et eius virtute continget. Ultimum igitur studium ibi ponendum et in hac sola via secura est venatio, quam certissima sequetur immortalitatis possessio.

XXXIII.

De vi vocabuli

Si cuncta profunda meditatione ponderas, reperies venatores ad vim vocabuli diligenter perspexisse, quasi vocabulum sit praecisa rerum figuratio. Sed quia vocabula sunt per primum hominem rebus imposita ex ratione quam homo concepit, non sunt vocabula praecisa, quin res possit praecisiori vocabulo nominari. Non enim ratio, quam homo concipit, est ratio essentiae rei, quae omnem rem antecedit.

nicht nur Mitte der Verbindung der höheren und niederen Natur, der zeitlichen und der immerwährenden, sondern auch des Schöpfergottes und der ewigen Unsterblichkeit, wenn wir selbst unserem Mittler gleich geworden sein werden; dies geschieht durch Glaube und Liebe. Was ist schöner als diese wunderbare Ordnung der Wiedergeburt, durch die wir zur Auferstehung des Lebens gelangen und die in den heiligen Evangelien beschrieben wird?

Ich habe einiges über die Felder der Jagd nach Weisheit gesagt; hier aber hat die fleischgewordene Weisheit ihren Weg sichtbar gezeigt. Durch sie gelangt der Tote zur Auferstehung des Lebens. Sie ist das, was man sucht.

Wir streben nach Weisheit, um unsterblich zu sein; da aber keine Weisheit uns von diesem sinnlichen und schrecklichen Tod befreit, muß die wahre Weisheit die sein, durch welche jene Notwendigkeit des Sterbens zu einer positiven Fähigkeit gewandelt und ein fester und sicherer Weg zur Auferstehung des Lebens geschaffen wird; dies wird allein denen zuteil, welche an diesem Weg durch Jesus und seine Kraft festhalten. Darauf müßten wir den größten Eifer verwenden; auf diesem Weg allein gibt es eine erfolgreiche Jagd, welcher der sicherste Besitz der Unsterblichkeit folgt.

XXXIII.

Die Bedeutung des Wortes

Wenn du alles genau überlegst und erwägst, wirst du finden, daß die Philosophen auf die Bedeutung des Wortes so genau geachtet haben, als wenn das Wort die genaue Bildung der Dinge wäre. Aber die Worte sind, da sie vom ersten Menschen den Dingen auf Grund des Wesenssinnes, den der Mensch erfaßte, gegeben wurden, keine so genauen Bezeichnungen, daß die Dinge nicht noch genauer bezeichnet werden könnten. Denn der Wesenssinn, den der Mensch denkend erfaßt, ist nicht der Bestimmungsgrund der Wesenheit der Sache, der jeder Sache vorausgeht.

Et si quis huius rationis nomen cognosceret omnia propria nominaret et omnium perfectissimam scientiam haberet. Unde in substantifica ratione rerum non est dissentio, sed in vocabilis ex variis rationibus varie rebus attributis et in configuratione essentiae rei, quae similiter varia est, omnis [est] disputantium diversitas, quem admodum Plato in epistulis ad Dionysium tyrannum elegantissime scribit veritatem, vocabula, orationes seu vocabulorum definitiones atque sensibiles figurationes anteire, uti de circulo picto, eius vocabulo et oratione atque conceptu exemplificat[1]. Ideo Dionysius areopagita potius ad intentionem quam ad vim vocabuli adverti mandat, licet ipse in divinis nominibus, quem admodum et Plato, multum significato nominis inhaereat[2].

Nemo etiam attentior fuit Aristotele vim vocabuli perquirere. Quasi impositor nominum omnium fuerit peritissimus id, quod sciverit, in vocabulis ipsius exprimere et ad illius scientiam pertingere sit perfectionem scibilium adipisci.

Ideo in definitione, quae est vocabuli explicatio, scientiae lucem affirmavit. Credo haec in humana scientia sic se habere, quam primo et excellenter primus Adam seu homo dictus habuisse creditur et ideo scientia, quae in vi vocabuli solidatur, gratissima est homini, quasi suae naturae conformis. Oportet autem venatorem huius divinae sapientiae vocabula humana secundum impositionem hominis de Deo negare. Vita enim, quae ad omnia viventia extendit, non attingit ad Deum, qui est omnis vitae causa. Sic de omnibus vocabulis.

---

[1] Plato, VII. Brief, 342ff.
[2] Dionysius, a. a. O., De divinis nominibus, IV, p. 202.

Wenn jemand den Namen dieses Bestimmungsgrundes wüßte, könnte er alles richtig benennen und hätte von allem die vollkommenste Kenntnis. Die Unstimmigkeit liegt daher nicht in dem den Grundbestand vermittelnden Wesenssinn der Dinge, sondern alle Meinungsverschiedenheit der Disputierenden stammt aus Bezeichnungen, die den Dingen aus verschiedenen Gründen verschieden gegeben wurden und aus der Darstellung der Wesenheit der Sache, die ebenso verschieden ist. So schreibt auch Plato in seinen Briefen an den Tyrannen Dionysius sehr gut, daß die Wahrheit den Wörtern, der Rede oder den Worterklärungen und den sinnlichen Bildungen vorausgehe, wie er am Beispiel des gemalten Kreises und seiner Bezeichnung bzw. seiner Definition und seines Begriffes zeigt. Daher empfiehlt Dionysius Areopagita, mehr auf den beabsichtigten Sinn als auf die wörtliche Bedeutung zu achten, wenn er auch selbst in „De divinis nominibus" genau wie Platon sehr an der Wortbedeutung hängt.

Niemand untersuchte die Bedeutung des Wortes sorgfältiger als Aristoteles, so als wäre derjenige, der den Dingen ihre Namen gab, am ehesten fähig gewesen, in diesen Bezeichnungen sein Wissen auszudrücken und als ob zu seinem Wissen zu gelangen bedeute, das vollkommene Wissen zu erreichen.

Daher versicherte er, daß in der Definition, der Entfaltung des Wortes, das Licht des Wissens sei. Ich glaube, daß im menschlichen Wissen, das als erster und in hervorragender Weise Adam, der „Mensch" genannte, gehabt hat, sich dies so verhält. Aus diesem Grund ist das in der Wortbedeutung festgelegte Wissen dem Menschen als ein seiner Natur angepaßtes, sehr willkommen. Wer jedoch nach der göttlichen Weisheit jagt, muß solche menschliche Bezeichnungen, eben weil sie vom Menschen gegeben wurden, in bezug auf Gott ablehnen. Das Leben zum Beispiel, das sich auf alles Lebende erstreckt, berührt Gott nicht, der die Ursache alles Lebens ist. Und so verhält es sich mit allen Worten.

Distinctiones etiam, quae per venatores fiunt, qui vocabula interpretantur, sunt diligenter attendendae. Puta uti sanctus Thomas in commentariis libri Dionysii de divinis nominibus tria innuit consideranda circa existentium substantias[1]. Primum singulare, quod est Plato in se actu, complectitur principia ultima et individualia. Secundum est species vel genus, ut homo vel animal, in quibus comprehenduntur ultima principia in actu, singularia vero in potentia. Homo enim dicitur qui habet humanitatem absque praecisione individualium principiorum. Tertia est ipsa essentia, ut est humanitas, in quo vocabulo solum comprehenduntur principa speciei. Nihil enim individualium principiorum pertinet ad rationem humanitatis, cum humanitas praecise significat hoc, quo homo est homo. Nullum individualium principorum est huiusmodi. Unde in nomine humanitatis non concluditur neque actu neque potentia aliquod individuale principium. Et quantum ad hoc dicitur natura.

Ecce doctissimum virum hac distinctione vocabuli multa dilucidasse, quae alibi obscura reperiuntur.

Quantum etiam Aristoteles laboraverit, ut distingueret vocabula, metaphysica eius declarat.

Unde per vocabulorum distinctiones multae varietates scribentium concordantur, in quibus multi doctissimi se occupaverunt.

Sed haec nostra inquisitio ineffabilis sapientiae, quae praecedit impositorem vocabulorum et omne nominabile, potius in silentio et visu, quam in loquacitate et auditu reperitur. Praesupponit vocabula illa humana, quibus utitur, non esse praecisa nec angelica nec divina, sed ipsa sumit, cum aliter non posset conceptum exprimere praesupposito tamen quod

---

[1] Thomas, In librum beati Dionysii De divinis nominibus expositio, Marietti, S. 233, Absatz 626.

Die Unterscheidungen, welche die Jäger bei der Erklärung der Bedeutungen machen, müssen genau beachtet werden. Zum Beispiel macht der heilige Thomas im Kommentar zu Dionysius' De divinis nominibus darauf aufmerksam, daß drei Substanzen des Existierenden zu bedenken sind. Die erste, die des Einzelnen, z. B. wie Platon in sich wirklich ist, erfaßt die Prinzipien des Äußersten und Individuellen. Die zweite ist die Eigengestalt oder die Gattung, wie z. B. der Mensch oder das Tier, in denen die äußersten Prinzipien als Wirklichkeit, das Einzelne aber in der Möglichkeit erfaßt werden. Ein Mensch wird der genannt, der die Menschheit ohne genaue Bestimmung der Individual-Prinzipien innehat. Die dritte Substanz ist die Wesenheit selbst, wie z. B. Menschheit; in diesem Wort werden allein die Prinzipien der Eigengestalt begriffen. Nichts von den Individualprinzipien erstreckt sich bis zum Wesenssinn der Menschheit, da diese genau das bezeichnet, durch das der Mensch Mensch ist. Keines der Individualprinzipien ist so geartet. Daher ist in der Bezeichnung Menschheit weder der Wirklichkeit noch der Möglichkeit nach irgendein Individualprinzip eingeschlossen. Und insofern sagt man dazu Natur.

Du siehst, daß dieser gelehrte Mann durch diese Unterscheidung der Wortbedeutung vieles erhellt hat, das sonst überall dunkel bleibt.

Welche Mühe Aristoteles aufwandte, die Worte zu unterscheiden, zeigt seine Metaphysik.

So werden durch die genaue Unterscheidung der Wortbedeutung viele Widersprüche der Schriftsteller, mit denen die Gelehrten sich beschäftigen, in Übereinstimmung gebracht.

Dieses mein Suchen nach der unsagbaren Weisheit, die sowohl dem vorausgeht, der die Namen gegeben hat, als auch allem Benennbaren, wird eher in Schweigen und Schau als in Geschwätzigkeit und Hören gefunden. Man setzt voraus, daß jene menschlichen Worte, die man gebraucht, keine genauen, weder die Worte der Engel noch Gottes sind. Man

illa non velit aliquid tale propter quod imposita sunt significare, sed talium causam verbumque nullius temporis esse, cum aeternitatem per ipsa velit figurare.

XXXIV.

De praeda capta

Postquam decem campos taliter peragravi restat nunc, quid ceperim, colligere.

Magnam utique venationem feci ut magnam praedam reportarem. Non enim de aliquo magno, quod maius esse potuit, contentus, magnitudinis causam, cum maior esse nequeat, perquisivi. Illa enim, si maior esse posset, suo causato maior fieret. Ita posterius prius foret priore.

Necessario est igitur causam magnitudinis id esse, quod esse potest. Nominemus autem pro nunc causam magnitudinis magnitudinem. Praecedit igitur magnitudo posse fieri, cum non possit aliud fieri, quando est omne id, quod esse potest. Est igitur magnitudo aeternitas, quae non habet principium nec finem, cum non sit facta, eo quod ante omne factum sit posse fieri, quod magnitudo praecedit. Et quia de Deo et omni creatura verificatur, ut supra in campo de laudibus reperitur, applicemus igitur ipsam ad sensibilia et intelligibilia, deinde etiam ad laudabilia ut videamus, si poterimus, ipsam ut sensui aut intellectui captam ostendere.

Pro quo signo lineam AB et dico AB lineam magnam, quia maior medietate eius posseque ipsam fieri maiorem per eius extensionem seu augmentum. Sed non fiet magnitudo, quae cum sit quod esse potest. Linea si fieret ita magna, quod maior esse non posset, esset id quod esse posset, et non esset

verwendet sie aber, da man die Gedanken nicht anders ausdrücken kann, wobei jedoch vorausgesetzt ist, daß man nicht will, daß diese etwas, dessentwegen sie gesetzt sind, bezeichnen, sondern, da man die Ewigkeit durch sie ausdrücken will, daß auch das Wort aus derartigen Gründen keiner Zeit angehört.

XXXIV.

Ergebnis

Da ich die zehn Felder so durchstreift habe, steht mir nun bevor, zu sammeln, was ich gefangen habe.

Ich habe eine große Jagd unternommen, um große Beute heimzubringen. Nicht mit einem Großen, das noch größer sein könnte, zufrieden, habe ich den Grund der Größe, der nicht größer sein kann, durchforscht. Wenn jene größer sein könnte, könnte, sie durch das von ihr Begründete größer werden. So käme das Spätere vor dem Früheren.

Der Grund der Größe ist daher notwendig das, was er sein kann. Nennen wir für den Augenblick den Grund der Größe die Größe. Die Größe geht dem Werden-Können voraus, da sie, weil sie alles ist, was sein kann, nichts anderes werden kann. Die Größe ist daher die Ewigkeit, die keinen Anfang und kein Ende hat, denn sie ist nicht geworden, weil vor allem Gewordenen das Werden-Können steht, dem die Größe vorangeht. Weil dieser Gehalt von Gott und allen Geschöpfen seine Wahrheit erhält, wie man es oben im Feld des Lobes findet, wollen wir nun das, was von der Größe gilt, auf das Sinnliche und Geistige, dann auch auf das Lobenswerte anwenden, damit wir sehen, ob es möglich ist, sie mit dem Sinn oder dem Geist zu erfassen und darzustellen.

Deshalb zeichne ich eine Linie AB und sage, daß diese Linie AB groß ist, weil sie größer als ihre Hälfte ist und daß sie durch Ausdehnung und Verlängerung größer werden kann. Aber sie wird nicht die Größe, denn diese ist, was sie sein kann. Wenn eine Linie so groß würde, daß sie nicht größer

facta, sed esset aeterna posse fieri antecedens, et non esset linea, sed aeterna magnitudo. Ita video omne quod fieri potest maius, cum sit post posse fieri numquam fieri id, quod esse potest. Sed quia magnitudo est quod esse potest, tunc nec potest esse maior, nec potest esse minor.

Ideo ipsa nec est maior nec minor omni magno et omni parvo sed omnium magnorum et parvorum causa efficiens, formals et finalis, adaequatissimaque mensura. In omnibus magnis et parvis omnia et simul nullum omnium, cum omnia magna et parva sint post posse fieri, quod ipsa antecedit. Unde cum superficies et corpus et quantitas continua et discreta seu numerus et qualitas et sensus et intellectus et caelum et sol et omnia, que facta sunt, non sint expertia magnitudinis, in ipsis omnibus possest, quam voco magnitudinem, est id quod sunt et nullum omnium. Est igitur coniuncte omnia et nihil omnium; est etiam verum, quia magna magnitudine magna sunt, tunc non convenit ei, quod posse fieri praecedit, nomen illud magnitudo, quod est nomen formae magnorum cum non sit forma, sed absoluta formarum et omnium causa. Nullum igitur nomen ex omnibus, quae nominari possunt, illi convenit, licet nomen suum non sit aliud ab omni nominabili nomine et in omni nomine nominetur, quod innominabile manet.

XXXV.

De eodem

Consequenter cum videam bonum esse mangum posseque fieri magis bonum quando datur unum bonum magis bonum alio, ideo bonum, quod est ita bonum quod magis bonum eo esse non potest, cum sit ipsum possest ex statim praemissis est causa magnitudinis. Ita pulchrum, quod non potest esse magis pulchrum, est causa magnitudinis, et sic verum, quod non potest esse magis verum, est causa magnitudinis,

sein könnte, so wäre sie das, was sie sein kann, wäre nicht gemacht, sondern ewig, dem Werden-Können vorausgehend, und wäre keine Linie, sondern die ewige Größe. So sehe ich, daß alles, was größer werden kann, da es nach dem Werden-Können ist, niemals alles das wird, was sein kann. Aber weil die Größe alles das ist, was sie sein kann, kann sie nicht größer und nicht kleiner sein.

Daher ist sie nicht größer und nicht kleiner als alles Große und alles Kleine, sondern der Wirk-, Gestalt- und Zielgrund alles Großen und Kleinen und dessen angemessenstes Maß. In allen Großen und Kleinen ist sie zugleich alles und nichts, weil alles Große und Kleine nach dem Werden-Können ist, das diesen vorausgeht. Weil Oberfläche, Körper, zusammenhängende und getrennte Quantität oder Zahl, Qualität, Sinn, Vernunft, Himmel, Sonne und alles, das geworden ist, an der Größe teilhaben, ist in ihnen allen das Können-Ist — wie ich die Größe nenne —, das was sie sind und nichts von allen. Es ist zugleich alles und nichts von allem; es ist auch wahr, weil das Große durch die Größe groß ist. Weil es dem Werden-Können vorausgeht, kommt ihm der Name Größe, der ein Name der Form des Großen ist, nicht zu, denn es ist keine Form, sondern der absolute Grund der Formen und aller Dinge. Daher kommt ihm kein Name von allem, das genannt werden kann, zu, wenn auch sein Name jedem nennbaren Namen gegenüber nichts anderes ist. In jedem Namen wird genannt, was unnennbar bleibt.

XXXV.

Fortsetzung

Da ich sehe, daß das Gute groß ist und daß es noch besser werden kann, wenn ein Gutes gegeben wird, das besser ist als ein anderes, so ist folglich dasjenige Gute, das so gut ist, daß nichts besser sein kann, der Grund der Größe, da es das Können-Ist selbst ist, wie aus dem soeben Dargelegten hervorgeht. So ist das Schöne, das nicht schöner sein kann, der Grund der Größe, so ist das Wahre, das nicht wahrer sein

ita sapiens, quod non potest esse magis sapiens, est causa magnitudinis et sic consequenter de omnibus decem laudabilibus. Et pari modo magnum, quod est ita bonum, quod non potest esse melius, est causa bonitatis et pulchrum, quod est ita bonum, quod non potest esse melius, est causa bonitatis, et sic consequenter. Video igitur ipsum possest causam bonitatis, magnitudinis, pulchritudinis, veritatis, sapientiae, delectationis, perfectionis, claritatis, aequitatis et sufficientiae.

Et terminus ipsius posse fieri novem ipsorum ostendit possest causam decimi. Nam terminus posse fieri magnitudinis ipsius, bonitatis, pulchritudinis, veritatis et reliquorum ostendit possest causam magnitudinis; et terminus posse fieri bonitatis ipsius magnitudinis, pulchritudinis, veritatis et aliorum ostendit possest causam bonitatis. Sic consequenter semper novem ostendunt possest causam decimi.

Cum igitur videam causam omnium laudabilium possest omniaque decem laudabilia participatione laudis laudabilia, possest dico laudem, quae id est, quod esse potest, quia fons et causa laudabilium. Ideo non inepte possest laudem laudo, cum magnus propheta Moyses dicat in cantico suo „laus mea Dominus"[1]. Et quia video Deum essentialem causam omnium laudabilium, ideo etiam video sicut Dionysius supra allegatus essentias seu subsistentias omnium, quae facta sunt aut fient, participatione laudabilium id esse, quod sunt.

Hoc igitur est, quod venatione cepi: Deum meum esse illum, qui est per omnia laudabilia laudabilis, non ut participans laudem, sed ut ipsa absoluta laus per se ipsam laudabilis et omnium laudabilium causa et ideo prior atque maior omni laudabili, quia omnium laudabilium terminus et possest.

---

[1] Exodus 15, 2.

kann, der Grund der Größe, das Weise, das nicht weiser sein kann, der Grund der Größe, und so verhält es sich mit allen zehn Lobpreisungen. Gleicherweise ist das Große, das so gut ist, daß es nicht besser sein kann, und das Schöne, das so gut ist, daß es nicht besser sein kann, der Grund des Guten usw.

So sehe ich, daß das Können-Ist, der Grund des Guten, der Größe, Schönheit, Wahrheit, Weisheit, Freude, Vollkommenheit, Klarheit, Gelassenheit und Hinlänglichkeit ist. Die Zielgrenze des Werden-Könnens der neun andern zeigt stets das Können-Ist als Grund des zehnten. Denn die Zielgrenze des Werden-Könnens der Größe selbst, der Güte, Schönheit, Wahrheit usw., zeigt das Können-Ist als Grund der Größe. Und die Zielgrenze des Werden-Könnens des Guten, der Schönheit, Größe, Wahrheit und der andern zeigt das Können-Ist als Grund des Guten. So zeigen stets die neun das Können-Ist als Grund des zehnten.

Wenn ich sehe, daß das Können-Ist der Grund aller Lobpreisungen ist und alle zehn Lobpreisungen durch die Teilhabe am Lob Lobpreisungen sind, nenne ich das Können-Ist das Lob, das das ist, was es sein kann, weil es die Quelle und der Grund aller Lobpreisungen ist. Nicht unpassend preise ich das Können-Ist als das Lob, da der große Prophet Moses in seinem Lied sagt: der Herr ist mein Lob. Und weil ich erkenne, daß Gott der wesenhafte Grund aller Lobpreisungen ist, sehe ich, wie auch Dionysius, daß die Wesenheiten oder Grundlagen aller Dinge, die geworden sind oder werden, durch die Teilhabe an den Lobpreisungen das sind, was sie sind.

Dies ist nun, was ich auf meiner Jagd erbeutet habe: Mein Gott ist jener, der durch alle Lobpreisungen lobenswert ist; nicht als einer, der am Lobe teilhat, sondern als das absolute Lob ist er durch sich selbst lobenswert und der Grund aller Lobpreisungen, und deshalb älter und größer als jedes

Omniaque Dei opera laudabilia, quia participatione laudabilium, per quae Deus, ut causa, et omni laudabile, ut causatum, laudatur, constiuuntur. Et scio quod Deus meus maior omni laude per nullum laudabile, uti laudabilis est, laudari potest, et omni conanti ipsum melius et melius laudare illi revelat se ipsum, ut videat ipsum esse laudabilem, gloriosum et superexaltatum in saecula.

Non solum in bonitate qua se omnibus communicat, aut magnitudine, quam omnibus tribuit, aut pulchritudine, quam omnibus largitur, sive in veritate, qua nihil caret, sive sapientia, quae omnia ordinat, sive delectatione, qua omnia in se ipsis deliciantur, sive perfectione, de qua cuncta gloriantur, sive claritate, quae omnia illustrat, sive aequitate, quae omnia purificat, sive sufficientia, qua omnia quiescunt et contentantur, aut aliis divinis participationibus, sed ipsum Deum deorum in Sion laudant in revelato sui ipsius lumine ipsum contemplantes.

XXXVI.

De eodem

Si recte consideras veritas, verum et verisimile sunt omnia, quae mentis oculo videntur.

Veritas est omne id, quod esse potest, neque augmentabilis neque minorabilis, sed aeternaliter permanens.

Verum est aeternae veritatis perpetua similitudo intellectualiter participata. Et quia unum verum est verius et clarius alio, verum, quod non potest esse verius, est absoluta et aeterna veritas. Actus enim verificabilis est aeterna veritas actu se et cuncta verificans.

mögliche Lob, weil er die Zielgrenze und das Können-Ist aller Lobpreisungen ist. Alle Werke Gottes sind Lobpreisungen, weil sie durch die Teilhabe an diesen konstituiert sind; durch sie wird Gott als der Grund und jedes Lobenswerte als das Begründete gelobt. Und ich weiß, daß mein Gott, höher als alles Lob, durch keine Lobpreisung so gelobt werden kann, wie er lobenswert ist; jedem, der versucht, ihn immer besser zu loben, enthüllt er sich selbst, damit jener sieht, daß er lobwürdig, ruhmreich und hocherhaben in Ewigkeit ist.

Sie loben ihn nicht nur in der Güte, in der er sich allen mitteilt, in der Größe, die er allen spendet, in der Schönheit, mit der er alle beschenkt, in der Wahrheit, deren nichts entbehrt, in der Weisheit, die alles ordnet, in der Freude, durch die sich alles an sich selbst erfreut, in der Vollkommenheit, deren sich alles rühmt, in der Durchsichtigkeit, die alles erhellt, in der Klarheit und Gelassenheit, die alles reinigt, in der Hinlänglichkeit, in der alles Ruhe und Zufriedenheit findet, oder in andern Weisen göttlicher Teilhabe, sondern sie loben den Gott der Götter in Sion, ihn in seinem geoffenbarten Lichte schauend.

XXXVI.

Fortsetzung

Wenn du es richtig bedenkst, ist die Wahrheit, das Wahre, und das Wahrscheinliche alles, was mit dem Auge des Geistes gesehen wird.

Die Wahrheit ist alles das, was sie sein kann; sie kann weder vergrößert noch verkleinert werden, sondern bleibt ewig gleich bestehen.

Das Wahre ist das immerwährende Abbild der ewigen Wahrheit, an der es auf geistige Weise teilhat. Und weil ein Wahres wahrer und klarer als ein anderes sein kann, ist das Wahre, das nicht wahrer sein kann, die absolute und ewige Wahrheit. Die Wahrheit gebende Wirkung ist die ewige Wahrheit, die in der Wirkung sich und allem Wahrheit verleiht.

Versimile vero est ipsius intelligibilis veri temporalis similitudo.

Sic sensibile est veri similitudo, quia intelligibilis imago, ut recte dicebat Dionysius; quod et Plato prius viderat. Intellectus igitur verus est, sicut et bonus et magnus et ita de reliquis decem, quia est illorum intellectualis participatio. Et ultra hoc est etiam intelligendo verus, quando est rei intellectae adaequatus. Res enim intelligibilis tunc vere intelligitur, quando intelligibilitas eius est ita depurata ab omni extraneo, quod actu est vera intelligibilis species seu ratio rei et tunc intellectus in actu verus est, quia intellectus est idem cum intellecto.

Corruptibile non intelligitur nisi per incorruptibilem eius speciem. Abstrahit enim intellectus de sensibili intelligibilem speciem.

Non enim species seu ratio intelligibilis calidi est calida, aut frigidi frigida, ita de cunctis, sed est ab omni alterabilitate absoluta, ut formam rei sicut exemplar eius verum vere repraesentet. Et quia solum illa incorporea et immaterialis rei species seu ratio est actu intelligibilis et in actu intellectum transformabilis, patet intellectum omni temporali et corruptibili altiorem et puriorem et naturaliter perpetuum.

Quod et clarissime percipis quando vides, quod depurata ab omni corruptibili materia, quae non indigent abstractione citius intelliguntur. Sicut secundum Proclum[1] est li unum absolutum per se intelligibile et intellectui conforme, sicut lux visui, et sic alia intelligibilia per se nota, quae sunt principia in mathematicis et aliis scientiis. Sunt enim sui ipsius species seu intelligibilis ratio.

---

[1] Proclus in Parmenidem, a. a. O., p. 46ff. In Pl. theol. IV, 16, p. 214.

Das Wahrscheinliche aber ist die zeitliche Ähnlichkeit des geistigen Wahren.

So ist das Sinnliche ein Abbild des Wahren, weil es ein Abbild des Geistigen ist, wie Dionysius und vor ihm Plato mit Recht sagen. Darum ist das Denk-Wirkliche wahr, aber es ist auch groß und gut, und ebenso verhält es sich mit den andern zehn, an denen es in der Wirklichkeit des Denkens teilhat. Darüber hinaus ist es auch im verstehenden Denken wahr, wenn es der erkannten Sache angeglichen ist. Eine erkennbare Sache wird dann wahrhaft erkannt, wenn ihre Erkennbarkeit so von allem Äußeren gereinigt ist, daß sie als Wirklichkeit eine wahre, geistige Eigengestalt oder der Wesenssinn der Sache ist, und dann ist das Denk-Wirkliche in seiner Wirklichkeit wahr, weil es mit dem vernünftig Gedachten das Selbe ist.

Man kann das Vergängliche durch nichts vernünftig denken als durch seine unvergängliche Eigengestalt. Denn der denkende Geist abstrahiert von dem Sinnlichen die geistige Eigengestalt.

Die Eigengestalt oder der geistige Wesenssinn des Warmen ist nicht warm, und die des Kalten nicht kalt usw., sondern sie ist von jeder Veränderlichkeit so gelöst, daß sie die Gestalt des betreffenden Dinges als dessen wahres Urbild in Wahrheit darstellt. Und da allein jene körperlose und immaterielle Eigengestalt oder der Wesenssinn des Dinges als Wirklichkeit begriffen und durch diese in das Denk-Wirkliche umgeformt werden kann, ist es offenbar, daß der Geist über alles Zeitliche und Vergängliche erhaben und reiner und von Natur immerwährend ist.

Das erschaut man am klarsten, wenn man sieht, daß das von aller vergänglichen Materie Gereinigte, das keiner Abstraktion bedarf, schneller erkannt wird. So ist nach Proklos das absolute Eine durch sich selbst verständlich und dem Geiste angepaßt wie das Licht dem Auge; ebenso die andern, durch sich selbst bekannten Prinzipien, nämlich die der Mathematik und der andern Wissenschaften. Sie sind nämlich die Eigengestalten ihrer selbst oder ihr geistiger Wesenssinn.

XXXVII.

De declaratione

Repetam unum saepissime dictum, quoniam est totius venationis nostrae ratio et est quod factum, cum sequatur posse fieri, numquam est ita factum quod posse fieri sit in eo penitus terminatum.

Nam et si posse fieri secundum quod est actu sit terminatum, tamen non simpliciter, ut in Platone posse fieri hominem est terminatum, non tamen posse fieri hominem est penitus in Platone terminatum, sed tantum ille terminandi modus, qui dicitur Platonicus et restant alii etiam perfectiores innummerabiles modi, neque etiam in Platone posse fieri hominis est terminatum. Multa enim homo fieri potest scilicet musicus, geometricus, mechanicus, quae Plato non fuit. Unde posse fieri non determinatur simpliciter nisi in possest suo principio pariter et fine Dionysio[1] attestante.

Sic enim numerus terminatur in monade suo principio pariter et fine. Principium enim omnis numeri est monas; ita et finis eius est monas. Actu tamen terminatur posse fieri in mundo, quo actu perfectius maiusque non est. Sic dicit regula in recipientibus maius non devinitur ad maximum simpliciter, sed bene [ad] actu maximum.

Sicut in quantitate, quae maius recipit, non devenitur ad maximam quantitatem, qua maior esse non posset. Quia hoc maximum quod maius esse non potest, quantitatem praecedit. Bene tamen devenitur ad quantitatem actu maximam, ut est quantitas universi.

---

[1] Dionysius, a. a. O., De divinis nominibus, V, S. 334.

XXXVII.

Erklärung

Ich wiederhole nun etwas, das ich schon oft gesagt habe, und das den Wesenssinn unserer ganzen Jagd beinhaltet: Das Gewordene ist deshalb, weil es dem Werden-Können nachfolgt, niemals so geworden, daß das Werden-Können in ihm völlig beschlossen ist.

Denn wenn auch das Werden-Können, soweit es als Wirklichkeit ist, begrenzt und beschlossen ist, so dennoch nicht schlechthin; wenn in Plato das Werden-Können des Menschen begrenzt ist, so ist diese Begrenzung doch nicht vollständig, sondern gilt nur insoweit, als es das Platonische ist, wobei noch zahllose andere, vollkommenere Weisen übrigbleiben; auch in Plato ist also das Werden-Können des Menschen nicht beschlossen. Der Mensch kann vieles werden, was Plato nicht war, z. B. Musiker, Geometer, Techniker. Daher wird das Werden-Können vollständig nur im Können-Ist bestimmt, das nach Dionysius zugleich sein Ursprungsgrund und Ende ist.

So ist auch die Zahl in der Eins beschlossen, die gleicherweise ihr Ursprung und Ziel ist. Denn der Ursprung jeder Zahl ist die Eins; und ebenso ihr Ziel. Als Wirklichkeit wird das Werden-Können in der Welt beschlossen, die als Wirklichkeit das Vollkommenste und Größte ist. So sagt die Regel: in dem, was ein Größeres zuläßt, gelangt man nicht zum schlechthin Größten, sondern nur zum tatsächlich Größten.

So kommt man bei der Quantität, die größer wird, nicht zur größten Quantität, die nicht größer sein kann, denn das Größte, das nicht größer sein kann, geht der Quantität voraus. Gleichwohl kommt man zu der tatsächlich größten Quantität, wie es die Quantität des Gesamt ist.

Factum autem semper est singulare et implurificabile, sicut omne individuum. Sed non est semper incorruptibile nisi sit primum. Quod enim imitatur primum, cum id sit, quod est participatione primi, corruptibile est. Non enim potest eius incorruptibilem singularitatem, quae est immultiplicabilis, participare.

Et quod prima, quorum esse non dependet a participatione alicuius prius facti, sint incorruptibilia, ideo est quia posse fieri est in ipsis specifice determinatum. Ob hoc intelligibilia et caelestia sunt incorruptibilia, sicut sunt intellectuales naturae et sol et luna et stellae. Quod autem sol et luna et stellae sint prima facta, Moyses clare in genesi refert illa a Deo facta, ut semper luceant[1]. Semper igitur et sine intermissione visibili mundo hoc est necessarium, si non debet deficere visibilitas eius. Ideo quae facta sunt, ut luceant, semper sic manere necesse est. Quare non sunt facta post aliquod prius factum, cuius participatione id sint, quod sunt.

Ita posse fieri solem, lunam et stellas in ipsis individuis, quae videmus, est determinatum. Individua vero sensibilis naturae imitantur intelligibilia exemplaria et, ut dicit Dionysius, sunt ipsorum imagines, quae etsi secundum suam singularitatem non sint multiplicabilia, tamen, cum sint imagines intelligibilium, quorum participatione id sunt quod sunt et cum intelligibilia per sensibilia non possint praecise imitari variabiliter et temporaliter illa, quae perpetua sunt, participant[2]. Quare secundum hoc perpetua esse nequeunt.

---

[1] Genesis 1, 3ff.
[2] Dionysius, a. a. O., De divinis nominibus, I, p. 9; V, p. 359.

Das Gewordene aber ist immer einzig und unwiederholbar wie jedes Individuum. Aber es ist nicht immer unvergänglich, außer wenn es ein Erstes ist. Das, was ein Erstes nachahmt, ist eben deshalb, weil es durch Teilhabe am Ersten das ist, was es ist, vergänglich. Denn es kann nicht an dessen unvergänglicher und unwiederholbarer Einzigkeit teilhaben.

Die Tatsache, daß die Ersten, deren Sein nicht von der Teilhabe an etwas früher Gewordenem abhängt, unvergänglich sind, beruht darauf, daß das Werden-Können in ihnen eigengestaltlich bestimmt ist. Deshalb sind die geistigen und himmlischen Dinge unvergänglich, ebenso wie die geistigen Naturen, Sonne, Mond und Sterne. Daß Sonne, Mond und Sterne als erste geschaffen wurden, spricht Moses in der Genesis deutlich aus; dort, wo er berichtet, sie seien von Gott geschaffen, auf daß sie immer leuchten. Das ist für die sichtbare Welt, wenn ihre Sichtbarkeit nicht aufhören soll, immer und ohne Unterbrechung notwendig. Die Dinge, die geschaffen sind, um zu leuchten, müssen darum immer so bleiben und folgen deshalb nicht auf ein Anderes, früher Gewordenes, durch dessen Teilhabe sie das sind, was sie sind.

Infolgedessen ist das Werden-Können von Sonne, Mond und den Sternen in jenen sichtbaren Einzelgestalten beschlossen. Die Einzelgestalten der sinnlichen Natur dagegen ahmen die geistigen Urbilder nach, und sind, wie Dionysius sagt, ihre Abbilder, wenn auch gemäß ihrer Einzigkeit unwiederholbar. Als Abbilder des Geistigen, durch dessen Teilhabe sie das sind, was sie sind, und weil das Geistige durch das Sinnliche nicht genau nachgeahmt werden kann, haben sie dennoch auf veränderliche und zeitliche Weise am Immerwährenden teil, können aber aus diesem Grund nicht immerwährend sein.

XXXVIII.

Rememoratio

Nunc, ut per iteratam dictorum rememorationem clarius quae volo exprimam, adicio. Certum est, quod posse fieri se refert ad aliquid, quod ipsum praecedit et ideo, quia praecedit posse fieri, fieri nequit neque factum est, cum nihil sit factum, quod non potuit fieri: factum igitur sequitur posse fieri. Cum autem id, ad quod se posse fieri refert et [quod] praesupponit, ipsum praecedat, necessario aeternum est.

Unde cum aeternum non possit fieri, necesse erit quod saltem aeternum non sit aliud ab eo, quod in posse fieri affirmatur. Aeternum igitur non est aliud ab omni eo quod fit licet non fiat. Est igitur principium et finis ipsius posse fieri. Hinc quod factum est infactibilis aeterni est repraesentatio.

Patet posse fieri mundum se referre ad mundum archetypum in aeterna mente Dei. Et quia aeternitas est nec plurificabilis nec multiplicabilis nec aliquod possibilitatem significans, cum posse fieri praecedat, ideo sicut nec intelligibilis nec sensibilis, ita nec plene repraesentabilis nec imaginabilis nec assimiliabilis.

Quare non terminatur posse fieri ultimate in aliquo, quod sequitur ipsum, sed eius terminus ipsum antecedit. Video igitur omnia, quae fieri possunt, non habere nisi simplex illud exemplar, quod non est aliud ab omni quod fieri potest, cum sit actus omnis posse. Quodque cum sit actus omnis posse et non possit esse aliud, nec maius nec minus nec aliter nec alio modo, tunc non est aliud ab aliquo, nec maius nec minus aliquo, nec aliter nec alio modo. Ideo est omnium, quae sunt, vivunt et intelligunt, causa, exemplar,

XXXVIII.

Wiederholung und Zusammenfassung

Um das, was ich sagen möchte, durch wiederholte Erwähnung klarer auszudrücken, füge ich nun folgendes hinzu. Gewiß ist, daß das Werden-Können sich auf etwas bezieht, das ihm vorangeht; da es dem Werden-Können vorangeht, und da nichts geworden ist, was nicht werden konnte, kann dies weder werden noch geworden sein, denn alles Gewordene folgt dem Werden-Können. Weil aber dem Werden-Können das vorangeht, auf das es sich rückbezieht und das es voraussetzt, ist es notwendigerweise das Ewige.

Da das Ewige nicht werden kann, ist es notwendig, daß das Ewige gegenüber dem, was im Werden-Können bejaht wird, nichts Anderes sei. Das Ewige ist also auch wenn es selbst nicht wird, nichts Anderes von einem Jeden, das wird. Es ist Ursprung und Ziel des Werden-Könnens. Daher ist das, was geworden ist, die Vergegenwärtigung des nicht gewordenen Ewigen.

Daraus ergibt sich, daß sich das Welt-Werden-Können auf die archetypische Welt im ewigen Geiste Gottes zurückbezieht. Und weil die Ewigkeit weder wiederholt noch vervielfältigt werden noch eine andere Möglichkeit bedeuten kann, da sie dem Werden-Können vorangeht, so ist sie auch, ebenso wie sie nicht einsehbar noch sinnlich wahrnehmbar ist, nicht völlig zu vergegenwärtigen, vorzustellen und anzugleichen.

Das Werden-Können wird darum letztlich nicht in irgend etwas, was ihm folgt, beschlossen, sondern seine Zielgrenze geht ihm voraus. Ich sehe also, daß alles, was werden kann, nur jenes einfachste Urbild besitzt, das, da es die Wirklichkeit jedes Könnens ist, von jedem, das werden kann, ein Nicht-Anderes ist. Da dieses die Wirklichkeit jedes Könnens ist und nichts anderes sein kann, weder größer noch kleiner noch anders noch auf andere Weise, ist es einem andern gegenüber nichts anderes, weder größer noch kleiner als etwas anderes, noch anders, noch auf andere Weise. Also ist es von allem, was ist, lebt und versteht, der Grund, das

mensura, modus et ordo; et nihil in omnibus et singulis est reperibile, quod ab eo, ut a causa, non sit et procedat.

Et quia omnia non sunt nisi illius solius repraesentatio, omnia ad ipsum sunt conversa, omnia ipsum desiderant, praedicant, laudant, glorificant et clamant ipsum hoc esse infinitum bonum in omnibus relucens, cuius participatione id sunt, quod sunt. Ex omnibus igitur, quae actu sunt, colligo ipsum, qui est terminus interminus, nullo termino aut actu cuiuscumque intellectus capi posse, cum intellectus et omnia sint imago et similitudo eius. Video enim omnia quae sunt actu imaginem illius sui exemplaris praeferre, in cuius comparatione nec actu sunt nec perfecta imago ipsius sunt, cum omnis omnium imago perfectior praecisiorque esse possit. Video tamen in termino, ad quem imaginis perfectio et praecisio terminatur, ipsum a remotis per infinitum.

Sic actum vitae video illius nobiliorem imaginem esse.
Sed cum vita possit esse perfectior et purior sine mixtura et umbra, in termino simplicitatis et praecisionis a remotis video vitam aeternam omnis vitae exemplar, quae est vita vera vitam omnem faciens, ad quam se habet omnis haec vita minus quam pictus ignis ad verum.

Deinde actum intellectus conspicio qui est similitudo quaedam divini et aeterni sui exemplaris, huius vivae et intelligentis similitudinis terminus, qui ostendit praecisam Dei similitudinem per infinitum distare video ab omni actu intellectus et dico, ex quo omne, quod esse, et esse et vivere, et esse, vivere et intelligere potest, non est adeo praecisa aeterni exemplaris imago, ut similitudo eius deposcit, tunc video Deum in excessu super omnia, quae sunt aut fieri possunt, tam in excessu ipsius esse, quam in ipsius vivere et intelligere omnium, quoniam maior est omni, quod esse aut vivere aut intelligere potest, et tanto his omnibus praecelsior perfectior quoque quanto veritas praecellit suam ima-

Urbild, das Maß, die Weise und die Ordnung. Und in allem und jedem ist nichts auffindbar, das nicht von ihm als von seinem Grund wäre und aus ihm hervorginge.

Und weil alles nichts anderes ist als die Vergegenwärtigung jenes Einzigen, ist es zu diesem hin gewandt, verlangt nach ihm, nennt es, lobt es, verherrlicht es und verkündet laut, daß dieses der unendlich Gute ist, der in allem widerstrahlt und durch dessen Teilhabe jedes das ist, was es ist. Aus allem also, was wirklich ist, gewinne ich ihn selbst, der die unbegrenzte Zielgrenze ist, durch keine Grenze oder Wirklichkeit irgendeines denkenden Geistes faßbar, da dieser und alles übrige sein Bild und Gleichnis ist. Ich sehe nämlich, daß alles, was wirklich ist, das Bild dieses seines Urbildes trägt, im Vergleich mit dem es weder wirklich noch sein vollkommenes Abbild ist, da jedes Abbild eines Jeden vollkommener und genauer sein kann. Aber dennoch sehe ich ihn in der Zielgrenze, auf die hin die Vollkommenheit und Genauigkeit des Bildes beschlossen wird, von dem aus, was von ihm unendlich entfernt ist.

So sehe ich, daß die Wirklichkeit des Lebens ein edleres Bild von ihm ist. Da aber das Leben vollkommener und reiner, ohne Beimischung und Schatten sein kann, so sehe ich in der Zielgrenze der Einfachheit und der Genauigkeit vom Entfernten her das ewige Leben, das das wahre Leben ist und alles Leben schafft, als Urbild jeden Lebens; mit ihm verglichen ist alles diesseitige Leben schwächer als ein gemaltes Feuer einem wahren gegenüber.

Dann betrachte ich die Wirklichkeit des vernünftigen Geistes, der ein Gleichnis seines göttlichen und ewigen Urbildes ist; ich sehe die Zielgrenze dieses lebendigen und geistigen Gleichnisses, die das genaue Gleichnis Gottes anzeigt, von jeder Wirklichkeit des vernünftigen Geistes unendlich entfernt und sage, daß es von dem, aus dem alles stammt, was sein, sein und leben, sein, leben und vernünftig denken kann, kein so genaues Bild des ewigen Urbildes gibt, wie es die Ähnlichkeit mit ihm fordert. Dann sehe ich Gott im Überstieg über alles, was ist oder werden kann, und zwar ebensosehr im Überstieg des Seins wie im Überstieg des Lebens und des Erkennens aller Dinge, da er größer ist als

ginem et similitudinem. Est enim veritas hypostasis suae imaginis et similitudinis, a quibus non est aliud. Ab ipsa enim sunt [res] exemplatae in tantum subsistentes et veritatem participantes sui exemplaris, in quantum sunt ipsum imitantes et repraesentantes.

Nec haec omnia, quae sic video, et nequaquam effari aut scribi possunt sicuti video, sunt ad brevius per me reducibilia, quam quod terminus posse fieri omnia est posse facere omnia. Sicut terminus posse fieri determinatum est posse facere determinatum, ut terminus posse fieri calidum est posse facere calidum.

Ignis enim qui dicitur terminus posse fieri calidum potest facere calida. Et ita posse fieri lucidum terminatur in posse facere lucida, uti sol dicitur in sensibilibus et in intelligibilibus divinus intellectus seu verbum omnem intellectum illuminans; et terminus posse fieri perfectum est posse facere perfecta, et terminus posse moveri est posse movere. Quare desideratum quod omnia desiderant, quia terminus desiderabilium, est omnis desiderii causa, et terminus omnium eligibilium et omnis electionis causa.

Ex quo patet, cum terminus omnis posse fieri sit omnipotens omnia potens facere, tunc et ipsum posse fieri potest facere et ita est illius terminus, cuius est principium et non est posse fieri ante omnipotentem. Sicut in omnibus, quae facta sunt, posse fieri prioriter videtur, scilicet tam posse fieri simpliciter, cuius initium et finis est omnipotens, quam posse fieri contractum ad id, quod fit, in quo terminatur ipsum posse fieri, quando fit actu tale quod tale fieri potuit.

alles, was sein oder leben oder erkennen kann. Und um so viel als die Wahrheit sein Bild und Gleichnis überragt, ist er erhabener und auch vollkommener als dies alles. Die Wahrheit ist nämlich die Hypostase seines Bildes und Gleichnisses, denen gegenüber er Nichts-Anderes ist. Die Dinge leiten sich von ihr als ihrem Urbild ab, indem sie nur insoweit bestehen und an der Wahrheit ihres Urbildes teilhaben, als sie ihn nachahmen und vergegenwärtigen.

Dies alles, das ich so sehe und das niemals ausgesprochen oder geschrieben werden kann, wie ich es sehe, kann ich kurz so fassen: Die Zielgrenze des Alles-Werden-Könnens ist das Alles-Machen-Können. So ist die Zielgrenze des Bestimmt-Werden-Könnens das Bestimmt-Machen-Können, wie z. B. die Zielgrenze des Warm-Werden-Könnens das Warm-Machen-Können ist.

Das Feuer nämlich, das die Zielgrenze des Warm-Werden-Könnens genannt wird, kann selbst Wärme erzeugen. So wird das Licht-Werden-Können im Licht-Machen-Können beschlossen; dies wird im Sinnlichen Sonne genannt und im Geistigen die göttliche Vernunftwirklichkeit oder das Wort, das jeden vernünftigen Geist erleuchtet. Und die Zielgrenze des Vollkommen-Werden-Könnens ist das Vollkommen-Machen-Können, und die Zielgrenze des Bewegt-Werden-Könnens ist das Bewegen-Können. Daher ist es das Ersehnte, das alle als die Zielgrenze des Wünschenswerten ersehnen, der Grund jedes Sehnens und die Zielgrenze jedes Erwählbaren, der Grund jeder Erwählung.

Daraus wird offenkundig, daß der Allmächtige, da er — mächtig alles zu tun — die Zielgrenze jedes Werden-Könnens ist, auch das Werden-Können selbst machen kann. Und so ist er die Zielgrenze dessen, dessen Ursprung er ist, und das Werden-Können steht nicht vor dem Allmächtigen; während in allem, was geworden ist, das Werden-Können vorgängig gesehen wird, und zwar sowohl das Werden-Können schlechthin, dessen Anfang und Ziel der Allmächtige ist, als auch jenes, das zu dem verschränkt ist, was wird und in dem es selbst beschlossen wird, wenn etwas tatsächlich das wird, was es werden kann.

Et haec determinatio est creatoris ipsius posse fieri, qui cum sit omnipotens, solus determinare habet, quod posse fieri sic aut sic fiat. Et quia posse fieri non terminatur nisi per omnipotentem, omnis determinatio ipsius posse fieri in eo quod fit, non est terminatio ipsius posse fieri, quin omnipotens de eo facere possit quicquid voluerit, sed est determinatio ipsius posse fieri singulariter ad hoc contracta, quae est ipsius, quod sic factum est, natura et substantia.

XXXIX.

Epilogatio

Quia nihil factum est quod non potuit fieri et nihil se ipsum facere potest, sequitur, quod triplex est posse scilicet posse facere, posse fieri, et posse factum.

Ante posse factum posse fieri, ante posse fieri posse facere. Principium et terminus posse fieri est posse facere. Posse factum per posse facere de posse fieri est factum.

Posse facere, cum sit ante posse fieri, nec est factum, nec fieri potest aliud. Est igitur omne quod esse potest. Non potest igitur esse maius et hoc vocamus maximum, nec minus et hoc vocamus minimum, nec potest esse aliud. Omnium igitur est causa efficiens, formalis seu exemplaris et finalis, cum sit terminus et finis posse fieri et ideo posse facti. Sunt igitur in ipso posse facere omnia, quae possunt fieri et quae facta sunt, prioriter ut in causa efficiente, formali, et finali, et posse facere est in omnibus ut absoluta causa in causatis.

Sed posse fieri est in omnibus, quae facta sunt, id quod factum est. Nam nihil factum est actu nisi id quod fieri

Diese Bestimmung geht vom Schöpfer des Werden-Könnens aus, der, weil er allmächtig ist, allein bestimmen kann, daß das Werden-Können so oder so werde. Und da das Werden-Können nur durch den Allmächtigen begrenzt wird, ist eine Bestimmung des Werden-Könnens in dem, was wird, keine Begrenzung von ihm, da der Allmächtige aus ihm dann nicht machen könnte, was er wollte; es ist vielmehr die Bestimmung des Werden-Könnens im Einzelfall zu dem verschränkt, was Natur und Grundbestand dessen ist, was so geworden ist.

XXXIX.

Schlußwort

Da nichts geworden ist, das nicht hätte werden können und nichts sich selbst machen kann, folgt, daß das Können ein Dreifaches ist, nämlich Machen-Können, Werden-Können und Gewordensein-Können.

Vor dem Gewordensein-Können ist das Werden-Können, vor dem Werden-Können das Machen-Können. Ursprung und Zielgrenze des Werden-Könnens ist das Machen-Können. Das Gewordensein-Können ist durch das Machen-Können aus dem Werden-Können gemacht worden.

Das Machen-Können ist, da es vor dem Werden-Können steht, weder geschaffen worden noch kann es etwas anderes werden. Es ist also alles, was es sein kann. Es kann nicht größer sein — darum nennen wir es das Größte —, es kann nicht kleiner sein — darum nennen wir es das Kleinste —, noch kann es Anderes sein. Es ist eines jeden Wirk-, Gestalt- oder Bild- und Zielgrund, da es Grenze und Ziel des Werden-Könnens und demnach auch des Gewordensein-Könnens ist. Alles, was werden kann und was geworden ist, ist vorgängigerweise im Machen-Können als im Wirk-, Gestalt- und Zielgrund, und das Machen-Können selbst ist in allem als der absolute Grund im Begründeten.

Das Werden-Können dagegen ist in jedem Gewordenen das, was geworden ist. Denn nur das ist tatsächlich geworden,

potuit, sed alio essendi modo, imperfectiori modo in potentia et perfectiori in actu.

Non igitur posse fieri et posse factum in essentia sunt differentia, sed posse facere, licet non sit aliud, tamen, cum sit causa essentiae, non est essentia. Essentia enim est suum causatum.

Quoniam autem posse fieri non est posse factum, non est posse fieri de posse fieri factum, sed ante posse fieri nihil est nisi posse facere; de nihilo igitur dicitur posse fieri factum. Sic dicimus posse facere praecedere nihil, sed non posse fieri.

De nihilo igitur posse fieri, cum sit per posse facere productum et non factum, creatum dicimus.

Cum autem ipsum absolutum posse facere nominemus omnipotentem, dicimus omnipotentem aeternum nec factum nec creatum, et qui nec annihilari aut aliter fieri potest quam est, quia ante nihil et posse fieri, et omnia de ipso negamus, quae nominabilia sunt, quoniam illa posse fieri sequuntur.

Nominabile enim posse fieri scilicet quod nominetur praesupponit nec posse fieri terminatur, nisi in posse facere; ideo non annihilabitur. Hoc enim si fieret, fieri posset — quomodo tunc posse fieri annihilaretur? Est igitur perpetuum, cum habeat initium et annihilari non possit, sed terminus eius sit suum initium.

Quoniam autem [eorum] quae fieri possunt, aliqua sunt prima, alia post prima et prima imitantia. In primis, cum eorum posse fieri sit actu et completum, ideo sunt, sicut posse fieri, perpetua; in sequentibus posse fieri non est com-

was auch werden konnte, aber auf andere, unvollkommenere Seinsweise in der Möglichkeit und auf vollkommenere in der Wirklichkeit.

Werden-Können und Gewordensein-Können sind in ihrer Wesenheit nicht gegensätzlich. Dagegen ist das Machen-Können, wenn es auch das Nicht-Andere ist, dennoch weil es der Grund der Wesenheit ist, nicht die Wesenheit. Die Wesenheit nämlich ist das von ihm Begründete.

Da aber das Werden-Können nicht das Gemachtsein-Können ist, ist das Werden-Können nicht aus dem Werden-Können geworden. Doch ist vor dem Werden-Können außer dem Machen-Können nichts. Darum heißt es, das Werden-Können sei aus dem Nichts geworden. So sagen wir, das Machen-Können ginge dem Nichts voran, nicht aber das Werden-Können.

Wir halten also fest, daß das Werden-Können, da es durch das Machen-Können hervorgebracht und nicht gemacht worden ist, aus dem Nichts geschaffen ist.

Da wir aber das absolute Machen-Können den Allmächtigen nennen, sagen wir, daß der Ewig-Allmächtige weder geworden noch geschaffen ist; und da er weder getilgt noch anders werden kann als er ist — da er vor dem Nichts und dem Werden-Können ist —, glauben wir, daß jede nennbare Aussage über ihn abgelehnt werden muß, da das Nennbare dem Werden-Können folgt.

Das Nennbare setzt freilich das Werden-Können voraus, damit es genannt werde. Auch wird das Werden-Können nicht begrenzt außer im Machen-Können. Also kann dieses nicht zunichte werden. Wenn dies nämlich geschähe, könnte es geschehen — wie könnte dann das Werden-Können vernichtet werden? Es ist also immerwährend, da es einen Anfang hat und nicht zunichte werden kann, weil seine Zielgrenze viel mehr sein Anfang ist.

Weil unter dem, was werden kann, einiges an erster Stelle steht, anderes dieses nachahmend, nach dem Ersten kommt, so ist das Erste, ebenso wie das Werden-Können, immerwährend, da sein Werden-Können wirklich und vollständig

pletum et perfectum nisi secundum imitationem completi, ideo illa non sunt perpetua, sed imitantur illa, quae perpetua sunt. Id vero, quod perpetuum et stabile non est, sed imitatur, instabile et temporale est. Haec sint de praeinsertis breviter repetita.

Verum quoniam in arte huius generalis venationis sapientiae per particularia firmius solidamur, applicemus hanc formam venationis ad aliquod sensibile et sit caliditas.

Et dicamus triplex est posse scilicet posse facere calidum, posse fieri calidum et posse factum calidum. Et procedamus contracte, modo quo supra absolute, et dicamus: posse factum calidum habet ante se posse fieri calidum, sed posse fieri calidum non potest se facere actu calidum. Igitur ante posse fieri calidum est posse facere calidum et quia posse facere calidum praecedit posse fieri calidum, tunc est omne id quod calidum esse potest et ita nec maius nec minus nec aliud esse potest.

Est igitur quo ad omnia calida creator ipsius posse fieri calidum et de posse fieri omne calidum in actum producit. Estque omnium calidorum causa efficiens, formalis et finalis et est in omnibus calidis ut causa in causato et omnia calida in ipso, ut causatum in causa et erit respectu calidorum sine principio et fine, et nequaquam essentia calidorum, sed causa essentiae et innominabile per omnia nomina calidorum et posse fieri calidum est initiatum et sine fine et aliqua calida sunt, in quibus completur posse fieri et durant semper.

Aliqua sequuntur illa et instabilia sunt et calor in ipsis deficit et quamvis quidam illud calidum, quod est omne quod calidum esse potest, nominent hunc sensibilem ignem arden-

ist. In dem Nachfolgenden ist das Werden-Können nicht vollständig und vollkommen außer in bezug auf die Nachahmung des Vollkommenen; folglich ist dies nicht immerwährend, sondern ahmte das Immerwährende nach. Das aber, was nicht immerwährend und beständig ist, sondern dieses nur nachahmt, ist unbeständig und zeitlich. Das ergibt sich als Zusammenfassung aus dem Vorhergesagten.

Weil wir in der Kunst dieser allgemeinen Jagd nach der Weisheit durch Einzelbeispiele bestärkt werden, wenden wir diese Art der Jagd auf irgend etwas Sinnliches an, z. B. auf die Wärme.

Wir wollen festhalten, daß das Können dreifach ist, nämlich als Warm-Machen-Können, Warm-Werden-Können und als Warm-Gemachtsein-Können. Wir wollen auf die selbe Weise, nach der wir oben absolut verfahren sind, konkret vorgehen und sagen: Das Warm-Gemachtsein-Können hat das Warm-Werden-Können vor sich, aber das Warm-Werden-Können kann sich nicht tatsächlich warm machen. Also ist vor dem Warm-Werden-Können das Warm-Machen-Können; und weil das Warm-Machen-Können dem Warm-Werden-Können vorausgeht, ist es alles das, was warm sein kann, und kann so nicht größer noch kleiner noch etwas anderes sein.

Es ist also in bezug auf jedes Warme der Schöpfer des Warm-Werden-Könnens und bringt aus dem Werden-Können jedes Warme als Wirkung hervor. Es ist der Wirk-, Gestalt- und Zielgrund alles Warmen und in jedem Warmen als Grund im Begründeten. Jedes Warme ist in ihm als Begründetes im Grund; es ist hinsichtlich des Warmen ohne Anfang und Ende, niemals die Wesenheit des Warmen, sondern der Grund der Wesenheit, unnennbar durch alle Namen des Warmen. Das Warm-Werden-Können hat also begonnen und hat kein Ende und so gibt es unaufhörlich irgend etwas Warmes, in welchen das Werden-Können erfüllt wird und welches immer währt.

Andere folgen diesen. Sie sind unbeständig und die Wärme schwindet in ihnen. Und obwohl gewisse Gelehrte das sinnliche Feuer als jenes Warme, das alles ist, was Warmes sein

tem, non est tamen ille, cum omnis calor cuiuscumque sensibilis ignis non sit finis omnis posse fieri calidum, cum omnis caliditas sensibilis maior esse posset, sed id quod dicimus ignem, est igneum secundum Platonem aut ignitum et non tantum ignitum, quantum igniri posset.

Praecedit igitur per se ignis omne ignibile et ignitum quorum est causa et est ante omnem sensibilem ignem penitus invisibilis et incognitus. Quare primae causae similitudo (ut Dionysius late hoc explanat[1]) quod ille sanctus vidit, qui aiebat, quod Deus esse ignis consumens[2]. Ante autem hunc sensibilem ignem est motus et lux. Nam per motum ignibile ignitur et lux ipsum concomitatur. Sic et de lucido sicut de calido et de luce sicut de igne et quod nec sol nec aliquod sensibile sit lux quae causa lucidorum, sed ipsa omnia sint lucida et non ipsa lux. Sic etiam de frigido, humido et cunctis, quae secundum magis et minus participantur.

Omnis enim multitudinis unitas est principium, ut Proclus dicit[3], et omnium talium maxime tale, ut vult Aristoteles, et cunctorum per participationem talium per se tale et omnium per se talium per se simplex, uti Platonici, et omnium quae per se cum addito per se sine addito causa est, et hoc per se est causa causarum omnium et singularum, ut illud supra, varie ob varias participantium diversitates omnium principium nominatur, licet omne nominabile antecedat. Illa dicta sunt Platonicorum et Paripateticorum, quae oportet sane intelligi quoad principium et causam.

---

[1] Dionysius, a. a. O., De divinis nominibus, IV, S. 172ff. De cael. hier. XV, p. 995—1000.
[2] 5 Moses 4, 24.
[3] Proclus in Parmenidem, a. a. O., p. 34. In Pl. theol. II, 4, p. 95; IV, 27, p. 222 u. a.

kann, bezeichnen, so ist es doch nicht dieses, denn jegliche Wärme eines jeden sinnlichen Feuers ist nicht Ziel und Grenze jedes Warm-Werden-Könnens, weil jede sinnliche Wärme größer sein kann. Das aber, was wir Feuer nennen, ist nach Plato nur das Feuerartige oder Feurige und nicht so feurig, wie es feurig werden kann.

Es geht also das Feuer, das dies durch sich ist, allem Feuerartigen und Feurigen, deren Grund es ist, voraus. Es ist vor jedem sinnlichen Feuer, völlig unsichtbar und unbekannt. Aus diesem Grund ist es Gleichnis der ersten Ursache, wie Dionysius dies ausführlich darlegt. Das sah auch jener Heilige, der sagt, Gott sei ein verzehrendes Feuer. Vor diesem sinnlich sichtbaren Feuer aber kommt die Bewegung und das Licht, denn durch die Bewegung wird das Brennbare in Brand gesetzt und das Licht begleitet es. Dasselbe gilt ebenso wie vom Warmen vom Lichten, vom Licht wie vom Feuer. Weder die Sonne noch sonst etwas Sinnliches ist das Licht, das der Grund des Lichthaften ist. Diese alle sind zwar lichthaft, aber nicht das Licht selbst. Ebenso verhält es sich mit dem Kalten, dem Nassen und jedem, das nach der Beziehung von mehr oder weniger an etwas Anteil hat.

Die Einheit einer jeden Vielheit ist der Ursprung, wie Proklos sagt, und von allen Solchen das am meisten Solche, wie es Aristoteles meint, und von allen durch Teilhabe Solchen das durch sich Solche und von allen durch sich Solchen das durch sich Einfache, wie die Platoniker meinen; und das durch sich ohne Beigabe Seiende ist der Grund von allem, das durch sich mit Beigabe ist. Und jenes Durch-Sich ist, wie das obige, der Grund aller Gründe und jedes Einzelnen, der wegen der unterschiedlichen Verschiedenheiten der Teilhabenden in verschiedener Weise das Prinzip von allem genannt wird, wenn es auch jedem Nennbaren vorausgeht. Das sind die Aussprüche der Platoniker und Peripatetiker, die man in Hinblick auf Ursprung und Grund richtig verstehen muß.

Nam non est nisi unum causale principium, quod possest nomino, ad quod omne posse fieri determinatur. Licet primum in ordine vocetur etiam aliorum principium, quae ipsum sequuntur, et vocetur maxime tale, cuius participatione alia talia sunt, tamen non maxime simpliciter, sed maxime tale.

Poteris etiam ex his venari ordinem prioritatis et posteritatis. Nam per se omnia participantia praecedit, sicut per se calidum, puta ignitum, aerem calidum, aquam calidam et terram calidam et omne posse fieri calidum antecedit. Et ideo nec ignis humidus aut frigidus aut terreus seu siccus fieri potest; illa enim praecedit. Et quia aqua est per se frigida, ipsa est ante terram, quae frigida fieri potest, ita et non est post aerem, quia aer similiter frigidus fieri potest. Sic aer est ante terram, quia per se humidus, et terra fieri potest humida, et non est post aquam, quae similiter humida fieri potest. Sic terra est inter elementa ultimum et ignis primum.

Aer vero et aqua simul medium tenent et unum non est prius alio in ordine, sed simul cum alio. Ideo sicut aqua connectitur terrae sine medio, ita et aer aridae terrae, licet maior sit amicitia ignis cum aere et aquae cum terra. Et quia aqua in aerem et aer in aquam convertitur et varie misceri possunt et ignis calorem participare et in terra solidari haec quae generantur ex illis esse oportet, et consequenter, quia luce, terra, aqua, aer, ignis, luna et stellae participant, erit per se lux omnium lucidorum causa, quam quidam solem nominant, quia inter sensibilia lucida est maxime lucidus.

Denn es gibt nur einen begründenden Ursprung, den ich Können-Ist nenne, und auf den hin jedes Werden-Können beschlossen und zielgerichtet ist, wenngleich das erste in der Reihenfolge als Ursprung der anderen, die ihm folgen, bezeichnet wird, und zwar als das am meisten Solche, was die andern auf Grund der Teilhabe an ihm sind. Es wird jedoch nicht das schlechthin, sondern nur das am meisten Solche genannt.

Man könnte daraus auch die Reihenfolge des Früheren und Späteren verstehen lernen. Denn das Durch-Sich geht jedem Teilhabenden voraus, wie das durch sich Warme, z. B. dem Feurigen, der warmen Luft, dem warmen Wasser, der warmen Erde und jedem Warm-Werden-Können vorangeht. Und so kann das Feuer auch nicht feucht oder erdig bzw. trocken werden; diesem geht es voraus. Und weil das Wasser Kaltes durch sich ist, steht es vor der Erde, die kalt werden kann. Ebenso kommt es auch nicht nach der Luft, weil diese ähnlich kalt werden kann. So ist die Luft vor der Erde, da sie durch sich feucht ist und die Erde feucht werden kann. Auch ist sie nicht nach dem Wasser, das ähnlich feucht werden kann. So ist die Erde unter den Elementen das letzte und das Feuer das erste.

Die Luft aber und das Wasser halten miteinander die Mitte und das eine ist in der Reihenfolge nicht früher als das andere, sondern mit ihm gleichzeitig. Wie daher das Wasser der Erde ohne Zwischenglied verknüpft wird, so auch die Luft der trockenen Erde, wenngleich die Freundschaft des Feuers mit der Luft und die des Wassers mit der Erde jeweils eine größere ist. Und weil das Wasser in Luft und die Luft in Wasser umgewandelt wird und beide verschiedenartig gemischt werden können, weil beide ferner an der Wärme des Feuers teilzuhaben und in der Erde fest begründet zu werden fähig sind, müssen die Dinge, die aus diesen gezeugt werden, aus ihnen bestehen; demgemäß wird, weil Erde, Wasser, Luft, Feuer, Mond und Sterne am Licht teilhaben, das Durch-Sich-Licht der Grund jedes Lichthaften sein, den einige Sonne nennen, weil sie unter den sinnlichen Lichtern das am meisten leuchtende ist.

Hinc omnium luce participantium in eo quod sensibiliter lucida causa dicitur. Sed cum non sit lux sed lucidum, ut prius dictum est, hinc lux ipsius causa et omnium lucidorum. Nihil enim [est] omnium talium. Quare sol maxime lucidus nec siccus nec frigidus nec humidus nec calidus nec Lunaticus nec Venerialis nec Mercurialis nec Iovialis nec Saturninus nec naturae cuiuscumque stellae aut ullius visibilis, sed omnis lucis sive elementalis sive mineralis sive vegetabilis sive sensibilis principium. Sic per se sapientia, quae est lux intelligibilis, est ante omne, quod particeps esse potest lucis illius, sive vocetur sensus, sive imaginatio sive aestimatio sive ratio sive anima intellectiva sive intelligentia aut alio quocumque nomine nominetur et est prior omnibus sensibilibus et intelligibilibus, et omni discretione et ordine, quorum omnium causa.

Est autem sol sensibilis, quia visibilis, praecedit igitur ipsum sensus. Sed quia lux per se visibilis est visibilium materialis causa et quia visus in actu est visibile in actu, ideo visus est visibilium formalis causa, quia posse videri posse videre causa est. Et ita patet quomodo lux sensibilis cum luce intelligibili connectitur in visu sicut extrema scilicet supremum inferioris et corporalis naturae cum inferiori superioris cognoscitivae naturae.

Laudant non immerito cuncti magnum Platonem, qui de sole ad sapientiam per similitudinem ascendit[1]. Ita et magnus Dionysius, qui de igne ad Deum et de sole ad creatorem per proprietatum similitudines, quas ennarat, ascendit[2]. Ita et Gregorius Theologus[3] in sermonibus theologicis contra Eunomianos faciendum suadet, quia in speculo et aenigmate

---

[1] Vgl. Platons Sonnen- und Höhlengleichnis, Politeia VI, 508aff; VII, 514aff.
[2] Dionysius, a. a. O., De divinis nominibus, VI, S. 170ff u. a.
[3] Gregor von Nyssa, Contra Euno. X u. XII, MG 45, 832 AB u. 945 AB.

Daher wird sie der Grund alles am Licht Teilhabenden genannt, weil sie der Grund alles sinnlichen Lichthaften ist. Aber da sie nicht das Licht ist, sondern ein Lichthaftes, wie schon gesagt wurde, ist das Licht ihr und aller Lichthaften Grund. Es ist nämlich nichts von diesen. Daher ist die Sonne, das am meisten Lichthafte, weder trocken noch kalt, weder feucht noch warm, weder von der Natur des Mondes noch der Venus, des Jupiters, des Saturns noch irgendeines andern Sternes oder etwas Sichtbaren, sondern der Ursprung jeden Lichtes, sei es des elementhaften, des mineralischen, des vegetabilischen oder des sinnlichen. So steht die Durch-Sich-Weisheit, die das intelligibile Licht ist, vor jedem, das ihres Lichtes teilhaftig werden kann, sei es der Sinn, die Vorstellung, die Schätzung, der Verstand, die Geist-Seele, die Einsicht oder wie man es sonst nennen mag, und vor jedem Sinnlichen und Geistigen und jeder Sonderung und Ordnung, deren aller Grund sie ist.

Die Sonne aber ist sinnlich, da sie sichtbar ist. Es geht ihr also der Sinn voraus. Aber weil das Durch-Sich-Sichtbare-Licht stofflicher Grund des Sichtbaren ist und weil der Sehsinn in der Wirklichkeit, das Sichtbare in Wirklichkeit ist, so ist der Gesichtssinn der Gestaltgrund des Sichtbaren, da der Grund des Gesehen-Werden-Könnens das Sehen-Können ist. Und so wird offenkundig, daß im Sehsinn das sinnliche Licht und das geistige Licht als zwei Extreme verknüpft werden, das Höchste der niedrigen und körperlichen Natur mit dem Niedrigsten der höheren, erkennenden Natur.

Nicht zu Unrecht loben alle den großen Plato, der mit Hilfe der Ähnlichkeit von der Sonne zur Weisheit aufstieg. Ebenso geht auch der große Dionysius vor, der vom Feuer zu Gott und von der Sonne zum Schöpfer mit Hilfe der Ähnlichkeit der Bedeutungsgehalte, die er aufzählt, emporsteigt. Dasselbe rät auch Gregor der Theologe in seinen theologi-

in hoc mundo (ut divinus Paulus[1] refert) ascendere oportet, ubi partim scimus et partim prophetamus.

Per haec arbitror mearum venationum rudem et non plene depuratum conceptum, quantum mihi possibile fuit, explicasse, omnia submittens melius haec alta speculanti[2].

---

[1] Paulus, 1 Cor 13, 12.
[2] In Cod. Cus. folgt: libri de venatione sapientiae R. P. Nicolai de Cusa Cardinalis T. Sancti Petri ad vincula ad Jesu Christi sapientiae gloriam et honorem finis.

schen Reden gegen die Eunomianer. In dieser Welt, wo wir teils wissen und teils ahnen, müssen wir notwendigerweise in Bild und Gleichnis, wie der heilige Paulus schreibt, emporsteigen.

Damit glaube ich, die umgeformten und nicht ganz gereinigten Grundgedanken meiner Jagden, soweit es mir möglich war, entfaltet zu haben und überlasse alles Weitere dem, der es besser vermag, diese tiefen und erhabenen Dinge zu betrachten.

DE DOCTA IGNORANTIA
LIBER PRIMUS

DIE WISSENDE UNWISSENHEIT
ERSTES BUCH

DEO AMABILI REVERENDISSIMO PATRI DOMINO IULIANO SANCTAE APOSTOLICAE SEDIS DIGNISSIMO CARDINALI, PRAECEPTORI SUO METUENDO.

Admirabitur et recte maximum tuum et iam probatissimum ingenium, quid sibi hoc velit quod, dum meas barbaras ineptias incautius pandere attempto, te arbitrum eligo, quasi tibi pro tuo cardinalatus officio apud Apostolicam Sedem in publicis maximis negotiis occupatissimo aliquid otii supersit et post omnium Latinorum scriptorum, qui hactenus claruerunt, supremam notitiam et nunc Graecorum etiam ad meum istum fortassis ineptissimum conceptum tituli novitate trahi possis, qui tibi, qualis ingenio sim, iam dudum notissimus existo. Sed haec admiratio, non quod prius incognitum hic insertum putes, sed potius qua audacia ad de docta ignorantia tractandum ductus sim, animum tuum sciendi peravidum spero visendum alliciet.

Ferunt enim naturales appetitum quandam tristem sensationem in stomachi orificio anteire, ut sic natura, quae seipsam conservare nititur, stimulata reficiatur. Ita recte puto admirari, propter quod philosophari, sciendi desiderium praevenire, ut intellectus, cuius intelligere est esse, studio veritatis perficiatur. Rara quidem, et si monstra sint, nos movere solent. Quam ob rem, praeceptorum unice, pro tua humanitate aliquid digni hic latitare existimes, et ex Germano in rebus divinis talem qualem ratiocinandi modum suscipe, quem mihi labor ingens admodum gratissimum fecit.

DEM GOTTGELIEBTEN EHRWÜRDIGEN VATER HERRN JULIANUS, DES APOSTOLISCHEN STUHLES WÜRDIGEM KARDINAL, MEINEM VEREHRTEN MEISTER

Dein hoher und schon oft erprobter Geist wird sich mit Recht darüber verwundern, daß ich, während ich in allzu unvorsichtiger Weise meine ungereimten Albernheiten auszubreiten wage, dich um dein Urteil ersuche, so als ob dir trotz deiner Tätigkeit am apostolischen Stuhl, wo du mit den wichtigsten öffentlichen Angelegenheiten überhäuft bist, noch Muße bliebe, und als ob dich, der du dir zur vollkommensten Kenntnis aller bislang berühmten lateinischen Schriftsteller nun auch noch die der griechischen angeeignet hast, der ungewöhnliche Titel meiner wahrscheinlich ungeschickten und unpassenden Gedanken anziehen könnte — denn die Fähigkeiten und die Art meines Denkens sind dir schon lange wohlbekannt. Aber ich hoffe, daß nicht sosehr der Glaube, hier etwas bisher Unbekanntes zu finden, als vielmehr die Verwunderung über die Kühnheit, durch welche ich mich verleiten ließ, über die wissende Unwissenheit zu schreiben, deinen wißbegierigen Geist bestimmen wird, Einblick in meine Arbeit zu nehmen.

Die Naturlehre sagt, daß dem Hunger ein unangenehmes Gefühl am Eingang des Magens vorangeht, auf daß die Natur, sich selbst zu erhalten bemüht, angeregt werde, sich zu kräftigen. So glaube ich mit Recht, daß das Staunen, die Ursache des Philosophierens, dem Wissensbegehr vorausgeht, damit der verstehende Geist, dessen Sein Verstehen ist, durch das Streben nach Wahrheit vollendet werde. Das Seltene, auch wenn es seltsam und ungeheuerlich ist, pflegt uns zu beeindrucken. Gemäß deiner Güte, einziger Lehrmeister, mögest du darum erachten, daß hier etwas Würdiges verborgen ist und von einem Deutschen diese Erwägungen über die göttlichen Dinge, welche mir die gewaltige Mühe so lieb machte, entgegennehmen.

LIBER PRIMUS

I.

Quomodo scire est ignorare

Divino munere omnibus in rebus naturale quoddam desiderium inesse conspicimus, ut sint meliori quidem modo, quo hoc cuiusque naturae patitur conditio, atque ad hunc finem operari instrumentaque habere opportuna, quibus iudicium connatum est conveniens proposito cognoscendi, ne sit frustra appetitus et in amato pondere propriae naturae quietem attingere possit. Quod si fortassis secus contingat, hoc ex accidenti evenire necesse est, ut dum infirmitas gustum aut opinio rationem seducit. Quam ob rem sanum liberum intellectum verum, quod insatiabiliter indito discursu cuncta perlustrando attingere cupit, apprehensum amoroso amplexu cognoscere dicimus non dubitantes verissimum illud esse, cui omnis sana mens nequit dissentire.

Omnes autem investigantes in comparatione praesuppositi certi proportionabiliter incertum iudicant; comparativa igitur est omnis inquisitio, medio proportionis utens. Ut dum haec, quae inquiruntur, propinqua proportionali reductione praesupposito possint comparari, facile est apprehensionis iudicium; dum multis mediis opus habemus, difficultas et labor exoritur; uti haec in mathematicis nota sunt, ubi ad prima notissima principia priores propositiones facilius reducuntur, et posteriores, quoniam non nisi per medium priorum, difficilius. Omnis igitur inquisitio in comparativa proportione facili vel difficili existit; propter quod infinitum ut infinitum, cum omnem proportionem aufugiat, ignotum est.

ERSTES BUCH

I.

Auf welche Weise Wissen Nichtwissen bedeutet

Wir werden gewahr, daß durch göttliches Geschenk allen Dingen ein natürliches Verlangen innewohnt, auf die bestmögliche Weise, zu der eines jeden Natur die Voraussetzungen in sich birgt, zu sein; sie besitzen geeignete Mittel, um auf dieses Ziel hinzuarbeiten. Von diesen entspricht die angeborene Urteilskraft dem, was zu erkennen vorgegeben ist, damit Streben und Verlangen nicht vergebens seien, sondern im geliebten Drang der eigenen Natur die Ruhe erreichen können. Wenn dies vielleicht anders ist, dann notwendigerweise durch äußeren Einfluß, wenn Schwäche den Geschmack oder irrige Meinung das Denkvermögen verführt. Darum sagen wir, daß der gesunde und freie Geist das Wahre, das er in unstillbarem Streben, alles durchforschend, zu erreichen verlangt, in liebender Umarmung ergreift und erkennt; und wir zweifeln nicht, daß das wirklich Wahre jenes ist, dem kein gesunder Geist widersprechen kann.

Alle, die etwas untersuchen, beurteilen das Ungewisse im Vergleich und gemäß seinem Verhältnis zu einem als gewiß Vorausgesetzten; also ist jede Untersuchung ein Vergleich, der sich eines Verhältnisses als Mittel bedient, so daß, wenn das zu Erforschende durch nahestehende, verhältnisbezügliche Rückführung mit dem Vorausgesetzten verglichen werden kann, das begreifende Urteil leicht ist. Wenn wir viele Zwischenglieder notwendig haben, stellen sich Schwierigkeit und Mühe ein. Dies ist von der Mathematik her bekannt, wo sich die ersten Sätze leichter auf die ursprünglichen völlig bekannten Prinzipien zurückführen lassen, die späteren aber schwieriger, da dies nur durch die Vermittlung der ersten möglich ist. Alles Untersuchen besteht also in einer leichten oder schwierigen vergleichenden Verhältnisbeziehung. Deshalb ist das Unendliche als Unendliches, da es sich jeder Verhältnisbeziehung entzieht, unbekannt.

Proportio vero cum convenientiam in aliquo uno simul et alteritatem dicat, absque numero intelligi nequit. Numerus ergo omnia proportionabilia includit. Non est igitur numerus in quantitate tantum, qui proportionem efficit, sed in omnibus, quae quovismodo substantialiter aut accidentaliter convenire possunt ac differre. Hinc forte omnia Pythagoras per numerorum vim constitui et intelligi iudicabat. Praecisio vero combinationum in rebus corporalibus ac adaptatio congrua noti ad ignotum humanam rationem supergreditur, adeo ut Socrati visum sit se nihil scire, nisi quod ignoraret, sapientissimo Salomone asserente cunctas res difficiles et sermone inexplicabiles; et alius quidam divini spiritus vir ait absconditam esse sapientiam et locum intelligentiae ab oculis omnium viventium[1].

Si igitur hoc ita est, ut etiam profundissimus Aristoteles in prima philosophia affirmat in natura manifestissimis talem nobis difficultatem accidere ut nocticoraci solem videre attemptanti[2], profecto, cum appetitus in nobis frustra non sit, desideramus scire nos ignorare. Hoc si ad plenum assequi poterimus, doctam ignorantiam assequemur. Nihil enim homini etiam studiosissimo in doctrina perfectius adveniet quam in ipsa ignorantia, quae sibi propria est, doctissimum reperiri; et tanto quis doctior erit, quanto se sciverit magis ignorantem.

In quem finem de ipsa docta ignorantia pauca quaedam scribendi labores assumpsi.

---

[1] Platon, Apologie VI, 8; Eccl. 1, 8; Job 28, 20f.
[2] Aristoteles, Metaphysik A 5, p. 987a; 985b.

Da die Verhältnisbeziehung in einem bestimmten Punkt zugleich Übereinstimmung und Anderssein aussagt, kann sie ohne Zahl nicht verstanden werden. Die Zahl schließt also jeden möglichen Verhältnisbezug ein; sie ist folglich nicht nur in der Quantität, die den Verhältnisbezug bewirkt, sondern in allem, was irgendwie an Grundsätzlichem oder von außen Hinzukommendem übereinstimmen oder sich unterscheiden kann. Daher kam wohl Pythagoras zu dem Urteil, daß alles durch die Kraft der Zahlen geordnet und erkannt werde. Dennoch überschreitet vollkommene Genauigkeit der Verbindungen in körperlichen Dingen und eine völlig entsprechende Anpassung des Bekannten an das Unbekannte den menschlichen Verstand so sehr, daß es Sokrates schien, er wisse nichts, außer, daß er nichts wisse, während der weise Salomon versicherte, daß alle Dinge schwierig und in der Sprache nicht ausdrückbar seien. Und ein anderer, von göttlichem Geist erfüllter Mann sagt, daß die Weisheit und der Ort der Einsicht den Augen aller Lebendigen verborgen sei.

Wenn dies sich also so verhält (und das versichert auch der tiefgründige Aristoteles in der „Ersten Philosophie": in der Natur bereite uns auch das Offenkundigste die größten Schwierigkeiten, gleich einer Eule, welche die Sonne zu sehen versucht), dann sehnen wir uns — da Drang und Verlangen in uns nicht vergeblich sind — danach, zu wissen, daß wir nicht wissen. Können wir das in seiner Fülle erreichen, so erreichen wir die wissende Unwissenheit. Denn nichts käme dem Menschen, auch dem gelehrtesten, in vollkommenerer Weise zu, als in der Unwissenheit selbst, die ihm eigentümlich ist, höchst weise erfunden zu werden; und je weiser einer ist, um so mehr wird er um seine Unwissenheit wissen.

Um dieses Zieles willen habe ich die Mühe auf mich genommen, einiges wenige über die wissende Unwissenheit zu schreiben.

II.

Elucidatio praeambularis subsequentium

Tractaturus de maxima ignorantiae doctrina ipsius maximitatis naturam aggredi necesse habeo.

Maximum autem hoc dico, quo nihil maius esse potest. Abundantia vero uni convenit. Coincidit itaque maximitati unitas, quae est et entitas; quod si ipsa talis unitas ab omni respectu et contractione universaliter est absoluta, nihil sibi opponi manifestum est, cum sit maximitas absoluta. Maximum itaque absolutum unum est, quod est omnia; in quo omnia, quia maximum. Et quoniam nihil sibi opponitur, secum simul coincidit minimum; quare et in omnibus. Et quia absolutum, tunc est actu omne possibile esse, nihil a rebus contrahens, a quo omnia.

Hoc maximum, quod et Deus omnium nationum fide indubie creditur, primo libello supra humanam rationem incomprehensibiliter inquirere eo duce, qui solus lucem inhabitat inaccessibilem, laborabo.

Secundo loco, sicut absoluta maximitas est entitas absoluta, per quam omnia id sunt, quod sunt, ita et universalis unitas essendi ab illa, quae maximum dicitur ab absoluto, et hinc contracte existens uti universum; cuius quidem unitas in pluralitate contracta est, sine qua esse nequit. Quod quidem maximum, etsi in sua universali unitate omnia complectatur, ut omnia, quae sunt ab absoluto, sint in eo et ipsum in omnibus, non habet tamen extra pluralitatem, in qua est, subsistentiam, cum sine contractione, a qua absolvi nequit, non existat. De hoc maximo, universo scilicet, in secundo libello pauca quaedam adiciam.

II.

Vorschau auf das Folgende

Da ich die größte Wissenschaft der Unwissenheit behandeln will, halte ich es für notwendig, die Natur der Größe selbst zu untersuchen.

Das Größte nenne ich das, über das hinaus nichts größer sein kann. Die Überfülle jedoch kommt dem Einen zu. Es koinzidiert also die Einheit, die auch die Seiendheit ist, mit der Größe. Wenn diese Einheit von jeder Beziehung und Verschränkung völlig losgelöst ist, dann ist es, da sie die losgelöste Größe ist, offenkundig, daß ihr nichts entgegengesetzt werden kann. Das absolute Größte ist also das Eine, das alles ist; alles ist in ihm, weil es das Größte ist. Und da ihm nichts entgegengesetzt wird, koinzidiert mit ihm zugleich das Kleinste, welches darum auch in allem ist. Und weil es absolut ist, ist es als Wirklichkeit jedes mögliche Sein; da alles von ihm stammt, zieht es nichts von den Dingen an sich.

Dieses Größte, das im Glauben aller Völker ohne jeden Zweifel für Gott gehalten wird, werde ich mich im ersten Buch jenseits menschlicher Vernunft unter der Führung dessen, der allein im unzugänglichen Lichte wohnt, auf unbegreifliche Weise zu erforschen bemühen.

An zweiter Stelle werde ich folgendes zeigen: Wie die absolute Größe die absolute Seiendheit ist, durch die alles das ist, was es ist, so ist sie auch die allgemeine Einheit des Seienden, das das vom Absoluten abhängige Größte genannt wird und das daher in Verschränkung als Gesamt besteht. Seine Einheit ist nämlich in der Vielheit, ohne die es nicht sein kann, verschränkt. Wenn dieses Größte auch in seiner allgemeinen Einheit alles umfaßt, so daß alles, was vom Absoluten stammt, in ihm und es selbst in allem ist, hat es dennoch außerhalb der Vielfalt, in der es ist, keinen Grundbestand, da es ohne Verschränkung, von der es nicht losgelöst werden kann, nicht existiert. Über dieses Größte, d. h. über das Gesamt, werde ich im zweiten Buch einiges hinzufügen.

Tertio loco maximum tertiae considerationis subsequenter manifestabitur. Nam cum universum non habeat nisi contracte subsistentiam in pluralitate, in ipsis pluribus inquiremus unum maximum, in quo universum maxime et perfectissime subsistit actu ut in fine. Et quoniam tale cum absoluto, quod est terminus universalis, unitur, quia finis perfectissimus supra omnem capacitatem nostram, de illo maximo, quod simul est contractum et absolutum, quod Iesum semper benedictum nominamus, nonnulla, prout et ipse Iesus inspiraverit, subiciam.

Oportet autem attingere sensum volentem potius supra verborum vim intellectum efferre quam proprietatibus vocabulorum insistere, quae tantis intellectualibus mysteriis proprie adaptari non possunt. Exemplaribus etiam manuductionibus necesse est transcendenter uti, linquendo sensibilia, ut ad intellectualitatem simplicem expedite lector ascendat; ad quam viam quaerendam studui communibus ingeniis quanto clarius potui aperire, omnem stili scabrositatem evitando, radicem doctae ignorantiae etiam inapprehensibili veritatis praecisione statim manifestans.

III.

Quod praecisa veritas sit incomprehensibilis

Quoniam ex se manifestum est infiniti ad finitum proportionem non esse, est et ex hoc clarissimum, quod, ubi est reperire excedens et excessum, non deveniri ad maximum simpliciter, cum excedentia et excessa finita sint.

Maximum vero tale necessario est infinitum. Dato igitur quocumque, quod non sit ipsum maximum simpliciter, dabile maius esse manifestum est. Et quoniam aequalitatem

An letzter Stelle wird das Größte nach einer dritten Betrachtungsweise folgerichtig verdeutlicht werden. Denn da das Gesamt nur in der Vielfalt auf verschränkte Weise Bestand hat, suchen wir im Vielen nach dem Einen Größten, in dem das Gesamt als in seinem Ziel wirklich am größten und vollkommensten besteht. Und weil dieses mit dem Absoluten, der allgemeinen Zielgrenze, vereint ist, ist es das unser Fassungsvermögen überschreitende, vollkommenste Ziel. Ich werde über dieses Größte, das zugleich verschränkt und absolut ist, und das wir Jesus, den immer Gepriesenen nennen, einiges sagen, soweit er selbst mich erleuchten wird.

Jener, der den Sinn erreichen will, muß, statt auf den Eigentümlichkeiten der Wörter, die derartigen, geistigen Geheimnissen nicht vollkommen angepaßt werden können, zu verharren, mit seinem Geist über die Bedeutung der Worte hinaus vordringen. Auch muß man, um den Weg zu weisen, Beispiele im übertragenen Sinn gebrauchen, wobei das Sinnliche zu verlassen ist, damit der Leser ohne Schwierigkeit zu einem einfachen Verstehen gelangt. Ich habe mich bemüht, die Suche dieses Weges, soweit ich es vermochte, dem allgemeinen Verstand zu eröffnen, indem ich alle Rauheit des Stils vermied und auch die Wurzel der wissenden Unwissenheit vermittels der unbegreiflich genauen Abgrenzung der Wahrheit sogleich aufwies.

III.

Die genau abgegrenzte Wahrheit ist unfaßbar

Da es aus sich offenkundig ist, daß es keinen Verhältnisbezug des Unendlichen zum Endlichen gibt, so ist daraus auch völlig einsichtig, daß man dort, wo Ausgehendes und Ausgegangenes zu finden ist, nicht zum schlechthin Größten gelangen kann; denn Ausgehendes und Ausgegangenes ist endlich.

Das schlechthin Größte aber ist notwendigerweise unendlich. Selbstverständlich kann es also, sobald etwas, das nicht das schlechthin Größte ist, gegeben ist, ein noch Größeres geben.

reperimus gradualem, ut unum aequalius uni sit quam alteri secundum convenientiam et differentiam genericam, specificam, localem, influentialem et temporalem cum similibus, patet non posse aut duo vel plura adeo similia et aequalia reperiri, quin adhuc in infinitum similiora esse possint. Hinc mensura et mensuratum, quantumcumque aequalia, semper differentia remanebunt.

Non potest igitur finitus intellectus rerum veritatem per similitudinem praecise attingere. Veritas enim non est nec plus nec minus, in quodam indivisibili consistens, quam omne non ipsum verum existens praecise mensurare non potest; sicut nec circulum, cuius esse in quodam indivisibili consistit, non-circulus.

Intellectus igitur, qui non est veritas, numquam veritatem adeo praecise comprehendit, quin per infinitum praecisius comprehendi possit, habens se ad veritatem sicut polygonia ad circulum, quae quanto inscripta plurium angulorum fuerit, tanto similior circulo. Numquam tamen efficitur aequalis, etiam si angulos usque in infinitum multiplicaverit, nisi in identitatem cum circulo se resolvat.

Patet igitur de vero nos non aliud scire quam quod ipsum praecise, uti est, scimus incomprehensibile, veritate se habente ut absolutissima necessitate, quae nec plus aut minus esse potest quam est, et nostro intellectu ut possibilitate. Quidditas ergo rerum, quae est entium veritas, in sua puritate inattingibilis est et per omnes philosophos investigata, sed per neminem, uti est, reperta; et quanto in hac ignorantia profundius docti fuerimus, tanto magis ipsam accedimus veritatem.

Und da wir eine abgestufte Gleichheit finden, so daß das Eine der Zusammengehörigkeit und dem Unterschied von Gattung, Eigengestalt, Ort, Einfluß und Zeit entsprechend, dem Einen gleicher ist als dem Anderen, ergibt sich, daß es nicht zwei oder mehrere Dinge geben kann, die einander so ähnlich und gleich sind, daß sie nicht noch unendlich ähnlicher sein könnten. Daher werden Maß und Gemessenes, wie gleich sie einander auch sind, stets verschieden bleiben.

Es kann also der endliche Geist durch Ähnlichkeit die Wahrheit der Dinge nicht genau erreichen. Die Wahrheit nämlich ist nicht mehr noch weniger. Sie besteht in einem Unteilbaren und nichts, das nicht selbst als Wahres besteht, kann sie in genauer Abgrenzung messen; so wie der Nicht-Kreis den Kreis, dessen Sein in etwas Unteilbarem besteht, nicht messen kann.

Der Geist also, der nicht die Wahrheit ist, begreift diese niemals so genau, daß er sie nicht unendlich genauer begreifen könnte; er verhält sich zur Wahrheit wie ein dem Kreis eingeschriebenes Vieleck, welches dem Kreis um so ähnlicher sein wird, je mehr Winkel es hat. Dennoch wird es, auch wenn man die Winkel unendlich vervielfacht, ihm niemals gleich werden, außer es löst sich in die Identität mit dem Kreis auf.

Es ist also offenkundig, daß wir über das Wahre nichts anderes wissen, als daß es selbst, in genauer Abgrenzung, so wie es ist, unbegreiflich bleibt, und daß es sich in der Wahrheit, als in absoluter Notwendigkeit, in unserem Geist als in der Möglichkeit verhält. Die Washeit der Dinge also, die Wahrheit der Seienden, in ihrer Reinheit unerreichbar, ist von allen Philosophen erfragt, von niemandem aber, so wie sie ist, erschlossen worden; und je tiefer wir in dieser Unwissenheit wissend und weise geworden sein werden, um so mehr werden wir uns der Wahrheit selbst nähern.

IV.

*Maximum absolutum incomprehensibiliter intelligitur;
cum quo minimum coincidit*

Maximum, quo maius esse nequit, simpliciter et absolute cum maius sit, quam comprehendi per nos possit, quia est veritas infinita, non aliter quam incomprehensibiliter attingimus. Nam cum non sit de natura eorum, quae excedens admittunt et excessum, super omne id est, quod per nos concipi potest; omnia enim, quaecumque sensu, ratione aut intellectu apprehenduntur, intra se et ad invicem taliter differunt, quod nulla est aequalitas praecisa inter illa.

Excedit igitur maxima aequalitas, quae a nullo est alia aut diversa, omnem intellectum; quare maximum absolute cum sit omne id, quod esse potest, est penitus in actu; et sicut non potest esse maius, eadem ratione nec minus, cum sit omne id, quod esse potest. Minimum autem est, quo minus esse non potest. Et quoniam maximum est huiusmodi, manifestum est minimum maximo coincidere.

Et hoc tibi clarius fit, si ad quantitatem maximum et minimum contrahis. Maxima enim quantitas est maxime magna; minima quantitas est maxime parva. Absolve igitur a quantitate maximum et minimum — subtrahendo intellectualiter magnum et parvum —, et clare conspicis maximum et minimum coincidere; ita enim maximum est superlativus sicut minimum superlativus. Igitur absoluta [quantitas] non est magis maxima quam minima, quoniam in ipsa minimum est maximum coincidenter. Oppositiones igitur hiis tantum, quae excedens admittunt et excessum, et hiis differenter conveniunt; maximo absolute nequaquam, quoniam supra omnem oppositionem est.

IV.

*Das absolut Größte, mit dem das Kleinste koinzidiert,
wird auf unbegreifliche Weise eingesehen*

Das schlechthin Größte, über das hinaus es nichts Größeres geben kann, da es größer ist, als daß es von uns begriffen werden könnte, und weil es die unendliche Wahrheit ist, berühren wir nicht anders als in Unbegreifbarkeit. Denn da es nicht von der Natur dessen ist, das Ausgehendes und Ausgegangenes zuläßt, steht es jenseits des für uns Begreiflichen. Alles nämlich, was durch Sinnlichkeit, Verstand oder Geist begriffen wird, ist untereinander so voneinander verschieden, daß es keine genaue Gleichheit zwischen ihm gibt.

Es entzieht sich also die größte Gleichheit, die keinem gegenüber eine andere oder verschiedene ist, jeder geistigen Einsicht. Das in Absolutheit Größte ist ganz Wirklichkeit, da es alles ist, was es sein kann. Und da es eben alles ist, was es sein kann, kann es nicht größer und, aus demselben Grund, auch nicht kleiner werden. Das Kleinste aber ist jenes, über das hinaus nichts kleiner sein kann und da das Größte von der selben Art ist, ist es klar, daß das Kleinste mit dem Größten koinzidiert.

Das wird deutlicher, wenn man das Größte und Kleinste zur Quantität verschränkt und auf sie bezieht. Die größte Quantität ist die „am größten" große. Die kleinste Quantität ist die „am größten" kleine. Löst man also das Größte und das Kleinste von der Quantität los, indem man in Gedanken „groß" und „klein" abzieht, dann wird man deutlich sehen, daß das Größte und Kleinste koinzidieren; denn das Kleinste ist ebenso ein Superlativ wie das Größte. Die absolute Quantität ist also „die größte" in keinem größeren Maße als „die kleinste", da in ihr das Kleinste und das Größte koinzidiert. Gegensätze kommen nur dem zu, das Ausgehendes und Ausgeganges zuläßt, und zwar in unterschiedlicher Weise; jedoch in keiner Weise dem absolut Größten, denn das liegt jenseits aller Gegensätzlichkeit.

Quia igitur maximum absolute est omnia absolute actu, quae esse possunt, taliter absque quacumque oppositione, ut in maximo minimum coincidat, tunc super omnem affirmationem est pariter et negationem et omne id, quod concipitur esse, non magis est quam non est; et omne id, quod concipitur non esse, non magis non est quam est, sed ita est hoc, quod est omnia, et ita omnia, quod est nullum; et ita maxime hoc, quod est minime ipsum. Non enim aliud est dicere Deus, qui est ipsa maximitas absoluta, est lux, quam ita Deus est maxime lux, quod est minime lux. Aliter enim non esset maximitas absoluta omnia possibilia actu, si non foret infinita et terminus omnium et per nullum omnium terminabilis, prout in sequentibus ipsius Dei pietate explanabimus.

Hoc autem omnem nostrum intellectum transcendit, qui nequit contradictoria in suo principio combinare via rationis, quoniam per ea, quae nobis a natura manifesta fiunt, ambulamus; quae longe ab hac infinita virtute cadens ipsa contradictoria per infinitum distantia connectere simul nequit.

Supra omnem igitur rationis discursum incomprehensibiliter absolutam maximitatem videmus infinitam esse, cui nihil opponitur, cum qua minimum coincidit. Maximum autem et minimum, ut in hoc libello sumuntur, transcendentes absolute significationis termini existunt, ut supra omnem contractionem ad quantitatem molis aut virtutis in sua simplicitate absoluta omnia complectantur.

V.

Maximum est unum

Ex hiis clarissime constat maximum absolute incomprehensibiliter intelligibile pariter et innominabiliter nominabile

Da also das in Absolutheit Größte alles auf absolute Weise als Wirklichkeit ist, und zwar da das Kleinste im Größten koinzidiert, ohne jede Gegensätzlichkeit, so steht es in gleicher Weise jenseits jeder Bejahung und Verneinung. Und alles das, was als Sein begriffen wird, ist nicht mehr als es nicht ist, und alles das, was als Nicht-Sein begriffen wird, ist nicht mehr Nicht-Ist als es ist, es ist dies vielmehr so, daß es alles ist, und so alles, daß es keines ist und so am meisten dies, das es am wenigsten ist; denn zu sagen: „Gott, der die absolute Größe selbst ist, ist das Licht" heißt nichts anderes als „Gott ist am meisten Licht, weil er es am wenigsten ist". Ansonsten nämlich — wenn die absolute Größe nicht unendlich und die Zielgrenze von allem und durch nichts von allem bestimmbar wäre — wäre sie nicht alles Mögliche als Wirklichkeit, wie wir im folgenden mit der Hilfe Gottes ausführen werden.

Das aber übersteigt unsere ganze Einsicht, die auf dem Weg des Verstandes das Widersprechende in seinem Ursprung nicht zusammenbringen kann, da wir uns auf dem Boden dessen, das uns von Natur offenbar wird, fortbewegen. Der Verstand weicht weit von dieser unendlichen Kraft ab und kann das unendlich weit voneinander getrennte, kontradiktorisch Gegensätzliche nicht zugleich verknüpfen.

Jenseits jeden rationalen Gedankenwegs sehen wir in Unbegreifbarkeit, daß die absolute Größe, welcher, da sie mit dem Kleinsten koinzidiert, nichts entgegengesetzt wird, unendlich ist. Das Größte aber und das Kleinste, wie sie in diesem Buch verstanden werden, bestehen, die Grenze der Begriffsbedeutung überschreitend, in absoluter Weise, so daß sie jenseits aller Verschränkung zur Quantität der Masse oder Kraft in absoluter Einfachheit alles umfassen.

V.

Das Größte ist das Eine

Aus dem bis jetzt Gesagten ergibt sich eindeutig, daß das absolut Größte auf unbegreifliche Weise einsichtig und

esse, uti de hoc manifestiorem doctrinam inferius pandemus. Nihil est nominabile, quo non possit maius aut minus dari, cum nomina hiis attributa sint rationis motu, quae quadam proportione excedens admittunt aut excessum. Et quoniam omnia sunt eo meliori modo, quo esse possunt, tunc sine numero pluralitas entium esse nequit. Sublato enim numero cessant rerum discretio, ordo, proportio, harmonia atque ipsa entium pluralitas. Quod si numerus ipse esset infinitus — quoniam tunc maximus actu, cum quo coincideret minimum —, pariter cessarent omnia praemissa. In idem enim redit numerum infinitum esse et minime esse.

Si igitur ascendendo in numeris devenitur actu ad maximum, quoniam finitus est numerus: non devenitur tamen ad maximum, quo maior esse non possit, quoniam hic foret infinitus. Quare manifestum est ascensum numeri esse finitum actu et illum in potentia fore ad alium. Et si in descensu pariter se numerus haberet, ut dato quocumque parvo numero actu, quod tunc per subtractionem semper dabilis esset minor sicut in ascensu per additionem maior, adhuc idem. Quoniam nulla rerum discretio foret, neque ordo neque pluralitas neque excedens et excessum in numeris reperiretur, immo non esset numerus.

Quapropter necessarium est in numero ad minimum deveniri, quo minus esse nequit, uti est unitas. Et quoniam unitati minus esse nequit, erit unitas minimum simpliciter, quod cum maximo coincidit per statim ostensa.

Non potest autem unitas numerus esse, quoniam numerus excedens admittens nequaquam simpliciter minimum nec maximum esse potest; sed est principium omnis numeri, quia minimum; est finis omnis numeri, quia maximum.

gleicherweise auf unnennbare Weise nennbar ist; darüber werde ich später noch eine deutlichere Theorie entwickeln. Nichts ist nennbar, von dem es nicht ein Mehr oder Weniger geben kann, denn die Namen sind durch die Tätigkeit des Verstandes dem zugeteilt, was in Verhältnisbeziehung Ausgehendes oder Ausgegangenes zuläßt. Und da alles auf die relativ beste Weise ist, kann die Vielheit der Seienden nicht ohne die Zahl bestehen. Nimmt man nämlich die Zahl weg, dann hören Unterscheidung, Ordnung, Verhältnisbeziehung, Harmonie und die Vielheit der Seienden auf. Ebenso wäre das Genannte hinfällig, wenn die Zahl selbst unendlich wäre, weil sie dann das Größte als Wirklichkeit wäre und mit dem Kleinsten koinzidierte. Denn es ergibt sich dasselbe Resultat, wenn die Zahl unendlich oder am kleinsten ist.

Weil die Zahlen endlich sind, kommt man durch Aufsteigen in ihnen zu einer tatsächlich größten; aber man kommt doch nicht zu einer größten, über die hinaus es keine größere geben kann, denn diese wäre unendlich. Daher ist offenkundig, daß der Aufstieg der Zahl tatsächlich begrenzt ist und daß sie in der Möglichkeit zu einer andern steht. Verhält sich die Zahl im Abstieg ebenfalls so, daß wie im Aufstieg durch Addition ein Größeres, bei einem in der Zahl wirklich gegebenen Kleinsten durch Subtraktion stets ein noch Kleineres möglich wäre, so gilt hier dasselbe. Andernfalls gäbe es keine Unterscheidung der Dinge; weder Ordnung noch Vielfalt noch Ausgehendes noch Ausgegangenes würde in der Zahl gefunden, ja es gäbe überhaupt keine Zahl.

Darum ist es notwendig, in der Zahl zu einem Kleinsten zu gelangen, über das hinaus nichts kleiner sein kann, wie es die Einheit ist. Und da nichts kleiner sein kann als die Einheit, wird die Einheit das schlechthin Kleinste sein, das, wie ich gerade gezeigt habe, mit dem Größten koinzidiert.

Nicht aber kann die Einheit Zahl sein, da die Zahl Ausgehendes zuläßt und in keiner Weise das schlechthin Kleinste noch das Größte sein kann. Die Einheit ist vielmehr der Ursprung jeder Zahl, da sie das Kleinste, und das Ende jeder Zahl, da sie das Größte ist.

Est igitur unitas absoluta, cui nihil opponitur, ipsa absoluta maximitas, quae est Deus benedictus, Haec unitas, cum maxima sit, non est multiplicabilis, quoniam est omne id, quod esse potest. Non potest igitur ipsa numerus fieri.

Vide per numerum ad hoc nos deductos, ut intelligamus innominabili Deo unitatem absolutam propius convenire quodque Deus ita est unus, ut sit actu omne id, quod possibile est. Quapropter non recipit ipsa unitas magis nec minus, nec est multiplicabilis. Deitas itaque est unitas infinita. Qui ergo dixit: «Audi, Israel, Deus tuus unus est»[1] et «unus est magister et pater vester in caelis»[2], nihil verius dicere potuit.

Qui diceret plures deos esse, hic nec Deum nec quidquam omnium universi esse falsissime affirmaret, uti in sequentibus ostendetur. Nam uti numerus, qui ens rationis est fabricatum per nostram comparativam discretionem, praesupponit necessario unitatem pro tali numeri principio, ut sine eo impossibile sit numerum esse: ita rerum pluralitates ab hac infinita unitate descendentes ad ipsam se habent, ut sine ipsa esse nequeant; quomodo enim essent sine esse? Unitas absoluta est entitas, ut posterius videbimus.

VI.

Maximum est absoluta necessitas

Ostensum est in praecedentibus omnia praeter unum maximum simpliciter eius respectu finita et terminata esse. Finitum vero et terminatum habet, a quo incipit et ad quod terminatur. Et quia non potest dici, quod illud sit maius dato finito et finitum, ita semper in infinitum progre-

---

[1] Deut. 6, 4.
[2] Matth. 23, 8.

Die absolute Einheit, der nichts entgegengesetzt wird, ist die absolute Größe selbst, die Gott ist, gepriesen sei Er. Diese Einheit kann als die größte nicht vervielfältigt werden; sie ist alles das, was sein kann; demnach kann sie nicht Zahl werden.

Sieh, wir sind durch die Zahl dazu geführt worden, einzusehen, daß dem unnennbaren Gott die absolute Einheit zukommt und daß Gott so Einer ist, daß er als Wirklichkeit alles ist, was sein kann. Daher nimmt die Einheit weder mehr noch weniger auf und kann nicht vervielfältigt werden. Die Gottheit ist also unendliche Einheit. Jener, der gesagt hat: „Höre Israel, Dein Gott ist ein einiger Gott" und „Einer ist Meister und Euer Vater im Himmel", konnte nichts Wahreres sagen.

Wer sagte, es gäbe mehrere Götter, der würde, wie im folgenden gezeigt wird, völlig verkehrt behaupten, daß es weder Gott noch irgend etwas von dem Gesamt gibt. Denn wie die Zahl, die ein durch unsere vergleichende Unterscheidung gebildetes Gedankending ist, notwendig die Einheit als ihren Ursprung voraussetzt, und zwar dergestalt, daß ohne sie das Zahl-Sein unmöglich wäre, so verhält sich auch die Vielheit der Dinge, die von der unendlichen Einheit her absteigt, zu dieser so, daß sie ohne sie nicht sein kann; denn wie wären sie ohne das Sein? Die absolute Einheit ist die Seiendheit, wie wir später sehen werden.

VI.

Das Größte ist die absolute Notwendigkeit

Im vorhergehenden wurde gezeigt, daß außer dem Einen Größten schlechthin alles in Hinblick auf dieses endlich und begrenzt sei. Das Endliche aber und das Begrenzte hat etwas, von dem es anfängt und auf das hin es begrenzt wird. Und weil nicht gesagt werden kann, daß jenes —

diendo, quoniam in excedentibus et excessis progressio in infinitum actu fieri non potest — alias maximum esset de natura finitorum — igitur necessario est maximum actu omnium finitorum principium et finis.

Praeterea, nihil esse posset, si maximum simpliciter non esset. Nam cum omne non-maximum sit finitum, est et principiatum; erit autem necessarium, quod ab alio; alioquin, si a se ipso, fuisset quando non fuisset.

Nec in principiis et causis est — ut ex regula patet — possibile ire in infinitum. Erit igitur maximum simpliciter, sine quo nihil esse potest. Praeterea, contrahamus maximum ad esse et dicamus: Maximo esse nihil opponitur; quare nec esse nec minime esse. Quomodo igitur intelligi potest maximum non esse posse, cum minime esse sit maxime esse?

Neque quidquam intelligi potest esse sine esse. Absolutum autem esse non potest esse aliud quam maximum absolute. Nihil igitur potest intelligi esse sine maximo.

Praeterea, veritas maxima est maximum absolute. Maxime igitur verum est ipsum maximum simpliciter esse vel non esse, vel esse et non esse, vel nec esse nec non esse; et plura nec dici nec cogitari possunt. Qualecumque horum dixeris maxime verum, habeo propositum; nam habeo veritatem maximam, quae est maximum simpliciter. Unde, etsi per praemissa manifestum sit, quod hoc nomen esse aut aliud quodcumque nomen non sit praecisum nomen maximi, quod est super omne nomen, tamen esse maxime et innominabiliter per nomen maximum super omne esse nominabile sibi convenire necesse est.

größer als ein gegebenes Endliches — auch endlich sei, so ist, da man dann ins Unendliche fortschreiten müßte, im Ausgegangenen und Ausgehenden ein Fortschritt ins Unendliche aber nicht wirklich geschehen kann, weil sonst das Größte von der Natur der endlichen Dinge wäre, das Größte notwendig Ursprung und Ende jedes Endlichen.

Außerdem könnte nichts sein, wenn das schlechthin Größte nicht wäre, denn da alles Nicht-Größte endlich ist, muß es auch einen Anfang haben, und zwar notwendigerweise aus einem andern; ansonsten — wenn es aus sich selbst stammte — wäre es schon gewesen als es noch nicht war.

Auch ist es, wie die Regel zeigt — nicht möglich, in Grund und Ursprung ins Unendliche zurückzugehen. Es muß also das schlechthin Größte sein, ohne das nichts sein kann. Außerdem können wir das Größte zum Sein verschränken und sagen: Das größte Sein hat keinen Gegensatz, ist darum weder das Sein noch das Ganz-Wenig-Sein. Wie kann man aber einsehen, daß das Größte nicht sein kann, da das geringste Sein das größte Sein ist?

Nichts kann ohne das Sein eingesehen werden. Das absolute Sein aber kann nichts anderes sein als das Größte in Absolutheit. Also kann nichts als Seiendes eingesehen werden ohne das Größte-Sein.

Ferner ist die größte Wahrheit das Größte in Absolutheit. Die höchste Wahrheit aber ist: daß das schlechthin Größte ist oder nicht ist, oder ist und nicht ist, oder weder ist noch nicht ist; mehr kann weder gesagt noch gedacht werden. Was immer man von diesem auch als das am meisten Wahre bezeichnet, ich habe eine Voraussetzung: die größte Wahrheit, die das schlechthin Größte ist. Durch das Gesagte ist offenbar geworden, daß dieser Name Sein, oder irgendein anderer Name, nicht der genau abgegrenzte Name des Größten ist, da dieses über jedem Namen steht. Dennoch ist es notwendigerweise das größte Sein, das, mit dem Namen des Größten nicht benennbar, über jedem benennbaren Sein steht.

Talibus quidem et infinitis consimilibus rationibus ex superioribus docta ignorantia apertissime videt maximum simpliciter necessario esse, ita quod sit absoluta necessitas.

Est autem ostensum non posse nisi unum esse maximum simpliciter. Quare unum esse maximum est verissimum.

VII.

De trina et una aeternitate

Nulla umquam natio fuit, quae Deum non coleret et quem maximum absulute non crederet.

Reperimus M. Varronem in libris Antiquitatum annotasse Sissennios unitatem pro maximo adorasse. Pythagoras autem, vir suo aevo auctoritate irrefragabili clarissimus, unitatem illam trinam astruebat. Huius veritatem investigantes, altius ingenium elevantes dicamus iuxta praemissa: Id, quod omnem alteritatem praecedit, aeternum esse nemo dubitat. Alteritas namque idem est quod mutabilitas. Sed omne, quod mutabilitatem naturaliter praecedit, immutabile est; quare aeternum. Alteritas vero constat ex uno et altero; quare alteritas sicut numerus posterior est unitate. Unitas ergo prior natura est alteritate et, quoniam eam naturaliter praecedit, est unitas aeterna.

Amplius, omnis inaequalitas est ex aequali et excedente. Inaequalitas ergo posterior natura est aequalitate, quod per resolutionem firmissime probari potest. Omnes enim inaequalitas in aequalitatem resolvitur; nam aequale inter maius et minus est. Si igitur demas, quod maius est, aequale erit, si vero minus fuerit, deme a reliquo, quod maius est, et aequale fiet. Et hoc etiam facere poteris, quousque ad simplicia demendo veneris.

Aus diesen und unzähligen ähnlichen Gründen ersieht die wissende Unwissenheit aus dem Vohergehenden ganz deutlich, daß das schlechthin Größte existieren muß und daß es darum die absolute Notwendigkeit ist.

Es ist aber auch schon gezeigt worden, daß das einfachhin Größte eines sein muß. Darum ist die größte Wahrheit die, daß das Eine das Größte ist.

VII.

Die dreifache und eine Ewigkeit

Noch niemals hat es ein Volk gegeben, das nicht Gott verehrt und ihn als das in Absolutheit Größte geglaubt hätte.

Wir finden bei Marcus Varro in den „Altertümern" vermerkt, daß die Sissennier die Einheit als das Größte angebetet hätten. Pythagoras aber, ein in seiner Zeit hochberühmter Mann, von unerschütterlicher Autorität, fügte hinzu, daß jene Einheit eine dreifache sei. Um die Wahrheit dieser Behauptung zu erforschen, wollen wir unsere Geisteskraft höher erheben und gemäß dem Vorausgeschickten sagen: Niemand zweifelt, daß das, was jeder Andersheit vorausgeht, ewig sei. Denn die Andersheit ist dasselbe wie die Wandelbarkeit; alles aber, was der Wandelbarkeit von Natur vorangeht, ist unwandelbar und darum ewig. Die Andersheit besteht aus dem Einen und dem Andern, weshalb sie, wie die Zahl, später ist als die Einheit. Die Einheit also ist von Natur früher als die Andersheit und, weil sie dieser natürlich vorangeht, ewige Einheit.

Ferner besteht jede Ungleichheit aus Gleichem und einem darüber Hinausgehenden. Die Ungleichheit ist also von Natur später als die Gleichheit, wie durch Auflösung sicher bewiesen werden kann. Jede Ungleichheit läßt sich in Gleichheit auflösen, denn das Gleiche liegt zwischen Größer und Kleiner. Nimmt man weg, was größer ist, so wird es gleich; ist es aber kleiner, dann nimmt man von dem anderen das weg, um was es größer ist, und es wird wieder gleich. Das könnte man tun, bis man durch dieses Wegnehmen zum Einfachen gelangte.

Patet itaque, quod omnis inaequalitas demendo ad aequalitatem redigitur. Aequalitas ergo naturaliter praecedit inaequalitatem. Sed inaequalitas et alteritas simul sunt natura; ubi enim inaequalitas, ibidem necessario alteritas, et e converso. Inter duo namque ad minus erit alteritas. Illa vero ad unum illorum duplicitatem facient; quare erit inaequalitas. Alteritas ergo et inaequalitas simul erunt natura, praesertim cum binarius prima sit alteritas et prima inaequalitas. Sed probatum est aequalitatem praecedere natura inaequalitatem, quare et alteritatem; aequalitas ergo aeterna.

Amplius, si duae fuerint causae, quarum una prior natura sit altera, erit effectus prioris prior natura posterioris. Sed unitas vel est connexio vel est causa connexionis; inde enim aliqua connexa dicuntur, quia simul unita sunt. Binarius quoque vel divisio est vel causa divisionis; binarius enim prima est divisio. Si ergo unitas causa connexionis est, binarius vero divisionis: ergo, sicut unitas est prior natura binario, ita connexio prior natura divisione. Sed divisio et alteritas simul sunt natura; quare et connexio sicut unitas est aeterna, cum prior sit alteritate.

Probatum est igitur: Quoniam unitas aeterna est, aequalitas aeterna, similiter et connexio aeterna.

Sed plura aeterna esse non possunt. Si enim plura essent aeterna, tunc, quoniam omnem pluralitatem praecederet unitas, esset aliquid prius natura aeternitate; quod est impossibile. Praeterea, si plura essent aeterna, alterum alteri deesset ideoque nullum illorum perfectum esset; et ita esset aliquod aeternum, quod non esset aeternum, quia non esset perfectum. Quod cum non sit possibile, hinc plura aeterna esse non possunt. Sed quia unitas aeterna est, aequalitas aeterna est, similiter et connexio: hinc unitas, aequalitas et connexio sunt unum. Et haec est illa trina unitas, quam

Es ist also offenkundig, daß jede Ungleichheit durch Wegnehmen zur Gleichheit rückgeführt wird und daß darum die Gleichheit von Natur der Ungleichheit vorangeht. Ungleichheit und Andersheit sind von Natur gleichzeitig; dort, wo Ungleichheit herrscht, ist notwendigerweise Andersheit und umgekehrt. Denn zwischen Zweien wird dem Kleineren gegenüber Andersheit sein. Beide aber bewirken Duplizität zu einem von ihnen und deshalb wird Ungleichheit sein. Andersheit und Ungleichheit werden also gleichzeitiger Natur sein, vor allem da die Zweiheit die erste Andersheit und die erste Ungleichheit ist. Da es aber erwiesen ist, daß die Gleichheit von Natur der Ungleichheit und darum auch der Andersheit vorausgeht, ist die Gleichheit also ewig.

Wenn es weiterhin zwei Ursachen gäbe, von denen die eine der Natur nach früher wäre als die andere, wird die Wirkung der ersteren, natürlich der Natur nach, früher sein als die der letzteren. Die Einheit ist sowohl die Verknüpfung als auch die Ursache der Verknüpfung; daher wird etwas verbunden genannt, weil es zugleich vereint ist. Die Zweiheit ist entweder Teilung oder Ursache der Teilung; denn sie ist die erste Teilung. Wenn also die Einheit Grund der Verbindung ist, dann die Zweiheit Grund der Teilung. Folglich ist, ebenso wie die Einheit von Natur früher ist als die Zweiheit, die Verbindung naturgemäß früher als die Teilung. Teilung und Andersheit aber sind gleichzeitig und daher ist auch die Verbindung, die früher ist als die Andersheit, ebenso wie die Einheit, ewig.

Damit ist also bewiesen: Da die Einheit ewig ist, ist die Gleichheit und ebenso auch die Verbindung ewig.

Es kann aber nicht mehrere Ewige geben. Denn wenn es mehrere Ewige gäbe, dann wäre, da jeder Vielheit die Einheit vorausgeht, irgend etwas von Natur aus eher als die Ewigkeit und das ist unmöglich. Ferner würde, wenn es mehrere Ewige gäbe, dem einen gegenüber dem andern etwas fehlen, keines von diesen wäre vollkommen und so gäbe es ein Ewiges, das nicht ewig wäre, weil es nicht vollkommen wäre. Da dies unmöglich ist, kann es nicht mehrere Ewige geben. Vielmehr ist, weil die Einheit ewig ist, auch die Gleichheit ewig und damit auch die Verbindung und

Pythagoras, omnium philosophorum primus, Italiae et Graeciae decus, docuit adorandam.

Sed adhuc aliqua de generatione aequalitatis ab unitate subiungamus expressius.

VIII.

De generatione aeterna

Ostendamus nunc brevissime ab unitate gigni unitatis aequalitatem, connexionem vero ab unitate procedere et ab unitatis aequalitate.

Unitas dicitur quasi ὤντας ab ὤν Graeco, quod Latine ens dicitur; et est unitas quasi entitas. Deus namque ipsa est rerum entitas; forma enim essendi est, quare et entitas. Aequalitas vero unitatis quasi aequalitas entitatis, id est aequalitas essendi sive existendi. Aequalitas vero essendi est, quod in re neque plus neque minus est, nihil ultra, nihil infra. Si enim in re magis est, monstruosum est; si minus est, nec est.

Generatio aequalitatis ab unitate clare conspicitur, quando quid sit generatio attenditur. Generatio est enim unitatis repetitio vel eiusdem naturae multiplicatio a patre procedens in filium. Et haec quidem generatio in solis rebus caducis invenitur.

Generatio autem unitatis ab unitate est una unitatis repetitio, id est unitas semel; quod, si bis vel ter vel deinceps unitatem multiplicavero, iam unitas ex se aliud procreabit, ut binarium vel ternarium vel alium numerum. Unitas vero semel repetita solum gignit unitatis aequalitatem, quod nihil

deshalb sind Einheit, Gleichheit und Verknüpfung das Eine. Und das ist jene Drei-Einheit, die Pythagoras, der erste aller Philosophen und die Zierde Italiens und Griechenlands, anzubeten lehrte.

Ich möchte dazu noch einiges zur Verdeutlichung über die Zeugung der Gleichheit aus der Einheit hinzufügen.

VIII.

Die ewige Zeugung

Wir möchten jetzt ganz kurz zeigen, daß die Gleichheit der Einheit gezeugt wird, die Verknüpfung aber von der Einheit und von der Gleichheit der Einheit ausgeht.

Die Einheit (unitas) wird von dem Griechischen ὤν, das im Lateinischen ens heißt, gleicherweise auch ὤντας genannt; die Einheit ist auch die Seiendheit. Denn Gott ist die Seiendheit der Dinge: er ist die Form des Seienden, daher auch die Seiendheit. Die Gleichheit der Einheit aber ist gleicherweise die Gleichheit der Seiendheit, d. h. die Gleichheit des Seienden oder des Bestehenden. Die Gleichheit des Seienden aber bedeutet, daß im Ding weder mehr noch weniger ist, nichts darüber und nichts darunter. Denn wenn im Ding mehr ist, ist es ungeheuerlich, wenn weniger ist, ist es überhaupt nicht.

Die Zeugung der Gleichheit von der Einheit sieht man deutlich, wenn man beachtet, was die Zeugung ist. Die Zeugung nämlich ist die Wiederholung der Einheit oder die Vervielfältigung derselben Natur, die vom Vater in den Sohn übergeht. Diese Zeugung ist nur in den vergänglichen Dingen zu finden.

Die Zeugung der Einheit aus der Einheit aber ist eine einzige Wiederholung der Einheit, d. h. die einmalige Einheit; denn wenn ich sie zweimal oder dreimal oder der Reihe nach wieder vervielfältigen würde, würde diese Einheit aus sich anderes hervorbringen, wie die Zweiheit oder Dreiheit oder

aliud intelligi potest quam quod unitas gignat unitatem. Et haec quidem generatio aeterna est.

IX.

De connexionis aeterna processione

Quemadmodum generatio unitatis ab unitate est una unitatis repetitio, ita processio ab utroque est repetitionis illius unitatis, (sive mavis dicere unitatis et aequalitatis unitatis ipsius) unitas.

Dicitur autem processio quasi quaedam ab altero in alterum extensio; quemadmodum cum duo sunt aequalia, tunc quaedam ab uno in alterum quasi extenditur aequalitas, quae illa coniungat quodammodo et connectat.

Merito ergo dicitur ab unitate et ab aequalitate unitatis connexio procedere; neque enim connexio unius tantum est, sed ab unitate in aequalitatem unitas procedit, et ab unitatis aequalitate in unitatem. Merito igitur ab utroque procedere dicitur eo, quod ab altero in alterum quasi extenditur.

Sed nec ab unitate nec unitatis aequalitate gigni dicimus connexionem, quoniam nec ab unitate per repetitionem fit neque per multiplicationem; et quamvis ab unitate gignatur unitatis aequalitas et ab utroque connexio procedat, unum tamen et idem est unitas et unitatis aequalitas et connexio procedens ab utroque, velut si de eodem dicatur: hoc, id, idem. Hoc ipsum quidem, quod dicitur id, ad primum refertur; quod vero dicitur idem, relatum connectit et coniungit ad primum. Si igitur ab hoc pronomine, quod est id, formatum esset hoc vocabulum, quod est iditas, ut sic dicere possemus unitas, iditas, identitas, relationem quidem faceret iditas ad unitatem, identitas vero iditatis et unitatis

eine andere Zahl. Die Einheit aber, nur einmal wiederholt, erzeugt die Gleichheit der Einheit, was nicht anders verstanden werden kann, als daß die Einheit die Einheit zeugt. Und das ist die ewige Zeugung.

IX.

Das ewige Hervorgehen der Verknüpfung

Wie die Zeugung der Einheit aus der Einheit eine einzige Wiederholung der Einheit ist, so ist der Hervorgang aus beiden die Einheit jener Wiederholung der Einheit, oder, wenn man es lieber sagen will, die Einung der Einheit und der Gleichheit dieser Einheit.

Ebenso nennt man diesen Hervorgang auch die Ausdehnung von dem einen in das Andere, so wie die Gleichheit, die zwei gleiche Dinge verbindet und verknüpft, gleichsam von dem einen in das andere ausgedehnt wird.

Man sagt also mit Recht, daß die Verknüpfung von der Einheit und der Gleichheit der Einheit ausgehe. Denn sie ist nicht nur die Verknüpfung eines Einzigen, sondern von der Einheit geht diese in Gleichheit und von der Gleichheit der Einheit in Einheit. Folglich sagt man zu Recht, daß sie von beiden ausgehe, da sie sich gleichsam vom Einen ins Andere ausdehnt.

Aber man sagt nicht, daß die Verknüpfung von der Einheit, noch von der Gleichheit der Einheit gezeugt werde, da sie weder von der Einheit durch Wiederholung entsteht, noch durch Vervielfältigung. Und obwohl die Gleichheit der Einheit von der Einheit gezeugt wird und aus beiden die Verknüpfung hervorgeht, so ist dennoch die Einheit und die Gleichheit der Einheit und die aus beiden hervorgehende Verknüpfung ein und dasselbe — wie wenn man von ebendemselben sagte: Dieses, Das, Dasselbe! Dieses Selbe nämlich, welches Das genannt wird, wird auf das Erste bezogen; was aber Dasselbe genannt wird, verknüpft und verbindet das Bezogene zum Ersten. Wenn also von dem Pronomen Das

designaret connexionem, satis propinque Trinitati convenirent. Quod autem sanctissimi nostri doctores unitatem vocaverunt Patrem, aequalitatem Filium, et connexionem Spiritum sanctum, hoc propter quandam similitudinem ad ista caduca fecerunt.

Nam in patre et filio est quaedam natura communis, quae una est, ita quod in ipsa natura filius patri est aequalis. Nihil enim magis vel minus humanitatis est in filio quam in patre, et inter eos quaedam est connexio. Amor enim naturalis alterum cum altero connectit, et hoc propter similitudinem eiusdem naturae, quae in eis est, quae a patre in filium descendit; et ob hoc ipsum filium plus diligit quam alium secum in humanitate convenientem.

Ex tali quidem — licet distantissima — similitudine Pater dicta est unitas, Filius aequalitas, connexio vero amor sive Spiritus sanctus, creaturarum respectu tantum, prout infra etiam suo loco clarius ostendemus. Et haec est meo arbitratu iuxta Pythagoricam inquisitionem trinitatis in unitate et unitatis in trinitate semper adorandae manifestissima inquisitio.

X.

Quomodo intellectus trinitatis in unitate supergreditur omnia

Nunc inquiramus, quid sibi velit Martianus, quando ait Philosophiam ad huius trinitatis notitiam ascendere volentem circulos et sphaeras evomuisse[1].

---

[1] Martianus Capella, De nuptiis Philologiae et Mercurii II, 135.

das Wort Dasheit gebildet würde, so daß wir Einheit, Dasheit, Selbigkeit sagen könnten, dann würde die Dasheit die Relation zur Einheit bilden, die Selbigkeit der Dasheit und der Einheit aber würde die Verknüpfung bezeichnen und alles käme der Dreieinigkeit genügend nahe. Wenn aber unsere heiligen Lehrer die Einheit Vater, die Gleichheit Sohn und die Verknüpfung Heiliger Geist nannten, so taten sie das wegen einer gewissen Ähnlichkeit zu dem, was dem Vergänglichen angehört.

Im Vater und Sohn ist eine Art gemeinsamer Natur und diese ist eine, so daß der Sohn dem Vater in ihr gleich ist. Denn im Sohn ist die Menschheit in keinem größeren oder geringeren Maße als im Vater, und zwischen diesem besteht eine gewisse Verknüpfung. Der Ähnlichkeit derselben Natur wegen, die in ihnen ist und vom Vater in den Sohn übergeht, verbindet eine natürliche Zuneigung den einen mit dem anderen; und demgemäß liebt er seinen Sohn, mit dem er im Menschsein zusammentrifft, mehr als alles andere.

Nach dieser — wenn auch entfernten — Ähnlichkeit wurde die Einheit Vater, die Gleichheit Sohn, die Verknüpfung aber Liebe oder Heiliger Geist genannt; jedoch, wie wir an entsprechender Stelle noch deutlicher zeigen werden, nur in Hinblick auf die Geschöpfe. Dies ist, wie ich meine, die deutlichste Untersuchung und Darstellung der anbetungswürdigen Einheit in der Dreiheit und Dreiheit in der Einheit gemäß der Forschung des Pythagoras.

X.

Der Gedanke der Dreiheit in der Einheit übersteigt alles

Jetzt wollen wir untersuchen, was Martianus Capella will, wenn er sagt, die Philosophie habe, als sie zur Erkenntnis dieser Dreieinigkeit emporsteigen wollte, die Kreise und Kugeln von sich geworfen.

Ostensum est in prioribus unicum simplicissimum maximum; et quod ipsum tale non sit nec perfectissima figura corporalis, ut est sphaera, aut superficialis, ut est circulus, aut rectilinealis, ut est triangulus, aut simplicis rectitudinis, ut est linea. Sed ipsum super omnia illa est, ita quod illa, quae aut per sensum aut imaginationem aut rationem cum materialibus appendiciis attinguntur, necessario evomere oporteat, ut ad simplicissimam et abstractissimam intelligentiam perveniamus, ubi omnia sunt unum, ubi linea sit triangulus, circulus et sphaera, ubi unitas sit trinitas et e converso; ubi accidens sit substantia; ubi corpus sit spiritus, motus sit quies et cetera huiusmodi. Et tunc intelligitur, quando quodlibet in ipso uno intelligitur, unum, et ipsum unum omnia, et per consequens quodlibet in ipso omnia. Et non recte evomuisti sphaeram, circulum et huiusmodi, si non intelligis ipsam unitatem maximam necessario esse trinam. Maxima enim nequaquam recte intelligi poterit, si non intelligatur trina. Ut exemplis ad hoc utamur convenientibus:

Videmus unitatem intellectus non aliud esse quam intelligens, intelligibile et intelligere. Si igitur ab eo, quod est intelligens, velis te ad maximum transferre et dicere maximum esse maxime intelligens et non adicias ipsum etiam esse maxime intelligibile et maximum intelligere, non recte de unitate maxima et perfectissima concipis. Si enim unitas est maxima et perfectissima intellectio, quae sine istis correlationibus tribus nec intellectio nec perfectissima intellectio esse poterit, non recte unitatem concipit, qui ipsius unitatis trinitatem non attingit.

Unitas enim non nisi trinitas est; nam dicit indivisionem, discretionem et connexionem. Indivisio quidem ab unitate est, similiter discretio, similiter et unio sive connexio. Maxima igitur unitas non aliud est quam indivisio, discretio et connexio. Et quoniam indivisio est, tunc est aeternitas sive absque principio, sicut aeternum a nullo divisum. Quo-

Im Vorhergehenden wurde das einzige, einfachste Größte aufgewiesen und gezeigt, daß dieses weder die vollkommenste körperliche Gestalt ist, wie die Kugel, noch die Fläche wie der Kreis, noch die gradlinige Gestalt wie das Dreieck, sondern vielmehr über allem steht; infolgedessen muß man das, was mit Stoff behaftet, durch Sinnlichkeit, Vorstellung oder Verstand erreichbar ist, von sich werfen, um zur einfachsten und von allem gelöstesten Einsicht zu gelangen, in der alles eins ist; wo die Linie Dreieck, Kreis und Kugel ist, wo die Einheit Dreiheit und umgekehrt ist, wo das äußerlich Hinzukommende das Beständige ist, wo der Körper Geist, die Bewegung Ruhe ist, u. dgl. m. Dann, wenn man alles in dem Einen sieht, erkennt man das Eine und daß das Eine alles ist und folgerichtig jedes in ihm alles. Und man hat Kugel, Kreis und dergleichen nicht richtig von sich abgetan, wenn man nicht einsieht, daß jene größte Einheit notwendig eine Dreiheit ist. Denn das Größte kann in keiner Weise richtig eingesehen werden, wenn man es nicht als Dreiheit sieht. Um dies zu verstehen, wollen wir entsprechende Beispiele gebrauchen.

Wir sehen, daß die Einheit der Einsicht nichts anderes ist als Einsehendes, Einsichtiges und Einsehen. Wenn man sich also von dem Einsehenden zum Größten erheben will und sagt, das Größte sei das am meisten Einsehende, ohne hinzuzufügen, daß es auch das am meisten Einsichtige und das größte Einsehen ist, dann hat man von der größten und vollkommensten Einheit keine richtige Vorstellung. Wenn nämlich die Einheit die größte und vollkommenste Einsicht ist, die ohne diese drei Glieder weder Einsicht noch am vollkommensten sein könnte, dann erfaßt der, welcher die Dreiheit dieser Einheit nicht berührt, die Einheit nicht richtig.

Die Einheit ist nichts anderes als Dreiheit; denn sie besagt Ungeteiltheit, Unterschiedenheit und Verknüpfung. Die Ungeteiltheit stammt aus der Einheit, ebenso die Unterschiedenheit und genauso die Einung oder Verknüpfung. Die größte Einheit ist also nichts anderes als Ungeteiltheit, Unterschiedenheit und Verknüpfung. Als Ungeteiltheit ist

niam discretio est, ab aeternitate immutabili est. Et quoniam connexio sive unio est, ab utroque procedit.

Adhuc, cum dico: Unitas est maxima, trinitatem dico. Nam cum dico unitas, dico principium sine principio; cum dico maxima, dico principium a principio; cum illa per verbum est copulo et unio, dico processionem ab utroque. Si igitur ex superioribus manifestissime probatum est unum esse maximum, quoniam minimum, maximum et connexio unum sunt, ita quod ipsa unitas est et minima et maxima et unio: hinc constat, quomodo evomere omnia imaginabilia et rationabilia necesse est philosophiam, quae unitatem maximam non nisi trinam simplicissima intellectione voluerit comprehendere. Admiraris autem de hiis, quae diximus, quomodo volentem maximum simplici intellectione apprehendere necesse sit rerum differentias et diversitates ac omnes mathematicas figuras transilire, quoniam lineam diximus in maximo superficiem et circulum et sphaeram.

Unde, ut acuatur intellectus, ad hoc te facilius indubitata manuductione transferre conabor, ut videas ista necessaria atque verissima, quae te non inepte, si ex signo ad veritatem te elevaveris verba transsumptive intelligendo, in stupendam suavitatem adducent; quoniam in docta ignorantia proficies in hac via, ut quantum studioso secundum humani ingenii vires elevato conceditur videre possis ipsum unum maximum incomprehensibile, Deum unum et trinum semper benedictum.

sie Ewigkeit oder ohne Ursprung, weil das Ewige von nichts getrennt ist. Als Unterschiedenheit stammt sie aus der unveränderlichen Ewigkeit. Und als Verknüpfung oder Einung geht sie aus beiden hervor.

Wenn ich nun sage, „die Einheit ist die größte", so sage ich „Dreieinheit". Denn wenn ich „Einheit" sage, sage ich Ursprung ohne Ursprung, wenn ich „größte" sage, sage ich Ursprung aus dem Ursprung. Wenn ich jene durch das Wort „Ist" verbinde und eine, sage ich Hervorgang aus beiden. Im vorhergehenden wurde klar bewiesen, daß das Eine das Größte ist; denn da die Einheit die kleinste, die größte und die Einung ist, ist das Kleinste, das Größte und die Verknüpfung das Eine. Demzufolge muß eine Philosophie, die im einfachsten Erkennen die größte Einheit nur als Dreieinheit begreifen will, notwendigerweise alles Vorstellbare und Verstandesmäßige von sich werfen. Man wird aber über das, was wir gesagt haben, erstaunt sein, da nämlich jener, der das Größte in einfacher Einsicht begreifen will, die Unterschiede und Verschiedenheiten der Dinge und alle mathematischen Figuren überspringen muß. Wir sagten nämlich, daß im Größten die Linie Fläche, Kreis und Kugel sei.

Deshalb werde ich versuchen, dich zur Schärfung der Einsicht auf leichtere Weise durch unbezweifelbare Hilfsmittel dahin zu bringen, daß du siehst: dies ist einfach notwendig und wahr. Wenn du die Wörter in übertragener Bedeutung verstehst und dich so vom Zeichen zur Wahrheit erhebst, wird dich dies in richtiger Weise zu wunderbarer Freude führen. Und soweit es einem Suchenden, der den Kräften menschlicher Fähigkeit gemäß erhoben wird, zugestanden ist, wirst du in wissender Unwissenheit auf diesem Wege fortschreitend das größte, unbegreifliche Eine sehen können, den einen und dreieinen, gepriesenen Gott.

XI.

Quod mathematica nos iuvet plurimum in diversorum divinorum apprehensione

Consensere omnes sapientissimi nostri et divinissimi doctores visibilia veraciter invisibilium imagines esse atque creatorem ita cognoscibiliter a creaturis videri posse quasi in speculo et in aenigmate.

Hoc autem, quod spiritualia per se a nobis inattingibilia symbolice investigentur, radicem habet ex hiis, quae superius dicta sunt, quoniam omnia ad se invicem quandam nobis tamen occultam et incomprehensibilem habent proportionem, ut ex omnibus unum exsurgat universum et omnia in uno maximo sint ipsum unum.

Et quamvis omnis imago accedere videatur ad similitudinem exemplaris: tamen praeter maximam imaginem, quae est hoc ipsum quod exemplar in unitate naturae, non est imago adeo similis aut aequalis exemplari, quin per infinitum similior et aequalior esse possit, uti iam ista ex superioribus nota facta sunt.

Quando autem ex imagine inquisitio fit, necesse est nihil dubii apud imaginem esse, in cuius transsumptiva proportione incognitum investigatur, cum via ad incerta non nisi per praesupposita et certa esse possit. Sunt autem omnia sensibilia in quadam continua instabilitate propter possibilitatem materialem in ipsis abundantem.

Abstractiora autem istis, ubi de rebus consideratio habetur, — non ut appendiciis materialibus, sine quibus imaginari nequeunt, penitus careant neque penitus possibilitati fluctuanti subsint — firmissima videmus atque nobis certissima, ut sunt ipsa mathematicalia. Quare in illis sapientes exempla indagandarum rerum per intellectum sollerter quaesiverunt, et nemo antiquorum, qui magnus habitus est, res difficiles alia similitudine quam mathematica aggressus est. Ita ut Boethius, ille Romanorum litteratissimus, assereret neminem

XI.

Die Mathematik hilft uns im Begreifen verschiedener Bereiche des Göttlichen am meisten

Alle unsere weisen und heiligen Lehrer stimmen darin überein, daß das Sichtbare in Wahrheit Bild des Unsichtbaren sei und daß der Schöpfer auf erkenntnismäßigem Wege von den Geschöpfen wie in einem Spiegel und Gleichnis erkannt und gesehen werden könne.

Die Tatsache aber, daß das Geistige, das durch sich selbst für uns unerreichbar ist, symbolisch gewußt wird, hat ihre Wurzel in dem zuvor Gesagten: daß nämlich alles zueinander in einem — wenn auch uns verborgenen und unbegreiflichen — Verhältnisbezug steht, so daß aus allem ein Gesamt sich erhebt und alles in dem einen Größten das Eine selbst ist.

Obwohl jedes Bild der Gleichheit dem Urbild nahezukommen scheint, so ist dem größten Bild gegenüber, welches das ist, was das Urbild in der Einheit der Natur ist, kein Bild so ähnlich oder gleich, daß es nicht unendlich ähnlicher und gleicher sein könnte; dies ist im vorhergehenden deutlich gemacht worden.

Wenn eine Untersuchung vom Bild aus geschieht, ist es jedoch notwendig, daß beim Bild, in dessen übertragenem Verhältnisbezug das Unbekannte erforscht wird, kein Zweifel besteht, da der Weg zum Ungewissen nur durch das Vorausgesetzte und Gewisse möglich ist. Alles Sinnliche aber befindet sich wegen der in ihm überfließenden, stofflichen Möglichkeit in einer Art stetiger Unbeständigkeit.

Wo man über Dinge eine Betrachtung anstellt, sieht man, daß das Abstraktere — nicht als ob es des materiellen Anhanges, ohne den man es sich nicht vorstellen kann, völlig entbehre oder der fließenden Möglichkeit vollkommen entzogen wäre — das bestimmteste und uns sicherste ist; dies sind die mathematischen Stücke. Geschickt versuchten daher die Weisen in jenen die Beispiele für die vom Intellekt zu erforschenden Dinge zu finden; und keiner der Alten, der als groß erfunden wurde, ging schwierige Probleme anders

divinorum scientiam, qui penitus in mathematicis exercitio careret, attingere posse[1].

Nonne Pythagoras, primus et nomine et re philosophus, omnem veritatis inquisitionem in numeris posuit? Quem Platonici et nostri etiam primi in tantum secuti sunt, ut Augustinus noster et post ipsum Boethius affirmarent indubie numerum creandarum rerum in animo conditoris principale exemplar fuisse[2]. Quomodo Aristoteles, qui singularis videri voluit priores confutando, aliter nobis in Metaphysicis[3] specierum differentiam tradere potuit quam quod ipsas numeris compararet? Et idem dum de formis naturalibus, quomodo una sit in alia, scientiam tradere vellet, ad formas mathematicas necessario convolavit dicens: Sicut trigonus in tetragono, ita inferior in superiori[4]. Taceo de innumeris exemplis suis similibus.

Aurelius etiam Augustinus Platonicus, quando de quantitate animae et eiusdem immortalitate et ceteris altissimis investigavit, ad mathematica pro adiutorio convolavit[5]. Ista via Boethio nostro adeo placere visa est, ut constanter assereret omnem veritatis doctrinam in multitudine et magnitudine comprehendi. Et si velis, ut compendiosius dicam: Nonne Epicurorum de atomis et inani sententia, quae et Deum negat et cunctam veritatem collidit, solum a Pythagoricis et Peripateticis mathematica demonstratione periit? Non posse scilicet ad atomos indivisibiles et simplices deveniri, quod ut principium Epicurus supposuit. Hac veterum via incedentes, cum ipsis concurrentes dicimus, cum ad divina non nisi per symbola accedendi nobis via pateat, quod tunc mathematicalibus signis propter ipsorum incorruptibilem certitudinem convenientius uti poterimus.

---

[1] Boethius, De institutione arithm. I, 1.
[2] Augustinus, Ad Orosium contra Prisc. et Orig. 8 (ML 42, p. 674); Boethius, De inst. arith. I 1; I 2.
[3] Cod. Cus.: Mathematicis; Arist. Met. 1043 b 33.
[4] Aristoteles, De anima B 3, p. 414b.
[5] Augustinus, De quant. animae, 8—12; ML 32, 1042—47.

als durch mathematische Vergleiche an. So versichert der gelehrte Römer Boethius, daß jemand, der in der Mathematik völlig ungeübt sei, das Wissen vom Göttlichen nicht erreichen könne.

Hat nicht Pythagoras, der erste Philosoph dem Namen und der Sache nach, jede Erforschung der Wahrheit an die Zahlen geknüpft? Ihm sind die Platoniker und unsere ersten Philosophen so sehr gefolgt, daß Augustinus, und nach ihm Boethius, behauptete, zweifellos sei die Zahl der zu schaffenden Dinge das erste Urbild im Geiste des Schöpfers gewesen. Wie hätte Aristoteles, der scheinbar einzig dastehen wollte, indem er die früheren widerlegte, uns in der Metaphysik den Unterschied der Arten anders darlegen können, als daß er sie mit den Zahlen verglich? Ebenso mußte er, als er das Wissen darüber, wie die natürlichen Formen eine in der anderen enthalten sind, vermitteln wollte, sich zu den mathematischen Formen wenden, indem er sagte: „Wie das Dreieck im Viereck, so ist das Niedere im Höheren enthalten." Unzählige andere Beispiele übergehe ich.

Auch der Platoniker Aurelius Augustinus wandte sich der Mathematik als einem Hilfsmittel zu, als er die Quantität der Seele und deren Unsterblichkeit und die übrigen tiefen Dinge erforschte. Dieser Weg scheint unserem Boethius so sehr gefallen zu haben, daß er stets versicherte, die ganze Lehre von der Wahrheit sei in Vielheit und Größe zusammengefaßt. Um es kürzer zu sagen: ging nicht die Ansicht der Epikuräer über die Atome und das Leere — sie leugnet Gott und widerspricht der Wahrheit — allein durch mathematisches Beweisverfahren von seiten der Pythagoräer und Peripatetiker zugrunde? Denn man kann ja nicht, wie es Epikur als Prinzip voraussetzte, zu unteilbaren und einfachen Atomen gelangen. Diesen Weg der Alten beschreiten wir mit ihnen zusammen und sagen, daß wir die mathematischen Zeichen wegen ihrer unvergänglichen Gewißheit entsprechend werden gebrauchen können; denn zum Göttlichen steht uns nur der Weg des symbolischen Aufstiegs offen.

XII.

Quomodo signis mathematicalibus sit utendum in proposito

Verum quoniam ex antehabitis constat maximum simpliciter nihil horum esse posse, quae per nos sciuntur aut concipiuntur, hinc, cum ipsum symbolice investigare proponimus, simplicem similitudinem transilire necesse est. Nam cum omnia mathematicalia sint finita et aliter etiam imaginari nequeant: si finitis uti pro exemplo voluerimus ad maximum simpliciter ascendendi, primo necesse est figuras mathematicas finitas considerare cum suis passionibus et rationibus, et ipsas rationes correspondenter ad infinitas tales figuras transferre, post haec tertio adhuc altius ipsas rationes infinitarum figurarum transsumere ad infinitum simplex absolutissimum etiam ab omni figura. Et tunc nostra ignorantia incomprehensibiliter docebitur, quomodo de altissimo rectius et verius sit nobis in aenigmate laborantibus sentiendum. Ita igitur agentes et sub directione maximae veritatis incipientes dicimus, quod sancti viri et elevatissimi ingenii, qui se figuris applicarunt, varie locuti sunt: Anselmus devotissimus veritatem maximam rectitudini infinitae comparavit[1]; quem nos sequentes ad figuram rectitudinis, quam lineam rectam imaginor, convolemus. Alii peritissimi Trinitati superbenedictae triangulum trium aequalium et rectorum angulorum compararunt; et quoniam talis triangulus necessario sit ex infinitis lateribus, ut ostendetur, dici poterit triangulus infinitus; et hos etiam sequemur. Alii, qui unitatem infinitam figurare nisi sunt, Deum circulum dixerunt infinitum. Illi vero, qui actualissimam Dei existentiam consideraverunt, Deum quasi sphaeram infinitam affirmarunt. Nos autem istos omnes simul de maximo recte concepisse et unam omnium sententiam ostendemus.

---

[1] Anselmus, Dialogus de veritate, Xff; ML 158, p. 478 C.

XII.

Die Anwendung mathematischer Zeichen in der Abhandlung

Aus dem Vorhergehenden steht als wahr fest, daß das schlechthin Größte nichts von dem sein kann, was von uns gewußt oder erfahren wird; da wir uns vornehmen, es durch Symbole zu erforschen, ist es notwendig, die einfache Ähnlichkeit zu überschreiten. Jedes Mathematische ist endlich und kann auch nicht anders vorgestellt werden; so müssen wir, wenn wir Endliches als Beispiel gebrauchen wollen, um zum schlechthin Größten emporzusteigen, zuerst die mathematischen Gebilde als endliche mit ihren Bezugsmöglichkeiten und Wesenseigentümlichkeiten betrachten und die letzten in entsprechender Weise auf derartige unendliche Gebilde übertragen; danach müssen wir an dritter Stelle, tiefer als bisher, die Wesensbestimmungen der unendlichen Gebilde auf das schlechthin Unendliche, das von jedem Gebilde völlig losgelöst ist, anwenden. Dann wird unsere Unwissenheit auf unbegreifliche Weise darüber belehrt werden, wie wir, die wir uns mit jenem Rätsel mühen, über das Höchste denken sollen. Wenn wir so unter der Leitung der größten Wahrheit beginnend vorgehen, sagen wir, was heilige Männer und überragende Geister, die mathematische Figuren verwendeten, verschiedentlich aussprachen. Der fromme Anselm verglich die größte Wahrheit mit der unendlichen Geradheit. Ihm folgend gelangen wir zu dem Gebilde der Geradheit, die ich als gerade Linie vorstelle. Andere erfahrene Männer verglichen ein Dreieck mit drei gleichen Seiten und rechten Winkeln mit der über alles gepriesenen Dreifaltigkeit. Und da ein solches Dreieck, wie gezeigt werden wird, aus unendlichen Seiten bestehen muß, kann es unendliches Dreieck genannt werden; auch wir schließen uns diesen an. Andere, die die unendliche Einheit abzubilden versuchten, nannten Gott einen unendlichen Kreis; jene aber, die die unendlich-wirkliche Existenz Gottes betrachteten, sagten, daß Gott gleichsam eine unendliche Kugel sei. Wir aber werden zeigen, daß sie alle miteinander über das Größte richtig gedacht haben und die Meinung aller eine ist.

XIII.

De passionibus lineae maximae et infinitae

Dico igitur si esset linea infinita, illa esset recta, illa esset triangulus, illa esset circulus et esset sphaera; et pariformiter, si esset sphaera infinita, illa esset circulus, triangulus et linea; et ita de triangulo infinito atque circulo infinito idem dicendum est. Primum autem, quod linea infinita sit recta, patet: Diameter circuli est linea recta, et circumferentia est linea curva maior diametro; si igitur curva linea in sua curvitate recipit minus, quanto circumferentia fuerit maioris circuli, igitur circumferentia maximi circuli, quae maior esse non potest, est minime curva; quare maxime recta. Coincidit igitur cum maximo minimum, ita ut ad oculum videatur necessarium esse, quod maxima linea sit recta maxime et minime curva. Nec hic potest remanere scrupulus dubii, quando in figura hic lateraliter videtur (vide fig. 1, p. 236), quomodo arcus CD maioris circuli plus recedit a curvitate quam arcus EF minoris circuli, et ille plus a curvitate recedit quam arcus GH adhuc minoris circuli; quare linea recta AB erit arcus maximi circuli, qui maior esse non potest. Et ita videtur, quomodo maxima et infinita linea necessario est rectissima, cui curvitas non opponitur, — immo curvitas in ipsa maxima linea est rectitudo; et hoc est primum probandum.

Secundo dictum est lineam infinitam triangulum maximum, circulum et sphaeram. Et ad hoc ostendendum oportet, ut in finitis lineis videamus, quid sit in potentia finitae lineae; et quia quidquid est in potentia finitae, hoc est infinita actu, erit nobis clarius id, quod inquirimus. Et primo scimus, quod linea finita in longitudine potest esse longior et rectior, et iam probatum est maximam esse longissimam atque rectissimam. Secundo, si linea AB, remanente puncto A immobili, circumduceretur, quousque B veniret in C, ortus est triangulus (vide fig. 2, p. 236); si perficitur circumductio, quousque B redeat ad initium ubi incepit, fit circulus. Si iterum, A remanente immobili, B circumducitur, quousque perveniat ad locum oppositum ubi incepit, qui sit D, est ex linea AB et AD effecta una continua linea et semicirculus descriptus. Et si, remanente BD diametro immobili, circumducatur semicirculus, exoritur sphaera; et ipsa sphaera est

XIII.

Die Möglichkeiten der größten und unendlichen Linie

Ich sage also: gäbe es eine unendliche Linie, so wäre sie eine Gerade, ebenso ein Dreieck, Kreis und Kugel; und gleicherweise: gäbe es eine unendliche Kugel, so wäre sie Kreis, Dreieck und Linie. Die erste Behauptung, daß die unendliche Linie eine gerade sei, erhellt folgendes: Der Durchmesser des Kreises ist eine gerade Linie, der Umkreis ist eine gekrümmte Linie, die größer ist als der Durchmesser; wenn also die Krümmung der gekrümmten Linie, je mehr diese der Umkreis eines größeren Kreises wird, sich verringert, so ist der Umkreis des größten Kreises, der nicht mehr größer sein kann, am wenigsten gekrümmt, daher am meisten gerade. Es koinzidiert also das Kleinste mit dem Größten, so daß es augenscheinlich ist, daß die größte Linie die geradeste und am wenigsten gekrümmte sein muß. Darüber kann nicht der geringste Zweifel bestehen. Man kann es aus der nebenstehenden Figur sehen (vgl. Figur 1, S. 236) wo der Bogen CD des größeren Kreises eine geringere Krümmung hat als der Bogen EF des kleineren Kreises, und dieser wieder eine geringere als der Bogen GH des noch kleineren Kreises. Daher wird die gerade Linie AB der Bogen jenes Kreises sein, der nicht mehr größer sein kann, d. h. des größten. So sieht man, daß die größte und unendliche Linie, die völlig gerade Linie, der die Krümmung nicht entgegengesetzt wird, sein muß; ja sogar, daß die Krümmung in der größten Linie Geradheit ist. Das ist das, was zuerst zu erweisen war.

An zweiter Stelle wurde gesagt, daß die unendliche Linie das größte Dreieck, der größte Kreis, und die größte Kugel sei. Um dies aufzuweisen ist es notwendig, daß wir in den endlichen Linien sehen, was in der Möglichkeit einer endlichen Linie liegt. Und weil, was in der endlichen Linie Möglichkeit ist, in der unendlichen Wirklichkeit ist, wird uns das, was wir suchen, deutlicher werden. Zunächst wissen wir, daß die in der Länge begrenzte Linie länger und gerader sein kann, und es wurde schon bewiesen, daß die größte Linie die längste und geradeste ist. Weiters wissen wir: wenn die Linie AB so weit herumgeführt wird, daß B nach C gelangt und A dabei unverändert bleibt, so entsteht ein Dreieck (vgl. Figur 2, S. 236). Wenn diese Umführung aber vollendet wird, bis B in seine Anfangsposition zurückkehrt, entsteht ein Kreis. Wenn man wiederum — bei unbeweglichem A — den Punkt B herumführt, bis er zu dem

ultimum de potentia lineae, totaliter existens in actu, quoniam sphaera non est in potentia ad aliquam figuram ulteriorem. Si igitur in potentia lineae finitae sunt istae figurae, et linea infinita est omnia actu, ad quae finita est in potentia, sequitur infinitam esse triangulum, circulum et sphaeram. Quod erat probandum. Et quia fortassis clarius hoc videre velles, quomodo ea, quae sunt in potentia finiti, est actu infinitum, adhuc de hoc te certissimum reddam.

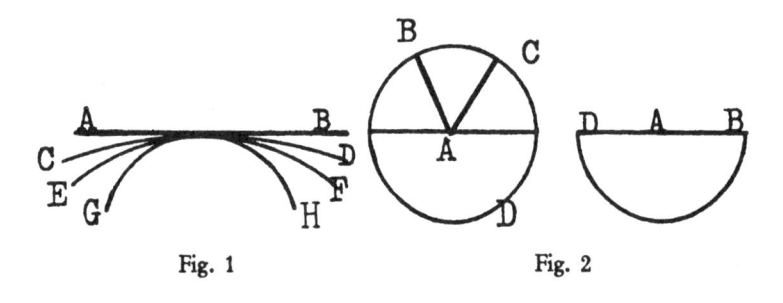

Fig. 1   Fig. 2

XIV.

Quod infinita linea sit triangulus

Imaginativa, quae genus sensibilium non transcendit, non capit lineam posse triangulum esse, cum improportionabiliter ista in quantis differant. Erit tamen apud intellectum hoc facile. Nam iam constat non nisi unum possibile esse maximum et infinitum. Deinde constat, quoniam omnia duo latera cuiuslibet trianguli simul iuncta tertio minora esse non possunt, trianguli, cuius unum latus est infinitum, alia non esse minora. Et quia quaelibet pars infiniti est infinita, necessarium est omnem triangulum, cuius unum latus est infinitum, alia pariformiter esse infinita. Et quoniam plura infinita esse non possunt, transcendenter intelligis triangulum infinitum ex pluribus lineis componi non posse, licet sit maximus verissimus triangulus, incompositus et simplicissimus; et quia verissimus triangulus, qui sine tribus lineis esse nequit, erit necessarium ipsam unicam infinitam lineam esse tres et tres esse unam simplicissimam. Ita de angulis, quoniam non erit nisi angulus unus infinitus et ille est tres anguli et tres anguli unus. Nec erit iste maximus triangulus ex lateribus et angulis compositus, sed unum et idem est linea infinita et angulus; ita quod et linea est angulus, quia triangulus

seiner Anfangsposition entgegengesetzten Punkt D kommt, so ist aus der Linie AB und AD eine zusammenhängende Linie gebildet und ein Halbkreis beschrieben worden. Und wenn man schließlich, bei bleibendem Durchmesser BD, den Halbkreis herumführt, entsteht eine Kugel. Und diese Kugel ist das Letzte aus der Möglichkeit der Linie, die ganz in Wirklichkeit besteht, da die Kugel in sich zu keiner weiteren Figur die Möglichkeit hat. Wenn also in der Möglichkeit der endlichen Linie jene Gebilde liegen und die unendliche Linie das alles in Wirklichkeit ist, zu dem die endliche die Möglichkeit hat, so folgt, daß die unendliche Linie Dreieck, Kreis und Kugel ist; und dies sollte ja erwiesen werden. Weil man aber wahrscheinlich noch deutlicher sehen möchte, daß jenes, was in der Möglichkeit des Endlichen liegt, als Wirklichkeit das Unendliche ist, werde ich dazu noch sicher überzeugende Beweise liefern.

XIV.

Die unendliche Linie ist ein Dreieck

Das Anschauungsvermögen, welches das Sinnliche nicht übersteigt, begreift nicht, daß die Linie ein Dreieck sein kann, da dessen Linien, ohne Beziehung zueinander, in ihrer Ausdehnung verschieden sind. Für das verstehende Denken ist dies jedoch leicht. Denn es steht schon fest, daß das Größte und Unendliche nur Eines sein kann. Da weiters zwei Seiten eines Dreiecks miteinander verbunden, nicht kürzer sein können als die dritte, steht ferner fest, daß in einem Dreieck, dessen eine Seite unendlich ist, die beiden anderen ebenfalls nicht kleiner sein dürfen. Da jeder Teil des Unendlichen unendlich ist, müssen bei jedem Dreieck, dessen eine Seite unendlich ist, die andern Seiten gleicherweise unendlich sein. Und weil es nicht mehrere Unendliche geben kann, versteht man übersteigenderweise, daß das unendliche Dreieck, wenn es auch das größte, wahrste, unzusammengesetzte und ganz einfache Dreieck ist, nicht aus mehreren Linien zusammengesetzt sein kann. Und weil es als das eigentlich wahre Dreieck nicht ohne drei Linien sein kann, ist es notwendig, daß jene einzige, unendliche Linie drei Linien ist, und daß drei Linien die eine einfachste sind. Dasselbe gilt, da es nur

linea. Adhuc, poteris te iuvare ad huius intelligentiam per ascensionem a triangulo quanto ad non-quantum. Nam omnem triangulum quantum habere tres angulos aequales duobus rectis manifestum est; et ita, quanto unus angulus est maior, tanto alii minores. Et licet angulus unusquisque possit augeri usque ad duos rectos exclusive et non maxime secundum principium primum nostrum, admittamus tamen, quod maxime augeatur usque ad duos rectos inclusive, triangulo permamente. Tunc est manifestum triangulum unum angulum habere, qui est tres, et tres esse unum. Pariformiter videre poteris triangulum lineam esse (vide fig. 3, p. 240), quoniam, cum omnia duo latera trianguli quanti sint simul iuncta tanto tertio longiora, quanto angulus, quem faciunt, est duobus rectis minor, ut angulus BAC quia duobus rectis multo est minor, hinc lineae BA et AC simul iunctae multo longiores BC. Igitur quanto angulus ille maior fuerit, ut BDC, tanto minus vincunt lineae BD et DC lineam BC, et superficies minor. Quare si per positionem angulus valeret duos rectos, resolveretur in lineam simplicem totus triangulus. Unde cum hac positione, quae in quantis impossibilis est, iuvare te potes ad non-quanta ascendendo; in quibus, quod in quantis est impossibile, vides per omnia necessarium. Et in hoc patet lineam esse infinitam triangulum maximum. Quod erat ostendendum.

XV.

Quod ille triangulus sit circulus et sphaera

Deinde clarius videbitur triangulum esse circulum. Nam sit triangulus ABC (vide fig. 4, p. 240) causatus per positionem, per circumductionem lineae AB, quousque B venit in C, A fixo remanente: Non habet dubium, quando linea AB esset infinita et penitus circumduceretur B, quousque rediret ad initium,

einen unendlichen Winkel geben kann, von den Winkeln. Jener ist drei Winkel und die drei sind einer. Auch wird jenes größte Dreieck nicht aus Seiten und Winkeln zusammengesetzt sein, sondern unendliche Linie und unendlicher Winkel sind ein und dasselbe; so ist auch die Linie Winkel, weil das Dreieck Linie ist. Das Verständnis dieses Sachverhaltes kann man sich durch den Aufstieg von dem in seiner Größe bestimmten zu dem in der Größe nicht bestimmten Dreieck ermöglichen. Es ist klar, daß jedes in seiner Größe bestimmte Dreieck drei Winkel besitzt, die zwei rechten gleich sind und daß darum, je größer ein Winkel ist, die anderen um so kleiner sein müssen. Nach unserem ersten Prinzip kann jeder Winkel vergrößert werden, aber nur bis zur Größe von zwei rechten und nicht auf größte Weise. Lassen wir aber dennoch zu, daß er in größter Weise, bis zur Größe von zwei rechten einschließlich, vergrößert wird und das Dreieck dabei bestehen bleibt, dann ist es offenbar, daß das Dreieck einen Winkel hat, der drei ist und drei Winkel, die einer sind. Gleicherweise kann man sehen (vgl. Figur 3, S. 240), daß das Dreieck Linie ist, da zwei Seiten des bestimmten Dreiecks zugleich verbunden um soviel länger als die dritte sind, als der von ihnen gebildete Winkel kleiner als zwei rechte ist, wie z. B. der Winkel BAC. Da er um vieles kleiner als zwei rechte ist, sind die Linien BA und AC miteinander verbunden um vieles länger als BC. Je größer dieser Winkel wird, wie BDC, um so weniger übertreffen die Linien BD und DC die Linie BC und die Oberfläche ist kleiner. Wenn daher ein Winkel durch Setzung zwei rechten gleichkäme, würde das ganze Dreieck in eine einfache Linie aufgelöst. Man kann sich so durch diese Setzung, die im Ausgedehnten unmöglich ist, helfen, zum Nicht-Ausgedehnten emporzusteigen, in dem alles, was dort unmöglich ist, in jeder Beziehung notwendig ist. Daraus ergibt sich, daß die Linie das unendliche, größte Dreieck ist; und dies war zu zeigen.

XV.

Jenes Dreieck ist Kreis und Kugel

Nun wollen wir deutlicher sehen, daß das Dreieck ein Kreis ist. Gegeben sei das Dreieck ABC (vgl. Figur 4, S. 240); es ist dadurch entstanden, daß die Linie AB soweit herumgeführt wurde, bis B nach C gelangte, während A unverrückt blieb. Es besteht kein Zweifel, daß, wenn die Linie AB unendlich wäre

circulum maximum causari, cuius BC est portio. Et quia est portio arcus infiniti, tunc est linea recta BC. Et quoniam omnis pars infiniti est infinita, igitur BC non est minor integro arcu circumferentiae infinitae. Erit igitur BC non tantum portio sed completissima circumferentia. Quare necessarium est triangulum ABC esse circulum maximum. Et quia BC circumferentia est linea recta, non est maior AB infinitae, cum infinito non sit maius. Nec sunt duae lineae, quia duo infinita esse non possunt. Quare linea infinita, quae est triangulus, est etiam circulus. Quod fuit propositum. Adhuc, quod linea infinita sit sphaera, ita manifestissimum fit: Linea AB est circumferentia maximi circuli, — immo et circulus, ut iam probatum est; et est in triangulo de B ducta in C, ut supra dictum est. Sed BC est infinita linea, ut etiam statim probatum est. Quare AB rediit in C supra se reditione completa. Et quando hoc est, sequitur sphaeram necessario exortam ex tali revolutione circuli supra se. Et quia supra probatum est ABC esse circulum, triangulum et lineam, habemus nunc probatum esse etiam sphaeram. Et ista sunt, quae investigare proposuimus.

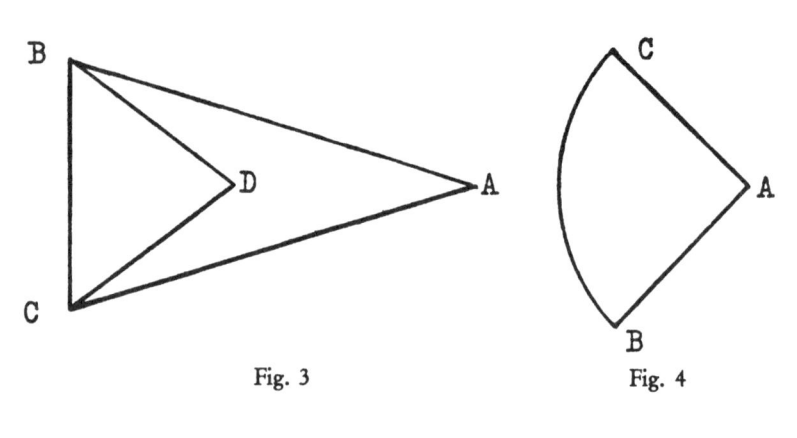

Fig. 3   Fig. 4

XVI.

Quomodo translative maximum se habeat ad omnia, sicut maxima linea ad lineas

Postquam nunc manifestum est, quomodo infinita linea est omnia illa actu infinite, quae in potentia sunt finitae: habemus translative in maximo simplici pariformiter, quomodo

und der Punkt B so lange herumgeführt würde, bis er in seine
Ausgangsposition zurückkehrte, der größte Kreis entstünde.
Weil BC Teil des unendlichen Bogens ist, ist es eine gerade
Linie; weil aber jeder Teil des Unendlichen selbst unendlich ist,
so ist BC nicht kleiner als der ganze Bogen des unendlichen
Umkreises. BC ist also nicht nur Teil, sondern vollständiger
Umkreis. Darum muß das Dreieck ABC der größte Kreis sein.
Und weil der Umkreis BC eine gerade Linie ist, ist sie nicht
größer als AB der unendlichen Figur, da es für das Unendliche
kein Größeres gibt. Noch sind es zwei Linien, denn es kann
keine zwei Unendliche geben. Daher ist die unendliche Linie,
die Dreieck ist, auch Kreis, so wie es vorausgesagt wurde. Auf
dieselbe Weise soll auch offenbar werden, daß die unendliche
Linie Kugel ist. Die Linie AB ist der Umkreis des größten
Kreises, daher auch der Kreis, wie schon bewiesen wurde; sie
ist auch, wie oben gesagt wurde, im Dreieck von B nach C geführt worden. Wie jedoch auch schon gezeigt wurde, ist BC eine
unendliche Linie, daher kehrt AB in C zurück, nachdem es
seinen Umlauf über sich vollendet hat. Wenn das der Fall ist
folgt, daß die Kugel aus einem solchen Umlauf des Kreises um
sich selbst hervorgegangen sein muß. Und da oben bereits bewiesen wurde, daß ABC Kreis, Dreieck und Linie ist, haben wir
nun bewiesen, daß es auch Kugel ist. Dies ist es, was zu erforschen wir uns vorgenommen hatten.

XVI.

*Wie die größte Linie zu den Linien, so verhält sich
in übertragener Bedeutung das Größte zu jedem*

Nachdem es jetzt offenbar ist, daß die unendliche Linie in
unendlicher Weise alles das in Wirklichkeit ist, was in der
Möglichkeit der endlichen liegt, so stellen wir beim einfach-

ipsum maximum est actu maxime omnia illa, quae in potentia sunt simplicitatis absolutae. Quidquid enim possibile est, hoc est actu ipsum maximum maxime; non ut ex possibili est, sed ut maxime est, sicuti ex linea triangulus educitur et infinita linea non est triangulus, ut ex finita educitur, sed actu est triangulus infinitus, qui est idem cum linea. Praeterea, ipsa possibilitas absoluta non est aliud in maximo quam ipsum maximum actu, sicut linea infinita est actu sphaera. Secus in non-maximo; nam ibi potentia non est actus, sicut linea finita non est triangulus.

Unde hic videtur magna speculatio, quae de maximo ex isto trahi potest: quomodo ipsum est tale, quod minimum est in ipso maximum, ita quod penitus omnem oppositionem per infinitum supergreditur. Ex quo principio possent de ipso tot negativae veritates elici, quot scribi aut legi possent; immo omnis theologia per nos apprehensibilis ex hoc tanto principio elicitur. Propter quod maximus ille divinorum scrutator Dionysius Areopagita in Mystica sua theologia dicit beatissimum Bartholomaeum mirifice intellexisse theologiam, qui aiebat eam maximam pariter et minimam[1]. Qui hoc enim intelligit, omnia intelligit; omnem intellectum creatum ille supergreditur.

Deus enim, qui est hoc ipsum maximum, ut idem Dionysius De divinis nominibus dicit, non istud quidem est et aliud non est, neque alicubi est et alicubi non. Nam sicut omnia est, ita quidem et nihil omnium. Nam — ut idem in fine Mysticae theologiae concludit — tunc ipse „super omnem positionem est perfecta et singularis omnium causa, et super ablationem omnium est excellentia illius, qui simpliciter absolutus ab omnibus et ultra omnia est." Hinc concludit in Epistola ad Gaium ipsum super omnem mentem

---

[1] Dionysius, a. a. O., De myst. theol. I, p. 572.

sten Größten im übertragenen Sinne ebenfalls fest, daß das Größte als Wirklichkeit all das auf größte Weise ist, was in der absoluten Einfachheit als Möglichkeit liegt. Was nämlich möglich ist, das ist das Größte als Wirklichkeit in größtem Maße, nicht weil es aus Möglichem besteht, sondern weil es in größtem Maße ist; so wie aus der Linie das Dreieck und die unendliche Linie entwickelt wird, ist sie nicht das Dreieck, wie es aus der endlichen abgeleitet wird, sondern als Wirklichkeit das unendliche Dreieck, das mit der Linie identisch ist. Ferner ist die absolute Möglichkeit im Größten nichts anderes als dieses Größte als Wirklichkeit, wie die unendliche Linie als Wirklichkeit Kugel ist. Anders im Nicht-Größten; denn dort ist die Möglichkeit nicht Wirklichkeit, wie die endliche Linie Nicht-Dreieck ist.

Hieraus erhellt auch eine wichtige Überlegung, die — von hier ausgehend — über das Größte angestellt werden kann: das Größte ist so beschaffen, daß das Kleinste in ihm das Größte ist, so daß jeder Gegensatz unendlich weit überschritten wird. Aus diesem Ursprung können über das Größte so viele negative Wahrheiten gewonnen werden, wie man nur schreiben oder lesen kann. Es wird sogar jede für uns begreifliche Theologie aus eben diesem Ursprung ermittelt. Deswegen sagt der große Erforscher göttlicher Geheimnisse, Dionysius der Areopagite in der „Mystischen Theologie", daß der heilige Bartholomäus auf wunderbare Weise in die Theologie Einblick gewonnen habe, da er erkannte, daß sie die größte und gleicherweise kleinste sei. Wer das einsieht, sieht alles ein und übersteigt jeden geschaffenen Geist.

Gott nämlich ist, wie Dionysius in der Schrift „De divinis nominibus" sagt, als das Größte selbst, weder das eine noch das andere, noch ist er irgendwo und irgendwo nicht; denn wie er alles ist, so ist er auch nichts von allem. Er selbst ist, wie Dionysius gegen Ende der Mystischen Theologie folgert, der über alle Einstufung vollkommene und einzige Grund von allem. Seine Erhabenheit liegt jenseits der Entfernung aller Dinge, er ist von allem schlechthin absolut und steht jenseits aller Dinge. Daher schließt Dionysius im Brief an

atque intelligentiam nosci¹. Et ad hoc concordanter ait Rabbi
Salomon² omnes sapientes convenisse, „quod scientiae non
apprehendunt creatorem; et non apprehendit, quid est, nisi
ipse; et apprehensio nostra respectu ipsius est defectus ap-
propinquandi apprehensioni eius". Et propterea idem alibi
concludens dicit: „Laudetur creator, in cuius essentiae com-
prehensione inquisitio scientiarum abbreviatur et sapientia
ignorantia reputatur et elegantia verborum fatuitas."

Et ista est illa docta ignorantia, quam inquirimus; per quam
Dionysius ipsum solum inveniri posse, non alio arbitror
principio quam praefato, multipliciter ostendere nisus est³.
Sit igitur nostra speculatio — quam ex isto, quod infinita
curvitas est infinita rectitudo, elicimus — transsumptive in
maximo de simplicissima et infinitissima eius essentia: quoniam ipsa est omnium essentiarum simplicissima essentia
ac quomodo omnes rerum essentiae, quae sunt, fuerunt aut
erunt, actu semper et aeternaliter sunt in ipsa ipsa essentia,
et ita omnes essentiae sicut ipsa omnium essentia; ac quomodo ipsa omnium essentia ita est quaelibet quod simul
omnes et nulla singulariter; ac quomodo ipsa maxima essentia, uti infinita linea est omnium linearum adaequatissima
mensura, pariformiter est omnium essentiarum adaequatissima mensura. Maximum enim, cui non opponitur minimum,
necessario omnium est adaequatissima mensura; non maior
quia minimum, non minor quia maximum. Omne autem
mensurabile cadit inter maximum et minimum. Est igitur
adaequatissima et praecisissima omnium essentiarum mensura infinita essentia.

---

[1] Dionysius, a. a. O., De div. nom. V, p. 355; De myst. theol. V,
p. 601f; Ep. I ad Gaium, p. 607.
[2] Cusanus verwechselt hier, wie in allen Stellen, an welchen er
ihn zitiert, Rabbi Moses Maimonides mit Rabbi Salomon Isaac
Raschi; vgl. Moses Maimonides, Führer der Unschlüssigen, hrsg.
A. Weiss, Leipzig 1923, S. 206 u. 202.
[3] Dionysius, a. a. O., De div. nom. VII, p. 404 u. a.

Gaius, daß Gott nur jenseits jedes menschlichen Geistes und Verständnisses erkannt werden kann. Übereinstimmend sagt auch Rabbi Salomon, alle Weisen seien darin einig, „daß die Vernunftwesen den Schöpfer nicht begreifen. Und außer ihm selbst begreift niemand, wer er ist; in Hinblick auf ihn ist unser Begreifen die Unfähigkeit, seinem Begreifen nahezukommen". Deshalb schließt er andern Orts und sagt: „Gelobt sei der Schöpfer! Im Begreifen seiner Wesenheit wird das Forschen der Wissenschaften verkürzt, Weisheit als Unwissenheit betrachtet, die Gewähltheit der Worte ist Albernheit."

Das ist jene wissende Unwissenheit, die wir suchen. Vielfältig hat Dionysius zu zeigen versucht, daß Gott nur durch sie gefunden werden könne und, wie auch ich glaube, durch kein anderes Prinzip als das zuvor genannte. Jene Betrachtung, die aus der Feststellung, daß die unendliche Krümmung unendliche Geradheit ist, gewonnen wurde, soll in übertragener Weise im Größten auf dessen einfachste und unendliche Wesenheit angewandt werden. Es soll betrachtet werden, da sie selbst die einfachste aller Wesenheiten ist, wie auch alle Wesenheiten der Dinge, die sind, waren oder sein werden, als Wirklichkeit immer und ewig in dieser Wesenheit diese selbst und so alle Wesenheiten wie die Wesenheit von allem sind; und wie die Wesenheit von allem jede andere so ist, daß sie alle zugleich und keine einzelne ist; und wie die größte Wesenheit gleich der unendlichen Linie die das adäquateste Maß aller Linien ist, das aller Dinge ist. Das Größte nämlich, dem kein Kleinstes entgegengesetzt wird, muß das adäquateste Maß von allem sein. Es ist nicht größer, da es das Kleinste ist, und nicht kleiner, da es das Größte ist. Jedes Meßbare aber fällt zwischen das Größte und das Kleinste, darum ist die unendliche Wesenheit das angeglichenste und abgegrenzteste Maß aller Wesenheiten.

Et adhuc, ut hoc clarius videas, considera, si linea infinita constitueretur ex infinitis pedalibus et alia ex infinitis bipedalibus, illas nihilominus aequales esse necesse esset, cum infinitum non sit maius infinito. Sicut igitur unus pes non est minor in linea infinita quam duo pedes, ita infinita linea non est maior plus uno pede quam duobus. Immo, cum quaelibet pars infiniti sit infinita, tunc unus pes lineae infinitae ita cum tota infinita convertitur sicut duo pedes. Pariformiter, cum omnis essentia in maxima sit ipsa maxima, non est maximum nisi adaequatissima mensura omnium essentiarum. Neque reperitur alia praecisa mensura cuiuscumque essentiae quam illa; nam omnes aliae deficiunt et praecisiores esse possunt, ut hoc superius est clarissime ostensum.

XVII.

Ex eodem profundissimae doctrinae

Adhuc circa idem: Linea finitia est divisibilis et infinita indivisibilis, quia infinitum non habet partes, in quo maximum coincidit cum minimo. Sed finita linea non est divisibilis in non-lineam, quoniam in magnitudine non devenitur ad minimum, quo minus esse non possit, ut superius est ostensum. Quare finita linea in ratione lineae est indivisibilis; pedalis linea non est minus linea quam cubitalis. Relinquitur ergo, quod infinita linea sit ratio lineae finitae. Ita maximum simpliciter est omnium ratio. Ratio autem est mensura. Quare recte ait Aristoteles in Metaphysicis primum esse metrum et mensuram omnium, quia omnium ratio[1].

---

[1] Aristoteles, Metaphys. I 1, p. 1052b.

Damit man das deutlicher sehe, betrachte man fernerhin: Wenn eine unendliche Linie aus unendlich vielen Fußlängen bestünde und eine andere aus unendlich vielen doppelten Fußlängen, so wären diese nichtsdestoweniger notwendig gleich, da das Unendliche nicht größer als das Unendliche ist. Wie nämlich auf der unendlichen Linie ein Fuß nicht weniger ist als zwei Füße, so ist die unendliche Linie bei einem Fuß mehr nicht größer als bei zwei Fuß mehr. Da jeder Teil des Unendlichen unendlich ist, wird ein Fuß der unendlichen Linie so in die ganze verwandelt wie zwei Füße. Da jede Wesenheit in der größten Wesenheit diese selbst ist, ist nur das Größte das genau entsprechende Maß aller Wesenheiten. Es läßt sich kein anderes genau abgegrenztes Maß für irgendeine Wesenheit finden als jenes; denn jedes andere Maß ist ungenügend und kann genauer sein; dies wurde oben aufs deutlichste gezeigt.

XVII.

Die letzten Ergebnisse des Vorgebrachten

Weiters ist dazu folgendes zu sagen: Die endliche Linie ist teilbar und die unendliche unteilbar; denn das Unendliche hat keine Teile und in ihm koinzidiert das Größte mit dem Kleinsten. Die endliche Linie ist aber nicht teilbar in Nicht-Linie, da man in der Größe zu einem Kleinsten, über das hinaus nichts kleiner sein kann, nicht gelangt, wie oben gezeigt worden ist. Darum ist die endliche Linie im Bestimmungsgrund der Linie unteilbar. Eine fußlange Linie ist demnach nicht kleiner als eine ellenlange Linie. Es bleibt also übrig, daß die unendliche Linie der Bestimmungsgrund der endlichen ist. So ist das schlechthin Größte der Bestimmungsgrund aller Dinge; der Bestimmungsgrund aber ist das Maß. Daher sagt Aristoteles in der Metaphysik mit Recht, das Erste sei Maßgabe und Maß von allem, da es aller Bestimmungsgrund sei.

Adhuc: Sicut linea infinita est indivisibilis, quae est ratio lineae finitae, et per consequens immutabilis et perpetua, ita et ratio omnium rerum, quae est Deus benedictus, sempiterna et immutabilis est. Et in hoc aperitur intellectus magni Dionysii dicentis essentiam rerum incorruptibilem et aliorum, qui rationem rerum aeternam dixerunt; sicut ipse divinus Plato, qui — ut refert Chalcidius — in Phaedone dixit unum esse omnium rerum exemplar sive ideam, uti in se est; in respectu vero rerum, quae plures sunt, plura videntur exemplaria[1].

Nam cum lineam bipedalem et aliam tripedalem et sic deinceps considero, duo occurunt: scilicet ratio lineae, quae est in utraque et omnibus una et aequalis, et diversitas, quae est inter bipedalem et tripedalem. Et ita alia videtur ratio bipedalis et alia tripedalis. Manifestum autem est in infinita linea non esse aliam bipedalem et tripedalem; et illa est ratio finitae. Unde ratio est una ambarum linearum, et diversitas rerum sive linearum non est ex diversitate rationis, quae est una, sed ex accidenti, quia non aeque rationem participant. Unde non est nisi una omnium ratio, quae diversimode participatur.

Quod autem diversimode participetur, hoc evenit, quia probatum est superius non posse esse duo aeque similia et per consequens praecise aequaliter participantia unam rationem. Nam non est ratio in summa aequalitate participabilis nisi per maximum, quod est ipsa ratio infinita. Sicut non est nisi una unitas maxima, ita non potest esse nisi una

---

[1] Dionyosius, De div. nom. IV, p. 273f.; Plato, Timaios 31a. Die teilweise Übersetzung von Platons Timaios durch Chalcidius (Neuplatoniker; 4. Jahrhundert) bildete die Hauptquelle der platonischen Kosmologie im Mittelalter (Ed. J. Wrobel, Leipzig 1876).

Ferner: Wie die unendliche Linie, die der Bestimmungsgrund der endlichen ist, unteilbar und folglich auch unveränderlich und immerwährend ist, so ist auch der Bestimmungsgrund aller Dinge Gott, gepriesen sei Er, immerwährend und unveränderlich. Darin offenbart sich sowohl der Geist des großen Dionysius, der sagt, daß die Wesenheit der Dinge unvergänglich sei, als auch der der andern, die den Bestimmungsgrund der Dinge ewig nannten. Ebenso drückt sich der göttliche Platon aus, der — wie Chalcidius berichtet — im Phaidon sagt, daß Eine, wie es in sich ist, sei aller Dinge Urbild oder Idee, hinsichtlich der Dinge jedoch, die viele sind, sieht man viele Urbilder.

Wenn ich nämlich eine zwei und eine drei usw. Fuß lange Linie betrachte, kommen zwei Dinge zusammen: der Bestimmungsgrund der Linie, der in beiden und für jede ein und derselbe ist und die Verschiedenheit, die zwischen der zwei Fuß langen und drei Fuß langen Linie besteht. Und so scheint der Bestimmungsgrund der zwei Fuß langen ein anderer als der der drei Fuß langen Linie zu sein. Es ist aber offenkundig, daß in der unendlichen Linie der zwei Fuß lange und drei Fuß lange Bestimmungsgrund kein anderer sein kann. Jene ist aber der Bestimmungsgrund der endlichen Linie. Daher ist der Bestimmungsgrund beider Linien einer, und die Verschiedenheit der Dinge bzw. der Linien kommt nicht aus der Verschiedenheit des Bestimmungsgrundes, der einer ist, sondern aus dem Hinzukommenden, denn sie haben nicht gleicherweise am Bestimmungsgrund teil.

Daher gibt es nur einen Bestimmungsgrund aller Dinge, der auf verschiedene Weise partizipiert wird. Diese verschiedenartige Teilhabe folgt daraus, daß es, wie oben bewiesen wurde, keine zwei völlig ähnlichen Dinge geben kann. Folglich kann es auch nicht mehrere Dinge geben, die an einem Bestimmungsgrund vollkommen gleichen Anteil haben.

unitatis aequalitas. Quae quia est aequalitas maxima, est ratio omnium. Sicut enim non est nisi una linea infinita, quae est ratio omnium finitarum, et per hoc quod finita linea cadit necessario ab ipsa, quae est infinita, — tunc etiam per hoc potest esse sui ipsius ratio, sicut non potest esse finita pariter et infinita. Unde, sicut nullae duae lineae finitae possunt esse praecise aequales, cum praecisa aequalitas, quae est maxima, non sit nisi ipsum maximum: ita etiam non reperiuntur duae lineae aequaliter rationem unam omnium participantes.

Praeterea, linea infinita non est maior in bipedali quam bipedalis neque minor, ut superius dictum est; et ita de tripedali et ultra. Et cum sit indivisibilis et una, est tota in qualibet finita. Sed non est tota in qualibet finita secundum participationem et finitationem; alioquin, quando esset tota in bipedali, non posset esse in tripedali, sicut bipedalis non est tripedalis. Quare est ita tota in qualibet, quod est in nulla, ut una est ab aliis distincta per finitationem. Est igitur linea infinita in qualibet linea tota, ita quod quaelibet in ipsa. Et hoc quidem coniunctim considerandum est; et clare videtur, quomodo maximum est in qualibet re et in nulla. Et hoc non est aliud nisi maximum, cum sit eadem ratione in qualibet re, sicut quaelibet res in ipso, et sit metipsa ratio, quod tunc maximum sit in seipso. Non est ergo aliud esse maximum metrum et mensuram omnium quam maximum simpliciter esse in seipso sive maximum esse maximum.

Nulla igitur res est in seipsa nisi maximum, et omnis res ut in sua ratione est in seipsa, quia sua ratio est maximum. Ex hiis quidem potest se intellectus iuvare et in similitudine lineae infinitae ad maximum simpliciter super omnem intel-

Denn nichts kann an dem Bestimmungsgrund in höchster Gleichheit teilhaben, außer dem Größten, das selbst dieser unendliche Bestimmungsgrund ist. Wie es nur eine größte Einheit gibt, so kann es auch nur eine Gleichheit der Einheit geben und diese ist als die größte Gleichheit der Bestimmungsgrund von allem. Wie es nämlich nur eine unendliche Linie gibt, den Bestimmungsgrund aller endlichen, kann dadurch, daß die endliche Linie notwendig von jener stammend, nicht an jene herankommt, diese nicht der Bestimmungsgrund ihrer selbst sein, wie das Endliche nicht gleicherweise das Unendliche sein kann. Da eine genaue abgegrenzte Gleichheit, welche die größte ist, nur das Größte selbst sein kann, können zwei endliche Linien einander nicht völlig gleich sein; und ebenso finden sich auch keine zwei Linien, die an dem einen Bestimmungsgrund aller Linien in gleicher Weise teilhaben.

Ferner: wie oben gesagt wurde, ist die unendliche Linie in der zwei Fuß langen nicht größer noch kleiner. Dasselbe gilt von der drei Fuß langen usw. Und da sie unteilbar und eine ist, ist sie ganz in jeder endlichen; gemäß der Teilhabe und Begrenzung jedoch ist sie nicht in jeder endlichen ganz. Sonst könnte sie, wäre sie ganz in der zwei Fuß langen, nicht in der drei Fuß langen sein, da die zwei Fuß lange keine drei Fuß lange ist. Darum ist sie so in jeder ganz, daß sie in keiner ist, da die eine von der andern durch die Begrenzung unterschieden ist. Es ist also die unendliche Linie in jeder Linie ganz, so daß jede in ihr ist. Dies muß man zusammen betrachten; man sieht deutlich, wie das Größte in jedem Ding und in keinem ist. Und dieses ist dann nichts anderes als das Größte, weil das Größte in sich selbst ist, da es durch den selben Bestimmungsgrund in jedem Ding ist, wie jedes Ding in ihm und es selbst Bestimmungsgrund ist. Es heißt also nichts anderes, das Größte ist Maßgabe und Maß von allem als das schlechthin Größte ist in sich selbst, bzw. es ist das Größte.

Kein Ding also, außer dem Größten, ist in sich selbst. Jedes Ding ist nur in sich selbst als in seinem Bestimmungsgrund, weil dieser das Größte ist. Auf Grund dessen kann sich nun der Geist helfen und, nach dem Beispiel der unendlichen

lectum in sacra ignorantia plurimum proficere. Nam hic nunc clare vidimus, quomodo Deum per remotionem participationis entium invenimus. Omnia enim entia entitatem participant. Sublata igitur ab omnibus entibus participatione remanet ipsa simplicissima entitas, quae est essentia omnium. Et non conspicimus ipsam talem entitatem nisi in doctissima ignorantia, quoniam, cum omnia participantia entitatem ab animo removeo, nihil remanere videtur. Et propterea magnus Dionysius dicit intellectum Dei magis accedere ad nihil quam ad aliquid. Sacra autem ignorantia me instruit hoc, quod intellectui nihil videtur, esse maximum incomprehensibile.

XVIII.

Quomodo ex eodem manuducimur ad intellectum participationis entitatis

Amplius, non satiabilis noster intellectus cum maxima suavitate vigilanter per praemissa incitatus inquirit, quomodo hanc participationem unius maximi possit clarius intueri.

Et iterum exemplo infinitae rectitudinis linealis se iuvans ait: Non est possibile curvum, quod recipit magis et minus, esse maximum aut minimum; neque curvum ut curvum est aliquid, quoniam est casus a recto. Esse igitur, quod in curvo est, est ex participatione rectitudinis, cum maxime et minime curvum non sit nisi rectum. Quare, quanto curvum est minus curvum, ut est circumferentia maioris circuli, tanto plus participat de rectitudine; non quod partem capiat, quia rectitudo infinita est impartibilis; sed linea recta finita quanto maior, tanto videtur plus participare de infinitate lineae infinitae maximae. Et sicut finita recta in hoc quod recta — in quod quidem rectum curvitas minima resolvitur — secundum simpliciorem participationem participat infinitam, et curvum non ita simplicem et immediatam

Linie, zum schlechthin Größten über jedes Verständnis hinaus in heiliger Unwissenheit fortschreiten. Denn jetzt sehen wir hier deutlich, daß wir Gott nur finden, wenn wir die Teilhabe des Seienden entfernen. Alles Seiende nimmt an der Seiendheit teil. Sieht man also von dieser Teilhabe alles Seienden ab, so bleibt die einfache Seiendheit, die Wesenheit aller Dinge. Wir erfahren diese Seiendheit nur in der ganz zum Wissen erhobenen Unwissenheit, da, wenn ich alles an der Seiendheit Teilhabende von meinem Geiste entferne, nichts zu bleiben scheint. Deshalb sagt der große Dionysius, der Geist Gottes sei näher dem Nichts als dem Etwas. Die heilige Unwissenheit aber lehrt mich, daß das, was dem verstehenden Geist nichts zu sein scheint, das auf unbegreifbare Weise Größte ist.

XVIII.

In gleicher Weise werden wir zur Einsicht der Teilhabe an der Seiendheit geführt

Durch das bisher Gesagte angeregt, forscht unser unersättlicher Geist aufmerksam und voll Freude weiter danach, wie diese Teilhabe an dem Einen Größten klarer eingesehen werden könnte.

Und indem er sich wiederum des Beispiels der unendlichen geraden Linie bedient, sagt er: Es ist nicht möglich, daß eine Krümmung, die größer oder geringer werden kann, das Größte oder Kleinste ist. Noch ist die Krümmung als Krümmung etwas, denn sie ist Abweichung vom Geraden. Das Sein, das in der Krümmung liegt, stammt also aus der Teilhabe an der Geradheit, da die Krümmung, welche die größte oder kleinste ist, nichts als die gerade ist. Je weniger aber die Krümmung krumm ist, wie beim Umkreis des größeren Kreises, um so stärker hat sie an der Geradheit teil. Nicht daß sie einen Teil davon erlangte — denn die unendliche Geradheit ist unteilbar — sondern: je größer die gerade, endliche Linie ist, um so mehr scheint sie an der Unendlichkeit der größten, unendlichen Linie teilzuhaben. Und wie

sed potius mediatam et distantem, quoniam per medium rectitudinis quam participat: ita aliqua sunt entia immediatius entitatem maximam in seipso subsistentem participantia, ut sunt simplices finitae substantiae, et sunt alia entia non per se, sed per medium substantiarum entitatem participantia, ut accidentia. Unde illa diversa participatione non obstante adhuc, ut ait Aristoteles, rectum est sui et obliqui mensura[1]; sicut infinita linea lineae rectae et curvae, ita maximum omnium qualitercumque diversimode participantium. Et in hoc aperitur intellectus illius, quod dicitur substantiam non capere magis nec minus. Nam hoc est ita verum, sicut linea recta finita in eo, quod recta, non suscipit magis et minus; sed quia finita, tunc per diversam participationem infinitae una respectu alterius maior aut minor est, nec umquam duae reperiuntur aequales. Curvum vero, quoad participationem rectitudinis, recipit magis et minus; et consequenter per ipsam participatam rectitudinem sicut rectum recipit magis et minus.

Et hinc est, quod accidentia, quanto magis participant substantiam, sunt nobiliora; et adhuc, quanto magis participant substantiam nobiliorem, tanto adhuc nobiliora. Et in hoc videtur, quomodo non possunt esse nisi entia aut per se aut per alia entitatem primi participantia, sicut non inveniuntur nisi lineae aut rectae aut curvae. Et propterea recte divisit Aristoteles omnia, quae in mundo sunt, in substantiam et accidens[2]. Substantiae igitur et accidentis una est adaequatissima mensura, quae est ipsum maximum simplicissimum;

---

[1] Aristoteles, De anima A 5, p. 411a.
[2] Aristoteles, Metaph. Δ 7, p. 1017a.

die endliche, gerade Linie darin, daß sie gerade ist — in dieses Gerade löst sich eben auch die kleinste Krümmung auf — an der unendlichen Linie gemäß einfacherer Teilhabe teilhat, aber nicht so sehr an der einfachen und unmittelbaren, als vielmehr an der mittelbaren und entfernten durch die Geradheit teilhat, so gibt es Seiende, wie es die einfachen, endlichen Substanzen sind, die an der größten Seiendheit, die in sich selbst Grundbestand hat, unmittelbarer teilhaben und solche, wie die Akzidentien, die nicht durch sich selbst, sondern vermittels der Substanzen an der Seiendheit teilhaben. Daher ist, wenn man die verschiedene Teilhabe nicht berücksichtigt, das Gerade, wie Aristoteles sagt, das Maß seiner selbst und des von ihm Abhängigen. Wie die unendliche Linie das Maß der geraden und gekrümmten Linie ist, so das Größte von allem das Maß dessen, was auf verschiedene Weise an ihm teilhat. Daraus erschließt sich der Sinn des Satzes, daß die Substanz weder mehr noch weniger aufnehme. Denn das ist auf dieselbe Weise wahr, wie es wahr ist, daß die gerade, endliche Linie hinsichtlich der Tatsache, daß sie eine gerade ist, nicht mehr und weniger aufnimmt. Weil sie jedoch endlich ist, ist infolge der verschiedenen Teilhabe an der unendlichen Linie eine größer oder kleiner als eine andere. Auch werden niemals zwei gleiche gefunden. Die Krümmung aber nimmt in Hinblick auf die Teilhabe an der Geradheit Mehr und Weniger an. Folgerichtig nimmt sie vermittels der partizipierten Geradheit wie das Gerade Mehr und Weniger an.

Und daher kommt es, daß die Akzidentien um so edler sind, je größer der Anteil ist, den sie am Grundbestand haben; und weiter, daß sie, an je edlerem Grundbestand sie teilhaben, selbst auch edler sind. Daraus ersieht man, daß es nur Seiendes geben kann, das durch sich oder durch anderes an der Seiendheit des Ersten teilhat, wie man auch nur gerade oder gekrümmte Linien findet. Und darum schied Aristoteles mit Recht alles, was es in der Welt gibt, in Substanz und Akzidenz. Das Maß des Grund-

quod licet neque sit substantia neque accidens, tamen ex praemissis manifeste patet ipsum potius sortiri nomen immediate ipsum participantium, scilicet substantiarum, quam accidentium. Unde Dionysius maximus ipsum plus quam substantiam sive supersubstantialem vocat potius quam superaccidentalem[1]; quoniam magis est dicere supersubstantiale quam superaccidentale, hinc maximo convenientius attribuitur. Dicitur autem supersubstantiale, hoc est scilicet non substantiale, quia hoc inferius eo, sed supra substantiam. Et ita est negativum verius maximo conveniens, ut infra de nominibus Dei dicemus.
Posset quis ex superioribus multa circa accidentium et substantiarum diversitatem et nobilitatem inquirere; de quibus hic locus tractandi non existit.

XIX.

Transsumptio trianguli infiniti ad trinitatem maximam

Nunc de eo, quod dictum et ostensum est maximam lineam esse triangulum maximum, in ignorantia doceamur.

Ostensum est maximam lineam triangulum; et quia linea est simplicissima, erit simplicissimum trinum. Erit omnis angulus trianguli linea, cum totus triangulus sit linea; quare linea infinita est trina. Non est autem possibile plura esse infinita; quare illa trinitas est unitas. Praeterea, cum angulus maiori lateri oppositus sit maior, ut in geometria ostenditur, et hic sit triangulus, qui non habet latus nisi infinitum, erunt anguli maximi et infiniti. Quare unus non est minor aliis nec duo maiores tertio, sed quia extra infinitam quantitatem non posset esse quantitas, ita extra unum angulum infinitum

---

[1] Dionysius, a. a. O., De div. nom. I, p. 39 u. a.

bestandes und des Hinzukommenden ist das eine, völlig angeglichene Maß, das schlechthin Größte selbst. Wenn dieses auch weder Substanz noch Akzidenz ist, geht dennoch aus dem Gesagten deutlich hervor, daß ihm eher der Name der an ihm unmittelbar Teilhabenden, der Substanzen nämlich, als der der Akzidentien zukommt. Daher nennt es der große Dionysius eher Mehr-als-die-Substanz oder Über-Substanz als Über-Akzidenz. Weil es mehr bedeutet, Über-Substanz zu sagen als Über-Akzidenz, bezeichnet man das Größte in zutreffender Weise so. Es wird aber nicht deshalb Über-Substanz genannt, weil es geringer wäre als diese, sondern weil es als Nicht-Substantiales jenseits der Substanz liegt. Und so entspricht das Negative dem Größten in größerer Wahrheit; das werden wir noch im Kapitel über die Namen Gottes ausführen. Man könnte aus dem Gesagten vieles über Verschiedenheit und Rangordnung von Akzidenz und Substanz fragen, doch ist hier nicht der Ort, dies zu behandeln.

XIX.

Die Übertragung des unendlichen Dreiecks auf die größte Dreiheit

Darüber, daß — wie schon gesagt und gezeigt wurde — die größte Linie das größte Dreieck ist, sollen wir in Unwissenheit belehrt werden.

Es wurde gezeigt, daß die größte Linie das Dreieck ist; und weil diese Linie die einfachste ist, wird es das einfachste Dreieine sein. Jeder Winkel des Dreiecks wird Linie sein, da das ganze Dreieck Linie ist; darum ist die unendliche Linie eine dreifache. Es ist aber nicht möglich, daß es mehrere Unendliche gibt; darum ist jene Dreiheit die Einheit. Da ferner, wie die Geometrie zeigt, der der größeren Seite entgegengesetzte Winkel der größere ist, so wären, wenn dieser eine Winkel eine unendliche Seite hätte, die Winkel die größten und unendlich. Darum ist nicht ein Winkel

non possunt esse alii. Quare unus erit in alio, et omnes tres unum maximum.

Insuper, sicut maxima linea non plus est linea, triangulus, circulus vel sphaera, sed in veritate est illa omnia absque compositione, ut ostensum est: ita consimiliter maximum simpliciter est ut maximum lineale, quod possumus dicere essentiam; est ut triangulare, et potest dici trinitas; est ut circulare, et potest dici unitas; est ut sphaerale, et potest dici actualis existentia.

Est igitur maximum essentia trina, una actu; nec est aliud essentia quam trinitas, nec aliud trinitas quam unitas, nec aliud actualitas quam unitas, trinitas vel essentia, licet verissimum sit maximum ista esse identice et simplicissime. Sicut igitur verum est maximum esse et unum esse, ita verum est ipsum trinum esse, eo modo quo veritas trinitatis non contradicit simplicissimae unitati, sed est ipsa unitas. Hoc autem aliter possibile non est, quam ut per similitudinem trianguli maximi attingibile est. Quare ipsum verum triangulum atque simplicissimam lineam ex praehabitis scientes, modo quo hoc homini possibile est, in docta ignorantia Trinitatem attingemus. Nam videmus, quod non reperimus angulum unum et post alium et tertio adhuc alium, ut in triangulis finitis, quoniam alius et alius et alius in unitate trianguli absque compositione esse non possunt. Sed unum absque numerali multiplicatione triniter est; quare recte quidem doctissimus Augustinus ait[1]: „Dum incipis numerare Trinitatem, exis veritatem."

---

[1] Nicht wörtlich zitiert; dem Sinn entspricht Augustinus, De trinitate VI, 7, u. a.

kleiner als die andern, noch zwei größer als der dritte, sondern es können, weil es außerhalb der unendlichen Ausdehnung keine Ausdehnung geben kann, außerhalb des einen unendlichen Winkels keine andern sein. Darum wird einer im anderen und alle drei das eine Größte sein.

Wie weiterhin die größte Linie nicht mehr Linie, Dreieck, Kreis oder Kugel, sondern dies alles ohne Zusammensetzung in Wahrheit ist (wie gezeigt wurde), so ist gleicherweise das schlechthin Größte das größte Linienhafte dergestalt, daß wir es Wesenheit nennen können; es ist das Dreieckhafte so, daß es Dreiheit genannt werden kann; das Kreishafte so, daß es Einheit und das Kugelhafte auf eine Weise, daß es wirkliche Existenz genannt werden kann.

Es ist also das Größte der Wesenheit nach dreifach, der Wirklichkeit nach einfach; auch ist die Wesenheit nichts anderes als Dreiheit, die Dreiheit nichts anderes als Einheit, die Wirklichkeit nichts anderes als Einheit, Dreiheit oder Wesenheit, wenn es auch der Wahrheit am nächsten kommt, daß das Größte dies identisch und einfachhin ist. Wie also das Wahre das Größte-Sein und das Eine-Sein ist, so ist es auch das Dreifach-Sein derart, daß die Wahrheit der Dreiheit der einfachsten Einheit nicht widerspricht, sondern diese selbst ist. Das ist aber nicht anders möglich, als es im Beispiel des größten Dreiecks erreichbar ist. Darum wollen wir, die wir aus dem Vorhergehenden wissen, daß das wahre Dreieck auch die einfachste Linie ist, soweit dies dem Menschen möglich ist, in zum Wissen erhobener Unwissenheit die Dreifaltigkeit erreichen. Wir sehen, daß wir nicht den einen Winkel finden und danach den andern und an dritter Stelle wieder einen andern, wie in den endlichen Dreiecken, da der andere und der andere und der andere in der Einheit des Dreiecks nicht ohne Zusammensetzung sein können. Sondern ohne zahlenmäßige Vielfalt eines, ist es dreifach. Darum sagt mit Recht der gelehrte Augustinus: Wenn man die Dreieinigkeit zu zählen beginnt, verläßt man die Wahrheit.

Oportet enim in divinis simplici conceptu, quantum hoc possibile est, complecti contradictoria, ipsa antecedenter praeveniendo; puta non oportet in divinis concipere distinctionem et indistinctionem tamquam duo contradicentia, sed illa ut in principio suo simplicissimo antecedenter, ubi non est aliud distinctio quam indistinctio; et tunc clarius concipitur trinitas et unitas esse idem. Nam ubi distinctio est indistinctio, trinitas est unitas; et e converso, ubi indistinctio est distinctio, unitas est trinitas. Et ita de pluralitate personarum et unitate essentiae; nam ubi pluralitas est unitas, trinitas personarum est idem cum unitate essentiae; et e converso, ubi unitas est pluralitas, unitas essentiae est trinitas in personis.

Et ista clare in nostro exemplo videntur, ubi simplicissima linea est triangulus et e converso simplex triangulus est unitas linealis. Hic etiam videtur, quomodo numerari anguli trianguli per unum, duo, tria non possunt, cum quilibet sit in quolibet — ut ait Filius: „Ego in Patre et Parte in me."[1]

Iterum, veritas trianguli requirit tres angulos. Sunt igitur hic verissime tres anguli, et unusquisque maximus, et omnes unum maximum. Requirit insuper veritas trianguli, quod unus angulus non sit alius; et ita hic requirit veritas unitatis simplicissimae essentiae, quod tres illi anguli non sint aliqua tria distincta, sed unum. Et hoc etiam verum est hic. Coniunge igitur ista, quae videntur opposita, antecedenter, ut praedixi; et non habebis unum et tria vel e converso, sed unitrinum seu triunum. Et ista est veritas absoluta.

---

[1] Joh. 14, 10.

Man muß nämlich im Göttlichen, soweit dies möglich ist, mit einem einfachen Gedanken das Entgegengesetzte umfassen, indem man ihm vorausgehend zuvorkommt. So darf man z. B. im Göttlichen Unterschiedenheit und Nichtunterschiedenheit nicht als Widersprüche auffassen, sondern muß dies zuvor in seinen einfachsten Ursprung, wo die Unterschiedenheit nichts anderes als Nichtunterschiedenheit ist, verstehen. Dann begreift man deutlicher, daß Dreiheit und Einheit dasselbe sind. Denn wo Unterschiedenheit Nichtunterschiedenheit ist, ist Dreiheit Einheit. Und umgekehrt: wo Nichtunterschiedenheit Unterschiedenheit ist, ist Einheit Dreiheit. Und so ist die Mehrzahl der Personen und die Einheit der Wesenheit zu verstehen: Wo die Vielheit Einheit ist, ist die Dreiheit der Personen dasselbe wie die Einheit der Wesenheit; und umgekehrt: wo die Einheit Vielheit ist, ist die Einheit der Wesenheit Dreiheit in den Personen.

Dies ersieht man deutlich aus unserem Beispiel, wo die einfachste Linie Dreieck ist und umgekehrt das einfache Dreieck linienhafte Einheit. Auch erkennt man, daß die Winkel des Dreiecks nicht mit eins, zwei, drei gezählt werden können, da jeder in jedem ist — wie der Sohn sagt: Ich im Vater und der Vater in mir.

Die Wahrheit des Dreiecks hinwieder fordert drei Winkel. Es gibt sonach hier in voller Wahrheit drei Winkel; jeder davon ist der größte und alle das Eine Größte. Diese Wahrheit des Dreiecks verlangt überdies, daß der eine Winkel nicht der andere sei. Und so erfordert hier die Wahrheit der Einheit der einfachsten Wesenheit, daß diese drei Winkel nicht drei unterschiedene, sondern Eines sind; und dies auch ist hier wahr. Verbinde also das, was entgegengesetzt scheint, auf vorgängige Weise, wie ich es gesagt habe, und du wirst nicht Eines und Drei haben oder umgekehrt, sondern ein Drei-Einfaches oder Ein-Dreifaches. Und das ist die absolute Wahrheit.

XX.

Adhuc circa Trinitatem, et quod non sit possibilis quaternitas et ultra in divinis

Amplius, requirit veritas Trinitatis, quae est Triunitas, trinum esse unum, quia dicitur triunum. Hoc autem non cadit in conceptu nisi eo modo, quo correlatio distincta unit et ordo distinguit.

Unde sicut, dum facimus triangulum finitum, primo est angulus unus, secundo alius, tertio tertius ab utroque, et illi anguli ad invicem correlationem habent, ut sit unus ex ipsis triangulus: ita quidem et in infinito infinite. Tamen concipiendum est ita, quod prioritas taliter concipiatur in aeternitate, quod posterioritas non sibi contradicat; aliter enim prioritas et posterioritas in infinito et aeterno cadere non possent.

Unde Pater non est prior Filio et Filius posterior; sed ita Pater est prior, quod Filius non est posterior. Ita Pater prima persona, quod Filius non est post hoc secunda; sed sicut Pater est prima absque prioritate, ita Filius secunda absque posterioritate et Spiritus sanctus pariformiter tertia. Sed quia hoc superius dictum est amplius, sufficiat.

Velis tamen circa hanc semper benedictam Trinitatem advertere, quod ipsum maximum est trinum et non quaternum vel quinum et ultra. Et hoc certe est nota dignum; nam hoc repugnaret simplicitati et perfectioni maximi.

Omnis enim figura polygonia pro simplicissimo elemento habet triangularem, et illa est minima figura polygonia, qua minor esse nequit. Probatum est autem minimum simpliciter cum maximo coincidere. Sicut igitur se habet unum in numeris, ita triangulus in figuris polygoniis. Sicut igitur omnis numerus resolvitur ad unitatem, ita polygoniae ad triangulum.

XX.

Weitere Ausführungen zur Dreiheit
Vierheit und alles was darüber hinausgeht ist im Göttlichen nicht möglich

Weiters: Die Wahrheit der Dreiheit, die Drei-Einheit, verlangt, daß das Dreifache das Eine sei, weil es Drei-Eines heißt. Dies ist allein dadurch begreiflich, daß die Korrelation das Unterschiedene eint und die Ordnung unterscheidet.

So wie dann, wenn wir ein endliches Dreieck bilden, zuerst der eine Winkel ist, dann der andere, und endlich der dritte von beiden und diese Winkel zueinander in Wechselbeziehung stehen, so daß aus ihnen ein Dreieck entsteht, so gilt dies auch im Unendlichen auf unendliche Weise. Aber man muß dies so verstehen, daß die Priorität in der Ewigkeit derartig begriffen wird, daß die Posteriorität ihr nicht widerspricht; anders nämlich können Priorität und Posteriorität in das Unendliche und Ewige nicht eingehen.

Daher ist der Vater nicht früher als der Sohn und der Sohn nicht später. Der Vater ist vielmehr so früher, daß der Sohn nicht später ist. So ist der Vater die erste Person, weil der Sohn nicht nach diesem die zweite ist; wie der Vater ohne Priorität die erste ist, so ist der Sohn ohne Posteriorität die zweite und der Heilige Geist in gleicher Weise die dritte. Weil aber darüber oben ausführlicher gesprochen wurde, möge dies hier genügen.

Man muß in bezug auf diese immer gepriesene Dreifaltigkeit beachten, daß das Größte dreifach ist und nicht vierfach oder fünffach und dergleichen mehr. Das ist sicherlich bemerkenswert; es widerspräche dem einfachsten und vollkommensten Größten.

Jedes Vieleck hat als einfachstes Bestandteil das Dreieck: und dieses ist das kleinste Vieleck, dem gegenüber keines mehr kleiner sein kann. Dann ist bewiesen worden, daß das schlechthin Kleinste mit dem Größten koinzidiert. Wie die Eins in den Zahlen, so verhält sich das Dreieck in den Vielecken. Wie jede Zahl zur Einheit, so werden die Vielecke zum Dreieck zurückgeführt.

Maximus igitur triangulus, cum quo minimus coincidit, omnes figuras polygonias complectitur; nam sicut unitas maxima se habet ad omnem numerum, ita triangulus maximus ad omnem polygoniam. Quadrangularis autem figura non est minima, ut patet, quia ea minor est triangularis. Igitur simplicissimo maximo, quod cum solo minimo coincidere potest, quadrangularis, quae absque compositione esse non potest, cum sit maior minimo, nequaquam poterit convenire. Immo implicat contradictionem esse maximum et esse quadrangulare; nam non posset esse mensura triangularium adaequata, quia semper excederet. Quomodo igitur esset maximum, quod non esset omnium mensura? Immo quomodo esset maximum, quod esset ab alio et compositum et per consequens finitum? Et iam patet, quare primo ex potentia lineae simplicis oritur triangulus simplex — quoad polygonias —, deinde circulus simplex, deinde sphaera simplex, et non devenitur ad alias quam istas elementales figuras ad invicem in finitis improportionales, omnes figuras intra se complicantes.

Unde, sicut si nos vellemus concipere mensuras omnium quantitatum mensurabilium: primo pro longitudine necesse esset habere lineam infinitam maximam, cum qua coincideret minimum; deinde pariformiter pro latitudine rectilineali triangulum maximum; et pro latitudine circulari circulum maximum; et pro profunditate sphaeram maximam; et cum aliis quam cum istis quattuor omnia mensurabilia attingi non possent. Et quia istae omnes mensurae necessario essent infinitae et maximae, cum quo minimum coincideret, et cum plura maxima esse non possint: hinc ipsum unicum maximum, quod esse debet omnium quantorum mensura, dicimus esse illa, sine quibus maxima mensura esse non posset, licet in se consideratum absque respectu ad mensurabilia nullum istorum sit aut dici possit veraciter, sed per infinitum et improportionabiliter supra.

Ita maximum simpliciter cum sit omnium mensura, ipsum illa esse dicimus, sine quibus ipsum omnium metrum posse

Das größte Dreieck also, mit dem das kleinste koinzidiert, umfaßt alle vieleckigen Gebilde, denn — wie die größte Einheit zu jeder Zahl, so verhält sich das größte Dreieck zu jedem Vieleck. Die vierwinkelige Figur ist aber nicht die kleinste. Das ergibt sich daraus, daß die dreiwinkelige kleiner ist als sie. Daher kann die vierwinkelige Figur, die nicht ohne Zusammensetzung sein kann und größer ist als die kleinste, niemals dem einfachsten Größten entsprechen, das nur mit dem Kleinsten koinzidieren kann. Zugleich das Größte und vierwinkelig sein, schließt sogar einen Widerspruch ein, denn, da es stets darüber hinausginge, könnte es nicht das adäquateste Maß der Dreiecke sein. Wie aber wäre das das Größte, das nicht aller Dinge Maß wäre? Und wäre das das Größte, das von einem andern stammte, zusammengesetzt und folglich auch endlich? Deutlich ergibt sich aus der Möglichkeit der einfachen Linie zuerst das einfache Dreieck — und daraus die Vielecke —, dann der einfache Kreis, dann die einfache Kugel. Und man gelangt zu keinen andern Grundfiguren als zu diesen, die im Endlichen in keinem Bezugsverhältnis zueinander stehen und alle Figuren in sich einschließen.

Wenn wir daher die Maßeinheiten aller meßbaren Quantitäten begreifen wollen, müssen wir an erster Stelle für die Länge eine unendliche, größte Linie haben, mit der das Kleinste koinzidiert; dann brauchen wir gleicherweise für die gradlinige Breite das größte Dreieck, für die kreisförmige Breite den größten Kreis und für die Tiefe die größte Kugel. Mit anderen Maßen als diesen vier kann nichts Meßbares erreicht werden. All diese Maßeinheiten sind notwendig unendlich und die größten, mit denen das Kleinste koinzidiert. Da es nicht mehrere Größte geben kann, sagen wir, daß jenes einzige Maß, das jeder Ausdehnung Maß sein muß, jenes ist, ohne das das größte Maß nicht sein kann, wenn es auch in sich betrachtet, ohne Bezug auf das Meßbare, keines von dem ist oder wahrhaft genannt werden kann, sondern unendlich und ohne Verhältnisbezug darüber steht.

So sagen wir, daß das schlechthin Größte als Maß von allem dies selbst sei, ohne das wir nicht einsehen, daß es die Maß-

esse non intelligimus. Unde maximum, licet sit super omnem trinitatem per infinitum, trinum dicimus, quia aliter ipsum rerum, quarum unitas essendi est trinitas — sicut in figuris unitas triangularis in trinitate angulorum consistit —, causam simplicem, metrum et mensuram esse non intelligeremus; licet in veritate et nomen et conceptus noster trinitatis, semoto isto respectu, maximo nequaquam conveniat, sed per infinitum ab illa maxima et incomprehensibili veritate deficiat.

Habemus itaque maximum triangulum omnium triniter subsistentium mensuram simplicissimam, quemadmodum sunt operationes actiones in potentia, obiecto, actu triniter subsistentes; similiter visiones, intellectiones, volitiones, similitudines, dissimilitudines, pulchritudines, proportiones, correlationes, appetitus naturales et cetera omnia, quorum essendi unitas consistit in pluralitate, sicuti est principaliter esse et operatio naturae consistens in correlatione agentis, patientis et communis ex illis resultantis.

XXI.

Transsumptio circuli infiniti ad unitatem

Habuimus de triangulo maximo pauca quaedam; similiter de infinito circulo subiungamus. Circulus est figura perfecta unitatis et simplicitatis. Et iam ostensum est superius triangulum esse circulum. Et ita trinitas est unitas. Ista autem unitas est infinita, sicut circulus infinitus; quare est unior aut identior omni expressibili unitati atque per nos apprehensibili per infinitum. Nam tanta est ibi identitas, quod omnes etiam relativas oppositiones antecedit, quoniam ibi aliud et diversum identitati non opponuntur.

gabe aller Dinge sein kann. Daher nennen wir das Größte, auch wenn es über jeder Dreiheit unendlich erhaben ist, das Dreifache, da wir nicht einsehen können, daß es anders der einfachste Grund, Maßgabe und Maß der Dinge ist, deren Einheit des Seins die Dreiheit ist — wie in den Figuren die Einheit des Dreiecks in der Dreiheit der Winkel besteht. Aber in Wahrheit kommt sowohl unser Name als auch unser Begriff der Dreiheit — wenn man von dieser Beziehung absieht — dem Größten keineswegs zu, sondern weicht von jener größten und unbegreiflichen Wahrheit unendlich weit ab.

Wir haben also das größte Dreieck als das einfachste Maß alles dessen, was dreifach Bestand hat, wie es die Tat-Handlungen sind, die in Möglichkeit, Gegenstand und Wirklichkeit dreifach bestehen; ähnlich ist es mit Schau, Einsicht, Wollen, Ähnlichkeit, Unähnlichkeit, Schönheit, Verhältnisbeziehung, Korrelation, natürlicher Bestrebung und allem anderen, dessen Seinseinheit in Vielheit besteht, wie es grundsätzlich Sein und Tätigkeit der Natur sind, die in der Korrelation des Handelnden, Leidenden und des aus beiden gemeinsam Entspringenden entstehen.

XXI.

Übertragung des unendlichen Kreises auf die Einheit

Wir haben einiges über das unendliche Dreieck dargelegt und möchten nun in ähnlicher Weise einiges über den unendlichen Kreis unterbreiten. Der Kreis ist die vollkommene Figur der Einheit und Einfachheit. Oben wurde schon bewiesen, daß das Dreieck Kreis ist und so die Dreiheit Einheit. Diese Einheit aber ist unendlich wie der unendliche Kreis. Darum ist sie in größerem Maße eine und dieselbe als jede ausdrückbare und von uns begreifbare Einheit, und zwar unendlich mehr. Denn dort ist die Einheit so groß, daß sie allen, auch den relativen Gegensätzen vorausgeht, weil das Andere und Verschiedene der Selbigkeit nicht entgegengesetzt wird.

Quare est: cum maximum sit infinitae unitatis, tunc omnia, quae ei conveniunt, sunt ipsum absque diversitate et alietate, ut non sit alia bonitas eius et alia sapientia, sed idem. Omnis enim diversitas in ipso est identitas; unde eius potentia cum sit unissima, est et fortissima et infinitissima. Tanta quidem est eius unissima duratio, quod praeteritum non est aliud a futuro et futurum non est aliud a praesenti in ea; sed sunt unissima duratio sive aeternitas sine principio et fine. Nam tantum est in ipso principium, quod et finis est in ipso principium.

Haec omnia ostendit circulus infinitus sine principio et fine aeternus, indivisibiliter unissimus atque capacissimus. Et quia ille circulus est maximus, eius diameter etiam est maxima. Et quoniam plura maxima esse non possunt, est intantum ille circulus unissimus, quod diameter est circumferentia. Infinita vero diameter habet infinitum medium. Medium vero est centrum. Patet ergo centrum, diametrum et circumferentiam idem esse. Ex quo docetur ignorantia nostra incomprehensibile maximum esse, cui minimum non opponitur; sed centrum est in ipso circumferentia. Vides, quomodo totum maximum perfectissime est intra omne simplex et indivisibile, quia centrum infinitum; et extra omne esse omnia ambiens, quia circumferentia infinita; et omnia penetrans, quia diameter infinita. Principium omnium, quia centrum; finis omnium, quia circumferentia; medium omnium, quia diameter. Causa efficiens, quia centrum; formalis, quia diameter; finalis, quia circumferentia. Dans esse, quia centrum; gubernans, quia diameter; conservans, quia circumferentia. Et horum similia multa.

Apprehendis itaque per intellectum, quomodo maximum cum nullo est idem neque diversum et quomodo omnia in ipso, ex ipso et per ipsum, quia circumferentia, diameter et centrum. Non quod aut sit circulus aut circumferentia, diameter vel centrum; sed maximum tantum simplicissimum, quod per ista paradigmata investigatur et reperitur omnia,

Daher gilt: Da das Größte von unendlicher Einheit ist, ist alles, was ihm zukommt, ohne Verschiedenheit und Andersheit, es selbst; so ist seine Güte keine andere, seine Weisheit keine andere, sondern das Selbe. Alle Verschiedenheit ist in ihm Selbigkeit; daher ist seine Mächtigkeit als die geeinteste auch die größte und unendlichste. So groß ist seine geeinte Dauer, daß das Vergangene in ihr nichts anderes ist als das Zukünftige und das Zukünftige nichts anderes als das Gegenwärtige. Sie sind vielmehr die geeinte Dauer oder die Ewigkeit ohne Anfang und Ende, denn in ihr ist der Ursprung so groß, daß auch das Ende in ihr Ursprung ist.

Das alles zeigt der unendliche Kreis, der ohne Ursprung und Ende, ewig und unteilbar, der geeinteste und umfassendste ist. Weil dieser Kreis der größte ist, ist auch sein Durchmesser der größte. Da es aber nicht mehrere Größte geben kann, ist dieser Kreis sosehr der geeinteste, daß sein Durchmesser sein Umkreis ist. Der unendliche Durchmesser hat eine unendliche Mitte. Die Mitte aber ist das Zentrum. Es ist also offenbar, daß Zentrum, Durchmesser und Umkreis dasselbe sind. Daraus erhält unsere Unwissenheit die Belehrung, daß es das unbegreifliche Größte ist, dem das Kleinste nicht entgegengesetzt wird; in dem vielmehr das Zentrum Umkreis ist. Man sieht, daß unter allem Einfachen und Unteilbaren das ganze Größte am vollkommensten ist; denn es ist unendliches Zentrum, so daß es als unendlicher Umkreis außerhalb jeden Seins alles umgreift und alles durchdringt, da es unendlicher Durchmesser ist. Es ist der Ursprung von allem, da es Zentrum, das Ziel von allem, da es Umkreis und die Mitte von allem, da es Durchmesser ist. Es ist Wirk-Grund, da Zentrum, Gestalt-Grund, da Durchmesser, Ziel-Grund, da Umkreis. Es gibt das Sein, da es Zentrum ist, führt, da es Durchmesser, bewahrt, da es Umkreis ist. Und davon noch viel Ähnliches.

Man begreift also durch den Geist, daß das Größte mit keinem identisch und von keinem verschieden ist und wie, da es Umkreis, Durchmesser und Zentrum ist, alles in ihm, aus ihm und durch es ist. Nicht, daß es entweder Kreis oder Umkreis, Durchmesser oder Zentrum wäre; das einfachste Größte, das durch diese Beispiele erforscht und gefunden

quae sunt et non sunt, ambire; ita quod non-esse in ipso est maximum esse, sicut minimum est maximum. Et est mensura omnis circulationis, quae est de potentia in actum et redeundo de actu in potentiam, compositionis a principiis ad individua et resolutionis individuorum ad principia, et formarum perfectarum circularium et circularium operationum et motuum super se et ad principium redeuntium, et consimilium omnium, quorum unitas in quadam circulari perpetuitate consistit.

Multa hic de perfectione unitatis ex hac figura circulari trahi possent, quae cum faciliter per unumquemque iuxta praemissa fieri possint, brevitatis causa transeo. Hoc tantum notatum esse admoneo, quomodo omnis theologia circularis et in circulo posita existit, adeo etiam quod vocabula attributorum de se invicem verificentur circulariter: ut summa iustitia est summa veritas, et summa veritas est summa iustitia, et ita de omnibus. Ex quo, si extendere inquisitionem volueris, tibi infinita theologicalia iam occulta manifestissima fieri poterunt.

XXII.

Quomodo Dei providentia contradictoria unit

Ad hoc autem, ut etiam experiamur, quomodo ad altam ducimur intelligentiam per praemissa, ad Dei providentiam inquisitionem applicemus.

Et quoniam ex prioribus manifestum est Deum esse omnium complicationem, etiam contradictoriorum, tunc nihil potest eius effugere providentiam; sive enim fecerimus aliquid sive eius oppositum aut nihil, totum in Dei providentia implicitum fuit. Nihil igitur nisi secundum Dei providentiam eveniet. Unde, quamvis Deus multa potuisset providisse,

wird, umgreift alles, was ist und nicht ist, so daß in ihm das Nicht-Sein das Größte-Sein ist, wie das Kleinste das Größte. Es ist das Maß jeden Umlaufs, der von der Möglichkeit in die Wirklichkeit und rückkehrend von der Wirklichkeit in die Möglichkeit stattfindet; es ist das Maß der Zusammensetzung von den Ursprüngen zu den Individuen und der Auflösung der Individuen zu den Ursprüngen; das Maß sowohl der vollkommenen, kreisförmigen Gestalten als auch der kreisförmigen Bewegungen als auch der über sich hinaus zum Ursprung rückkehrenden Bewegungen und auch das Maß alles Ähnlichen, dessen Einheit in einer kreisförmigen Beständigkeit besteht.

Zur Vollkommenheit der Einheit könnte aus dieser Kreis-Figur vieles herangezogen werden, das ich, da es dem Vorbesprochenen gemäß leicht geschehen kann, der Kürze halber übergehe. Ich erinnere nur daran, weil dies besonders festzuhalten ist, da jede Theologie kreisförmig, gleichsam ein Kreis ist, und zwar so sehr, daß auch die Benennungen der Attribute einander gegenseitig, kreisartig, bestätigen und verifizieren; die größte Gerechtigkeit ist die größte Wahrheit und die größte Wahrheit die größte Gerechtigkeit, und das gilt von allem. Von hier aus können einem, wenn man die Untersuchung auszudehnen gewillt ist, unendlich viele noch verborgene theologische Fragen klar werden.

XXII.

Die Vorsehung Gottes eint das Gegensätzliche

Um zu erfahren, daß wir durch das Gesagte zu tieferer Einsicht geführt werden, wollen wir die Untersuchung auf die Vorsehung Gottes anwenden.

Aus dem Vorhergehenden ist offenbar, daß Gott die Einfaltung von allem, auch des Gegensätzlichen ist; darum kann nichts seiner Vorsehung entgehen. Sei es, daß wir irgend etwas getan haben oder das ihm Entgegengesetzte oder gar nichts — alles war in der Vorsehung Gottes enthalten. Es geschieht also nichts, es sei denn der Vorsehung

quae non providit nec providebit, multa etiam providit, quae potuit non providere, tamen nihil addi potest divinae providentiae aut diminui.

Ut in simili: Humana natura simplex et una est; si nasceretur homo, qui etiam numquam nasci exspectabatur, nihil adderetur naturae humanae; sicut nihil demeretur ab illa, si non nasceretur, sicut nec cum nati moriuntur. Et hoc ideo, quia humana natura complicat tam eos qui sunt, quam qui non sunt neque erunt, licet esse potuerunt.

Ita licet eveniret, quod numquam eveniet, nihil tamen adderetur providentiae divinae, quoniam ipsa complicat tam ea, quae eveniunt, quam quae non eveniunt, sed evenire possunt. Sicut igitur multa sunt in materia possibiliter, quae numquam evenient, ita per contrarium, quaecumque non evenient, sed evenire possunt, si in Dei sunt providentia, non sunt possibiliter, sed actu; nec inde sequitur, quod ista sint actu.

Sicut ergo dicimus, quod humana natura infinita complicat et complectitur, quia non solum homines, qui fuerunt, sunt et erunt, sed qui possunt esse, licet numquam erunt, et ita complectitur mutabilia immutabiliter, sicut unitas infinita omnem numerum: ita Dei providentia infinita complicat tam ea, quae evenient, quam quae non evenient, sed evenire possunt, et contraria, sicut genus complicat contrarias differentias. Et ea, quae scit, non scit cum differentia temporum, quia non scit futura ut futura, nec praeterita ut praeterita, sed aeterne et mutabilia immutabiliter.

Hinc inevitabilis et immutabilis est, et nihil eam excedere potest; et hinc omnia ad ipsam providentiam relata neces-

Gottes entsprechend. Und obwohl Gott vieles hätte vorhersehen können, das er nicht vorhersah noch vorhersehen wird, und vieles vorhersieht, das er hätte nicht vorhersehen können, so kann der göttlichen Vorsehung dennoch nichts hinzugefügt oder hinweggenommen werden.

In einem Gleichnis: Die menschliche Natur ist einfach und eine. Wenn ein Mensch geboren wird, dann fügt er der menschlichen Natur, auch wenn er niemals erwartet wurde, nichts hinzu, wie er auch, wenn er nicht geboren würde oder, wenn die Geborenen sterben, ihr keinen Abbruch tut. Und das ist deshalb so, weil die menschliche Natur sowohl jene, die leben, als auch jene, die nicht mehr sind noch sein werden, auch wenn sie sein könnten, umfaßt.

Wenn das, was niemals geschieht, zuträfe, würde dennoch der göttlichen Vorsehung nichts hinzugefügt, da sie sowohl das, was sich ereignet, als auch das, was sich nicht ereignet, aber sich ereignen kann, einschließt. Wie also vieles, das niemals in Erscheinung tritt, in der Materie der Möglichkeit nach ist, so ist umgekehrt das, was nicht erscheint, aber erscheinen kann, nicht der Möglichkeit nach, sondern als Wirklichkeit, wenn es in der Vorsehung Gottes ist. Daraus folgt aber nicht, daß dies wirklich ist.

Wie wir also sagen, daß die menschliche Natur unendlich viel umgreift und umfaßt — da nicht nur die Menschen, die waren, sind und sein werden zu ihr gehören, sondern auch jene, die sein können, auch wenn sie niemals sein werden — und zwar so, daß sie, wie die unendliche Einheit jede Zahl, Vergängliches unvergänglich umfaßt, so schließt die unendliche Vorsehung Gottes das, was sich ereignet, ebenso wie das, was sich nicht ereignet, aber ereignen kann, und das Gegenteil in derselben Weise ein, wie die Gattung entgegengesetzte Unterschiede einschließt. Und das, was sie weiß, weiß sie nicht im Unterschied der Zeiten, sondern ewig, weil sie das Zukünftige nicht als Zukünftiges noch das Vergangene als Vergangenes weiß. Sie weiß das Vergängliche auf unvergängliche Weise.

Daher ist sie unausweichbar und unvergänglich, und nichts kann ihr entgehen; aus diesem Grunde sagt man, daß alles

sitatem habere dicuntur; et merito, quia omnia in Deo sunt Deus, qui est necessitas absoluta. Et sic patet quod ea, quae numquam evenient, eo modo sunt in Dei providentia, ut praedictum est, etiam si non sunt provisa, ut eveniant. Et necesse est Deum providisse, quae providit, quia eius providentia est necessaria et immutabilis; licet etiam oppositum eius providere potuit, quod providit. Nam posita complicatione non ponitur res complicata, sed posita explicatione ponitur complicatio. Nam, licet cras possum legere vel non legere, quodcumque fecero, providentiam non evado, quae contraria complectitur. Unde, quidquid fecero, secundum Dei providentiam eveniet; et ita patet, quomodo per praemissa, quae nos docent maximum omnem anteire oppositionem, quoniam omnia qualitercumque complectitur et complicat, quid de providentia Dei et aliis consimilibus verum sit, apprehendimus.

XXIII.

Transsumptio sphaerae infinitae ad actualem existentiam Dei

Convenit adhuc pauca quaedam circa sphaeram infinitam speculari; et reperimus in infinita sphaera tres lineas maximas longitudinis, latitudinis et profunditatis in centro concurrere. Sed centrum maximae sphaerae aequatur diametro et circumferentiae. Igitur illis tribus lineis in infinita sphaera aequatur centrum; immo centrum est omnia illa, scilicet longitudo, latitudo et profunditas. Erit itaque maximum simplicissime atque infinite omnis longitudo, latitudo et profunditas, quae in ipso sunt unum simplicissimum indivisibile maximum.

Et ut centrum praecedit omnem latitudinem, longitudinem atque profunditatem, et est finis omnium illorum atque medium, quoniam in sphaera infinita centrum, crassitudo et circumferentia idem sunt.

auf sie Bezogene Notwendigkeit habe; und das sagt man mit Recht, da alles in Gott Gott, die absolute Notwendigkeit, ist. So ist offenbar, daß das, was niemals hervortritt, in der Vorsehung Gottes so enthalten ist, wie zuvor gesagt wurde, auch wenn es nicht als etwas, das sich ereignen soll, vorhergesehen ist. Und es ist notwendig, daß Gott das, was er vorsieht, zuvor gesehen hat, da seine Vorsehung notwendig und unveränderlich ist; wie er auch das Gegenteil von dem, was er vorhersah, hätte vorhersehen können. Denn, obwohl mit der Setzung der Einfaltung noch nicht das eingefaltete Ding gesetzt ist, ist mit der Setzung der Ausfaltung die Einfaltung gesetzt. Denn wenn ich auch morgen lesen oder nicht lesen kann, so werde ich, was immer ich tue, der Vorsehung, die das Entgegengesetzte umfaßt, nicht entgehen. Was ich also tun werde, wird der Vorsehung Gottes gemäß geschehen. Es ist offenbar, daß wir nach dem bisher Gesagten, das uns lehrt, daß das Größte, da es alles, wie es auch sein mag, umfaßt und einschließt, jedem Gegensatz vorausgeht, die Vorsehung Gottes und Ähnliches richtig verstehen.

XXIII.

Übertragung der unendlichen Kugel auf die wirkliche Existenz Gottes

Es ist zweckmäßig, jetzt noch einiges hinsichtlich der unendlichen Kugel zu überlegen. Wir finden, daß in der unendlichen Kugel die drei größten Linien, Länge, Breite und Tiefe, im Mittelpunkt zusammentreffen. Doch ist der Mittelpunkt der größten Kugel dem Durchmesser und Umkreis gleich; und folglich ist in der unendlichen Kugel der Mittelpunkt diesen drei Linien gleich, ja er ist sogar diese selbst, nämlich Länge, Breite und Tiefe. Also wird das Größte auf einfachste und unendliche Weise jede Länge, Breite und Tiefe sein, die in ihm das eine, einfachste, unteilbare Größte sind.

Und wie der Mittelpunkt jeder Breite, Länge und Tiefe vorausgeht, so ist es auch deren Ziel und Mitte, da in der unendlichen Kugel Mittelpunkt, Inhalt und Umkreis dasselbe sind.

Et sicut sphaera infinita est penitus in actu et simplicissima, ita maximum est penitus in actu simplicissime. Et sicut sphaera est actus lineae, trianguli et circuli, ita maximum est omnium actus. Quare omnis actualis existentia ab ipso habet, quidquid actualitatis existit, et omnis existentia pro tanto existit actu, pro quanto in ipso infinito actu est. Et hinc maximum est forma formarum et forma essendi sive maxima actualis entitas.

Unde Parmenides subtilissime considerans aiebat Deum esse, cui esse quodlibet, quod est, est esse omne id, quod est[1]. Sicut igitur sphaera est ultima perfectio figurarum, qua maior non est, ita maximum est omnium perfectio perfectissima, adeo quod omne imperfectum in ipso est perfectissimum, sicut infinita linea est sphaera et curvitas est rectitudo et compositio simplicitas et diversitas identitas et alteritas unitas, et ita de reliquis. Quomodo enim posset esse ibi aliquid imperfectionis, ubi imperfectio est infinita perfectio et possibilitas infinitus actus, et ita de reliquis?

Videmus nunc clare, cum maximum sit ut sphaera maxima, quomodo totius universi et omnium in universo existentium est unica simplicissima mensura adaequatissima, quoniam in ipso non est maius totum quam pars, sicut non est maior sphaera quam linea infinita.

Deus igitur est unica simplicissima ratio totius mundi universi; et sicut post infinitas circulationes exoritur sphaera, ita Deus omnium circulationum — uti sphaera maxima — est simplicissima mensura. Omnis enim vivificatio, motus et intelligentia ex ipso, in ipso et per ipsum; apud quem una revolutio octavae sphaerae non est minor quam infinitae, quia finis est omnium motuum, in quo omnis motus ut in fine quiescit. Est enim quies maxima, in qua omnis motus quies est; ita maxima quies est omnium motuum mensura,

---

[1] In der von Cusanus benützten Literatur fälschlich Parmenides zugeschrieben.

Wie die unendliche Kugel völlig in der Wirklichkeit und ganz einfach ist, so ist auch das Größte auf einfachste Weise völlig in der Wirklichkeit. Und wie die Kugel die Wirklichkeit der Linie, des Dreiecks und des Kreises ist, so ist das Größte die Wirklichkeit von allem. Daher hat jedes wirkliche Bestehen von ihm diese seine Wirklichkeit und jeder Bestand besteht soweit wirklich, als er in der unendlichen Wirklichkeit ist. Und daher ist das Größte die Gestalt der Gestalten und Gestalt des Seins, beziehungsweise die größte, wirkliche Seiendheit.

Daher sagte Parmenides, der das sehr genau betrachtete, daß Gott derjenige sei, für den jedes seiende Sein das Alleswas-ist-Sein ist. Wie also die Kugel die letzte mögliche Vollendung der Figuren ist, so ist das Größte die vollkommenste Vollendung von allem. Es ist dies so sehr, daß jedes Unvollkommene in ihm ganz vollkommen ist, die unendliche Linie Kugel, die Krümmung Geradheit, die Zusammensetzung Einfachheit, die Verschiedenheit Gleichheit, die Andersheit Einheit usw. Wie könnte dort irgendeine Unvollkommenheit sein, wo die Unvollkommenheit unendliche Vollkommenheit und die Möglichkeit unendliche Wirklichkeit usw. ist?

Weil das Größte wie die größte Kugel ist, sehen wir jetzt deutlich, daß und wie es das einzige, einfachste und angeglichenste Maß des Gesamt und aller im Gesamt bestehenden Dinge ist; denn so, wie die unendliche Kugel nicht größer ist als die unendliche Linie, ist in ihm das Ganze nicht größer als ein Teil.

Gott ist der einzige und einfachste Bestimmungsgrund des ganzen Weltalls. Wie nach unendlichen Umläufen die Kugel entsteht, so ist Gott — wie die größte Kugel — aller Umläufe einfachstes Maß. Jede Belebung, Bewegung und Einsicht ist aus ihm, in ihm und durch ihn, in dem jede Bewegung als in ihrem Ende ruht; da er Zielgrenze aller Bewegung ist, ist bei ihm eine Umdrehung der achten Sphäre nicht kleiner als die einer unendlichen Sphäre. Die größte Ruhe ist die, in der jede Bewegung Ruhe ist; und so ist die

sicut maxima rectitudo omnium circumferentiarum et maxima praesentia sive aeternitas omnium temporum. In ipso enim omnes motus naturales ut in fine quiescunt, et omnis potentia in ipso perficitur ut in actu infinito.

Et quia ipse est entitas omnis esse et omnis motus est ad esse: igitur quies motus est ipse, qui est finis motus, scilicet forma et actus essendi. Entia igitur omnia ad ipsum tendunt. Et quoniam finita sunt et non possunt aequaliter participare finem in comparatione ad se invicem, tunc aliqua participant hunc finem per medium aliorum, sicut linea per medium trianguli et circuli in sphaeram ducitur, et triangulus per medium circuli, et circulus in sphaeram per seipsum,

XXIV.

De nomine Dei et theologia affirmativa

Postquam nunc auxiliante Deo exemplo mathematico studuimus in nostra ignorantia circa primum maximum peritiores fieri, adhuc pro completiori doctrina de nomine maximi investigemus. Et ista quidem inquisitio, si recte saepe dicta menti habuerimus, facilis adinventionis erit.

Nam manifestum est, cum maximum sit ipsum maximum simpliciter, cui nihil opponitur, nullum nomen ei proprie posse convenire. Omnia enim nomina ex quadam singularitate rationis, per quam discretio fit unius ab alio, imposita sunt. Ubi vero omnia sunt unum, nullum nomen proprium esse potest.

Unde recte ait Hermes Trismegistus[1]: „Quoniam Deus est universitas rerum, tunc nullum nomen proprium est eius,

---

[1] Thomas, Apulei Opera III, Asclepius XX, p. 56, 2ff.

größte Ruhe das Maß aller Bewegung, wie die größte Geradheit das Maß aller Umkreise und die größte Gegenwart oder Ewigkeit das Maß aller Zeiten ist. In ihm nämlich ruhen alle natürlichen Bewegungen als in ihrem Ziel, und jede Möglichkeit wird in ihm als in unendlicher Wirklichkeit vollendet.

Und weil er die Seiendheit jeden Seins ist und sich jede Bewegung auf das Sein richtet, so ist er selbst, der das Ziel der Bewegung ist, die Ruhe der Bewegung, Gestalt nämlich und Wirklichkeit des Seins. Alles Seiende strebt darum zu ihm. Und weil das Seiende endlich ist und im Vergleich miteinander nicht in gleicher Weise am Ziel teilhaben kann, haben manche nur durch Vermittlung der andern an diesem Ziel teil, wie die Linie vermittels des Dreiecks und des Kreises, das Dreieck vermittels des Kreises, und der Kreis durch sich selbst in die Kugel übergeführt wird.

XXIV.

Der Name Gottes und die affirmative Theologie

Nachdem wir uns mit Gottes Hilfe am Beispiel der Mathematik bemühten, in unserer Unwissenheit über das erste Größte erfahrener zu werden, forschen wir jetzt zur Vervollständigung unserer Kenntnis nach dem Namen des Größten. Wenn wir das oftmals Gesagte richtig im Sinn haben, wird diese Untersuchung leicht durchzuführen sein.

Da das Größte das schlechthin Größte selbst ist, dem nichts entgegengesetzt wird, ist offenkundig, daß ihm kein Name eigentlich passen und zukommen kann. Denn alle Namen sind aus einer Einzigkeit des Wesenssinnes, durch den die Sonderung des Einem vom Andern zustande kommt, gesetzt. Wo aber alles Eines ist, kann kein Name wirklich passen.

Hermes Trismegistus sagt mit Recht: „Da Gott die Gesamtheit der Dinge ist, ist kein Name der seine, denn es wäre

quoniam aut necesse esset omni nomine Deum aut omnia eius nomine nuncupari", cum ipse in sua simplicitate complicet omnium rerum universitatem. Unde secundum ipsum proprium nomen — quod ineffabile per nos dicitur et tetragrammaton sive quattuor litterarum est et ex eo proprium, quia non convenit Deo secundum aliquam habitudinem ad creaturas, sed secundum essentiam propriam — interpretari debet unus et omnia sive omnia uniter, quod melius est.

Et ita nos repperimus superius unitatem maximam, quae idem est quod omnia uniter; immo adhuc videtur nomen propinquius et convenientius unitas quam omnia uniter. Et propter hoc dicit propheta, quomodo „in illa die erit Deus unus et nomen eius unum". Et alibi: „Audi Israel (id est Deum per intellectum videns), quoniam Deus tuus unus est[1]."

Non est autem unitas nomen Dei eo modo, quo nos aut nominamus aut intelligimus unitatem, quoniam, sicut supergreditur Deus omnem intellectum, ita a fortiori omne nomen. Nomina quidem per motum rationis, qui intellectu multo inferior est, ad rerum discretionem imponuntur. Quoniam autem ratio contradictoria transilire nequit, hinc non est nomen, cui aliud non opponatur secundum motum rationis; quare unitati pluralitas aut multitudo secundum rationis motum opponitur. Hinc unitas Deo non convenit, sed unitas, cui non opponitur aut alteritas aut pluralitas aut multitudo. Hoc est nomen maximum omnia in sua simplicitate unitatis complicans, istud est nomen ineffabile et super omnem intellectum.

Quis enim intelligere posset unitatem infinitam per infinitum omnem oppositionem antecedentem, ubi omnia absque compositione sunt in simplicitate unitatis complicata, ubi non est aliud vel diversum, ubi homo non differt a leone et caelum non differt a terra, et tamen verissime ibi sunt

---

[1] Zach. 14, 9; Deut. 6, 4.

notwendig, entweder Gott mit jedem Namen oder alles mit seinem Namen zu nennen", da er in seiner Einfachheit die Gesamtheit aller Dinge einschließt. Daher muß er seinem eigentümlichen Namen entsprechend — dieser kann von uns nicht ausgesprochen werden — als ‚Einer und Alles' oder besser ‚Alles vereint' verstanden werden. Der Name ist das Tetragrammaton, das aus vier Buchstaben besteht und Gott deshalb eigentümlich, weil er ihm nicht gemäß irgendeiner Beziehung zu den Geschöpfen, sondern gemäß der ihm eigentümlichen Wesenheit zukommt.

So haben wir auch oben die größte Einheit gefunden, die dasselbe ist wie Alles-vereint; doch scheint der Name ‚Einheit' noch passender und zutreffender zu sein als ‚Alles vereint'. Und deshalb sagt der Prophet, daß „an jenem Tage ein Gott und einer sein Name sein wird". Und anderswo: „Höre (d. h. Gott durch den Geist sehen), Israel, dein Gott ist Einer."

Aber nicht so, wie wir Einheit nennen oder verstehen, ist der Name Gottes die Einheit; wie Gott jede Einsicht übersteigt, tut dies um so mehr auch der Name. Durch die Bewegung des Verstandes nämlich, der um vieles geringer ist als der Geist, werden die Namen zur Unterscheidung der Dinge eingeführt. Da aber der Verstand die Gegensätze nicht überwinden kann, gibt es keinen Namen, dem nicht, der Bewegung des Verstandes entsprechend, ein anderer entgegengesetzt wäre. Gemäß dieser Bewegung wird darum der Einheit die Mehrheit oder Vielheit entgegengesetzt. Gott aber kommt nicht diese, sondern jene Einheit zu, der weder Andersheit noch Mehrheit, noch Vielheit entgegengesetzt wird. Das ist der größte Name, der alles in der Einfachheit der Einheit einfaltet. Es ist der unaussprechliche Name, jenseits allen Verstehens.

Denn wer könnte die unendliche Einheit verstehen, die jedem Gegensatz unendlich vorausgeht, wo alles ohne Zusammensetzung in der Einfachheit der Einheit eingefaltet ist, wo kein Anderes oder Verschiedenes ist, wo der Mensch nicht vom Löwen, der Himmel nicht von der Erde ver-

ipsum, non secundum finitatem suam, sed complicite ipsamet unitas maxima? Unde, si quis posset intelligere aut nominare talem unitatem, quae cum sit unitas, est omnia, et cum sit minimum, est maximum, ille nomen Dei attingeret. Sed cum nomen Dei sit Deus, tunc eius nomen non est cognitum nisi per intellectum, qui est ipsum maximum et nomen maximum. Quare in docta ignorantia attingimus: Licet unitas videatur propinquius nomen maximi, tamen adhuc a vero nomine maximi, quod est ipsum maximum, distat per infinitum.

Est itaque ex hoc manifestum nomina affirmativa, quae Deo attribuimus, per infinitum diminute sibi convenire; nam talia secundum aliquid, quod in creaturis reperitur, sibi attribuuntur. Cum igitur Deo nihil tale particulare, discretum, habens oppositum sibi nisi diminutissime convenire possit, hinc affirmationes sunt incompactae, ut ait Dionysius[1]. Nam si dicis ipsum veritatem, occurrit falsitas; si dicis virtutem, occurrit vitium; si dicis substantiam, occurrit accidens; et ita de reliquis. Cum autem ipse non sit substantia, quae non sit omnia et cui nihil opponitur, et non sit veritas, quae non sit omnia absque oppositione, non possunt illa particularia nomina nisi diminute valde per infinitum sibi convenire.

Omnes enim affirmationes, quasi in ipso aliquid sui significati ponentes, illi convenire non possunt, quia non est plus aliquid quam omnia. Et propterea nomina affirmativa, si sibi conveniunt, non nisi in respectu ad creaturas conveniunt; non quod creaturae sint causa, quod sibi conveniant, quoniam maximum a creaturis nihil habere potest, sed sibi ex infinita potentia ad creaturas conveniunt.

---

[1] Dionysius Areopagita, a. a. O. II. De caelesti hierarchia II, p. 759.

schieden ist, wo dennoch alles wahrhaft es selbst ist, nicht seiner Endlichkeit entsprechend, sondern eingefaltet als die größte Einheit selbst. Wenn jemand eine solche Einheit, die, da sie Einheit ist, alles und da sie das Kleinste ist, das Größte ist, verstehen und benennen könnte, dann würde er den Namen Gottes erreichen. Da aber der Name Gottes Gott ist, ist sein Name nur durch jenen Geist, der das Größte selbst und der größte Name ist, bekannt. In wissender Unwissenheit erlangen wir darum dies: Wenn auch die Einheit dem Namen des Größten näher zu sein scheint, so ist sie dennoch vom wahren Namen des Größten, dem Größten selbst, unendlich weit entfernt.

Daraus geht deutlich hervor, daß die affirmativen Bezeichnungen, die wir Gott zuteilen, ihm nur in unendlich verringertem Maße zukommen; denn solche Namen werden nach etwas, das in den Geschöpfen gefunden wird, zugeteilt. Da aber etwas Gesondertes und Geschiedenes, das einen Gegensatz hat, Gott nur in unendlich kleinem Maße zukommen könnte, so entsprechen ihm, wie Dionysius sagt, bejahende Aussagen nicht. Denn wenn man ihn Wahrheit nennt, steht dem Falschheit, wenn man ihn Tugend nennt, das Laster, wenn man ihn Grundbestand nennt, das Hinzukommende usw. entgegen. Da er aber kein Grundbestand ist, der nicht alles ohne Gegensatz ist, und nicht die Wahrheit, die nicht alles ohne Gegensatz ist, so können diese besonderen Namen ihm nur in unendlich verringertem Maße zukommen.

Alle affirmativen Bezeichnungen legen in ihn gleichsam etwas von dem hinein, das sie bezeichnen und können deshalb ihm, der nicht mehr etwas als alles ist, nicht zukommen. Aus diesem Grunde entsprechen ihm Bejahungen, wenn überhaupt, nur in Hinblick auf die Geschöpfe; nicht die Geschöpfe sind die Ursache, daß sie ihm zukommen — das Größte kann von den Geschöpfen nichts haben —, sondern sie kommen ihm aus der unendlichen Mächtigkeit in Hinblick auf die Geschöpfe zu.

Nam ab aeterno Deus potuit creare, quia, nisi potuisset, summa potentia non fuisset. Igitur hoc nomen creator, quamvis sibi in respectu ad creaturas conveniat, tamen etiam convenit, antequam creatura esset, quoniam ab aeterno creare potuit. Ita de iustitia et ceteris omnibus nominibus affirmativis, quae nos translative a creaturis Deo attribuimus propter quandam perfectionem per ipsa nomina significatam; licet illa omnia nomina ab aeterno, ante etiam quam nos sibi illa attribuimus, fuissent veraciter in summa sua perfectione et infinito nomine complicata, sicut et res omnes, quae per ipsa talia nomina significantur et a quibus per nos in Deum transferuntur.

Et intantum hoc est verum de affirmativis omnibus, quod etiam nomen Trinitatis et personarum, scilicet Patris et Filii et Spiritus sancti, in habitudine creaturarum sibi imponuntur.

Nam cum Deus ex eo, quod unitas est, sit gignens et Pater, ex eo, quod est aequalitas unitatis, genitus sive Filius, ex eo, quod utriusque connexio, Spiritus sanctus, tunc clarum est Filium nominari Filium ex eo, quod est unitatis sive entitatis aut essendi aequalitas. Unde patet ex hoc, quod Deus ab aeterno potuit res creare, licet eas etiam non creasset, respectu ipsarum rerum Filius dicitur. Ex hoc enim est Filius, quod est aequalitas essendi res, ultra quam vel infra res esse non possent; ita videlicet quod est Filius ex eo, quod est aequalitas entitatis rerum, quas Deus facere poterat, licet eas etiam facturus non esset; quas si facere non posset, nec Deus Pater vel Filius vel Spiritus sanctus, immo nec Deus esset. Quare, si subtilius consideras, Patrem Filium gignere, hoc fuit omnia in Verbo creare. Et ob hoc Augustinus Verbum etiam artem ac ideam in respectu creaturarum affirmat[1].

---

[1] Augustinus, De trinitate VI, 10.

Gott konnte von Ewigkeit her schaffen; hätte er es nicht gekonnt, wäre er nicht höchste Macht gewesen. Daher kommt ihm dieser Name „Schöpfer", wenn auch nur in Hinblick auf die Geschöpfe, so doch zu, bevor noch ein Geschöpf war, da er von Ewigkeit her schaffen konnte. Das gleiche gilt von der Gerechtigkeit und den übrigen affirmativen Bezeichnungen, die wir, von den Geschöpfen übertragen, Gott wegen der bestimmten von ihnen bezeichneten Vollkommenheit, zuteilen. Von Ewigkeit, noch bevor wir sie ihm zuschrieben, waren alle diese Namen wahrhaft in seiner Vollkommenheit und in seinem unendlichen Namen enthalten; ebenso alle durch diese Namen bezeichneten Dinge, von welchen aus wir jene auf Gott übertragen.

Dies gilt für alle affirmativen Bezeichnungen in solchem Maße, daß auch die Namen der Trinität und der Personen, des Vaters, des Sohnes und des Heiligen Geistes, ihm aus dem Verhalten der Geschöpfe gegeben werden.

Denn da Gott auf Grund dessen, daß er die Einheit ist, Zeugender und Vater ist; daß er die Gleichheit der Einheit ist, Gezeugter oder Sohn ist; daß er beider Verknüpfung ist, Heiliger Geist ist, so ist deutlich, daß der Sohn deshalb Sohn genannt wird, weil er die Gleichheit der Einheit bzw. Seiendheit oder des Seins ist. Daraus geht hervor, daß Gott, der von Ewigkeit her die Dinge schaffen konnte, auch wenn er sie nicht geschaffen hätte, in bezug auf diese Sohn genannt wird. Darum nämlich ist er Sohn, weil er die Gleichheit der Seins des Dinges ist, jenseits oder innerhalb derer die Dinge nicht sein können. So nämlich, daß der Sohn deshalb ist, weil er die Gleichheit der Seiendheit der Dinge ist, die Gott machen konnte, auch wenn er sie nicht gemacht hätte. Hätte er sie nicht machen können, wäre Gott weder Vater noch Sohn noch Heiliger Geist, ja nicht einmal Gott. Wenn man es genauer betrachtet, bedeutet daher die Zeugung des Sohnes durch den Vater dies, daß er alles im Wort schuf. Darum nennt Augustinus auch das Wort in Hinblick auf die Geschöpfe Kunst und Idee.

Unde ex eo Deus Pater est, quia genuit aequalitatem unitatis; ex eo autem Spiritus sanctus, quod utriusque amor est; et haec omnia respectu creaturarum. Nam creatura ex eo, quod Deus Pater est, esse incipit; ex eo, quod Filius, perficitur; ex eo, quod Spiritus sanctus est, universali rerum ordini concordat. Et haec sunt in unaquaque re Trinitatis vestigia. Et haec est sententia Aurelii Augustini exponentis illud Geneseos: „In principio creavit Deus caelum et terram", dicens Deum ex eo, quia Pater, principia rerum creasse[2].

Quare quidquid per theologiam affirmationis de Deo dicitur, in respectu creaturarum fundatur, etiam quoad illa sanctissima nomina, in quibus maxima latent mysteria cognitionis divinae, quae apud Hebraeos et Chaldaeos habentur, quorum nullum Deum nisi secundum aliquam proprietatem particularem significat praeter nomen quattuor litterarum, quae sunt ioth·he·vau·he[1], quod est proprium et ineffabile superius interpretatum. De quibus Hieronymus[3] et Rabbi Salomon[4] in libro Ducis neutrorum extense tractant; qui videri possunt.

XXV.

Gentiles Deum varie nominabant creaturarum respectu

Pagani pariformiter Deum variis creaturarum respectibus nominabant: Iovem quidem propter mirabilem pietatem (ait enim Iulius Firmicus, quod Iuppiter adeo prosperum sidus sit, quod, si solus in caelo Iuppiter regnasset, homines essent immortales); ita Saturnum propter profunditatem cogitationum et inventionum in rebus vitae necessariis; Mar-

---

[1] יהוה
[2] Augustinus, De Genesi I, 4ff.
[3] Hieronymus, De decem dei nominibus, ML 23, p. 1274.
[4] Moses Maimonides, Führer der Unschlüssigen, hrsg. A. Weiss, Leipzig 1923, S. 228ff.

Gott ist Vater, weil er die Gleichheit der Einheit zeugte, Heiliger Geist, weil er die Liebe beider ist; und dies alles in Hinblick auf die Geschöpfe. Denn die Schöpfung begann deshalb zu sein, weil Gott Vater ist, und wird vollendet, weil er Sohn ist, und stimmt mit der allgemeinen Ordnung der Dinge zusammen, weil er Heiliger Geist ist. Dies sind die Spuren der Dreifaltigkeit in jedem Ding. Dies meint auch Aurelius Augustinus, wenn er den Satz der Genesis erläutert: „Im Anfang schuf Gott Himmel und Erde" und sagt, Gott habe deshalb, weil er Vater sei, den Ursprung der Dinge erschaffen.

Was die affirmative Theologie von Gott sagt, ist in der Beziehung zu den Geschöpfen begründet, auch bezüglich jener heiligsten Namen, in denen die größten Geheimnisse göttlicher Erkenntnis verborgen liegen, und die bei den Hebräern und Chaldäern verwendet wurden. Jeder von ihnen bezeichnet Gott nur nach einer besonderen Eigenschaft, außer dem Namen der vier Buchstaben, Joth, He, Vau, He. Was ihm eigentümlich und unaussprechlich ist, wurde oben interpretiert. Das kann man bei Hieronymus und Rabbi Salomon, der es ausführlich im Buch des „Führers der Unschlüssigen" behandelt, nachlesen.

XXV.

Die Heiden nannten Gott in Hinblick auf die Geschöpfe in verschiedener Weise

Ähnlich benannten die Heiden Gott nach den verschiedenen Beziehungen zu den Geschöpfen. Sie nannten ihn Jupiter wegen der wunderbaren Güte (es sagt nämlich Julius Firmicus, Jupiter sei ein so günstiger Stern, daß, wenn er allein im Himmel regierte, die Menschen unsterblich wären); Saturn nannten sie ihn wegen der Tiefe der Erkenntnis und

tem propter victorias bellicas; Mercurium propter consiliarem prudentiam; Venerem propter amorem conservativum naturae; Solem propter vigorem motuum naturalium; Lunam propter humoralem conservationem, in qua vita consistit; Cupidinem propter unitatem duplicis sexus, ob quam rem etiam Naturam ipsum vocarunt, quoniam per duplicem sexum species rerum conservat.

Hermes ait omnia tam animalia quam non-animalia duplicis sexus; propterea causam omnium — scilicet Deum — in se masculinum et femininum sexum dixit complicare, cuius Cupidinem et Venerem explicationem credebat. Valerius etiam Romanus idem affirmans canebat Iovem omnipotentem genitorem genitricemque Deum. Unde dicebant Cupidinem, prout scilicet una res cupit aliam, filiam Veneris, hoc est ipsius pulchritudinis naturalis; Venerem vero Iovis aiebant omnipotentis filiam, a quo Natura et cuncta ipsam concomitantia.

Templa etiam, Pacis scilicet et Aeternitatis ac Concordiae, Pantheon, in quo erat altare Termini infiniti, cuius non est terminus, in medio sub divo, et consimilia nos instruunt paganos Deum secundum respectum ad creaturas varie nominasse[1].

Quae quidem omnia nomina unius ineffabilis nominis complicationem sunt explicantia; et secundum quod nomen proprium est infinitum, ita infinita nomina talia particularium perfectionum complicat. Quare et explicantia possent esse multa et numquam tot et tanta, quin possent esse plura;

---

[1] Als Quellen zu dem in diesem Kapitel Behandelten kommen in Frage: Firmicus Maternos, Matheseos libri II, 13; Macrobius, Commentarii in Somnium Scipionis, I, 12; Hermes Trism. [ed Thomas, Apuleius von Madaura, Opera III, p. 57]; Augustinus, De civ. Dei VII, 9 (mit Valerius Romanus ist Valerius Soranus gemeint); für das Pantheon ist ein Altar des Terminus nicht bezeugt. Vermutlich handelt es sich um eine Verwechslung mit dem Kapitolinischen Jupitertempel. Vgl. Ovid, Fast. II, 669ff; Augustinus, De civ. Dei IV, 29; Cicero, De nat. deorum II, 23.

der Erfindungen der für das Leben notwendigen Dinge; Mars wegen siegreicher Schlachten, Merkur wegen der Ratsklugheit, Venus wegen der erhaltenden Liebe der Natur, Sonne wegen der Kraft der Naturbewegungen, Mond, weil er durch die Feuchtigkeit das Leben erhält; Cupido nannten sie ihn wegen der Einheit beider Geschlechter. Aus diesem Grunde hießen sie ihn auch Natur, da er durch das zweifache Geschlecht die Eigengestalt der Dinge bewahrt.

Hermes sagt, sowohl Lebendiges als auch Nicht-Lebendiges sei doppelten Geschlechtes. Darum war er der Meinung, daß der Grund von allem, Gott, in sich das männliche und weibliche Geschlecht enthalte; für dessen Entfaltung hielt er Cupido und Venus. Der Römer Valerius behauptet dasselbe und besang Jupiter als den allmächtigen, zeugenden und gebärenden Gott. Daher nannte man Cupido — gleichsam ein Ding, welches ein anderes wünscht — die Tochter der Venus, d. h. der natürlichen Schönheit. Von Venus aber sagte man, sie sei die Tochter des allmächtigen Jupiters, von dem die Natur und alles mit ihr Zusammenhängende stamme.

Auch die Tempel, wie die des Friedens, der Ewigkeit, der Eintracht und das Pantheon, in dessen Mitte unter freiem Himmel ein Altar des unendlichen Terminus, der keine Grenze hat, stand, und ähnliches unterrichten uns, daß die Heiden Gott in bezug auf die Geschöpfe entsprechend verschieden benannten.

All diese Namen entfalten die Einfaltung des einen, unaussprechlichen Namens. Und sofern diesem Namen die Unendlichkeit eigentümlich ist, schließt er unendlich viele solcher Namen von dieser teilweisen Vollkommenheit in sich ein. Daher auch können der Ausfaltungen noch so viele sein, es

quorum quodlibet se habet ad proprium et ineffabile, ut finitum ad infinitum. Deridebant veteres pagani Iudaeos, qui Deum unum infinitum, quem ignorabant, adorarunt; quem tamen ipsi in explicationibus venerabantur, ipsum scilicet ibi venerantes, ubi divina sua opera conspiciebant.

Et ista inter omnes homines differentia tunc fuit, ut omnes Deum unum maximum, quo maius esse non posset, crederent, quem alii, ut Iudaei et Sissennii, in sua simplicissima unitate, ut est rerum omnium complicatio, colebant; alii vero in hiis colebant, ubi explicationem divinitatis reperiebant, recipiendo notum sensibiliter pro manuductione ad causam et principium. Et in hac ultima via seducti sunt simplices populares, qui non sunt usi explicatione ut imagine, sed ut veritate. Ex qua re idolatria introducta est in vulgum, sapientibus ut plurimum de unitate Dei recte credentibus, uti haec nota cuique esse possunt, qui Tullium De deorum natura ac philosophos veteres diligenter perspexerit[1].

Non negamus tamen quosdam ex paganis non intellexisse Deum, cum sit entitas rerum, aliter quam per abstractionem extra res esse, sicut materia prima extra res non nisi per abstrahentem intellectum existit; et hii tales Deum in creaturis adorarunt, qui etiam rationibus idolatriam astruebant. Quidam etiam Deum devocabilem putarunt. Quorum quidam in angelis eum devocabant, ut Sissennii; gentiles vero devocabant eum in arboribus, qualia de arbore Solis et Lunae leguntur; et quidam in aëre, aqua vel templis certis carminibus eum devocabant. Qui omnes qualiter seducti sint et longe fuerint a veritate, praemissa ostendunt.

---

[1] Cicero, De natura deorum II, 28.

sind doch niemals so viele und große, daß es nicht noch mehr sein können. Jede von ihnen verhält sich zum eigentlichen und unaussprechlichen Namen wie das Endliche zum Unendlichen. Die alten Heiden verlachten die Juden, die den einen, unendlichen Gott, den sie nicht kannten, anbeteten, und dennoch verehrten sie selbst ihn in seinen Entfaltungen, indem sie nämlich ihn dort anbeteten, wo sie seine göttlichen Werke erblickten.

Alle Menschen glaubten an Gott, den einen Größten, über den hinaus es nichts Größeres geben kann; der Unterschied zwischen ihnen war aber der, daß die einen, wie die Juden und Sissenier, ihn in seiner einfachsten Einheit als die Einfaltung aller Dinge, die andern ihn aber dort verehrten, wo sie die Entfaltung der Göttlichkeit fanden, indem sie das auf sinnliche Weise Bekannte als Hilfsmittel benutzten, zum Grund und Ursprung zu gelangen. Auf diesem letzten Weg wurden die einfachen Leute verführt, welche die Entfaltung nicht als Abbild, sondern als Wahrheit nahmen. Von dorther ist der Götzendienst in das Volk eingedrungen, während die Weisen meistens an die Einheit Gottes glaubten, wie dies jeder, der Ciceros Schrift „De deorum natura" und die alten Philosophen sorgfältig durchgesehen hat, wissen kann.

Dennoch leugnen wir nicht, daß einige Heiden nicht einsahen, daß Gott als die Seiendheit der Dinge, anderes als durch Abstraktion außerhalb der Dinge sei, wie die erste Materie außerhalb der Dinge nur durch den abstrahierenden Geist besteht. Und diese beteten Gott in den Geschöpfen an und wollten obendrein den Götzendienst durch Vernunftbeweise unterstützen. Manche glaubten, Gott könne in etwas Anderes übertragen und verlegt werden; einige, wie die Sissener, übertrugen ihn in Engel, andere Völker in Bäume; wir lesen von einem Sonnen- und einem Mondbaum. Und manche wollten ihn durch bestimmte Sprüche in Eisen, Wasser oder in die Tempel bannen. Wie alle diese auf irgendeine Weise verführt und der Wahrheit sehr fern waren, ist aus dem Vorhergesagten deutlich.

XXVI.

De theologia negativa

Quoniam autem cultura Dei, qui adorandus est in spiritu et veritate, necessario se fundat in positivis Deum affirmantibus, hinc omnis religio in sua cultura necessario per theologiam affirmativam ascendit, Deum ut unum ac trinum, ut sapientissimum, piissimum, lucem inaccessibilem, vitam, veritatem et ita de reliquis adorando, semper culturam per fidem, quam per doctam ignorantiam verius attingit, dirigendo; credendo scilicet hunc, quem adorat ut unum, esse uniter omnia; et quem ut inaccessibilem lucem colit, non quidem esse lucem, ut est haec corporalis, cui tenebra opponitur, sed simplicissimam et infinitam, in qua tenebrae sunt lux infinita; et quod ipsa infinita lux semper lucet in tenebris nostrae ignorantiae, sed tenebrae eam comprehendere nequeunt.

Et ita theologia negationis adeo necessaria est quoad aliam affirmationis, ut sine illa Deus non coleretur ut Deus infinitus, sed potius ut creatura; et talis cultura idolatria est, quae hoc imagini tribuit, quod tantum convenit veritati. Hinc utile erit adhuc parum de negativa theologia submittere.

Docuit nos sacra ignorantia Deum ineffabilem; et hoc, quia maior est per infinitum omnibus, quae nominari possunt; et hoc quidem quia verissimum, verius per remotionem et negationem de ipso loquimur, sicuti et maximus Dionysius, qui eum nec veritatem nec intellectum nec lucem nec quidquam eorum, quae dici possunt, esse voluit[1]; quem Rabbi Salomon et omnes sapientes sequuntur. Unde neque Pater est neque Filius neque Spiritus sanctus secundum hanc negativam theologiam, secundum quam est infinitus tantum.

---

[1] Dionysius Areopagita, a. a. O. De mystica theologia V, p. 597ff.

XXVI.

Die negative Theologie

Da sich die Verehrung Gottes, der im Geist und in der Wahrheit anzubeten ist, auf bejahende Aussagen über ihn gründen muß, erhebt sich jede Religion in ihrer Verehrung notwendigerweise dazu, Gott als den Einen und Dreieinen, den Weisesten, Gütigsten, das unzugängliche Licht, Leben und Wahrheit anzubeten; hierbei lenkt sie stets diese Verehrung durch den Glauben, den sie durch die wissende Unwissenheit in tieferer Wahrheit berührt. Sie glaubt, daß der, den sie als den Einen anbetet, alles Seiende in Einheit ist; daß der, den man als unzugängliches Licht verehrt, nicht ein körperliches Licht ist, dem die Dunkelheit entgegengesetzt wird, sondern ein einfaches und unendliches, in dem auch die Schatten dieses unendliche Licht sind; und daß dieses unendliche Licht im Dunkel unserer Unwissenheit immer leuchtet, die Dunkelheit es jedoch nicht begreifen kann.

Darum ist die negative Theologie für die affirmative so notwendig, daß ohne sie Gott nicht als der Unendliche, sondern eher als Geschöpf verehrt würde. Und eine Verehrung, in der das auf das Bild übertragen wird, was allein der Wahrheit zukommt, ist Götzendienst. Darum wird es gut sein, noch einiges über die negative Theologie hinzuzufügen.

Die heilige Unwissenheit lehrt uns, daß Gott unaussprechlich ist, weil er unendlich größer ist als alles Nennbare. Dies ist wahr; und darum reden wir wahrer über ihn in Einschränkung und Verneinung; so wollte auch der große Dionysius nicht, daß Gott Wahrheit oder Geist oder Licht oder sonst etwas Nennbares genannt werde. Ihm folgten Rabbi Salomon und alle Weisen. Entsprechend dieser negativen Theologie, der gemäß Gott nur der Unendliche ist, gibt es weder den Vater noch den Sohn noch den Heiligen Geist. Die

Infinitas vero, ut infinitas, neque generans est neque genita neque procedens, quare Hilarius Pictaviensis subtilissime dixit, dum personas distingueret[1]: „In aeterno" inquit „infinitas, species in imagine, usus in munere"; volens quod quamvis in aeternitate non nisi infinitatem possumus videre, tamen ipsa infinitas, quae est ipsa aeternitas, cum sit negativa, non potest intelligi ut generans, sed bene aeternitas, quoniam aeternitas est affirmativa unitatis sive praesentiae maximae; quare principium sine principio. „Species in imagine" dicit principium a principio; „usus in munere" dicit processionem ab utroque. Quae omnia per praemissa notissima sunt.

Nam quamvis aeternitas sit infinitas, ita quod aeternitas non sit maior causa Patris quam infinitas, tamen secundum considerationis modum aeternitas Patri attribuitur et non Filio nec Spiritui sancto, infinitas vero non plus uni personae quam alteri; quoniam ipsa infinitas secundum considerationem unitatis Pater est, secundum considerationem aequalitatis unitatis Filius, secundum considerationem connexionis Spiritus sanctus, secundum simplicem considerationem infinitatis nec Pater nec Filius nec Spiritus sanctus, licet ipsa infinitas — sicut et aeternitas — quaelibet trium personarum sit, et e converso quaelibet persona infinitas et aeternitas: non tamen secundum considerationem, ut praefertur, quoniam secundum considerationem infinitatis Deus nec unum est nec plura.

Et non reperitur in Deo secundum theologiam negationis aliud quam infinitas. Quare secundum illam nec cognoscibilis est in hoc saeculo neque in futuro, quoniam omnis creatura tenebra est eo respectu, quae infinitum lumen comprehendere nequit, sed sibi solus notus est.

---

[1] Hilarius, De trinitate II, 1; vgl. Augustinus, De trinitate VI, 10.

Unendlichkeit aber als Unendlichkeit ist weder zeugend noch gezeugt noch aus etwas hervorgehend. Daher sagte Hilarius von Poitiers sehr genau, als er die Personen unterschied: „Im Ewigen herrscht die Unendlichkeit, im Bild die Eigengestalt, in der Ausübung der Brauch." Er wollte damit sagen, daß die Unendlichkeit selbst, die die Ewigkeit ist, obwohl wir sie in der Ewigkeit nur als Unendlichkeit sehen können, dennoch nicht als zeugend eingesehen werden kann, da sie negativ ist, wohl aber als Ewigkeit, da die Ewigkeit die Bejahung der Einheit oder der größten Gegenwart ist. Darum ist sie Ursprung ohne Ursprung. „Eigengestalt im Bild" sagt Ursprung vom Ursprung; „Brauch in der Ausübung" besagt Hervorgang aus beiden. Das alles ist durch das Vorgebrachte völlig deutlich.

Denn obwohl die Ewigkeit Unendlichkeit ist, so daß die Ewigkeit nicht mehr Ursache des Vaters ist als die Unendlichkeit, so wird dennoch dieser Betrachtungsweise entsprechend die Ewigkeit dem Vater und nicht dem Sohn oder Heiligen Geist zugeteilt, die Unendlichkeit aber der einen Person nicht mehr als der andern, da die Unendlichkeit entsprechend der Betrachtung der Einheit, der Vater, entsprechend der Betrachtung der Gleichheit der Einheit, der Sohn, entsprechend der Betrachtung der Verknüpfung, der Heilige Geist ist; der einfachen Betrachtung der Unendlichkeit entsprechend ist sie weder Vater noch Sohn noch Heiliger Geist. Wenn auch die Unendlichkeit — ebenso wie die Ewigkeit — jede der drei Personen ist, und umgekehrt, jede Person Unendlichkeit und Ewigkeit, so doch nicht entsprechend der Betrachtung, wie sie vorgebracht wird; dieser gemäß ist der Gott der Unendlichkeit weder Einer noch Mehrere.

Nach der negativen Theologie findet man in Gott nichts anderes als Unendlichkeit. Darum ist er nach ihr weder in dieser Zeit noch in der Zukunft erkennbar, weil jedes Geschöpf in Hinblick auf ihn Dunkelheit ist, die das unendliche Licht nicht begreifen kann; nur sich allein ist er bekannt.

Et ex hiis manifestum est, quomodo negationes sunt verae et affirmationes insufficientes in theologicis; et nihilominus, quod negationes removentes imperfectiora de perfectissimo sunt veriores aliis; ut quia verius est Deum non esse lapidem quam non esse vitam aut intelligentiam, et non esse ebrietatem quam non esse virtutem.

Contrarium in affirmativis; nam verior est affirmatio Deum dicens intelligentiam ac vitam quam terram, lapidem aut corpus. Ista enim omnia clarissima sunt ex praehabitis. Ex quibus concludimus praecisionem veritatis in tenebris nostrae ignorantiae incomprehensibiliter lucere. Et haec est illa docta ignorantia, quam inquisivimus; per quam tantum ad infinitae bonitatis Deum maximum unitrinum secundum gradus doctrinae ipsius ignorantiae accedere posse explicavimus, ut ipsum ex omni nostro conatu de hoc semper laudare valeamus, quod nobis seipsum ostendit incomprehensibilem. Qui est super omnia in saecula benedictus[1].

---

[1] Cod. Cus. fügt an: finit De docta ignorantia liber primus.

Daraus geht hervor, daß im theologischen Bereich die Verneinungen wahr und die Bejahungen ungenügend sind, und auch, daß Verneinungen, die das Unvollkommenere vom Vollkommensten entfernen, wahrer sind als andere, weil es z. B. wahrer ist, daß Gott kein Stein ist, als daß er nicht Leben oder Einsicht sei, und, daß er nicht Schwachheit ist, als daß er nicht Kraft sei.

Bei Affirmationen gilt das Gegenteil. Wahrer nämlich ist die Bejahung, die Gott Einsicht und Leben nennt, als jene, die ihn Erde, Stein oder Körper nennt. Das alles ist aus dem Dargestellten völlig deutlich. Wir schließen daraus, daß im Dunkel unserer Unwissenheit auf unbegreifliche Weise die genaue Wahrheit leuchte. Und das ist jene wissende Unwissenheit, die wir suchen, durch die wir — wie dargelegt — zu dem Gott unendlicher Güte, dem Dreieinigen und Größten, entsprechend dem Grad des Wissens von dieser Unwissenheit gelangen können, auf daß wir ihn mit all unserem Streben stets zu loben vermöchten, ihn, der sich uns als der Unbegreifliche offenbarte, der über alles gepriesen ist in Ewigkeit.

DE DEO ABSCONDITO

DER VERBORGENE GOTT

DIALOGUS DE DEO ABSCONDITO DUORUM, QUORUM UNUS GENTILIS, ALIUS CHRISTIANUS

Et ait Gentilis: Video te devotissime prostratum et fundere amoris lacrimas non quidem falsas, sed cordiales. Quaero, quis es?
Christianus: Christianus sum.
G: Quid adoras?
C: Deum.
G: Quis est Deus, quem adoras?
C: Ignoro.
G: Quomodo tam serio adoras, quod ignoras?

C: Quia ignoro, adoro.
G: Mirum video hominem affici ad id, quod ignorat.

C: Mirabilius est hominem affici ad id, quod se scire putat.

G: Cur hoc?
C: Quia minus scit hoc, quod se scire putat quam id, quod se scit ignorare.
G: Declara, quaeso.
C: Quicumque se putat aliquid scire, cum nihil sciri possit, amens mihi videtur.
G: Videtur mihi quod tu penitus ratione careas, qui dicis nihil sciri posse.
C: Ego per scientiam intelligo apprehensionem veritatis. Qui dicit se scire, veritatem se dicit apprehendisse.

G: Et idem ego credo.
C: Quomodo igitur potest veritas apprehendi nisi per se ipsam? Neque tunc apprehenditur, cum esset apprehendens prius et post apprehensum.
G: Non intelligo istud, quod veritas non possit nisi per se ipsam apprehendi.
C: Putas, quod aliter apprehensibilis sit et in alio?

G: Puto.
C: Aperte erras; nam extra veritatem non est veritas, extra circularitatem non est circulus, extra humanitatem non est homo. Non reperitur igitur veritas extra veritatem nec aliter nec in alio.

EIN GESPRÄCH ZWEIER MÄNNER, VON DENEN DER EINE HEIDE, DER ANDERE CHRIST IST, ÜBER DEN VERBORGENEN GOTT

Heide: Ich sehe, wie du voll Ehrfurcht niedergebeugt, aus tiefstem Herzen Tränen der Liebe vergießt, ohne zu heucheln. Bitte, sage mir, wer du bist!
Christ: Ich bin ein Christ.
H: Wen betest du an?
C: Gott.
H: Wer ist der Gott, den du anbetest?
C: Das weiß ich nicht.
H: Wie kannst du mit solchem Ernst etwas anbeten, das du nicht kennst?
C: Eben weil ich ihn nicht kenne, bete ich ihn an.
H: Seltsam, daß ein Mensch von etwas ergriffen wird, das er nicht kennt.
C: Noch seltsamer ist, daß ein Mensch von etwas ergriffen wird, das er zu wissen meint.
H: Warum?
C: Weil er das, was er zu wissen glaubt, weniger weiß als das, von dem er weiß, daß er es nicht kennt.
H: Bitte, erkläre mir das!
C: Wer glaubt, etwas zu wissen, obwohl man doch nichts wissen kann, scheint mir wahnsinnig zu sein.
H: Mir scheinst vielmehr du den Verstand völlig verloren zu haben, wenn du sagst, man könne nichts wissen.
C: Unter Wissen verstehe ich: die Wahrheit erfaßt haben. Wer sagt, daß er weiß, behauptet damit, daß er die Wahrheit erfaßt hat.
H: Das glaube ich auch.
C: Wie kann man aber die Wahrheit erfassen außer durch sie selbst? Denn man erfaßt sie nicht, wenn zuerst das Erfassende kommt und dann das Erfaßte.
H: Ich verstehe nicht, daß die Wahrheit nur durch sich selbst erfaßt werden kann.
C: Glaubst du, daß sie auf andere Weise und in etwas anderem erfaßt werden kann?
H: Ja!
C: Du irrst ganz offenbar; denn es gibt keine Wahrheit außerhalb der Wahrheit, keinen Kreis außerhalb des Kreisseins, keinen Menschen außerhalb des Menschseins. Daher findet man keine Wahrheit außerhalb der Wahrheit, weder anders noch in anderem.

G: Quomodo ergo mihi notum est, quid homo, quid lapis et ita de singulis, quae scio?

C: Nihil horum scis, sed te putas scire. Si enim te interrogavero de quidditate eius, quod te putas scire, affirmabis, quod ipsam veritatem hominis aut lapidis exprimere non poteris. Sed quod scis hominem non esse lapidem, hoc non evenit ex scientia, qua scis hominem et lapidem et differentiam, sed evenit ex accidenti, ex diversitate operationum et figurarum, quae, dum discernis, diversa nomina imponis. Motus enim in ratione discretiva nomina imponit.

G: Estne una an plures veritates?

C: Non est nisi una; nam non est nisi una unitas et coincidit veritas cum unitate, cum verum sit unam esse unitatem. Sicut igitur in numero non reperitur nisi unitas una, ita in multis nisi veritas una. Et hinc qui unitatem non attingit, numerum semper ignorabit et qui veritatem in unitate non attingit, nihil vere scire potest. Et quamvis putat se vere scire, tamen verius sciri ipsum, quod se scire putat, de facili experitur. Verius enim videri potest visibile, quam per te videatur; verius enim per acutiores oculos videretur. Non ergo a te videtur, uti visibile est in veritate; ita de auditu et ceteris sensibus. Sed cum omne id, quod scitur et non ea scientia, qua sciri potest, non sciatur in veritate, sed aliter et alio modo (aliter autem et in alio modo a modo, qui est ipsa veritas, non scitur veritas); hinc amens est, qui se aliquid in veritate scire putat et veritatem ignorat. Nonne amens iudicaretur ille caecus, qui se putaret scire differentias colorum, quando colorem ignoraret?

G: Quis hominum igitur est sciens, si nihil sciri potest?

C: Hic censendus est sciens, qui scit se ignorantem et hic veneratur veritatem, qui scit sine illa se nihil apprehendere posse sive esse sive vivere sive intelligere.

G: Hoc forte est, quod te in adorationem attraxit, desiderium scilicet essendi in veritate.

C: Hoc ipsum quod dicis. Colo enim Deum, non quem tua gentilitas falso se scire putat et nominat, sed ipsum Deum, qui est ipsa veritas ineffabilis.

H: Auf welche Weise ist mir dann bekannt, was ein Mensch ist und was ein Stein ist, und alles andere, von dem ich Kenntnis habe?

C: Du weißt nichts von diesen, du glaubst nur zu wissen. Denn wenn ich dich nach der Washeit dessen, was du zu wissen meinst, fragte, so würdest du gestehen, daß du die eigentliche Wahrheit des Menschen und des Steines nicht ausdrücken kannst. Die Tatsache, daß du weißt, daß ein Mensch kein Stein ist, kommt nicht aus einem Wissen, durch das du den Menschen und den Stein und ihren Unterschied wüßtest, sondern aus ihren zufälligen, äußeren Eigenschaften, aus der Verschiedenheit ihrer Handlungen und Gestalten, welchen du, wenn du sie unterscheidest, verschiedene Bezeichnungen gibst. Die Bewegung in dem unterscheidenden Verstand gibt diese Namen.

H: Gibt es eine oder mehrere Wahrheiten?

C: Es gibt nur eine einzige. Denn es gibt nur eine Einheit und die Wahrheit fällt mit der Einheit zusammen, weil es wahr ist, daß es nur eine Einheit gibt. Wie man in der Zahl nur eine einzige Einheit findet, so auch in den vielen Dingen eine einzige Wahrheit. Und darum wird der, der die Einheit nicht erreicht, die Zahlen nie kennen und der, der die Wahrheit in der Einheit nicht erreicht, nichts wahrhaft wissen. Und obwohl er glaubt, in Wahrheit zu wissen, erfährt er doch leicht, daß das, was er zu wissen glaubt, wahrer gewußt werden kann. Das Sichtbare zum Beispiel kann wahrer gesehen werden, als es von dir gesehen wird, und zwar durch schärfere Augen. Also siehst du es nicht so, wie es in Wahrheit sichtbar ist. Ebenso verhält es sich mit dem Gehör und den übrigen Sinnen. Da aber nun alles, das zwar gewußt wird, aber nicht mit jenem Wissen, mit dem es gewußt werden kann, nicht in Wahrheit, sondern anders und auf andere Weise gewußt wird — anders aber und auf andere Weise als die Wahrheit ist, wird diese nicht gewußt — ist jeder von Sinnen, der glaubt, in Wahrheit zu wissen und die Wahrheit nicht kennt. Hielt man nicht jenen Blinden für verrückt, der die Unterschiede der Farbe zu wissen glaubte, ohne die Farbe zu kennen?

H: Welcher Mensch ist denn dann ein wissender, wenn man nichts wissen kann?

C: Nur den kann man für einen Wissenden halten, der um sein Nichtwissen weiß. Und nur der wird die Wahrheit verehren, der weiß, daß er ohne sie nichts erfassen kann, weder Sein noch Leben noch Verstehen.

H: Vielleicht ist es das, was dich zur Anbetung bewog: das Sehnen, in der Wahrheit zu sein.

C: Ja, genau dies. Ich verehre Gott, nicht den, den ihr Heiden fälschlich nennt und zu kennen glaubt, sondern Gott selbst, der die unsagbare Wahrheit ist.

G: Rogo te frater, cum Deum, qui est veritas, colas et nos non intendamus Deum colere, qui non est Deus in veritate, quae est differentia inter vos et nos?

C: Multae sunt; sed in hoc una et maxima, quia nos veritatem ipsam absolutam, impermixtam, aeternam ineffabilemque colimus, vos vero non ipsam, uti est absoluta in se, sed uti est in operibus suis, colitis, non unitatem absolutam, sed unitatem in numero et multitudine; errantes, quoniam incommunicabilis est veritas, quae Deus est, alteri.

G: Rogo te, frater, ad hoc, ut me ducas, ut te de Deo tuo intelligere queam. Responde mihi: quid scis de Deo, quem adoras?

C: Scio omne id, quod scio non esse Deum et quod omne id, quod concipio non esse simile ei, sed quia ipse exsuperat.

G: Igitur nihil est Deus.

C: Nihil non est, quia hoc ipsum nihil nomen habet nihili.

G: Si non est nihil, est ergo aliquid.

C: Nec aliquid est, nam aliquid non est omne. Deus autem non est potius aliquid quam omne.

G: Mira affirmas Deum, quem adoras, nec esse nihil, nec esse aliquid; quem nulla ratio capit.

C: Deus est supra nihil et aliquid, quia ipsi oboedit nihil, ut fiat aliquid. Et haec est omnipotentia eius, qua quidem potentia omne id, quod est aut non est, excedit, ut ita sibi oboediat id, quod non est sicut id, quod est. Facit enim non-esse ire in esse et esse ire in non-esse. Nihil igitur est eorum, quae sub eo sunt et quae praevenit omnipotentia sua. Et ob hoc non potest potius dici hoc quam illud, cum ab ipso sint omnia.

G: Potestne nominari?

C: Parvum est, quod nominatur; cuius magnitudo concipi nequit; ineffabilis remanet.

G: Est ergo ineffabilis?

C: Non est ineffabilis, sed supra omnia effabilis, cum sit omnium nominabilium causa. Qui igitur aliis nomen dat, quomodo ipse sine nomine?

G: Est igitur effabilis et ineffabilis.

C: Neque hoc. Nam non est radix contradictionis Deus, sed est ipsa simplicitas ante omnem radicem. Hinc neque hoc dici debet, quod sit effabilis et ineffabilis.

H: Da du nun, Bruder, den Gott verehrst, der die Wahrheit ist, und da wir ja auch nicht einen Gott verehren wollen, der nicht in Wahrheit Gott ist, so frage ich dich, worin besteht der Unterschied zwischen euch und uns?

C: Es gibt viele Unterschiede, aber der größte und bedeutendste ist der, daß wir die absolute, unvermischte, ewige und unaussprechliche Weisheit selbst verehren; ihr dagegen verehrt sie nicht so, wie sie absolut in sich selbst ist, sondern so, wie sie in ihren Werken ist; nicht die absolute Einheit, sondern die Einheit in Zahl und Menge. Und dabei irrt ihr, denn die Wahrheit, die Gott ist, kann keinem andern mitgeteilt werden.

H: Ich bitte dich, Bruder, führe mich dazu, daß ich vermag, das, was du von deinem Gott weißt, einzusehen. Antworte mir, was du von dem Gott weißt, den du verehrst.

C: Ich weiß, daß alles, was ich weiß, nicht Gott ist, und daß alles, was ich erfasse, ihm nicht gleichkommt, daß er es vielmehr überragt.

H: Also ist Gott nichts.

C: Er ist nicht nichts, denn dieses Nichts hat selbst den Namen „nichts".

H: Wenn er nicht nichts ist, ist er also etwas?

C: Er ist auch nicht etwas, denn etwas ist nicht alles, Gott aber ist nicht eher etwas als alles.

H: Seltsam. Du behauptest, der Gott, den du verehrst, ist weder nichts noch etwas. Das kann kein Verstand begreifen.

C: Gott steht über dem Nichts und über dem Etwas. Ihm gehorcht das Nichts, so daß es zu Etwas wird. Und dies ist seine Allmacht. Durch sie überragt er alles, was ist und nicht ist und es gehorcht ihm gleicherweise das, was ist und das, was nicht ist. Denn er läßt das Nicht-sein in das Sein übergehen, und das Sein in das Nicht-sein. Er ist also nichts von allem, das ihm unterworfen ist und dem seine Allmacht vorangeht. Und da alles von ihm stammt, kann man ihn nicht eher so oder anders nennen.

H: Kann er überhaupt genannt werden?

C: Gering ist, was genannt wird. Er, dessen Größe unfaßlich ist, bleibt unsagbar.

H: Ist er also unsagbar?

C: Er ist nicht unsagbar, sondern vielmehr über alles aussagbar. Er ist der Grund alles Nennbaren. Wie könnte der, der dem andern seinen Namen gibt, selbst ohne Namen bleiben?

H: Demnach ist er beides zugleich, sagbar und unsagbar.

C: Nein, auch das trifft nicht zu. Denn Gott ist nicht Wurzel und Ursprung des Widerspruches, sondern die Einfachheit, die vor jedem Ursprung steht. Daher kann man dies, daß er sagbar und unsagbar ist, auch nicht behaupten.

G: Quid igitur dices de eo?

C: Quod neque nominatur, neque non nominatur, neque nominatur et non nominatur, sed omnia, quae dici possunt disiunctive et copulative per consensum vel contradictionem, sibi non conveniunt propter excellentiam infinitatis eius, ut sit unum principium ante omnem cogitationem de eo formabilem.

G: Sic igitur Deo non conveniret esse.

C: Recte dicis.

G: Est ergo nihil.

C: Non est nihil, neque non est, neque est et non est, sed est fons et origo omnium principiorum essendi et non-essendi.

G: Est Deus fons pricipiorum essendi et non-essendi?

C: Non.

G: Iam statim hoc dixisti.

C: Verum dixi, quando dixi et nunc verum dico, quando nego. Quoniam si sunt quaecumque principia essendi et non-essendi, Deus illa praevenit. Sed non-esse non habet principium non-essendi, sed essendi. Indiget enim non-esse principio, ut sit. Ita igitur est principium non-essendi, quia non-esse sine ipso non est.

G: Estne Deus veritas?

C: Non, sed omnem praevenit veritatem.

G: Est aliud a veritate?

C: Non, quoniam alteritas ei convenire nequit; sed est ante omne id, quod veritas per nos concipitur et nominatur, in infinitum excellenter.

G: Nonne nominatis Deum Deum?

C: Nominamus.

G: Vel verum dicitis vel falsum?

C: Neque alterum neque ambo. Non enim dicimus verum, quod hoc sit nomen eius, nec dicimus falsum, quia hoc non est falsum, quod sit nomen eius. Neque dicimus verum et falsum, cum eius simplicitas omnia tam nominabilia quam non nominabilia antecedat.

G: Cur nominatis ipsum Deum, cuius nomen ignoratis?

C: Ob similitudinem perfectionis.

G: Declara, quaeso.

H: Was willst du dann von ihm sagen?

C: Daß er weder genannt noch nicht genannt, noch genannt und nicht genannt werden kann, sondern daß alles, was ausgesagt werden kann, gemeinsam und getrennt in Übereinstimmung und Widerspruch ihm wegen der Außerordentlichkeit seiner Unendlichkeit nicht entspricht. Er ist der eine Ursprungsgrund und steht vor jedem Gedanken, den man von ihm bilden könnte.

H: So kommt Gott das Sein nicht zu?

C: Du hast Recht.

H: Er ist also nichts!

C: Er ist weder nichts noch ist er nicht, noch ist er und ist er nicht, sondern er ist die Quelle und der Ursprung aller Gründe des Seins und Nicht-seins.

H: Ist Gott also die Quelle der Gründe des Seins und Nicht-seins?

C: Nein.

H: Aber das hast du gerade behauptet!

C: Ich habe die Wahrheit gesagt, als ich es bejahte und sage nun wiederum die Wahrheit, wenn ich es verneine. Denn wenn es Ursprungsgründe des Seins und Nicht-seins gibt, dann geht Gott ihnen voran. Aber das Nicht-sein hat nicht als Prinzip das Nicht-sein, sondern das Sein. Denn das Nicht-sein braucht ein Prinzip, um zu sein. So ist also das Prinzip des Nicht-seins, weil das Nicht-sein ohne es nicht ist.

H: Ist Gott nicht die Wahrheit?

C: Nein, sondern er geht aller Wahrheit voran.

H: Ist er etwas anderes als sie?

C: Nein, denn das Anderssein kann ihm nicht zukommen. Aber er ist vor alledem, was von uns als Wahrheit begriffen und bezeichnet wird, unendlich erhaben.

H: Ihr nennt doch Gott „Gott"?

C: Ja!

H: Sagt ihr nun damit etwas Wahres oder Falsches?

C: Keines von beiden! Denn wir sagen nicht das Wahre, wenn wir sagen, daß das sein Name ist, und auch nichts Falsches, denn es ist nicht falsch, daß das sein Name ist. Und wir sagen auch nicht zugleich Wahres und Falsches, denn seine Einfachheit geht allem Benennbaren und Nichtbenennbaren voran.

H: Warum nennt ihr ihn Gott, obwohl ihr seinen Namen nicht kennt?

C: Wegen des darin enthaltenen Gleichnisses seiner Vollkommenheit.

H: Bitte, erkläre mir das!

C: Deus dicitur a theoro, id est video. Nam ipse Deus est in nostra regione ut visus in regione coloris. Color enim non aliter attingitur quam visu et ad hoc, ut omnem colorem libere attingere possit, centrum visus sine colore est. In regione igitur coloris non reperitur visus, quia sine colore est. Unde secundum regionem coloris potius visus est nihil quam aliquid, nam regio coloris extra suam regionem non attingit esse, sed affirmat omne, quod est, in sua regione esse, ibi non reperit visum. Visus igitur sine colore existens innominabilis est in regione coloris, cum nullum nomen coloris sibi respondeat. Visus autem omni colori nomen dedit per discretionem. Unde a visu dependet omnis nominatio in regione coloris, sed eius nomen, a quo omne nomen, potius nihil esse quam aliquid deprehenditur. Eo igitur Deus se habet ad omnia sicut visus ad visibilia.

G: Placet mihi id, quod dixisti et plane intelligo in regione omnium creaturarum non reperiri Deum nec nomen eius, et quod Deus potius aufugiat omnem conceptum quam affirmetur aliquid, cum in regione creaturarum non habens conditionem creaturae non reperiatur. Et in regione compositorum non reperitur non-compositum. Et omnia nomina, quae nominantur, sunt compositorum; compositum autem ex se non est, sed ab eo, quod antecedit omne compositum. Et licet regio compositorum et omnia composita per ipsum sint id, quod sunt, tamen cum non sit compositum, in regione compositorum est incognitum. Sit igitur Deus, ab oculis omnium sapientum mundi absconditus, in saecula benedictus.

C: Die Bezeichnung Gott (Deus) kommt von θεωρῶ, ich sehe. Denn Gott ist in unserem Bereich wie das Sehen im Bereich der Farbe. Die Farbe kann einzig durch das Sehen erfaßt werden, und auf daß jede beliebige Farbe erfaßt werden könnte, ist das eigentliche Zentrum des Sehens ohne Farbe. Im Bereich der Farbe ist daher das Sehen, das ohne Farbe ist, nicht zu finden. Daher ist in Hinblick auf den Bereich der Farbe das Sehen eher nichts als etwas. Denn das Gebiet der Farbe berührt außerhalb seines Gebietes das Sein nicht, sondern behauptet, daß sich alles Seiende innerhalb seines Gebietes befinde. Und dort findet er das Sehen nicht. Das Sehen, das ohne Farbe existiert, ist im Bereich der Farbe unnennbar, da ihm der Name keiner Farbe entspricht. Aber das Sehen gibt durch Unterscheidung jeder Farbe ihren Namen. Daher hängt jede Benennung im Bereich der Farbe vom Sehen ab, und doch haben wir entdeckt, daß der Name dessen, von dem alle Namen sind, eher nichts ist als etwas. So verhält sich Gott zu allem, wie das Sehen zum Sichtbaren.

H: Was du gesagt hast, gefällt mir. Ich erkenne deutlich, daß im Bereich aller Geschöpfe Gott und sein Name nicht zu finden ist. Und daß Gott nichts entspricht, daß er sich vielmehr jeder Gedankenvorstellung entzieht, da er als etwas, das nicht die Verfassung eines Geschöpfes besitzt, im Bereich der Geschöpfe nicht gefunden werden kann. Auch findet man im Bereich des Zusammengesetzten nicht Nicht-Zusammengesetztes, und alle Namen, die genannt werden, sind Namen von Zusammengesetzten. Das Zusammengesetzte ist aber nicht aus sich selbst, sondern von dem, das allem Zusammengesetzten vorangeht. Und wenn auch das Gebiet des Zusammengesetzten und alles Zusammengesetzte durch dieses das ist, was es ist, so ist es dennoch als ein Nichtzusammengesetztes im Gebiet des Zusammengesetzten unbekannt. So sei Gott, verborgen vor den Augen aller Weisen dieser Welt, in Ewigkeit gepriesen!

DE DOCTA IGNORANTIA
LIBER SECUNDUS

DIE WISSENDE UNWISSENHEIT
ZWEITES BUCH

LIBER SECUNDUS

Incipit liber secundus

Doctrina ignorantiae taliter circa absoluti maximi naturam expedita per symbolicos quosdam characteres amplius per ipsam aliquantulum in umbra nobis resplendentem eadem via ea inquiramus, quae omne id, quod sunt, ab ipso absoluto maximo sunt.

Cum autem causatum sit penitus a causa et a se nihil et originem atque rationem, qua est id quod est, quanto propinquius et similius potest, concomitetur, patet difficile contractionis naturam attingi exemplari absoluto incognito.

Supra igitur nostram apprehensionem in quadam ignorantia nos doctos esse convenit, ut — praecisionem veritatis uti est non capientes — ad hoc saltim ducamur, ut ipsam esse videamus, quam nunc comprehendere non valemus. Hic est mei laboris finis in hac parte. Quem clementia tua iudicet et acceptet.

I.

Correlaria praeambularia ad inferendum unum infinitum universum

Proderit plurimum doctrinae ignorantiae correlaria praeambularia ex principio nostro praemitti. Praestabunt enim quandam facilitatem ad infinita similia, quae pari arte elici poterunt, et dicenda facient clariora.

ZWEITES BUCH

Vorwort des zweiten Buches

Da die Wissenschaft der Unwissenheit hinsichtlich der Natur des absolut Größten in der vorgetragenen Weise vermittels symbolischer Zeichen entwickelt wurde und uns in der Dunkelheit leuchtet, wollen wir nun mit ihrer Hilfe dasjenige, das alles, was es ist, auf Grund seiner Herkunft vom absolut Größten ist, ein wenig erforschen.

Da jedoch das Verursachte ganz von der Ursache herkommt und von sich aus nichts ist, und da es seinem Ursprung und Bewegungsgrund — durch den es das ist, was es ist — so nahe und so ähnlich wie möglich sein will, ergibt sich, daß es schwierig ist, die Natur der Verschränkung zu erreichen, wenn das absolute Urbild unbekannt ist.

Wir sollen also jenseits unseres Begriffsvermögens in einer Art Unwissenheit wissend sein, auf daß wir — ohne die genaue Wahrheit, so wie sie ist, zu erfassen — wenigstens zu der Einsicht geführt werden, daß die Wahrheit, die wir jetzt nicht begreifen können, existiert. Dies ist in diesem Teil das Ziel meiner Mühe, die du gütig beurteilen und entgegennehmen mögest.

I.

Einleitende Ausführungen
zur Einführung des einen, unendlichen Gesamt

Es wird der Wissenschaft der Unwissenheit in vielem nützen, einleitende Ausführungen auf Grund unseres Prinzips vorherzuschicken. Sie werden uns nämlich eine gewisse Leichtigkeit für unzählige ähnliche Dinge verleihen, die in derselben Art gewonnen werden können und das zu Sagende deutlicher machen.

Habuimus in radice dictorum in exessis et excedentibus ad maximum in esse et posse non deveniri. Hinc in prioribus ostendimus praecisam aequalitatem soli Deo convenire. Ex quo sequitur omnia dabilia praeter ipsum differre. Non potest igitur unus motus cum alio aequalis esse nec unus alteri mensura, cum mensura a mensurato necessario differat.

Haec quidem, etsi ad infinita tibi deserviant, tamen si ad astronomiam transfers, apprehendis calculatoriam artem praecisione carere, quoniam per solis motum omnium aliorum planetarum motum mensurari posse praesupponit. Caeli etiam dispositio, quoad qualemcumque locum sive quoad ortus et occasus signorum sive poli elevationem ac quae circa hoc sunt, praecise scibilis non est. Et cum nulla duo loca in tempore et situ praecise concordent, manifestum est iudicia astrorum longe in sua particularitate a praecisione esse.

Si consequenter hanc regulam mathematicae adaptes in geometricis figuris, aequalitatem actu impossibilem vides et nullam rem cum alia in figura praecise posse concordare nec in magnitudine. Et quamvis regulae verae sint in sua ratione datae figurae aequalem describere, in actu tamen aequalitas impossibilis est in diversis. Ex quo ascendis, quomodo veritas abstracta a materialibus ut in ratione aequalitatem videt, quam in rebus experiri per omnia impossibile est, quoniam ibi non est nisi cum defectu.

Age, in musica ex regula praecisio non est. Nulla ergo res cum alia in pondere concordat neque longitudine neque spissitudine; neque est possibile proportiones harmonicas inter varias voces fistularum, campanarum, hominum et ceterorum instrumentorum praecise reperiri, quin praecisior dari possit. Neque in diversis instrumentis idem gradus

Das bisher Gesagte wurzelt im Gedanken, daß man im Ausgegangenen und Ausgehenden zum Größten in Sein und Können nicht gelangt. Daher haben wir vorher gezeigt, daß die genau abgegrenzte Gleichheit nur Gott zukommt. Daraus folgt, daß alles, was gegeben werden kann, ihm gegenüber unterschieden ist. Es kann keine Bewegung geben, die mit einer anderen gleich oder das Maß einer anderen wäre, da das Maß vom Gemessenen unterschieden sein muß.

Wenn dies auch für unendlich viele Dinge gilt, so begreift man, daß, sobald man es auf die Astronomie überträgt, die Rechenkunst der genauen Abgrenzung entbehrt, weil diese voraussetzt, daß durch die Bewegung der Sonne die Bewegung aller anderen Planeten gemessen werden könne. Aufbau und Ordnung des Himmels kann man nicht genau erkennen; um welchen Ort auch es sich handeln mag, ob um Aufgang und Niedergang der Sternbilder, die Elevation des Poles oder was es sonst diesbezüglich gibt. Und da niemals zwei Orte in Zeit und Lage genau zusammenstimmen, ist offenbar, daß Aussagen über Gestirne in ihrer Partikularität von einer genauen Bestimmung weit entfernt sind.

Wenn man diese Regel folgerichtig auf die Mathematik anwendet, sieht man, daß in den geometrischen Figuren eine wirkliche Gleichheit unmöglich ist und daß kein Ding mit einem andern in Gestalt oder Größe genau übereinstimmen kann. Obwohl die Regeln dafür, zu einer gegebenen Figur eine gleiche zu beschreiben, in ihrem Wesenssinn wahr sind, ist eine Gleichheit in der Wirklichkeit im Unterschiedenen dennoch unmöglich. Von hier steige man zu der Einsicht, daß die vom Stofflichen losgelöste Wahrheit die Gleichheit als im Wesenssinn sieht; diese in den Dingen zu erfahren, ist in jeder Hinsicht unmöglich, da sie dort nur mangelhaft ist.

Auch in der Musik gibt es auf Grund dieser Regel keine genaue Abgrenzung. Kein Ding stimmt mit einem andern in Gewicht, Länge oder Dichte überein; auch ist es nicht möglich, die harmonischen Verhältnisbeziehungen zwischen den verschiedenen Tönen von Flöten, Glocken, Menschen und den übrigen Instrumenten so genau zu finden, daß es

veritatis proportionis est, sicut nec in diversis hominibus; sed in omnibus secundum locum, tempus, complexionem et alia diversitas necessaria est. Praecisa itaque proportio in ratione sua videtur tantum, et non possumus in rebus sensibilibus dulcissimam harmoniam absque defectu reperiri, quia ibi non est.

Ascende hic, quomodo praecissima maxima harmonia est proportio in aequalitate, quam vivus homo audire non potest in carne, quoniam ad se attraheret rationem animae nostrae, cum sit omnis ratio, sicut lux infinita omnem lucem; ita quod anima a sensibilibus absoluta sine raptu ipsam supreme concordantem harmoniam aure intellectus non audiret. Magna quaedam dulcedo contemplationis hic hauriri posset: tam circa immortalitatem intellectualis et rationalis nostri spiritus, qui rationem incorruptibilem in sua natura gestat, per quam similitudinem concordantem et discordantem ex se attingit in musicis; quam circa gaudium aeternum, in quod beati a mundanis absoluti transferuntur. Sed de hoc alias.

Praeterea, si regulam nostram arithmeticae applicemus, nulla duo in numero convenire posse videmus; et quoniam ad varietatem numeri compositio, complexio, proportio, harmonia, motus et omnia variantur extendendo infinita, ex hoc nos ignorare intelligimus. Quoniam nemo est ut alius in quocumque — neque sensu neque imaginatione neque intellectu neque operatione aut scriptura aut pictura vel arte —; etiam si mille annis unus alium imitari studeret in quocumque, numquam tamen praecisionem attingeret, licet differentia sensibilis aliquando non percipiatur.

nicht noch genauer sein könnte, noch gibt es in den verschiedenen Instrumenten dieselbe Stufe der Verhältnis-Wahrheit, wie es auch nicht in den verschiedenen Menschen der Fall ist. In allem herrscht vielmehr dem Ort, der Zeit, dem Zusammenhang und anderem entsprechend, notwendige Verschiedenheit. Einen genau abgegrenzten Verhältnisbezug scheint es also nur im jeweiligen Wesenssinn zu geben. In den sinnlichen Dingen können wir die liebliche Harmonie nicht ohne Fehl finden, weil es sie hier nicht gibt.

Hier soll man sich zu der Einsicht erheben, daß die ganz genau abgegrenzte, höchste Harmonie Verhältnisbezug in der Gleichheit ist, die der lebendige Mensch im Fleisch nicht hören kann, da sie als eines Jeden Wesenssinn die Grundbestimmung unserer Seele an sich zöge, wie das unendliche Licht jedes andere Licht. Daher hört die vom Sinnlichen losgelöste Seele diese höchste Einheit der Harmonie mit dem Ohr des Geistes nur, wenn sie entrückt wird. Daraus kann tiefe Freude für die Betrachtung geschöpft werden: Sowohl hinsichtlich der Unsterblichkeit unseres verstehenden und dem Wesenssinn zugehörigen Geistes, welcher in seiner Natur den unvergänglichen Wesenssinn trägt, durch den er die Ähnlichkeitsübereinstimmung und die Verschiedenheit in der Musik aus sich heraus versteht; als auch in Hinblick auf die ewige Freude, in die die Seligen, vom Irdischen befreit, hinübergeführt werden. Doch das werde ich andernorts behandeln.

Wenn wir unsere Regel auf die Arithmetik anwenden, sehen wir, daß auch in der Zahl keine zwei Dinge übereinkommen können. Da Zusammensetzung, Zusammenhang, Verhältnis, Harmonie, Bewegung und alles andere sich durch Erweiterung ins Unendliche hinsichtlich der Verschiedenheit der Zahl abwechseln, so sehen wir daraus, daß wir unwissend sind. Kein Mensch ist in irgendeiner Beziehung einem anderen gleich — weder in Sinn, noch Vorstellung, noch Einsicht, noch Handlung, noch Schrift, noch Bild oder Kunst; und wenn er sich tausend Jahre bemühen würde, einen andern in irgend etwas nachzuahmen, würde er dennoch keine Genauigkeit erreichen, auch wenn kein sinnlich wahrnehmbarer Unterschied mehr bestünde.

Ars etiam naturam imitatur, quantum potest, sed numquam ad ipsius praecisionem poterit pervenire. Carent igitur medicina, alchimia, magica et ceterae artes transmutationum veritatis praecisione, licet una verior in comparatione ad aliam, ut medicina verior quam artes transmutationum, ut ista ex se patent.

Adhuc, ex eodem fundamento elicientes dicamus: Quoniam in oppositis excedens et excessum reperimus, ut in simplici et composito,, abstracto et concreto, formali et materiali, corruptibili et incorruptibili et ceteris: hinc ad alterum purum oppositorum non devenitur, aut in quo concurrant praecise aequaliter. Omnia igitur ex oppositis sunt in gradus diversitate, habendo de uno plus, de alio minus, sortiendo naturam unius oppositorum per victoriam unius supra aliud. Ex quo rerum notitia rationabiliter investigatur, ut sciamus, quomodo compositio in uno est in quadam simplicitate et in alio simplicitas in compositione, et corruptibilitas in incorruptibilitate in uno, contrarium in alio, — ita de reliquis, prout extendemus in libro Coniecturarum, ubi de hoc latius agetur. Sufficiant ista pauca pro mirabili potestate doctae ignorantiae ostendenda.

Amplius, magis ad propositum descendendo dico: Quoniam ascensus ad maximum et descensus ad minimum simpliciter non est possibilis, ne fiat transitus in infinitum, ut in numero et divisione continui constat, tunc patet, quod dato quocumque finito semper est maius et minus sive in quantitate aut virtute vel perfectione et ceteris necessario dabile — cum maximum aut minimum simpliciter dabile in rebus non sit —, nec processus fit in infinitum, ut statim ostensum est.

Die Kunst ahmt die Natur nach, soweit sie kann, doch wird sie niemals zu einer genauen Übereinstimmung mit ihr gelangen können. Medizin, Chemie, Magie und die übrigen Künste der Umwandlungen entbehren also der genauen Wahrheit, wenn auch die eine im Vergleich zur anderen wahrer ist; z. B. ist die Medizin selbstverständlich wahrer als die Umwandlungskünste.

Ferner können wir von derselben Grundlage ausgehend sagen: Da wir im Gegensätzlichen, ebenso wie im Einfachen und Zusammengesetzten, Abstrakten und Konkreten, Formalen und Materialen, im Vergänglichen und Unvergänglichen usw., Hervorgehendes und Hervorgegangens finden, gelangt man in den Gegensätzen weder zu einem gänzlich Anderen, noch zu etwas, in dem sie in genau gleicher Weise zusammenlaufen. Alles aus Gegensätzlichem Bestehende hat in verschiedenen Abstufungen an dem einen mehr, am andern weniger Anteil, und zwar dadurch, daß es durch den Sieg über einen Gegensatz die Natur des andern erlangt. Aus diesem Grund wird der Begriff der Dinge auf der Ebene des Verstandes erforscht, da wir wissen, daß in dem einen die Zusammensetzung in Einfachheit und im andern die Einfachheit in Zusammensetzung vorhanden ist; im einen die Vergänglichkeit in Unvergänglichkeit, das Gegenteil im andern usw. Im Buch „De coniecturis" werden wir dies darlegen und ausführlicher behandeln. Hier mag dieses wenige genügen, um die wunderbare Macht der wissenden Unwissenheit zu zeigen.

Indem ich mehr auf das Vorausgesetzte eingehe, sage ich weiterhin: der Aufstieg zum Größten und der Abstieg zum Kleinsten ist, damit kein Übergang ins Unendliche zustande kommt, schlechthin nicht möglich, wie es bei der Zahl und bei der Teilung des Kontinuum der Fall ist. Daraus folgt, daß es für jedes gegebene Endliche sowohl in der Quantität als auch in der Mächtigkeit als auch in der Vollkommenheit und allem übrigen notwendig ein Größeres oder Kleineres gibt. Da das Größte oder Kleinste schlechthin in den Dingen aber nicht gegeben werden kann, gibt es keinen Fortgang ins Unendliche, wie soeben gezeigt wurde.

Nam cum quaelibet pars infiniti sit infinita, implicat contradictionem magis et minus ibi reperiri, ubi ad infinitum deveniretur, cum magis et minus, sicut nec infinito convenire possunt, ita nec qualemcumque proportionem ad infinitum habenti, cum necessario ipsum etiam infinitum sit. Binarius enim non esset minor centenario in numero infinito, si per ascensum ad ipsum possit actu deveniri, sicut nec linea infinita ex infinitis bipedalibus esset [minor] linea infinita ex infinitis quadrupedalibus lineis. Nihil est itaque dabile, quod divinam terminet potentiam; quare omni dato dabile est maius et minus per ipsam, nisi datum simul esset absolutum maximum, ut in tertio libello deducetur.

Solum igitur absolute maximum est negative infinitum; quare solum illud est id, quod esse potest omni potentia. Universum vero cum omnia complectatur, quae Deus non sunt, non potest esse negative infinitum, licet sit sine termino et ita privative infinitum; et hac consideratione nec finitum nec infinitum est. Non enim potest esse maius quam est; hoc quidem ex defectu evenit; possibilitas enim sive materia ultra se non extendit. Nam non est aliud dicere universum posse semper actu esse maius quam dicere posse esse transire in actum infinitum esse; quod est impossibile, cum infinita actualitas, quae est absuluta aeternitas, ex posse exoriri nequeat, quae est actu omnis essendi possibilitas.

Quare, licet in respectu infinitae Dei potentiae, quae est interminabilis, universum posset esse maius: tamen resistente possibilitate essendi aut materia, quae in infinitum non est actu extendibilis, universum maius esse nequit; et ita interminatum, cum actu maius eo dabile non sit, ad quod terminetur; et sic privative infinitum. Ipsum autem non est actu nisi contracte, ut sit meliori quidem modo, quo suae naturae patitur conditio. Est enim creatura, quae necessario est ab

Denn da jeder Teil des Unendlichen unendlich ist, wäre es ein Widerspruch, dort, wo man zum Unendlichen gelangt, mehr und weniger zu finden. Mehr und weniger können dem Unendlichen nicht zukommen und so zu ihm auch keinerlei Verhältnisbezug haben; dieser müßte nämlich selbst das Unendliche sein. In der unendlichen Zahl wäre, wenn man durch Aufstieg zu ihr in Wirklichkeit gelangen könnte, zwei nicht kleiner als hundert, sowie auch die aus unendlichen Zweifußlängen bestehende, unendliche Linie nicht kleiner ist als diejenige, die aus unendlichen Vierfußlängen besteht. Es gibt also nichts, das die göttliche Macht begrenzt, durch welche zu jedem Gegebenen ein Größeres und Kleineres gegeben werden kann; außer es handelt sich bei dem Gegebenen zugleich um das absolut Größte, wie es im dritten Buch abgeleitet werden wird.

Allein das in Absolutheit Größte ist also das Unendliche auf negative Weise. Darum ist es allein das, was es sein kann in unendlicher Machtvollkommenheit. Das Gesamt dagegen aber kann, da es alles, was nicht Gott ist, umfaßt, das Unendliche nicht auf negative Weise sein, wenn es auch ohne Begrenzung ist; so ist es das Unendliche auf privative Weise. In dieser Betrachtung ist es weder endlich noch unendlich. Es kann nicht größer sein als es ist. Dies käme aus einem Mangel; die Möglichkeit oder die Materie erstreckt sich nämlich nicht über sich selbst hinaus. Zu sagen: „Das Gesamt kann als Wirklichkeit stets größer sein" bedeutet nichts anderes, als: „Es kann in die unendliche Seinswirklichkeit übergehen". Da die unendliche Wirklichkeit, die die absolute Ewigkeit ist, nicht aus dem Können entstehen kann, ist dies unmöglich. Sie ist als Wirklichkeit die Möglichkeit jedes Seins.

Wenn daher das Gesamt zwar in Hinblick auf die unendliche, unbegrenzbare Macht Gottes größer sein kann, so kann es dennoch nicht in sich größer sein, da die Möglichkeit der Wirklichkeit oder die Materie, die nicht wirklich ins Unendliche ausdehnbar ist, Widerstand leistet. Und da es außer ihm kein wirklich Größeres, auf das hin gesehen es begrenzt würde, gibt, ist es unbegrenzt und auf privative Weise unendlich. Es selbst ist nur verschränkt wirklich, so

esse divino simpliciter absoluto, prout consequenter in docta ignorantia — quanto clarius et simplicius fieri poterit — quam breviter ostendemus.

II.

Quod esse creaturae sit inintelligibiliter ab esse primi

Docuit nos sacra ignorantia in prioribus nihil a se esse nisi maximum simpliciter, ubi a se, in se, per se et ad se idem sunt: ipsum scilicet absolutum esse; necesseque esse omne, quod est, id quod est, inquantum est, ab ipso esse.

Quomodo enim id, quod a se non est, aliter esse posset quam ab aeterno esse? Quoniam autem ipsum maximum procul est ab omni invidia, non potest esse diminutum ut tale communicare. Non habet igitur creatura, quae ab esse est omne id quod est˙ corruptibilitatem, divisibilitatem, imperfectionem, diversitatem, pluralitatem et cetera huiusmodi a maximo aeterno, indivisibili, perfectissimo, indistincto, uno, neque ab aliqua causa positiva.

Sicut enim linea infinita est rectitudo infinita, quae est causa omnis esse linealis, linea vero curva, in hoc quod linea, ab infinita est, in hoc quod curva, non ab infinita est, sed curvitas sequitur finitatem, quoniam ex eo curva, quia non maxima (si enim maxima esset, curva non esset, ut superius est ostensum) ita quidem contingit rebus, quoniam maximum esse non possunt, ut sint diminuta, altera, distincta et cetera huiusmodi, quae quidem causam non habent.

daß es auf die relativ beste Weise, zu der ihm die Natur die Bedingung bietet, besteht. Es ist nämlich Geschöpf, das notwendig vom göttlichen, schlechthin absoluten Sein stammt, wie wir folgerichtig in wissender Unwissenheit möglichst kurz zeigen werden — soweit dies deutlicher und einfacher werden kann.

II.

Auf eine Weise, die nicht eingesehen werden kann, stammt das Sein des Geschöpfes vom Sein des Ersten

Die heilige Unwissenheit hat uns belehrt, daß im Ersten nichts aus sich sei außer dem schlechthin Größten; in ihm sind aus-sich, in-sich, durch-sich und auf-sich hin dasselbe, nämlich das absolute Sein selbst. Sie hat uns ferner gelehrt, daß notwendig alles, was ist, das, was es ist und soweit es ist, von ihm ist.

Denn wie könnte das, was nicht aus sich ist, anders als vom Ewigen sein? Da aber jede Beeinträchtigung dem Größten fern ist, kann es nichts Mangelhaftes als solches mitteilen. Das Geschöpf, das in der Abhängigkeit vom Sein das ist, was es ist, hat Vergänglichkeit, Teilbarkeit, Unvollkommenheit, Verschiedenheit, Vielheit und dergleichen weder vom Größten Ewigen, Unteilbaren, Vollkommensten, Ununterschiedenen, Einen noch von einer anderen, positiven Ursache.

Wie nämlich die unendliche Linie die unendliche Geradheit, der Grund jeden Linien-Seins ist, die gekrümmte Linie aber, sofern sie Linie ist, von der unendlichen stammt, sofern sie jedoch gekrümmt ist, nicht von der unendlichen stammt, die Krümmung vielmehr der Endlichkeit folgt — denn sie ist deshalb gekrümmt, weil sie nicht die größte ist: als größte wäre sie, wie oben gezeigt, nicht gekrümmt —, so trifft es auch für die Dinge zu; da sie nicht das Größte sein können, sind sie vermindert, anders, verschieden und dergleichen mehr. Doch hat das keinen Grund.

Habet igitur creatura a Deo, ut sit una, discreta et connexa universo et, quanto magis una, tanto Deo similior. Quod autem eius unitas est in pluralitate, discretio in confusione et connexio in discordantia, a Deo non habet neque ab aliqua causa positiva, sed contingenter.

Quis igitur copulando simul in creatura necessitatem absolutam, a qua est, et contingentiam, sine qua non est, potest intelligere esse eius? Nam videtur, quod ipsa creatura, quae nec est Deus nec nihil, sit quasi post Deum et ante nihil, intra Deum et nihil, ut ait unus sapientum: „Deus est oppositio nihil mediatione entis[1]." Nec tamen potest esse ab esse et non-esse composita. Videtur igitur neque esse, per hoc quod descendit de esse, neque non esse, quia est ante nihil, neque compositum ex illis.

Noster autem intellectus, qui nequit transilire contradictoria, divisive aut compositive esse creaturae non attingit, quamvis sciat eius esse non esse nisi ab esse maximi. Non est igitur ab esse intelligibile, postquam esse, a quo, non est intelligibile, sicut nec adesse accidentis est intelligibile, si substantia, cui adest, non intelligitur. Et igitur non potest creatura ut creatura dici una, quia descendit ab unitate; neque plures, quia eius esse est ab uno; neque ambo copulative. Sed est unitas eius in quadam pluralitate contingenter. Ita de simplicitate et compositione et reliquis oppositis pariformiter dicendum videtur.

Quoniam vero creatura per esse maximi creata est, in maximo vero idem est esse, facere et creare, tunc non aliud videtur esse creare quam Deum omnia esse. Si igitur Deus est

---

[1] Hermes Trismegistos, Liber XXIV philosophorum, prop. 14.

Von Gott ist dem Geschöpf zuteil geworden, daß es geeint, unterschieden und mit dem Gesamt verknüpft ist; je mehr geeint es ist, um so ähnlicher ist es Gott. Die Tatsache, daß seine Einheit in Vielheit, seine Sonderung Verwirrung und seine Verknüpfung Zwiespalt ist, stammt nicht von Gott oder einer positiven Ursache, sondern sie tritt hinzu.

Wer also, der im Geschöpf die absolute Notwendigkeit, von der es ist, und das Zufällige, ohne welches es nicht ist, verbindet, kann sein Sein denkend verstehen? Es scheint nämlich, daß das Geschöpf, das weder Gott noch Nichts ist, gleichsam nach Gott und vor dem Nichts, zwischen Gott und dem Nichts steht, wie auch ein Weiser sich ausdrückt: „Durch die Vermittlung des Seienden ist Gott der Gegensatz des Nichts." Dennoch kann das Geschöpf nicht aus Sein und Nicht-Sein zusammengesetzt sein. Es scheint weder zu sein, denn es steigt vom Sein herab; noch nicht zu sein, denn est steht vor dem Nichts; noch scheint es aus beiden zusammengesetzt zu sein.

Unser Geist aber, dem es nicht möglich ist, die Widersprüche zu überwinden, vermag das Sein des Geschöpfes weder auf getrennte noch auf zusammengesetzte Weise zu erreichen, obwohl er weiß, daß sein Sein nur aus dem Sein des Größten stammen kann. Weil das Sein, aus dem es ist, nicht einsehbar ist, stammt es nicht vom intelligiblen Sein; ebensowenig ist das Dasein des von außen zufällig Hinzukommenden einsichtig, wenn die Substanz, zu der es hinzukommt, nicht verstanden wird. Also kann das Geschöpf, da es von der Einheit herabsteigt, als Geschöpf nicht eines genannt werden, noch mehrere, denn sein Sein stammt vom Einen, noch beides in Verbindung. Seine Einheit besteht vielmehr in einer auf bestimmte Weise zusammengefügten Mehrheit. Dasselbe scheint man von der Einfachheit, der Zusammensetzung und den übrigen Gegensätzen sagen zu müssen.

Da aber das Geschöpf durch das Sein des Größten geschaffen ist, im Größten jedoch Sein, Tun und Erschaffen dasselbe sind, scheint „Erschaffen" nichts anderes zu bedeuten, als

omnia et hoc est creare, quomodo intelligi hoc poterit, quod creatura non est aeterna, cum Dei esse sit aeternum, immo ipsa aeternitas? Inquantum enim ipsa creatura est esse Dei, nemo dubitat esse aeternitatem; inquantum igitur cadit sub tempore, non est a Deo, qui est aeternus. Quis igitur intelligit creaturam ab aeterno et cum hoc temporaliter esse? Non potuit enim creatura in esse ipso in aeternitate non esse neque potuit prius tempore esse, quando ante tempus non fuit prius et ita semper fuit, quando esse potuit.

Quis denique intelligere potest Deum esse essendi formam nec tamen immisceri creaturae? Non enim ex infinita linea et finita curva potest unum exoriri compositum, quod absque proportione esse nequit. Proportionem vero inter infinitum et finitum cadere non posse nemo dubitat. Quomodo igitur capere potest intellectus esse lineae curvae ab infinita recta esse, quae tamen ipsam non informat ut forma, sed ut causa et ratio?

Quam quidem rationem non potest participare partem capiendo, cum sit infinita et indivisibilis; [aut] ut materia participat formam, ut Socrates et Plato humanitatem; aut ut totum participatur a partibus, sicut universum a suis partibus; nec ut plura specula eandem faciem diversimode, cum non sit esse creaturae ante ab-esse, cum sit ipsum, sicut speculum ante est speculum quam imaginem faciei recipiat.

Quis est igitur, qui intelligere queat, quomodo diversimode una infinita forma participetur in diversis creaturis, cum creaturae esse non possit aliud esse quam ipsa resplendentia, non in aliquo alio positive recepta, sed contingenter diversa? Quemadmodum fortassis, si penitus artificiatum ab idea

daß Gott alles ist. Wenn also Gott alles ist und dies Schaffen bedeutet, wie soll man dann einsehen, daß das Geschöpf nicht ewig ist, während Gottes Sein ewig, ja sogar die Ewigkeit selbst ist? Insoweit das Geschöpf Gottes Sein ist, bezweifelt niemand, daß es die Ewigkeit sei. Insoweit es aber der Zeit unterworfen ist, ist es nicht von Gott, der ewig ist. Wer versteht also, daß das Geschöpf vom Ewigen stammt und zugleich zeitlich ist? Denn im Sein selbst mußte das Geschöpf in Ewigkeit sein und es konnte nicht früher in der Zeit sein, da es kein „früher" vor der Zeit gab. Und so war es immer, wenn es sein konnte.

Wer kann schließlich verstehen, daß Gott die Gestalt des Seins ist und sich doch nicht mit dem Geschöpf vermischt? Denn aus der unendlichen Linie und der endlichen, gekrümmten Linie kann nicht ein Eines, Zusammengesetzes entstehen. Es könnte nicht ohne Verhältnisbezug sein und niemand zweifelt daran, daß es diesen zwischen dem Unendlichen und Endlichen nicht geben kann. Wie also kann der Geist begreifen, daß das Sein der gekrümmten Linie von der unendlichen, geraden Linie stammt, die jene dennoch nicht als Gestalt bildet, sondern als Bestimmungsgrund und Wesenssinn?

Da der Wesenssinn unendlich und unteilbar ist, kann sie an ihm nicht dadurch teilhaben, daß sie sich einen Teil davon zu eigen macht; oder dadurch, daß sie an ihr wie der Stoff an der Gestalt teilhat, so wie Sokrates und Plato an der Menschheit; sie kann auch nicht dadurch teilhaben, daß die Teile am Ganzen so partizipieren wie es beim Gesamt der Fall ist; noch so, wie viele Spiegel ein und dasselbe Angesicht auf verschiedene Weise wiedergeben. Denn das Sein des Geschöpfes ist nicht im Vorhinein ein in sich abhängiges Sein, da es dann als solches bestünde, so wie der Spiegel schon vorher Spiegel ist, bevor er das Bild des Antlitzes aufnimmt.

Wer könnte verstehen, wie die verschiedenen Geschöpfe an der einen unendlichen Gestalt auf verschiedene Weise teilnehmen, da das Sein des Geschöpfes nichts anderes sein kann als deren Widerschein, der in keinem andern positiv aufgenommen, sondern zufällig und verschieden ist? So hätte

artificis dependens non haberet aliud esse quam dependentiae, a quo haberet esse et sub cuius influentia conservaretur, sicut imago speciei in speculo, posito, quod speculum ante aut post per se et in se nihil sit.

Neque potest intelligi, quomodo Deus per creaturas visibiles possit nobis manifestus fieri; nam non sicut intellectus noster solum Deo et nobis cognitus, qui, dum in cogitationem venerit, ex quibusdam phantasiis formam quandam in memoriam recipit coloris aut soni aut alterius, qui prius informis fuit et post hoc aliam assumens signorum, vocum aut litterarum formam se aliis insinuat. Nam quamvis Deus propter suam cognoscendam bonitatem — ut religiosi volunt — aut ex eo, quia maxima absoluta necessitas, creavit mundum, qui ei oboediat, ut sint qui cogantur et eum timeant et quos iudicet, vel aliter: tamen manifestum est eum nec aliam formam induere, cum sit forma omnium formarum, nec in positivis signis apparere, cum ipsa signa pariformiter in eo, quod sunt, alia requirerent, in quibus, et ita in infinitum.

Quis ista intelligere posset, quomodo omnia illius unicae infinitae formae sunt imago, diversitatem ex contingenti habendo, quasi creatura sit Deus occasionatus sicut accidens substantia occasionata et mulier vir occasionatus? Quoniam ipsa forma infinita non est nisi finite recepta, ut omnis creatura sit quasi infinitas finita aut Deus creatus, ut sit eo modo, quo hoc melius esse possit; ac si dixisset creator: „Fiat", et quia Deus fieri non potuit, qui est ipsa aeternitas, hoc factum est, quod fieri potuit Deo similius.

Ex quo subinfertur omnem creaturam ut talem perfectam, etiam si alterius respectu minus perfecta videatur. Communicat enim piissimus Deus esse omnibus eo modo, quo percipi potest. Cum igitur Deus absque diversitate et invidia communicet et recipiatur ita, quod aliter et alterius

wohl ein völlig von der Idee des Künstlers abhängiges Kunstwerk kein anderes Sein als das der Abhängigkeit, von der es sein Sein hätte, und unter deren Einfluß es erhalten würde, wie das Bild einer Gestalt im Spiegel erhalten wird, vorausgesetzt, daß der Spiegel vorher oder nachher durch sich und in sich nichts wäre.

Es ist auch unverständlich, wie uns Gott durch sichtbare Geschöpfe offenbar werden könnte. Denn er ist nicht wie unser, nur Gott und uns bekannter Geist, der, sobald er zu überlegen beginnt, aus irgendwelchen Vorstellungen, aus Farbe, Klang oder etwas anderem, eine bestimmte Gestalt in sein Gedächtnis aufnimmt. Zuerst ist er formlos, dann nimmt er die fremde Form von Zeichen, Worten oder Buchstaben an und geht in diese ein. Obwohl Gott entweder — wie es die Frommen wollen —, um seine Güte zu offenbaren, oder weil er die größte, absolute Notwendigkeit ist, die ihm gehorchende Welt erschaffen hat, damit es welche gibt, die ihm untertan sind, ihn fürchten und über die er richtet, oder aus einem andern Grund, so ist dennoch offenkundig, daß er als Gestalt aller Gestalten keine andere annimmt noch in bestimmten Zeichen erscheint, da diese gleichermaßen in dem, was sie sind, anderes erforderten, in welchem sie wären, und so weiter ins Unendliche.

Wer kann verstehen, wie alles das Bild einer einzigen, unendlichen Gestalt ist und die Verschiedenheit nur aus Zufälligem hat, als wäre das Geschöpf gleichsam ein zufälliger Gott, so wie das Akzidens eine zufällige Substanz und die Frau ein zufälliger Mann ist? Die unendliche Gestalt ist nur auf endliche Weise aufgenommen, so daß jedes Geschöpf eine endliche Unendlichkeit oder ein geschaffener Gott ist und dies auf die bestmögliche Weise. Und wenn der Schöpfer gesagt hat „Es werde", so ist dies geworden, was Gott ähnlicher werden konnte, da er selbst als Ewigkeit nicht werden konnte.

Daraus ergibt sich zugleich, daß jedes Geschöpf als solches vollkommen ist, auch wenn es aus anderer Sicht weniger vollkommen zu sein scheint. Denn der gütigste Gott teilt das Sein allen so zu, wie sie es aufnehmen können. Da also Gott ohne Unterschied und Beeinträchtigung mitteilt und

contingentia recipi non sinat. Quiescit omne esse creatum in sua perfectione, quam habet ab esse divino liberaliter, nullum aliud creatum esse appetens tamquam perfectius, sed ipsum, quod habet a maximo, praediligens quasi quoddam divinum munus, hoc incorruptibiliter perfici et conservari optans.

III.

Quomodo maximum complicet et explicet omnia intellectibiliter

Nihil dici aut cogitari potest de veritate investigabili, quod in prima parte non sit complicatum. Omnia enim, quae cum eo, quod de veritate prima ibi dictum est, concordant, vera esse necesse est; cetera, quae discordant, falsa sunt. Ibi autem ostensum reperitur non posse esse nisi unum maximum omnium maximorum. Maximum autem est, cui nihil potest opponi, ubi et minimum est maximum. Unitas igitur infinita est omnium complicatio; hoc quidem dicit unitas, quae unit omnia. Non tantum ut unitas numeri complicatio est, est maxima, sed quia omnium; et sicut in numero explicante unitatem non reperitur nisi unitas, ita in omnibus quae sunt, non nisi maximum reperitur.

Ipsa quidem unitas punctus dicitur in respectu quantitatis ipsam unitatem explicantis, quando nihil in quantitate reperitur nisi punctus. Sicut undique in linea est punctus, ubicumque ipsam diviseris, ita in superficie et corpore. Nec est plus quam unus punctus, qui non aliud quam ipsa unitas infinita, quoniam ipsa punctus, qui est terminus, perfectio et totalitas lineae et quantitatis, ipsam complicans; cuius prima explicatio linea est, in qua non reperitur nisi punctus.

seine Gaben so aufgenommen werden, daß sie nicht anders und nicht von einem anderen aufgenommen werden können, ruht jedes geschaffene Sein in seiner Vollkommenheit, die es vom göttlichen Sein in Fülle erhalten hat und trachtet nicht danach, ein anderes Geschöpf zu sein, als ob es dadurch vollkommener wäre. Es liebt vielmehr in vorzüglicher Weise das, was es vom Größten erhalten hat als göttliches Geschenk und wünscht, dies auf unvergängliche Weise zu vollenden und zu bewahren.

III.

Auf geistige Weise schließt das Größte alles ein und entfaltet es

Über die unerforschliche Wahrheit kann nichts gesagt oder gedacht werden, was nicht im ersten Teil schon eingeschlossen wäre. Alles nämlich, was mit dem, das dort von der ersten Wahrheit gesagt wurde, übereinstimmt, muß wahr sein. Das andere, das nicht damit zusammenstimmt, ist falsch. Dort aber wurde erwiesen, daß es nur ein Größtes aller Größten geben kann. Das Größte ist das, dem nichts entgegengesetzt werden kann, wo also auch das Kleinste das Größte ist. Die unendliche Einheit ist die Einfaltung von allem; das besagt: die Einheit, die alles eint. Sie ist aber nicht nur so die größte, wie die Eins es als Zusammenfassung der Zahl ist, sondern als die Zusammenfassung von allem. Und wie man in der Zahl, die die Einheit entfaltet, nur diese findet, so findet man in allem was ist, nur das Größte.

Diese Einheit wird hinsichtlich der die Einheit entfaltenden Quantität Punkt genannt, da in der Quantität nichts gefunden wird als nur der Punkt. Wie in der Linie überall, wo man sie teilt, ein Punkt ist, so auch auf der Fläche und im Körper. Denn es gibt nicht mehr als einen Punkt, der nichts anderes ist als die unendliche Einheit selbst, da diese der Punkt ist, der Zielgrenze, Vollkommenheit und Ganzheit der Linie und Ausdehnung ist, indem er diese einschließt. Seine erste Entfaltung ist die Linie, in der nichts als der Punkt gefunden wird.

Ita quidem quies est unitas motum complicans, qui est quies seriatim ordinata, si subtiliter advertis. Motus igitur est explicatio quietis.

Ita nunc sive praesentia complicat tempus. Praeteritum fuit praesens, futurum erit praesens; nihil ergo reperitur in tempore nisi praesentia ordinata. Praeteritum igitur et futurum est explicatio praesentis; praesens est omnium praesentium temporum complicatio, et praesentia tempora illius seriatim sunt explicatio, et non reperitur in ipsis nisi praesens. Una est ergo praesentia omnium temporum complicatio. Et illa quidem praesentia est ipsa unitas. Ita identitas est diversitatis complicatio, aequalitas inaequalitatis, et simplicitas divisionum sive discretionum. Una est ergo omnium complicatio et non est alia substantiae, alia qualitatis aut quantitatis et ita de reliquis complicatio, quoniam non est nisi unum maximum, cum quo coincidit minimum, ubi diversitas complicata identitati complicanti non opponitur.

Sicuti enim unitas alteritatem praecedit, ita et punctus, qui est perfectio, magnitudinem. Perfectum enim omne imperfectum antecedit, ita quies motum, identitas diversitatem, aequalitas inaequalitatem et ita de reliquis, quae cum unitate convertuntur, quae est ipsa aeternitas; plura enim aeterna esse non possunt. Deus ergo est omnia complicans in hoc, quod omnia in eo; est omnia explicans in hoc, quia ipse in omnibus.

Et ut in numeris intentionem declaremus: Numerus est explicatio unitatis. Numerus autem rationem dicit. Ratio autem ex mente est; propterea bruta, quae mentem non habent, numerare nequeunt. Sicut igitur ex nostra mente, per hoc quod circa unum commune multa singulariter intelligimus, numerus exoritur, ita rerum pluralitas ex divina mente, in qua sunt plura sine pluralitate quia in unitate complicante. Per hoc enim, quod res non possunt ipsam aequalitatem essendi aequaliter participare, Deus in aeter-

Ebenso ist die Ruhe die Einheit, welche die Bewegung einschließt, die, wenn man genauer zusieht, aus reihenweise geordneten Ruhelagen besteht. Die Bewegung ist die Entfaltung der Ruhe.

Ebenso schließt das Jetzt oder die Gegenwart die Zeit ein. Das Vergangene ist gegenwärtig gewesen, das Zukünftige wird gegenwärtig sein, also findet man in der Zeit nichts als die geordnete Gegenwart. Vergangenheit und Zukunft sind ihre Entfaltung. Sie ist die Einfaltung aller gegenwärtigen Zeiten und die gegenwärtigen Zeiten ihre reihenweise Ausfaltung. Und nichts findet man in ihnen als Gegenwart. Die Einfaltung aller Zeiten, die Gegenwart ist also eine. Und diese Gegenwart ist die Einheit. Ebenso ist die Identität die Einfaltung der Verschiedenheit, die Gleichheit die der Ungleichheit und die Einfachheit die der Teilung oder Sonderung. Die Einfaltung aller Dinge ist also eine; und es gibt für Substanz, Qualität oder Quantität usw. keine andere, denn es gibt nur ein Größtes, mit dem das Kleinste koinzidiert, in dem die eingefaltete Verschiedenheit zu der eingefalteten Identität in keinem Gegensatz steht.

Wie die Einheit der Andersheit, so geht der Punkt, der die Vollkommenheit ist, der Größe voraus. Das Vollkommene ist vor jedem Unvollkommenen, die Ruhe vor der Bewegung, die Selbigkeit vor der Verschiedenheit, die Gleichheit vor der Ungleichheit, und so verhält es sich mit allem, das mit der Einheit der Ewigkeit selbst gleich ist; denn es kann nicht mehrere Ewige geben. Darin, daß alles in Gott ist, schließt er alles ein. Und darin, daß er selbst in allem ist, entfaltet er alles.

Wir wollen unsere Absicht an den Zahlen erläutern. Die Zahl ist die Entfaltung der Einheit. Zahl besagt aber Wesens-Sinn, der aus dem menschlichen Geist kommt. Darum können die Tiere, die ihn nicht haben, nicht zählen. Wie nun aus unserem Geist dadurch, daß wir erkennen, daß vieles Einzelne zu einem Gemeinsamen gehört, die Zahl entsteht, so entsteht die Vielheit der Dinge aus dem göttlichen Geist, in dem das Viele ohne Vielheit in der zusammenfaltenden Einheit besteht. Dadurch nämlich, daß die

nitate unam sic, aliam sic intellexit, ex quo pluralitas, quae in ipso est unitas, exorta est.

Non habet autem pluralitas sive numerus aliud esse quam ut est ab ipsa unitate. Unitas igitur, sine qua numerus non esset numerus, est in pluralitate; et hoc quidem est unitatem explicare, omnia scilicet in pluralitate esse. Excedit autem mentem nostram modus complicationis et explicationis. Quis, rogo, intelligeret, quomodo ex divina mente rerum sit pluralitas, postquam intelligere Dei sit esse eius, qui est unitas infinita?

Si pergis ad numerum similitudinem considerando, quomodo numerus est unius communis per mentem multiplicatio, videtur, quasi Deus, qui est unitas, sit in rebus multiplicatus, postquam intelligere eius est esse; et tamen intelligis non esse possibile illam unitatem, quae est infinita et maxima, multiplicari. Quomodo igitur intelligis pluralitatem, cuius esse est ab uno absque unius multiplicatione? Aut quomodo intelligis multiplicationem unitatis absque multiplicatione? Non quidem sicut speciei unius aut unius generis in multis speciebus aut individuis, extra quae genus aut species non est nisi per intellectum abstrahentem.

Deus igitur, cuius esse unitatis non est per intellectum a rebus abstrahentem neque rebus unitum aut immersum, quomodo explicetur per numerum rerum, nemo intelligit. Si consideras res sine eo, ita nihil sunt sicut numerus sine unitate. Si consideras ipsum sine rebus, ipse est et res sunt nihil. Si consideras ipsum ut est in rebus, res aliquid esse, in quo ipse est, consideras; et in hoc erras, ut patuit in proximo capitulo, quoniam esse rei non est aliud, ut est diversa res, sed eius esse est ab-esse. Si consideras rem ut est in Deo, tunc est Deus et unitas. Non restat nisi dicere, quod pluralitas rerum exoriatur eo, quod Deus est in nihilo. Nam tolle Deum a creatura, et remanet nihil; tolle substantiam a composito, et non remanet aliquod accidens et ita nihil remanet.

Dinge an der Gleichheit des Seins nicht in gleicher Weise teilhaben, sah Gott in Ewigkeit das eine so, das andere anders und daraus entstand dann die Vielheit, die in ihm Einheit ist.

Die Vielheit aber oder die Zahl besitzen kein anderes Sein als jenes, das ihnen jeweils von der Einheit zukommt. Die Einheit, ohne die die Zahl nicht Zahl wäre, besteht also in der Vielheit. Und die Einheit entfalten heißt, daß alles in der Vielheit ist. Die Art und Weise der Einfaltung und Ausfaltung übersteigt aber unseren Geist. Wer, fragte ich, könnte einsehen, auf welche Weise die Vielheit der Dinge aus dem göttlichen Geiste entspringt, da das Einsehen Gottes, die unendliche Einheit, sein Sein ist?

Vergleicht man das mit der Zahl und bedenkt, daß sie die vom Geist vollzogene Vervielfältigung eines Gemeinsamen ist, so scheint es, daß Gott als die Einheit in den Dingen vervielfältigt ist, weil sein Einsehen Sein ist. Aber man begreift auch, daß es nicht möglich ist, diese Einheit, die die unendliche und größte ist, zu vervielfältigen. Wie kann man die Vielheit einsehen, deren Sein aus dem Einen ohne Vervielfältigung des Einen stammt? Oder wie kann man die Vervielfältigung der Einheit ohne Vervielfältigung verstehen? Jedenfalls nicht wie die Vervielfältigung einer Art oder einer Gattung in vielen Arten oder Individuen, außerhalb derer Gattung oder Art nur durch den abstrahierenden Intellekt besteht.

Niemand begreift, wie Gott, dessen Sein in Einheit nicht durch den von den Dingen abstrahierenden Geist, noch mit den Dingen geeint oder in ihnen eingeschlossen besteht, durch die Zahl der Dinge entfaltet wird. Betrachtet man die Dinge ohne ihn, sind sie so nichts wie die Zahl ohne die Einheit. Betrachtet man ihn ohne die Dinge, dann ist er und die Dinge sind nichts. Betrachtet man ihn in den Dingen, so sieht man, daß die Dinge etwas sind, in dem er selbst ist. Und darin irrt man, wie sich im letzten Kapitel ergab, denn das Sein der Dinge ist keine verschiedene Sache, es ist vielmehr ein Abhängig-Sein. Wenn man das Ding betrachtet, wie es in Gott ist, dann ist es Gott und die Einheit. Es bleibt nichts als zu sagen, daß die Vielheit der Dinge

Quomodo hoc possit per nostrum attingi intellectum? Nam quamvis accidens pereat sublata substantia, non est propterea accidens nihil. Perit autem, quia accidentis esse est adesse; et propterea, sicut quantitas non est nisi per esse substantiae, tamen quia adest, tunc substantia per quantitatem est quanta.

Non sic hic; nam creatura ita Deo non adest. Nihil enim confert Deo, sicut accidens substantiae; immo accidens intantum confert substantiae, quod quamvis ab ea habeat esse, tamen ex consequenti substantia sine omni accidente esse nequit. Hoc quidem in Deo similiter esse nequit.

Quomodo igitur intelligere poterimus creaturam ut creaturam, quae a Deo est et nihil etiam ex consequenti ei tribuere potest, qui est maximus? Et si ut creatura non habet etiam tantum entitatis sicut accidens, sed est penitus nihil, quomodo intelligitur pluralitatem rerum per hoc explicari, quod Deus est in nihilo, cum nihil non sit alicuius entitatis? Si dicis: Eius voluntas omnipotens causa est, et voluntas et omnipotentia sunt suum esse; nam tota est in circulo theologia, necesse est igitur fateri te penitus et complicationem et explicationem, quomodo fiat, ignorare; hoc tantum scire, quod tu ignoras modum, licet etiam scias Deum omnium rerum complicationem et explicationem, et ut est complicatio omnia in ipso esse ipse, et ut est explicatio ipsum in omnibus esse id quod sunt, sicut veritas in imagine.

Ac si facies esset in imagine propria, quae ab ipsa multiplicatur distanter et propinque quoad imaginis multiplicationem — non dico secundum distantiam localem, sed gradualem a veritate faciei, cum aliter multiplicari non possit — in ipsis multiplicatis ab una facie diversis imaginibus diversimode et multipliciter una facies appareret supra omnem sensum et mentem inintelligibiliter.

dadurch entsteht, daß Gott im Nichts ist. Denn nimmt man Gott vom Geschöpf weg, so bleibt nichts; nimmt man den Grundbestand vom Zusammengesetzten, so bleibt auch kein zufällig Hinzu-Kommendes, also Nichts. Wie kann unser Geist dies erfassen? Denn obwohl das Hinzukommende vergeht, wenn der Grundbestand hinweggenommen ist, so ist es doch nicht Nichts. Es vergeht aber, weil sein Sein Dabei-Sein ist. Wie die Quantität nur durch das Sein des Grundbestandes ist, so ist der Grundbestand dennoch durch die Quantität, die als solche dabei ist, quantitativ.

Hier ist es nicht so; das Geschöpf ist nicht in dieser Weise bei Gott. Gott kommt nichts so zu, wie das Hinzukommende dem Grundbestand zukommt. Denn obwohl jenes sein Sein von diesem hat, trägt es zu diesem so viel bei, daß er ohne es nicht sein kann. Bei Gott kann es nicht ähnlich sein.

Wie also können wir das Geschöpf als Geschöpf, das von Gott ist und in der Folge ihm, dem Größten, nichts zuteilen kann, verstehen? Wenn das Geschöpf völlig nichts ist und nicht einmal so viel Seiendheit hat wie das Hinzukommende, wie kann man dann verstehen, daß die Vielheit der Dinge dadurch entfaltet wird, daß Gott im Nichts ist, da das Nichts nicht von irgendeiner Seiendheit ist? Sagt man: „Sein allmächtiger Wille ist der Grund, Wille und Allmacht sind sein Sein, denn die ganze Gotteslehre gleicht einem Kreis", dann muß man bekennen, daß man das „Wie" der Einfaltung und Ausfaltung überhaupt nicht weiß. Man weiß nur das, daß man die Art und Weise nicht kennt, wenn man auch weiß, daß Gott aller Dinge Ein- und Ausfaltung ist und daß — da er die Einfaltung ist — alles in seinem Sein er selbst ist und — da er die Ausfaltung ist — er selbst in jedem Sein das ist, was es ist, wie die Wahrheit im Abbild.

Wenn wir das Abbild eines Gesichtes hätten, und dieses Abbild in größerer oder geringerer Entfernung von ihm vervielfältigt würde — nicht hinsichtlich des Raumes, sondern des Wahrheitsgehaltes im stufenweise verschiedenen Verhältnis zum Urbild —, dann würde in den vielfältigen, verschiedenen Abbildern des einen Gesichtes eben dieses Gesicht verschiedenartig und vielfältig erscheinen; das übersteigt allen Sinn und Verstand und bleibt unbegreiflich.

IV.

Quomodo universum, maximum contractum, tantum est similitudo absoluti

Si ea, quae in praemissis nobis per doctam ignorantiam manifestata sunt, subtili consideratione extenderimus, ex hoc tantum, quod omnia absolutum maximum esse aut ab eo esse scimus, de mundo seu universo, quod maximum contractum tantum esse volo, multa nobis patere poterunt. Nam ipsum contractum seu concretum cum ab absoluto omne id habeat, quod est, tunc illud, quod est maximum, maxime absolutum quantum potest concomitatur. Igitur quae in primo libro de absoluto maximo nobis nota facta sunt, illa, ut absoluto absolute maxime conveniunt, contracto contracte convenire affirmamus.

Aliqua exemplificemus, ut inquirenti ingressum paremus. Deus est absoluta maximitas atque unitas, absolute differentia atque distantia praeveniens atque uniens, uti sunt contradictoria, quorum non est medium; quae absolute est id, quod sunt omnia, in omnibus absolutum principium atque finis rerum atque entitas. In quo omnia sunt sine pluralitate ipsum maximum absolutum simplicissime, indistincte, sicut infinita linea omnes figurae.

Ita pariformiter mundus sive universum est contractum maximum atque unum, opposita praeveniens contracta, ut sunt contraria; existens contracte id, quod sunt omnia; in omnibus principium contractum atque contractus finis rerum, ens contractum, infinitas contracta, ut sit contracte infinitus; in quo omnia sine pluralitate sunt ipsum maximum contractum cum contracta simplicitate et indistinctione, sicut linea maxima contracta est contracte omnes figurae.

Unde, quando recte consideratur de contractione, omnia sunt clara. Nam infinitas contracta aut simplicitas seu indi-

IV.

Das Gesamt, das verschränkt Größte, ist nur ein Abbild des Absoluten

Wenn wir das im bisher Gesagten, durch die wissende Unwissenheit offenbar Gewordene, in genauer Betrachtung weiterführen wollen, kann uns auf Grund des Wissens, daß alles das absolut Größte ist, oder von diesem ausgeht, vieles über die Welt oder das Gesamt, das ich als nur verschränkt Größtes annehmen will, offenbar werden. Denn da das Verschränkte oder Konkrete alles, was es ist, vom Absoluten erhalten hat, folgt es, soweit es kann, demjenigen, das das Größte und am meisten Absolute ist. Folglich sind wir der Meinung, daß das, was im ersten Buch über das absolute Größte bekanntgeworden ist, so wie es dem Absoluten auf absolute und größte Weise zukommt, dem Verschränkten auf verschränkte Weise zukommt.

Um dem Forschenden den Zugang zu ermöglichen, müssen wir einiges mit Beispielen erläutern. Gott ist die absolute Größe und Einheit, die dem Verschiedenen und Gegensätzlichen in absoluter Weise zuvorkommt und es eint, z. B. die kontradiktorischen Widersprüche, zwischen denen es keinen Übergang gibt. In Absolutheit ist die Größe das, was alles ist; sie ist in allem der absolute Ursprung, das Ziel der Dinge und die Seiendheit. In Gott ist alles ohne Vielheit, auf einfachste Weise und ohne Unterschied das absolute Größte, so wie die unendliche Linie alle Figuren ist.

In gleicher Weise ist die Welt oder das Gesamt das verschränkte Größte und Eine, das den verschränkten Gegensätzen, wie es die konträren sind, vorangeht. Es ist verschränkt das, was alles ist; in allem der verschränkte Ursprung und das verschränkte Ziel der Dinge, das verschränkte Sein, die verschränkte Unendlichkeit, weil es in verschränkter Weise unendlich ist. Alles ist in ihm ohne Vielheit das verschränkte Größte selbst, die verschränkte Einfachheit und Ununterschiedenheit — so wie die verschränkt größte Linie alle Figuren in verschränkter Weise ist.

Wenn man daher den Begriff der Verschränkung richtig betrachtet, ist alles deutlich. Denn die verschränkte Unend-

stinctio per infinitum descendit in contractione ab eo, quod est absolutum, ut infinitus et aeternus mundus cadat absque proportione ab absoluta infinitate et aeternitate et unum ab unitate. Unde unitas absoluta ab omni pluralitate absoluta est. Sed contracta unitas, quae est unum universum, licet sit unum maximum, cum sit contractum, non est a pluralitate absolutum, licet sit nisi unum maximum contractum.

Quare quamvis sit maxime unum, est tamen illa eius unitas per pluralitatem contracta, sicut infinitas per finitatem, simplicitas per compositionem, aeternitas per successionem, necessitas per possibilitatem et ita de reliquis, quasi absoluta necessitas se communicet absque permixtione et in eius opposito contracte terminetur. Ac si albedo haberet in se esse absolutum sine abstractione nostri intellectus, a qua album esset, contracte album, tunc albedo per non-albedinem in actu albo terminatur, ut hoc sit album per albedinem, quod absque ea album non esset.

Ex hiis multa investigator elicere poterit. Nam sicut Deus, cum sit immensus, non est nec in sole nec in luna, licet in illis sit id, quod sunt, absolute: ita universum nec est in sole nec [in] luna, sed in ipsis est id, quod sunt, contracte. Et quia quidditas solis absoluta non est aliud a quidditate absoluta lunae, quoniam est ipse Deus, qui est entitas et quidditas absoluta omnium, et quidditas contracta solis est alia a quidditate contracta lunae, quia, ut quidditas absoluta rei non est res ipsa, ita contracta non est aliud quam ipsa; quare patet quod, cum universum sit quidditas contracta, quae aliter est in sole contracta et aliter in luna, hinc identitas universi est in diversitate sicut unitas in pluralitate.

lichkeit oder Einfachheit oder die Ununterschiedenheit steigt in unendlichem Abstand in Verschränkung vom Absoluten herab, so daß die unendliche und ewige Welt ohne Verhältnisbezug von der absoluten Unendlichkeit und Ewigkeit ausgeht und Eines in Abhängigkeit von der Einheit ist. Darum ist die absolute Einheit frei von jeder Vielheit. Die verschränkte Einheit jedoch, das Eine Gesamt, ist, auch wenn es das eine Größte ist, als verschränktes nicht von der Vielheit gelöst. Es ist nur das eine verschränkte Größte.

Darum ist diese seine Einheit, obwohl es das am meisten Eine ist, dennoch durch die Vielheit verschränkt, so wie die Unendlichkeit durch die Endlichkeit, die Einfachheit durch die Zusammensetzung, die Ewigkeit durch die Aufeinanderfolge, die Notwendigkeit durch die Möglichkeit usw. verschränkt ist, gleichsam als würde sich die absolute Notwendigkeit ohne Vermischung mitteilen und in dem ihr Entgegengesetzten verschränkt bestimmt werden. Wenn z. B. das Weißsein, auf Grund dessen das Weiße in Verschränkung weiß ist, auch ohne die Abstraktion unseres Intellekts ein in sich losgelöstes Sein hätte, dann würde das Weiß-Sein durch das Nicht-weiß-Sein im tatsächlich Weißen bestimmt, so daß dieses durch das Weiß-sein weiß wäre, weil es ohne jenes das Weiße nicht gäbe.

Daraus kann ein Forschender viel herauslesen. Wie Gott als der Unermeßliche weder in der Sonne noch im Mond ist, wenn er auch auf absolute Weise in ihnen das ist, was sie sind, so ist auch das Gesamt zwar nicht in der Sonne noch im Mond, aber es ist in ihnen das, was sie sind, in Verschränkung. Die absolute Washeit der Sonne ist der absoluten Washeit des Mondes gegenüber nichts anderes, nämlich Gott selbst, die absolute Seiendheit und Washeit von allem, die verschränkte Washeit der Sonne dagegen der verschränkten des Mondes gegenüber durchaus eine andere; denn die verschränkte Washeit eines Dinges ist nichts anderes als dieses selbst, ebenso wie die absolute Washeit dieses nicht ist. Daraus ergibt sich, daß die Selbigkeit des Gesamt in der Verschiedenheit besteht, wie die Einheit in der Vielheit. Das Gesamt ist nämlich verschränkte Washeit, die anders in der Sonne, anders im Mond verschränkt ist.

Unde universum, licet non sit nec sol nec luna, est tamen in sole sol et in luna luna; Deus autem non est in sole sol et in luna luna[1], sed id, quod est sol et luna, sine pluralitate et diversitate. Universum dicit universalitatem, hoc est unitatem plurium; propter hoc, sicut humanitas non est nec Socrates nec Plato, sed in Socrate est Socrates, in Platone Plato, ita universum ad omnia.

Quoniam vero dictum est universum esse principium contractum tantum atque in hoc maximum, patet, quomodo per simplicem emanationem maximi contracti a maximo absoluto totum universum prodiit in esse. Omnia autem entia, quae sunt partes universi, sine quibus universum cum sit contractum unum, totum et perfectum esse non posset, simul cum universo in esse prodierunt, et non prius intelligentia, deinde anima nobilis, deinde natura, ut voluit Avicenna et alii philosophi[2]. Tamen, sicut in intentione artificis est prius totum, puta domus, quam pars, puta paries, ita dicimus, quia ex intentione Dei omnia in esse prodierunt, quod tunc universum prius prodiit et in eius consequentiam omnia, sine quibus nec universum nec perfectum esse posset.

Unde, sicut abstractum est in concreto, ita absolutum maximum in contracto maximo prioriter consideramus, ut sit consequenter in omnibus particularibus, quia est absolute in eo, quod est omnia contracte. Est enim Deus quidditas absoluta mundi seu universi; universum vero est ipsa quidditas contracta. Contractio dicit ad aliquid, ut ad essendum hoc vel illud. Deus igitur, qui est unus, est in uno universo; universum vero est in universis contracte. Et ita intelligi poterit, quomodo Deus, qui est unitas simplicissima, existendo in uno universo est quasi ex consequenti mediante universo in omnibus, et pluralitas rerum mediante uno universo in Deo.

---

[1] Dieser Satz (Deus...luna) ist in cod. Cus. 218 und den ihm folgenden Handschriften und Drucken ausgefallen.
[2] Avicenna, Opera 1508 (Frankfurt 1961), Met. Tractatus, IX, cap. IV, fol. 104b.

Wenn daher das Gesamt auch weder Sonne noch Mond ist, so ist es dennoch in der Sonne Sonne und im Mond Mond. Gott aber ist nicht in der Sonne Sonne und im Mond Mond, sondern er ist das, was Sonne und Mond ohne Vielheit und Verschiedenheit ist. Gesamt bedeutet Gesamtheit, d. h. Einheit von Vielen. Wie darum die Menschheit weder Sokrates noch Plato ist, sondern in Sokrates Sokrates und in Plato Plato, so ist das Gesamt auf alles hingerichtet.

Da aber gesagt worden ist, das Gesamt sei nur der verschränkte Ursprung und darin das Größte, so ergibt sich, daß das ganze Gesamt durch einfache Emantion des verschränkt Größten aus dem absolut Größten ins Sein trat. Alles Seiende aber, das Teil des Gesamt ist und ohne das es als verschränktes nicht einzig, ganz und vollkommen sein kann, ist mit dem Gesamt zugleich ins Sein getreten. Es ist nicht so wie Avicenna und andere Philosophen wollten, daß zuerst das Geistige, dann die edle Seele und darauf die Natur entstanden sei. Im Gegenteil. Wie im Wollen des Künstlers das Ganze, etwa das Haus, früher entsteht als der Teil (z. B. die Wand), so sagen wir, daß das Gesamt zuerst hervorging und alles andere, ohne welches es weder das Gesamt noch vollkommen sein könnte, in seinem Gefolge, da alles aus der Absicht Gottes ins Sein gelangt ist.

Wie das Abstrakte im Konkreten ist, so sehen wir das absolut Größte im verschränkt Größten, als das Erste; demzufolge ist es in jedem Teil, denn es ist auf absolute Weise in dem, das in Verschränkung alles ist. Gott ist nämlich die absolute Washeit der Welt oder des Gesamt. Das Gesamt dagegen ist diese Washeit als verschränkte. Verschränkung heißt Verschränkung zu etwas, wie z. B. zur Wirklichkeit von diesem und jenem. Gott also, der einer ist, ist in dem einen Gesamt, das Gesamt aber im Gesamten in Verschränkung. So kann man erkennen, wie Gott, die einfachste Einheit, dadurch, daß er in dem einem Gesamt existiert, gleichsam vermittels dieses Gesamt in allem ist, die Vielheit der Dinge hingegen vermittels des einen Gesamt in Gott.

V.

Quodlibet in quolibet

Si acute iam dicta attendis, non erit tibi difficile videre veritatis illius Anaxagorici 'quodlibet esse in quolibet' fundamentum fortassis altius Anaxagora[1].

Nam cum manifestum sit ex primo libro Deum ita esse in omnibus, quod omnia sunt in ipso, et nunc constet Deum quasi mediante universo esse in omnibus, hinc omnia in omnibus esse constat et quodlibet in quolibet. Universum enim quasi ordine naturae ut perfectissimum praecessit omnia, ut quodlibet in quolibet esse posset. In qualibet enim creatura universum est ipsa creatura, et ita quodlibet recipit omnia, ut in ipso sint ipsum contracte. Cum quodlibet non possit esse actu omnia, cum sit contractum, contrahit omnia, ut sint ipsum. Si igitur omnia sunt in omnibus, omnia videntur quodlibet praecedere. Non igitur omnia sunt plura, quoniam pluralitas non praecedit quodlibet. Unde omnia sine pluralitate praecesserunt quodlibet ordine naturae. Non sunt igitur plura in quolibet actu, sed omnia sine pluralitate sunt id ipsum.

Non est autem universum nisi contracte in rebus, et omnis res actu existens contrahit universa, ut sint actu id, quod est. Omne autem actu existens in Deo est, quia ipse est actus omnium. Actus autem est perfectio et finis potentiae. Unde, cum universum in quolibet actu existenti sit contractum, patet Deum, qui est in universo, esse in quolibet et quodlibet actu existens immediate in Deo, sicut universum. Non est ergo aliud dicere quodlibet esse in quolibet quam Deum per omnia esse in omnibus et omnia per omnia esse in Deo. Subtili intellectu ista altissima clare comprehenduntur, quo-

---

[1] Anaxagoras; Diels, Die Fragmente der Vorsokratiker II, 1956[8], p. 15ff, und Fragment 6 (p. 36): Καὶ οὕτως ἄν εἴη ἐν παντὶ πάντα.

V.

Alles ist in Allem

Betrachtet man das bisher Gesagte genau, so wird es nicht schwerfallen, die fundamentale Wahrheit jenes Satzes von Anaxagoras, daß alles in allem ist, vielleicht noch besser als Anaxagoras selbst zu verstehen.

Denn da im ersten Buch deutlich geworden ist, daß Gott so in allem ist, daß alles in ihm ist, und da jetzt feststeht, daß Gott gleichsam durch die Vermittlung des Gesamt in allem ist, so steht damit auch fest, daß Alles in Allem ist und Jedes in Jedem. Das Gesamt geht als das Vollkommenste der Ordnung der Natur entsprechend allem voran, so daß Jedes in Jedem sein kann. In jedem Geschöpf ist das Gesamt dieses Geschöpf; jedes Beliebige nimmt Alles auf, so daß es in ihm in Verschränkung ist. Da jedes Ding verschränkt ist, kann keines in Wirklichkeit Alles sein; so verschränkt es Alles, auf daß Alles dieses selbst sei. Wenn also Alles in Allem ist, scheint alles einem jeden beliebigen Einzelnen voranzugehen. Alles ist aber nicht das Viele, die Vielheit geht nicht jedem beliebigen Einzelnen voran. Daher ist auch der Ordnung der Natur nach das Alles ohne Vielheit dem beliebigen Einzelnen vorangegangen. Also ist nicht mehreres als Wirklichkeit in jedem, sondern alles ist ohne Vielheit es selbst.

In den Dingen ist das Gesamt nur verschränkt und jedes Ding, das tatsächlich besteht, verschränkt das Gesamte, so daß dieses tatsächlich ist, was das Ding ist. Jedes in der Wirklichkeit Bestehende ist aber in Gott, der die Wirklichkeit von Allem ist. Die Wirklichkeit ist aber die Vollendung und das Ziel der Möglichkeit. Weil das Gesamt in jedem Wirklichen als Verschränktes ist, ergibt sich, daß Gott, der im Gesamt ist, in Jedem ist und Jedes, das wirklich besteht, unmittelbar in Gott wie das Gesamt. Daß Jedes in Jedem ist, heißt also nichts anderes, als daß Gott durch Alles in

modo Deus est absque diversitate in omnibus, quia quodlibet in quolibet, et omnia in Deo, quia omnia in omnibus.

Sed cum universum ita sit in quolibet, quod quodlibet in ipso, est universum in quolibet contracte id, quod est ipsum contracte, et quodlibet in universo est ipsum universum, quamvis universum in quolibet sit diverse et quodlibet in universo diverse. Vide exemplum: Manifestum est lineam infinitam esse lineam, triangulum, circulum et sphaeram. Omnis autem linea finita habet esse suum ab infinita, quae est omne id, quod est. Quare in linea finita omne id, quod est linea infinita (ut est linea, triangulus, et cetera), est linea finita. Omnis igitur figura in linea finita est ipsa linea; et non est in ipsa aut triangulus aut circulus aut sphaera actu, quoniam ex pluribus actu non fit unum actu, cum quodlibet actu non sit in quolibet, sed triangulus in linea est linea, et circulus in linea est linea, et ita de reliquis.

Et ut clarius videas: Linea actu esse nequit nisi in corpore, ut ostendetur alibi. In corpore autem longo, lato et profundo omnes figuras complicari nemo dubitat. Sunt igitur in linea actu omnes figurae actu ipsa linea, et in triangulo triangulus, et ita de reliquis. Nam omnia in lapide lapis, et in anima vegetativa ipsa anima, et in vita vita, et in sensu sensus, in visu visus, in auditu auditus, in imaginatione imaginatio, in ratione ratio, in intellectu intellectus, in Deo Deus. Et nunc vide, quomodo rerum unitas sive universum est in pluralitate et e converso pluralitas in unitate.

Considera attentius et videbis, quomodo quaelibet res actu existens ex eo quiescit, quia omnia in ipso sunt ipsum et ipsum in Deo Deus. Mirabilem rerum unitatem, admirandam aequalitatem et mirabilissimam vides connexionem, ut omnia sint in omnibus.

Rerum etiam diversitatem et connexionem in hoc exoriri intelligis. Nam cum quaelibet res actu omnia esse non potuit

Allem und Alles durch Alles in Gott ist. Durch genaue Einsicht begreift man die tiefe Wahrheit, daß Gott ohne Unterschied in Allem ist, weil Jedes in Jedem ist, und daß Alles in Gott ist, weil Alles in Allem ist.

Da aber das Gesamt so in Jedem ist, weil Jedes in ihm ist, ist es in Jedem in Verschränkung das, was dieses als Verschränktes ist, und Jedes ist im Gesamt dieses selbst, obwohl das Gesamt in Jedem und Jedes im Gesamt auf verschiedene Weise ist. Zum Beispiel: Es ist deutlich geworden, daß die unendliche Linie Linie, Dreieck, Kreis und Kugel ist. Jede endliche Linie aber hat ihr Sein von der unendlichen, die alles ist, was ist. Darum ist in der endlichen Linie alles, was unendliche Linie ist (wie Linie, Dreieck, usw.), endliche Linie. Jede Figur in der endlichen Linie ist also diese Linie. In ihr ist weder Dreieck noch Kreis noch Kugel wirklich, denn da nicht jedes Wirkliche in Jedem ist, entsteht nicht aus vielen Wirklichen das eine Wirkliche, sondern das Dreieck in der Linie ist Linie und der Kreis in der Linie ist Linie, usw.

Und damit man es deutlicher sieht: Die wirkliche Linie kann, wie andernorts gezeigt werden wird, nur im Körper sein. Daß aber im langen, breiten und tiefen Körper alle Figuren eingefaltet sind, bezweifelt niemand. In der wirklichen Linie sind also alle Figuren wirklich diese Linie, im Dreieck Dreieck usw. Denn alles im Stein ist Stein und in der vegetativen Seele diese Seele, im Leben Leben, im Sinn Sinn, im Gesicht Gesicht, im Gehör Gehör, in der Vorstellung Vorstellung, im Verstand Verstand, in der Vernunft Vernunft, in Gott Gott. Sieh' also, wie die Einheit der Dinge oder das Gesamt in der Vielheit und umgekehrt, die Vielheit in der Einheit besteht.

Wenn du aufmerksam überlegst, wirst du erkennen, daß jedes wirklich bestehende Ding darin ruht, daß alles in ihm es selbst und es selbst in Gott Gott ist. Man sieht die wundervolle Einheit, die wunderbare Gleichheit und die wunderbarste Verknüpfung der Dinge, da Alles in Allem ist.

Man kann auch erkennen, daß Verschiedenheit und Verknüpfung der Dinge darin ihren Ausgang nehmen. Denn

— quia fuisset Deus, et propterea omnia in quolibet essent eo modo, quo possent secundum id, quod est quodlibet —, nec potuit quodlibet esse consimile per omnia alteri, ut patuit supra; hoc fecit omnia in diversis gradibus esse. Sicut et illud esse, quod non potuit simul incorruptibiliter esse, fecit incorruptibiliter in temporali successione esse; ut ita omnia id sint, quod sunt, quoniam aliter et melius esse non potuerunt. Quiescunt igitur omnia in quolibet, quoniam non posset unus gradus esse sine alio, sicut in membris corporis quodlibet confert cuilibet et omnia in omnibus contentantur.

Postquam enim oculus non potest esse manus et pedes et alia omnia actu, contentatur se esse oculum, et pes pedem; et omnia membra sibi mutuo conferunt, ut quodlibet sit meliori modo, quo potest, id quod est. Et non est manus nec pes in oculo, sed in oculo sunt oculus, inquantum ipse oculus est immediate in homine; et ita omnia membra in pede, inquantum pes immediate in homine, ut quodlibet membrum per quodlibet immediate sit in homine et homo sive totum per quodlibet membrum sit in quolibet, sicut totum in partibus est per quamlibet in qualibet.

Si igitur consideras humanitatem quasi esse quid absolutum, impermiscibile et incontrahibile, et hominem consideras, in quo est ipsa absoluta humanitas absolute et a quo est ipsa contracta humanitas, quae est homo: est ipsa humanitas absoluta quasi Deus et contracta quasi universum. Et sicut ipsa absoluta humanitas est in homine principaliter seu prioriter et consequenter in quolibet membro aut qualibet parte, et ipsa contracta humanitas est in oculo oculus, in corde cor et ita de reliquis, et ita contracte in quolibet quodlibet: tunc secundum hanc quidem positionem reperta est similitudo Dei et mundi et eorum omnium manuductio, quae in istis duobus capitulis tacta sunt, cum aliis multis quae ex hoc sequuntur.

da kein wirkliches Ding Alles sein kann — es wäre denn Gott gewesen und deshalb wäre Alles in Jedem so, wie es gemäß dem, daß es Jedes ist, sein kann —, konnte auch nicht Jedes einem Andern in allem ähnlich sein; wie oben klar wurde. Das bewirkte, daß alles in verschiedenen Abstufungen besteht und daß jenes Sein, das nicht zugleich unvergänglich sein konnte, in zeitlicher Abfolge unvergänglich sei, so daß alles das ist, was es ist, weil es anders und besser nicht sein konnte. Es ruht also alles in Jedem, da die eine Stufe nicht ohne die andere sein kann, so wie in den Gliedern des Körpers jedes jedem entspricht und alle in allen zufriedengestellt werden.

Da nämlich das Auge nicht Hand und Fuß und alle anderen Glieder wirklich sein kann, ist es damit zufrieden, Auge zu sein und der Fuß Fuß. Und alle Glieder unterstützen einander gegenseitig, so daß jedes auf die relativ beste Weise das ist, was es sein kann. Hand und Fuß sind im Auge nicht Hand und Fuß, sondern Auge, sofern das Auge selbst unmittelbar im Menschen ist. Ebenso sind alle Glieder im Fuß Fuß, insofern der Fuß unmittelbar im Menschen ist. Auf diese Weise ergibt sich, daß jedes Glied durch jedes andere Glied unmittelbar im Menschen ist und der Mensch, das Ganze, durch jedes Glied in jedem, genauso wie das Ganze in den Teilen durch jeden Teil in jedem ist.

Betrachtet man die Menschheit als etwas Absolutes, Unvermischbares und Unverschränkbares und dann den Menschen — in jenem ist die absolute Menschheit in Absolutheit und die verschränkte Menschheit, die der Mensch ist, stammt von ihm —, so ist die absolute Menschheit gleichsam Gott und die verschränkte das Gesamt. Und wie die absolute Menschheit im Menschen und folglich auch in jedem Glied und jedem Teil, ursprünglich oder vorgängig ist, so ist die verschränkte Menschheit im Auge Auge, im Herzen Herz usw. und in Verschränkung jedes in jedem; dementsprechend haben wir nun die Ähnlichkeit Gottes und der Welt ermittelt und die Betrachtungsweise alles dessen, was in diesen beiden Kapiteln berührt wurde, samt dem vielen andern daraus Folgenden, gefunden.

VI.

De complicatione et gradibus contractionis universi

Supra omnem intellectum in prioribus universum sive mundum esse comperimus unum, cuius unitas contracta est per pluralitatem, ut sit unitas in pluralitate. Et quia unitas absoluta est prima et unitas universi ab ista, erit unitas universi secunda unitas, quae in quadam pluralitate consistit. Et quoniam, ut in De coniecturis ostendetur, secunda unitas est denaria, decem uniens praedicamenta, erit universum unum explicans primam absolutam unitatem simplicem denaria contractione. Complicantur autem omnia in denario, quoniam non est numerus supra ipsum; quare unitas universi denaria pluralitatem omnium contractorum complicat. Et quia illa universi unitas ut principium contractum omnium est in omnibus, tunc, ut denarius est radix quadrata centenarii et cubica millenarii, ita unitas universi est radix universorum. A qua quidem radice primo oritur quasi numerus quadratus ut unitas tertia, et cubicus numerus ut unitas ultima sive quarta. Et est unitatis universi prima explicatio unitas tertia, centenaria; et ultima explicatio unitas quarta, millenaria.

Et ita reperimus tres universales unitates gradualiter descendentes ad particulare, in quo contrahuntur, ut sint actu ipsum. Prima absoluta unitas omnia complicat absolute, prima contracta omnia contracte. Sed ordo habet, ut absoluta unitas videatur quasi primam contractam complicare, ut per eius medium alia omnia; et contracta prima videatur secundam contractam complicare, et eius medio tertiam contractam; et secunda contracta tertiam contractam, quae est ultima universalis unitas et quarta a prima, ut eius medio in particulare deveniat. Et sic videmus, quomodo universum per gradus tres in quolibet particulari contrahitur.

VI.

Einfaltung und Stufen der Verschränkung des Gesamt

Jenseits aller vernunftbedingten Erkenntnis machten wir im vorhergehenden die Erfahrung, daß das Gesamt oder die Welt das Eine ist, dessen Einheit durch die Vielheit verschränkt ist, so daß die Einheit in Vielheit ist. Und weil die absolute Einheit die erste ist und die Einheit des Gesamt von ihr stammt, ist diese die zweite Einheit, die in Vielheit besteht. Weil die zweite Einheit — wie in der Schrift „De coniecturis" gezeigt werden wird — eine zehnfache ist, da sie die zehn Prädikamente eint, entsteht das eine Gesamt, indem es die erste, absolute und einfache Einheit entfaltet, in zehnfacher Verschränkung. Da keine Zahl über Zehn steht, wird in Zehn alles eingefaltet und die zehnfache Einheit des Gesamt umschließt die Vielheit alles Verschränkten. Weil jene Einheit des Gesamt als verschränkter Ursprung aller Dinge in allem ist, ist sie, wie der Zehner die Quadratwurzel von Hundert und die Kubikwurzel von Tausend ist, die Wurzel des Gesamten. Aus dieser ersten Wurzel entsteht gleichsam die Quadratzahl als dritte und die Kubikzahl als die vierte oder letzte Einheit; die erste Entfaltung der Einheit des Gesamt ist die dritte Einheit, der Hunderter, und die letzte die vierte Einheit, der Tausender.

So finden wir drei allgemeine Einheiten, die stufenweise zum Besonderen, in dem sie verschränkt werden, herabsteigen, um dieses als Wirkliches zu sein. Die erste absolute Einheit schließt alles in Absolutheit ein, die erste, verschränkte Einheit alles in Verschränkung. Die Ordnung ist aber so, daß die absolute Einheit die erste, verschränkte Einheit und durch diese alles andere einzuschließen scheint. Und die verschränkte, erste Einheit scheint die zweite verschränkte einzuschließen und mittels dieser die dritte verschränkte, und ebenso scheint die zweite verschränkte Einheit die dritte verschränkte, die letzte der Gesamteinheit und die vierte von der ersten an, einzuschließen, so daß man durch sie zum Besonderen gelangt. So sehen wir, daß das Gesamt durch drei Stufen in jedem besonderen Ding verschränkt wird.

Est igitur universum quasi decem generalissimorum universitas, et deinde genera, deinde species. Et ita universalia sunt illa secundum gradus suos, quae ordine quodam naturae gradatim ante rem, quae actu ipsa contrahit, existunt. Et quoniam universum est contractum, tunc non reperitur nisi in generibus explicatum, et genera non reperiuntur nisi in speciebus; individua vero sunt actu, in quibus sunt contracte universa. Et in ista consideratione videtur, quomodo universalia non sunt nisi contracte actu; et eo quodammodo verum dicunt Peripatetici universalia extra res non esse actu. Solum enim singulare actu est, in quo universalia sunt contracte ipsum.

Habent tamen universalia ordine naturae quoddam esse universale, contrahibile per singulare — non quod sint actu ante contractionem aliter quam naturali ordine, ut universale contrahibile in se non subsistens, sed in eo, quod actu est; sicut punctus, linea, superficies ordine progressivo corpus, in quo actu tantum sunt, praecedunt. Universum enim quia non est actu nisi contracte, ita omnia universalia: Non sunt universalia solum entia rationis, licet non reperiantur extra singularia actu; sicut et linea et superficies, licet extra corpus non reperiantur, propterea non sunt entia rationis tantum, quoniam sunt in corpore sicut universalia in singularibus. Intellectus tamen facit ea extra res per abstractionem esse. Quae quidem abstractio est ens rationis, quoniam absolutum esse eis convenire non potest; universale enim penitus absolutum Deus est. Quomodo autem universale [per abstractionem] sit in intellectu, in libro Coniecturarum videbimus, licet ex superioribus hoc satis patere posset, cum non sint ibi nisi intellectus, et ita intellectualiter contracte; cuius intelligere, cum non sit esse clarius et altius, apprehendit universalium contractionem in se et in aliis.

Das Gesamt ist also gleichsam die Gesamtheit der zehn „letzten Allgemeinheiten". Daran schließen sich die Gattung und daran die Eigengestalten an. So bestehen die Universalien in bestimmter Ordnung der Natur stufenweise vor dem Ding, das sie in seiner Wirklichkeit verschränkt. Da das Gesamt verschränkt ist, findet man es nur in Gattungen entfaltet, und diese wiederum nur in Eigengestalten. Die Einzelwesen aber sind wirklich. In ihnen ist das Gesamte in Verschränkung. Durch diese Betrachtung erkennt man, daß die Universalien nur in Verschränkung wirklich sind. So gesehen sagen die Peripatetiker die Wahrheit, wenn sie der Meinung sind, die Universalien seinen außerhalb der Dinge nicht wirklich. Denn nur das Einzelne ist wirklich. In diesem sind die Universalien in Verschränkung dieses selbst.

Dennoch haben die Universalien durch die Ordnung der Natur ein allgemeines, durch das Einzelne verschränkbares Sein, aber nicht so, daß sie vor der Verschränkung anders als in natürlicher Ordnung wirklich wären, wie das allgemein Verschränkbare nicht in sich, sondern in dem, das wirklich ist, seinen Grundbestand hat; ähnlich wie Punkt, Linie, Oberfläche in progressiver Ordnung dem Körper, in dem allein sie wirklich sind, vorangehen. Weil das Gesamt nur in Verschränkung wirklich ist, gilt dasselbe auch für alle Universalien. Diese sind, auch wenn sie außerhalb als wirkliche nicht zu finden sind, nicht nur Verstandesdinge. Genauso sind Linie und Oberfläche, auch wenn sie außerhalb des Körpers nicht gefunden werden, deswegen doch keine bloßen Verstandesdinge, denn sie sind im Körper wie die Universalien in den Einzeldingen. Dennoch läßt sie der Intellekt durch Abstraktion auch außerhalb der Dinge sein. Allerdings ist diese Abstraktion ein Verstandesding, und darum kann diesen kein absolutes Sein zukommen. Das völlig absolute Allgemeine ist nämlich Gott. Im Buch „De coniecturis" werden wir sehen, wie das Allgemeine durch Abstraktion im Geist ist. Allerdings ließe sich auch aus dem Gesagten genügend verdeutlichen, daß sie dort nur im Geist und darum in geistiger Verschränkung sind. Da sein Erkennen das deutlichste und tiefste Sein ist, das es gibt, begreift er die Verschränkung der Universalien in sich und im anderen.

Canes enim et cetera animalia eiusdem speciei uniuntur propter naturam communem specificam, quae in eis est; quae etiam in ipsis contracta esset, si Platonis intellectus species ex comparatione similitudinum sibi non fabricaret. Sequitur igitur intelligere esse et vivere, quoad operationem suam, quoniam per operationem suam nec potest dare esse nec vivere nec intelligere; sed intelligere ipsius intellectus, quoad res intellectas, sequitur esse et vivere et intelligere naturae in similitudine.

Quare universalia, quae ex comparatione facit, sunt similitudo universalium contractorum in rebus; quae in ipso intellectu iam sunt contracte, antequam etiam exteris illis notis explicet per intelligere, quod est operari ipsius. Nihil enim intelligere potest, quod non sit iam in ipso contracte ipsum. Intelligendo igitur mundum quendam similitudinarium, qui est in ipso contractus, notis et signis similitudinariis explicat. De unitate et contractione universi in rebus hoc loco satis dictum est. Amplius de trinitate eius subiciamus.

VII.

De trinitate universi

Postquam unitas absoluta est necessario trina, non quidem contracte, sed absolute — nam non est aliud absoluta unitas quam trinitas, quae quidem in quadam correlatione humanius apprehenditur, ut de hoc satis in primo libro dictum est — ita quidem unitas maxima contracta, etiam ut est unitas, est trina; non quidem absolute, ut trinitas sit unitas, sed contracte, ita quod unitas non sit nisi in trinitate, sicut totum in partibus contracte.

Der Hund und die übrigen Tiere derselben Eigengestalt sind wegen der ihnen einwohnenden gemeinsamen, eigengestaltlichen Natur vereint. Diese wäre auch dann in ihnen verschränkt, wenn der Geist Platos sich die Eigengestalten aus dem Vergleich der Ähnlichkeiten nicht gebildet hätte. In bezug auf seine Tätigkeit folgt also das verstehende Begreifen dem Sein und Leben, denn es kann durch seine Tätigkeit weder Sein noch Leben noch Denken geben. Aber in bezug auf die erkannten und verstandenen Dinge folgt das Erkennen des Geistes dem Sein, Leben und Erkennen in der Ähnlichkeit der eigenen Natur.

Darum sind die Universalien, die der Geist durch Vergleich bildet, Abbilder der in den Dingen verschränkten Universalien. Diese sind, noch bevor er sie durch jene äußeren Merkmale in verstehendem Begreifen seiner eigentlichen Tätigkeit entfaltet, im Geist selbst schon in Verschränkung. Denn er vermag nichts zu begreifen, das nicht schon in Verschränkung in ihm es selbst wäre. Im verstehenden Begreifen entfaltet er also in Merkmalen und Zeichen der Ähnlichkeit eine Art Abbild der Welt, die in ihm verschränkt ist. Über Einheit und Verschränkung des Gesamt in den Dingen ist an dieser Stelle genug gesagt. Nun wollen wir über seine Dreiheit einiges hinzufügen.

VII.

Die Dreiheit des Gesamt

Da die absolute Einheit notwendig eine dreifache ist, und zwar nicht in Verschränkung, sondern von allem losgelöst — die absolute Einheit ist nämlich nichts anderes als die Dreiheit, die allerdings in gewisser Korrelation mehr menschlich begriffen wird; darüber wurde im ersten Buch genügend gesprochen —, so ist auch die größte, verschränkte Einheit als Einheit eine dreifache. Sie ist zwar nicht absolut — so daß die Dreiheit Einheit wäre —, sondern verschränkt, so daß die Einheit nur in Dreiheit besteht, wie das Ganze in den Teilen auf verschränkte Weise.

In divinis unitas non est contracte in Trinitate, ut totum in partibus seu universale in particularibus, sed ipsa unitas est Trinitas. Propterea quaelibet personarum est ipsa unitas et quoniam unitas est Trinitas, una persona non est alia. In universo vero non potest ita esse. Propter hoc tres illae correlationes, quae in divinis personae vocantur, non habent esse actu nisi in unitate simul. Oportet acute ista advertere. Nam in divinis tanta est perfectio unitatis, quae est Trinitas, quod Pater est actu Deus, Filius actu Deus, Spiritus sanctus actu Deus; Filius et Spiritus sanctus actu in Patre, Filius et Pater in Spiritu sancto, Pater et Spiritus sanctus in Filio. Ita quidem in contracto esse nequit. Nam correlationes non sunt subsistentes per se nisi copulate, neque quaelibet propterea potest esse universum, sed simul omnes, neque una est in aliis actu, sed sunt eo modo, quo hoc patitur conditio contractionis, perfectissime ad invicem contractae, ut sit ex ipsis unum universum, quod sine illa trinitate esse non posset unum.

Non potest enim contractio esse sine contrahibili, contrahente et nexu, qui per communem actum utriusque perficitur. Contrahibilitas vero dicit quandam possibilitatem, et illa ab unitate gignente in divinis descendit, sicut alteritas ab unitate. Dicit enim mutabilitatem et alteritatem, cum in consideratione principii. Nihil enim praecedere videtur posse. Quomodo enim quid esset, si non potuisset esse? Possibilitas igitur ab aeterna unitate descendit. Ipsum autem contrahens, cum terminet possibilitatem contrahibilis, ab aequalitate unitatis descendit. Aequalitas enim unitatis est aequalitas essendi; ens enim et unum convertuntur[1]. Unde, cum contrahens sit adaequans possibilitatem ad contracte istud vel aliud essendum, recte ab aequalitate essendi, quae est verbum in divinis, descendere dicitur. Et quoniam ipsum verbum, quod est ratio et idea atque absoluta rerum necessi-

---

[1] Aristoteles, Metaphysik B, p. 1003b, 23.

Im Göttlichen aber ist die Einheit nicht in der Dreiheit verschränkt, wie das Ganze in den Teilen oder das Allgemeine im Besondern, sondern die Einheit ist die Dreiheit. Darum ist jede der Personen die Einheit selbst und, da die Einheit die Dreiheit ist, ist eine Person keine andere. Im Gesamt dagegen kann es nicht so sein. Darum haben jene drei Korrelationen, die im Göttlichen Personen genannt werden, wirkliches Sein nur in gleichzeitiger Einheit. Das ist genau zu beachten. Im Göttlichen ist nämlich die Vollkommenheit der Einheit, die die Dreiheit ist, so groß, daß der Vater wirklich Gott, der Sohn wirklich Gott und der Heilige Geist auch wirklich Gott ist; daß der Sohn und der Heilige Geist wirklich im Vater, der Sohn und der Vater wirklich im Heiligen Geist und der Vater und der Heilige Geist wirklich im Sohn sind. So kann es im Verschränkten gewiß nicht sein, denn die Korrelation besteht nicht durch sich selbst, sondern nur in Verbindung, weshalb auch keine allein, sondern nur alle zusammen das Gesamt sein können. Auch ist die eine nicht wirklich in den andern, sondern sie sind, soweit es der Zustand der Verschränkung erlaubt, auf das vollkommenste ineinander verschränkt, so daß aus ihnen das eine Gesamt entsteht, das ohne diese Dreiheit nicht eines sein könnte.

Die Verschränkung kann nämlich nicht ohne Verschränkbares, Verschränkendes und die Verknüpfung, die durch die gemeinsame Wirkung beider zustande kommt, bestehen. Die Verschränkbarkeit bezeichnet eine bestimmte Möglichkeit. Von der im Göttlichen zeugenden Einheit steigt sie herab wie die Andersheit aus der Einheit. Nach der Betrachtung des Ursprungs bedeutet sie Veränderlichkeit und Andersheit. Dem Können scheint nichts vorauszugehen. Denn wäre etwas, wenn es nicht hätte sein können? Die Möglichkeit geht also aus der ewigen Einheit hervor. Das Verschränkende aber, das die Möglichkeit des Verschränkbaren begrenzt, stammt aus der Gleichheit der Einheit. Die Gleichheit der Einheit ist nämlich die Gleichheit des Seins. Das Seiende und das Eine sind vertauschbar. Weil daher das Verschränkende die Möglichkeit zu diesem oder jenem wirk-

tas, possibilitatem per ipsum tale contrahens necessitat et constringit, hinc ipsum contrahens quidam formam aut animam mundi et possibilitatem materiam vocaverunt, alii fatum in substantia, alii, ut Platonici, necessitatem complexionis, quoniam a necessitate absoluta descendit, ut sit quasi quaedam contracta necessitas et forma contracta, in qua sint omnes formae in veritate, — de quo infra dicetur.

Est deinde nexus contrahentis et contrahibilis sive materiae et formae aut possibilitatis et necessitatis complexionis, qui actu perficitur quasi quodam spiritu amoris motu quodam illa unientis. Et hic nexus determinata possibilitas a quibusdam nominari consuevit, quoniam posse esse ad actu esse hoc vel illud determinatur ex unione ipsius determinantis formae et determinabilis materiae. Hunc autem nexum a Spiritu sancto, qui est nexus infinitus, descendere manifestum est.

Est igitur unitas universi trina, quoniam ex possibilitate, necessitate complexionis et nexu, quae potentia, actus et nexus dici possunt. Et ex hoc quattuor modos universales essendi collige.

Nam est modus essendi, qui absoluta necessitas dicitur, ut scilicet Deus est forma formarum, ens entium, rerum ratio sive quidditas; et in hoc essendi modo omnia in Deo sunt ipsa necessitas absoluta.

Alius modus est, ut res sunt in necessitate complexionis, in qua sunt rerum formae in se verae cum distinctione et ordine naturae, sicut in mente; an autem hoc ita sit, videbimus infra.

lichen Sein in Verschränkung angleicht, sagt man mit Recht, es stamme von der Gleichheit des Seins, die im Göttlichen das Wort ist. Und weil das Wort, das Wesenssinn, Idee und absolute Notwendigkeit der Dinge ist, die Möglichkeit, die es durch ein solches verschränkt, nötigt und fesselt, so nannte man das Verschränkende die Gestalt oder Seele der Welt und die Möglichkeit den Stoff der Welt. Andere bezeichneten es als das Geschick im Grundbestand, andere, wie die Platoniker, als die Notwendigkeit der Verbindung, denn sie stammt von der absoluten Notwendigkeit und ist eine Art verschränkter Notwendigkeit und verschränkter Gestalt, in der alle Gestalten in Wahrheit sind. Davon wird später die Rede sein.

Schließlich gibt es eine Verknüpfung von Verschränkendem und Verschränkbarem bzw. von Stoff und Gestalt oder von Möglichkeit und Notwendigkeit des Zusammenhangs; sie wird durch den Geist der Liebe, der jene in seiner Bewegung eint, verwirklicht. Da das Sein-Können auf Grund der Einung der bestimmenden Gestalt und des bestimmbaren Stoffes zu diesem oder jenem Wirklich-Sein bestimmt wird, pflegen manche Leute diese Verknüpfung „bestimmte Möglichkeit" zu nennen. Es ist offenkundig, daß diese Verknüpfung vom Heiligen Geist stammt, der die unendliche Verknüpfung ist.

Die Einheit des Gesamt ist also eine dreifache: sie besteht aus Möglichkeit, Notwendigkeit des Zusammenhangs und Verknüpfung; man kann sie Möglichkeit, Wirklichkeit und Verknüpfung nennen. Daraus kann man vier allgemeine Arten des Seins gewinnen.

Zuerst gibt es die der Wirklichkeit, die die absolute Notwendigkeit genannt wird; das ist Gott als Gestalt der Gestalten, als Sein des Seienden, als Wesenssinn und Grundbestimmung der Dinge bzw. als Washeit. In diesem Seinsmodus ist alles in Gott die absolute Notwendigkeit.

Der zweite Modus besteht darin, daß die Dinge in der Notwendigkeit ihres Zusammenhangs sind; in diesem befinden sich die in sich wahren Gestalten der Dinge nach der Unterscheidung und Ordnung der Natur sowie im Geist geordnet. Ob sich dies auch so verhält, werden wir später sehen.

Alius modus essendi est, ut res sunt in possibilitate determinata actu hoc vel illud.

Et infimus modus essendi est, ut res possunt esse, et est possibilitas absoluta.

Tres modi essendi ultimi sunt in una universitate, quae est maximum contractum; ex quibus est unus universalis modus essendi, quoniam nihil sine ipsis esse potest. Dico essendi modos, quoniam non est universalis essendi modus quasi ex tribus illis ut partibus taliter compositus, sicut domus ex tecto, fundamento et pariete; sed ex essendi modis, quoniam rosa, quae est in rosario in potentia in hieme et in actu in aestate, transivit de uno modo essendi possibilitatis ad determinatum actu. Ex quo videmus alium esse essendi modum possibilitatis, alium necessitatis et alium actualis determinationis, ex quibus est unus universalis modus essendi, quoniam sine illis nihil est; neque est unus sine alio actu.

VIII.

De possibilitate sive materia universi

Ut summatim saltem ea, quae nostram ignorantiam doctam efficere possunt, hic enarremus, iam dictos essendi trinos modos aliquantulum discutiamus, a possibilitate inchoantes. De qua multa quidem per veteres dicta sunt, quorum omnium sententia fuit ex nihilo nihil fieri; et ideo quandam absolutam omnia essendi possibilitatem et illam aeternam affirmarunt, in qua omnia possibiliter complicata credebant.

Quam quidem materiam seu possibilitatem contrario modo ratiocinando sicut de absoluta necessitate conceperunt, ut per abstractionem formae corporeitatis a corpore, corpus

Die dritte Seinsart ist jene, wie die Dinge in der bestimmten Möglichkeit als dieses oder jenes wirklich sind.

Die letzte Art des Seins besteht darin, daß die Dinge sein können. Es ist die absolute Möglichkeit.

Die drei letzten Weisen der Wirklichkeit sind in einer Gesamtheit, die das verschränkt Größte ist. Auf Grund von ihnen entsteht ein allgemeiner Modus des Seins, da nichts ohne sie sein kann. Ich nenne sie nicht deshalb Weisen des Seins, weil die gesamte Art des Seins aus ihnen, wie aus drei Teilen zusammengesetzt wäre, wie ein Haus aus Dach, Fundament und Mauern, sondern, weil es sich bei den Arten des Seins wie bei der Rose verhält, die während des Winters im Rosenstock als Möglichkeit und im Sommer in der Wirklichkeit ist und von dem Modus der Möglichkeit in den als Wirklichkeit bestimmten übergegangen ist. Daraus ersehen wir, daß der Seinsmodus der Möglichkeit, der Notwendigkeit und der tatsächlichen Bestimmung jeweils ein anderer ist. Aus diesen besteht der eine allgemeine Modus der Wirklichkeit, ohne sie ist nichts und keiner ist ohne den andern wirklich.

VIII.

Die Möglichkeit oder der Stoff des Gesamt

Um das, was unsere Unwissenheit zu einer gewußten machen kann, wenigstens in den Hauptzügen hier aufzuzeigen, wollen wir die schon erwähnten dreifachen Weisen der Wirklichkeit kurz besprechen. Wir beginnen mit der Möglichkeit. Schon die Alten sagten viel darüber. Ihre übereinstimmende Meinung ging dahin, daß aus dem Nichts nichts werden kann. Darum waren sie überzeugt, es gäbe eine absolute Möglichkeit alles Wirklichen, welche ewig sei, in der ihrer Ansicht nach alles als Möglichkeit eingeschlossen sei.

Aber diesen Stoff oder diese Möglichkeit faßten sie in einer irrigen, nur für die absolute Notwendigkeit gültigen Art der Schlußfolgerung auf, indem sie durch Abstraktion der

non corporaliter intelligendo et ita non nisi ignoranter materiam attingerunt. Quomodo enim intelligitur sine forma incorporea? Hanc omnem rem natura praeire dicebant, ita quod numquam verum fuit dicere: Deus est, quin etiam verum esset dicere: absoluta possibilitas est. Non tamen affirmarunt eam Deo coaeternam, quoniam ab ipso est; quae nec est aliquid nec nihil, neque una neque plures, neque hoc neque illud, neque quid neque quale, sed possibilitas ad omnia, et nihil omnium actu.

Quam Platonici, quia omni forma caret, carentiam dixerunt. Et quia caret, appetit; et per hoc est aptitudo, quia oboedit necessitati, quae ei imperat — id est attrahit ad esse actu —, sicut cera artifici ex ea aliquid facere volenti. Procedit autem informitas ex carentia et aptitudine, ipsa connectens, ut sit possibilitas absoluta quasi trina incomposite, quoniam carentia et aptitudo et informitas non possunt esse eius partes; alioquin possibilitatem absolutam praecederet aliquid, quod est impossibile. Unde sunt modi, sine quibus possibilitas absoluta talis non esset. Carentia enim contingenter est in possibilitate. Ex eo enim, quod formam non habet, quam habere potest, carere dicitur; ex quo carentia. Informitas vero est quasi forma possibilitatis, quae, ut voluerunt Platonici, est quasi materia formarum. Nam anima mundi materiae secundum ipsam connectitur, quam stirpeam vegetabilem dixerunt, ita quod, cum anima mundi possibilitati immiscetur, vegetabilitas illa informis in actu vegetativam animam perducitur ex motu ab anima mundi descendente et ex mobilitate possibilitatis sive vegetabilitatis. Ex quo affirmarunt ipsam informitatem quasi materiam formarum, quae per sensitivam, rationalem et intellectualem formatur, ut sit actu.

körperlichen Gestalt vom Körper diesen nicht körperlich verstehen wollten. Und so erreichten sie den Stoff nur in der Weise der Unwissenheit. Denn wie sollte ein Körper ohne die ihm einwohnende Gestalt begriffen werden? Dieser Stoff gehe, so sagten sie, von Natur aus jedem Ding voran, so daß es niemals wahr gewesen sei zu sagen: Gott ist, ohne daß auch wahr gewesen wäre, zu sagen: die absolute Möglichkeit ist. Dennoch behaupteten sie nicht, er sei gleich ewig, wie Gott, da er von ihm kommt. Der Stoff ist weder etwas noch nichts, weder eines noch vieles, weder dies noch jenes, weder ein Was noch ein Wie, sondern die Möglichkeit zu allem und nichts von allem wirklich.

Die Platoniker nannten ihn, der aller Gestalt enbehrt, Mangel. Und weil er entbehrt, verlangt er; darum ist er Eignung. Er gehorcht der Notwendigkeit, die ihm befiehlt, d. h. ihn zum wirklichen Sein heranzieht, so wie das Wachs dem Künstler gehorcht, der aus ihm etwas bilden will. Aus Mangel und Eignung geht aber, beide verknüpfend, die Gestaltlosigkeit hervor, so daß die absolute Möglichkeit gleichsam dreifach und nicht zusammengesetzt ist, da Leere, Eignung und Gestaltlosigkeit nicht ihre Teile sein können. Andernfalls ginge der absoluten Möglichkeit etwas voraus, und das ist unmöglich. Daher sind sie Modi, ohne die die absolute Möglichkeit keine solche wäre. Der Mangel ist nur zufällig in der Möglichkeit. Weil er die Gestalt, die er haben kann, nicht besitzt, sagt man von ihm, er ermangle; eben darum heißt er Mangel. Die Gestaltlosigkeit dagegen ist gleichsam die Gestalt der Möglichkeit, die, wie die Platoniker wollten, der Stoff der Gestalten ist. Denn die Seele der Welt verbindet sich dem sogenannten Lebenssproß entsprechend mit dem Stoff; denn wenn sich die Seele der Welt mit der Möglichkeit vereinigt, wird auf Grund einer von der Weltseele ausgehenden Bewegung und der Beweglichkeit der Möglichkeit — oder Lebensmöglichkeit — eben diese gestaltlose Lebensmöglichkeit zur lebendigen Seele verwirklicht. Darum behaupteten sie, die Gestaltlosigkeit sei gleichsam der Stoff der Gestalten, der durch die sinnliche, verständige und vernünftige Gestalt gebildet wird, so daß er wirklich ist.

Unde Hermes aiebat Hyle esse corporum nutricem et illam informitatem nutricem animarum; et ex nostris quidam aiebat chaos mundum naturaliter praecessisse et fuisse rerum possibilitatem, in quo ille informis spiritus fuit, in quo omnes animae sunt possibiliter[1].

Unde aiebant veteres Stoici formas omnes in possibilitate actu esse, sed latitare et per sublationem tegumenti apparere, quemadmodum si coclear ex ligno fit per ablationem partium tantum. Peripatetici vero solum possibiliter formas in materia esse dicebant et per efficientem educi. Unde istud verius est, quod scilicet non solum formae sunt ex possibilitate, sed efficiente. Qui enim tollit in ligno partes, ut fiat ex ligno statua, addit de forma. Et hoc quidem manifestum est. Nam quod ex lapide non potest fieri arca per artificem, defectus est materiae; et quod quis alius ab artifice ex ligno eam efficere nequit, defectus est in efficiente. Requiritur igitur materia et efficiens. Et hinc formae quodammodo possibiliter sunt in materia, quae ad actum secundum convenientiam efficientis deducuntur.

Sic in possibilitate absoluta universitatem rerum possibiliter dixerunt. Et est ipsa possibilitas absoluta interminata et infinita propter carentiam formae et aptitudinem ad omnes, ut possibilitas figurandi ceram in leonis aut leporis figuram aut alterius cuiuscumque interminata est. Et ista infinitas contraria est infinitati Dei, quia ista est propter carentiam, Dei vero propter abuntantiam, quoniam omnia in ipso ipse actu. Ita infinitas materiae est privativa, Dei negativa. Haec ist positio eorum, qui de possibilitate absoluta locuti sunt.

---

[1] Hermes Trism. [Apuleius a. a. O. III, p. 50ff.]

Darum sagte Hermes, die Hyle sei der Körper Nahrung und die Gestaltlosigkeit der Seelen Ernährerin. Und von den Unsern sagte einer, das Chaos sei der Welt naturgemäß vorausgegangen und die Möglichkeit der Dinge gewesen; in ihm war jener gestaltlose Geist, in dem alle Seelen als Möglichkeit sind.

Daher meinten die alten Stoiker, alle Formen seien in der Möglichkeit wirklich, aber verborgen. Und wenn man ihre Verhüllung entfernte, so würden sie erscheinen, wie wenn aus Holz durch das bloße Wegnehmen der Teile ein Löffel entsteht. Die Peripatetiker dagegen sagten, die Formen seien nur der Möglichkeit nach im Stoff und würden durch den Wirkenden herausgeholt. Das ist wahrer, denn in diesem Fall bewirkt nicht nur die Möglichkeit, sondern auch der Bildner die Gestalten. Wer vom Holz Teile hinwegnimmt, so daß daraus eine Statue entsteht, fügt Form hinzu; das ist durchaus klar. Daß aus Stein durch einen Künstler kein Kasten entsteht, ist ein Fehler des Stoffes, daß aber irgendein anderer, kein Künstler, den Kasten aus Holz nicht machen kann, ist ein Fehler des Wirkenden. Also sind sowohl der Stoff als auch der Wirkende erforderlich. Und daher sind die Gestalten im Stoff in gewisser Weise als Möglichkeit enthalten und werden dem Wollen des Wirkenden entsprechend zur Wirklichkeit geführt.

So sagten sie, daß in der absoluten Möglichkeit die Gesamtheit der Dinge der Möglichkeit nach sei. Wegen des Mangels der Gestalt und der Eignung zu allem ist die absolute Möglichkeit unbegrenzt und unendlich, genauso wie die Möglichkeit, die Gestalt eines Löwen oder Hasen oder von irgend etwas anderem in Wachs zu bilden unbegrenzt ist. Diese Unendlichkeit ist der Unendlichkeit Gottes entgegengesetzt, weil diese wegen der Leere, die Gottes aber wegen der Fülle Unendlichkeit ist, da alles in ihm er selbst als Wirklichkeit ist. Daher ist die Unendlichkeit der Materie privativ, die Gottes negativ. Das ist die Stellung jener, die über die absolute Möglichkeit gesprochen haben.

Nos autem per doctam ignorantiam reperimus impossibile fore possibilitatem absolutam esse. Nam cum inter possibilia nihil minus esse possit quam possibilitas absoluta, quae est propinquissime circa non-esse (secundum etiam positionem auctorum), hinc ad minimum deveniretur atque ad maximum in recipientibus magis et minus, quod est impossibile. Quare possibilitas absoluta in Deo est Deus, extra ipsum vero non est possibilis; numquam enim est dabile aliquid, quod sit in potentia absoluta, cum omnia praeter primum necessario sint contracta.

Si enim reperiuntur diversa in mundo ita se habentia, quod ex uno possunt plura esse quam ex alio, ad maximum et minimum simpliciter et absolute non devenitur; sed quia ista reperiuntur, patet absolutam possibilitatem non esse dabilem.

Omnis igitur possibilitas contracta est; per actum autem contrahitur. Quare non reperitur pura possibilitas, penitus indeterminata per quemcumque actum; neque aptitudo possibilitatis potest esse infinita et absoluta, omni carens contractione. Deus enim, cum sit actus infinitus, non est nisi causa actus. Sed possibilitas essendi est contingenter. Si igitur possibilitas est absoluta, cui contingit? Contingit autem possibilitas per hoc, quod esse a primo non potest esse penitus et simpliciter et absolute actus. Quare contrahitur actus per possibilitatem, ut non sit absolute nisi in potentia; et potentia non est absolute, nisi per actum sit contracta. Cadunt autem differentiae et graduationes, ut unum magis actu sit, aliud magis potentia, absque hoc quod deveniatur ad maximum et minimum simpliciter, quoniam maximus et minimus actus coincidunt cum maxima et minima potentia et sunt maximum absolute dictum, ut in primo libro est ostensum.

Wir dagegen finden mit Hilfe der wissenden Unwissenheit, daß die Existenz einer absoluten Möglichkeit unmöglich ist. Denn da unter dem Möglichen nichts geringer sein kann als die absolute Möglichkeit, die bereits ganz nahe beim Nichtsein ist — auch nach der Meinung jener Autoren —, so gelangte man in dem, was mehr und weniger aufnimmt, zum Kleinsten und Größten; und das ist unmöglich. Darum ist die absolute Möglichkeit in Gott Gott, aber außerhalb von ihm nicht möglich. Denn da mit Ausnahme des Ersten alles verschränkt sein muß, kann es niemals etwas geben, das in absoluter Möglichkeit vorhanden wäre.

Wenn auch in der Welt Verschiedenes zu finden ist, das sich derart verhält, daß aus einem mehr werden kann als aus dem anderen, so gelangt man doch nicht zu dem schlechthin und in Absolutheit Größten und Kleinsten. Eben weil sich derartiges findet ist offenbar, daß es keine absolute Möglichkeit geben kann.

Alle Möglichkeit ist also verschränkt, und zwar wird sie durch die Wirklichkeit verschränkt. Darum findet man keine Möglichkeit, die rein und völlig unbestimmt durch irgendeine Wirklichkeit wäre. Auch kann die Eignung der Möglichkeit nicht unbegrenzt und absolut sein, jeder Verschränkung entbehrend. Gott nämlich als die unendliche Wirkung ist nur Grund der Wirkung. Die Möglichkeit der Wirklichkeit dagegen ist zufällig hinzukommend. Wäre die Möglichkeit absolut — zu wem käme sie dann zufällig hinzu? Sie kommt deshalb zufällig hinzu, weil das Sein, das vom Ersten stammt, keine ganze, einfache und absolute Wirklichkeit sein kann. Darum wird die Wirklichkeit durch die Möglichkeit verschränkt, so daß sie nur in ihr in Absolutheit ist. Diese hingegen ist nicht absolut, außer wenn sie durch die Wirklichkeit verschränkt ist. Es treten aber Unterschiede und Abstufungen auf, durch die bedingt das eine mehr Wirklichkeit, das andere mehr Möglichkeit ist, ohne daß man dadurch zum schlechthin Größten und Kleinsten gelangen würde, da die größte und kleinste Wirklichkeit mit der größten und kleinsten Möglichkeit koinzidiert und, wie im ersten Buch gezeigt wurde, das besagte, absolute Größte sind.

Amplius, nisi possibilitas rerum contracta esset, non posset ratio rerum haberi, sed casu omnia essent, ut voluit falso Epicurus. Quod enim hic mundus prodiit rationabiliter ex possibilitate, ex eo necessario fuit, quod possibilitas ad essendum mundum istum tantum aptitudinem habuit. Contracta igitur et non absoluta fuit aptitudo possibilitatis. Ita de terra et sole et ceteris, quae, nisi quadam contracta possibilitate latitassent in materia, non maior ratio fuisset, cur ad actum potius quam non prodiissent. Unde, quamvis Deus infinitus sit et mundum secundum hoc infinitum creare potuisset, tamen quia possibilitas necessario contracta fuit, et non penitus absoluta nec infinita aptitudo hinc secundum possibilitatem essendi mundus actu infinitus aut maior vel aliter esse non potuit.

Contractio autem possibilitatis ex actu est, actus autem ab ipso maximo actu est. Quare, cum contractio possibilitatis sit ex Deo et contractio actus ex contingenti, hinc mundus necessario contractus ex contingenti finitus est. Unde ex notitia possibilitatis videmus, quomodo maximitas contracta evenit ex possibilitate necessario contracta; quae quidem contractio non est ex contingenti, quia per actum, et ita universum rationabilem et necessariam causam contractionis habet, ut mundus, qui non est nisi esse contractum, non sit contingenter a Deo, qui est maximitas absoluta. Et hoc quidem singularius considerandum. Unde, cum possibilitas absoluta sit Deus, si mundum consideramus ut in ipsa est, tunc est ut in Deo et est ipsa aeternitas; si ut est in possibilitate contracta consideramus, tunc possibilitas natura tantum mundum praecedit, et non est illa possibilitas contracta nec aeternitas nec Deo coaeterna, sed cadens ab ipsa, ut contractum ab absoluto, quae distant per infinitum.

Wenn fernerhin die Möglichkeit der Dinge nicht verschränkt wäre, könnte es keinen Wesenssinn und Bestimmungsgrund der Dinge geben; alles wäre, wie Epikur fälschlicherweise annahm, durch Zufall da. Damit diese Welt sinnvoll aus der Möglichkeit hervorgehe, war es notwendig, daß die Möglichkeit nur zum Sein dieser Welt entsprechend geeignet war. Die Eignung der Möglichkeit war also verschränkt und nicht absolut. So gab es für Erde, Sonne und alles übrige, das nur in verschränkter Möglichkeit im Stoff verborgen gewesen war, keinen stärkeren Anlaß in die Wirklichkeit einzutreten, als es nicht zu tun. Wenn Gott auch unendlich ist und darum die Welt als unendliche hätte schaffen können, konnte sie dennoch gemäß der Möglichkeit ihres Seins nicht wirklich unendlich oder größer oder andersgeartet sein; denn die Möglichkeit war notwendig verschränkt, nicht völlig absolut und nicht unendliche Eignung.

Die Verschränkung der Möglichkeit stammt aus der Wirklichkeit. Die Wirklichkeit hingegen stammt von der größten Wirklichkeit. Wenn daher die Verschränkung der Möglichkeit aus Gott ist und die Verschränkung der Wirklichkeit aus dem zufällig Hinzukommenden, so ist folglich die aus dem Zufälligen verschränkte Welt endlich. Daher sehen wir aus dem Begriff der Möglichkeit, daß die verschränkte Größe aus der notwendig verschränkten Möglichkeit hervorgeht. Diese Verschränkung jedoch ist nicht aus zufällig Hinzukommendem, weil sie durch die Wirklichkeit entsteht, und darin hat das Gesamt einen sinnvollen und notwendigen Grund der Verschränkung, so daß die Welt, die nur verschränktes Sein ist, nicht in Zu-fälligkeit von Gott, der absoluten Größe, stammt. Das muß man noch eingehender betrachten. Die absolute Notwendigkeit ist Gott; wenn wir die Welt so betrachten, wie sie in dieser ist, ist sie in Gott und die Ewigkeit selbst; wenn wir sie betrachten, wie sie in der verschränkten Möglichkeit ist, geht diese nur der Natur nach der Welt voraus und ist weder die Ewigkeit noch mit Gott gleich ewig. Sie weicht vielmehr von ihr ab wie das Verschränkte vom Losgelösten, die voneinander unendlich entfernt sind.

Hoc enim modo ea, quae de potentia aut possibilitate sive materia dicuntur, secundum regulas doctae ignorantiae limitari necesse est. Quomodo autem possibilitas ad actum gradatim progrediatur, libro De coniecturis tangendum relinquimus.

IX.

De anima sive forma universi

Sapientes omnes in hoc concordant, quod posse esse ad actu esse non potest nisi per actu esse deduci, quoniam nihil se ipsum ad actu esse producere, potest, ne sit sui ipsius causa; esset enim, antequam esset. Unde illud, quod possibilitatem actu esse facit, ex intentione agere dixerunt, ut ordinatione rationabili possibilitas ad actu esse deveniret et non casu.

Hanc excelsam naturam alii mentem, alii intelligentiam, alii animam mundi, alii fatum in substantia, alii, ut Platonici, necessitatem complexionis nomirarunt, qui aestimabant possibilitatem necessitate per ipsam determinari, ut sit nunc actu, quod prius natura potuit. In illa enim mente formas rerum actu intelligibiliter esse aiebant sicut in materia possibiliter, et quod ipsa necessitas complexionis in se veritatem habens formarum cum hiis, quae ipsas concomitantur, secundum naturae ordinem moveret caelum, ut mediante motu tamquam instrumento possibilitatem ad actum et, quanto conformius posset, conceptui veritatis intelligibili aequale deduceret; concedentes forman, ut in materia est, per hanc operationem mentis mediante motu esse imaginem verae intelligibilis formae, et ita non veram, sed verisimilem.

Auf diese Weise ist es notwendig, das, was über die Möglichkeit oder den Stoff gesagt wurde, der Regel der wissenden Unwissenheit entsprechend zu begrenzen. Wie aber die Möglichkeit stufenweise wirklich wird, wollen wir hier übergehen, um es in „De coniecturis" zu berühren.

IX.

Die Seele oder Gestalt des Gesamt

Alle Weisen stimmen darin überein, daß das Sein-Können nur durch die Wirklichkeit zum Wirklich-Sein gebracht werden kann. Nichts kann sich selbst zum Wirklich-Sein bringen, da es nicht der Grund seiner selbst ist; es wäre bevor es wäre. Daher sagten sie, daß jenes, das die Möglichkeit zum Wirklich-Sein macht, mit Absicht handle, damit die Möglichkeit durch sinnvolle Anordnung und nicht durch Zufall zum Wirklichsein gelange.

Diese erhabene Natur nannten die einen Geist, andere Vernunfterkenntnis, andere Weltseele, andere Schicksal in der Substanz, andere — wie die Platoniker — Notwendigkeit der Beschaffenheit. Sie waren der Meinung, daß die Möglichkeit vermittels der Notwendigkeit durch jene bestimmt werde, so daß, was zuvor die Natur vermochte, jetzt wirklich ist. Sie sagten, daß die Gestalten, wie sie im Stoff als Möglichkeit sind, in jenem Geist als Wirklichkeit geistig erkennbar vorhanden seien; die Notwendigkeit der Beschaffenheit, die in sich die Wahrheit der Gestalten und dessen, das zu ihnen gehört, besitze, bewege den Himmel entsprechend der Ordnung der Natur, damit sie vermittels dieser Bewegung gleichsam als mit einem Werkzeug die Möglichkeit zur Verwirklichung und, soweit es möglich ist, zu dem mit dem geistigen Begriff der Wahrheit Gleichen führe. Sie geben damit zu, daß die Gestalt, wie sie in der Materie ist, durch diese Tätigkeit des Geistes vermittels der Bewegung das Bild der wahren, vernünftigen Gestalt wird und so nicht das Wahre, sondern das dem Wahren ähnliche Bild.

Et ita aiebant Platonici non tempore, sed natura prius esse formas veras in anima mundi quam in rebus. Quod Peripatetici non concedunt, quoniam dicunt formas aliud esse non habere nisi in materia et per abstractionem in intellectu, quae sequitur rem, ut patet.

Placuit autem Platonicis talia distincta exemplaria in necessitate complexionis plura cum naturali ordine ab una infinita ratione esse, in qua omnia sunt unum. Non tamen ab illa ista exemplaria creata crediderunt, sed taliter descendere, quod numquam fuit verum dicere Deus est, quin etiam esset verum anima mundi est: affirmantes eam esse explicationem mentis divinae, ut omnia, quae in Deo sunt unum exemplar, sint in mundi anima plura et distincta; addentes Deum naturaliter praecedere hanc complexionis necessitatem, et ipsam animam mundi praecedere naturaliter motum, et instrumentum explicationem temporalem rerum, ita quod illa, quae essent veraciter in anima, possibiliter in materia per motum temporaliter explicarentur. Quae quidem temporalis explicatio sequitur ordinem naturalem, qui est in anima mundi et dicitur fatum in substantia, et eius explicatio temporalis est fatum ab illo descendens actu et opere nominatum a plerisque.

Et ita modus essendi in anima mundi est, secundum quem dicimus mundum intelligibilem. Modus essendi actu per determinationem possibilitatis actu per explicationem, ut iam dictum est, est modus essendi, secundum quem iste mundus est sensibilis secundum eos. Neque voluerunt illas formas, ut sunt in materia, esse alias ab ipsis, quae sunt in anima mundi, sed tantum secundum modum essendi differenter, ut in anima mundi veraciter et in se, in materia verisimiliter, non in sua puritate, sed cum obumbratione; adicientes veritatem formarum solum per intellectum attingi, per rationem, imaginationem et sensum non, sed

Und so sagten die Platoniker, daß die wahren Gestalten in der Weltseele früher seien als in den Dingen, aber nicht der Zeit, sondern der Natur nach. Die Peripatetiker stimmen dem nicht zu, weil sie sagen, die Gestalten hätten kein anderes Sein als nur im Stoff und — durch Abstraktion — im Intellekt, der offenkundig dem Ding folgt.

Die Platoniker waren aber davon überzeugt, daß mehrere derartige, unterschiedene Urbilder in der Notwendigkeit des inneren Zusammenhanges in natürlicher Ordnung von dem einen, unendlichen Bestimmungsgrund stammen, in dem alle Eines sind. Dennoch glauben sie nicht, daß diese Urbilder von jenem geschaffen seien, sondern dergestalt abstammen, daß es niemals wahr gewesen wäre zu sagen, „Gott ist", ohne daß es auch wahr wäre, „die Weltseele ist". Diese, so nahmen sie an, sei die Entfaltung des göttlichen Geistes, so daß alles, was in Gott ein Urbild ist, in der Weltseele viele und verschiedene sind. Sie fügten hinzu, Gott gehe naturgemäß dieser Notwendigkeit des inneren Zusammenhanges voran; und ebenso naturgemäß gehe die Weltseele der Bewegung, dem Mittel der zeitlichen Entfaltung der Dinge, voran, so daß das, was in der Seele wahrhaft, im Stoff der Möglichkeit nach ist, durch die zeitliche Bewegung entfaltet werde. Diese zeitliche Entfaltung folgt der natürlichen Ordnung, die in der Weltseele liegt und wird Schicksal der Substanz genannt. Ihre zeitliche Entfaltung ist das Schicksal, das von jener Wirklichkeit und Tat stammt; es wird von vielen so genannt.

Und so ist der Modus des Seins in der Weltseele. Nach ihm nennen wir die Welt eine intelligible. Der Modus des Wirklich-Seins, wirklich durch die Bestimmung der Möglichkeit, und, wie schon gesagt, durch die Entfaltung, ist jener Seinsmodus, demgemäß diese Welt nach Meinung jener eine sinnliche ist. Auch wollten sie nicht zugeben, daß die Gestalten, wie sie in der Materie sind, von jenen in der Weltseele verschieden sind. Sie seien vielmehr nur der Art ihres Seins nach verschieden; in der Weltseele seien sie wahrhaft und in sich, im Stoff aber nur dem Wahren ähnlich, nicht rein sondern verdunkelt. Sie fügen hinzu, daß nur der Geist

imagines, prout formae sunt permixtae possibilitati et quod propterea non vere attingerent quidquam, sed opinative.

Ab hac mundi anima omnem motum descendere putarunt, quam totam in toto et in qualibet parte mundi esse dixerunt, licet non easdem virtutes in omnibus partibus exerceat; sicut anima rationalis in homine non exercet in capillis et in corde eandem operationem, licet tota sit in toto et in qualibet parte. Unde in ipsa omnes animas complicari voluerunt, sive in corporibus sive extra, quoniam per totum universum eam diffusam dixerunt, non per partes, quia simplex et impartibilis sed totam in terra, ubi terram connectit, totam in lapide, ubi partium tenacitatem operatur, totam in aqua, totam in arboribus, et ita de singulis. Quoniam ipsa est prima explicatio circularis — mente divina se ut puncto centrali habente et anima mundi ut circulo centrum explicante — et complicatio naturalis omnis temporalis ordinis rerum, ideo ipsam propter discretionem et ordinem numerum se moventem dixerunt ac esse ex eodem et diverso affirmarunt. Quam etiam solo numero ab anima hominis differre putabant, ut, sicut hominis anima ad hominem se habet, ita ipsa ad universum, credentes omnes animas ab ipsa et in ipsam finaliter resolvi, si demerita non obstarent.

Multi Christianorum illi viae Platonicae acquieverunt. Ex eo praesertim, cum alia sit ratio lapidis, alia hominis, et in Deo non cadat distinctio et alietas, necessarium putabant has rationes distinctas, secundum quas res distinctae sunt, post Deum et ante res esse, cum ratio rem praecedat, et hoc in intelligentia rectrice orbium, quodque ipsae tales distinctae rationes notiones sint rerum in ipsa anima mundi numquam delebiles. Immo ipsam animam ex omnibus omnium

die Wahrheit der Gestalten erreichen kann, nicht aber Verstand, Vorstellung und Sinn. Diese erreichen nur die Bilder, je nachdem, wie die Gestalten mit der Möglichkeit vermischt sind, und erfassen deshalb nichts in Wahrheit, sondern nur der Meinung nach.

Sie glaubten, jede Bewegung komme von dieser Weltseele herab, von der sie sagten, daß sie im Ganzen und in jedem Teil der Welt ganz sei, auch wenn sie nicht in allen Teilen dieselben Kräfte ausübe — so wie die vernünftige Seele, auch wenn sie im Ganzen und in jedem Teile ganz ist, beim Menschen nicht dieselbe Tätigkeit in Haar und Herz ausübt. Deshalb waren sie auch der Ansicht, alle Seelen, ob im Körper oder außerhalb, seien in dieser eingefaltet; sie meinten, sie sei durch das ganze Gesamt ausgebreitet — nicht in Teilen, denn sie sei einfach und unteilbar, sondern als ganze: ganz in der Erde, die sie zusammenhalte, ganz im Stein, wo sie die Härte der Teile bewirke, ganz im Wasser, ganz in den Bäumen und in jedem einzelnen. Sie sei die erste kreisförmige Entfaltung — wobei sich der göttliche Geist wie der Mittelpunkt verhalte und die Weltseele wie der den Mittelpunkt entfaltende Kreis — und die Einfaltung jeder natürlichen, zeitlichen Ordnung der Dinge. Daher nannten die Platoniker sie wegen der Unterscheidung und Ordnung die sich bewegende Zahl und behaupteten, sie bestehe aus dem Selben und Verschiedenen. Man meinte auch, sie sei nur durch die Zahl von der menschlichen Seele verschieden und verhalte sich so zum Gesamt, wie die menschliche Seele zum Menschen. Dabei nahmen sie an, daß alle Seelen aus ihr stammten und schließlich, sofern keine Schuld sie daran hindere, in sie zurückgeführt würden.

Viele Christen waren mit diesem platonischen Weg einverstanden. Da es in Gott keine Unterscheidung und Andersheit gibt, der Wesenssinn des Steines dagegen ein anderer ist als der des Menschen, glaubten sie, daß diese unterschiedlichen Wesensgründe, welche die Verschiedenheit der Dinge bedingen, nach Gott und vor den Dingen sein müßten, da der Wesensgrund dem Ding vorausgeht. Das geschehe in der leitenden Vernunft des Erdkreises. Und weil diese

notionibus esse voluerunt, ita quod omnes notiones in ipsa substantia sint ipsius, licet dictu et cognitu hoc asserant difficile. Hoc quidem auctoritate divinae Scripturae astruunt. „Dixit enim Deus fiat lux, et facta est lux." Si enim lucis veritas prius naturaliter non fuisset, quomodo dixisset fiat lux? Postquam autem temporaliter fuit explicata illa lux, quare potius dicta lux quam aliquid aliud fuisset, si non fuisset prius lucis veritas? Et multa consimilia tales adducunt pro fortificatione huius.

Peripatetici vero quamvis fateantur opus naturae esse opus intelligentiae, exemplaria tamen illa non admittunt; quos certe, nisi per intelligentiam Deum intelligant, deficere puto. Nam si non est notitia in intelligentia, quomodo movet secundum propositum? Si est notitia rei explicandae temporaliter, quae est ratio motus, talis a re, quae nondum est temporaliter, abstrahi non potuit.

Si igitur est notitia sine abstractione, certe tunc est illa, de qua loquuntur Platonici, quae non est a rebus, sed res secundum eam. Unde Platonici non voluerunt tales rerum rationes esse quid distinctum et diversum ab ipsa intelligentia, sed potius quod tales distinctae inter se unam quandam intelligentiam simplicem, in se omnes rationes complicantem, efficerent; ut quamvis ratio hominis non sit ratio lapidis, sed sint distinctae rationes, tamen ipsa humanitas, a qua descendit homo sicut ab albedine album, non habet aliud esse quam in ipsa intelligentia secundum naturam intelligentiae intelligibiliter et in ipsa re realiter; non quod sit alia humanitas Platonis et alia separata, sed eadem secun-

unterschiedenen Wesensgründe in der Weltseele wären, seien sie die unzerstörbaren Begriffe der Dinge. Ja, sie waren der Ansicht, diese Seele bestehe aus den Begriffen aller Dinge und alle Begriffe seien in ihr ihre Substanz; allerdings gaben sie auch zu, daß dies schwierig zu denken und zu sagen sei. Diese Ansichten wollten sie auch durch die Autorität der Heiligen Schrift stützen. Gott sprach nämlich „Es werde Licht und es ward Licht". Wie hätte er sagen können „es werde Licht", wenn nicht zuvor die Wahrheit des Lichtes von Natur aus dagewesen wäre? Wäre sie aber nicht zuvor gewesen, warum wurde dann jenes Licht, nachdem es in der Zeit entfaltet war, eher Licht als etwas anderes genannt? Viele ähnliche Überlegungen führten zur Verfestigung dieser Anschauung.

Obwohl die Peripatetiker gestehen, daß das Werk der Natur das Werk der Vernunft sei, lassen sie diese Urbilder nicht gelten. Doch sind sie meiner Meinung nach völlig im Unrecht — außer sie verstehen unter jener Vernunft Gott. Denn wie bewegt sich die Vernunft entsprechend dem von uns Vorausgesetzten, wenn es in ihr keinen Begriff gibt? Wenn der Begriff des zu entfaltenden Dinges zeitlich ist — dies ist der Wesenssinn der Bewegung —, dann kann er vom Ding, das noch nicht zeitlich ist, nicht abstrahiert werden.

Wenn es einen Begriff ohne Abstraktion gibt, dann ist es gewiß jener, von dem die Platoniker reden. Dieser stammt nicht von den Dingen, sondern die Dinge entsprechen ihm. Daher nahmen die Platoniker nicht an, daß dieser Wesenssinn der Dinge etwas von der Vernunft Unterschiedenes und Verschiedenes sei, sondern glaubten vielmehr, derartige unterschiedene Wesenssinne bewirkten eine einheitliche, einfache, alle Gründe in sich einschließende Vernunft, so daß, obwohl der Wesenssinn des Menschen nicht der des Steines ist, sondern beide voneinander verschieden, die Menschheit, aus der der Mensch stammt wie das Weiße vom Weißsein, dennoch kein anderes Sein besitzt als in der Vernunft, und zwar deren Natur gemäß auf vernünftige Weise; im Ding aber real. Nicht daß die Menschheit Platons eine andere und von andern getrennte wäre; sie ist dieselbe entsprechend den

dum diversos modos essendi, existens prius naturaliter in intelligentia quam materia, non prius tempore, sed sicut ratio rem natura praecedit.

Acute satis atque rationabiliter locuti sunt Platonici, forte irrationabiliter per Aristotelem reprehensi, qui potius in cortice verborum quam medullari intelligentia eos redarguere nisus est. Sed quid sit verius, per doctam ignorantiam eliciemus. Nam ostensum est non perveniri ad maximum simpliciter, et ita non posse esse aut absolutam potentiam aut absolutam formam sive actum, qui non sit Deus; et quod non sit ens praeter Deum non contractum, et quod non est nisi una forma formarum et veritas veritatum, et non est alia veritas maxima circuli quam quadranguli. Unde formae rerum non sunt distinctae, nisi ut sunt contracte; ut sunt absolute, sunt una indistincta, quae est Verbum in divinis.

Anima igitur mundi non habet esse nisi cum possibilitate, per quam contrahitur, et non est ut mens separata a rebus aut separabilis. Nam si de mente consideremus, prout separata est a possibilitate, ipsa est mens divina, quae solum penitus actu est. Non est igitur possibile plura distincta exemplaria esse. Quodlibet enim ad sua exemplata esset maximum atque verissimum; sed hoc non est possibile, ut plura maxima et verissima sint. Unum enim infinitum exemplar tantum est sufficiens et necessarium, in quo omnia sunt ut ordinata in ordine, omnes quantumcumque distinctas rerum rationes adaequatissime complicans; ita quod ipsa infinita ratio est verissima ratio circuli, et non maior nec minor nec diversa aut alia; et ipsamet est ratio quadranguli, non maior nec minor nec diversa; et ita de reliquis, ut ex exemplo lineae infinitae comprehendi potest.

verschiedenen Modi des Seins und besteht der Natur nach in der einsichtigen Vernunft früher als im Stoff. Dieses „früher" ist aber kein früher der Zeit nach, sondern geht so wie der Wesenssinn dem Ding der Natur nach voran.

Die Platoniker haben scharfsinnig und verständig genug gesprochen und der Tadel des Aristoteles, der sie eher nach der Schale ihrer Worte als nach dem Kern ihrer Einsicht zu widerlegen versuchte, war ziemlich unvernünftig. Durch die wissende Unwissenheit wollen wir ans Tageslicht bringen, was der Wahrheit besser entspricht. Es wurde gezeigt, daß man zum schlechthin Größten nicht gelangen kann. Deshalb kann es weder ein Sein noch eine absolute Möglichkeit noch eine absolute Gestalt oder Wirklichkeit geben, die nicht Gott wäre und deshalb gibt es auch außerhalb Gottes nur verschränktes Sein, es gibt nur eine Gestalt der Gestalten und Wahrheit der Wahrheiten, und die Wahrheit des größten Kreises ist keine andere als die des Vierecks. Daher sind die Gestalten der Dinge nur verschieden, wenn sie verschränkt sind, wenn sie absolut sind dagegen die eine ungeschiedene Gestalt, die im Göttlichen das Wort heißt.

Die Weltseele besitzt Sein also nur zusammen mit der Möglichkeit, durch die sie verschränkt wird und ist wie der Geist von den Dingen weder getrennt noch trennbar. Denn wenn wir über den Geist nachdenken, wie er von der Möglichkeit getrennt ist, so ist es der göttliche Geist selbst, der allein ganz Wirklichkeit ist. Demnach ist es nicht möglich, daß es mehrere, unterschiedene Urbilder gibt. Jedes wäre nämlich für sein Abbild das größte und wahrste und das ist unmöglich, weil es dann mehrere Größte und Wahrste gäbe. Ein geistiges, unendliches Urbild ist genügend und notwendig, in dem alles als in Ordnung geordnet ist. Alle wie auch immer unterschiedenen Wesensgründe der Dinge schließt es in genauer und angemessener Weise ein, so daß der unendliche Wesensgrund selbst der wahrste Wesenssinn des Kreises ist, weder größer noch kleiner noch verschieden noch anders. Er ist auch der Wesenssinn des Quadrates, nicht größer, nicht kleiner, nicht verschieden und nicht anders. Dasselbe gilt, wie man am Beispiel der unendlichen Linie verstehen kann, für alle Dinge.

Nos autem rerum diversitates videntes admiramur, quomodo unica ratio simplicissima omnium sit etiam diversa singulorum. Quod tamen necessarium scimus ex docta ignorantia, quae diversitatem in Deo ostendit identitatem. In hoc enim, quod videmus diversitatem rationum rerum omnium verissime esse, tunc in hoc, quod hoc est verissimum, apprehendimus unam omnium rationem verissimam, quae est ipsa veritas maxima.

Quando igitur dicitur Deum alia ratione creasse hominem, alia lapidem, verum est habendo respectum ad res, non ad creantem, sicut in numeris videmus: Ternarius est ratio simplicissima non recipiens nec magis nec minus, in se una; ut autem ad res diversas refertur, secundum hoc alia ratio existit. Nam alia est ratio ternarii triangulorum in triangulo; alia materiae, formae et compositi in substantia; alia patris, matris et filii, aut trium hominum et trium asinorum. Unde necessitas complexionis non est, ut posuerunt Platonici, scilicet mens minor gignente, sed est Verbum et Filius aequalis Patri in divinis, et dicitur logos seu ratio, quoniam est ratio omnium. Nihil est ergo illud, quod de imaginibus formarum Platonici dixerunt, quoniam non est nisi una infinita forma formarum, cuius omnes formae sunt imagines, ut superius quodam loco diximus.

Oportet igitur acute intelligere ista, quoniam anima mundi est consideranda ut quaedam forma universalis in se complicans omnes formas, non tamen existens actu nisi contracte in rebus, quae in qualibet re est forma contracta rei, uti de universo superius dictum est.

Est igitur Deus causa efficiens et formalis atque finalis omnium, qui efficit in Verbo uno omnia quantumcumque diversa inter se; et nulla potest esse creatura, quae non sit ex

Wenn wir jedoch die Verschiedenheit der Dinge sehen, erstaunen wir darüber, daß der einzige, einfachste Bestimmungs- und Wesensgrund von allem auch der unterschiedene der Einzeldinge ist. Daß das dennoch notwendig ist, erkennen wir auf Grund der wissenden Unwissenheit, die zeigt, daß die Verschiedenheit in Gott Identität ist. Vermittels der Erkenntnis, daß die Verschiedenheit der Bestimmungsgründe aller Dinge durchaus wahr ist, begreifen wir in dieser Tatsache den einen, wahrsten Wesensgrund von allem, die größte Wahrheit selbst.

Wenn also gesagt wird, Gott habe nach dem einen Bestimmungsgrund den Menschen, nach einem andern den Stein geschaffen, dann ist das wohl in Hinblick auf die Dinge, nicht aber hinsichtlich des Schöpfers wahr. Wie wir an den Zahlen erkennen: Der Dreier ist der einfachste, weder mehr noch weniger annehmende, in sich eine Wesenssinn. Wird er aber auf verschiedene Dinge bezogen, ist er diesen gemäß jeweils ein anderer. Denn ein anderer ist der Wesenssinn des Dreiers bei den Winkeln des Dreiecks, ein anderer bei Materie, Form und der Zusammensetzung in der Substanz, ein anderer bei Vater, Mutter und Sohn oder bei drei Menschen und drei Eseln. Daher ist die Notwendigkeit der Beschaffenheit nicht, wie die Platoniker annahmen, ein geringerer Geist als der Zeugende, sondern das Wort und der dem Vater gleiche Sohn im Göttlichen. Er heißt Logos oder Wesensgrund, da er aller Dinge Wesensgrund ist. Es stimmt also nicht, was die Platoniker von den Abbildern der Gestalten sagten, denn es gibt nur eine unendliche Gestalt der Gestalten, deren Abbilder, wie wir oben ausgeführt haben, alle Gestalten sind.

Man muß also genau verstehen, daß die Weltseele gewissermaßen als allgemeine, alle Gestalten in sich einschließende Gestalt zu betrachten ist, die jedoch nur in den Dingen verschränkt wirklich ist. Sie ist in jedem Ding seine verschränkte Gestalt, so wie es oben vom Gesamt gesagt wurde.

Gott ist also der Wirk-, Gestalt- und auch Ziel-Grund von allem. In einem Wort bewirkt er alles, wie verschieden es auch immer untereinander sein mag. Und es kann kein

contractione diminuta, ab isto opere divino per infinitum cadens. Solus Deus est absolutus, omnia alia contracta.

Nec cadit eo modo medium inter absolutum et contractum, ut illi imaginati sunt, qui animam mundi mentem putarunt post Deum et ante contractionem mundi. Solus enim Deus anima et mens mundi est eo modo, quo anima quasi quid absolutum, in quo omnes rerum formae actu sunt, consideratur. Philosophi quidem de Verbo divino et maximo absoluto sufficienter instructi non erant; ideo mentem et animam ac necessitatem in quadam explicatione necessitatis absolutae sine contractione considerarunt.

Non sunt igitur formae actu nisi in Verbo ipsum Verbum et in rebus contracte. Formae autem, quae sunt in natura intellectuali creata, licet secundum intellectualem naturam sint magis absolute, tamen sine contractione non sunt, ut sint intellectus, cuius operatio est intelligere per similitudinem abstractivam, ut ait Aristoteles.
De quo quaedam in libro De coniecturis et ista de anima mundi dicta sufficiant.

X.

De spiritu universorum

Motum, per quem est connexio formae et materiae, spiritum quendam esse, quasi inter formam et materiam medium, quidam opinati sunt et hunc in aplane, in planetis et rebus terrenis diffusum considerarunt. Primum Atropos, quasi sine conversione, vocarunt, quia aplane simplici motu ab oriente in occidens moveri crediderunt. Secundum Clotho vocaverunt, id est conversio, quoniam planetae per conversionem contra aplane de occidente in oriens moventur. Tertium Lachesis, id est sors, quoniam casus rebus terrenis dominatur.

Geschöpf geben, das nicht auf Grund seiner Verschränkung geringer wäre und von diesem göttlichen Werk unendlich abfiele. Gott allein ist absolut, alles andere ist verschränkt.

Es gibt auch nichts Mittleres zwischen dem Absoluten und dem Verschränkten in der Weise, wie jene es sich vorstellten, die annahmen, die Weltseele sei ein Geist, der nach Gott und vor der Verschränkung der Welt stünde. Gott allein ist Seele und Geist der Welt in der Weise, daß die Seele als etwas Absolutes betrachtet wird, in dem die Gestalten aller Dinge wirklich sind. Manche Philosophen waren über das göttliche Wort und über das absolute Größte nicht genügend unterrichtet. Daher dachten sie Geist und Seele und Notwendigkeit in einer Art Entfaltung der absoluten Notwendigkeit ohne Verschränkung.

Gestalten sind also nur im Wort als Wort und in den Dingen in Verschränkung wirklich. Gestalten aber, die in geistiger Natur geschaffen sind, sind, obwohl sie der geistigen Natur gemäß eher absolut sind, dennoch nicht unverschränkt, denn sie sind Gestalten des Intellekts, dessen Tätigkeit, wie Aristoteles sagt, vermittels abstraktiver Ähnlichkeit verstehen bedeutet. Darüber einiges in „De coniecturis". Das über die Weltseele Gesagte möge genügen.

X.

Der Geisthauch des Gesamt

Einige waren der Meinung, die Bewegung, durch welche die Verknüpfung von Gestalt und Stoff zustande kommt, sei eine Art Geist, der, gleichsam das Mittel zwischen Gestalt und Stoff, sich über Planeten, Fixsterne und irdische Dinge verbreite. Die erste Bewegung nannten sie Atropos, d. h. ohne Umkehr, weil sie glaubten, die Fixsterne würden durch einfache Bewegung von Osten nach Westen bewegt. Die zweite nannten sie Clotho, d. h. Umkehr, da sich die Planeten infolge der Umdrehung entgegen den Fixsternen vom Westen nach Osten bewegen. Den dritten nannten sie Lachesis, d. h. Los, weil der Zufall die irdischen Dinge beherrscht.

Motus planetarum est ut evolutio primi motus, et motus temporalium et terrenorum est evolutio motus planetarum. In rebus terrenis latent quaedam proventuum causae ut seges in semine; unde dixerunt, quod ea, quae in anima mundi quasi in glomo sunt complicata, per talem motum explicantur et extenduntur. Considerarunt enim sapientes, quasi, sicut artifex vult statuam in lapide exsculpere, formam statuae in se habens quasi ideam, per quaedam instrumenta, quae movet, ipsam formam statuae in figura ideae et in eius imagine efficit, ita putabant mentem sive animam mundi in se gestare exemplaria rerum et per motum illa in materia explicare et hunc motum per omnia diffusum dixerunt sicut animam mundi. Quem in aplane, in planetis et rebus terrenis — quasi fatum descendens actu et opere a fato in substantia — dixerunt esse explicationem fati in substantia, quoniam res actu ad sic essendum per ipsum talem motum seu spiritum determinatur. Hunc spiritum connexionis procedere ab utroque, scilicet possibilitate et anima mundi, dixerunt.

Nam materia cum habeat ex aptitudine sui recipiendi formam quendam appetitum, ut turpe appetit bonum et privatio habitum, et cum forma desideret esse actu et non possit absolute subsistere, cum non sit suum esse nec sit Deus, descendit, ut sit contracte in possibilitate. Hoc est, ascendente possibilitate versus actu esse descendit forma, ut sit finiens, perficiens et terminans possibilitatem et ita ex ascensu et descensu motus exoritur connectens utrumque; qui motus est medium connexionis potentiae et actus, quoniam ex possibilitate mobili et motore formali oritur ipsum movere medium.

Est igitur hic spiritus per totum universum et singulas eius partes diffusus et contractus; qui natura dicitur. Unde

Die Bewegung der Planeten ist wie eine Entwicklung der ersten Bewegung, und die Bewegung der zeitlichen und irdischen Dinge wie die Entwicklung der Bewegung der Planeten. Im Irdischen liegen bestimmte Ursachen des Zukünftigen wie die Ernte im Samen verborgen. Daher sagte man, daß das, was in der Weltseele wie in einem Knäuel zusammengefaltet liegt, durch diese Bewegung entfaltet und ausgebreitet werde. So wie ein Künstler, der eine Statue im Stein ausmeißeln will und die Gestalt der Statue als Idee in sich trägt, durch bestimmte von ihm benützte Werkzeuge diese Gestalt der Statue nach der Form der Idee zu ihrem Abbild macht, meinten die Weisen, trage der Geist oder die Seele der Welt die Urbilder der Dinge in sich und entfalte sie durch Bewegung in der Materie. Sie sagten, daß diese Bewegung ebenso wie die Weltseele sich über alles verbreite. Sie sei in Fixsternen, Planeten und irdischen Dingen — gleichsam als das Geschick, das in Wirklichkeit und Tat vom Geschick in der Substanz stammt — die Entfaltung dieses Geschicks, da das wirkliche Ding durch so eine Bewegung oder einen solchen Geist zum wirklichen So-Sein bestimmt wird. Sie führten aus, daß dieser Geist der Verknüpfung von beiden, von der Möglichkeit und der Weltseele ausgehe.

Denn da der Stoff auf Grund seiner Eignung, eine Gestalt anzunehmen, ein gewisses Verlangen danach hat, wie das Böse nach Gutem verlangt und die Beraubung nach Besitz, und da die Gestalt danach begehrt, wirklich zu sein, aber nicht in Absolutheit bestehen kann, weil sie weder eigenes Sein ist noch Gott, steigt sie herab, auf daß sie verschränkt in der Möglichkeit sei; d. h., daß die Gestalt herabsteigt, um die Möglichkeit zu umgrenzen, zu vollenden und zu bestimmen, während sich die Möglichkeit zum Wirklich-Sein erhebt. Und so entsteht aus Aufstieg und Abstieg die Bewegung, die beide miteinander verknüpft und das Mittel der Verknüpfung von Möglichkeit und Wirklichkeit ist, da aus der beweglichen Möglichkeit und der bewegenden Gestalt die bewegende Vermittlung selbst entsteht.

Dieser Geisteshauch ist also durch das ganze Gesamt und durch dessen einzelne Teile verbreitet und verschränkt. Er

natura est quasi complicatio omnium, quae per motum fiunt. Quomodo autem hic motus ab universali contrahatur usque in particulare servato ordine per gradus suos, hoc exemplo consideratur. Nam dum dico Deus est, quodam motu progreditur haec oratio, sed ordine tali, ut primo proferam litteras, deinde syllabas, deinde dictiones, deinde orationem ultimo, licet auditus hunc ordinem gradatim non discernat. Ita quidem motus gradatim de universo in particulare descendit et ibi contrahitur ordine temporali aut naturali. Hic autem motus sive spiritus descendit a Spiritu divino, qui per ipsum motum cuncta movet. Unde, sicut in loquente est quidam spiritus procedens ab eo, qui loquitur, qui contrahitur in orationem, ut praefertur, ita Deus, qui est Spiritus, est a quo descendit omnis motus.

Ait enim Veritas: „Non vos estis, qui loquimini, sed Spiritus Patris vestri, qui loquitur in vobis[1]." Et ita de aliis omnibus motibus et operationibus. Hic igitur spiritus creatus est spiritus, sine quo nihil est unum aut subsistere potest, sed totus iste mundus et omnia, quae in eo sunt, per ipsum spiritum, qui replet orbem terrarum, naturaliter id sunt connexive, quod sunt, ut potentia per eius medium sit in actu et actus eius medio in potentia. Et hic est motus amorosae connexionis omnium ad unitatem, ut sit omnium unum universum.

Nam dum omnia moventur singulariter, ut sint hoc, quod sunt, meliori modo et nullum sicut aliud aequaliter, tamen motum cuiuslibet quodlibet suo modo contrahit et participat mediate aut immediate — sicut motum caeli elementa et elementata et motum cordis omnia membra —, ut sit unum universum. Et per hunc motum sunt res meliori quodam modo, quo possunt et ad hoc moventur, ut in se aut in specie conserventur per naturalem sexuum diversorum con-

---

[1] Matth. 10, 20.

wird Natur genannt. Daher ist die Natur gewissermaßen die Einfaltung von allem, das durch Bewegung entsteht. Wie aber diese vom Allgemeinen bis zum Einzelnen verschränkt wird und dabei die Ordnung ihrer Abstufungen bewahrt, betrachte man an folgendem Beispiel. Wenn ich sage, „Gott ist", so entsteht diese Rede durch eine bestimmte Bewegung, und zwar nach der Ordnung, daß ich zuerst die Buchstaben, dann die Silben, darauf die Wortbildungen und zuletzt die Rede ausspreche, wenn auch das Ohr diese Ordnung nicht stufenweise unterscheidet. So steigt auch diese Bewegung stufenweise vom Allgemeinen zum Besonderen herab und wird dort durch zeitliche oder natürliche Ordnung verschränkt. Diese Bewegung aber oder dieser Geisteshauch senkt sich vom göttlichen Geist herab, der durch sie alles bewegt. Wie im Sprechenden eine Art Geist-Hauch ist, der von ihm ausgeht und, um zum Vorschein zu kommen, in der Rede verschränkt wird, so verhält sich Gott, der Geist ist und von dem jede Bewegung stammt.

Die Wahrheit sagt: „Nicht ihr seid es, die ihr sprecht, sondern der Geist eures Vaters, der in euch redet." Von allen übrigen Bewegungen und Tätigkeiten gilt dasselbe. Ohne diesen geschaffenen Geist kann nichts Eines sein oder Bestand haben; die ganze Welt und alles, was in ihr ist, ist durch diesen Geist, der den Erdkreis erfüllt, auf natürliche Weise in Verknüpfung das, was es ist; darum ist durch seine Vermittlung die Möglichkeit wirklich und die Wirklichkeit möglich. Dies ist die Bewegung liebender Verknüpfung zur Einheit aller, auf daß aus allen ein Gesamt entstehe.

Denn während alles einzeln bewegt wird, so daß es auf die relativ beste Weise ist, was es ist und kein Ding mit einem andern gleich bewegt wird, so verschränkt dennoch die Bewegung eines Jeden Jedes auf seine Weise und nimmt mittelbar oder unmittelbar daran Teil, auf daß ein Gesamt sei (so wie die Elemente und das aus ihnen entstandene an der Bewegung des Himmels und alle Glieder an der Bewegung des Herzens teilhaben). Und durch diese Bewegung

nexionem, qui in natura complicante motum sunt uniti et divisive contracti in individuis.

Non est igitur aliquis motus simpliciter maximus, quia ille cum quiete coincidit. Quare non est motus aliquis absolutus, quoniam absolutus motus est quies et Deus; et ille complicat omnes motus. Sicut igitur omnis possibilitas est in absoluta, quae est Deus aeternus, et omnis forma et actus in absoluta forma, quae est Verbum Patris et Filius in divinis, ita omnis motus connexionis et proportio ac harmonia uniens est in absoluta connexione divini Spiritus, ut sit unum omnium principium Deus, in quo omnia et per quem omnia sunt in quadam unitate Trinitatis, similitudinarie contracta secundum magis et minus intra maximum et minimum simpliciter secundum gradus suos, ut alius sit gradus potentiae, actus et connexionis motus in intelligentiis, ubi intelligere est movere, et alius materiae, formae et nexus in corporalibus, ubi esse est movere, de quibus alibi tangemus. Et ista de trinitate universi sufficiant pro praesenti.

XI.

Correlaria de motu

Fortassis admirabuntur, qui ista prius inaudita legerint, postquam ea vera esse docta ignorantia ostendit. Scimus nunc ex istis universum trinum; et nihil universorum esse, quod non sit unum ex potentia, actu et connexionis motu; et nullum horum sine alio absolute subsistere posse, ita quod necessario illa in omnibus sunt secundum diversissimos gradus adeo differenter, quod nulla duo in universo per omnia aequalia esse possunt simpliciter.

sind die Dinge auf die bestmögliche Weise. Sie bewegen sich so, daß sie durch die natürliche Verbindung der verschiedenen Geschlechter in sich oder in ihrer Eigengestalt verharren, welche von der die Bewegung umschließenden Natur geeint und verschränkt in getrennten Individuen besteht.

Es gibt keine schlechthin größte Bewegung, denn diese koinzidiert mit der Ruhe. Darum ist auch keine Bewegung absolut, denn die absolute Bewegung ist die Ruhe und Gott, der alle Bewegungen in sich einschließt. Wie also jede Möglichkeit in der absoluten Möglichkeit, dem ewigen Gott ist und jede Gestalt und Wirklichkeit in der absoluten Gestalt, dem Wort des Vaters und dem Sohn im Göttlichen, so ist jede Bewegung der Verknüpfung und jeder harmonisch einende Verhältnisbezug in der absoluten Verknüpfung des Göttlichen Geistes, so daß Gott der eine Ursprung von allem ist. In ihm und durch ihn ist alles in einer dreieinigen Einheit, in Ähnlichkeit zwischen schlechthin Größtem und Kleinstem stufenweise entsprechend von mehr oder weniger verschränkt, so daß eine Stufe die der Möglichkeit, der Wirklichkeit und der verknüpfenden Bewegung im Geistig-Vernünftigen ist, wo geistig Verstehen Bewegen bedeutet, und eine andere die von Stoff, Gestalt und Verknüpfung im Körperlichen ist, wo Sein Bewegen bedeutet; darüber werden wir andernorts schreiben. Über die Dreiheit des Weltgesamt mag dies für den Augenblick genügen.

XI.

Bemerkungen zur Bewegung

Nachdem die wissende Unwissenheit dieses bis jetzt Unerhörte als wahr erwiesen hat, werden die Leser vielleicht staunen. Wir wissen nun daraus, daß das Gesamt dreifach ist, und daß es in ihm nichts gibt, das nicht aus Möglichkeit, Wirklichkeit und verknüpfender Bewegung geeint wäre. Wir wissen auch, daß nichts von ihm ohne das andere absolut bestehen kann, daß die Dinge nach verschiedensten Abstufungen in allem von einander verschieden sind und es darum im Gesamt keine zwei Dinge gibt, die in allem vollkommen gleich sein könnten.

Propter quod machinam mundanam habere aut istam terram sensibilem aut aërem vel ignem vel aliud quodcumque pro centro fixo et immobili variis motibus orbium consideratis est impossibile. Non devenitur enim in motu ad minimum simpliciter, puta fixum centrum, quia minimum cum maximo coincidere necesse est.

Centrum igitur mundi coincidit cum circumferentia.

Non habet igitur mundus circumferentiam. Nam si centrum haberet, haberet et circumferentiam, et sic intra se haberet suum initium et finem, et esset ad aliquid aliud ipse mundus terminatus, et extra mundum esset aliud et locus; quae omnia veritate carent. Cum igitur non sit possibile mundum claudi intra centrum corporale et circumferentiam, non intelligitur mundus, cuius centrum et circumferentia sunt Deus. Et cum non sit mundus infinitus, tamen non potest concipi finitus, cum terminis careat, intra quos claudatur. Terra igitur, quae centrum esse nequit, motu omni carere non potest. Nam eam moveri taliter etiam necesse est, quod per infinitum minus moveri posset. Sicut igitur terra non est centrum mundi, ita nec sphaera fixarum stellarum eius circumferentia, quamvis etiam, comparando terram ad caelum, ipsa terra videatur centro propinquior et caelum circumferentiae. Non est igitur centrum terra neque octavae aut alterius sphaerae, neque apparentia super horizontem sex signorum terram concludit in centro esse octavae sphaerae. Nam si esset etiam distanter a centro et circa axim per polos transeuntem, ita quod una parte esset elevata versus unum polum, in alia depressa versus alium, tunc hominibus tantum a polis distantibus, sicut horizon se extendit, sola medietas sphaerae appareret, ut est manifestum.

Nachdem wir die verschiedenen Bewegungen des Weltkreises betrachtet haben, ist es unmöglich anzunehmen, daß der Weltbau diese sichtbare Erde oder die Luft oder das Feuer oder irgendetwas anderes als festes und unbewegliches Zentrum besitzt. Denn man gelangt in der Bewegung nicht zum schlechthin Kleinsten, wie es der feste Mittelpunkt ist, weil das Kleinste mit dem Größten koindizieren muß.

Der Mittelpunkt der Welt koinzidiert also mit ihrem Umfang.

Folglich hat die Welt keinen Umfang. Denn wenn sie einen Mittelpunkt hätte, hätte sie auch einen Umfang und darum in sich ihren Anfang und ihr Ende; sie wäre auf etwas anderes hinbestimmt und außerhalb von ihr wäre Ort und Anderssein. Das alles entspricht nicht der Wahrheit. Da es demnach unmöglich ist, die Welt zwischen körperlichem Mittelpunkt und ihrem Umfang einzuschließen, wird sie, deren Mittelpunkt und Umkreis Gott sind, nicht verstehend begriffen; zwar ist sie nicht unendlich, dennoch kann sie nicht endlich begriffen werden, da sie der Grenzen entbehrt, zwischen die sie eingeschlossen werden könnte. Da die Erde also nicht Mittelpunkt sein kann, kann sie auch nicht ohne jede Bewegung sein. Denn sie muß sich so bewegen, daß sie sich auch unendlich weniger bewegen könnte. Wie die Erde nicht der Mittelpunkt der Welt ist, so ist auch nicht die Fixsternsphäre ihr Umkreis, obwohl, wenn man Erde und Himmel vergleicht, die Erde dem Mittelpunkt und der Himmel dem Umkreis näher zu sein scheint. Die Erde ist also nicht der Mittelpunkt, auch nicht der der achten oder einer anderen Sphäre. Auch die Erscheinung der sechs Zeichen über dem Horizont läßt nicht darauf schließen, daß die Erde im Mittelpunkt der achten Sphäre stünde. Denn es ist deutlich, daß, wäre sie auch vom Mittelpunkt entfernt und ginge eine Achse durch beide Pole, so daß sie auf der einen Seite gegen den einen Pol erhoben, auf der andern gegen den zweiten Pol gesenkt wäre, dennoch den Menschen, die von den Polen so weit entfernt sind, wie der Horizont sich ausdehnt, nur die Mitte der Sphäre erscheinen würde.

Neque etiam est ipsum mundi centrum plus intra terram quam extra, neque etiam terra ista neque aliqua sphaera habet centrum. Nam cum centrum sit punctus aequidistans circumferentiae et non sit possibile verissimam sphaeram aut circulum esse, quin verior dari possit, manifestum est non posse dari centrum, quin verius etiam dari possit atque praecisius. Aequidistantia praecisa ad diversa extra Deum reperibilis non est, quia ipse solus est infinita aequalitas. Qui igitur est centrum mundi, scilicet Deus benedictus, ille est centrum terrae et omnium spaerarum atque omnium, quae in mundo sunt; qui est simul omnium circumferentia infinita. Praeterea, non sunt in caelo poli immobiles atque fixi, quamvis etiam caelum stellarum fixarum videatur per motum describere graduales in magnitudine circulos, minores coluros quam aequinoctialem; et ita de intermediis.

Sed necesse est omnem caeli partem moveri, licet inaequaliter comparatione circulorum per motum stellarum descriptorum. Unde, sicut quaedam stellae videntur maximum circulum describere, ita quaedam minimum; sed non reperitur stella, quae nullum describat. Quoniam igitur non est polus in sphaera fixus, manifestum est neque aequale medium reperiri quasi aequidistanter a polis. Non est igitur stella in octava sphaera, quae per revolutionem describat maximum circulum, quoniam illam aequidistare a polis necesse esset, qui non sunt. Et per consequens non est, quae minimum circulum describat.

Poli igitur sphaerarum coincidunt cum centro, ut non sit aliud centrum quam polus, quia Deus benedictus. Et quoniam nos motum non nisi comparatione ad fixum, scilicet polos aut centra, deprehendere possumus et illa in mensuris motuum praesupponimus: hinc in coniecturis ambulantes in omnibus nos errare comperimus et admiramur, quando secundum regulas antiquorum stellas in situ non reperimus concordare, quia eos recte de centris et polis et mensuris

Der Mittelpunkt der Welt ist also nicht mehr innerhalb als außerhalb der Erde und weder diese Erde noch irgendeine Sphäre besitzt einen Mittelpunkt. Denn da der Mittelpunkt jener Punkt ist, der vom Umkreis immer gleich weit entfernt ist und es unmöglich die schlechthin wahre Kugel oder den schlechthin wahren Kreis geben kann, — denn Kugel und Kreis können immer noch wahrer sein — so ist offenkundig, daß kein Mittelpunkt gegeben werden kann, der nicht noch wahrer und genauer angegeben werden könnte. Ein genau gleich weiter Abstand zum Verschiedenen ist außerhalb Gottes, der allein die unendliche Gleichheit ist, nicht zu finden. Derjenige, der Mittelpunkt der Welt ist, Gott der Gepriesene, ist auch Mittelpunkt der Erde, der Sphären und alles dessen, was in der Welt ist. Und zugleich ist er aller Dinge unendlicher Umfang. Ferner gibt es am Himmel keine unbeweglich festen Pole, obwohl auch der Fixsternhimmel seiner Bewegung nach verschieden große Kreise zu beschreiben scheint, die kleinere Himmelskreise sind als der Kreis der Nachtgleiche. Dasselbe gilt von den übrigen Sphären.

Jeder Teil des Himmels muß sich bewegen, wenn auch im Vergleich zu den durch die Sternenbewegung umschriebenen Kreisen ungleich. Wie gewisse Sterne einen größten Kreis zu umschreiben scheinen, so andere einen kleinsten. Doch ein Stern, der gar keinen beschriebe, findet sich nicht. Da es keinen festen Pol am Himmel gibt, ist es offenbar, daß man auch keine Mitte finden kann, die von den Polen gleichweit entfernt wäre. Es gibt also in der achten Sphäre keinen Stern, der durch seine Umdrehung einen größten Kreis beschriebe, da er von den Polen, die es nicht gibt, gleichen Abstand halten müßte. Folglich gibt es auch keinen Stern, der den kleinsten Kreis umschriebe.

Die Pole der Sphären koinzidieren also mit dem Mittelpunkt und dieser ist nichts anderes als der Pol, weil es Gott der Gepriesene ist. Da wir die Bewegung nur im Vergleich zu etwas Festem, wie es die Pole oder Mittelpunkte sind, erfassen können und diese beim Messen der Bewegungen voraussetzen, erfahren wir, daß wir uns in Mutmaßungen bewegen und uns in allem irren, und wir staunen, wenn wir finden, daß die Sterne den Regeln der Alten gemäß in

credimus concepisse. Ex hiis quidem manifestum est terram moveri.

Et quoniam ex motu cometae, aëris et ignis elementa experti sumus moveri et lunam minus de oriente in occasum quam Mercurium aut Venerem vel solem, et ita gradatim, hinc terra ipsa adhuc minus omnibus movetur, sed tamen non est ut stella circa centrum aut polum minimum describens circulum; neque octava sphaera describit maximum, ut statim probatum est.

Acute igitur considera, quoniam, sicut se habent stellae circa polos coniecturales in octava sphaera, ita terra, luna et planetae sunt ut stellae circa polum distanter et differenter motae, coniecturando polum esse, ubi creditur centrum. Unde, licet terra quasi stella sit propinquior polo centrali, tamen movetur et non describit minimum circulum in motu, ut est ostensum. Immo neque sol neque luna neque terra neque aliqua sphaera, licet nobis aliud videatur, describere potest verum circulum in motu, cum non moveantur super fixo. Neque verus circulus dabilis est, quin verior dari possit, neque umquam uno tempore sicut alio aequaliter praecise aut movetur aut circulum verisimilem aequalem describit, etiamsi nobis hoc non appareat.

Necesse est igitur, si de motu universi aliquid quoad iam dicta vere intelligere velis, centrum cum polis complices, te quantum potes cum imaginatione iuvando. Nam si quis esset supra terram et sub polo arctico et alius in polo arctico, — sicut existenti in terra appareret polum esse in zenith, ita existenti in polo appareret centrum esse in zenith. Et sicut antipodes habent sicut nos caelum sursum, ita existentibus in polis ambobus terra appareret esse in zenith; et ubicumque quis fuerit, se in centro esse credit. Complica igitur istas diversas imaginationes, ut sit centrum zenith et e converso,

ihrer Stellung nicht übereinstimmen, da wir annehmen, daß sie die über Mittelpunkt, Pol und Messungen richtigen Begriffe hatten. Aus dem geht klar hervor, daß die Erde sich bewegt.

Und da wir aus der Bewegung des Kometen erfahren haben, daß sich die Elemente der Luft und des Feuers bewegen, und daß sich der Mond weniger vom Aufgang zum Niedergang bewegt als Merkur, Venus oder Sonne, und zwar stufenweise, so folgt daraus, daß sich die Erde von allen am wenigsten bewegt. Dennoch beschreibt sie im Hinblick auf Mittelpunkt oder Pol nicht den kleinsten Kreis und die achte Sphäre nicht den größten; das wurde schon gezeigt.

Man beachte genau: so wie sich die Sterne zwischen den angenommenen Polen in der achten Sphäre verhalten, bewegen sich Erde, Mond und Planeten als Sterne in verschiedenem Abstand zum Pol, vorausgesetzt, daß dort, wo man den Mittelpunkt ansetzt, der Pol ist. Wenn auch die Erde wie ein Stern sein mag, der dem Hauptpol näher liegt, so wird sie dennoch bewegt und beschreibt, wie gezeigt wurde, in ihrer Bewegung nicht den kleinsten Kreis. Gleichwohl können auch, wenn es uns anders erscheint, weder Sonne noch Mond noch Erde noch irgendeine Sphäre in ihrer Bewegung einen wahren Kreis beschreiben, denn sie bewegen sich nicht um etwas Festes; noch kann es einen wahren Kreis geben, ohne daß nicht ein noch wahrerer gegeben werden könnte. Niemals findet zu einer Zeit eine genau gleiche Bewegung wie zu einer andern statt und niemals läßt sich ein dem wahren ähnlicher, gleicher Kreis beschreiben, mag uns dies auch so vorkommen.

Wenn man zu dem bereits Gesagten noch einiges weitere über die Bewegung des Gesamt wahrhaft begreifen will, ist es notwendig, den Mittelpunkt mit den Polen zusammen zu begreifen, indem man sich soweit man kann, mit der Vorstellungskraft hilft. Denn wenn jemand über der Erde stünde und unter dem arktischen Pol und ein anderer auf diesem, so würde dem, der auf dem Pol steht, der Mittelpunkt im Zenit erscheinen und demjenigen, der auf der Erde steht, der Pol im Zenit. Wie die Antipoden gleich uns den Himmel über sich haben, so würde jenen, die an den

et tunc per intellectum, cui tantum docta servit ignorantia, vides mundum et eius motum atque figuram attingi non posse, quoniam apparebit quasi rota in rota et sphaera in sphaera, nullibi habens centrum vel circumferentiam, ut praefertur.

XII.

De conditionibus terrae

Ad ista iam dicta veteres non attigerunt, quia in docta ignorantia defecerunt. Iam nobis manifestum est terram istam in veritate moveri, licet nobis hoc non appareat, cum non apprehendimus motum nisi per quandam comparationem ad fixum. Si enim quis ignoraret aquam fluere et ripas non videret existendo in navi in medio aquae, navem quomodo apprehenderet moveri? Et propter hoc, cum semper cuilibet videatur, quod sive ipse fuerit in terra sive sole aut alia stella, quod ipse sit in centro quasi immobili et quod alia omnia moveantur, ille certe semper alios et alios polos sibi constitueret existens in sole et alios in terra et alios in luna et Marte, et ita de reliquis.

Unde erit machina mundi quasi habens undique centrum et nullibi circumferentiam, quoniam eius circumferentia et centrum est Deus, qui est undique et nullibi.

Terra etiam ista non est sphaerica, ut quidam dixerunt, licet tendat ad sphaericitatem. Nam figura mundi contracta est in eius partibus, sicut et motus; quando autem linea infinita consideratur ut contracta taliter, quod ut contracta perfectior esse nequit atque capacior, tunc est circularis; nam ibi principium coincidit cum fine.

beiden Polen sich aufhalten, die Erde im Zenit erscheinen. Und wo immer jemand sich befände, würde er glauben, im Mittelpunkt zu sein. Stellen wir diese verschiedenen Vorstellungen — daß das Zentrum Zenit ist und umgekehrt — nebeneinander, dann läßt uns die Vernunft, der allein die wissende Unwissenheit dient, erkennen, daß wir die Welt, deren Bewegung und Gestalt nicht erkennen können; sie wird wie ein Rad im Rad und wie eine Kugel in der Kugel erscheinen. Nirgends hat sie einen Mittelpunkt oder Umkreis; das wurde soeben gesagt.

XII.

Die Beschaffenheit der Erde

Zu diesen Erkenntnissen gelangten die Alten, deren Wissen der Unwissenheit gering war, nicht. Es ist uns bereits klargeworden, daß sich die Erde wirklich bewegt, auch wenn es uns nicht so erscheint. Denn wir begreifen die Bewegung nur durch einen Vergleich mit etwas Feststehendem. Wie sollte jemand, der sich auf einem Schiff in der Mitte des Gewässers befindet, der das Ufer nicht sieht und nicht weiß, daß das Wasser fließt, begreifen, daß er sich bewegt? Da es jedem, ob auf der Erde, der Sonne oder einem andern Stern, stets vorkommt, als wäre er im unbeweglichen Mittelpunkt und alles andere würde sich bewegen, so wird er sich deshalb, wenn er sich auf der Sonne, der Erde, dem Mond, dem Mars usw. befindet, stets neue Pole bilden.

Darum verhält sich der Weltbau so, als hätte er überall seinen Mittelpunkt und nirgends seinen Umkreis, da sein Umkreis und sein Mittelpunkt Gott ist, der überall und nirgends ist.

Die Erde ist also nicht sphärisch, wie einige sagten, auch wenn sie zur Kugelgestalt hinstrebt. Denn die Gestalt der Welt ist in ihren Teilen verschränkt wie auch die Bewegung. Betrachtet man die unendliche Linie als verschränkte dergestalt, daß sie als verschränkte nicht vollkommener und größerer Möglichkeiten fähig ist, so ist sie eine Kreislinie. Denn in dieser konzidiert der Anfang mit dem Ende.

Motus igitur perfectior est circularis, et figura corporalis perfectior ex hoc sphaerica. Quare omnis motus partis est propter perfectionem ad totum, ut gravia versus terram et levia sursum, terra ad terram, aqua ad aquam, aër ad aërem, ignis ad ignem; et motus totius, quantum potest, circularem concomitatur et omnis figura sphaericam figuram, ut in animalium partibus et arboribus et caelo experimur. Unde unus motus est circularior et perfectior alio, ita et figurae sunt differentes. Terrae igitur figura est nobilis et sphaerica et eius motus circularis, sed perfectior esse posset.

Et quia maximum aut minimum in perfectionibus, motibus et figuris in mundo non est, ut ex statim dictis patet, tunc non est verum, quod terra ista sit vilissima et infima; nam quamvis videatur centralior quoad mundum, est tamen etiam eadem ratione polo propinquior, ut est dictum. Neque est ipsa terra pars proportionalis seu aliquota mundi; nam cum mundus non habeat nec maximum nec minimum, neque habet medium neque partes aliquotas, sicut nec homo aut animal; nam manus non est pars aliquota hominis, licet pondus eius ad corpus videatur proportionem habere; et ita de magnitudine et figura.

Neque color nigredinis est argumentum vilitatis eius; nam in sole si quis esset, non appareret illa claritas quae nobis. Considerato enim corpore solis, tunc habet quandam quasi terram centraliorem et quandam luciditatem quasi ignilem circumferentialem et in medio quasi aqueam nubem et aërem clariorem, quemadmodum terra ista sua elementa. Unde, si quis foret extra regionem ignis, terra ista in circumferentia regionis per medium ignis lucida stella appareret, sicut nobis, qui sumus circa circumferentiam regionis solis, sol lucidissimus apparet; et non apparet luna adeo lucida, quoniam forte citra eius circumferentiam sumus versus partes

Die vollkommenere Bewegung ist also kreisförmig, und die vollkommenere körperliche Gestalt ist aus diesem Grund die Kugel. Darum ist jede Bewegung der Teile der Vollkommenheit wegen auf das Ganze gerichtet, wie das Schwere zur Erde, das Leichte nach oben, die Erde zur Erde, das Wasser zum Wasser, die Luft zur Luft, das Feuer zum Feuer. Die Bewegung des Ganzen schließt sich, soweit sie kann, der Kreisbewegung an und jede Gestalt der Kugelgestalt, wie wir es bei den Tieren, den Bäumen und am Himmel erfahren. Daher ist die eine Bewegung dem Kreis ähnlicher und vollkommener als die andere und die Gestalten sind auf diese Weise verschieden. Die Gestalt der Erde ist also edel und sphärisch, ihre Bewegung ist kreisförmig, sie könnte aber vollkommener sein.

Und weil es wie aus dem eben Ausgeführten hervorgeht in Vollkommenheiten, Bewegungen und Gestalten das Größte oder Kleinste in der Welt nicht gibt, ist es nicht wahr, daß diese Erde das Unterste und Schlechteste ist. Denn obwohl sie mehr im Zentrum der Welt zu sein scheint, so ist sie, wie gesagt, dennoch aus demselben Grund dem Pol näher. Auch ist die Erde kein Verhältnisteil oder der soundsovielte Teil der Welt. Denn da die Welt kein Größtes und Kleinstes besitzt, hat sie auch keine Mitte noch Teile, die an bestimmter Stelle stehen, wie sie ja auch der Mensch oder das Tier nicht haben; die Hand ist nicht der soundsovielte Teil des Menschen, wenn auch ihr Gewicht zum Körper einen Verhältnisbezug zu besitzen scheint. Dasselbe gilt von der Größe und der Gestalt.

Auch ist die schwarze Farbe kein Beweis ihres geringen Wertes. Denn wenn jemand auf der Sonne wäre, würde ihm nicht jene Helligkeit erscheinen, die wir sehen. Betrachtet man nämlich den Körper der Sonne, dann besitzt er in der Mitte etwas, das der Erde gleicht und im Umkreis etwas Lichthaftes, das Feurige, und dazwischen eine Art Wasserwolke und klarere Luft; er besitzt dieselben Elemente wie die Erde. Stünde jemand außerhalb des Bereiches des Feuers, dann würde ihm unsere Erde im Umkreis dieses Bereiches vermittels des Feuers als leuchtender Stern erscheinen, so wie uns, die wir im Umkreis der Sonnenregion

magis centrales, puta in regione quasi aquea ipsius; et hinc non apparet eius lumen, licet habeat lumen proprium illis in extremitatibus circumferentiae eius existentibus apparens, et solum lumen reflexionis solis nobis apparet.

Etiam propterea calor lunae, quem sine dubio ex motu efficit plus in circumferentia, ubi est maior motus, nobis non communicatur sicut in sole. Unde ista terra inter regionem solis et lunae videtur situata et per horum medium participat aliarum stellarum influentiam, quas nos non videmus propter hoc, cum extra earum regiones simus; videmus enim tantum regiones earum, quae scintillant.

Est igitur terra stella nobilis, quae lumen et calorem et influentiam habet aliam et diversam ab omnibus stellis, sicut etiam quaelibet a qualibet lumine, natura et influentia differt. Et sicut quaelibet stella alteri communicat lumen et influentiam non ex intentione, quoniam omnes stellae moventur tantum atque coruscant, ut sint meliori modo, unde ex consequenti participatio oritur, — sicut lux ex sua natura lucet, non ut ego videam, sed ex consequenti participatio fit, dum utor lumine ad finem videndi — ita quidem Deus benedictus omnia creavit, ut dum quodlibet studet esse suum conservare quasi quoddam munus divinum, hoc agat in communione cum aliis; ut sicut pes non sibi tantum, sed oculo et manibus ac corpori et homini toti servit per hoc, quod est tantum ad ambulandum; et ita de oculo et reliquis membris; pariformiter de mundi partibus.

Plato enim mundum animal dixit[1]; cuius animam absque immersione Deum si concipis, et multa horum, quae diximus, tibi clara erunt.

---

[1] Plato, Timaios 30b.

sind, diese ganz leuchtend erscheint. Der Mond erscheint nicht so sehr leuchtend, weil wir vielleicht diesseits seines Umkreises sind, mehr den zentralen Teilen zugekehrt, gleichsam in seinem Wasserbereich. Und darum sehen wir, obwohl er sein eigentümliches Licht hat, das jenen erscheint, die sich an den Enden des Umkreises befinden, dieses Licht nicht. Uns erscheint nur das Reflexionslicht der Sonne.

Aus eben diesem Grund wird uns auch die Wärme des Mondes, die ohne Zweifel durch die Bewegung, welche im Umkreis stärker ist, entsteht, nicht wie bei der Sonne mitgeteilt. Also scheint die Erde zwischen den Regionen der Sonne und des Mondes zu liegen. Durch deren Vermittlung nimmt sie an der Einwirkung anderer Sterne teil, die wir, weil wir uns außerhalb ihres Bereiches befinden, nicht sehen. Wir sehen nämlich nur die Bereiche jener, die leuchten.

Die Erde ist also ein edler Stern, der Licht und Wärme und einen andern, von allen anderen Sternen unterschiedenen Einfluß besitzt, so wie sich jeder von jedem durch Licht, Natur und Einfluß unterscheidet. Jeder Stern teilt dem anderen Licht und Einfluß mit, aber nicht absichtlich, denn alle Sterne bewegen sich nur, und glitzern, damit sie auf die relativ beste Weise sind; daraus entsteht in der Folge eine Teilhabe. So leuchtet auch seiner Natur gemäß das Licht nicht, damit ich sehe, sondern wenn ich das Licht gebrauche, um zu sehen, entsteht in der Folge die Teilhabe. So hat Gott, gepriesen sei Er, alles geschaffen, damit jedes, während es sich bemüht, sein Dasein als göttliche Gabe zu erhalten, dies in Gemeinschaft mit anderen tue. So dient der Fuß dadurch, daß er lediglich zum Gehen da ist, nicht nur sich selbst, sondern auch dem Auge, den Händen, dem Körper und dem ganzen Menschen; ebenso verhält es sich mit dem Auge und den übrigen Gliedern und ähnliches gilt auch für die Teile der Welt.

Plato nannte die Welt ein Lebewesen. Wenn man deren Seele als Gott begreift — aber ohne daß er in ihr aufgeht — wird vieles von dem, was wir gesagt haben, deutlich.

Neque dici debet, quod quia terra est minor sole et ab eo recipit influentiam, quod propterea sit vilior; quoniam regio tota terrae, quae usque ad ignis circumferentiam se extendit, magna est.

Et quamvis terra minor sit quam sol, ut ex umbra et eclipsibus hoc notum nobis est, tamen non est nobis notum, quantum regio solis sit maior aut minor regione terrae. Aequalis autem ei praecise esse nequit; nulla enim stella alteri aequalis esse potest. Neque terra est minima stella, quia est maior luna, ut experientia eclipsium nos docuit, et Mercurio etiam, ut quidam dicunt, et forte aliis stellis. Unde ex magnitudine argumentum vilitatem non concludit. Influentia etiam, quam recipit, non est argumentum concludens imperfectionem. Nam ipsa, ut est stella, soli et suae regioni forte pariformiter influit, ut praefertur; et cum non experiamur nos aliter quam in centro esse, in quo confluunt influentiae, de ista refluentia nihil experimur. Nam etsi terra quasi possibilitas se habeat et sol ut anima sive actualitas formalis eius respectu et luna ut medius nexus, ita ut istae stellae intra unam regionem positae suas ad invicem influentias uniant, aliis — scilicet Mercurio et Venere et ceteris — supra existentibus, ut dixerunt antiqui et aliqui etiam moderni: tunc patet correlationem influentiae talem esse, quod una sine alia esse nequit; erit igitur una et trina in quolibet pariformiter secundum gradus suos.

Quare patet per hominem non esse scibile, an regio terrae sit in gradu perfectiori et ignobiliori respectu regionum stellarum aliarum, solis, lunae et reliquarum, quoad ista. Neque etiam quoad locum. Puta quod hic locus mundi sit habitatio hominum et animalium atque vegetabilium, quae in gradu sunt ignobiliora in regione solis et aliarum stellarum habitantium.

Weil die Erde kleiner als die Sonne ist und von ihr beeinflußt wird, darf man nicht sagen, daß sie geringer sei, denn die ganze Region der Erde, die sich bis zum Umkreis des Feuers erstreckt, ist groß.

Und obwohl die Erde kleiner ist als die Sonne — das ist uns auf Grund des Schattens und der Eklipsis bekannt — wissen wir dennoch nicht, um wieviel die Region der Sonne größer oder kleiner ist als die Region der Erde. Völlig gleich kann sie ihr nicht sein, da kein Stern dem andern gleich sein kann. Die Erde ist nicht der kleinste Stern, denn sie ist, wie uns die Erfahrung der Eklipsen gelehrt hat, größer als der Mond. Auch ist sie, wie einige sagen, größer als Merkur und vielleicht größer als andere Sterne. Daher ist von seiten der Größe der Beweis für ihren geringen Wert nicht schlüssig. Auch die Beeinflussung, die sie empfängt, ist kein schlüssiges Argument für ihre Unvollkommenheit. Denn, wie schon gesagt wurde, als Stern beeinflußt sie wohl gleicherweise die Sonne und deren Region; da wir uns aber nicht anders als im Mittelpunkt, in dem diese Einflüsse zusammentreffen, sehen können, nehmen wir von dieser Rückbeeinflussung nichts wahr. Denn wenn die Erde sich gleichsam als Möglichkeit verhält und die Sonne in bezug auf sie als Seele oder gestaltliche Wirklichkeit und der Mond als vermittelnde Verknüpfung, so daß, wie die Alten und auch einige Moderne glauben, die Sterne, die sich innerhalb der einen Region befinden, ihre wechselseitige Beeinflussung mit der andern darüberstehenden, wie Merkur, Venus usw., vereinen, ergibt sich, daß die Korrelation dieser Einflüsse so ist, daß der eine nicht ohne den anderen sein kann. In jedem wird sie also ihrer jeweiligen Abstufung entsprechend eine eine und dreieine sein.

Darum kann der Mensch nicht wissen, ob die Region der Erde verglichen mit den Regionen der andern Sterne, der Sonne, des Mondes usw. auf einer vollkommeneren oder geringeren Stufe steht. Auch in bezug auf den Ort kann man keine Aussage machen, wie z. B. daß dieser Ort der Welt die Wohnstatt von Menschen, Tieren und Pflanzen ist, die auf einer niedrigeren Stufe stehen als die Bewohner der Sonnenregion und der andern Sterne.

Nam etsi Deus sit centrum et circumferentia omnium regionum stellarum et ab ipso diversae nobilitatis naturae procedant in qualibet regione habitantes, ne tot loca caelorum et stellarum sint vacua et solum ista terra fortassis de minoribus inhabitata, tamen intellectuali natura, quae hic in hac terra habitat et in sua regione, non videtur nobilior atque perfectior dari posse secundum hanc naturam, etiamsi alterius generis inhabitatores sint in aliis stellis. Non enim appetit homo aliam naturam, sed solum in sua perfectus esse.

Improportionabiles igitur sunt illi aliarum stellarum habitatores, qualescumque illi fuerint, ad istius mundi incolas, etiamsi tota regio illa ad totam regionem istam ad finem universi quandam occultam nobis proportionem gerat, ut sic inhabitatores istius terrae seu regionis ad illos inhabitatores per medium universalis regionis hincinde quandam ad se invicem habitudinem gestent, sicut particulares articuli digitorum manus per medium manus proportionem habent ad pedem et particulares articuli pedis per medium pedis ad manum, ut omnia ad animal integrum proportionata sint.

Unde, cum tota nobis regio illa ignota sit, remanent inhabitatores illi ignoti penitus, sicut in hac terra accidit, quod animalia unius speciei quasi unam regionem specificam facientia se uniunt et mutuo propter communem regionem specificam participant ea, quae eorum regionis sunt, de aliis nihil aut se impedientes aut veraciter apprehendentes. Non enim animal unius speciei conceptum alterius, quem per signa exprimit vocalia, apprehendere potest nisi in paucissimis signis extrinsecus, et tunc per longum usum et solum opinative.

Minus autem de habitatoribus alterius regionis improportionabiliter scire poterimus, suspicantes in regione solis magis esse solares, claros et illuminatos intellectuales habitatores, spiritualiores etiam quam in luna, ubi magis lunatici, et in

Denn wenn Gott auch Mittelpunkt und Umkreis aller Sternbereiche ist und die Naturen verschiedenen Wertes, in welchem Bereich auch immer sie wohnen, von ihm ausgehen, damit nicht so viele Stätten des Himmels und der Sterne leer seien und vielleicht nur diese Erde von niedrigeren Wesen bewohnt ist, so scheint es dennoch keine vornehmere und vollkommenere Natur zu geben als die geistige Natur, die auf dieser Erde und in ihrem Bereich wohnt, auch wenn auf anderen Sternen Bewohner anderen Geschlechts sind. Denn der Mensch strebt nicht nach einer anderen Natur, sondern nur danach, in der seinen vollkommen zu sein.

Wie immer also jene Bewohner anderer Sterne sein mögen, sie stehen mit den Bewohnern dieser Welt in keinem Verhältnis; das gilt auch, wenn im Sinne des Gesamt jene ganze Region zu dieser ganzen Region einen bestimmten, uns verborgenen Verhältnisbezug hat, so daß auf solche Weise die Bewohner dieser Erde oder Region zu jenen Bewohnern vermittels der allgemeinen Region in einem bestimmten gegenseitigen Verhältnis stehen, so wie die einzelnen Fingerglieder der Hand vermittels der Hand einen Bezug zum Fuß und die einzelnen Glieder des Fußes vermittels dieses ein Verhältnis zur Hand haben, so daß alle auf das ganze Lebewesen bezogen sind.

Weil uns daher jene ganze Region unbekannt ist, bleiben uns auch jene Einwohner völlig unbekannt, so wie es auch auf dieser Erde geschieht, daß die Lebewesen einer Eigengestalt gleichsam eine eigentümliche Region schaffend sich einen und der gemeinsamen, eigentümlichen Region wegen, an dem, was zu ihr gehört, wechselseitig Teil haben, von den andern aber entweder nicht annehmen wollen oder wahrhaft nicht annehmen. Denn das Lebewesen der einen Art kann den Begriff eines andern, den dieses in lautlichen Zeichen ausdrückt, nur durch wenige Zeichen äußerlich begreifen, und auch das nur nach langer Erfahrung und lediglich als Meinung.

Von den Bewohnern einer andern Region aber werden wir unverhältnismäßig weniger erfahren können; wir vermuten nur, daß in der Region der Sonne eher sonnenhafte, helle und erleuchtete, geistige Bewohner sind, geistigere auch als

terra magis materiales et grossi; ut illi intellectuales naturae solares sint multum in actu et parum in potentia, terrenae vero magis in potentia et parum in actu, lunares in medio fluctuantes. Hoc quidem opinamur ex influentia ignili solis et aquatica simul et aërea lunae et gravedine materiali terrae, consimiliter de aliis stellarum regionibus suspicantes nullam inhabitatoribus carere, quasi tot sint partes particulares mundiales unius universi, quot sunt stellae, quarum non est numerus; ut unus mundus universalis sit contractus triniter progressione sua quaternaria descensiva in tot particularibus, quod eorum nullus est numerus nisi apud eum, qui omnia in numero creavit.

Etiam corruptio rerum in terra, quam experimur, non est efficax argumentum ignobilitatis. Nobis enim constare non poterit, postquam est unus mundus universalis et proportiones influentiales omnium particularium stellarum ad invicem, quod aliquid sit corruptibile penitus, sed bene secundum alium et alium essendi modum, quando ipsae influentiae iam quasi contractae in uno individuo resolvuntur, ut modus essendi sic vel sic pereat, ut non sit morti locus, ut ait Virgilius[1]. Mors enim nihil esse videtur nisi ut compositum ad componentia resolvatur; et an talis resolutio solum sit in terrenis incolis, quis scire poterit?

Dixerunt quidam tot esse rerum species in terra, quot sunt stellae. Si igitur terra omnium stellarum influentiam ita ad singulares species contrahit, quare similiter non fit in regionibus aliarum stellarum influentias aliarum recipientium?

Et quis scire poterit, an omnes influentiae, contractae prius in compositione, in dissolutione redeant, ut animal nunc

---

[1] Vergil, Georgica IV, 226.

in der Mondregion, wo sie eher mondhaft sind und als auf der Erde, wo sie stoffhafter und dichter sind. Demnach wären jene geistigen, sonnenhaften Naturen mehr in der Wirklichkeit und weniger in der Möglichkeit, die erdhaften mehr in der Möglichkeit und weniger in der Wirklichkeit, die mondhaften bewegten sich in der Mitte. Dies vermuten wir aus dem feurigen Einfluß der Sonne, aus dem wäßrigen und luftigen des Mondes und aus der stofflichen Schwere der Erde in ähnlicher Weise von den andern Sternregionen; dabei nehmen wir an, daß keine Region der Bewohner entbehrt und es gleichsam so viele besondere Teil-Welten des einen Gesamt gibt, wie Sterne, die keine Zahl haben; daß die eine gesamte Welt in einem viermal absteigenden Fortschreiten zu so viel Besonderem dreifach verschränkt ist, daß nur der, der alles in der Zahl erschaffen hat, dessen Zahl kennt.

Auch die Vergänglichkeit der Dinge auf der Erde, die wir erfahren, ist kein bündiges Argument für ihre Niedrigkeit. Da es ein Weltgesamt gibt und alle einzelnen Sterne zueinander in einem gegenseitig beeinflussenden Verhältnis stehen, dürfen wir nicht annehmen, daß etwas vollkommen vergehen kann. Wohl aber ist es nach dem einen und andern Seinsmodus vergänglich, wenn sich die in dem einen Individuum gleichsam verschränkten Beeinflussungen auflösen und die Seinsweise so oder so vergeht; darum ist für den Tod kein Platz, wie Virgil sagt. Der Tod scheint nämlich in nichts anderem zu bestehen als darin, daß sich das Zusammengesetzte in das Zusammensetzende auflöst. Und wer weiß, ob es eine solche Auflösung nur bei den Bewohnern der Erde gibt?

Einige sagten, es gäbe auf Erden so viele Eigengestalten der Dinge, wie es Sterne gibt. Wenn die Erde den Einfluß aller Sterne so zu den einzelnen Eigengestalten verschränkt, warum sollte es dann in den Bereichen anderer Sterne, die den Einfluß der andern empfangen, nicht ähnlich geschehen?

Und wer kann wissen, ob alle Einflüsse, die zuvor in der Zusammensetzung verschränkt waren, in der Auflösung

existens individuum alicuius speciei in regione terrae contractum ex omni stellarum influentia resolvatur, ita ut ad principia redeat, forma tantum ad propriam stellam redeunte, a qua illa species actuale esse in terra matre recepit? Vel an forma tantum redeat ad exemplar sive animam mundi — ut dicunt Platonici — et materia ad possibilitatem, remanente spiritu unionis in motu stellarum, qui spiritus dum cessat unire, se retrahens ob organorum indispositionem vel alias, ut ex diversitate motus separationem inducat, tunc quasi ad astra rediens, forma supra astrorum influentiam ascendente et materia infra descendente? Aut an formae cuiuslibet regionis in altiori quadem forma, puta intellectuali, quiescant, et per illam illum finem attingant, qui est finis mundi?

Et quomodo hic finis attingitur per inferiores formas in Deo per illam, et quomodo illa ad circumferentiam, quae Deus est, ascendat corpore descendente versus centrum, ubi etiam Deus est, ut omnium motus sit ad Deum; in quo aliquando, sicut centrum et circumferentia sunt unum in Deo, corpus etiam quamvis visum sit quasi ad centrum descendere et anima ad circumferentiam, iterum in Deo unientur, cessante non omni motu, sed eo, qui ad generationem est; tamquam partes illae mundi essentiales necessario redeant tunc successiva generatione cessante, sine quibus mundus esse non possit, redeunte etiam spiritu unionis et connectente possibilitatem ad suam formam.

Haec quidem nemo hominum ex se, nisi singularius a Deo habuerit, scire poterit. Licet non dubitet quisquam Deum optimum ad se omnia creasse et non velle quidquam perire eorum, quae fecit, sciatque eum remuneratorem largissimum omnium ipsum colentium, modum tamen divinae operationis

zurückkehren, so daß ein Lebewesen, das jetzt im Bereich der Erde als Einzelwesen einer bestimmten Eigengestalt verschränkt existiert, von jedem Einfluß der Sterne befreit wird, und zu seinen Ursprüngen zurückkehrt, wobei nur die Gestalt zu dem ihm eigenen Stern kehrt, von dem diese Eigengestalt ihr tatsächliches Sein auf der Muttererde empfing? Oder geht nur die Gestalt zum Urbild oder zur Weltseele zurück — wie die Platoniker sagen — und die Materie zur Möglichkeit, während der einende Geist in der Bewegung der Sterne verbleibt? Wenn dieser Geist aufhört, zu vereinen, indem er sich wegen der Untauglichkeit der Organe oder aus anderen Gründen zurückzieht, so daß er auf Grund der Verschiedenheit der Bewegung die Trennung herbeiführt, kehrt er gleichsam zu den Gestirnen zurück, indem die Gestalt jenseits des Einflusses der Gestirne emporsteigt und die Materie innerhalb herabsinkt. Oder wer kann wissen, ob die Gestalten irgendeiner Region in einer Art höherer Gestalt, wie zum Beispiel der geistigen, ruhen und durch diese jenes Ziel erreichen, das das Ziel der Welt ist?

Und wie kann jemand wissen, wie die niederen Gestalten dieses Ziel in Gott durch jene erreichen, und wie jene Gestalt zum Umkreis, der Gott ist, emporsteigt, während der Körper zum Mittelpunkt hinsinkt, wo ebenfalls Gott ist? Denn die Bewegung aller ist auf Gott gerichtet. Wie Mittelpunkt und Umfang in Gott eines sind, so werden einmal auch der Körper und die Seele, obwohl er zum Mittelpunkt hinab- und sie zum Umkreis emporzusteigen scheint, in Gott wiederum vereint werden; dabei endet nicht jede Bewegung, sondern nur jene, die zur Fortpflanzung führt. Die wesenhaften Teile der Welt müssen zurückkehren; die aufeinanderfolgende Fortpflanzung, ohne die die Welt nicht bestehen kann, endet. Auch der Geist der Einheit kehrt zurück und verknüpft die Möglichkeit mit ihrer Gestalt.

Dies jedoch wird kein Mensch von sich aus wissen können, wenn nicht Gott es ihm unmittelbar offenbart hat. Mag auch niemand zweifeln, daß der beste Gott alles auf sich hin geschaffen hat und nicht will, daß etwas des von ihm Geschaffenen verloren geht; weiß man auch, daß Gott allen,

praesentis et futurae remunerationis Deus ipse solum scit, qui est sua operatio.

Dicam tamen inferius iuxta inspiratam divinitus veritatem pauca circa hoc, de quibus nunc sufficit in ignorantia taliter tetigisse.

XIII.

De admirabili arte divina in mundi et elementorum[1] creatione

Quoniam sapientium concors sententia est per ista visibilia et magnitudinem, pulchritudinem atque ordinem rerum nos duci in stuporem artis et excellentiae divinae, et nonnulla admirabilis scientiae Dei artificia tetigimus, quam breviter in universi creatione pauca subiungamus admirative de elementorum situ et ordine. Est autem Deus arithmetica, geometria atque musica simul et astronomia usus in mundi creatione, quibus artibus etiam et nos utimur, dum proportiones rerum et elementorum atque motuum investigamus.

Per arithmeticam enim ipsa coadunavit; per geometriam figuravit, ut ex hoc consequerentur firmitatem et stabilitatem atque mobilitatem secundum conditiones suas; per musicam proportionavit taliter, ut non plus terrae sit in terra quam aquae in aqua et aëris in aëre et ignis in igne, ut nullum elementorum in aliud sit penitus resolubile.

---

[1] Unter dem Wort „Element" ist hier nicht der moderne Begriff der Chemie zu verstehen; gemeint sind vielmehr die „Aggregatzustände", deren Wesen — entgegen der „physikalischen" Bedeutung von heute — „chemisch" interpretiert wird.

die ihn verehren, überreich vergilt — die Art seines gegenwärtigen Tuns und seiner zukünftigen Vergeltung weiß nur er, der sein eigenes Tun ist.

Später werde ich trotzdem einiges diesbezüglich sagen, soweit mir die Eingebung göttlicher Wahrheit zuteil wird; für jetzt soll es genügen, dies in unserer Unwissenheit berührt zu haben.

XIII.

Die wunderbare göttliche Kunst in der Erschaffung der Welt und ihrer Elemente

Es ist die einhellige Meinung der Weisen, daß wir durch dieses Sichtbare, durch die Größe, Schönheit und Ordnung der Dinge zur Bewunderung der göttlichen Kunst und Erhabenheit geführt werden. Darum wollen wir, nachdem wir einige Kunstwerke der wunderbaren Wissenschaft Gottes berührt haben, in Kürze einiges über den Ort und die Ordnung der Elemente innerhalb der Schöpfung des Weltgesamt voll Bewunderung hinzufügen. Gott hat bei der Erschaffung der Welt Arithmetik, Geometrie und Musik und zugleich Astronomie angewendet. Dieser Künste bedienen auch wir uns, wenn wir die Bezugsverhältnisse der Dinge und der Elemente und der Bewegung erforschen.

Durch die Arithmetik hat er alle diese miteinander vereint, durch die Geometrie hat er sie gestaltet, damit sie ihren Gegebenheiten gemäß daraus Festigkeit und Beständigkeit und Beweglichkeit erhielten. Durch die Musik brachte er sie in einen solchen Verhältnisbezug, daß in der Erde nicht mehr Erde als im Wasser Wasser, in der Luft Luft und im Feuer Feuer sei, damit keines der Elemente völlig in ein anderes aufgelöst werden kann.

Ex quo evenit mundi machinam perire non posse. Et licet pars unius in aliud resolvi possit, numquam tamen totus aër, qui est permixtus aquae, in aquam converti potest propter aërem circumstantem hoc impedientem, ut elementorum semper sit permixtio. Unde egit Deus, ut partes elementorum resolverentur mutuo. Et quando hoc fit cum mora, aliquid generatur ex concordia elementorum ad ipsum generabile durans, quamdiu durat concordia elementorum, qua rupta rumpitur et dissolvitur generatum.

Admirabili itaque ordine elementa constituta sunt per Deum, qui omnia in numero, pondere et mensura creavit. Numerus pertinet ad arithmeticam, pondus ad musicam, mensura ad geometriam. Gravitas enim levitate constringente sustinetur — terra enim gravis quasi in medio suspensa ab igne —, levitas autem gravitati innititur, ut ignis terrae. Et dum haec aeterna sapientia ordinaret, proportione inexpressibili usa est, ut, quantum quodlibet elementum aliud praecedere deberet, praesciret ponderans ita elementa, ut, quanto aqua terra levior, tanto aër aqua et ignis aëre, ut simul pondus cum magnitudine concurreret et continens maiorem locum occuparet contento. Et tali habitudine ipsa ad invicem connexuit, ut unum in alio necessario sit; ubi terra est quasi animal quoddam, ut ait Plato[1], habens lapides loco ossium, rivos loco venarum, arbores loco pilorum, et sunt animalia, quae intra illos terrae capillos nutriuntur ut vermiculi inter pilos animalium. Et ad ignem terra se habet quasi ut mundus ad Deum. Multas enim Dei similitudines ignis habet in ordine ad terram, cuius potentiae non est finis, omnia in terra operans, penetrans, illustrans et distinguens atque formans per medium aëris et aquae, ut nihil quasi in omnibus sit, quae ex terra gignuntur, nisi alia et alia ignis operatio, ut rerum formae diversae ex diversitate resplendentiae ignis sint. Est tamen ipse ignis rebus immersus, sine quibus nec est nec res sunt terrenae. Deus

---

[1] Plato gebraucht dieses Bild nicht.

Daraus ergibt sich, daß das Weltgebäude nicht zugrunde gehen kann. Wenn auch ein Teil des einen in einen anderen aufgelöst werden kann, so kann dennoch niemals die ganze Luft, die mit dem Wasser vermischt ist, in Wasser umgewandelt werden, weil die umgebende Luft das verhindert; so besteht die Vermischung der Elemente immer. Darum bewirkt Gott, daß sich die Teile der Elemente wechselseitig auflösen. Tritt dabei eine Verzögerung ein, dann wird aus der Eintracht der Elemente etwas gezeugt, das so lange dauert wie die Möglichkeit des Zeugens besteht und die Eintracht der Elemente anhält; wird sie zerstört, so wird auch das Gezeugte zerstört und aufgelöst.

In wunderbarer Ordnung sind die Elemente von Gott begründet, der alles in Zahl, Gewicht und Maß erschuf. Die Zahl bezieht sich auf die Arithmetik, das Gewicht auf die Musik, das Maß auf die Geometrie. Die Schwere wird durch die sie bekämpfende Leichtigkeit aufrechterhalten — die schwere Erde steht gleichsam in der Mitte vom Feuer gehalten —, die Leichtigkeit aber stützt sich auf die Schwere, so wie das Feuer auf die Erde. Und während die ewige Weisheit dies ordnete, gebrauchte sie unaussprechbaren Verhältnisbezug, wußte wägend die Grundbestandteile so im voraus, daß, um wieviel leichter das Wasser war als die Erde, auch die Luft leichter als das Wasser und das Feuer als die Luft waren, so daß das Gewicht zugleich mit der Größe übereinstimmte und das Zusammenhaltende den größeren Platz innehielt als das Zusammengehaltene. In solchem Verhältnis verknüpft sie sie miteinander, so daß das eine notwendig im andern ist. So ist die Erde gleichsam ein Lebewesen, wie Plato sagt; sie hat Steine an Stelle der Gebeine, an Stelle der Adern Flüsse, an Stelle der Haare Bäume und die Lebewesen ernähren sich zwischen diesen Haaren der Erde wie das Ungeziefer zwischen den Haaren der Tiere. Zum Feuer verhält sich die Erde gleichsam so wie die Welt zu Gott. Denn in seiner Beziehung zur Erde besitzt das Feuer viele Ähnlichkeiten mit Gott, seine Mächtigkeit kennt keine Grenze, es wirkt alles auf der Erde;

autem non est nisi absolutus; unde quasi ignis consumens absolutus et claritas absoluta Deus, qui lux, in quo non sunt tenebrae, ab antiquis vocatur; cuius quasi igneitatem atque claritatem omnia, quae sunt, nituntur iuxta posse participare, ut in omnibus astris conspicimus, ubi reperitur ipsa talis claritas materialiter contracta; quae quidem discretiva et penetrativa claritas quasi immaterialiter est contracta in vita viventium vita intellectiva.

Quis non admiraretur hunc opificem, qui etiam tali siquidem arte in sphaeris et stellis ac regionibus astrorum usus est, ut sine omni praecisione cum omnium diversitate sit omnium concordantia, in uno mundo magnitudines stellarum, situm et motum praeponderans et stellarum distantias taliter ordinans, ut, nisi quaelibet regio ita esset sicut est, nec ipsa esse nec in tali situ et ordine esse nec ipsum universum esse posset, dans omnibus stellis differentem claritatem, influentiam, figuram et colorem atque calorem, qui claritatem concomitatur influentialiter, et ita proportionaliter partium ad invicem proportionem constituens, ut in qualibet sit motus partium ad totum, deorsum ad medium in gravibus et sursum a medio in levibus, et circa medium, uti stellarum motum orbicularem percipimus?

In hiis tam admirandis rebus, tam variis et diversis, per doctam ignorantiam experimur iuxta praemissa nos omnium operum Dei nullam scire posse rationem, sed tantum admirari, quoniam magnus Dominus, cuius magnitudinis non est finis. Qui cum sit maximitas absoluta, uti est omnium operum suorum auctor et cognitor, ita et finis, ut in ipso sint omnia et extra ipsum nihil; qui est principium, medium et finis omnium, centrum et circumferentia universorum, ut

durchdringt, erleuchtet, unterscheidet und gestaltet vermittels der Luft und des Wassers, so daß gleichsam nichts von allem, was aus der Erde entsteht, etwas anderes ist, als irgendeine Tätigkeit des Feuers, da die verschiedenen Gestalten der Dinge aus dem verschiedenen Widerschein des Feuers stammen. Dennoch ist das Feuer selbst in den Dingen enthalten. Ohne sie gibt es weder Feuer, noch gibt es irdische Dinge. Gott aber ist absolut. Darum ist er verzehrendes, absolutes Feuer und absolute Heiligkeit; Gott ist, wie die Alten sagten, das Licht, in dem es keine Schatten gibt. An seinem Feuer und an seiner Klarheit versucht alles, seinem Können gemäß teilzunehmen; wir sehen es in allen Sternen, wo sich diese besondere und durchdringende Helligkeit stofflich verschränkt findet; unstofflich verschränkt ist sie dagegen im Leben des Lebendigen und im geistigen Leben.

Wer bewunderte nicht diesen Baumeister, der für die Sphären, die Sterne und Regionen der Gestirne eine derartige Kunst angewandt hat, daß alles ohne letzte Abgrenzung zugleich verschieden und in Eintracht ist; in der ganzen Welt hat er die Größe der Sterne, ihren Ort und ihre Bewegung zuvor erwogen und ihre Abstände dergestalt geordnet, daß jede Region, wäre sie nicht so, wie sie ist, weder sie selbst noch an diesem Ort und in dieser Ordnung sein könnte; und ebensowenig das Weltgesamt. Allen Sternen gab er verschiedene Helligkeit, verschiedenen Einfluß, Gestalt, Farbe und Wärme, die die Helligkeit wechselwirkend beeinflußt, und gestaltete die Bezugsverhältnisse der Teile zueinander so, daß in Jeglichem die Teile zum Ganzen streben, die schwereren von oben zur Mitte, die leichteren von der Mitte empor und andere auf die Mitte hin, wie wir es an der kreisförmigen Bewegung der Sterne erfahren.

In diesen wunderbaren Dingen, die so bunt und verschieden sind, erfahren wir gemäß dem Gesagten durch die wissende Unwissenheit, daß wir den Wesenssinn aller Werke Gottes niemals wissen, sondern nur bewundern können, da der Herr groß ist und seine Größe kein Ende kennt. Er ist die absolute Größe; ist derjenige, der alle seine Werke kennt, ihr Urheber und ihr Ziel; alles ist in ihm, außer ihm ist nichts. Er ist Ursprung, Mitte und Ende von allem, Mittel-

in omnibus ipse tantum quaeratur, quoniam sine eo omnia nihil sunt. Quo solum habito omnia habentur, quia ipse omnia; quo scito omnia sciuntur, quia veritas omnium. Qui etiam vult, ut in admirationem ex mundi machina tam mirabili ducamur; quam tamen nobis occultat eo plus, quo plus admiramur, quoniam ipse tantum est, qui vult omni corde et diligentia quaeri. Et cum inhabitet ipsam lucem inaccessibilem, quae per omnia quaeritur, solus potest pulsantibus aperire et petentibus dare et nullam habent potestatem ex omnibus creatis se pulsanti aperire et se ostendere, quid sint, cum sine eo nihil sint, qui est in omnibus.

Sed omnia quidem in docta ignorantia ab eis sciscitanti, quid sint aut quomodo aut ad quid, respondent: Ex nobis nihil neque ex nobis tibi aliud quam nihil respondere possumus, cum etiam scientiam nostri non nos habeamus, sed ille solus, per cuius intelligere id sumus, quod ipse in nobis vult, imperat et scit. Muta quidem sumus omnia; ipse est, qui in omnibus loquitur. Qui fecit nos, solus scit, quid sumus, quomodo et ad quid. Si quid scire de nobis optas, hoc quidem in ratione et causa nostra, non in nobis quaere. Ibi reperies omnia, dum unum quaeris. Et neque te ipsum nisi in eo reperire potes.

Fac itaque, ait nostra docta ignorantia, ut te in eo reperias; et cum omnia in ipso sunt ipse, nihil tibi deesse poterit. Hoc autem non est nostrum, ut inaccessibilem accedamus, sed eius qui nobis dedit faciem ad ipsum conversam cum summo desiderio quaerendi; quod dum fecerimus, piissimus est et nos non deseret, sed seipso nobis ostenso, cum apparuerit gloria eius, aeternaliter satiabit. Qui sit in saecula benedictus[1].

---

[1] In Cod. Cus. folgt: finit liber secundus. Sequitur tertius.

punkt und Umkreis des Gesamt; in allem wird nur er gesucht, denn ohne ihn ist alles nichts. Hat man ihn, so hat man alles, denn er ist alles. Weiß man ihn, so weiß man alles, weil er aller Dinge Wahrheit ist. Er will auch, daß uns dieser herrliche Bau der Welt zum Staunen bringt. Aber je mehr wir staunen, desto mehr verbirgt er uns diesen, denn nur er selbst ist es, der von ganzem Herzen und mit aller Sorgfalt gesucht werden will. Und da er in unzugänglichem Lichte wohnt, das wir durch alles suchen, kann er allein den Anklopfenden auftun und den Bittenden geben. Von allen Geschöpfen hat keines die Macht, sich dem Klopfenden zu öffnen und zu zeigen, was es ist, da es nichts ist ohne ihn, der in allem ist.

Alle aber antworten dem, der in wissender Unwissenheit von ihnen zu wissen begehrt, was sie sind oder wie und wozu sie sind: „Aus uns sind wir nichts und können dir auch nicht etwas anderes antworten als nichts, denn wir haben kein Wissen von uns. Nur der allein, durch dessen Denken wir das sind, was er selbst in uns will, befiehlt und weiß, kann Antwort geben. Wir alle sind stumm. Er ist es, der in uns spricht. Der uns gemacht hat, weiß allein, was wir sind, wie und wozu wir sind. Wenn du etwas von uns zu wissen begehrst, dann mußt du das in unserem Wesens- und Bestimmungsgrund suchen, nicht in uns. Dort wirst du alles finden, wenn du das Eine suchst. Auch dich selbst kannst du nur in ihm finden."

„Sieh also zu", sagt unsere wissende Unwissenheit, „daß du dich in ihm findest. Und da alles in ihm er selbst ist, wird dir nichts fehlen können. Zu dem Unzugänglichen zu gehen, steht uns jedoch nicht zu. Unsere Aufgabe ist es, ihn, der uns den zu ihm gewandten Blick gab, mit größtem Verlangen zu suchen. Wenn wir das tun, wird er, der Allgütige, uns nicht verlassen, sondern, wenn seine Herrlichkeit erscheint, sich selbst uns zeigen und uns ewig sättigen. Er sei in Ewigkeit gepriesen!"

DE DOCTA IGNORANTIA
LIBER TERTIUS

DIE WISSENDE UNWISSENHEIT
DRITTES BUCH

LIBER TERTIUS

Incipit liber tertius doctae ignorantiae

Paucis hiis de universo praemissis, quomodo in contractione subsistat, ad finem ut de maximo absoluto pariter et contracto, Iesu Christo semper benedicto, aliqua docte in ignorantia perquiramus in augmentum fidei et perfectionis nostrae.

Amplius tuae admirandae industriae quam breviter de Iesu conceptum pandemus, ipsum invocantes, ut sit via ad se ipsum, qui est veritas; qua nunc per fidem et posthac per adeptionem vivificemur in ipso per ipsum, qui et vita exstat sempiterna.

I.

Maximum ad hoc vel illud contractum, quo maius esse nequeat, esse sine absoluto non posse

Primo libello ostenditur unum absolute maximum incommunicabile, immersibile et incontrahibile ad hoc vel illud in se aeternaliter, aequaliter et immobiliter idem ipsum persistere.

Post haec secundo loco universi contractio manifestatur, quoniam non aliter quam contracte hoc et illud existit.

Unitas itaque maximi est in se absolute; unitas universi est in pluralitate contracte, plura autem, in quibus universum actu contractum est, nequaquam summa aequalitate convenire possunt; nam tunc plura esse desinerent. Omnia

DRITTES BUCH

Vorwort des dritten Buches

Nachdem wir nun Verschiedenes über das in Verschränkung bestehende Gesamt gesagt haben, wollen wir zuletzt versuchen, über Jesus Christus, den stets Gepriesenen, der in gleicher Weise das absolut und verschränkt Größte ist, in wissender Unwissenheit einiges zu erfahren, auf daß unser Glaube vermehrt und unsere Vollkommenheit vergrößert werde.

In Hinblick auf deinen so bewunderungswürdigen Eifer möchten wir in aller Kürze die Grundgedanken über Jesus darlegen; wir wollen ihn anrufen und flehen, daß er uns Weg zu sich selber sei; er ist die Wahrheit, die uns in ihm und durch ihn, der das ewige Leben ist, jetzt durch den Glauben und später durch endgültigen Besitz, das Leben schenkt.

I.

Das zu diesem oder jenem verschränkte Größte, demgegenüber nichts größer sein kann, kann nicht ohne das Absolute sein

Im ersten Buch wurde gezeigt, daß das eine, absolut Größte, das weder mitteilbar noch versenkbar noch zu diesem oder jenem verschränkbar ist, als das Selbe in sich selbst ewig, gleich und unbeweglich fortbesteht.

Danach wurde an zweiter Stelle die Verschränkung des Gesamt dargelegt, da dieses nicht anders als verschränkt, d. h. als dieses und jenes besteht.

Die Einheit des Größten ist folglich in sich absolut, die Einheit des Gesamt besteht in der Vielheit in Verschränkung. Das Viele aber, in dem das Gesamt tatsächlich verschränkt ist, kann niemals mit der höchsten Gleichheit zusammentreffen, denn dann würde es aufhören, vieles zu sein. Also

igitur ab invicem differre necesse est aut genere, specie et numero; aut specie et numero; aut numero, ut unumquodque in proprio numero, pondere et mensura subsistat.

Quapropter universa ab invicem gradibus distinguuntur, ut nullum cum alio coincidat. Nullum igitur contractum gradum contractionis alterius praecise participare potest, ita ut necessario quodlibet excedat aut excedatur a quocumque alio. Consistunt igitur inter maximum et minimum omnia contracta, ut quocumque dato possit dari maior et minor contractionis gradus, absque hoc quod hic processus fiat in infinitum actu, quia infinitas graduum est impossibilis, cum non sit aliud dicere infinitos gradus esse actu quam nullum esse, ut de numero in primo diximus.

Non potest igitur ascensus vel descensus in contractis esse ad maximum vel minimum absolute. Hinc, sicut divina natura, quae est absolute maxima, non potest minorari, ut transeat in finitam et contractam, ita nec contracta potest in contractione minui, ut fiat penitus absoluta.

Omne igitur contractum cum possit esse minus aut magis contractum, terminum non attingit neque universi neque generis neque speciei. Nam universi prima generalis contractio per generum pluralitatem est, quae gradualiter differre necesse est. Non autem subsistunt genera nisi contracte in speciebus neque species nisi in individuis, quae solum actu existunt. Sicut igitur non est dabile secundum naturam contractorum individuum nisi infra terminum suae speciei, sic etiam omne individuum terminum generis et universi attingere nequit.

ist es notwendig, daß alles von einander unterschieden ist, sei es in Gattung, Eigengestalt und Zahl, oder in Eigengestalt und Zahl oder nur in der Zahl, so daß jedes in der ihm eigentümlichen Zahl, in seinem Gewicht und in seinem Maß Bestand hat.

Daher unterscheidet sich auch alles im Gesamt stufenweise voneinander, und nichts koinzidiert mit einem andern. Ein Verschränktes kann also am Grad der Verschränkung eines andern nicht genau teilhaben, so daß jedes Ding jedes andere notwendig übertrifft oder von irgendeinem andern übertroffen wird. Folglich befindet sich alles Verschränkte zwischen dem Größten und dem Kleinsten, so daß man zu jedem Beliebigen einen größeren oder kleineren Grad der Verschränkung angeben kann, ohne daß jedoch diese Reihe ins Unendliche tatsächlich fortgesetzt werden könnte, da eine unendliche Zahl von Abstufungen unmöglich ist. Denn zu sagen, daß es eine unendliche Zahl von Stufen gäbe, hieße nichts anderes, als daß es gar keine gäbe; dies haben wir im ersten Buch bezüglich der Zahl ausgeführt.

Es kann also innerhalb des Verschränkten keinen Aufstieg oder Abstieg zum Größten oder Kleinsten auf absolute Weise geben. Wie es nicht möglich ist, daß die göttliche Natur, die das Größte auf absolute Weise ist, vermindert wird und in eine endliche und verschränkte übergeht, so ist es auch nicht möglich, daß die verschränkte Natur in der Verschränkung so entschränkt wird, daß sie völlig losgelöst würde.

Da also jedes Verschränkte mehr oder weniger verschränkt sein kann, erreicht es weder die Grenze des Gesamt noch der Gattung noch die der Eigengestalt. Denn die erste und allgemeine Verschränkung des Gesamt geschieht durch die Vielheit der Gattungen, die in Abstufungen notwendigerweise verschieden sind. Die Gattungen bestehen nur verschränkt in den Eigengestalten, diese nur in den Individuen, die allein tatsächlich vorhanden sind. Wie daher ein Individuum nur innerhalb der Grenze seiner Eigengestalt der Natur des Verschränkten entsprechend möglich ist, so kann auch jedes Individuum die Grenze der Gattung und des Gesamt nicht erreichen.

Inter plura etenim eiusdem speciei individua diversitatem graduum perfectionis cadere necesse est. Quare nullum secundum datam speciem erit maxime perfectum, quo perfectius dari non posset; neque etiam adeo imperfectum est dabile, quod imperfectius dabile non sit. Terminum igitur speciei nullum attingit.

Non est igitur nisi unus terminus aut specierum aut generum aut universi, qui est centrum, circumferentia atque connexio omnium. Et universum non evacuat ipsam infinitam absolute maximam Dei potentiam, ut sit simpliciter maximum terminans Dei potentiam. Non attingit itaque universum terminum maximitatis absolutae, neque genera terminum universi attingunt neque species terminum generum neque individua terminum specierum: ut omnia sint id, quod sunt, meliori quidem modo intra maximum et minimum, et Deus principium, medium et finis universi et singulorum, ut omnia, sive ascendant, sive descendant, sive ad medium tendant, ad Deum accedant.

Connexio autem universorum per ipsum est, ut omnia, quamquam sint differentia, sint et connexa. Quapropter inter genera unum universum contrahentia talis est inferioris et superioris connexio, ut in medio coincidant, ac inter species diversas talis combinationis ordo existit, ut suprema species generis unius coincidat cum infima immediate superioris, ut sit unum continuum perfectum universum.

Omnis autem connexio graduativa est, et non devenitur ad maximam, quia illa Deus est.

Non ergo connectuntur diversae species inferioris et superioris generis in quodam indivisibili, magis et minus non recipienti, sed in tertia specie, cuius individua gradualiter differunt, ut nullum sit aequaliter participans utramque,

Auch ist es notwendig, daß zwischen mehreren Individuen derselben Eigengestalt eine Verschiedenheit der Vollkommenheitsgrade auftritt. Daher wird auch nichts der vorgegebenen Eigengestalt gemäß so vollkommen sein, daß es darüber hinaus nicht vollkommener sein könnte, noch kann es ein so Unvollkommenes geben, daß etwas Unvollkommeneres nicht mehr möglich wäre. Kein Ding also erreicht die Grenze der Eigengestalt.

Es gibt sowohl für die Eigengestalten und die Gattungen als auch für das Gesamt nur eine Ziel-Grenze; sie ist Mittelpunkt, Umfang und Verbindung von allem. Auch schöpft das Gesamt nicht jene unendliche und auf absolute Weise größte Macht Gottes aus, so daß es das schlechthin Größte wäre, das die Macht Gottes begrenzt. Es berührt darum nicht einmal die Ziel-Grenze der absoluten Größe; noch berühren die Gattungen die des Gesamt, die Eigengestalten die der Gattungen und die Individuen die der Eigengestalten. Daher sind alle das, was sie sind, innerhalb des Größten und Kleinsten auf die relativ beste Weise. Und da Gott Ursprung, Mitte und Ziel des Gesamt und eines Jeden ist, ob es nun auf oder absteigt oder zur Mitte hin strebt, so nähert sich alles Gott.

Die Verbindung des Gesamten geschieht durch ihn, so daß alles, wiewohl getrennt, auch verbunden ist. Daher ist die Verbindung zwischen den das eine Gesamt bildenden, verschränkten Gattungen nach oben und unten eine derartige, daß diese in der Mitte koinzidieren; ebenso besteht zwischen den verschiedenen Eigengestalten die Ordnung einer so gestalteten Kombination, daß die oberste Eigengestalt der einen Gattung mit der untersten der unmittelbar Höheren koinzidiert und so ein zusammenhängendes, vollkommenes Gesamt entsteht.

Jede Verbindung aber ist eine abgestufte und man kommt nicht zu einer größten Verbindung, da diese Gott selbst ist.

Die verschiedenen Eigengestalten der unteren und oberen Gattung werden also nicht in einem Unteilbaren, das ein Mehr oder Weniger nicht aufnimmt, verbunden, sondern in einer dritten Eigengestalt, deren Individuen in Abstufung ver-

quasi ex ipsis sit compositum. Sed propriae speciei naturam unam in gradu suo contrahit, quae ad alias relata ex inferiori et superiori composita videtur, neque aequaliter ex ipsis, cum nullum compositum praecise ex aequalibus esse possit; et inter ipsas species media cadens, secundum unam, superiorem aut inferiorem scilicet, necessario vincit, uti de hoc in philosophorum libris, in ostraeis et in conchis marinis et aliis exempla reperiuntur.

Non igitur descendit species aliqua, ut sit minima alicuius generis, quoniam antequam ad minimum deveniat, commutatur in aliam; et pariformiter de maxima, quae commutatur in aliam, priusquam maxima sit.

In genere animalitatis species humana altiorem gradum inter sensibilia dum attingere nititur, in commixtionem intellectualis naturae rapitur; vincit tamen pars inferior, secundum quam animal dicitur.

Sunt fortassis alii spiritus (de quibus in De coniecturis), et hii quidem large dicuntur de genere animalitatis propter sensibilem quandam naturam. Sed quoniam in ipsis natura intellectualis vincit aliam, potius spiritus quam animalia dicuntur, licet Platonici ipsos animalia intellectualia credant.

Quapropter concluditur species ad instar numeri esse ordinatim progredientis, qui finitus est necessario, ut ordo, harmonia ac proportio sit in diversitate, ut in primo ostendimus.

Et ad infimam speciem infimi generis, qua actu minor non est, et supremam supremi, qua pariformiter actu nulla maior et altior est, quibus tamen minor et maior dari posset, abs-

schieden sind, so daß keines an beiden gleichermaßen Anteil hat, wiewohl es aus ihnen zusammengesetzt ist. Es verschränkt vielmehr in seiner Stufe die eine Natur der ihm zukommenden Eigengestalt; diese scheint, auf die beiden anderen bezogen, aus der unteren und oberen zusammengefügt zu sein, jedoch nicht in gleicher Weise, da nichts Zusammengesetztes aus völlig Gleichem zusammengesetzt sein kann. Bei diesen Eigengestalten entspricht die mittlere notwendigerweise mehr der einen von beiden, der oberen oder unteren, wie man es in den Büchern der Philosophen am Beispiel der Austern und Meermuscheln finden kann.

Es steigt also keine Eigengestalt so weit herab, daß sie die unterste irgendeiner Gattung würde, weil sie in eine andere umgewandelt wird, bevor sie zur untersten gelangt. Das gilt gleicherweise von der obersten, die in eine andere verwandelt wird, bevor sie diese würde.

Wenn in der Gattung der Lebewesen die menschliche Eigengestalt eine höhere Stufe innerhalb des Sinnlichen zu erreichen versucht, wird sie mit Gewalt in eine Verbindung mit der geistigen Natur hineingerissen; dennoch überwiegt der untere Teil, demgemäß sie als Lebewesen bezeichnet wird.

Es gibt vielleicht noch andere Geister — darüber in De coniecturis —, die einer gewissen sinnlichen Natur wegen im weiteren Sinn der Gattung der Lebewesen zugezählt werden. Weil in ihnen jedoch die geistige Natur gegenüber der andern hervortritt, nennt man sie besser Geister denn Lebewesen, wenngleich sie von den Platonikern für geistige Lebewesen gehalten werden.

Aus diesem Grunde wird gefolgert, daß die Eigengestalten der geordnet fortschreitenden Zahl entsprechen, die notwendigerweise begrenzt ist, auf daß in der Verschiedenheit Ordnung, Harmonie und Verhältnisbezug herrsche, wie wir im ersten Buch gezeigt haben.

Ohne Fortgang ins Unendliche kommt man also notwendig zur untersten Eigengestalt der untersten Gattung, über die hinaus es tatsächlich keine mehr gibt, und auch zur obersten

que processu in infinitum devenire necesse est; ut sive sursum numeremus sive deorsum, ab unitate absoluta, quae Deus est, ut ab omnium principio, initium sumamus; ut sint species quasi obviantes numeri, de minimo, quod est maximum, et de maximo, cui minimum non opponitur, progredientes, ut nihil sit in universo, quod non gaudeat quadam singularitate, quae in nullo alio reperibilis est, ita quod nullum omnia in omnibus vincat aut diversa aequaliter, sicut cum nullo ullo umquam tempore aequale in quocumque esse potest.

Etiam si uno tempore minus eo fuerit et alio maius, hunc transitum facit in quadam singularitate, ut numquam aequalitatem praecisam attingat. Sicut quadratum inscriptum circulo transit ad magnitudinem circumscripti de quadrato, quod est minus circulo, ad quadratum circulo maius, absque hoc quod umquam perveniat ad aequale sibi, et angulus incidentiae de minori recto ad maiorem ascendit absque medio aequalitatis. Et plura horum in libro Coniecturarum elicientur.

Principia enim individuantia in nullo individuo in tali possunt harmonica proportione concurrere sicut in alio, ut quodlibet per se sit unum et modo, quo potest, perfectum.

Et quamvis in quacumque specie, puta humana, in dato tempore aliqui reperiantur aliis perfectiores et excellentiores secundum certa, uti Salomon ceteros vicit sapientia, Absalon pulchritudine, Samson fortitudine, et illi, qui magis in parte intellectiva ceteros vicerunt, meruerint prae ceteris honorari: tamen, quia diversitas opinionum secundum diversitatem religionum et sectarum ac regionum diversa facit iudicia comparationum, ut laudabile secundum unam sit vitupera-

Eigengestalt der obersten Gattung, über die hinaus es gleicherweise in Wirklichkeit keine höherstehende mehr gibt, obwohl eine niedrigere und höhere als diese gegeben werden könnte. Da wir, sei es, daß wir hinauf, sei es, daß wir hinunter zählen, den Anfang von der — als dem Ursprung von allem — absoluten Einheit, die Gott ist, nehmen, gehen die Eigengestalten, ähnlich wie die ihnen entsprechenden Zahlen, vom Kleinsten, das das Größte ist, und vom Größten, dem das Kleinste nicht entgegengesetzt wird, aus. Darum gibt es auch nichts im Gesamt, das sich nicht einer Einzigkeit erfreut, die in keinem andern gefunden werden kann, so daß kein Ding ein anderes in allem übertrifft oder das Verschiedene in gleicher Weise hervortreten läßt, wie es auch niemals mit irgend etwas anderem in irgendeiner Beziehung gleich sein kann.

Auch wenn es zu der einen Zeit kleiner als dieses und zur andern größer sein würde, macht es diesen Übergang in einer gewissen Einzigkeit, so daß es eine präzise Gleichheit nie erreicht; wie z. B. das dem Kreis eingeschriebene Quadrat zur Größe des umschriebenen von jenem Quadrat, das kleiner als der Kreis in jenes, das größer ist, übergeht, ohne daß es dem Kreis jemals gleich würde. Auch ein Einfallswinkel geht von einem spitzen in einen stumpfen über, ohne die Mitte der Gleichheit zu erreichen. Mehr darüber in De coniecturis.

Die vereinzelnden Prinzipien können in keinem Individuum in derselben harmonischen Verhältnisbeziehung zusammentreffen, wie in einem andern Individuum, so daß jedes Ding durch sich eins und auf die relativ beste Weise vollkommen ist.

Allerdings werden in jeder Eigengestalt, wie z. B. der menschlichen, zu gegebener Zeit Vertreter gefunden, die in gewisser Hinsicht vollkommener und vornehmer sind, als andere (so übertraf etwa Salomon die andern an Weisheit, Absolon an Schönheit, und Samson an Stärke) und jene, die in geistiger Beziehung alle übrigen weit übertrafen, verdienen auch, vor diesen geehrt zu werden. Weil aber die Verschiedenheit der Meinungen gemäß der Verschiedenheit

bile secundum aliam sintque nobis per orbem dispersi incogniti, ignoramus, quis ceteris mundi excellentior, quando nec unum ex omnibus perfecte cognoscere valemus. Et hoc quidem a Deo factum est, ut quisque in seipso contentetur — licet alios admiretur — et in propria patria, ut sibi videatur natale solum dulcius et in moribus regni et lingua ac ceteris; ut sit unitas et pax absque invidia, quanto hoc possibilius esse potest, cum omnimoda esse nequeant nisi cum ipso regnantibus, qui est pax nostra omnem sensum exsuperans.

II.

Maximum contractum pariter est et absolutum, creator et creatura

Bene satis apertum est universum non nisi contracte esse plura, quae actu ita sunt, quod nullum pertingit ad simpliciter maximum. Amplius adiciam, si maximum contractum ad speciem actu subsistens dabile esset, quod tunc ipsum secundum datam contractionis speciem omnia actu esset, quae in potentia generis aut speciei illius esse possent.
Maximum enim absolute est omnia possibilia actu absolute, et in hoc est infinitissimum absolute maximum ad genus et speciem contractum. Pariformiter est actu possibilis perfectio secundum datam contractionem, in qua cum maius dabile non sit, est infinitum ambiens omnem naturam datae contractionis.

Et quemadmodum minimum coincidit maximo absoluto, ita etiam ipsum contracte coincidit cum maximo contracto.

von Religion, Schule und Gegend unterschiedliche Vergleichsurteile bewirkt, so daß das Lobenswerte der einen das Tadelnswerte der andern ist, und weil sie, über den Erdkreis zerstreut, uns unbekannt sind, wissen wir dennoch nicht, welcher Mensch auf der Welt alle andern übertrifft, sintemal wir nicht einen einzigen von allen vollkommen zu erkennen vermögen. Dies ist von Gott so eingerichtet, auf daß jeder — wenn er auch die anderen bewundern soll — in sich selbst und im eigenen Vaterland Genüge findet und ihm sowohl in Sitten des Reiches als auch in der Sprache und allem übrigen nichts süßer scheine als die heimatliche Erde. So soll ohne Neid Einheit herrschen und Friede, soweit dies möglich ist; denn dies ist es nur bei jenen, die mit dem zusammenleben, der unser Friede ist, und der jeglichen Sinn übertrifft.

II.

Das Größte Verschränkte ist gleicherweise auch das absolut Größte, Schöpfer und Geschöpf

Es ist wohl zur Genüge klargestellt, daß das Gesamt nur auf verschränkte Weise das Viele ist. Dieses ist in Wirklichkeit so, daß keines das schlechthin Größte erreicht. Ferner füge ich hinzu: wenn das zur Eigengestalt verschränkte Größte tatsächlich gegeben werden könnte, dann wäre es der gegebenen Eigengestalt der Verschränkung entsprechend in Wirklichkeit alles, was in der Möglichkeit seiner Gattung oder Eigengestalt sein kann. Denn das auf absolute Weise Größte ist in Absolutheit alles Mögliche in Wirklichkeit. Und darin ist es das unendlich absolute Größte, das zur Gattung und Eigengestalt verschränkt ist. Gleicherweise ist es gemäß der gegebenen Verschränkung die mögliche Vollkommenheit als Wirklichkeit. Da keine größere Möglichkeit vorhanden ist, ist es darin unendlich und umfaßt die ganze Natur der gegebenen Verschränkung.

Und wie das absolut Kleinste mit dem absolut Größten koinzidiert, so koinzidiert auch das verschränkt Kleinste mit dem verschränkt Größten in Verschränkung.

Huius exemplum clarissimum de maxima linea, quae nullam patitur oppositionem, et quae est omnis figura et aequalis omnium figurarum mensura, cum qua punctus coincidit, ut in primo libro ostendimus.

Quapropter, si aliquod dabile foret maximum contractum individuum alicuius speciei, ipsum tale esse illius generis ac speciei plenitudinem necesse esset ut via, forma, ratio atque veritas in plenitudine perfectionis omnium, quae in ipsa specie possibilia forent. Hoc tale maximum contractum supra omnem naturam contractionis illius terminus finalis existens, in se complicans omnem eius perfectionem, cum quocumque dato supra omnem proportionem summam teneret aequalitatem, ut nulli maior et nulli minor esset, omnium perfectiones in sua plenitudine complicans.

Et ex hoc manifestum est ipsum maximum contractum non posse ut pure contractum subsistere, secundum ea quae paulo ante ostendimus, cum nullum tale plenitudinem perfectionis in genere contractionis attingere possit.

Neque etiam ipsum tale ut contractum Deus, qui est absolutissimus, esset; sed necessario foret maximum contractum, hoc est Deus et creatura, absolutum et contractum, contractione, quae in se subsistere non posset nisi in absoluta maximitate subsistente.

Non est enim nisi una tantum maximitas, ut in primo ostendimus, per quam contractum dici posset maximum. Si maxima potentia ipsum contractum sibi taliter uniret, ut plus uniri non posset salvis naturis, ut sit ipsum tale servata natura contractionis, secundum quam est plenitudo speciei contracta et creata, propter hypostaticam unionem Deus et omnia: haec admiranda unio omnem nostrum intellectum excelleret.

Das deutlichste Beispiel dafür ist das von der größten Linie, die keinem Gegensatz Raum gibt, die jede Figur ist und aller Figuren gleiches Maß, und mit der, wie wir im ersten Buch zeigten, der Punkt koinzidiert.

Wenn daher irgend etwas das größte, durch Verschränkung entstandene Individuum irgendeiner Eigengestalt wäre, dann müßte es notwendigerweise die Fülle seiner Gattung und Eigengestalt umfassen, so daß es Weg, Gestalt, Wesenssinn und Wahrheit in der Fülle der Vollkommenheit von allem wäre, was in dieser Eigengestalt möglich sein würde. Ein derart Größtes Verschränktes, das über aller Natur als Ziel-Grenze jener Verschränkung besteht und deren ganze Vollkommenheit in sich einschließt, hält mit jedem Gegebenen über jedes Verhältnis hinaus die höchste Gleichheit, so daß es nicht größer noch kleiner als irgend etwas ist, in seiner Fülle vielmehr die Vollkommenheit aller Dinge einschließt.

Daraus erhellt, daß das Größte Verschränkte gemäß dem, was wir gerade gezeigt haben, nicht als rein Verschränktes bestehen kann, da nichts die Fülle der Vollendung in vollkommener Verschränkung erreichen kann.

Auch wäre es als Verschränktes nicht Gott, der völlig absolut ist. Es ist notwendigerweise das Größte Verschränkte, d. h. Gott und Geschöpf, das Absolute und das Verschränkte, das wegen der Verschränkung, die in sich nicht bestehen kann, nur im Bestand der absoluten Größe besteht.

Es gibt nämlich nur eine Größe, durch die, wie wir im ersten Buch gezeigt haben, das Verschränkte das Größte genannt werden kann. Wenn die größte Macht das Verschränkte dergestalt mit sich vereinte, daß es, ohne seine Natur zu verlieren, nicht weiter vereint werden könnte, so daß es dies bei Bewahrung der Natur der Verschränkung — der gemäß es die verschränkte und geschaffene Fülle der Eigengestalt ist — wäre, dann würde es wegen der hypostatischen Einung Gott und alles sein. Diese wunderbare Vereinigung würde alle unsere Einsicht übersteigen.

Nam si ipsa conciperetur, quemadmodum diversa uniuntur, error est; non enim maximitas absoluta est alia aut diversa, cum sit omnia. Si ut duo conciperetur prius divisa, nunc coniuncta, error, non enim aliter se habet divinitas secundum prius et posterius, neque est potius hoc quam illud. Neque ipsum contractum ante unionem potuit hoc esse vel illud quemadmodum individualis persona in se subsistens. Neque ut partes coniunguntur in toto, cum Deus pars esse non possit.

Quis igitur tam admirandam conciperet unionem, quae neque est ut formae ad materiam, cum Deus absolutus sit impermiscibilis materiae non informans?

Omnibus profecto unionibus intelligibilibus haec maior esset, ubi contractum non subsisteret — cum sit maximum — nisi in ipsa absoluta maximitate, nihil illi adiciens, cum sit maximitas absoluta, neque in eius naturam transiens, cum sit contractum. Subsisteret igitur contractum in absoluto taliter, quod, si ipsum Deum conciperemus, falleremur, cum contractum naturam non mutet; si creaturam ipsum esse imaginaremur, deciperemur, cum maximitas absoluta, quae Deus est, naturam non deserat; si vero ut compositum ab utroque putaremus, erramus, cum ex Deo et creatura, contracto et absoluto maxime, compositio sit impossibilis.

Oporteret enim ipsum tale ita Deum esse mente concipere, ut sit et creatura, ita creaturam ut sit et creator, creatorem et creaturam absque confusione et compositione.

Quis itaque in excelsum adeo elevari possit, ut in unitate diversitatem et in diversitate unitatem concipiat? Supra omnem igitur intellectum haec unio foret.

Wenn man sie nach der Art der Vereinigung des Verschiedenen begreifen wollte, wäre das ein Irrtum. Denn die absolute Größe ist, da sie alles ist, keine andere oder verschiedene. Begriffe man sie als zwei zuvor geteilte, nun verbundene Momente, so ist das ebenfalls ein Irrtum; denn die Göttlichkeit verhält sich nicht anders zum früheren und zum späteren, noch ist sie dies eher, als jenes, noch könnte das Verschränkte vor der Vereinigung dieses oder jenes, z. B. eine individuelle, in sich bestehende Person sein. Auch werden beide nicht wie Teile in einem Ganzen verbunden, denn Gott kann nicht Teil sein.

Wer also begriffe eine so wunderbare Vereinigung, die nicht einmal so ist wie die von Gestalt und Stoff, da der absolute Gott mit nichts vermischt werden und der Materie gegenüber nicht Form sein kann!

Gewiß wäre von allen denkbaren Vereinigungen keine größer als diese, wo das Verschränkte, da es das größte wäre, nur in der absoluten Größe selbst Bestand hätte; ihr, da sie die absolute Größe ist, nichts hinzufügte, aber auch nicht in deren Natur überginge, da es das Verschränkte ist. Das Verschränkte würde im Absoluten auf solche Weise bestehen, daß, wenn wir es als Gott begriffen, wir uns täuschten, da das Verschränkte die Natur nicht verändert; daß, wenn wir uns vorstellten, es sei ein Geschöpf, wir uns irrten, da die absolute Größe, die Gott ist, die Natur nicht verläßt; und daß, wenn wir es für eine Zusammenfügung von beiden hielten, wir in die Irre gingen, da aus Gott und der Kreatur, dem Verschränkten und dem auf größte Weise Absoluten, eine Zusammenfügung unmöglich wäre.

Es ist also notwendig im Geiste zu verstehen, daß dies so Gott ist, daß es auch Geschöpf und so Geschöpf, daß es auch Schöpfer ist, daß es Schöpfer und Geschöpf ohne Vermischung und Zusammensetzung ist.

Wer könnte so sehr erleuchtet und erhoben werden, daß er in der Einheit die Verschiedenheit und in der Verschiedenheit die Einheit begriffe? Diese Einung würde jenseits jedes Denkwirklichen liegen.

III.

Quomodo in natura humanitatis solum est ipsum tale maximum possibilius

Faciliter ad ista consequenter inquiri poterit, cuius naturae contractum ipsum maximum esse deberet. Postquam enim ipsum necessario est unum, sicut unitas absoluta est maximitas absoluta, et cum hoc contractum ad hoc vel illud, primo quidem manifestum est ordinem rerum necessario deposcere, ut quaedam res sint inferioris naturae comparatione aliorum, ut sunt ipsae, quae carent vita et intelligentia, quaedam superioris naturae, quae sunt intelligentiae, ac quaedam mediae.

Si igitur maximitas absoluta est omnium entitas universalissime, ita ut non magis unius quam alterius, clarum est hoc ens magis maximo sociabile, quod magis universitati entium est commune.

Si enim ipsa inferiorum natura consideratur, et aliquod talium entium ad maximitatem elevetur, erit tale Deus et ipsum, ut in linea maxima exemplum datur. Nam ipsa cum sit infinita per infinitatem absolutam et maxima per maximitatem, cui necessario unitur, si maxima est, Deus erit per maximitatem, et remanet linea per contractionem et ita erit actu omne id, quod ex linea fieri potest; linea autem non includit neque vitam neque intellectum. Quomodo ergo linea ad ipsum maximum gradum poterit assumi, si plenitudinem naturarum non attingit? Esset enim maximum, quod maius esse posset, et perfectionibus careret.

Pariformiter de suprema natura dicendum, quae inferiorem non complectitur ita, ut maior sit inferioris et superioris adunatio quam separatio. Maximo autem, cui minimum

III.

Allein in der Natur des Menschseins ist dieses Größte möglich

Es wird in der Folge leichter sein, in Hinblick auf das, dessen Natur notwendigerweise das Größte Verschränkte sein muß, Untersuchungen anzustellen. Nachdem nämlich bewiesen wurde, daß es notwendig eines ist, wie auch die absolute Einheit die absolute Größe ist, und da es zu diesem oder jenem verschränkt ist, so ist es zunächst offenbar, daß die Ordnung der Dinge verlangt, daß manche von ihnen im Vergleich mit andern niedrigerer Natur sind, wie jene, die des Lebens und der Einsicht entbehren, manche höherer Natur, wie etwa die geistigen Wesensheiten, und manche mittlerer Natur.

Wenn nun die absolute Größe in allgemeinster Weise die Seiendheit aller Dinge ist, und zwar von allem in gleichem Maße, von dem einen nicht mehr als von dem andern, so ist offenbar, daß jenes Seiende dem Größten am ehesten zugesellbar ist, das der Allgemeinheit der Seienden gemeinsamer ist.

Wenn man nämlich die Natur der niederen Dinge betrachtet und irgendeines von ihnen zur Größe erhebt, wird dieses als es selbst auch Gott; das zeigt das Beispiel der größten Linie. Diese wird durch die absolute Unendlichkeit unendlich und durch die Größe, der sie, wenn sie die größte ist, notwendig vereint wird, die größte; durch die Größe wird sie Gott und infolge der Verschränkung bleibt sie Linie. So wird sie als Wirklichkeit alles, was aus der Linie entstehen kann. Die Linie schließt aber weder Leben noch Geist ein. Wie könnte sie also zu jener höchsten Stufe gelangen, wenn sie die Fülle der Naturen nicht erreicht? Sie wäre ein Größtes, das größer sein könnte und der Vollkommenheiten entbehrte.

Das muß gleicherweise von der höchsten Natur gesagt werden, die die niedere nicht so umschließt, daß die Verbindung der niederen und höheren Natur größer wäre als die Tren-

coincidit, convenit ita unum amplecti, quod et aliud non dimittat, sed simul omnia. Quapropter natura media, quae est medium connexionis inferioris et superioris, est solum illa, quae ad maximum convenienter elevabilis est potentia maximi infiniti Dei. Nam cum ipsa intra se complicet omnes naturas, ut supremum inferioris et infimum superioris, si ipsa secundum omnia sui ad unionem maximitatis ascenderit, omnes naturas ac totum universum omni possibili modo ad summum gradum in ipsa pervenisse constat.

Humana vero natura est illa, quae est supra omnia Dei opera elevata et paulo minus angelis minorata, intellectualem et sensibilem naturam complicans ac universa intra se constringens, ut microcosmos aut parvus mundus a veteribus rationabiliter vocitetur[1]. Hinc ipsa est illa, quae si elevata fuerit in unionem maximitatis, plenitudo omnium perfectionum universi et singulorum existeret, ita ut in ipsa humanitate omnia supremum gradum adipiscerentur.

Humanitas autem non est nisi contracte in hoc vel illo. Quare non esset possibile plus quam unum verum hominem ad unionem maximitatis posse ascendere, et hic certe ita esset homo quod Deus, et ita Deus quod homo, perfectio universi, in omnibus primatum tenens, in quo minima, maxima ac media naturae maximitati absolutae unitae ita coinciderent, ut ipse omnium perfectio esset, et cuncta, ut contracta sunt, in eo ut in sua perfectione quiescerent.

Cuius hominis mensura esset et angeli, ut Iohannes ait in Apocalypsi[2], et singulorum, quoniam esset universalis contracta entitas singularum creaturarum per unionem ad ab-

---

[1] Geht zurück auf Demokrit, a. a. O. Diels, Fragmente der Vorsokratiker II, 68, Frag. 34 (p. 153): ... καὶ ἐν τῶι ἀνθρώπωι μικρῶι κόσμων ὄντι ...
[2] Offenbarung 21, 17.

nung. Dem Größten aber, mit dem das Kleinste koinzidiert, kommt es zu, eines so zu umfassen, daß es auch das andere nicht fahren läßt, sondern alles zugleich umfängt. Darum ist allein die mittlere Natur, das Mittel der Verbindung von niederer und höherer Natur, durch die Macht des großen unendlichen Gottes fähig, in angemessener Weise zum Größten erhoben zu werden. Denn da sie alle Naturen, das Höchste der niederen und das Niedrigste der höheren, in sich einschließt, steht fest, daß in ihr, wenn sie entsprechend ihrer Ganzheit zur Vereinigung mit der Größe aufsteigt, alle Naturen und das Gesamt als Ganzes auf alle mögliche Weise zur höchsten Stufe gelangen müssen.

Die menschliche Natur aber ist jene, die über alle Werke Gottes erhöht und, nur ein wenig unter den Engeln, die geistige und sinnliche Natur einschließt und das Gesamt in sich zusammenzieht, weshalb sie von den Alten treffend als Mikrokosmos oder kleine Welt bezeichnet wurde. Daher ist sie jene, die, wenn sie zur Einheit mit der Größe erhöht sein würde, die Fülle aller Vollkommenheiten des Gesamt und des Einzelnen darstellte, und zwar so, daß in der Menschheit alles die höchste Stufe erreicht.

Die Menschheit existiert aber nur auf verschränkte Weise in diesem oder jenem. Daher wäre es nicht möglich, daß mehr als ein wahrer Mensch zur Vereinigung mit der Größe aufsteigen könnte. Und dieser wäre gewiß so Mensch, daß er Gott, und so Gott, daß er Mensch wäre, die Vollendung des Gesamt, in allem der Erste, in dem das Kleinste, das Größte und das Mittlere mit der der absoluten Größe vereinten Natur so koinzidierten, daß er die Vollendung aller wäre, und alles Verschränkte als solches, in ihm als in seiner Erfüllung ruhen würde.

Das Maß dieses Menschen wäre sowohl das der Engel, wie Johannes in der Apokalypse sagt, als auch das der Einzeldinge, da er oder es durch die Vereinigung mit dem Abso-

solutam, quae est entitas absoluta universorum; per quem cuncta initium contractionis atque finem reciperent, ut per ipsum, qui est maximum contractum, a maximo absoluto omnia in esse contractionis prodirent et in absolutum per medium eiusdem redirent, tamquam per principium emanationis et per finem reductionis.

Deus autem, ut est aequalitas essendi omnia, creator est universi, cum ipsum sit ad ipsum creatum. Aequalitas igitur summa atque maxima essendi omnia absolute illa esset, cui ipsa humanitatis natura uniretur, ut ipse Deus per assumptam humanitatem ita esset omnia contracte in ipsa humanitate, quemadmodum est aequalitas essendi omnia absolute.

Homo igitur iste cum in ipsa maxima aequalitate essendi per unionem subsisteret, filius Dei foret sicut Verbum, in quo omnia facta sunt, aut ipsa essendi aequalitas, quae Dei filius nominatur secundum ostensa in prioribus; nec tamen desineret esse filius hominis, sicut nec desineret esse homo, prout infra dicetur.

Et quoniam Deo optimo atque perfectissimo non repugnant ista, quae absque sui variatione, diminutione aut minoratione per ipsum fieri possunt, sed potius immensae bonitati conveniunt, ut optime atque perfectissime congruo ordine universa ab ipso et ad ipsum creata sint, tunc, cum semota hac via omnia perfectiora esse possent, nemo nisi aut Deum aut ipsum optimum negans ab istis rationabiliter poterit dissentire.

Relegata est enim procul omnis invidia ab eo, qui summe bonus est, cuius operatio defectuosa esse nequit, sed sicut ipse est maximus, ita et opus eius, quanto hoc possibilius est, ad maximum accedit.

luten, das die absolute Seinendheit aller ist, die allgemeine, verschränkte Seinendheit jedes einzelnen Geschöpfes wäre. Alles empfinge durch ihn Anfang und Ende der Verschränkung, so daß durch ihn, das Größte Verschränkte, als durch den Ursprung der Emanation und das Ziel der Reduktion, alles vom absolut Größten in das Sein der Verschränkung ausgeht und ins Absolute durch seine Vermittlung eingeht.

Gott aber als die Gleichheit allen Seins, ist der Schöpfer des Gesamt, denn es ist auf ihn hin geschaffen. Die höchste und größte Gleichheit allen Seins wäre auf absolute Weise jene, mit der die Natur der Menschheit vereint würde; so wäre Gott vermittels der aufgenommenen Menschheit in dieser selbst alles auf verschränkte Weise ebenso, wie er die Gleichheit allen Seins auf absolute Weise ist.

Also wäre dieser Mensch, der sich durch diese Vereinigung in der größtmöglichen Gleichheit des Seins befände, der Sohn Gottes genau so wie das Wort, in dem alles gemacht ist, oder die Gleichheit des Seins selbst, die entsprechend dem im vorhergehenden Gezeigten, Sohn Gottes genannt wird. Dennoch würde er nicht aufhören, Menschen-Sohn zu sein, wie er auch nicht aufhörte, Mensch zu sein; das soll im folgenden gezeigt werden.

All dies, welches ohne Veränderung, Verkleinerung oder Verminderung werden kann, widerspricht dem besten und vollkommensten Gott nicht, kommt vielmehr seiner unermeßlichen Güte zu. Infolgedessen wird das Gesamt, der Ordnung entsprechend, auf das Beste und Vollkommenste, von ihm und auf ihn hin geschaffen und außer jemandem, der die Existenz Gottes oder die Tatsache, daß er das Beste ist, leugnet, muß vernünftigerweise jeder damit übereinstimmen; denn wenn man von diesem Weg abwiche, wäre alles noch von der Vollkommenheit entfernt.

Jede Mißgunst ist fern von ihm, der die reine Güte ist und der keine unvollkommene Tat vollbringen kann. Wie er selbst der Größte ist, so nähert sich auch sein Werk, soweit dies möglich ist, dem Größten.

Potentia autem maxima non est terminata nisi in seipsa, quoniam nihil extra ipsam est, et ipsa est infinita. In nulla igitur creatura terminatur, quin data quacumque ipsa infinita potentia possit creare meliorem aut perfectiorem.

Sed si homo elevatur ad unitatem ipsius potentiae, ut non sit homo in se subsistens creatura, sed in unitate cum infinita potentia, non est ipsa potentia in creatura, sed in seipsa terminata. Haec autem est perfectissima operatio maximae Dei potentiae infinitae et interminabilis, in qua deficere nequit; alioquin neque creator esset neque creatura. Quomodo enim creatura esset contracte ab esse divino absoluto, si ipsa contractio sibi unibilis non esset?

Per quam cuncta, ut sunt ab ipso, qui absolute est, existerent, ac ipsa, ut sunt contracta, ab ipso sint, cui contractio est summe unita, ut sic primo sit Deus creator.

Secundo Deus et homo creata humanitate supreme in unitatem sui assumpta, quasi universalis rerum omnium contractio aequalitate omnia essendi hypostatice ac personaliter unita, ut sit per Deum absolutissimum mediante contractione universali, quae humanitas est.

Tertio loco omnia in esse contractum prodeant, ut sic hoc ipsum, quod sunt, esse possint ordine et modo meliori.

Hic autem ordo non temporaliter considerari debet, quasi Deus in tempore praecesserit primogenitum creaturae, aut quod primogenitus Deus et homo tempore mundum antevenerit, sed natura et ordine perfectionis supra omne tempus, ut ille apud Deum supra tempus cunctis prior existens in plenitudine temporis multis revolutionibus praeteritis mundo appareret.

Die größte Möglichkeit aber ist nur in sich selbst begrenzt, denn nichts ist außer ihr und sie selbst ist unendlich. In keinem Geschöpf wird sie so begrenzt, daß sie nicht fähig wäre, zu jedem beliebigen Geschöpf ein besseres und vollkommeneres zu schaffen.

Wird aber der Mensch zur Einheit mit dieser Möglichkeit erhoben, so daß er nicht mehr als in sich bestehendes Geschöpf, wohl aber in der Einheit mit der unendlichen Möglichkeit Mensch ist, so ist diese Möglichkeit nicht im Geschöpf, sondern in sich selbst begrenzt. Dieses aber ist die vollkommenste Tat der größten, unendlichen und unbegrenzbaren Mächtigkeit Gottes, in der keine Schwäche sein kann, sonst gäbe es weder Schöpfer noch Geschöpf. Denn wie sollte es vom absoluten, göttlichen Sein auf verschränkte Weise das Geschöpf geben, wenn die Verschränkung selbst jenem unvereinbar wäre?

Durch diese existiert alles, insoweit es von dem auf absolute Weise Seienden stammt. Als Verschränktes stammt es von jenem, dem die Verschränkung in höchster, vollkommenster Weise vereint ist: So steht an erster Stelle Gott der Schöpfer.

An zweiter Stelle steht Gott und der Mensch, nachdem er die geschaffene Menschheit vollkommen, in höchster Weise, in seine Einheit aufgenommen hat, gleichsam als die universale Verschränkung aller Dinge der Gleichheit allen Seins hypostatisch und personal vereint, so daß sie durch Gott, den schlechthin Absoluten, vermittels der allgemeinen Verschränkung, die die Menschheit ist, zustande kommt.

An dritter Stelle geht alles ins verschränkte Sein über, so daß es das, was es ist, der Ordnung entsprechend auf bestmögliche Weise sein kann.

Dieser Zusammenhang darf aber nicht zeitlich betrachtet werden als ob Gott in der Zeit als das Erstgeborene dem Geschöpf vorhergegangen sei oder, daß der erstgeborene Gottmensch hinsichtlich der Zeit der Welt vorangegangen sei; vielmehr steht er nach Natur und Ordnung der Vollkommenheit jenseits jeder Zeit, so wie jener bei Gott jenseits der Zeit und früher als alles war und erst nach vielen Umläufen in der Fülle der Zeit der Welt erschien.

IV.

Quomodo ipsum est Iesus benedictus, Deus et homo

Quoniam quidem ad hoc indubia nunc fide hiis talibus ratiocinationibus provecti sumus, ut in nullo haesitantes firmiter teneamus praemissa verissima esse, subiungentes dicimus temporis plenitudinem praeteritam ac Iesum semper benedictum primogenitum omnis creaturae esse.

Nam ex hiis, quae ipse existens homo supra hominem divine operatus est, ac aliis, quae ipse in omnibus verax repertus de seipso affirmavit, testimonium in sanguine suo perhibentes, qui cum ipso conversati sunt, constantia invariabili infinitis dudum infallibilibus probata argumentis iuste asserimus ipsum esse, quem omnis creatura in tempore futurum ab initio exspectavit, et qui per prophetas se in mundo appariturum praedixerat.

Venit enim, ut omnia adimpleret, quoniam ipse voluntate cunctos sanitati restituit et omnia occulta et secreta sapientiae tamquam potens super omnia edocuit, peccata tollens ut Deus, mortuos suscitans, naturam transmutans, imperans spiritibus, mari et ventis, supra aquam ambulans, legem statuens in plenitudine supplementi ad omnes leges.

In quo secundum testimonium illius singularissimi praedicatoris veritatis Pauli desuper in raptu illuminati habemus perfectionem omnem, „redemptionem et remissionem peccatorum; qui est imago Dei invisibilis, primogenitus omnis creaturae, quia in ipso condita sunt universa in caelis et in terra, visibilia et invisibilia, sive throni sive dominationes sive principatus sive potestates: omnia per ipsum et in ipso creata sunt, et ipse est ante omnes, et omnia in ipso constant. Et ipse est caput corporis ecclesiae, qui est principium, primogenitus ex mortuis, ut sit in omnibus ipse primatum

IV.

Jesus, gepriesen sei er, ist Gott und Mensch

Da wir mit festem Vertrauen in diesen unseren Überlegungen dahin gelangt sind, an der unbedingten Richtigkeit des bisher Gesagten ohne Schwanken festzuhalten, fügen wir nun hinzu, daß die Fülle der Zeit überschritten und Jesus, der Ewig Gepriesene, der Erstgeborene jeder Kreatur ist.

Denn auf Grund dessen, was er als wirklicher Mensch, aber über den gewöhnlichen Menschen hinaus, in göttlicher Weise vollbracht hat, und auf Grund des anderen, das er selbst, der in allem wahr befunden wurde, von sich bezeugte — und das von jenen, die mit ihm zusammen waren, mit dem eigenen Blut bestätigt und in unwandelbarer Beständigkeit schon längst durch untrügliche Beweise erhärtet ist —, versichern wir mit Recht, daß er es ist, den alle Kreatur in der Zeit als den Zukünftigen von Anfang an erwartet hat und von dem die Propheten vorausgesagt haben, er werde in der Welt erscheinen.

Er ist gekommen, um alles zu erfüllen, da er selbst alle Menschen durch seinen Willen gesunden ließ als der über alles Gewaltige; der alle verborgene und geheimnisvolle Weisheit lehrte, als Gott die Sünden wegnahm, die Toten erweckte, die Natur verwandelte, den Geistern, dem Meer und den Winden befahl, über das Wasser ging, und ein Gesetz aufstellte, das alle Gesetze erfüllte und ergänzte.

In ihm haben wir alle Vollendung, „Erlösung und Vergebung der Sünden" nach dem Zeugnis des Paulus, jenes einzigartigen Verkünders der Wahrheit, der in einer Entrückung vom Himmel erleuchtet wurde. „Er ist das Bild des unsichtbaren Gottes, der Erstgeborene vor aller Schöpfung, denn in ihm sind alle Dinge grundgelegt, im Himmel und auf Erden, Sichtbares und Unsichtbares, Throne, Herrschaften, Fürstentümer und Mächte; alles ist durch ihn und in ihm geschaffen, er ist vor allem und alles hat in ihm Bestand. Er ist das Haupt der Kirche, er ist der Anfang, der

tenens; quia in ipso complacuit omnem plenitudinem inhabitare et per eum reconciliari omnia in ipsum[1]."

Talia quidem et alibi plura perhibentur sanctorum de eo testimonia, quoniam ipse Deus et homo; in quo ipsa humanitas in ipsa divinitate Verbo unita est, ut non in se, sed in ipso subsisteret, postquam humanitas in summo gradu et omni plenitudine aliter esse non potuit nisi in divina Filii persona.

Et ad hoc, ut supra omnem intellectualem nostram comprehensionem quasi in docta ignorantia hanc personam concipiamus, quae hominem sibi univit, ascendentes in nostro intellectu consideremus: cum Deus per omnia sit in omnibus et omnia per omnia in Deo, ut quodam loco superius ostendimus, tunc, cum ista simul copulative consideranda sint, sic quod Deus sit in omnibus, ita quod omnia in Deo, et cum esse ipsum divinum sit supremae aequalitatis et simplicitatis, hinc Deus, ut est in omnibus, non est secundum gradus in ipsis quasi se gradatim et particulariter communicando. Omnia autem sine diversitate graduali esse non possunt; quapropter in Deo sunt secundum se cum graduum diversitate.

Hinc, cum Deus sit in omnibus, ita ut omnia in eo, est manifestum Deum absque sui mutatione in aequalitate essendi omnia esse in unitate cum humanitate Iesu maxima, quoniam maximus homo in ipso non aliter quam maxime esse potest.

Et ita in Iesu, qui sic est aequalitas omnia essendi, tamquam in Filio in divinis, qui est media persona, Pater aeternus et sanctus Spiritus existunt, et omnia ut in Verbo, et omnis creatura in ipsa humanitate summa et perfectissima universaliter omnia creabilia complicanti, ut sit omnis plenitudo ipsum inhabitans.

Manuducamur aliqualiter ad ista hoc exemplo: Sensualis cognitio est quaedam contracta cognitio, propter quod sensus non attingit nisi particularia. Intellectualis cognitio est uni-

---

[1] Kol. 1, 14—20.

Erstgeborene von den Toten und darum in allem der Erste; denn es gefiel ihm, daß in ihm alle Fülle wohne und durch ihn alles auf ihn hin versöhnt werde."

Solche Zeugnisse von Heiligen — daß er Gott und Mensch ist — werden vielerorts über ihn angeführt. In ihm ist die Menschheit in der Gottheit dem Worte vereint, so daß sie nicht in sich, sondern in ihm Bestand hat, da die Menschheit in höchster Stufe und aller Fülle nur in der göttlichen Person des Sohnes sein konnte.

Um diese Person, die sich dem Menschen vereinte, jenseits unserer Einsicht und unseres Verstehens gleichsam in wissender Unwissenheit zu erfassen, wollen wir in unserer Einsicht emporsteigend uns erheben und folgendes betrachten: Da, wie wir oben gezeigt haben, Gott durch alles in allem und alles durch alles in Gott ist, ist er, da beide Momente zugleich und miteinander verbunden betrachtet werden müssen, dies so, daß Gott in allem ist, weil alles in Gott ist. Und da das göttliche Sein selbst von höchster Gleichheit und Einfachheit ist, ist Gott in allem nicht stufenweise, als ob er sich gradweise und teilweise mitteilen müßte. Ohne stufenweise Verschiedenheit kann aber nichts sein: deshalb ist alles in Gott mit der Verschiedenheit seiner Abstufung gemäß seiner selbst.

Da Gott in allem ist und alles in ihm, ist also offenbar, daß er ohne Veränderung seiner selbst in der Gleichheit allen Seins mit der größten Menschheit, Jesus, geeint ist, da der größte Mensch in ihm nicht anders als auf größte Weise sein kann. So existieren in Jesus als im Göttlichen Sohn, der mittleren Person, der auf diese Weise die Gleichheit alles Seins ist, der ewige Vater und der Heilige Geist, so existiert alles wie im Wort, so besteht auch jede Kreatur in seiner höchsten und vollkommensten Menschheit, die alles Geschöpfliche allgemein und gemeinsam umfaßt; und darum wohnt in ihm alle Fülle.

Folgendes Beispiel wird uns helfen, das zu verstehen: Die sinnliche Erkenntnis ist deshalb, weil der Sinn nur das Partikuläre berührt, eine verschränkte Erkenntnis. Die

versalis, propter quod respectu sensualis absoluta existit atque abstracta a contractione particulari.

Contrahitur autem sensatio varie ad varios gradus, per quas quidem contractiones variae animalium species exoriuntur secundum gradus nobilitatis et perfectionis. Et quamvis ad maximum gradum simpliciter non ascendat, ut superius ostendimus, in specie tamen illa, quae actu suprema est in genere animalitatis, puta humana, ibi sensus tale animal efficit, quod ita est animal, ut et sit intellectus. Homo enim est suus intellectus, ubi contractio sensualis quodammodo in intellectuali natura suppositatur, intellectuali natura existente quoddam divinum separatum abstractum esse, sensuali vero remanente temporali et corruptibili secundum suam naturam.

Quare quadam licet remota similitudine ita in Iesu considerandum, ubi humanitas in divinitate suppositatur, quoniam aliter in sua plenitudine maxima esse non posset. Intellectus enim Iesu, cum sit perfectissimus penitus in actu existendo, non potest nisi in divino intellectu, qui solum est actu omnia, suppositari personaliter.

Intellectus enim in omnibus hominibus possibiliter est omnia, crescens gradatim de possibilitate in actum, ut quanto sit maior, minor sit in potentia. Maximus autem, cum sit terminus potentiae omnis intellectualis naturae in actu existens pleniter, nequaquam existere potest, quin ita sit intellectus, quod et sit Deus, qui est omnia in omnibus. Quasi ut si polygonia circulo inscripta natura foret humana, et circulus divina: si ipsa polygonia maxima esse debet, qua maior esse non potest, nequaquam in finitis angulis per se subsisteret, sed in circulari figura, ita ut non haberet propriam subsistendi figuram, etiam intellectualiter ab ipsa circulari et aeterna figura separabilem.

geistige Erkenntnis ist eine allgemeine, da sie in Hinblick auf die sinnliche Erkenntnis als losgelöst und von der partikulären Verschränkung getrennt existiert.

Die sinnliche Wahrnehmung aber wird zu verschiedenen Abstufungen verschieden verschränkt, und durch die Verschränkungen entstehen je nach den Abstufungen der Vornehmheit und Vollkommenheit die verschiedenen Eigengestalten der Lebewesen. Obwohl sie, wie oben gezeigt, nicht zur schlechthin größten Stufe gelangt, so bewirkt der Sinn in jener Eigengestalt, die in der Gattung der Lebewesen die höchste ist, nämlich in der menschlichen, dennoch ein solches Lebewesen, das zugleich dies und Geist ist. Der Mensch nämlich ist sein Geist und Denken. Darin wird die sinnliche Verschränkung in der geistigen Natur gewissermaßen begründet; während die existierende, intellektuelle Natur eine Art göttliches, getrenntes, abstraktes Sein besitzt, verbleibt das Sinnliche seiner Natur gemäß im Zeitlichen und Vergänglichen.

Nach dieser, wenn auch vielleicht sehr entfernten Ähnlichkeit ist Jesus zu betrachten; in ihm ist die Menschheit, da sie sonst in ihrer Fülle nicht sein könnte, in der Gottheit begründet. Denn der Geist Jesu, der unbedingt vollkommenste in dem als Wirklichkeit Existierenden, kann als Person nur im Göttlichen Geist, der allein als Wirklichkeit alles ist, begründet werden.

Der Intellekt ist in allen Menschen der Möglichkeit nach alles. Er wächst nach und nach aus der Möglichkeit in die Wirklichkeit, so daß er in jener um so viel kleiner ist, als er größer in dieser ist. Der größte Geist kann, da er die vollständig als Wirklichkeit bestehende Zielgrenze der Möglichkeit der ganzen intellektuellen Natur ist, in keiner Weise existieren, ohne so Intellekt zu sein, daß er auch Gott ist, der alles in allem ist. Einem Kreis ist ein Vieleck eingeschrieben: dieses sei die menschliche Natur, jener stelle die göttliche dar. Wenn dieses Vieleck das größte sein sollte, über das hinaus es kein größeres geben könnte, dann würde es niemals in begrenzten Winkeln durch sich, sondern in der Kreisfigur bestehen, so daß es keine eigene Figur des Subsistierens, auch keine auf intellektuelle Weise von der ewigen Figur des Kreises trennbare Figur hätte.

Maximitas autem perfectionis humanae naturae in substantialibus et essentialibus attenditur, puta quoad intellectum, cui cetera corporalia serviunt. Et hinc maxime perfectus homo non debet esse in accidentalibus eminens nisi in respectu intellectus. Non enim requiritur, ut sit aut gigas aut gnanus aut illius vel illius magnitudinis, coloris, figurae et ceteris accidentalibus; sed hoc tantum est necessarium, quod ipsum corpus declinet ita ab extremis, ut sit aptissimum instrumentum intellectualis naturae, cui absque renitentia, murmuratione ac fatiga oboediat et obtemperet.

Iesus noster, in quo omnes thesauri scientiae et sapientiae, etiam dum in mundo apparuit, absconditi fuerunt quasi lux in tenebris, ad hunc finem eminentissimae intellectualis naturae corpus aptissimum atque perfectissimum, ut etiam a sanctissimis testibus suae conversationis fertur, creditur habuisse.

V.

Quomodo Christus conceptus per Spiritum sanctum natus est ex Maria virgine

Amplius considerandum, quoniam humanitas perfectissima sursum suppositata, cum sit terminalis contracta praecisio, naturae illius penitus speciem non exit. Simile autem a simili generatur, et hinc secundum naturae proportionem procedit generatum a genitore. Terminus autem cum careat termino, caret finitatione et proportione.

Quare homo maximus via naturae non est generabilis neque etiam omnino carere potest principio speciei, cuius ultima perfectio existit. Partim igitur secundum humanam procedit naturam, quia homo. Et quoniam est altissimum principiatum immediatissime principio unitum, tunc ipsum principium, a quo est immediatissime, est ut creans aut generans

Die höchste Vollendung der menschlichen Natur findet sich im bestandgebenden und wesentlichen Bereich, nämlich in bezug auf den Intellekt, dem die übrigen körperlichen Dinge dienen. Und darum muß der am meisten vollkommene Mensch nicht im Zufällig-Äußerlichen, sondern nur hinsichtlich des Geistes überragend sein. Es ist nicht erforderlich, daß er ein Riese oder Zwerg von dieser oder jener Größe, Farbe, Gestalt und dem übrigen, was an Äußerlichem hinzukommt, ist; es ist nur notwendig, daß sein Körper so vom Extremen fernbleibt, daß er als das geeignetste Instrument der geistigen Natur ohne Widerstand, ohne Murren und Ermüdung gehorcht und Folge leistet.

Jesus, in dem, auch als er in der Welt erschien, alle Schätze des Wissens und der Weisheit wie das Licht in der Finsternis verborgen waren, hatte darum — so glaubt man — den der alles überragenden geistigen Natur am vollkommensten angepaßten Körper. Dies bezeugen auch die Heiligen, die mit ihm zusammen waren.

V.

Christus, vom Heiligen Geist empfangen, ist von der Jungfrau Maria geboren worden

Ferner ist zu erwägen, daß die vollkommenste Menschheit, welche von ihrem Grund emporstrebt, als die zielbestimmte, verschränkte und vollkommen genaue Entsprechung, die Eigengestalt dieser Natur nicht völlig überschreitet. Ähnliches wird von Ähnlichem erzeugt. Darum geht, dem Verhältnis der Natur entsprechend, das Gezeugte vom Zeugenden aus. Die Zielgrenze aber entbehrt, da sie selbst keine Zielgrenze hat, der Begrenzung und des Verhältnisbezuges.

Daher ist der größte Mensch einerseits nicht auf dem Weg der Natur erzeugbar, kann aber andererseits des Ursprungs der Eigengestalt, deren letzte Vollendung er bildet, nicht gänzlich entbehren. Da er Mensch ist, entspricht seine Entstehung teilweise der menschlichen Natur. Und da er als das Höchste aus einem Ursprung stammende dem Ursprung

ut pater; et principium humanum est ut passivum, materiam receptibilem ministrans; quare a matre sine virili semine.

Omnis autem operatio ex spiritu et amore quodam procedit uniente activum passivo, ut quodam loco in superioribus ostensum reperitur. Et hinc maxima operatio supra omnem naturae proportionem, per quam creator unitur creaturae, ex maximo uniente amore procedens, non dubium a sancto Spiritu, qui absolute amor est, necessario existit. Per quem solum sine adminiculo agentis contracti infra latitudinem speciei concipere potuit mater Filium Dei Patris; ut sicut Deus Pater omnia Spiritu suo formavit, quae ex non exstantibus ab ipso in esse prodierunt, ita principalius hoc egit eodem sanctissimo Spiritu, quando perfectissime operatus est.

Quasi ut exemplo instruatur ignorantia nostra: Dum excellentissimus aliquis doctor verbum intellectuale ac mentale suum vult discipulis pandere, ut ostensa ipsis concepta veritate spiritualiter pascantur, agit, ut ipsum tale suum mentale verbum vocem induat, quoniam aliter ostensibile discipulis non est, si non induat sensibilem figuram. Non potest autem aliter hoc fieri nisi per spiritum naturalem doctoris, qui ex attracto aëre adaptat vocalem figuram mentali verbo convenientem, cui taliter ipsum verbum unit, ut vox ipsa in ipso verbo subsistat, ita quod audientes mediante voce verbum attingant.

Hac licet remotissima similitudine supra id, quod intelligi per nos potest, alleviamur parumper in nostra meditatione, quoniam Pater aeternus immensae bonitatis nobis volens divitias gloriae suae et omnem scientiae et sapientiae plenitudinem ostendere Verbum aeternum, Filium suum, qui ista

ganz unmittelbar geeint ist, ist er selbst, als Schaffender oder als Zeugender, d. h. als Vater, dieses Ursprungsprinzip, von dem er ganz unmittelbar stammt; das menschliche Prinzip dagegen bietet als Bezugsmöglichkeit die empfängliche Materie dar; daher entsteht er aus der Mutter ohne männlichen Samen.

Jede Tätigkeit aber geht aus dem Geist und der Liebe hervor, die das Aktive dem Passiven vereint, wie das andernorts im vorhergehenden zu finden ist. Und daher geht die größte Tat, die über jedem Verhältnis der Natur liegt, durch die sich der Schöpfer dem Geschöpf vereint, aus der höchsten einenden Liebe hervor und stammt darum ohne Zweifel vom Heiligen Geist, der die Liebe auf absolute Weise ist. Durch ihn allein konnte die Mutter ohne die Hilfe dessen, das innerhalb der Weite der Eigengestalt verschränkt wirkt, den Sohn Gottvaters empfangen; wie Gott der Vater alles, was aus dem Nicht-Bestehen durch ihn in das Sein überging, durch seinen Geist bildete, so vollbrachte er das vor allem anderen durch eben diesen seinen Heiligen Geist als seine vollkommenste Tat.

Ein Beispiel belehrt unsere Unwissenheit: Will ein hervorragender Gelehrter seinen Schülern sein intellektuelles und geistiges Wort darlegen, damit sie durch die ihnen gezeigte und von ihnen empfangene Wahrheit geistig wachsen, dann kleidet er dieses geistige Wort in seine Stimme, weil er es anders — wenn er es nicht in eine sinnliche Gestalt hüllt — den Schülern nicht zeigen kann; dies ist allein möglich durch den natürlichen Atem des Lehrers, der vermittels der angezogenen Luft dem geistigen Wort ein entsprechendes Lautgebilde anpaßt; mit diesem vereint sich jenes geistige Wort so, daß das gesprochene Wort in ihm von Grund her besteht und die Hörer vermittels des gesprochenen Wortes das geistige Wort erreichen.

Durch diesen, wenn auch entfernten Vergleich, werden wir in unserer Betrachtung für kurze Zeit über das, was von uns eingesehen werden kann, erhoben. Da uns der ewige Vater in seiner unermeßlichen Güte die Reichtümer seiner Herrlichkeit und die ganze Fülle der Wissenschaft und Weis-

et plenitudo omnium existit, nostris infirmitatibus compatiens, quoniam aliter quam in sensibili et nobis·simili forma percipere non poteramus, ipsum secundum nostram capacitatem manifestans, humana natura induit per Spiritum sanctum sibi consubstantialem.

Qui quidem Spiritus quasi ut vox ex aëre attracto per inspirationem de puritate fecunditatis virginalis sanguinis corpus ipsum animale contexuit, rationem adiciens, ut homo esset; Verbum Dei Patris adeo interne adunavit, ut centrum subsistentiae humanae naturae existeret. Et haec omnia non seriatim, ut in nobis conceptus temporaliter exprimitur, sed operatione momentanea supra omne tempus secundum voluntatem conformem infinitae potentiae peracta sunt.

Hanc autem matrem talem virtute plenam materiam ministrantem, nemo dubitare debet cunctas virgines omni virtutis perfectione excessisse et inter omnes mulieres fecundas excellentiorem benedictionem habuisse.

Ipsa enim, quae per omnia fuit ad tam excellentissimum unicum partum virginalem praeordinata, omnibus ex debito carere debuit, quae aut puritati aut vigorositati simul et unitati tam excellentissimi partus obesse potuissent. Si enim praeelectissima virgo non fuisset, quomodo ad partum virginalem sine virili semine apta fuisset? Si sanctissima et superbenedicta a Domino non fuisset, quomodo sacrarium sancti Spiritus, in quo Filio Dei corpus effingeret, facta fuisset? Si post partum virgo non remansisset, prius excellentissimo partui centrum maternae fecunditatis in sua suprema perfectioni limpiditatis non communicasset, sed divisive ac diminute, non ut tanto filio unico et supremo debuisset.

heit zeigen will, hat er aus Mitleid mit unserer Schwachheit das ewige Wort, seinen Sohn, der solches und die Fülle von allem ist, gemäß unserem Auffassungsvermögen offenbart und durch den ihm wesensgleichen Heiligen Geist mit der menschlichen Natur bekleidet; denn anders als in sinnlicher und uns ähnlicher Form hätten wir ihn nicht erfassen können.

Dieser Geist webte — gleichsam wie die Stimme aus der zusammengezogenen Luft — durch Einhauchung aus der Reinheit der Fruchtbarkeit jungfräulichen Blutes jenen lebendigen Körper und fügte die Vernunft hinzu, so daß er Mensch wurde. Das Wort Gottes des Vaters vereinte er innerlich so sehr mit ihm, daß es der Mittelpunkt des Grundbestandes der menschlichen Natur wurde. Und das alles wurde nicht nach und nach — wie bei uns die Empfängnis in zeitlicher Weise ausgedrückt wird —, sondern in einem augenblicklichen, überzeitlichen Tun gemäß jenem Willen vollbracht, der der unendlichen Allmacht gleich ist.

Niemand kann bezweifeln, daß diese so tugendreiche Mutter, die sich als Gestaltungsstoff darbot, alle Jungfrauen an Tugendfülle übertraf und unter allen fruchtbaren Frauen einen besonderen Segen empfangen hatte.

Sie, die durch alles zu dieser außergewöhnlichen und einzigen jungfräulichen Geburt vorbestimmt war, mußte von allem frei sein, was ihrer Reinheit, ihrer Kraft und auch der Einzigkeit dieser so überragenden Geburt im Wege gestanden hätte. Wäre sie nicht eine von allen vorerwählte Jungfrau gewesen, wie wäre sie dann zur jungfräulichen Geburt ohne männlichen Samen fähig gewesen? Wäre sie nicht die heiligste und vom Herrn über alles gesegnete gewesen, wie wäre sie zum Heiligtum des Heiligen Geistes gemacht worden, in dem er dem Sohn Gottes den Leib bildete? Wäre sie nach der Geburt nicht Jungfrau geblieben, dann hätte sie nicht vor dieser alles überragenden Geburt an der ganzen mütterlichen Fruchtbarkeit in ihrer höchsten Vollendung und Reinheit teilgehabt, sondern nur teilweise und beschränkt, also nicht so, wie es einem so einzigen und erhabenen Sohn gebührt hätte.

Si igitur virgo sanctissima se totam Deo obtulit, cui operatione Spiritus sancti etiam omnem fecunditatis naturam penitus participavit, remansit in ipsa immaculata virginitas ante partum, in partu et post partum supra omnem naturalem communem generationem incorrupta.

Ex Patre igitur aeterno et matre temporali, virgine scilicet gloriosissima Maria, Deus et homo Iesus Christus natus est; ex Patre maximo et absolute plenissimo, ex matre plenissima virginali fecunditate, superna benedictione referta in temporis plenitudine. Non enim potuit esse homo ex matre virgine nisi temporaliter, neque ex Patre Deo nisi aeternaliter; sed ipsa temporalis nativitas requisivit in tempore plenitudinem perfectionis, sicut in matre plenitudinem fecunditatis.

Quando igitur venit plenitudo temporis, cum sine tempore homo nasci non posset, tunc natus est in tempore et loco ad hoc aptissimo, omnibus tamen creaturis occultissimo. Summae enim plenitudines incomparabiles sunt aliis quotidianis experientiis. Hinc nullo signo quaecumque ratio eas apprehendere potuit, quamvis quadam occultissima prophetica inspiratione quaedam signa obscura tradiderint obumbrata humanis similitudinibus, ex quibus rationabiliter incarnandum Verbum in temporis plenitudine praevidisse potuissent sapientes.

Praecisionem vero loci vel temporis aut modi solus aeternus genitor praescivit, qui ordinavit, ut, dum medium silentium tenerent omnia, quod tunc in noctis discursu Filius ab arce superna in uterum virginalem descenderet et ordinato convenienti tempore in forma servi se mundo manifestaret.

Wenn sich also die heiligste Jungfrau Gott ganz hingab, und ihm durch das Wirken des Heiligen Geistes die ganze Fruchtbarkeit ihrer Natur uneingeschränkt darbot, dann blieb in ihr die unbefleckte Jungfräulichkeit vor der Geburt, in der Geburt, nach der Geburt unversehrt und erhaben über jede natürliche und gewöhnliche Geburt.

Aus dem ewigen Vater also und der zeitlichen Mutter, der glorreichen Jungfrau Maria, ist der Gott und Mensch Jesus Christus geboren: aus dem größten unendlich reichen Vater, aus der an jungfräulicher Fruchtbarkeit reichsten Mutter, in der Fülle der Zeit, mit Segen von oben gesegnet. Mensch sein konnte er von der jungfräulichen Mutter her nur in der Zeit, von Gott dem Vater her war er in Ewigkeit. Die zeitliche Geburt aber beanspruchte in der Zeit die Fülle der Vollendung und in der Mutter die Fülle der Fruchtbarkeit.

Als daher die Fülle der Zeit gekommen war, ist er, der als Mensch nicht ohne Zeit geboren werden konnte, zu der Zeit und an dem Ort, die dazu am geeignetsten waren, aber allen Geschöpfen völlig verborgen, zur Welt gekommen. Denn die höchste Fülle kann mit den anderen täglichen Erfahrungen nicht verglichen werden. Darum konnte keine menschliche Vernunft sie aus irgendeinem Zeichen begreifen, obwohl durch geheimnisvolle, prophetische Eingebung manche verborgene Zeichen, verdunkelt durch die Nähe menschlicher Gleichnisse, überliefert waren, aus denen der Verstand der Weisen hätte voraussehen können, daß das Wort in der Fülle der Zeit Fleisch annehmen müsse.

Der ewige Zeuger allein wußte die genaue Bestimmung von Ort, Zeit und Art und Weise voraus; er, der es so geordnet hatte, daß, während das tiefe Schweigen alles umfangen hielt, inmitten der Nacht der Sohn vom höchsten Thron in den jungfräulichen Schoß herabstieg und, nachdem die angemessene Zeit bestimmt war, sich der Welt in Knechtsgestalt offenbarte.

VI.

Mysterium mortis Iesu Christi

Digressionem parvam ad expressionem intenti antemitti convenit, ut mysterium crucis clarius attingamus.

Non dubium hominem ex sensu et intellectu atque ratione media, quae utrumque nectit, existere.

Ordo autem submittit sensum rationi, rationem vero intellectui.

Intellectus de tempore et mundo non est, sed absolutus ab hiis; sensus de mundo sub tempore motibus subiectus existit; ratio quasi in horizonte est quoad intellectum, sed in auge quoad sensum, ut in ipsa coincidant, quae sunt infra et supra tempus.

Sensus incapax est supertemporalium et spiritualium [existens animalis][1]. Animal igitur non percipit ea, quae Dei sunt, cum Deus spiritus et plus quam spiritus existat. Et propter hoc sensualis cognitio in tenebris est ignorantiae aeternorum et movetur secundum carnem ad carnalia desideria per concupiscibilem potentiam et ad repellendum impediens per irascibilem.

Ratio vero supraeminens in sua natura ex participabilitate intellectualis naturae leges quasdam continet, per quas ut rectrix passionibus desiderii ipsas moderetur et ad aequum reducat, ne homo in sensibilibus finem ponens desiderio spirituali intellectus privetur.

---

[1] Fehlt in Cod. Cus.

VI.

Das Geheimnis des Todes Jesu Christi

Um das Geheimnis des Kreuzes deutlicher zu erfassen, wird es gut sein, zur Erläuterung unserer Absicht eine kleine Abschweifung vorauszuschicken.

Es gibt keinen Zweifel, daß der Mensch aus Sinnlichkeit und Geist besteht und daß der Verstand, in der Mitte zwischen beiden, diese miteinander verknüpft.

Die Ordnung unterstellt die Sinnlichkeit dem Verstand, den Verstand aber dem Geist.

Der Geist stammt nicht aus Zeit und Welt, sondern ist von diesen unabhängig; die Sinnlichkeit stammt aus der Welt und ist in der Zeit den Bewegungen unterworfen. Der Verstand steht in bezug auf den Geist gleichsam im Horizont, in bezug auf die Sinnlichkeit aber im Zentrum, so daß in ihm das, was innerhalb und das, was außerhalb der Zeit ist, koinzidiert.

Die Sinnlichkeit ist unfähig, das Überzeitliche und Geistige zu erfassen, denn sie ist ihrem Wesen nach gleich dem Tiere. Das Tier nämlich erfaßt nicht was Gottes ist, da er Geist und mehr als Geist ist. Darum befindet sich die sinnliche Erkenntnis in bezug auf das Ewige in der Finsternis des Unwissens und strebt durch die Macht der Begierden nach fleischlichen Gelüsten, und auch danach, durch die Macht des Zornes alles Hinderliche zurückzustoßen.

Die verständige Vernunft aber, die auf Grund der Teilhabe an der geistigen Natur die Sinnlichkeit überragt, enthält gewisse Gesetze, vermittels derer sie als Führerin der Leidenschaften und Begierden diese mäßigt und zum Gleichgewicht zurückführt, auf daß der Mensch nicht sein Ziel ins Sinnliche setze und des geistigen Verlangens beraubt werde.

Et est potissima legum, ne quis faciat alteri, quod sibi fieri nollet; et quod aeterna temporalibus praeponantur et munda atque sancta caducis et immundis; et ad hoc cooperantur leges ex ipsa ratione elicitae a sanctissimis legislatoribus, secundum diversitatem loci et temporis pro remediis in rationem peccantium promulgatae.

Intellectus altius volans videt, etiamsi sensus rationi subiceretur per omnia sibi connaturales passiones non insequendo, quod nihilominus homo per se in finem intellectualium et aeternorum affectuum pervenire non valeret.

Nam cum homo ex semine Adam in carnalibus voluptatibus sit genitus, in quo ipsa animalitas secundum propagationem vincit spiritualitatem, tunc ipsa natura in radice originis carnalibus deliciis immersa, per quas homo in esse a patre prodiit, penitus impotens remanet ad transcendendum temporalia pro amplexu spiritualium.

Quapropter, si pondus delectationum carnalium attrahit deorsum rationem et intellectum, ut consentiant illis motibus non resistendo, clarum est hominem ita deorsum tractum a Deo aversum fruitione optimi boni, quod est intellectualiter sursum et aeternum, penitus privari. Si vero ratio dominatur sensui, adhuc opus est, ut intellectus dominetur rationi, ut supra rationem fide formata mediatori adhaereat, ut sic per Deum Patrem attrahi possit ad gloriam.

Nemo umquam fuit ex se potens supra seipsum ac propriam suam naturam ita peccatis desiderii carnalis originaliter subditam posse ascendere supra suam radicem ad aeterna et caelestia, nisi qui de caelo descendit, Christus Iesus. Hic est, qui et propria virtute ascendit, in quo ipsa humana natura non ex voluntate carnis, sed ex Deo nata nihil obstaculi

Die bedeutendsten dieser Gesetze sind: niemand füge dem andern etwas zu, von dem er nicht will, daß es ihm zukomme; das Ewige ist dem Zeitlichen und das Reine und Heilige dem Hinfälligen und Unreinen vorzuziehen. Diesem Zweck dienen auch die Gesetze, die von heiligen Gesetzgebern — der Verschiedenheit von Ort und Zeit entsprechend — der Vernunft gemäß ausgewählt und verkündet wurden, um auf den Verstand der Sünder heilend einzuwirken.

Der Geist, der höher fliegt, sieht, wenn auch die Sinnlichkeit der Vernunft unterworfen ist und ihren angeborenen Leidenschaften nicht in allem folgen muß, daß nichtsdestoweniger der Mensch aus sich selbst nicht zum Ziel seines geistigen und ewigen Verlangens zu gelangen vermag.

Denn da der Mensch aus dem Samen Adams in fleischlichen Begierden gezeugt ist, und in ihm, der Art seiner Fortpflanzung gemäß, das Tierische das Geistige übertrifft, bleibt seine Natur, die in der Wurzel ihres Ursprunges in den fleischlichen Lüsten steht, durch welche der Mensch von seinem Vater ins Sein eintritt, vollkommen unfähig, das Zeitliche zu überschreiten, um das Geistige zu umfassen.

Wenn das Gewicht fleischlicher Lust Vernunft und Geist nach unten zieht, so daß sie ohne Widerstand dieser Bewegung zustimmen, dann ist es offenbar, daß der Mensch, so von Gott weggezogen und abgekehrt, des Genusses des höchsten Gutes, das auf geistige Weise oben und ewig ist, völlig verlustig geht. Wenn aber die Vernunft über die Sinnlichkeit herrscht, dann ist es notwendig, daß der Geist über die Vernunft herrscht, damit der Mensch sich über die Vernunft erhebe und in lebendig erwachsenem Glauben dem Mittler anhange, auf daß er so von Gott dem Vater zur Herrlichkeit geführt werden kann.

Niemand vermochte es je aus sich über sich selbst und seine eigene Natur, die ursprünglich den Sünden fleischlichen Begehrens unterworfen ist, über diesen seinen Ursprung zum Ewigen und Himmlischen aufzusteigen, außer jenem, der vom Himmel herabgekommen ist, Christus Jesus. Er ist es, der auch aus eigener Kraft emporstieg; in ihm war die

habuit, quin et potenter ad Deum Patrem rediret. In Christo igitur ipsa humana natura per unionem ad summam potentiam exaltata est et erepta de pondere temporalium et gravantium desideriorum.

Voluit autem Christus dominus omnia humanae naturae facinora nos ad terrena attrahentia in suo humano corpore non propter se, cum peccatum non fecerit, sed propter nos penitus mortificare et mortificando purgare, ut omnes homines eiusdem humanitatis cum ipso omnem peccatorum suorum purgationem reperirent in ipso. Voluntaria et innocentissima, turpissima atque crudelissima hominis Christi crucis mors omnium carnalium desideriorum humanae naturae extinctio, satisfactio atque purgatio fuit. Quidquid humaniter contra caritatem proximi fieri potest, in plenitudine caritatis Christi, qua se ipsum morti etiam dedit pro inimicis, abundanter exstat adimpletum.

Humanitas igitur in Christo Iesu omnes omnium hominum defectus adimplevit. Nam ipsa cum sit maxima, totam speciei potentiam amplectitur, ut sit cuiuslibet hominis talis essendi aequalitas, quod multo amplius quam frater et amicus specialissimus cuilibet coniunctus sit. Nam hoc agit maximitas humanae naturae, ut in quolibet homine sibi per formatam fidem adhaerenti Christus sit ipse idem homo unione perfectissima, cuiuslibet numero salvo.

Per quam hoc verum est, quod ipsemet ait: „Quidquid uni minimo ex meis feceritis, mihi fecistis[1]"; et e converso, quidquid Christus Iesus passione sua meruit, illi meruerunt, qui unum sunt cum ipso, salva differentia graduum meriti, secundum differentiam graduum unionis cuiusque cum ipso per fidem caritate formatam.

---

[1] Matth. 25, 40.

menschliche Natur, nicht aus dem Willen des Fleisches, sondern aus Gott geboren, kein Hindernis, machtvoll zu Gott, dem Vater, zurückzukehren. In Christus also ist die menschliche Natur durch diese Vereinigung zu größter Mächtigkeit erhöht und von dem sie bedrängenden Gewicht der zeitlichen Begierden befreit worden.

Alle Missetaten der menschlichen Natur, die uns an das Irdische fesseln, wollte Christus, der Herr, in seinem menschlichen Körper abtöten und reinigen — nicht seinetwegen, denn er hatte ja keine Sünde begangen, sondern unseretwegen —, damit alle Menschen eben derselben Menschheit, mit ihm und in ihm die Reinigung von ihren Sünden fänden. Der freiwillig und unschuldig erduldete schändliche und grausame Kreuzestod des Menschen Christus war Tilgung, Genügeleistung und Reinigung aller fleischlichen Begierden der menschlichen Natur. Was von Menschen gegen die Liebe zum Nächsten gesündigt werden kann, das ist in der Fülle der Liebe Christi, in der er sich selbst für seine Feinde dem Tode hingegeben hat, überreich erfüllt und gesühnt.

Die Menschheit in Christus Jesus hat die Mängel aller Menschen völlig ausgeglichen. Denn da sie die größte ist, umfängt sie den ganzen Machtbereich der Eigengestalt und steht zu jedem Menschen in einer solchen Gleichheit des Seins, daß sie ihm wie ein Bruder und bester Freund verbunden ist. Denn diese größte Vollendung der menschlichen Natur vollbringt es, daß Christus in jedem Menschen, der ihm durch lebendig erwachsenen Glauben anhangt, durch vollkommenste Einung dieser Mensch selbst ist und doch die Individualität eines jeden gewahrt bleibt.

Durch sie ist wahr, was er selbst sagt: „Was ihr einem meiner Geringsten getan habt, das habt ihr mir getan", und umgekehrt: was Christus Jesus durch sein Leiden verdient hat, das verdienen auch jene, die mit ihm eins sind; wobei die Grade des Verdienstes verschieden sind und gemäß der Verschiedenheit des Grades der Einung jedes einzelnen mit ihm durch den in der Liebe erwachsenen Glauben entsprechen.

Hinc in ipso circumcisi, in ipso baptizati, in ipso mortui, in ipso denuo per resurrectionem vivificati, in ipso Deo uniti et glorificati fideles existunt. Non est igitur iustificatio nostra ex nobis, sed ex Christo. Qui cum sit omnis plenitudo, in ipso omnia consequimur, si ipsum habuerimus. Quem cum in hac vita per fidem formatam attingamus, non aliter quam ipsa fide iustificari poterimus, ut infra quodam loco extensius dicemus.

Hoc est illud ineffabile crucis mysterium nostrae redemptionis, in quo — ultra ea, quae tacta sunt — Christus ostendit, quomodo veritas et iustitia et virtutes divinae temporali vitae, ut aeterna caducis, praeferri debeant; ac quod in perfectissimo homine summa constantia atque fortitudo, caritas et humilitas esse debent, sicut mors Christi in cruce in maximo Iesu illas ac omnes alias virtutes maxime fuisse ostendit. Quanto igitur homo plus in ipsis immortalibus virtutibus ascenderit, tanto Christo similior fit. Coincidunt enim minima maximis, ut maxima humiliatio cum exaltatione, turpissima mors virtuosi cum gloriosa vita, et ita in ceteris, ut omnia ista nobis Christi vita, passio atque crucifixio manifestant.

VII.

De mysterio resurrectionis

Christus homo passibilis et mortalis non aliter ad gloriam Patris pervenire potuit, qui est ipsa immortalitas, quoniam absoluta vita, nisi mortale immortalitatem indueret.

Quod fieri nequaquam potuit praeter mortem; quomodo enim mortale aliter induere posset immortalitatem, nisi spoliaretur mortalitate? Quomodo ab illa absolveretur, nisi soluto debito mortis? Propter quod ait ipsa Veritas stultos

Daher sind die Gläubigen in ihm beschnitten, in ihm getauft, in ihm gestorben, in ihm schließlich durch die Auferstehung lebendig geworden, mit Gott geeint und in die Herrlichkeit eingegangen. Unsere Rechtfertigung geschieht also nicht durch uns, sondern durch Christus. Denn da er die ganze Fülle ist, erlangen wir, wenn wir nur ihn haben, alles in ihm und da wir in diesem Leben ihn durch lebendig erwachsenen Glauben erreichen, können wir nicht anders als durch diesen Glauben gerechtfertigt werden, wie ich noch an bestimmter Stelle ausführlich darlegen will.

Dies ist jenes unaussprechliche Kreuzesgeheimnis unserer Erlösung, in dem — über unsere Ausführungen hinaus — Christus zeigt, daß Wahrheit, Gerechtigkeit und göttliche Tugenden dem zeitlichen Leben vorgezogen werden müssen; daß das Ewige dem Vergänglichen vorzuziehen ist, und daß im vollkommenen Menschen höchste Standhaftigkeit und Tapferkeit, Liebe und Demut sein müssen. So hat der Kreuzestod Christi gezeigt, daß diese und andere Tugenden in Jesus, dem Größten, am größten waren. Je mehr der Mensch also in diesen unsterblichen Tugenden aufwärtssteigt, um so ähnlicher wird er Christus. Denn das Kleinste fällt mit dem Größten zusammen, die größte Erniedrigung mit der Erhöhung, der schändlichste Tod des Tugendreichen mit dem ruhmvollen Leben, wie uns dies alles das Leben, das Leiden und die Kreuzigung Christi dartun.

VII.

Das Geheimnis der Auferstehung

Christus als leidensfähiger und sterblicher Mensch konnte in die Herrlichkeit des Vaters, der die Unsterblichkeit selbst und das absolute Leben ist, nur eingehen, wenn das Sterbliche die Unsterblichkeit anzog.

Dies konnte nur durch den Tod geschehen, denn wie könnte das Sterbliche anders die Unsterblichkeit anziehen, wenn es nicht der Sterblichkeit entkleidet würde? Wie sollte es von dieser losgelöst werden, wenn nicht durch die eingelöste

et tardi cordis eos esse, qui non intelligunt Christum oportere mori et ita in gloriam intrare[1].

Quoniam autem in prioribus ostendimus Christum propter nos mortuum morte quidem crudelissima, dicendum consequenter: Quoniam aliter humanam naturam ad immortalitatis triumphum quam per mortis victoriam transduci non conveniebat, hinc mortem subiit, ut secum resurgeret humana natura ad vitam perpetuam, et animale mortale corpus fieret spirituale incorruptibile. Non potuit verus homo esse nisi mortalis, et non potuit ad immortalitatem mortalem naturam vehere nisi spoliata mortalitate per mortem. Audi, quam pulchre nos instruit ipsa Veritas de hoc loquens, cum ait: „Nisi granum frumenti in terram cadens mortuum fuerit, ipsum solum manet; si vero mortuum fuerit, multum fructum affert[2]."

Christus igitur si semper mortalis remansisset, etiamsi numquam mortuus fuisset, quomodo naturae humanae immortalitatem praestitisset mortalis homo? Etsi ipse mortuus non fuisset, solus remansisset mortalis sine morte. Oportebat ergo ipsum a possibilitate moriendi per mortem liberari, si multum fructum afferre debuit, ut sic exaltatus ad se omnia traheret, quando eius potestas non tantum esset in mundo ac terra corruptibili, sed et in caelo incorruptibili. Hoc autem aliqualiter in nostra ignorantia attingere poterimus, si ea, quae saepe dicta sunt, menti habuerimus.

Ostendimus in antehabitis hominem Iesum maximum in se separatim a divinitate personam subsistendi habere non posse, quia maximus. Et ob hoc communicatio idiomatum admittitur, ut humana coincidant divinis, quoniam humanitas illa inseparabilis a divinitate propter supremam unio-

---

[1] Luk. 24,25—26.
[2] Joh. 12, 24—25.

Todesschuld? Deshalb sagt die Wahrheit selbst, daß die Törichten und Herzensträgen jene seien, die nicht einsehen, daß Christus sterben mußte, um in die Herrlichkeit einzugehen.

Da wir im vorhergehenden gezeigt haben, daß Christus unseretwegen den grausamsten Tod gestorben ist, so muß folgerichtig gesagt werden: Da die menschliche Natur nur durch den Sieg des Todes zum Triumphe der Unsterblichkeit geführt werden konnte, unterwarf er sich dem Tode, auf daß die menschliche Natur mit ihm zum ewigen Leben auferstehe und der sterbliche und tierische Körper ein unvergänglicher und geistiger werde. Er konnte nur dann wahrer Mensch sein, wenn er sterblich war, und er konnte die sterbliche Natur nur dann zur Unsterblichkeit führen, wenn er sie durch den Tod von der Sterblichkeit löste. Höre, wie schön uns die Wahrheit darüber belehrt, wenn sie sagt: „Wenn das Weizenkorn nicht in die Erde fällt und stirbt, wird es allein bleiben; wenn es aber stirbt, wird es viele Frucht bringen."

Nie hätte Christus, wäre er sterblich geblieben, als sterblicher Mensch der menschlichen Natur die Unsterblichkeit gewährt, auch wenn er niemals gestorben wäre. Wenn er aber selbst nicht gestorben wäre, wäre er allein ohne Tod sterblich geblieben. Wenn er viele Frucht tragen sollte, war es also notwendig, daß er von der Möglichkeit des Sterbens durch den Tod befreit wurde, damit er — so erhöht —, alles an sich ziehe, weil seine Macht nicht nur in der Welt und auf der vergänglichen Erde, sondern auch im unvergänglichen Himmel besteht. Das aber werden wir irgendwie in unserer Unwissenheit erreichen können, wenn wir uns das schon oft Gesagte vor Augen halten.

Wir haben im vorhergehenden gezeigt, daß der Mensch Jesus, der Größte, nicht eine von der Gottheit getrennt in sich bestehende Person haben konnte, eben weil er der Größte war. Da diese Menschheit um der höchsten Einung willen von der Gottheit untrennbar, gleichsam von ihr ange-

nem, quasi per divinitatem induta et assumpta, seorsum personaliter subsistere nequit.

Homo vero ex corpore et anima unitus est, quorum separatio mors est. Quia igitur ipsa maxima humanitas in divina suppositatur persona, non erat possibile aut animam aut corpus etiam post divisionem localem mortis tempore separari a persona divina, sine qua homo ille non subsistebat. Non igitur mortuus fuit Christus, quasi persona eius defecisset, sed absque etiam locali divisione quoad centrum, in quo humanitas suppositabatur, remansit divinitati hypostatice unitus et secundum naturam inferiorem, quae divisionem animae a corpore secundum suae naturae veritatem pati potuit, temporaliter et localiter divisio facta est, ut eodem loco et eodem tempore non essent simul mortis hora anima et corpus.

Quare in corpore et anima non fuit corruptibilitas possibilis, cum unita essent aeternitati. Sed temporalis nativitas morti et separationi temporali subdita fuit, ita quod completo circulo reditionis ad solutionem de compositione temporali absolutoque amplius corpore ab hiis motibus temporalibus veritas humanitatis, quae supra tempus est, ut divinitati unita incorrupta remanens, prout eius requirebat veritas, veritatem corporis veritati animae adunaret, ut sic dimissa umbrosa imagine veritatis hominis, qui in tempore apparuit, verus homo ab omni temporali passione absolutus resurgeret; ut idem Iesus supra omnes temporales motus, amplius non moriturus, verissime resurgeret per unionem animae ad corpus supra omnem motum temporalem. Sine qua quidem unione veritas humanitatis incorruptibilis verissime absque confusione naturae divinae personae hypostatice unita non fuisset.

Adiuva ingenii parvitatem ac ignorantiam tuam exemplo Christi in frumenti grano, ubi numerus grani corrumpitur

zogen und aufgenommen war, und außerhalb nicht auf personale Weise existieren konnte, nimmt man eine gegenseitige Verbindung und Mitteilung der Eigentümlichkeiten an, so daß das Menschliche mit dem Göttlichen koinzidiert.

Der Mensch aber ist aus Körper und Seele geeint; deren Trennung ist der Tod. Weil das höchste Mensch-Sein in der göttlichen Person Bestand hat, war es nicht möglich, daß die Seele oder der Leib nach der räumlichen Trennung während der Zeit des Todes von der göttlichen Person, ohne die dieser Mensch nicht bestand, getrennt werde. Christus ist also nicht so gestorben, als hätte seine Person an Kraft verloren, sondern bleibt auch ohne örtliche Trennung in bezug auf den Mittelpunkt, in dem sein Mensch-Sein Bestand hat, der Gottheit hypostatisch vereint. Der niederen Natur gemäß, die ihrem Wesen nach eine Trennung der Seele vom Körper erleiden konnte, vollzog sich diese zeitlich und räumlich, so daß Seele und Leib in der Todesstunde nicht zugleich an demselben Ort und in derselben Zeit waren.

In Leib und Seele war darum keine Vergänglichkeit möglich, da beide der Ewigkeit vereint waren, aber die zeitliche Geburt war dem Tod und zeitlicher Trennung unterworfen; so hat, nachdem der Kreislauf zur Lösung der zeitlichen Zusammenfügung vollendet und ferner der Körper von der zeitlichen Bewegung losgelöst war, die Wahrheit der Menschheit, die jenseits der Zeit liegt und als der Gottheit vereinte, unvergänglich bleibt, so wie es ihre Wahrheit verlangte, die Wahrheit des Körpers der Wahrheit der Seele vereint. Nachdem das Schattenbild der Wahrheit des Menschen, der in der Zeit erschien, verschwunden war, erstand auf diese Weise der wahre, von allem zeitlichen Leiden losgelöste Mensch; so erstand wahrhaft und jenseits aller zeitlichen Bewegung, derselbe Jesus — der fernerhin nicht mehr sterben wird — durch die über alle zeitliche Bewegung erhabene Vereinigung der Seele mit dem Körper. Ohne sie wäre die Wahrheit der unvergänglichen Menschheit nicht wahrhaft und unvermischt mit der Natur der göttlichen Person hypostatisch vereint gewesen.

Man könnte unserer Unwissenheit und der Beschränktheit unserer geistigen Fassungskraft durch das Gleichnis Jesu

remanente essentia specifica sana, qua mediante natura multa grana resuscitat. Quod si ipsum granum esset maximum atque perfectissimum, tale in terra optima atque fecundissima moriens, non tantum centesimum aut millesimum fructum afferre posset, sed tantum, quantum natura speciei in sua possibilitate amplecteretur.

Hoc est quidem, quod ait Veritas, quomodo fructum multum afferret; multitudo enim finitas est sine numero.

Intellige itaque acute: Humanitas enim Iesu eo ipso, quod ad hominem Christum contracta consideratur, eo ipso etiam divinitati unita simul intelligatur. Cui ut unita est, plurimum absoluta est; ut consideratur Christus verus homo ille, contracta est, ut per humanitatem homo sit. Et ita humanitas Iesu est ut medium inter pure absolutum et pure contractum. Secundum hoc itaque non fuit corruptibilis nisi secundum quid, et simpliciter incorruptibilis. Fuit igitur secundum temporalitatem, ad quam contracta fuit, corruptibilis, et secundum hoc, quod fuit absoluta a tempore et supra tempus et divinitati unita, incorruptibilis.

Veritas autem, ut est temporaliter contracta, est quasi signum et imago veritatis supertemporalis. Ita veritas corporis temporaliter contracta est quasi umbra veritatis corporis supertemporalis. Sic et veritas animae contracta est ut umbra animae a tempore absolutae; videtur enim potius sensus aut ratio quam intellectus, dum est in tempore, ubi sine phantasmatibus non apprehendit; et supra tempus elevata intellectus est ab hiis liber et absolutus.

Et quoniam ipsa humanitas sursum fuit in incorruptibilitate divina radicata inseparabiliter, tunc completo motu temporali corruptibili non potuit resolutio fieri nisi versus radicem incorruptibilitatis.

vom Getreidekorn zu Hilfe kommen. Dort geht die Individualität des Kornes zugrunde, während die eigengestaltliche Wesenheit erhalten bleibt und die Natur durch sie viele Körner entstehen läßt. Wäre nun jenes Korn das größte und vollkommenste und stürbe es in der besten und der fruchtbarsten Erde, dann könnte es nicht nur hundert- oder tausendfältige Frucht tragen, sondern soviel, wie die Natur der Eigengestalt in ihrer Möglichkeit umfaßt.

Das ist es, was die Wahrheit mit dem Wort meint, es bringe viele Frucht, denn Vielheit ist Endlichkeit ohne Zahl.

Man verstehe also genau: Die Menschheit Jesu wird, wenn sie als die zum Menschen Christus verschränkte betrachtet wird, zugleich auch als die mit der Gottheit vereinte begriffen. Sofern sie dieser vereint ist, ist sie in höchstem Maße absolut, sofern Christus als dieser bestimmte wahre Mensch betrachtet wird, ist sie verschränkt, so daß er durch die Menschheit Mensch ist. Und so ist die Menschheit Jesu die Mitte zwischen dem rein Absoluten und dem rein Verschränkten. Dementsprechend war sie nur in bezug darauf vergänglich, einfachhin betrachtet aber unvergänglich; der Zeitlichkeit entsprechend, zu der sie verschränkt war, vergänglich, und in bezug darauf, daß sie von der Zeit gelöst, jenseits dieser und der Gottheit vereint war, unvergänglich.

Die Wahrheit aber, wie sie zeitlich verschränkt ist, ist gleichsam Zeichen und Abbild der überzeitlichen Wahrheit. Die zeitlich verschränkte Wahrheit des Körpers ist gleichsam der Schatten der überzeitlichen Wahrheit des Körpers und so ist auch die verschränkte Wahrheit der Seele wie ein Schatten der von der Zeit losgelösten Seele; während sie in der Zeit ist, in der sie ohne Vorstellungsbilder nichts begreift, erscheint sie eher als Sinnlichkeit oder als Verstand, denn als Geist. Über die Zeit erhoben ist sie Geist und von dem andern frei und losgelöst.

Und weil diese Menschheit emporgerichtet und in der göttlichen Unvergänglichkeit untrennbar verwurzelt war, konnte sich, nachdem der vergängliche zeitliche Lauf vollendet war, eine Lösung nur in Richtung auf die Wurzel der Unvergänglichkeit hin vollziehen.

Quare post finem motus temporalis, qui mors fuit, sublatis hiis omnibus, quae temporaliter veritati naturae humanae accesserunt, resurrexit idem Iesus non in corpore gravi, corruptibili, umbroso, passibili et ceteris, quae temporalem compositionem consequuntur, sed in corpore vero, glorioso, impassibili, agili et immortali, ut veritas a conditionibus absoluta temporalibus requirebat.

Et hanc quidem unionem necessario exposcebat ipsa veritas hypostaticae unionis humanae naturae et divinae. Quapropter Iesum benedictum a mortuis resurgere oportebat, ut ipsemet ait dicens: „Oportebat Christum sic pati et tertia die resurgere a mortuis[1]."

VIII.

Christus primitiae dormientium caelos ascendit

Ostensis hiis facile est videre Christum primogenitum ex mortuis esse. Nemo enim ante ipsum resurgere potuit, quando humana natura nondum in tempore ad maximum perveniens incorruptibilitati et immortalitati, uti in Christo, unita fuit. Omnes enim impotentes erant, quousque veniret ille, qui ait: Potestatem habeo ponere animam meam et iterum sumere[2]. Induit igitur in Christo humana natura immortalitatem, qui et primitiae dormientium. Non est autem nisi una indivisibilis humanitas et omnium hominum specifica essentia, per quam omnes particulares homines sunt homines inter se numeraliter distincti, ita ut eadem etiam humanitas sit Christi et omnium hominum, distinctione numerali individuorum inconfusa remanente.

---

[1] Luk. 24, 46.
[2] Johannes 10, 17—18.

Daher erstand derselbe Jesus nach dem Tode, d. h. nach Beendigung der zeitlichen Bewegung und nachdem alles, was zur Wahrheit der menschlichen Natur in der Zeit hinzugetreten war, hinweggenommen war, nicht in einem schweren, vergänglichen, schattenhaften, leidensfähigen und mit allem, was einer zeitlichen Verbindung entspricht, behafteten Körper, sondern im wahren, verklärten, nicht mehr leidensfähigen, bewegungsmächtigen und unsterblichen Körper, wie ihn die Wahrheit, von zeitlichen Bedingungen befreit, forderte.

Die Wahrheit der hypostatischen Vereinigung von menschlicher und göttlicher Natur mußte diese Vereinigung fordern. Und darum war es auch notwendig, daß Jesus — gepriesen sei er — von den Toten auferstand, wie er selbst sagt: „Es mußte aber Christus so leiden und am dritten Tage von den Toten auferstehen."

VIII.

Christus fuhr als Erstling der Entschlafenen in den Himmel auf

Nach diesen Ausführungen ist leicht einzusehen, daß Christus der Erstgeborene von den Toten ist. Da die menschliche Natur in der Zeit noch nicht zum Größten gelangt und nicht, wie in Christus, dem Unvergänglichen und Unsterblichen vereint gewesen war, konnte niemand vor ihm auferstehen. Denn alle waren machtlos, bis daß jener kam, der sagte: „Ich habe die Macht, mein Leben hinzugeben und wieder zu nehmen." In Christus, dem Erstling der Entschlafenen, nahm die menschliche Natur Unsterblichkeit an. Es gibt aber nur eine unteilbare Menschheit und eigengestaltliche Wesenheit aller Menschen, durch die alle Einzelnen unter sich zahlenmäßig verschiedene Menschen sind; infolgedessen ist Christus und allen anderen Menschen ein und dieselbe Menschheit eigen, während die zahlenmäßige Unterscheidung der Individuen unvermischt erhalten bleibt.

Hinc manifestum est omnium hominum, qui temporaliter ante aut post Christum fuerunt aut erunt, humanitatem in Christo immortalitatem induisse. Quapropter patet rationem hanc concludere: Christus homo resurrexit. Hinc omnes homines resurgent per ipsum post omnem temporalis corruptibilitatis motum, ut sint perpetuo incorruptibiles.

Et quamvis omnium hominum una sit humanitas, sunt tamen individuantia principia ipsam ad hoc vel illud suppositum contrahentia varia et diversa, ita quod in Iesu Christo erant solum perfectissima et potentissima et essentiae humanitatis propinquissima, quae divinitati unita fuit. In cuius virtute potens erat Christus propria virtute resurgere; quae quidem virtus sibi a divinitate advenit, propter quod Deus ipsum a mortuis dicitur suscitasse. Qui cum Deus et homo esset, propria virtute resurrexit, et nullus hominum praeter ipsum nisi in Christi virtute, qui et Deus est, poterit ut Christus resurgere.

Est igitur Christus, per quem secundum humanitatis naturam immortalitatem nostra humana natura contraxit, et per quem etiam supra tempus in suam similitudinem resurgemus cessante motu, qui penitus sub motu nati sumus; hoc erit in fine saeculorum. Christus autem, qui solum ut a matre prodiit, temporaliter natus fuit, non totum temporis fluxum in resurrectione exspectavit, quia eius nativitatem tempus penitus non apprehendit.

Adverte naturam immortalitatem in Christo induisse; propter quod omnes quidem, sive boni sive mali, resurgemus; sed non omnes immutabimur per gloriam transformantem nos in filios adoptionum per Christum, Dei filium. Resurgent igitur omnes per Christum, sed non omnes ut Christus et in ipso per unionem, nisi illi qui sunt Christi per fidem, spem et caritatem. Vides, ni fallor, nullam perfectam religionem homines ad ultimum desideratissimum pacis finem

Daraus wird offenbar, daß die Menschheit aller Menschen, die zeitlich vor oder nach Christus waren oder sein werden, in ihm mit Unsterblichkeit bekleidet wurde. Der Verstand darf daher schließen: Christus der Mensch ist auferstanden. Deshalb werden nach Vollendung aller zeitlich vergänglichen Bewegung durch ihn alle Menschen auferstehen, um für immer unvergänglich zu sein.

Obwohl die Menschheit aller Menschen eine einzige ist, so sind dennoch die vereinzelnden Prinzipien, die sie zu diesem oder jenem verschränken, mannigfaltige und verschiedene; nur in Jesus Christus waren sie am vollkommensten und mächtigsten und der dem Wesen der Gottheit vereinten Menschheit am nächsten. In deren Kraft war Christus fähig, aus eigener Machtvollkommenheit aufzuerstehen; weil diese ihm von der Gottheit zukam, sagt man, daß Gott ihn von den Toten erweckt habe. Als Gott und Mensch ist er aus eigener Machtvollkommenheit erstanden, und keiner außer ihm wird, es sei denn in der Kraft Christi, der auch Gott ist, wie Christus auferstehen können.

Es ist also Christus, durch den unsere menschliche Natur der Art der Menschheit entsprechend Unsterblichkeit annimmt und durch den wir jenseits der Zeit, wenn die Veränderlichkeit und Bewegung, in deren Machtbereich wir geboren sind, aufhört, zu seiner Ebenbildlichkeit auferstehen werden. Das wird am Ende der Zeiten sein. Christus wurde zwar, da er von der Mutter ausging, zeitlich geboren, in seiner Auferstehung jedoch erwartete er nicht den ganzen Ablauf der Zeit, da die Zeit seine Geburt nicht völlig in sich faßte.

In Christus hat die Natur Unsterblichkeit angenommen. Deswegen werden wir zwar alle, ob gute oder böse, auferstehen, doch nicht alle werden wir von Christus, dem Sohne Gottes, durch die Herrlichkeit, die uns zu Adoptiv-Söhnen macht, umgewandelt. Alle werden durch Christus auferstehen, aber nicht alle wie Christus; und sie werden ihm vereint sein, aber nur jene, die durch Glaube, Hoffnung und Liebe sein Eigen sind. Man sieht, wenn ich mich nicht täusche, daß es keine vollkommene Religion, die die Menschen zu dem letzten so sehr ersehnten Ziel des Friedens

ducentem esse, quae Christum non amplectitur mediatorem
et salvatorem, Deum et hominem, viam, vitam et veritatem.

Age quam absona est Sarracenorum credulitas, qui Christum
maximum atque perfectissimum hominem de virgine natum
et ad caelos vivum translatum affirmant, Deum negant.
Obcaecati sunt profecto, quia asserunt impossibile. Verum
luce clarius intellectum habenti apparere potest etiam ex
taliter praemissis, nec hominem posse esse per omnia perfectissimum atque maximum, supra naturam ex virgine
natum, qui simul Deus non sit. Sunt illi sine ratione crucis
Christi persecutores, eius mysteria ignorantes, cuius etiam
divinum redemptionis fructum non gustabunt nec exspec-
tant ex lege sua Machometi, quae non aliud quam voluptatis
desideria implere promittit; quae nos in Christi morte ex-
stincta in nobis sperantes ad apprehensionem incorruptibilis
gloriae anhelamus.

Fatentur pariter Iudaei cum istis Messiam maximum, perfectissimum et immortalem hominem, quem Deum negant
eadem diabolica caecitate detenti. Qui etiam supremam
beatitudinem fruitionis Dei, uti nos Christi servuli, sibi
futuram non sperant, sicut nec consequentur. Et id, quod
mirabilius iudico, est, quod tam ipsi Iudaei quam Sarraceni
resurrectionem generalem credunt futuram, et possibilitatem
per hominem, qui etiam Deus est, non admittunt.

Nam etsi diceretur, quod cessante motu generationis et
corruptionis perfectio universi absque resurrectione esse non
posset, cum natura media humana sit pars una essentialis
universi, sine qua universum non solum perfectum, sed nec
universum esset, et quod propter hoc necessarium sit, si
aliquando cessat motus, totum universum perire aut homines
ad incorruptibilitatem resurgere, in quibus omnium medio-
rum natura completa est, ita ut alia animalia non sit necesse
resurgere, cum homo sit ipsorum perfectio; aut si resurrectio

führt, geben kann, die Christus nicht als Mittler und Erlöser, Gott und Mensch, Weg, Leben und Wahrheit liebend umfaßt.

Wie unsinnig ist der Irrglauben der Sarazenen! Sie bekennen, daß Christus als der größte und vollkommenste Mensch von der Jungfrau geboren und lebendig in den Himmel aufgenommen wurde und leugnen, daß er Gott ist. Sie sind vollkommen verblendet, da sie sagen, das sei unmöglich. Daraus kann jeder vernünftige Mensch sonnenklar erkennen, daß ein über alles vollkommener und größter, auf übernatürliche Weise aus der Jungfrau geborener Mensch zugleich auch Gott sein muß. Ohne Vernunft verfolgen sie das Kreuz Christi und kennen seine Geheimnisse nicht. Darum werden sie auch nicht die göttliche Frucht seiner Erlösung verkosten, noch erwarten sie nach dem Gesetz ihres Mohammed, das nichts anderes als die Sehnsucht sinnlicher Begierde, die in uns Christi Tod ausgelöscht hat, zu erfüllen verspricht, die unvergängliche Herrlichkeit, die zu erlangen wir hoffend ersehnen.

Ebenso wie sie bekennen auch die Juden, daß der Messias der größte, vollkommenste und unsterbliche Mensch sei. Doch derselben teuflischen Verblendung verfallen, leugnen sie, daß er Gott ist. Sie werden die höchste Seligkeit, Gottes Nähe zu genießen, welche sie — anders als wir Diener Christi — nicht erhoffen, auch nicht erreichen. Und was ich für noch sonderbarer halte, ist, daß die Juden ebenso wie die Sarazenen an eine allgemeine, zukünftige Auferstehung glauben, aber die Möglichkeit durch den Menschen, der auch Gott ist, nicht zulassen.

Denn wenn man auch sagte, daß nach Aufhören der Bewegung von Entstehen und Vergehen die Vollendung des Universums ohne Auferstehung unmöglich wäre — denn die mittlere, menschliche Natur ist ein wesentlicher Teil des Gesamt, ohne den dieses nicht nur nicht vollkommen, sondern auch nicht das Gesamt wäre — und daß, wenn irgendwo die Bewegung aufhörte, das ganze Universum zugrunde ginge oder aber die Menschen zur Unvergänglichkeit erstünden — in ihnen ist als dem Mittleren aller Dinge, die Natur

eapropter futura diceretur, ut totus homo retributionem condignam meritorum a Deo iusto recipiat, tamen adhuc super omnia necessarium est Christum Deum et hominem credi, per quem solum natura humana ad incorruptibilitatem potest pervenire.

Obcaecati itaque sunt omnes resurrectionem credentes et Christum medium possibilitatis ipsius defitentes, cum resurrectionis fides sit divinitatis et humanitatis Christi et ipsius mortis ac resurrectionis affirmatio, qui primogenitus est ex mortuis secundum praemissa. Resurrexit enim, ut ita intraret in gloriam per ascensionem ad caelos. Quem quidem ascensum supra omnem corruptibilitatis motum et influentiam caelorum arbitror intelligendum. Nam cum secundum divinitatem sit ubique, ibi tamen proprius eius locus dicitur, ubi non est ulla umquam mutatio, passio, tristitia et cetera, quae temporalitati accidunt. Et hunc quidem locum aeterni gaudii et pacis supra caelos esse nominamus, licet loco nec apprehensibilis nec descriptibilis aut diffinibilis existat. Ipse centrum atque circumferentia intellectualis naturae est et, cum intellectus omnia ambiat, supra omnia est; in sanctis tamen animabus rationabilibus et spiritibus intellectualibus, quae sunt caeli enarrantes gloriam eius, est requiescens quasi in templo suo.

Sic igitur supra omnem locum et omne tempus ad incorruptibilem mansionem, supra omne id, quod dici potest, intelligimus Christum ascendisse, in hoc quod supra omnes caelos ascendit, ut adimpleret omnia; qui cum sit Deus, est omnia in omnibus, et ipse regnat in caelis illis intellectualibus, cum sit ipsa veritas, et non secundum locum potius in circumferentia quam centro sedens, cum sit centrum omnium rationabilium spirituum, ut vita eorum. Et propter

erfüllt, so daß es nicht nötig wäre, daß die anderen Lebewesen auferstehen, da der Mensch deren Vollendung ist — oder wenn die Auferstehung deswegen als eine zukünftige bezeichnet würde, damit so der ganze Mensch die völlig gebührende Wiedergutmachung von Gott dem Gerechten erhalte: dann wäre es dennoch über alles notwendig, an Christus als an den Gott und Menschen, durch den allein die menschliche Natur zur Unvergänglichkeit gelangen kann, zu glauben.

Da der Glaube an die Auferstehung zugleich auch die Bezeugung der Gottheit und Menschheit Christi, die Bejahung seines Todes und seiner Auferstehung ist — Christus ist ja, wie wir gesagt haben, der Erstgeborene von den Toten — sind alle mit Blindheit geschlagen, die an die Auferstehung glauben, Christus jedoch, der sie allein möglich macht, leugnen. Er ist nämlich erstanden, damit er so durch die Himmelfahrt in die Herrlichkeit eintrete. Dieser Aufstieg, glaube ich, muß jenseits aller vergänglichen Bewegung und jenseits von allem Einfluß der Himmelskörper verstanden werden, denn, obwohl Christus seiner Gottheit entsprechend überall ist, so ist sein Ort dort, wo es keine Veränderung, Leiden, Traurigkeit und alles übrige, das der Zeitlichkeit eigen ist, gibt. Von diesem Ort ewiger Freude und ewigen Friedens sagen wir, daß er über den Himmeln sei, wenn er sich auch in Wirklichkeit an einem Ort befindet, der weder begreiflich noch beschreibbar oder begrenzbar ist. Er ist Mittelpunkt und Umkreis der geistigen Natur und, da das Geistige alles umfaßt, über allem; in den heiligen, geistigen Seelen und den vernünftigen Geistern, welche die Himmel sind, die seine Herrlichkeit verkünden, ruht er gleichsam wie in seinem Tempel.

So sehen wir, daß Christus über jeden Ort und jede Zeit zu unvergänglichem Aufenthalt emporgestiegen ist, und zwar darin, daß er, um alles zu erfüllen, sich über alle Himmel erhob. Als Gott ist er alles in allem. Da er die Wahrheit ist, herrscht er in jenen geistigen Himmeln und befindet sich diesem Ort gemäß im Umkreis nicht mehr als im Mittelpunkt, da er der Mittelpunkt und das Leben aller vernünftigen Geister ist. Deshalb auch bezeugt er, der Le-

hoc intra homines hoc regnum caelorum etiam esse ipsa affirmat, qui est fons vitae animarum finisque earum.

IX.

Christus iudex est vivorum et mortuorum

Quis iudex iustior quam qui et ipsa iustitia? Christus enim, caput et principium omnis rationalis creaturae, est ipsa ratio maxima, a qua est omnis ratio; ratio autem est iudicium discretivum faciens. Unde merito vivorum et mortuorum iudex est, qui cum omnibus rationabilibus creaturis humanam naturam rationabilem assumpsit manens Deus, qui est remunerator omnium. Iudicat autem supra omne tempus per se et in se omnia, quoniam complectitur omnes creaturas, cum sit maximus homo, in quo omnia, quia Deus. Ut Deus, est lux infinita, in quo non sunt tenebrae; quae quidem lux omnia illuminat, ita ut omnia in ipsa luce sint ipsi luci manifestissima.

Haec enim infinita lux intellectualis supra omne tempus ita praesens sicut praeteritum, ita vivum sicut mortuum complicat, sicut lux corporalis hypostasis est omnium colorum.

Christus autem est ut ignis purissimus, qui est inseparabilis a luce, et in se non subsistit, sed in luce et est ignis ille spiritualis vitae et intellectus, qui ut omnia consumens, intra se receptans, omnia probat et iudicat quasi iudicium materialis ignis, cuncta examinans.

Iudicantur autem in Christo omnes rationales spiritus, quasi ignibile in igne, quorum aliud persistenter in ipso transformatur in similitudinem ignis — ut aurum optimum atque perfectissimum ita est aurum et adeo vehementer ignitum, ut appareat non plus aurum quam ignis —, et aliud non intantum participat de intensitate ignis, uti argentum depuratum aut aes aut ferrum; omnia tamen transformata in ignem videntur, licet quodlibet in gradu suo.

bensquell und das Endziel der Seelen, daß dieses Himmelreich in den Menschen sei.

IX.

Christus ist Richter der Lebenden und der Toten

Welcher Richter ist gerechter, als jener, der die Gerechtigkeit selber ist? Christus nämlich, Haupt und Ursprung jeder vernünftigen Kreatur ist die größte Vernunft und der letzte Wesenssinn. Davon stammt jede Vernunft und jeder Wesenssinn. Die verständige Vernunft bewirkt ein unterscheidendes Urteil. Daher ist derjenige mit Recht Richter über Lebende und Tote, der mit allen vernünftigen Geschöpfen die Vernunftnatur des Menschen annahm und doch Gott, der Vergelter aller, blieb. Jenseits aller Zeit richtet er durch sich und in sich alles, da er als der größte Mensch alles umfaßt. In ihm ist alles, weil er Gott ist. Als Gott ist er das unbegrenzte Licht, in dem es keine Finsternis gibt; das Licht, das alles erleuchtet, so daß alles im Lichte selbst für dieses Licht völlig offenbar ist.

Wie das körperliche Licht die Hypostase aller Farben ist, so schließt dieses überzeitliche, unendliche, geistige Licht, das Gegenwärtige wie das Vergangene, das Lebende wie das Gestorbene in sich ein.

Christus aber ist wie das reinste Feuer, das untrennbar vom Licht ist und nicht in sich, sondern im Licht Bestand hat; er ist jenes Feuer des Geistes und des geistigen Lebens, das alles verzehrend und in sich aufnehmend, bewertet und richtet, so wie ein wirkliches Feuer alles prüft.

Wie Brennbares im Feuer, werden in Christus alle vernünftigen Geister geschieden: das eine wird, im Feuer verharrend, in etwas ihm Ähnliches umgewandelt — wie das beste und vollkommenste Gold Gold bleibt und doch so feurig ist, daß es uns eher als Feuer denn als Gold erscheint — das andere aber, wie das entschlackte Silber oder Erz oder Eisen, hat nicht so sehr an der Intensität des Feuers teil und wird nur seiner Stufe gemäß in Feuer umgewandelt.

Et hoc iudicium est ignis tantum, non ignitorum, cum quodlibet ignitum in quolibet ignito ignem illum ardentissimum tantum apprehendat et non differentiam ignitorum; quasi uti nos, si fusum aurum et argentum atque cuprum in maximo igne conspiceremus, differentias metallorum, postquam in ignis formam transformata sunt, non apprehendimus. Ignis autem ipse si intellectualis foret, gradus perfectionis cuiusque sciret, et ad quantum secundum gradus ipsos capacitas intensitatis ignis in quolibet differenter se haberet.

Unde, uti quaedam ignibilia sunt in igne incorruptibiliter perseverantia, capabilia lucis et caloris, quae in similitudinem ignis sunt transformabilia propter sui puritatem, et hoc differenter secundum plus et minus, quaedam vero sunt, quae propter impuritatem suam, etiam si sint calefactibilia, non tamen in lucem transformabilia: ita Christus iudex secundum unicum simplicissimum atque indiversum iudicium in uno momento omnibus iustissime et absque invidia quasi ordine naturae, non temporis, calorem creatae rationis communicat, ut recepto calore lumen intellectuale divinum desuper infundat; ut sit Deus omnia in omnibus et omnia per ipsum mediatorem in Deo, et aequales ipsi, quanto hoc secundum capacitatem cuiusque possibilius fuerit. Sed quod quaedam propter hoc, quia magis unita et pura sint, non tantum caloris, sed et lucis perceptibilia, et alia vix caloris, sed non lucis, accidit ex indispositione subiectorum.

Unde, cum lux illa infinita sit ipsa aeternitas atque veritas, necesse est, ut rationalis creatura, quae per ipsam illuminari desiderat, ad vera et aeterna se convertat supra ista mundana et corruptibilia. Contrario modo se habent corporalia et spiritualia.

Virtus enim vegetativa corporalis est, quae convertit alimentum ab extrinseco receptum in naturam aliti; et non convertitur animal in panem, sed e converso.

Und dieses Urteil kommt nur dem Feuer zu, nicht dem Feurigen, da jedes Feurige in jedem Feurigen nur das brennende Feuer begreift und nicht die Unterschiedlichkeit des Feurigen; so wie wir, wenn wir einen Gold-, Silber- und Kupfer-Guß in großem Feuer ansehen, die Unterschiede der Metalle, nachdem sie in die Gestalt des Feuers umgewandelt sind, nicht erkennen. Wenn aber das Feuer selbst ein geistiges Wesen wäre, so würde es den Vollkommenheitsgrad wissen. Und es würde erkennen, wie sich — diesem Grade entsprechend — die Aufnahmefähigkeit der Intensität des Feuers in jedem verschieden verhält.

Wie es entzündbare Stoffe gibt, die im Feuer unzerstörbar verharren und fähig sind, Licht und Wärme aufzunehmen, und wegen ihrer Reinheit in unterschiedlicher Weise gemäß dem Mehr oder Weniger in etwas dem Feuer ähnliches umgewandelt werden können, und wie es andere gibt, die wegen ihrer Unreinheit, auch wenn sie erwärmt werden können, dennoch nicht in Licht verwandelbar sind — so teilt Christus, der Richter, nach seinem einzigen, einfachen und unteilbaren Urteil in einem Augenblick allem neidlos und gerecht in der Ordnung der Natur, nicht der Zeit, die Wärme der geschaffenen Vernunft mit, um, nachdem diese Wärme aufgenommen wurde, das göttliche, geistige Licht vom Himmel in sie herabzugießen, auf daß Gott alles in allem und alles durch ihn, den Mittler in Gott sei, und ihm gleich werde, soweit dies der Aufnahmefähigkeit eines jeden möglich ist. Daß aber manche, weil sie geeinter und reiner sind, nicht nur wärme-, sondern auch lichtempfänglich und andere kaum wärmeempfänglich, geschweige lichtempfänglich sind, beruht auf der ungenügenden Fähigkeit dieser Dinge.

Da dieses unendliche Licht die Ewigkeit und Wahrheit selbst ist, muß das vernünftige Geschöpf, das von ihm erleuchtet zu werden begehrt, sich über dieses Irdische und Vergängliche hinaus dem Wahren und Ewigen zuwenden. Das Körperliche und Geistige verhält sich zueinander gegensätzlich.

Die vegetative Kraft ist körperlich. Sie verwandelt die von außen aufgenommene Nahrung in die Natur des Ernährten; das Lebewesen wird nicht in Brot verwandelt, sondern umgekehrt.

Spiritus autem intellectualis, cuius operatio est supra tempus quasi in horizonte aeternitatis, quando se ad aeterna convertit, non potest ipsa in se convertere, cum sint aeterna et incorruptibilia.

Sed nec ipse, cum sit incorruptibilis, ita se in ipsa convertit, ut desinat esse intellectualis substantia; sed convertitur in ipsa, ut absorbeatur in similitudinem aeternorum, secundum gradus tamen, ut magis ad ipsa et ferventius conversus magis et profundius ab aeternis perficiatur et abscondatur eius esse in ipso aeterno esse.

Christus autem cum sit immortalis amplius et vivat et sit vita et veritas, qui se ad ipsum convertit, ad vitam se convertit et ad veritatem; et quanto hoc ardentius, tanto magis a mundanis et corruptibilibus se ad aeterna elevat, ut vita sua sit abscondita in Christo. Virtutes enim sunt aeternae, iustitia permanet in saeculum saeculi; ita et veritas.

Qui se ad virtutes convertit, ambulat in viis Christi, quae sunt viae puritatis et immortalitatis. Virtutes verae divinae illuminationes sunt. Quare qui se in hac vita per fidem ad Christum convertit, qui est virtus, dum de hac temporali vita absolvetur, in puritate spiritus reperietur, ut intrare possit ad gaudium aeternae apprehensionis.

Conversio vero spiritus nostri est, quando secundum omnes suas potentias intellectuales ad ipsam purissimam aeternam veritatem se convertit per fidem, cui omnia postponit, et ipsam talem veritatem solam amandam eligit atque amat. Conversio enim per fidem certissimam ad veritatem, quae Christus est, est mundum istum deserere atque in victoria calcare. Ipsum autem ardentissime amare est per spiritualem motum in ipsum pergere, quia ipse non tantum amabilis, sed caritas ipsa. Dum enim spiritus pergit per gradus amoris ad ipsam caritatem, in ipsam caritatem non quidem temporaliter, sed supra omne tempus et omnem mundanum motum profundatur.

Der vernünftige Geist aber, dessen Tun jenseits der Zeit gleichsam im Horizont der Ewigkeit liegt, kann, wenn er sich dem Ewigen zukehrt, dieses nicht in sich selbst verwandeln, da es ewig und unvergänglich ist.

Er kann sich auch nicht, da er unvergänglich ist, so in dieses verwandeln, daß er aufhörte, vernünftige Substanz zu sein. Er verwandelt sich vielmehr so in es, daß er in die Ähnlichkeit des Ewigen aufgenommen wird; dies geschieht stufenweise, so daß er, je mehr und je glühender er dem Ewigen zugekehrt ist, um so stärker und tiefer vom Ewigen vollendet und sein Sein im ewigen Sein geborgen wird.

Da Christus unsterblich ist, lebt und das Leben und die Wahrheit ist, wendet sich jeder, der sich ihm zukehrt, dem Leben und der Wahrheit zu. Und je inniger er das tut, um so weiter erhebt er sich vom Irdischen und Vergänglichen zum Ewigen, so daß sein Leben in Christus geborgen ist. Die Tugenden nämlich sind ewig, die Gerechtigkeit durchdauert die Zeiten; so auch die Wahrheit.

Wer sich den Tugenden zuwendet, geht auf den Wegen Christi, den Wegen der Reinheit und Unsterblichkeit. Die Tugenden aber sind göttliche Erleuchtungen; wer sich daher in diesem Leben Christus, der die Tugend ist, durch den Glauben zuwendet, der wird, wenn er von diesem zeitlichen Leben erlöst ist, in der Reinheit des Geistes erfunden werden und zur Freude ewigen Besitzes eingehen können.

Die Umkehr aber vollzieht unser Geist, wenn er sich allen seinen geistigen Fähigkeiten gemäß zur reinsten, ewigen Wahrheit durch den Glauben, den er allem voransetzt, wendet und diese Wahrheit als allein liebenswürdig erwählt und liebt. Die durch festen Glauben zustande kommende Umkehr zur Wahrheit, die Christus ist, bedeutet diese Welt verlassen und zum Sieg gelangen. Ihn aber brennend lieben heißt: in geistiger Bewegung in ihn eindringen, da er selbst nicht nur liebenswürdig, sondern die Liebe selbst ist. Wenn nämlich der Geist durch die Stufen der Zuneigung zur Liebe selbst dringt, wird er in diese Liebe nicht zeitlich, sondern über alle Zeit und jede irdische Bewegung versenkt.

Sicut igitur omnis amans est in amore, ita omnes veritatem amantes in Christo; et sicut omnis amans est per amorem amans, ita omnes amantes veritatem per Christum sunt ipsam amantes. Hinc nemo novit veritatem, nisi spiritus Christi fuerit in illo. Et sicut impossibile est amantem esse sine amore, ita impossibile est quem habere Deum sine spiritu Christi, in quo spiritu tantum Deum adorare valemus. Propter quod increduli ad Christum non conversi, incapaces luminis gloriae transformationis, iam iudicati sunt ad tenebrositatem et umbram mortis, a vita aversi, quae Christus est; de cuius tantum plenitudine omnes in gloria satiantur per unionem. De qua infra, cum de ecclesia loquemur, ex eodem fundamento pro consolatione nostra nonnulla subiciam.

X.

De sententia iudicis

Neminem mortalium comprehendere iudicium illud ac eius iudicis sententiam manifestum est, quoniam, cum sit supra omne tempus et motum, non discussione comparativa vel praesumptiva ac prolatione vocali et signis talibus expeditur, quae moram et protractionem capiunt.

Sed sicut in Verbo omnia creata sunt — quoniam dixit et facta sunt —, ita in eodem Verbo, quod et ratio dicitur, omnia iudicantur. Nec inter sententiam et executionem quidquam interest, sed hoc est, quod in momento fit, scilicet quod et resurrectio et apprehensio finis differenter glorificatio in translatione filiorum Dei et damnatio in exclusione aversorum nullo etiam indivisibili temporis momento distinguuntur.

Intellectualis natura, quae supra tempus est et corruptioni temporali non subdita, ex sui natura intra se formas incor-

Wie nämlich jeder Liebende in der Liebe ist, so ist jeder, der die Wahrheit liebt, in Christus. Und wie jeder Liebende durch die Liebe Liebender ist, so lieben alle, die die Wahrheit lieben, diese durch Christus. Daher weiß niemand die Wahrheit, es sei denn, der Geist Christi wäre zuvor in ihm. Und wie es unmöglich ist, ein Liebender zu sein ohne Liebe, so ist es unmöglich, Gott ohne den Geist Christi zu haben, in dessen Geist allein wir Gott anbeten können. Deshalb sind die Ungläubigen, die sich Christus nicht zugewandt haben, des Lichtes, das uns zur Herrlichkeit verwandelt, unfähig; sie sind schon abgekehrt vom Leben, das Christus ist, in dessen Fülle allein alle durch Einung in Herrlichkeit gesättigt werden, zu Finsternis und Todesschatten verurteilt. Später, wenn wir über die Kirche sprechen, werde ich zu unserem Trost, von demselben Grund ausgehend, noch einiges dazu sagen.

X.

Der Spruch des Richters

Daß kein Sterblicher dieses Gericht und dessen Ausspruch begreift, ist offenbar. Über alle Zeit und Bewegung erhaben, wird es nämlich nicht durch vergleichende oder von Voraussetzungen ausgehende Erörterung und durch stimmliches Aussprechen und ähnliche Zeichen, die Verweilen und zeitliche Ausdehnung beanspruchen, vollzogen.

Wie im Wort alles geschaffen ist — er sprach und es wurde —, so werden in ebendemselben Wort, das auch Wesenssinn genannt wird, alle gerichtet. Auch gibt es zwischen Spruch und Ausführung keine zeitliche Dauer; in einem Augenblick vollzieht sich beides; Auferstehung und Erreichen des Zieles — verschieden als Verherrlichung in der Verwandlung der Kinder Gottes und als Verdammnis im Ausschluß der Abgekehrten — werden durch keinen noch so geringen Augenblick der Zeit unterschieden.

Die geistige, über die Zeit erhabene und der zeitlichen Vergänglichkeit nicht unterworfene Natur umfaßt in sich aus

ruptibiles complectens, ut puta mathematicas suo modo abstractas, et etiam naturales, quae in ipsa intellectuali absonduntur et transformantur de facili, quae sunt nobis manuductiva signa incorruptibilitatis eius, quia locus incorruptibilium incorruptibilis, naturali motu ad veritatem movetur abstractissimam, quasi ad finem desideriorum suorum ac ad ultimum obiectum delectabilissimum. Et quoniam hoc tale obiectum est omnia, quia Deus, insatiabilis intellectus quousque attingat ipsum, immortalis et incorruptibilis est, cum non satietur nisi in obiecto aeterno.

Quod si intellectus absolutus ab hoc corpore, in quo opinionibus ex tempore subicitur, ad optatum finem non pertingit, sed potius, cum appetat veritatem, cadit in ignorantiam et cum ultimo desiderio non aliud desideret quam ipsam veritatem non in aenigmate aut signis, sed certitudinaliter facietenus apprehendere, tunc, cum ob aversionem ipsius a veritate in hora separationis et conversionem ad corruptibile cadat ad desideratum corruptibile, ad incertitudinem et confusionem in ipsum tenebrosum chaos merae possibilitatis, ubi nihil certi actu, recte ad intellectualem mortem descendisse dicitur.

Est enim animae intellectuali intelligere esse, et intelligere desideratum est sibi vivere. Propter hoc, sicut ei est vita aeterna apprehendere ultimo desideratum stabile aeternum, ita est ei mors aeterna separari ab illo stabili desiderato et praecipitari in ipsum chaos confusionis, ubi igne perpetuo cruciatur modo suo, a nobis non intelligibili aliter quam ut cruciatur privatus vitali alimento et sanitate, et non illis tantum, sed et spe aliquando assequendi, ut sine exstinctione et fine semper moriatur agonizando. Haec est vita aerumnosa supra id, quod cogitari potest; quae ita est vita, ut sit mors; quae ita est esse, ut sit non esse; quae ita est intelligere, ut sit ignorare.

sich selbst die unvergänglichen Formen, z. B. die mathematischen, die auf ihre Weise abstrakt sind, und auch die natürlichen, die in der geistigen Natur selbst verborgen sind und leicht umgewandelt werden; diese sind für uns Hilfszeichen ihrer Unvergänglichkeit, weil sie der unvergängliche Ort des Unvergänglichen ist; durch natürliche Bewegung wird die geistige Natur zu der von allem befreiten Wahrheit bewegt, zu dem Ziel ihres Begehrens und dem letzten wundervollsten Gegenstand. Wenn dieser Gegenstand — Gott — alles ist, ist der Geist, der nicht eher gestillt werden kann, als bis er ihn erreicht, unsterblich und unvergänglich, denn nur im ewigen Gegenüber findet er Sättigung.

Wenn der Geist, losgelöst von diesem Körper, in dem er den Meinungen der Zeit unterworfen ist, nicht zum ersehnten Ziel gelangt, sondern vielmehr in seinem Streben nach Wahrheit, in Unwissenheit fällt — obwohl er mit tiefstem Begehr nichts anderes ersehnt als nicht in Spiegel oder Zeichen, sondern von Angesicht zu Angesicht die Wahrheit in Gewißheit zu begreifen — wenn er dann wegen seiner Abkehr von der Wahrheit in der Stunde der Trennung und wegen seiner Hinkehr zum Vergänglichen dem vergänglichen Begehr anheimfällt, der Unsicherheit und Verwirrung hin zum schattenhaften Chaos bloßer Möglichkeit, wo es nichts Gewisses in der Wirklichkeit gibt, dann sagt man mit Recht, er sei in den geistigen Tod herabgesunken.

Erkennen ist das Sein der geistigen Seele; das Ersehnte zu erkennen, ihr Leben. Ebenso wie es für sie ewiges Leben bedeutet, das Letzt-Erstrebte, Beständige, Ewige zu erfassen, bedeutet es darum auch ewigen Tod für sie, von jenem beständigen Erstrebten getrennt und in dieses Chaos der Verwirrung gestürzt zu werden, wo sie mit immerwährendem Feuer gequält wird; und zwar auf eine Art, die von uns nicht anders verstanden werden kann, als daß die Seele, nicht nur der Lebensspeise und Gesundheit beraubt, sondern auch der Hoffnung, sie einst zu erlangen, gequält wird, so daß sie in immerwährendem Todeskampf stirbt. Dies ist ein Leben, trübseliger als alles, was man denken kann: ein Leben, das als Leben Tod ist; als Sein Nicht-Sein; als Erkennen Nichts-Wissen.

Et quoniam in antehabitis probatum est, quod supra omnem motum et tempus et quantitatem et cetera tempori subdita resurrectio hominum est, ita quod corruptibile in incorruptibile, animale in spirituale resolvitur, ut totus homo sit suus intellectus, qui est spiritus, et corpus verum sit in spiritu absorptum, ut non sit corpus in se, quasi in suis corporalibus quantificativis et temporalibus proportionibus, sed translatum in spiritum, quasi contrario modo ad hoc nostrum corpus, ubi non videtur intellectus, sed corpus, in quo ipse intellectus quasi incarceratus apparet — ibi vero corpus est ita in spiritu, sicut hic spiritus in corpore, et propter hoc ut hic anima aggravatur per corpus, ita ibi corpus alleviatur per spiritum — hinc, ut gaudia spiritualia vitae intellectualis sunt maxima, quae et ipsum corpus glorificatum in spiritu participat, ita infernales tristitiae spiritualis mortis sunt maximae, quas et corpus in spiritu recipit. Et quoniam Deus noster, qui apprehensus est vita aeterna, est supra omnem intellectum comprehensibilis, tunc aeterna illa gaudia, omnem intellectum nostrum excedentia, maiora sunt quam ullo signo tradi possint.

Pariformiter et poenae damnatorum supra omnes cogitabiles atque descriptibiles poenas existunt. Quare in omnibus illis musicalibus harmonicis signis gaudii, laetitiae, gloriae, quae ut signa cognita nobis cogitandi indicia vitae aeternae a patribus tradita reperiuntur, sunt remotissima quaedam signa sensibilia, per infinitum distanter ad ipsa intellectualia, nulla imaginatione perceptibilia. Ita et poenis infernalibus, quae aut igni elementali sulphureo ac pice et ceteris cruciatibus sensibilibus assimilantur, nullam comparationem habent ad igniles illas intellectuales aerumnas, a quibus nos Iesus Christus, vita et salvatio nostra, praeservare dignetur, qui est in saecula benedictus. Amen.

Im vorhergehenden wurde gezeigt, daß die Auferstehung der Menschen jenseits aller Bewegung, Zeit, Quantität und des übrigen, das der Zeit unterstellt ist, liegt, so daß das Vergängliche in Unvergängliches, das Tierische in Geistiges aufgelöst wird; daß der ganze Mensch sein Erkennen ist, das Geist ist, und der Körper wahrhaft im Geist aufgenommen wird; dann ist er nicht Körper in sich, in seiner körperhaften Ausdehnung und in seinen zeitlichen Proportionen, sondern in Geist übergeführt — wie im Gegensatz zu diesem unserem Körper, wo man nicht den Verstand sieht, sondern den Körper, in dem der Verstand eingekerkert erscheint; dort aber ist der Körper so im Geist, wie hier der Geist im Körper. Darum wird, wie hier die Seele durch den Körper beschwert, so dort der Körper durch den Geist erhoben. Wie daher von den geistigen Freuden des vernünftigen Lebens jene die größten sind, an denen auch der verherrlichte Körper im Geist teilhat, so ist jene höllische Traurigkeit des geistigen Todes, die auch der Körper im Geiste aufnimmt, die größte. Und weil unser Gott, der, wenn man ihn begriffen hat, das ewige Leben bedeutet, jenseits jeder Einsicht begreifbar ist, so sind auch jene, unsere ganze Einsicht übersteigenden, ewigen Freuden zu groß, um in irgendeinem Zeichen überliefert werden zu können.

Aber gleichermaßen überragen auch die Strafen der Verdammten alle denkbaren und beschreibbaren Strafen. Daher finden sich in allen jenen harmonischen Melodien, den Zeichen der Freude, des Frohlockens, der Verherrlichung, welche uns als erkannte Zeichen und Denkmäler des ewigen Lebens von den Vätern überliefert sind, nur tief verborgene, sinnliche Zeichen, unendlich weit entfernt von jenen in keiner Vorstellungskraft erreichbaren geistigen Freuden. Auch für die Höllen-Strafen, die mit Schwefel und Pech und den übrigen, sinnlichen Quälereien verglichen werden, gibt es keinen Vergleich mit jenen brennenden Qualen des Geistes, vor denen uns Jesus Christus, unser Leben und unser Heil, der in Ewigkeit gepriesen sei, zu bewahren für würdig erachten möge.

XI.

Mysteria fidei

Maiores nostri omnes concordanter asserunt fidem initium esse intellectus. In omni enim facultate quaedam praesupponuntur ut principia prima, quae sola fide apprehenduntur, ex quibus intelligentia tractandorum elicitur.

Omnem enim ascendere volentem ad doctrinam credere necesse est hiis, sine quibus ascendere nequit. Ait enim Isaias: „Nisi credideritis, non intelligetis[1]." Fides igitur est in se complicans omne intelligibile. Intellectus autem est fidei explicatio. Dirigitur igitur intellectus per fidem, et fides per intellectum extenditur. Ubi igitur non est sana fides, nullus est verus intellectus. Error principiorum et fundamenti debilitas qualem conclusionem subinferant, manifestum est. Nulla autem perfectior fides quam ipsamet veritas, quae Iesus est.

Quis non intelligit excellentissimum Dei donum esse rectam fidem? Iohannes Apostolus ait fidem incarnationis Verbi Dei nos in veritatem ducere, ut Dei filii efficiamur; et hanc in primordio simpliciter aperit, deinde multa Christi opera enarrat secundum ipsam fidem, ut intellectus illuminetur in fide. Quapropter hanc finaliter conclusionem subinfert dicens: „Haec quidem scripta sunt, ut credatis, quoniam Iesus est Filius Dei[2]."

Potest autem Christi sanissima fides, in simplicitate constanter firmata, gradibus ascensionum extendi et explicari secundum datam ignorantiae doctrinam. Maxima enim et profundissima Dei mysteria in mundo ambulantibus, quamquam sapientibus absondita, parvulis et humilibus in fide Iesu revelantur, quoniam Iesus est, in quo omnes thesauri sapientiae et scientiarum absonditi sunt, sine quo nemo

---

[1] Isaias 7, 9; Vulgata; die Übersetzung nach dem hebräischen Text lautet: „Wenn ihr nicht glauben werdet, werdet ihr keinen Bestand haben."
[2] Joh. 20, 31.

XI.

Die Geheimnisse des Glaubens

Alle unsere Vorfahren bezeugten einstimmig, daß der Glaube der Anfang des Erkennens sei. In jedem Gebiet des Könnens werden gewisse Dinge, die allein durch den Glauben begriffen werden, als erste Prinzipien vorausgesetzt; aus ihnen gewinnt man die Einsicht in das, was behandelt werden soll.

Jeder, der zum Wissen aufsteigen will, muß notwendig an das glauben, was ihm diesen Aufstieg ermöglicht. Isaias sagt: „Wenn ihr nicht glaubt, werdet ihr nicht erkennen." Der Glaube also schließt in sich alles einsichtig Erkennbare ein. Das vernünftige Denken aber ist die Entfaltung des Glaubens. Es wird vom Glauben geleitet und der Glaube von ihm ausgebreitet. Wo also kein gesunder Glaube ist, ist keine wahre Erkenntnis. Zu welchen Schlußfolgerungen der Irrtum in den Prinzipien und die Schwäche im Fundament führen, ist offenbar. Kein Glaube aber ist vollkommener als die Wahrheit selbst, Jesus Christus.

Wer würde nicht einsehen, daß ein richtiger Glaube das herrlichste Geschenk Gottes ist? Der Apostel Johannes sagt, daß der Glaube an das fleischgewordene Wort Gottes uns in die Wahrheit einführe, so daß wir Söhne Gottes werden; dies erschließt er im Prolog schlicht und einfach; dann zählt er, dem Glauben gemäß, viele Werke Christi auf, damit der Intellekt im Glauben erleuchtet werde. Daher schließt er am Ende und sagt: „Dies ist geschrieben worden, damit ihr glaubet, daß Jesus der Sohn Gottes ist." Der heilige Glaube an Christus, der in Einfachheit fest begründet ist, kann der dargelegten Lehre der wissenden Unwissenheit gemäß stufenweise immer weiter entwickelt und entfaltet werden. Die größten und tiefsten Geheimnisse Gottes bleiben denen verborgen, die in der Welt wandeln, mögen sie noch so weise sein, und werden den Kleinen und Demütigen im Glauben

quidquam facere potest. Nam est Verbum et potentia, per quam Deus fecit et saecula, super omnia, quae in caelo et in terra sunt, potestatem habens solus altissimus.

Qui cum in hoc mundo non sit cognoscibilis, ubi ratione et opinione aut doctrina ducimur in symbolis per notiora ad incognitum, ibi tantum apprehenditur, ubi cessant persuasiones et accedit fides; per quam in simplicitate rapimur, ut supra omnem rationem et intelligentiam in tertio caelo[1] simplicissimae intellectualitatis ipsum in corpore incorporaliter, quia in spiritu, et in mundo non mundialiter, sed caelestialiter contemplemur incomprehensibiliter, ut et hoc videatur, ipsum scilicet comprehendi non posse propter excellentiae suae immensitatem. Et haec est illa docta ignorantia, per quam ipse beatissimus Paulus ascendens vidit se Christum, quem aliquando solum scivit, tunc ignorare, quando ad ipsum altius elevabatur.

Ducimur igitur nos Christifideles in docta ignorantia ad montem, qui Christus est, quem tangere cum natura animalitatis nostrae prohibiti sumus; et oculo intellectuali dum inspicere ipsum conamur, in caliginem incidimus, scientes intra ipsam caliginem montem esse, in quo solum beneplacitum est habitare omnibus intellectu vigentibus. Quem si cum maiori fidei constantia accesserimus, rapiemur ab oculis sensualiter ambulantium, ut auditu interiori voces et tonitrua et terribilia signa maiestatis eius percipiamus, de facili percipientes ipsum solum Dominum, cui oboediunt universa, pervenientes gradatim ad quaedam incorruptibilia vestigia pedum eius, quasi ad quosdam divinissimos characteres, ubi vocem non creaturarum mortalium, sed ipsius Dei in sanctis organis et signis prophetarum et sanctorum audientes clarius ipsum quasi per nubem rariorem intuemur.

---

[1] 2 Kor. 12,2.

Jesu offenbar: denn Jesus ist es, in dem alle Schätze der Weisheit und Wissenschaft verborgen sind und ohne den niemand etwas tun kann. Denn er ist das Wort und die Macht, durch die Gott die Zeiten schafft, allein der Höchste und mächtig über alles, was im Himmel und auf Erden ist.

Da er in dieser Welt, in der wir durch Verstand, Meinung oder Wissen in Symbolen von Bekanntem und Unbekanntem geführt werden, nicht erkennbar ist, wird er nur dort begriffen, wo die Wortbeweise aufhören und der Glaube beginnt. Durch diesen werden wir zur Einfachheit emporgeführt, auf daß wir jenseits jedes Verstandes und jeder Einsicht im dritten Himmel einfachster Geistigkeit ihn im Körper, aber unkörperlich, weil im Geiste, und in der Welt, aber nicht weltlich, sondern himmlisch in unbegreiflicher Weise schauen und auch erkennen, daß wir ihn seiner alles überragenden Unermeßlichkeit wegen nicht begreifen können. Dies ist jene wissende Unwissenheit, durch die der heilige Paulus zu der Erkenntnis kam, daß er von Christus, den er einstmals nur kannte, weniger wissen würde, wenn er höher erhoben würde.

Wir Christgläubigen werden in wissender Unwissenheit zu dem Berg geführt, der Christus ist; aber ihn zu berühren hindert uns unsere tierische Natur; und sobald wir versuchen, ihn mit unseren geistigen Augen zu sehen, geraten wir in Dunkelheit, wissend, daß in ihr jener Berg ist, auf dem allein es für alle, die starken Geistes sind, schön ist zu wohnen. Wenn wir ihm mit der Standhaftigkeit größeren Glaubens nahen, werden wir den Augen jener, die im Sinnlichen verweilen, entrückt; dann vernehmen wir mit innerem Ohr die Stimme, den Donner und die furchterregenden Zeichen seiner Majestät und erkennen sogleich, daß er allein der Herr ist, dem das Universum gehorcht; allmählich gelangen wir zu den unvergänglichen Spuren seiner Füße, als zu den Zeichen des Göttlichen. Dort hören wir nicht mehr die Stimme sterblicher Geschöpfe, sondern in heiligen Werken und Zeichen von Propheten und Heiligen vernehmen wir die Stimme Gottes selbst und sehen ihn wie durch eine weniger dichte Wolke deutlicher.

Deinde ardentiori desiderio fideles continuo ascendentes ad intellectualitatem simplicem rapiuntur, omnia sensibilia transilientes, quasi de somno ad vigiliam, de auditu ad visum pergentes; ubi ea videntur, quae revelari non possunt, quoniam supra omnem auditum sunt et vocis doctrinam. Nam si dici deberent ibi revelata, tunc non dicibilia dicerentur, non audibilia audirentur, sicut invisibile ibi videtur. Iesus enim in saecula benedictus, finis omnis intellectionis, quia veritas, et omnis sensus, quia vita, omnis denique esse finis, quia entitas, ac omnis creaturae perfectio, quia Deus et homo, ibi ut terminus omnis vocis incomprehensibiliter auditur. De ipso enim omnis vox prodiit et ad ipsum terminatur; quidquid veri in voce est, ab ipso est. Omnis vox ad doctrinam est; ad ipsum est igitur, qui ipsa sapientia est. „Omnia quaecumque scripta sunt, ad nostram doctrinam scripta sunt[1]." Voces in scripturis figurantur.

„Verbo Domini caeli firmati sunt[2]"; omnia igitur creata signa sunt Verbi Dei. Omnis vox corporalis verbi mentalis signum. Omnis mentalis verbi corruptibilis causa est Verbum incorruptibile, quod est ratio. Christus est ipsa incarnata ratio omnium rationum, quia Verbum caro factum est. Iesus igitur finis est omnium.

Talia quidem ascendenti ad Christum per fidem manifestantur gradatim. Cuius fidei divina efficacia inexplicabilis est; nam unit credentem cum Iesu, si magna fuerit, ut supra omnia sit, quae in unitate cum ipso Iesu non sunt. Hic enim, si integra est fides in virtute Iesu, cui unitur, supra naturam et motum potestatem habens etiam spiritibus malignis imperat; et mirabilia non ipse, sed in ipso et per ipsum Iesus operatur, ut sanctorum gesta exempla tradunt.

---

[1] Röm. 15, 4.
[2] Psalm 32, 6.

Dann werden die Gläubigen, die in brennendem Verlangen unaufhörlich emporstreben, zur vollkommen einfachen Geistigkeit entrückt, indem sie alles Sinnliche überschreitend, vom Schlaf zum Wachen, vom Hören zum Sehen gelangen; dort schauen sie, was nicht geoffenbart werden kann, da es jenseits allen Vernehmens und aller Belehrung der Sprache steht. Denn wenn das dort Geoffenbarte gesagt werden sollte, würde das Unsagbare gesagt, das Unhörbare gehört, wie dort das Unsichtbare gesehen wird. Jesus, der in Ewigkeit gepriesen sei, und der als die Wahrheit das Ziel jeder Einsicht, als das Leben, das Ziel allen Sinnes, als die Seiendheit das Ziel jeden Seins, als Gott und Mensch die Vollkommenheit jeder Kreatur ist, wird dort als die Ziel-Grenze jeden Wortes auf unbegreifliche Weise vernommen. Jede Sprache nimmt von ihm ihren Ausgang und findet in ihm ihr Ziel. Was an Wahrheit in ihr ist, stammt von ihm. Jedes Wort ist auf Wissen hingeordnet: also auf den, der die Weisheit selbst ist. „Alles was geschrieben ist, ist zu unserer Belehrung geschrieben." Die Worte werden mit Hilfe der Schrift dargestellt.

„Im Wort des Herrn sind die Himmel begründet." Alles Geschaffene ist also Zeichen von Gottes Wort. Jeder körperliche Laut ist Zeichen des geistigen Wortes. Der Grund jeden geistigen Wortes, das vergänglich ist, ist das unvergängliche Wort, der Bestimmungsgrund und Wesenssinn. Als fleischgewordenes Wort ist Christus der inkarnierte Wesenssinn aller Bestimmungsgründe. Er ist das Ziel von allem.

Derartiges wird dem, der im Glauben zu Christus emporsteigt, stufenweise offenbar. Die göttliche Wirksamkeit dieses Glaubens ist unerklärbar; denn sie eint den Glaubenden, wenn der Glaube groß genug gewesen ist, mit Christus, so daß er über alles das erhaben ist, was sich nicht in der Einheit mit Jesus befindet. Ist sein Glaube in der Kraft Jesu, dem er vereint wird, unversehrt, so befiehlt er auch den bösen Geistern und hat Macht über das Naturgeschehen. Und das Wunderbare vollbringt nicht er selbst, sondern Jesus, der in ihm und durch ihn wirkt. Dies zeigen die Taten der Heiligen.

Oportet autem perfectam Christi fidem esse purissimam, maximam, formatam caritate, quanto hoc potest fieri efficacius. Non enim patitur quidquam sibi commisceri, quoniam est fides purissimae veritatis potentis ad omnia. Saepissime in antehabitis replicatum reperitur minimum maximo coincidere. Ita quidem et in fide, quae simpliciter maxima in esse et posse; non potest in viatore esse, qui non sit et comprehensor simul, qualis Iesus fuit.

Viatorem autem tantum etiam, quoad se, actu maximam Christi fidem habere volentem necesse est, ut fides apud ipsum ad tantum certitudinis indubitabilis gradum elevata sit, ut etiam minime sit fides, sed summa certitudo absque omni haesitatione in aliquo quocumque.

Haec est potens fides, quae ita est maxima quod et minima, ut omnia complectatur credibilia in eo, qui est veritas. Et si forte fides unius hominis ad gradum alterius non attingit propter impossibilitatem aequalitatis, sicut unum visibile in aequali gradu a pluribus videri nequit, hoc tamen necesse est, ut quisque, quantum in se est, actu maxime credat. Et tunc is, qui in comparatione aliorum vix ut granum sinapis fidem sortiretur, adhuc immensae virtutis illius fides est, ut etiam in montibus oboedientiam reperiret, cum ipse in virtute Verbi Dei, cum quo — quantum in se est — maxime per fidem unitur, imperet; cui nihil resistere potest.

Vide, quanta est potentia tui intellectualis spiritus in virtute Christi, si sibi super omnia adhaereat, ita ut per ipsum vegetetur, quasi in ipso per unionem — salvo numero suo — ut in vita sua suppositatus. Hoc autem cum non fiat nisi per conversionem intellectus, cui sensus oboediant, ad ipsum per fidem maximam, tunc hanc necesse est esse formatam per unientem caritatem; non enim maxima esse potest fides sine caritate. Nam si omnis vivens diligit vivere et omnis intel-

Der vollkommene Glaube an Christus muß ganz rein, groß und, soweit dies nur möglich ist, in der Liebe erwachsen sein. Denn da er der Glaube an die reinste, allmächtige Wahrheit ist, duldet er nicht, daß irgend etwas mit ihm vermischt wird. Im Vorhergehenden wurde wiederholt bedacht, daß das Kleinste mit dem Größten koinzidiert. Ebenso verhält es sich auch im Glauben; er ist das einfachhin Größte in Sein und Können. Er kann nicht in einem Wanderer sein, der nicht zugleich auch wie Jesus das Ziel erreicht hätte.

Bei diesem Wanderer, der den tiefsten Glauben an Christus wirklich besitzen will, muß der Glauben zu einem solchen Grad unbezweifelter Gewißheit erhoben sein, daß er zugleich auch der geringste Glaube ist, jedoch als höchste Gewißheit und ohne irgendwelches Schwanken.

Das ist der mächtige Glaube, der so der größte ist, daß er auch der kleinste ist und daß er alles, was man glauben kann, in dem vereint, der die Wahrheit ist. Und wenn etwa, da völlige Gleichheit unmöglich ist, der Glaube des einen Menschen nicht die Stufe des andern erreicht — wie auch ein sichtbarer Gegenstand von mehreren nicht im selben Maße gesehen werden kann —, so ist es dennoch notwendig, daß jeder, soweit es an ihm liegt, den tatsächlich größten Glauben hat. Und dann ist der Glaube desjenigen, der im Vergleich mit andern kaum einen Senfkornglauben erlangte, von solch unermeßlicher Kraft, daß er auch in den Bergen Gehorsam findet, wenn er befiehlt; denn er steht in der Kraft des Wortes Gottes, dem er, so weit er vermag, durch den tiefsten Glauben geeint ist. Ihm kann nichts widerstehen.

Beachte, daß in der Kraft Christi die Macht deines verstehenden Geistes, wenn er ihm über alles anhangt, so groß ist, daß er durch ihn lebt und durch jene Vereinigung in ihm, obwohl die Individualität gewahrt bleibt, als in seinem Leben grundgelegt ist. Da dies nur geschieht, wenn sich der Geist, dem die Sinnlichkeit gehorcht, im größten Glauben zu ihm hinwendet, muß dieser in einigender Liebe erwachsen sein. Denn wenn jeder Lebende zu leben und jeder

ligens intelligere, quomodo potest Iesus vita ipsa immortalis credi ac veritas infinita, si non summe amatur?

Per se enim vita amabilis est; et si maxime creditur esse Iesus vita aeterna, non potest non amari. Non est enim viva fides, sed mortua et penitus non fides, absque caritate. Caritas autem forma est fidei, ei dans esse verum, immo est signum constantissimae fidei. Si igitur propter Christum omnia postponuntur, corpus et anima eius comparatione pro nihilo habentur, signum est maximae fidei.

Nec potest fides magna esse sine spe sancta fruitionis ipsius Iesu. Quomodo enim quis fidem certam haberet, si promissa sibi a Christo non speraret? Si non credit se habiturum aeternam vitam a Christo fidelibus promissam, quomodo credit Christo? Aut quomodo ipsum veritatem esse credit? Si in promissis spem indubiam non habet, quomodo eligeret pro Christo mortem, qui immortalitatem non speraret? Et quia credit, quod sperantes in eum non deserit, sed sempiternam eis beatitudinem praestat, hinc pro Christo omnia pati ob tantam mercedem retributionis pro modico fidelis habet.

Magna est profecto fidei vis, quae hominem Christiformem efficit, ut linquat sensibilia, exspoliet se contagiis carnis, ambulet in viis Dei cum timore, sequatur vestigia Christi cum laetitia et crucem voluntarie acceptet cum exultatione, ut sit in carne quasi spiritus, cui hic mundus propter Christum mors est et ab eo tolli, ut sit cum Christo, vita est. Quis, putas, hic spiritus est, in quo habitat Christus per fidem? Quale est hoc admirandum Dei donum, ut in hac peregrinatione constituti in carne fragili, ad illam potestatem in virtute fidei elevari valeamus supra omnia, quae Christus per unionem non sunt?

Erkennende zu erkennen strebt, wie könnte man an Jesus, das unsterbliche Leben und die unendliche Wahrheit glauben, ohne ihn am tiefsten zu lieben?

Das Leben ist durch sich liebenswert. Und wenn man an Jesus, als an das ewige Leben ganz glaubt, ist es unmöglich, ihn nicht zu lieben. Denn ohne Liebe gibt es keinen lebendigen Glauben, sondern einen toten, der überhaupt kein Glaube ist. Die Liebe aber ist für den Glauben die Gestalt, die ihm wahres Sein verleiht, sie ist das Zeichen des festen Glaubens. Wenn man also um Christi willen alles hintansetzt, Leib und Seele im Vergleich mit ihm für nichts achtet, ist das das Zeichen des tiefsten Glaubens.

Ohne die heilige Hoffnung, Jesus selbst zu genießen, kann der Glaube nicht groß sein. Denn wie könnte jemand Christus glauben, daß er die Wahrheit sei, ohne das Vertrauen zu besitzen, daß er das von Christus seinen Getreuen versprochene, ewige Leben erlangen werde? Wie könnte einer für Christus den Tod wählen, wenn er kein unbezweifeltes Vertrauen auf die Verheißung hätte und die Unsterblichkeit nicht erhoffte? Weil er aber glaubt, daß Christus jene nicht im Stiche läßt, die auf ihn hoffen, sondern ihnen die immerwährende Glückseligkeit verleiht, achtet es der Gläubige für gering, um einer so großen Verheißung willen alles zu erdulden.

Wahrlich, groß ist die Macht des Glaubens, der den Menschen Christus ebenbildlich macht, so daß er das Sinnliche verläßt, sich des verderblichen Einflusses des Fleisches entäußert, mit Furcht auf den Wegen Gottes einherschreitet, mit Freuden den Fußstapfen Christi folgt und das Kreuz in Freiheit mit Entzücken annimmt, so daß er, obwohl im Fleisch, gleichsam Geist ist; diese Welt bedeutet ihm Tod um Christi willen, und von ihr weggenommenwerden, um mit Christus zu sein, Leben. Wer, glaubst du, ist dieser Geist, in dem Christus durch den Glauben wohnt? Was ist das für ein wunderbares Geschenk Gottes, daß wir, in hinfälligem Fleisch gebildet, auf dieser Pilgerreise in der Kraft des Glaubens über alles, das nicht mit Christus geeint ist, zu jener Macht erhoben werden können?

Age, ut successive mortificata carne sensim per fidem gradatim ad unitatem cum Christo quis ascendat, ut in ipsum profunda unione, quantum hoc in via possibile est, absorbeatur. Omnia hic, quae visibilia et in mundo sunt, transiliens perfectionem completam naturae assequitur.

Et haec est ipsa natura completa, quam in Christo, mortificata carne et peccato, transformati in eius imaginem consequi poterimus; et non illa phantastica magorum, qui hominem ad quandam naturam spirituum influentialium sibi connaturalium quibusdam operationibus mediante fide ascendere dicunt, ut in virtute spirituum talium, quibus per fidem uniuntur, plura et singularia mirabilia aut in igne aut in aqua aut scientiis harmonicis apparentiis transmutationum, manifestatione occultorum et similibus efficiant.

Manifestum est enim in hiis omnibus seductionem esse et recessum a vita et veritate. Propter quod tales ad foedera et pacta unitatis cum malignis spiritibus taliter astringuntur, ut id, quod fide credunt, opere ostendant in thurificationibus et adorationibus Deo tantum debitis, quae spiritibus, quasi potentibus implere petita, et devocabilibus istis mediantibus magna cum observantia et veneratione impendunt. Consequuntur aliquando per fidem ipsa caduca petita, uniti sic spiritui, cui etiam a Christo aeternaliter divisi in suppliciis adhaerebunt.

Benedictus Deus, qui per Filium suum de tenebris tantae ignorantiae nos redemit, ut sciamus omnia falsa et deceptoria, quae alio mediatore quam Christo, qui veritas est, et alia fide quam Iesu, qualitercumque perficiuntur! Quoniam non est nisi unus Dominus Iesus potens super omnia, nos omni benedictione adimplens, omnes nostros defectus solus faciens abundare.

Durch Abtötung des Fleisches steigt man durch den Glauben allmählich und stufenweise zur Einheit mit Christus empor, um durch tiefe Einung, soweit es auf diesem Wege möglich ist, in ihn aufgenommen zu werden. So überschreitet man alles, was sichtbar und in dieser Welt ist und erreicht die vollendete Vollkommenheit der Natur.

Das ist die vollkommene Natur, die wir in Christus, dem Fleisch und der Sünde gestorben und in sein Abbild umgestaltet, werden erlangen können. Und nichts sind jene Hirngespinste der Magier, die behaupten, der Mensch könne mittels gewisser Handlungen durch den Glauben zu einer bestimmten Natur von Geistern emporsteigen, die auf ihn Einfluß ausübten und von gleicher Natur seien, so daß er durch die Kraft dieser Geister, denen er im Glauben vereint sei, und durch Offenbarung geheimer Dinge, viele einzigartige Wunderdinge im Feuer oder im Wasser oder in den Wissenschaften harmonischer Veränderungs-Erscheinungen hervorzubringen vermöchte.

Es ist offenbar, daß in alledem Verführung und Verlassen von Leben und Wahrheit liegt. Deshalb verbinden sich solche Menschen mit den bösen Geistern zu Bündnis und Einheitsvertrag dergestalt, daß sie, was sie glauben, auch in Beräucherung und Anbetung, die Gott allein zukommen, tatsächlich zeigen. Das bringen sie in großer Verehrung und in Gehorsam den Geistern dar, als ob diese fähig wären, ihre Bitten zu erfüllen und sich durch solche Bannsprüche rufen ließen. Mitunter erhalten sie auch die in diesem Glauben erbetenen Güter, wenn sie auf diese Weise einem Geist vereint sind, dem sie dann in ewiger Trennung von Christus in der Verdammnis anhangen werden.

Gepriesen sei Gott, der uns durch seinen Sohn aus der Finsternis so großer Unwissenheit erlöst hat, daß wir erkennen: alles, was durch einen anderen Mittler als Christus, der die Wahrheit ist und durch einen anderen Glauben, als den an Jesus, in irgendeiner Weise vollbracht wird, ist falsch und trügerisch. Daher gibt es nur einen, der über alles mächtig ist, uns mit allem Segen erfüllt und allein alle unsere Mängel in Überfluß wandelt, Jesus den Herrn.

XII.

De ecclesia

Etsi de Christi ecclesia intellectus ex iam dictis haberi possit, subiungam tamen verbum breve, ut nihil operi desit.

Quoniam fidem in diversis hominibus in gradu inaequalem esse recipereque ex hoc magis et minus necessarium est, hinc ad maximam fidem, qua nulla potentia maior esse possit, nemo devenire potest, sicut nec pariformiter ad caritatem maximam.

Maxima enim fides, qua nulla potentia maior esse posset, si illa in viatore esset, illum et comprehensorem esse simul necesse esset; maximum enim in aliquo genere, sicut est supremus terminus illius, ita est initium altioris. Propter quod fides maxima simpliciter in nullo esse potest, qui non sit simul et comprehensor; ita et caritas simpliciter maxima non potest esse in amante, qui non sit et amatus simul. Propter quod nec fides nec caritas maxima simpliciter alteri quam Iesu Christo, qui viator et comprehensor, amans homo et amatus Deus fuit, competiit. Intra maximum autem omnia includuntur, quoniam ipsum omnia ambit.

Hinc in fide Christi Iesu omnis vera fides et in caritate Christi omnis caritas vera includitur, gradibus tamen distinctis semper remanentibus. Et quoniam illi gradus distincti sunt infra maximum et supra minimum, non potest quisquam, etiam si actu, quantum in se, fidem maximam habeat Christi, attingere ad ipsam maximam Christi fidem, per quam comprehendat Christum Deum et hominem. Nec tantum potest quis amare Christum, quod Christus non possit plus amari, cum Christus sit amor et caritas et propterea in infinitum amabilis. Quapropter nemo in hac vita aut futura ita Christum amare potest, ut ipse propterea sit Christus et homo. Omnes enim, qui Christo aut per fidem in hac vita et caritatem aut comprehensionem et fruitionem in alia uniuntur, remanente graduali differentia eo modo uniuntur, quo magis illa remanente differentia uniri non

XII.

Die Kirche

Obwohl man schon aus dem bisher Gesagten eine Einsicht über die Kirche Christi gewinnen kann, will ich dennoch ein kurzes Wort hinzufügen, auf daß dem Werk nichts fehle.

Weil der Glaube in den verschiedenen Menschen in seiner Abstufung ungleich und daher größer oder geringer sein muß, kann niemand zum größten Glauben, über den hinaus keine Macht größer sein kann, oder zur größten Liebe gelangen.

Wenn ein Mensch jenen größtmöglichen Glauben in sich hätte, so müßte er ihn ganz besitzen, denn das Höchste irgendeiner Gattung ist zugleich die äußerste Grenze dieser und der Beginn der höheren. Der größte Glaube kann schlechthin in keinem Glaubenden sein, der nicht zugleich auch der Geglaubte wäre. Und die größte Liebe kann nicht in einem Liebenden sein, der nicht zugleich auch der Geliebte wäre. Deswegen kommt sowohl der größte Glaube als auch die größte Liebe keinem andern zu als Jesus Christus, der Pilger und Ziel des Pilgers, liebender Mensch und geliebter Gott gewesen ist. Im Größten wird alles eingeschlossen, denn es umgreift alles.

Daher ist im Glauben Christi jeder wahre Glaube und in der Liebe Christi jede wahre Liebe eingeschlossen, obwohl sie immer in unterschiedlicher Abstufung bleiben. Und weil diese Abstufungen zwischen dem Größten und Kleinsten liegen, kann niemand, auch wenn er, soweit es auf ihn ankommt, wirklich den größten Glauben Christi hat, den größten Glauben an Christus erreichen, durch den er Christus den Gott und Mensch begreifen würde. Noch kann jemand Christus so sehr lieben, daß er nicht noch mehr geliebt werden könnte, denn Christus ist Liebeskraft und Liebe und deshalb unendlich liebenswürdig. Deshalb kann niemand in diesem oder dem zukünftigen Leben Christus so lieben, daß er selbst Christus und Mensch wäre. Alle nämlich, die Christus entweder in diesem Leben durch Glauben und Liebe oder im anderen durch Ergriffensein und

possent, ita ut in se nemo absque ipsa unione subsistat et per unionem a gradu suo non cadat.

Quare haec unio est ecclesia sive congregatio multorum in uno, quemadmodum multa membra in uno corpore et quodlibet in gradu suo; ubi unum non est aliud, et quodlibet in corpore uno, mediante quo cum quolibet unitur; ubi nullum sine corpore vitam et subsistentiam habere potest, licet in corpore unum non sit omnia nisi mediante corpore. Quapropter veritas fidei nostrae, dum hic peregrinamur, non potest nisi in spiritu Christi subsistere, remanente ordine credentium, ut sit diversitas in concordantia in uno Iesu.

Et dum absolvimur ex hac militanti ecclesia, quando resurgemus, non aliter quam in Christo resurgere poterimus, ut sic etiam sit una triumphantium ecclesia, et quisque in ordine suo. Et tunc veritas carnis nostrae non erit in se, sed in veritate carnis Christi, et veritas corporis nostri in veritate corporis Christi, et veritas spiritus nostri in veritate spiritus Christi Iesu ut palmites in vite, ut sit una Christi humanitas in omnibus hominibus, et unus Christi spiritus in omnibus spiritibus; ita ut quodlibet in eo sit, ut sit unus Christus ex omnibus. Et tunc qui unum ex omnibus, qui Christi sunt, in hac vita recipit, Christum recipit, et quod uni ex minimis fit, Christo fit; sicut laedens manum Platonis Platonem laedit, et qui minimam pedicam offendit, totum hominem offendit, et qui in patria de minimo gaudet, de Christo gaudet et in quolibet videt Iesum, per quem Deum benedictum. Sic erit Deus noster per Filium suum omnia in omnibus, et quisque in Filio, et per ipsum cum Deo et omnibus, ut sit gaudium plenum absque omni invidia et defectu.

Genuß vereint sind, werden — bei Erhalt des stufenweisen Unterschieds — so vereint, daß bei Bestehenbleiben desselben Unterschieds diese Vereinigung nicht stärker werden kann, und niemand in sich ohne die Vereinigung Bestand hat, und auch durch ihre Hilfe seine Stufe nicht verläßt.

Diese Einung ist die Kirche, die Sammlung der Vielen im Einen. Wie in einem Körper viele Glieder sind und jedes an seinem Ort, so ist es auch hier. Hier ist das eine kein anderes und jedes ist mit jedem durch den einen Körper vereint; nichts kann hier ohne ihn leben und Bestand haben, wenn auch im Körper das Eine nur vermittels des Körpers das Ganze sein kann. Daher kann auch während unserer Pilgerschaft auf Erden die Wahrheit unseres Glaubens nur im Geiste Christi Grundbestand haben, wobei die Ordnung der Gläubigen bestehenbleibt, so daß in dem einen Jesus Verschiedenheit in Einheit ist.

Wenn wir bei der Auferstehung von der streitenden Kirche gelöst werden, so können wir nicht anders als in Christus auferstehen, damit wir, jeder an seinem Ort, auch eine einzige Kirche der Verherrlichten seien. Und dann wird die Wahrheit unseres Fleisches nicht in sich, sondern in der Wahrheit des Fleisches Christi, und die Wahrheit unseres Leibes in der Wahrheit des Leibes Christi, und die Wahrheit unseres Geistes in der Wahrheit des Geistes Christi sein wie die Zweige am Weinstock, auf daß die eine Menschheit Christi in allen Menschen, und der eine Geist Christi in allen Geistern sei; so, daß jedes in ihm sei, und ein Christus aus allen. Darum hat auch jener, der in diesem Leben einen von denen, die Christus angehören, aufgenommen hat, Christus aufgenommen und darum geschieht, was einem der Geringsten geschieht, Christus selbst. Wer die Hand Platons verwundet, verwundet Platon, wer den kleinsten Teil beleidigt, beleidigt den ganzen Menschen, wer sich aber im Vaterland über den Geringsten freut, freut sich über Christus und sieht in jedem Jesus und durch ihn Gott, gepriesen sei er. So wird unser Gott durch seinen Sohn alles in allem sein und jeder wird im Sohn und durch ihn mit Gott und allen verbunden werden, so daß volle Freude ohne jeden Neid und Mangel herrscht.

Et quoniam in nobis continue fides augeri potest, dum hic peregrinamur, similiter et caritas, quamvis actu quisque in gradu esse possit tali, quod in maiori secundum se actu ut tunc esse non possit; tamen, dum est in uno gradu, est in potentia ad alium, licet in infinitum progressio talis fieri non possit per commune fundamentum. Hinc nostram possibilitatem laborare debemus gratia Domini nostri Iesu Christi ad actum deduci, ut sic simus de virtute in virtutem ambulantes et de gradu ad gradum per ipsum, qui est fides et caritas. Sine quo ex nobis, quantum ex nobis, nihil possumus; sed omnia, quae possumus, in ipso possumus, qui solus potens est implere ea, quae nobis desunt, ut integrum et nobile membrum ipsius inveniamur in die resurrectionis. Et hanc gratiam augmenti fidei et caritatis, credendo et amando ex omnibus viribus, assidua oratione non dubium impretrare possumus, ad eius thronum cum fiducia accedentes, cum ipse piissimus sit et sancto desiderio neminem sinat defraudari.

Si ista, uti sunt, profunda mente meditatus fueris, admiranda dulcedine spiritus perfunderis, quoniam interno gustu inexpressibilem Dei bonitatem quasi in fumo aromaticissimo odorabis, quam tibi transiens ministrabit; de quo satiaberis, cum apparuerit gloria eius. Satiaberis, dico, absque fastidio, quoniam hic cibus immortalis est ipsa vita. Et sicut semper crescit desiderium vivendi, ita cibus vitae semper comeditur, absque hoc quod in naturam comedentis convertatur. Tunc enim fastidiosus cibus esset, qui gravaret et vitam immortalem praestare non posset, cum in se deficeret et in alitum converteretur.

Desiderium autem nostrum intellectuale est intellectualiter vivere, hoc est continue plus in vitam et gaudium intrare. Et quoniam illa infinita est, continue in ipsam beati cum desiderio feruntur. Satiantur itaque quasi sitientes de fonte

Während wir hier wandeln, kann in uns der Glaube und ähnlich auch die Liebe ständig vermehrt werden. Obwohl in der Wirklichkeit jeder nur jene Stufe erreichen kann, von der aus er seinen eigenen Fähigkeiten entsprechend zu keiner höheren mehr kommen kann, hat er dennoch die Möglichkeit, von der einen Stufe zu einer anderen zu gelangen, wenn auch durch den gemeinsamen Grund ein Fortschreiten ins Unendliche nicht möglich ist. Daher müssen wir uns darum mühen, durch die Gnade unseres Herrn Jesus Christus unsere Möglichkeit zur Wirklichkeit zu führen, daß wir von einer Kraft in die andere wandeln und durch ihn, der Glaube und Liebe ist, von Stufe zu Stufe gelangen. Ohne ihn können wir, soweit es auf uns ankommt, nichts tun; alles, was wir vermögen, vermögen wir nur in ihm, der allein mächtig ist, das zu erfüllen, was uns fehlt, damit wir am Tage der Auferstehung als unversehrtes und vornehmes Glied seiner selbst erfunden werden. Diese Gnade der Glaubens- und Liebesvermehrung können wir ohne Zweifel durch Mit-allen-Kräften-Glauben und Lieben in unablässigem Gebet erlangen, indem wir vertrauensvoll zu seinem Throne gehen, denn er ist selbst der Heiligste und läßt es nicht zu, daß jemand in heiligem Sehnen getäuscht werde.

Wenn wir dies genau betrachten, durchströmt uns die wunderbare Wonne des Geistes, denn wir empfinden in unserem Innern die unaussprechliche Güte Gottes, die er uns, wie einen wohlriechenden Duft, im Vorübergehen schenkt. Ohne Überdruß werden wir von ihm gesättigt werden, wenn seine Herrlichkeit erscheint. Denn diese unsterbliche Speise ist das Leben selbst. Wie das Verlangen nach dem Leben ständig wächst, so wird die Lebensspeise ständig verzehrt, doch wandelt sie sich nicht in die Natur dessen, der sie verzehrt. Dann nämlich, wenn sie in sich mangelhaft wäre und in das Ernährte umgewandelt würde, wäre sie widerwärtig und beschwerlich und könnte das unsterbliche Leben nicht gewähren.

Unser geistiges Sehnen aber ist, geistig zu leben, d. h., ohne Aufhören immer tiefer in Leben und Freude einzugehen. Weil dieses Leben unendlich ist, werden die Seligen unaufhörlich voll Sehnsucht zu ihm geführt. Sie werden gestillt

vitae potantes; et quia ista potatio non transit in praeteritum, cum sit in aeternitate, semper sunt beati pontantes et semper satiantur, et numquam biberunt aut saturati fuerunt.

Benedictus Deus, qui nobis dedit intellectum, qui in tempore satiabilis non est; cuius desiderium cum finem non capiat, se ipsum supra incorruptibile tempus immortalem apprehendit ex desiderio temporaliter insatiabili cognoscitque se vita desiderata intellectuali satiari non posse nisi in fruitione optimi maximi boni numquam deficientis, ubi fruitio non transit in praeteritum, quia appetitus in fruitione non decrescit.

Quasi, ut corporali exemplo utamur, si quis esuriens ad mensam magi regis sederet, ubi sibi de desiderato cibo ministraretur, ita quod alium non appeteret; cuius cibi natura foret, quod satiando acueret appetitum. Si hic cibus numquam deficeret, manifestum est comedentem semper continue satiari et appetere continue eundem cibum et semper desideriose ferri ad cibum. Semper itaque hic capax esset cibi, cuius virtus esset cibatum continue in cibum inflammato desiderio ferri.

Haec est igitur capacitas naturae intellectualis, ut recipiendo in se vitam in ipsam convertatur secundum suam naturam convertibilem, sicut aër recipiendo in se radium solis in lumen convertitur. Propter hoc intellectus, cum sit naturae convertibilis ad intelligibile, non intelligit nisi universalia et incorruptibilia et permanentia, quoniam veritas incorruptibilis est eius obiectum, in quod intellectualiter fertur; quam quidem veritatem in aeternitate quieta pace in Christo Iesu apprehendit.

Haec est triumphantium ecclesia, in qua est Deus noster in saecula benedictus; ubi suprema unione Christus Iesus verus homo Dei Filio unitus est tanta unione, ut humanitas ipsa in ipsa divinitate tantum subsistat, in qua ita est unione ineffabili hypostatica, quod remanente veritate naturae

wie Durstige, die von der Quelle des Lebens trinken. Und weil dieser Trank in Ewigkeit dauert und nicht in Vergangenheit übergeht, trinken die Seligen immer und werden immer gestillt und werden niemals zu Ende getrunken haben oder gestillt worden sein.

Gepriesen sei Gott, der uns einen Geist gegeben hat, der in der Zeit nicht stillbar ist, dessen Verlangen kein Ende findet und auf Grund dieses in der Zeit nicht stillbaren Verlangens sich als über die Zeit erhaben und unsterblich begreift, und der erkennt, daß er sich an dem erwünschten geistigen Leben nur im Genuß des besten, höchsten, nie abnehmenden Gutes sättigen kann, indem der Genuß nicht vergeht, weil das Verlangen nicht abnimmt.

Um ein sinnliches Beispiel zu gebrauchen. Ein Hungriger sitzt an der Tafel eines großen Königs: man reicht ihm von der begehrten Speise, so daß er keine andere verlangt; die Natur dieser Speise ist so, daß sie zugleich sättigt und das Verlangen anregt. Es ist klar, daß, falls diese Speise niemals fehlen würde, der Essende stets satt wäre und doch unaufhörlich dieselbe Speise erstrebte und danach verlangte, zu ihr zu gelangen. So wäre er stets fähig, diese Speise zu verzehren, deren Kraft darin bestünde, den Gesättigten in unaufhörlich brennendem Verlangen zur Speise zu drängen.

Eben demselben entspricht die Fähigkeit der geistigen Natur; sie nimmt das Leben in sich auf und wird entsprechend ihrer Wandlungsfähigkeit in dieses verwandelt, so wie sich die Luft, die den Strahl der Sonne aufnimmt, in Licht verwandelt. Deshalb sieht die Einsicht, welche fähig ist, sich zum Erkennbaren zu wandeln, nur das Allgemeine, Unvergängliche und Bleibende; die unvergängliche Wahrheit ist ihr Gegenstand, zu ihr wird sie auf geistige Weise gedrängt. Diese Wahrheit begreift sie im ruhigen Frieden der Ewigkeit in Jesus Christus.

Dies ist die Kirche der Verherrlichten, in der unser Gott — in Ewigkeit sei er gepriesen — wohnt. Dort ist Christus Jesus als wahrer Mensch in so vollkommener Einung mit dem Sohn Gottes vereint, daß die Menschheit in unaussprechlicher, hypostatischer Einung nur in der Gottheit selbst

humanitatis non possit altius et simplicius uniri. Deinde omnis rationalis natura Christo Domino, remanente cuiuslibet personali veritate, si ad Christum in hac vita summa fide et spe atque caritate conversa fuerit, adeo unita existit, ut omnes, tam angeli quam homines, non nisi in Christo subsistant; per quem in Deo, veritate corporis cuiusque per spiritum absorpta et attracta, ut quilibet beatorum, servata veritate sui proprii esse, sit in Christo Iesu Christus, et per ipsum in Deo Deus, et quod Deus eo absoluto maximo remanente sit in Christo Iesu ipse Iesus, et in omnibus omnia per ipsum.

Nec potest ecclesia esse alio modo magis una. Nam ecclesia unitatem plurium, salva cuiusque personali veritate, dicit absque confusione naturarum et graduum. Quanto autem magis ecclesia est una, tanto maior. Ista igitur ecclesia est maxima, ecclesia aeternaliter triumphantium, quoniam maior ecclesiae unio possibilis non est.

Hic igitur contemplare, quanta est haec unio, ubi unio maxima absoluta divina et unio in Iesu deitatis et humanitatis et unio ecclesiae triumphantium deitatis Iesu et beatorum reperitur. Nec unio absoluta est maior vel minor unione naturarum in Iesu vel beatorum in patria, quoniam est unio maxima, quae est unio omnium unionum, et id, quod est omnis unio, non recipens magis nec minus, ex unitate et aequalitate procedens, ut in primo libro ostenditur. Nec unio naturarum in Christo est maior aut minor unitate ecclesiae triumphantium, quoniam, cum sit maxima unio naturarum, tunc in hoc non recipit magis et minus.

Unde omnia diversa, quae uniuntur, ab ipsa maxima unione naturarum Christo suam unitatem sortiuntur; per quam unio ecclesiae est id, quod est. Unio autem ecclesiae est maxima unio ecclesiastica. Quare ipsa, cum sit maxima, coincidit sursum cum unione hypostatica naturarum in

Grundbestand hat. Und sie kann, wenn die Wahrheit der menschlichen Natur erhalten bleibt, nicht stärker und einfacher vereint werden. Jede vernünftige Natur ist so sehr mit Christus dem Herrn vereint, daß sie, so sie ihm in diesem Leben in höchstem Glauben und größter Hoffnung und Liebe zugewandt war, in ihm allein, während ihre persönliche Wahrheit erhalten bleibt, so begründet ist, daß alle, Engel wie Menschen, in Christus allein bestehen. Durch ihn sind sie in Gott, wenn der Geist den wahren Körper eines jeden aufgenommen und an sich gezogen hat; jeder Selige bewahrt die Wahrheit seines eigenen Seins, aber er ist Christus in Christus Jesus und durch ihn Gott in Gott; und weil Gott, das absolut Größte in Christus Jesus dieser selbst ist, ist er auch durch ihn in allem alles.

So allein kann die Kirche eine sein. Denn Kirche heißt, die persönliche Wahrheit eines Jeden bewahren und ohne Vermischung der Naturen und Gradstufen die Einheit vieler sein. Je mehr aber die Kirche eine Einheit ist, um so größer ist sie. Also ist jene Kirche der ewig Verherrlichten die größte; denn eine größere Einung der Kirche ist nicht mehr möglich.

Nunmehr ist zu betrachten, wie groß diese Einung ist, wenn man die größte, absolute, göttliche Einung und die Einung in der Gottheit und Menschheit Jesu und die Einung der Kirche der Verherrlichten mit der Gottheit Jesu und der Seligen findet. Die absolute Einung ist nicht größer oder kleiner als die Einung der Naturen in Jesu oder der Seligen im Himmelreich; sie ist die größte Einung, die Einung aller Einungen, das, was jede Einung ist, und wird nicht mehr oder weniger; sie geht, wie im ersten Buch gezeigt wurde, aus der Einheit und Gleichheit hervor. Auch die Einung der Naturen in Christus ist nicht größer oder kleiner als die Einheit der Kirche der Verherrlichten; als die größte Einung der Naturen wird sie nicht mehr oder weniger.

Daher erlangt alles Verschiedene, das geeint wird, seine Einheit aus der größten Einung der Naturen Christi. Durch sie ist die Einung der Kirche das, was sie ist. Die Einung der Kirche aber ist die größte Einung innerhalb der Kirche. Daher koinzidiert sie als die größte mit der hypostatischen

Christo. Et illa unio naturarum Iesu, cum sit maxima, coincidit cum unione absoluta, quae est Deus. Et ita unio ecclesiae, quae est suppositorum cum illa, quae licet non videatur adeo una sicut hypostatica, quae est naturarum tantum, aut prima divina simplicissima, in qua nihil alietatis aut diversi existere potest, resolvitur tamen per Iesum in unionem divinam, a qua etiam ipsa initium habet. Et hoc profecto clarius videtur, si advertitur ad id, quod saepe superius reperitur: Unio enim absoluta Spiritus sanctus est.

Unio au em maxima hypostatica cum ipsa unione absoluta coincidit, propter quod necessario unio naturarum in Christo per absolutam, quae Spiritus sanctus est, et in ipsa existit.

Unio autem ecclesiastica coincidit cum hypostatica, ut praefertur; propter quod in spiritu Iesu est unio triumphantium, qui in Spiritu sancto est. Ita ait ipsa Veritas in Iohanne: „Claritatem, quam dedisti mihi, dedi eis, ut sint unum, sicut nos unum sumus, ego in eis, et tu in me, ut sint consummati in unum[1]"; ut sit ecclesia in aeterna quiete, adeo perfecta, quod perfectior esse non possit, in tam inexpressibili transformatione luminis gloriae, ut in omnibus non appareat nisi Deus. Ad quam tanto affectu cum triumpho aspiramus, ipsum Deum Patrem supplici corde exorantes, ut per Filium suum, Dominum nostrum Iesum Christum, et in ipso per Spiritum sanctum ipsam nobis sua immensa pietate largiri velit, eo aeternaliter fruituri, qui est in saecula benedictus.

[Epistola auctoris ad Dominum Iulianum Cardinalem][2]

Accipe nunc, pater metuende, quae iam dudum attingere variis doctrinarum viis concupivi, sed prius non potui,

---
[1] Joh. 17, 22—23.
[2] Diese Überschrift fehlt in Cod. Cus.; findet sich jedoch in einigen andern Codices.

Einung der Naturen in Christus. Und jene Einung der Naturen in Christus koinzidiert als die größte mit der absoluten Einung, mit Gott. Wenn auch die Einung der Kirche, die eine Einheit ihrer Teile ist, nicht so tiefgreifend wie die hypostatische Einung der Naturen zu sein scheint oder wie die erste, einfachste, göttliche Einung, in der es keine Andersheit oder Verschiedenheit geben kann, so wird sie dennoch durch Jesus in die göttliche Einung, von der sie ausgegangen ist, aufgenommen. Das wird deutlicher, wenn man beachtet, was oben oft wiederholt wurde: die absolute Einung ist der Heilige Geist.

Die größte, hypostatische Einung aber koinzidiert mit dieser, darum muß die Einung der Naturen in Christus in und durch die absolute Einung, den Heiligen Geist, geschehen und in ihr bestehen.

Die kirchliche Einung aber koinzidiert mit der hypostatischen, wie schon erwähnt; deshalb ist die Einung der Verherrlichten im Geiste Jesus, der im Heiligen Geist ist, vollzogen. So sagt die Wahrheit bei Johannes: „Die Herrlichkeit, die du mir gegeben hast, habe ich ihnen gegeben, auf daß sie eins seien, wie wir eins sind, ich in ihnen und du in mir, auf daß sie vollkommen eins seien"; auf daß die Kirche in einer so unsagbaren Verwandlung zum Lichte der Herrlichkeit in ewiger Ruhe und in letzter Vollendung so vollkommen sei, daß in allem nur Gott erscheint. Danach trachten wir sieghaft mit großem Verlangen. Demütigen Herzens flehen wir zu Gott dem Vater, er wolle uns in seiner unermeßlichen Huld durch seinen Sohn, unsern Herrn Jesus Christus, und in ihm durch den Heiligen Geist verleihen, daß wir uns ewig dessen erfreuen, der in Ewigkeit gepriesen ist.

Brief des Autors an den Herrn Kardinal Julianus

Empfange nun, ehrwürdiger Vater, was ich schon längst auf den verschiedenen Wegen philosophischer Systeme zu er-

quousque in mari me ex Graecia redeunte, credo superno dono a patre luminum, a quo omne datum optimum, ad hoc ductus sum, ut incomprehensibilia incomprehensibiliter amplecterer in docta ignorantia, per transcensum veritatum incorruptibilium humaniter scibilium.

Quam nunc in eo, qui veritas est, absolvi hiis libellis, qui ex eodem principio artari possunt vel extendi.

Debet autem in hiis profundis omnis nostri humani ingenii conatus esse, ut ad illam se elevet simplicitatem, ubi contradictoria coincidunt; in quo laborat prioris libelli conceptus.

Secundus ex illo pauca de universo supra philosophorum communem viam elicit rara multis.

Et nunc complevi finaliter tertium de Iesu superbenedicto libellum, ex eodem semper progrediens fundamento.

Et factus est mihi Iesus Dominus continue maior in intellectu et affectu per fidei crementum. Negare enim nemo potest Christi fidem habens, quod hac via in desiderio altius non inflammetur, ita ut post longas meditationes et ascensiones dulcissimum Iesum solum amandum videat et cum gaudio omnia linquens amplexetur ut vitam veram et gaudium sempiternum. Taliter intranti in Iesum omnia cedunt, et nihil ingerere possunt difficultatis quaecumque scripturae, neque hic mundus, quoniam in Iesum hic transformatur propter inhabitantem Christi spiritum in eo, qui est finis intellectualium desideriorum; quem tu, pater devotissime, supplici corde pro me miserrimo peccatore assidue exorare velis, ut pariter eo frui aeternaliter mereamur[1].

---

[1] In Cod. Cus. folgt: complevi in Cusa 1440, XII. Februarii.

reichen mich bemühte, vorerst aber nicht zu erreichen vermochte, bis ich auf dem Meer, als ich von Griechenland zurückkehrte, dazu geführt worden bin — ich glaube durch ein Geschenk von oben, vom Vater des Lichtes, von dem alle gute Gabe kommt —, daß ich das Unbegreifliche unbegreiflicherweise in wissendem Nichtwissen erkennend umfasse, und zwar durch das Übersteigen der unauflöslichen Wahrheiten des menschlichen Wissens.

Diese habe ich mit Hilfe dessen, der die Wahrheit ist, in diesen Büchern, die nach demselben Prinzip gekürzt oder erweitert werden können, entwickelt.

Jeder Versuch unseres menschlichen Geistes muß sich in diesen Tiefen bewegen, auf daß er sich zu jener Einfachheit erhebe, wo die Gegensätze koinzidieren. Damit befaßt sich der Gedanke des ersten Buches.

Das zweite Buch leitet daraus einiges über das Gesamt ab, das vielen seltsam vorkommen wird und das jenseits des allgemeinen Weges der Philosophen liegt.

Zum Abschluß habe ich jetzt, indem ich von demselben Fundament ausging, das dritte Buch über Jesus, der über alles gepriesen sei, vollendet.

Und durch das Wachstum im Glauben ist mir der Herr Jesus in Geist und Gemüt ständig größer geworden. Niemand nämlich, der an Christus glaubt, kann leugnen, auf diesem Weg in seinem Verlangen stärker entflammt zu werden, so daß er nach langer Betrachtung und Erhebung einsieht, daß Jesus allein zu lieben ist. Mit Freude verläßt er alles und umarmt ihn als das wahre Leben und die immerwährende Freude. Wer so in Jesus eingeht, vor dem weicht alles zurück und weder Schriften noch diese Welt können ihm Schwierigkeiten bereiten, weil er wegen des Geistes Christi, der in ihm wohnt und der das Ziel des geistigen Verlangens ist, in Jesus umgewandelt wird. Ihn mögest Du, ehrwürdigster Vater, mit demütigem Herzen für mich armen Sünder inständig bitten, auf daß wir gleicherweise gewürdigt werden, uns ewig seiner zu erfreuen.

APOLOGIA DOCTAE IGNORANTIAE

VERTEIDIGUNG DER WISSENDEN UNWISSENHEIT

APOLOGIA DOCTAE IGNORANTIAE DISCIPULI AD DISCIPULUM

Rettulit mihi aliquando communis praeceptor noster, magister Nicolaus de Cusa, nunc coetui cardinalium adiunctus, quantum valeas in coincidentiis, quas in libellis Doctae ignorantiae ad apostolicum legatum datis ac in aliis plerisque suis opusculis nobis patefecit, quoque studio ardeas, ut omnia colligas, quae passim in his rebus ab eodem emanant; quoque tu neminem peritorum te praeterire sinas, cum quo de hac re non conferas, multosque induxeris, qui hoc studium spreverant, ut inveterata consuetudine, qua Aristotelicae traditioni insudarunt, parum intercepta in has se conferant considerationes ea fide, quasi in ipsis magni aliquid lateat, quousque quodam interno gustu profundius alliciantur et eo pertingant, quod experiantur hanc rem tantum ab aliis viis differre quantum visus ab auditu; sicque de detractoribus plures attraxeris, ut tecum mentis oculo arcana quaeque modo, quo homini gradatim conceditur, speculentur.

Unde, cum tantus sis, recte arbitratus sum ego, condiscipulus eiusdem, ut aliqua tibi nota fiant, quae non plene instructos avertere possent, ac scias talibus insultationibus facilius obviare.

Pervenit ad me hodie libellus quidam cuiusdam non tantum imprudentis sed et arrogantissimi viri, hominis, qui se magistrum in theologia nominat, vocabulo Iohannis Wenck[1], cui titulum Ignotae litteraturae inscripsit.

---

[1] Johannes Wenck von Herrenberg, De ignota litteratura, ed. E. Vansteenberghe, Beiträge zur Geschichte der Philosophie des Mittelalters 8/6. Münster 1910.

VERTEIDIGUNG DER WISSENDEN UNWISSENHEIT
EIN SCHÜLER AN EINEN SCHÜLER

Unser gemeinsamer Lehrer, der Meister Nikolaus von Kues, der jetzt ins Kardinalskollegium berufen wurde, berichtete mir einmal von Deinem großen Verständnis für die Koinzidenz, die er in den dem apostolischen Legaten gewidmeten Büchern der Docta ignorantia und in vielen andern seiner Schriften uns darlegte. Er sagte mir, von welchem Eifer Du erfüllt bist, alles zu sammeln, was darin zerstreut von ihr ausgeht. Auch erzählte er, daß Du es nicht zuläßt, daß irgendein Gelehrter an Dir vorbeigeht, ohne daß Du mit ihm über dieses Thema sprichst, und daß Du schließlich viele, die dieses Studium verachtet hatten, dazu gebracht hast, die alte Gewohnheit, mit der sie bei der Aristotelischen Tradition verharrten, ein wenig zu unterbrechen und sich diesen Gedanken zuzuwenden, und zwar im Vertrauen darauf, daß in ihnen etwas Großes verborgen sei. Das tatest Du so lange, bis sie durch eigenes Verlangen immer stärker angezogen wurden und zu der Erfahrung gelangten, daß dieser Weg von den andern Wegen wie das Sehen vom Hören verschieden sei. So hast Du von den Gegnern viele dafür gewonnen, mit Dir zusammen alle Geheimnisse auf die Weise, wie es dem Menschen schrittweise geschenkt wird, zu betrachten.

Da Du nun ein solcher Mann bist, halte ich es als ein Schüler desselben Meisters für richtig, Dir einige Tatsachen, die die noch nicht voll Ausgebildeten abtrünnig machen können, bekannt zu machen, damit Du derartigen Beschuldigungen leichter entgegentreten kannst.

Heute erreichte mich nämlich ein Buch eines nicht nur törichten, sondern vor allem höchst anmaßenden und unverschämten Mannes, eines Menschen, der sich Magister der Theologie nennt, und der Johannes Wenck heißt. Der Titel dieser Schrift lautet „De ignota litteratura".

In quo cum legerem graves invectivas et iniurias contra praeceptorem nostrum et eius Doctae ignorantiae libellos, cum animo multa displicentia turbato praeceptorem adii, causam accessus et invectivarum continentiam declaravi.

Subrisit parumper praeceptor et me amoroso quodam oculo respectans aiebat: „Non turberis, amice, sed gratias age creatori, qui tantum tibi luminis tribuit, quod hunc hominem sapientia antecedis quasi Socrates sciolos sui temporis."

Quaerebam ego, in quo Atheniensis[1] Socrates praecellerat. Respondit: „Quia se scivit ignorantem; ceteri autem, qui se aliquid egregii scire gloriabantur, cum multa ignorarent, non se sciebant ignorantes. Ex Delphico oraculo testimonium sapientiae suae ob hoc sortitus est Socrates[2]."

Et ego: „Dic, quaeso, praeceptor, quae comparatio fuit scientiae Socratis ad ceteros."

Et ille: „Quasi scientia videntis ad scientiam caeci de solari claritate. Potest enim caecus aliquis multa audisse de solis claritate atque quod tanta sit, quod comprehendi nequeat, credens se per ea, quae sic audivit, scire aliqua de solis claritate, cuius tamen habet ignorantiam. Videns vero de solis claritate, quanta sit, interrogatus respondit se ignorare et huius ignorantiae scientiam habet, quia, cum lux solo visu attingatur, experitur solis claritatem visum excellere."

Sic plerosque, qui se scientiam theologiae habere iactant, caecis comparavit.

„Versantur enim paene omnes, qui theologiae studio se conferunt, circa positivas quasdam traditiones et earum formas,

---

[1] Cod. Cus. Thebanus.
[2] Plato, Apologia 23b.

Als ich darin heftige und ungerechte Angriffe gegen unseren Lehrer und seine Schrift „De docta ignorantia" fand, wandte ich mich, von großem Mißbehagen verwirrt, an meinen Lehrer und teilte ihm den Grund der Anklage und den Hauptinhalt der Angriffe mit.

Er lächelte ein wenig, blickte mich liebevoll an und sagte: „Laß Dich nicht verwirren, mein Freund, sondern danke Deinem Schöpfer, der Dir soviel Einsicht gab, daß Du diesen Menschen ebenso an Weisheit übertriffst wie Sokrates die Nichtswisser seiner Zeit."

Ich fragte, worin Sokrates die Athener überragte. Er erwiderte: „Darin, daß er wußte, daß er unwissend war; die andern aber wußten das nicht, obwohl sie vieles nicht verstanden. Sie rühmten sich sogar außerordentlich viel zu wissen. Von dem Delphischen Orakel erhielt Sokrates darob eine Bestätigung seiner Weisheit."

Darauf sagte ich: „Bitte, sage mir, mein Lehrer, in welchem Verhältnis das Wissen des Sokrates zu dem der anderen stand."

Seine Antwort war: „Wie das Wissen eines Sehenden zum Wissen eines Blinden in bezug auf den Glanz der Sonne. Ein Blinder kann viel über den Glanz der Sonne gehört haben; auch daß er so groß ist, daß man ihn nicht erfassen kann. Nun glaubt er aus dem, was er so gehört hat, etwas über den Glanz der Sonne zu wissen, von dem er doch nichts weiß. Wenn aber ein Sehender über den Glanz der Sonne befragt wird, antwortet er, daß er darüber nichts weiß; und weil er, wenn er die Sonne nur mit dem Gesichtssinn berührt, erfährt, daß der Glanz der Sonne das Sehvermögen übertrifft, hat er das Wissen dieses Nichtwissens."

So verglich er die meisten, die sich mit ihrem theologischen Wissen brüsten, mit Blinden.

„Denn beinahe alle, die sich dem Studium der Theologie widmen, beschäftigen sich mit gewissen festgelegten Tradi-

et tunc se putant theologos esse, quando sic sciunt loqui uti alii, quos sibi constituerunt auctores; et non habent scientiam ignorantiae lucis illius inaccessibilis, in quo non sunt ullae tenebrae. Sed qui per doctam ignorantiam de auditu ad visum mentis transferuntur, illi certiori experimento scientiam ignorantiae se gaudent attigisse."

Simile quid apud Philonem illum sapientissimum, cui per nonnullos graves viros libri Sapientiae adscribuntur, super quaestionibus in Genesim[1] quaestione 51. dixit reperiri, ubi loquitur de puteo Isaac sic dicens: „Sicut puteum fodientes aquam requirunt, ita etiam disciplinam sectantes finem explorant, quod est impossibile hominibus revelari.

Et quidam superbi mentientes solent affirmare se summos esse musicos, summos grammaticos, transivisse vero et philosophiae grumos et sapientiam totius disciplinae et virtutis metas. Astutus vero et non sui cultor vel sui laudator confitetur ex aperto, quantum deest a fine; et iuratus tali foedere conscientiam commendat, quod nihil perfecte homo noscere poterit.

Hic aliena loquitur, qui tot capitulis se aestimat tantum scire; finis enim scientiae Deo tantum reconditus est, quem etiam testem anima vocat, quoniam pura conscientia confitetur suam ignorantiam. Sola enim novit anima, quoniam nihil novit firmiter." Haec ille.

Placuit mihi haec praeceptoris comparatio; sed obieci ex hoc theologiam veram non posse litteris commendari. Fatebatur plane omne id, quod aut scribitur aut auditur, longe inferius ea esse; quam tamen in scripturis sacris dixit occultari.

---

[1] Philo, Quaestiones et solutiones eorum, quae in Genesi sunt, IV, 9.

tionen und deren Formen, und wenn sie so reden können wie die andern, die sie sich als Vorbilder aufgestellt haben, halten sie sich für Theologen. Sie wissen nichts vom Nichtwissen jenes unerreichbaren Lichtes, in dem keine Dunkelheiten sind. Die aber, die durch das wissende Nichtwissen vom Hören zur Schau des Geistes gebracht werden, freuen sich darüber, das Wissen des Nichtwissens durch sicherere Erfahrung erlangt zu haben."

Etwas Ähnliches steht, wie er sagte, bei Philo, jenem Weisen, dem von mehreren bedeutenden Männern die Bücher der Weisheit zugeschrieben werden, in den Untersuchungen zur Genesis in Frage 51, wo vom Brunnen Isaacs die Rede ist. Er fuhr fort: „So wie die, welche einen Brunnen graben, Wasser finden, so entdecken auch jene, welche einer Lehre folgen, ein Ziel, das den Menschen unmöglich enthüllt werden kann.

Manche hochmütige Lügner pflegen zu behaupten, sie seien die besten Musiker und Sprachgelehrten und hätten auch die Gipfel der Philosophie, die Weisheit der gesamten Disziplin und die Zielsäule der Tugend überschritten. Aber ein kluger Mann, der nicht sich selbst verehrt und lobt, wird offen bekennen, wie weit er vom Ziel entfernt ist; mit Eidschwur darauf ist er sich bewußt, daß der Mensch nichts vollkommen wissen kann.

Dieser Mann, der in so vielen Kapiteln so viel zu wissen glaubt, schreibt Unsinn, denn in Gott allein ist das Ziel des Wissens geborgen. Ihn ruft die Seele zum Zeugen an, da sie mit reinem Gewissen und Bewußtsein ihre Unwissenheit bekennt. Die Seele nämlich weiß allein, daß sie nichts mit Bestimmtheit weiß." Soweit er.

Mir gefiel dieser Vergleich des Meisters; aber ich hielt ihm entgegen, daß demzufolge die wahre Theologie den Buchstaben nicht anvertraut werden könne. Er gab offen zu, daß alles, was geschrieben oder gehört wird, ihr weit unterlegen sei; dennoch sei sie verborgenerweise in den heiligen Schriften enthalten.

Est enim theologia de regno Dei; et hoc magister noster Christus occultatum in abscondito thesauro declaravit. Unde, cum ad hoc tendat omnis inquisitio et hoc sit scrutari scripturas, scilicet id reperire, quod inventum absconditur et remanet occultum et inaccessibile, satis patere dixit hoc aliud non esse quam doctam ignorantiam.

„Iactant se enim", ut aiebat, „huius temporis plerique magistri, qui agrum habent Scripturarum, ubi audiverunt occultari thesaurum regni Dei, ex hoc se divites, ut is homo, qui Ignotam scripsit litteraturam.

Sed qui vidit thesaurum manere absconditum ab oculis omnium sapientum, in hoc gloriatur, quia scit se pauperem; [et in hoc se videt praefatis ditiorem, quia scit se pauperem][1], quod alii ignorant.

Unde ob scientiam pauperitatis hic se humiliat, et ob praesumptionem divitiarum alius superbit, uti hic homo ignorans inflatus vanitate verbalis scientiae in suo exordio non veretur se promittere elucidationem aeternae sapientiae."

Post quae ego, qui ad evacuandum scripta Ignotae litteraturae festinavi, interrogare coepi, quisnam hic olim abbas Mulbrunnensis, per quem Docta ignorantia ad adversarium delata fuisset[2].

Respondit eum hominem acris ingenii et sanctae conversationis fuisse, qui Doctae ignorantiae libellos dilexit, maxime quia ab apostolico legato et plerisque magnis viris magni aliquid continere laudabantur, cui quidem legato abbas ipse singularissima affectione constringebatur. Sed adiecit se non putare, quod abbas ipse huic viro libellos obtulisset, sed potius alteri religioso, a quo ad istum pervenissent; adiungens abbatem in ea differentia, quae inter Apostolicam

---

[1] Fehlt in Cod. Cus.
[2] Der ehemalige Maulbronner Abt Johannes von Geilnhusen (Gelnhausen) war sowohl Freund des Cusanus als auch von Johannes Wenck.

Es befaßt sich nämlich die Theologie mit dem Reich Gottes. Von diesem sagt Christus, unser Meister, daß es in einem verborgenen Schatz enthalten sei. Wenn also alles Suchen und die Erforschung der Schrift darauf zielt, das zu finden, was, sobald es gefunden ist, verborgen wird und geheim und unerreichbar bleibt, dann — so sagte er — sei es offenkundig, daß dies nichts anderes sei als die wissende Unwissenheit.

„Viele Lehrer unserer Zeit", so sagte er, „besitzen den Acker der Schriften, in dem, wie sie gehört haben, der Schatz des Gottesreiches verborgen ist. Sie halten sich deshalb für reich, so wie dieser Mensch, der die Ignota litteratura verfaßte.

Derjenige aber, der erkennt, daß dieser Schatz den Augen aller Weisen verborgen bleibt, rühmt sich darin, daß er sich arm weiß; in diesem Wissen, das den Vorerwähnten fehlt, sieht er sich reicher als jene.

Dieser erniedrigt sich um des Wissens seiner Armut willen, und jener erhöht sich um des Wahnes seines Reichtums willen, so wie dieser unwissende Mensch mit der Nichtigkeit des Wortwissens prahlt und sich nicht scheut, in seinem Vorwort die Erleuchtung der ewigen Weisheit zu versprechen."

Da ich die Angriffe der Ignota litteratura so schnell als möglich zunichte machen wollte, begann ich danach zu fragen, wer denn dieser einstige Abt von Maulbronn sei, durch den die Docta ignorantia zu dem Gegner gelangt war.

Er antwortete, dieser sei ein Mann von scharfem Geist und heiligmäßiger Rede gewesen, der die Bücher der Docta ignorantia hochschätzte, vor allem deshalb, weil der apostolische Legat, dem der Abt in außerordentlicher Zuneigung verbunden war und andere bedeutende Männer sie lobten und sagten, in ihnen sei Großes enthalten. Er fügte jedoch hinzu, er sei nicht der Meinung, daß der Abt selbst jenem Mann die Bücher gegeben habe, sondern vielmehr einem

Sedem et Basiliensem congregationem per dietas agitabatur, partem veritatis Apostolicae Sedis sollicitasse, cui adversabatur iste Wenck. Ostendit autem mihi praeceptor verba adversarii in fine suae compilationis, ubi praeceptorem pseudo-apostolum nominat, ut viderem hominem ex passione locutum[1].

Scis enim, amice optime, quod nemo cum tanta ferventia restitit Basiliensibus sicut praeceptor noster. Hinc ille Wenck, qui ab universis doctoribus Heidelbergensis studii abierat et partem damnatam Basiliensium sumpsit, in qua fortassis pertinaciter persistit, veritatis defensorum ‚pseudo-apostolum' nominare non erubuit. Curavit enim, ut eum ipsi abbati et cunctis odiosum et parvi momenti faceret; sed non praevaluit fraudulentia, quia veritas vicit.

Vidi autem, dum praeceptori legerem adversario Doctae ignorantiae libellos praesentatos, quomodo parumper ingemuit.

Cuius causam dum diligentius sciscitarer, respondit: „Si quis graviores prisci temporis sapientes attendit, comperit magno studio praecavisse, ne mystica ad indoctorum manus pervenirent.

Sic Hermetem Trismegistum Aesculapio[2] atque Areopagitam Dionysium Timotheo[3] praecepisse legimus, quod et Christum nostrum docuisse scimus; inhibuit enim margaritam, quam regnum Dei figurat, ante porcos proici, in quibus non est intellectus[4]. Sic Paulus ea, quae ab hoc mundo raptus in tertium intellectibile caelum vidit, dicit revelari non licere[5].

---

[1] Wenck, p. 41, 15.
[2] Ed. Thomas, Apuleius von Madaura, Opera III, p. 37, Asclepius I.
[3] Dionysius Areopagita, a. a. O., De divinis nominibus I, p. 56; III, p. 132f; De mystica Theologia I, p. 567.
[4] Matth. 7, 6.
[5] 2 Cor. 12, 2—4.

andern Ordensmann, von dem sie zu jenem gelangt seien; und daß der Abt in jenem Streit, der zwischen dem Apostolischen Stuhl und der Basler Partei lange Zeit hindurch geführt wurde, die Vertreter der Wahrheit des Apostolischen Stuhles angefeuert habe; dem widersetzte sich dieser Wenck. Der Meister zeigte mir auch die Worte des Gegners am Ende seiner Kompilation, wo er ihn einen Lügenapostel nennt, um mir darzutun, daß dieser Mensch in leidenschaftlicher Voreingenommenheit spricht.

Denn Du weißt, bester Freund, daß niemand den Baslern mit solch entschiedenem Eifer Widerstand leistete wie unser Meister. Trotzdem schämte sich dieser Wenck, der sich von allen Lehrern der Heidelberger Universität trennte und die verabscheuungswürdige Partei der Basler ergriff, bei der er vielleicht noch immer hartnäckig verharrt, nicht, den Verteidiger der Wahrheit einen Lügenapostel zu nennen. Er bemühte sich, ihn dem Abt und allen andern verhaßt zu machen und als unbedeutend hinzustellen; doch der Betrug hatte keinen Erfolg, da die Wahrheit siegte.

Als ich dem Meister vorlas, daß die Bücher der Docta ignorantia dem Widersacher überreicht worden seien, bemerkte ich, wie er leise seufzte.

Als ich genauer nach dem Grund forschte, antwortete er: „Wenn jemand sich mit den bedeutenderen Weisen der alten Zeit beschäftigt, erfährt er, daß sie mit höchster Sorgfalt darum bemüht waren, ihre Geheimnisse nicht in die Hände Unerfahrener kommen zu lassen.

Wir lesen, daß Hermes Trismegistos dem Aesculapius und Dionysius Areopagita dem Timotheos das befohlen haben, und wissen auch, daß unser Herr Christus dies gelehrt hat, da er verbot, die Perle, die ein Gleichnis für das Reich Gottes ist, den Säuen vorzuwerfen, die keinen Verstand haben. Ebenso sagte Paulus, es sei ihm nicht gestattet zu enthüllen, was er bei seiner Entrückung von dieser Welt in den dritten, geistigen Himmel gesehen habe.

Undique unica huius causa existit; nam ubi non capitur, ibi non solum non fert fructum vitae, sed vilipenditur et mortem inducit.

Maxime autem cavendum monuerunt, ne secretum communicaretur ligatis mentibus per auctoritatem inveteratae consuetudinis. Nam tanta est vis longaevae observantiae, quod citius vita multorum evellitur quam consuetudo — uti experimur in persecutione Iudaeorum, Sarracenorum et aliorum pertinacium haereticorum, qui opinionem usu temporis firmatam legem asserunt, quam vitae praeponunt.

Unde, cum nunc Aristotelica secta praevaleat, quae haeresim putat esse oppositorum coincidentiam, in cuius admissione est initium ascensus in mysticam theologiam, in ea secta nutritis haec via penitus insipida, quasi propositi contraria, ab eis procul pellitur, ut sit miraculo simile — sicuti sectae mutatio — reiecto Aristotele eos altius transilire."

Dixit haec praeceptor, sed ad punctum [cuncta] nec cepi nec scripsi. Ego autem continue admonui, ut me legentem Ignotam litteraturam ad eius confutationem animum erigeret; sed segnis atque tardior mihi visus est, quam optabam. Nam non est sibi visum scriptum illud tanti esse, quod aut legi aut reprehendi conveniat.

Adduxit in testimonium non decere gravem virum attendere ad confutationem ignorantium illud, quod magnus Dionysius scribit undecimo capitulo De divinis nominibus, ubi ait Paulum, quia dicebat Deum se ignorare non posse, per Elymam magum[1], quasi negasset Deum omnipotentem[2], re-

---
[1] Überliefert von Dionysius Areopagita, a. a. O., De divinis nominibus VII, p. 428; VIII, p. 431f.
[2] 2 Tim. 2, 13. Nach dem Gedächtnis zitiert; der richtige Text lautet: Si non credimus ille fidelis permanet, negare seipsum non potest.

Dafür gibt es nur einen Grund; wo das Geistige nicht begriffen wird, ist es gering geachtet und statt die Frucht des Lebens zu tragen, bringt es den Tod.

Vor allem geboten sie, zu verhindern, daß das Geheimnis Menschen mitgeteilt werde, deren Geist durch die Macht eingefleischter Gewohnheit gefesselt ist. Denn die Macht langer Übung ist so stark, daß eher das Leben vieler ausgelöscht wird als diese — wie wir in der Verfolgung der Juden, der Sarazenen und anderer hartnäckiger Häretiker erfahren haben, die eine im Laufe der Zeit verfestigte Meinung zu einem Gesetz machen und dieses über ihr Leben stellen.

Jetzt hat vor allem die aristotelische Richtung Geltung, die die Koinzidenz der Gegensätze, welche man anerkennen muß, um den Anfang des Aufstiegs zur mystischen Theologie zu finden, für eine Häresie hält. Den in dieser Schule Ausgebildeten scheint dieser Weg vollkommen unsinnig zu sein. Er wird als ein ihren Absichten entgegengesetzter völlig abgelehnt. Daher käme es einem Wunder gleich — ebenso wie es eine Umwandlung der Schule wäre —, wenn sie von Aristoteles abließen und höher gelangten."

So ungefähr sprach der Meister, wenn ich auch nicht alles genau begriffen und niedergeschrieben habe. Ich mahnte ihn aber ständig, daß er mich die Ignota litteratura vorlesen lasse und mich zu ihrer Widerlegung ermuntere. Da ihm jedoch die Schrift nicht soviel wert zu sein schien, daß es sich lohne, sie zu lesen oder zu widerlegen, schien er mir dabei langsamer und zurückhaltender vorzugehen, als ich es wünschte.

Als Zeugnis dafür, daß es einem besonnenen Mann nicht zieme, sich um die Widerlegung irgendwelcher Toren zu kümmern, zog er eine Stelle aus dem Buch des Dionysius im 11. Kapitel von „De divinis nominibus" heran. Dort schreibt dieser, daß Paulus, als er sagte, daß Gott sich selbst

prehensum; quem cum Dionysius reprehendere proponeret, dicebat se vehementer timere, ne ut amens rideretur, qui puerorum ludentium structuras et supra arenam fundatas et infirmas evertere moliretur; quem dixit imitatorem athletarum imperitorum, qui saepe imbecillos sibi adversarios suadentes contraque absentes ipsos fortiter adumbrata pugna dimicantes et aërem cassis ictibus constanter ferientes adversarios ipsos superasse arbitrantur seque victores bucinantur, cum neque illorum noverint vires. Hoc proprie aiebat propinquum esse proposito. Ego autem adieci eo non obstante Dionysium illius magi malam consequentiam refellisse; quod et fatebatur.

Sic vici mansuetudinem suam et ob nostrum saltim profectum passus est, ut cursim legerem.

Et ubi exordium ex verbis David „Vacate et videte, quoniam ego sum Deus[1]" legerem[2] et continuarem hunc passum, quomodo Deus velit a nobis otium sequestrare et imperet nostram visionem in seipsum reflecti non stando in nuda visione scientiali nos inflante, a qua ait daemones Graeco vocabulo nuncupari, sed potius visionis vacantia tendendo in id, quod vere Deus est, sit omnis nostrae motionis satians requietio, quoniam ait „Ego sum Deus", ubi ego singularizans omnem creaturam patenter a divinitate excludit, Deum ab omni distinguens creatura, quia ipse Deus creator non creatura; post quae in haec verba concludit: „Rectificatum est ex themate totum nostrae mentis negotiandi exercitium Ignotae litteraturae pernecessarium respectu conflictus eundi contra Doctam ignorantiam[3]" — indicto silentio per manum aiebat modesta voce praeceptor:

---

[1] Psalm 54, 11.
[2] Wenck, 19, 22ff.
[3] Wenck, 20, 7—20.

nicht unbekannt sein könne, von dem Magier Elymas, der die Allmacht Gottes leugnete, angegriffen wurde; als Dionysius Paulus den Rat gab, diesen zu tadeln, erwiderte er, er fürchte, als ein Verrückter verlacht zu werden, der sich bemühe, die auf Sand errichteten, schwankenden Bauten spielender Kinder zu zerstören. Er würde jenen törichten Ringkämpfern gleich handeln, die sich oft vorstellen, kraftlose Gegner vor sich zu haben und tapfer gegen die Abwesenden einen Scheinkampf führen; wenn sie dann die Luft ständig mit leeren Hieben geschlagen haben, bilden sie sich ein, ihre Gegner überwunden zu haben und brüsten sich als Sieger, obwohl sie ihre Kräfte nicht erprobt haben. Das komme jenem Vorhaben genau gleich. Ich hielt ihm aber entgegen, daß ohne den Widerstand des Paulus Dionysius die bösen Folgen der Behauptungen jenes Magiers durch eine Widerlegung verhindert hätte, was er auch zugab.

So überwand ich seine Nachsicht, und um uns ein sofortiges Handeln zu ermöglichen, gestattete er, daß ich ihm die Schrift in Auszügen vorlas.

Ich las ihm den Anfang, wo die Worte Davids zitiert sind, „habet acht und seht, daß ich Gott bin" und jenen Absatz, in dem es heißt, daß Gott uns die Ruhe entziehen will und befiehlt, daß unsere Schau in ihm wiedergespielt wird; nicht in einer unverhüllten Schau, die uns wissensmäßig aufbläht (daraus sei, wie er sagt, die griechische Bezeichnung Dämonen gekommen); vielmehr soll die Ruhe bedeuten, leer von dieser Schau nach dem zu streben, was wahrhaft Gott ist, die Ruhe, die alle unsere Bewegung stillt; wenn er also sagt, „ich bin Gott", dann schließt dieses vereinzelnde „Ich" jedes Geschöpf offenbar von der Göttlichkeit aus und unterscheidet Gott von allen Geschöpfen, weil Gott der Schöpfer, nicht ein Geschöpf ist; danach schließt er mit folgenden Worten: „Diese ganze Aufgabe der Ignota litteratura, die ich mit meinem Verstand durchführen will, ist daher in Hinblick auf den Angriff gegen die wissende Unwissenheit aus dem Thema als eine höchst notwendige gerechtfertigt." Da gebot mir der Meister mit der Hand, zu schweigen und sagte mit ruhiger Stimme:

„Non satis praemeditate haec praemisit pro clipeo, cum totum sit in sano intellectu Doctae ignorantiae consentaneum. Pauca videtur hic homo legisse et minus, quae legit, intellexisse. Nam mystica theologia ducit ad vacationem et silentium, ubi est visio, quae nobis conceditur, invisibilis Dei; scientia autem, quae est in exercitio ad confligendum, illa est, quae victoriam verborum exspectat et inflatur, et longe abest ab illa, quae ad Deum, qui est pax nostra, properat. Unde, cum confligere ex sua scientia proponat, qualis sit illa, occultare nequivit.

Id enim, quod inflat et ad conflictum excitat, se ipsum prodit: eam scilicet non esse scientiam, quae per vacationem in mentis visionem tendit, qualis est docta ignorantia. Putabat autem se novi aliquid aperuisse, quando daemonium ab inflante scientia Graece dictum asserit; sed non vidit fortassis Platonem aut Apuleium De deo Socratis aut Philonem, qui ait Moysem eos appellare angelos, quos Graeci daemones, licet ibi kalodaemones et kakodaemones distinguantur[1].

Ubi autem adicit prophetam per pronomen ‚ego' singularizasse Deum et exclusisse et distinxisse ab omni creatura, in quo ait propositum suum solidari, pueriliter satis se fundare videtur. Nemo enim umquam adeo desipuit, ut Deum aliud affirmaret quam id, quo maius concipi nequit, qui est formans omnia.

Unde nec Deus est hoc aut illud, nec caelum nec terra, sed dans esse omnibus, ut ipse sit proprie forma omnis formae,

---

[1] Plato, vgl. Apologia, 31cff. Die berühmteste Stelle dafür: Apuleius, De deo Socratis, 6ff. Philo, a. a. O., IV, 188.

„Als er das als Schild vorhielt, hat er sich dies vorher nicht genügend überlegt, denn für einen gesunden Verstand stimmt das ganze mit der wissenden Unwissenheit völlig überein. Der Mensch scheint wenig gelesen und noch weniger das, was er gelesen hat, verstanden zu haben. Denn die mystische Theologie führt zu Leere und Schweigen, wo die uns zugestandene Schau des unsichtbaren Gottes ist. Das Wissen, das im Streitgespräch verwendet wird, ist jenes, das einen prahlerischen Sieg der Worte erwartet. Es ist weit entfernt von jenem Wissen, das zu Gott, der unser Friede ist, eilt. Darum kann er, wenn er vorhat, seinem Wissen gemäß zu kämpfen, dessen Qualität nicht verbergen.

Das Wissen nämlich, das aufbläht und zum Streit antreibt, verrät sich selbst als ein Wissen, das nicht jenes ist, welches durch Leere zur Schau des Geistes strebt, wie die wissende Unwissenheit. Er glaubt, er habe etwas Neues gebracht, wenn er behauptet, daß das Wort ‚Dämon' im Griechischen vom sich aufblähenden Wissen abgeleitet sei; aber er hat vielleicht nicht einmal Plato oder Apuleius' ‚De deo Socratis' oder Philo eingesehen. Letzterer sagt, daß Moses jene Wesen Engel nennt, welche die Griechen als Dämonen bezeichnen, wenn sie auch zwischen kalodaemones und kakodaemones unterscheiden.

Dort aber, wo er bemerkt, daß durch das Pronomen ‚Ich' der Prophet Gott vereinzelt, ausgeschlossen und von jedem Geschöpf getrennt habe und diese seine ‚Erkenntnis' zur Grundlage seines Vorhabens machen will, scheint er sich vollkommen kindisch benommen zu haben. Denn niemand ist jemals so ohne Verstand gewesen, daß er von Gott etwas anderes behauptet hätte, als dies: Größer als Gott kann nichts gedacht werden; Gott bildet alles.

Darum ist Gott nicht dieses oder jenes, weder Himmel noch Erde, sondern der, der allem das Sein gibt, wie er selbst die eigentliche Gestalt einer jeden Gestalt ist; und jede Gestalt,

et omnis forma, quae non Deus, non sit proprie forma, quia formata ab ipsa incontracta et absoluta forma.

Quapropter absolutissimae et perfectissimae atque simplicissimae formae nullum esse abesse potest, quoniam dat omne esse. Et cum omne esse ab ipsa sit forma et extra eam esse nequeat, omne esse [in ipsa est; omne autem esse] in ipsa forma non potest aliud esse quam ipsa, cum ipsa sit infinita essendi forma, simplicissima et perfectissima.

Hinc patet Deum nequaquam concipi debere habere esse, modo quo singulare diversum et distinctum aliquod esse concipitur, neque eo modo, quo universale esse concipitur aut genus aut species, sed ultra coincidentiam singularis et universalis absolutissima forma omnium generalium, specialium ac singularium aut quarumcumque formarum, quae concipi et dici possunt.

Est enim principium, medium et finis omnium talium ipsa omnem conceptum excedens ineffabilis forma.

Si quis enim supra omnem disciplinam mathematicae, quae terminos et mensuras rebus ponit, et omnem pluralitatem et numerum ac proportionem harmonicam omnia intuetur sine mensura, numero et pondere, profecto ille in quadam simplicissima unitate omnia videt; et sic videre Deum est videre omnia Deum et Deum omnia, — quo modo scimus per doctam ignorantiam eum per nos videri non posse. Sed si quis videt omnia in numero, pondere et mensura, in se experitur sine differentia et concordantia hoc esse non posse. Quoniam autem de regno Dei non potest esse alteritas, ubi est simplicitas et pax, quae omnem sensum exsuperat, — quare nec singularitas eo modo, quo adversarius concipit, sed bene eo modo, quo de Dei singularitate loquitur Avicenna in Metaphysica sua de stabiliendo prophetam, ubi praecipit populo

die nicht Gott ist, ist nicht die eigentliche Gestalt, weil sie von der entschränkten und absoluten Gestalt gestaltet ist.

Deshalb kann der absoluten, vollkommensten und einfachsten Gestalt nichts fehlen, weil sie alles Sein gibt. Und da alles Sein von dieser Gestalt kommt und außerhalb von ihr nicht sein kann, ist alles Sein in ihr. Alles Sein aber kann in dieser Gestalt nichts anderes sein als sie selbst, da sie selbst die unbegrenzte Gestalt der Wirklichkeit ist, die einfachste und vollkommenste.

Daraus erhellt, daß Gott keineswegs so begriffen werden darf, als ob er Sein hätte; und zwar darf er weder auf die Weise, wie irgendein einzelnes, getrenntes und gesondertes Sein begriffen wird, noch auf die Weise, wie das universale Sein oder die Gattung oder die Eigengestalt begriffen wird, verstanden werden. Er ist vielmehr jenseits der Koinzidenz des Einzelnen und Allgemeinen die absolute Gestalt alles Gattungshaften, Eigengestaltlichen und Einzelnen oder jeder Gestalt, die begriffen und genannt werden kann.

Denn die unsagbare Gestalt, die jeden Begriff übersteigt, ist Anfang, Mitte und Ende aller Gestalten.

Wenn jemand jenseits der ganzen mathematischen Disziplin die den Dingen Maß und Grenze setzt, und jenseits aller Vielheit, Zahl und harmonischen Verhältnisse Betrachtungen ohne Maß, Zahl und Gewicht anstellt, dann wird er sicher alles in irgendeiner einfachsten Einheit sehen. Und Gott so sehen, heißt alles als Gott und Gott als alles sehen — so wie wir vermittels der wissenden Unwissenheit wissen, daß er von uns nicht gesehen werden kann. Aber wenn jemand alles in Zahl, Gewicht und Maß sieht, dann erfährt er in sich selbst, daß dies nicht ohne Unterschied und Übereinstimmung sein kann. Da aber im Reiche Gottes Einfachheit und Friede, der jeden Sinn übertrifft, herrschen, kann in ihm keine Andersheit sein, und die Einfachheit kann daher auch nicht von der Art sein, wie sie der Gegner begriffen hat;

de hac singularitate non esse dicendum, quoniam eum potius
averteret quam instrueret¹.

Eo enim modo singularitas, quo eam occultari mandat, est
singularitas singularitatum, et sic Deus dicitur singularis
insingulariter sicut finis infinitus et interminus terminus et
indistincta distinctio.

Qui enim in absolutam omnium singularium singularitatem
mentis oculum inicit, hic satis videt universalitatem absolutam cum absoluta singularitate coincidere, sicut maximum
absolutum cum minimo coincidit absoluto, in quo omnia unum.
Unde, quando Avicenna in Dei singularitatem conatur
ascendere per theologiam negativam, Deum ab omni singulari et universali absolvit²; sed acutius ante ipsum divinus
Plato in Parmenide tali modo in Deum conatus est viam
pandere³; quem adeo divinus Dionysius imitatus est, ut
saepius Platonis verba seriatim posuisse reperiatur.

Fateor [tamen] cum Avicenna ista adversario non congruere, qui de vulgo est et ad vulgares conceptus Deo improportionales propheticas altissimas visiones retorquet
contra omnium sapientum et magni Dionysii doctrinam,
qui decimo capitulo De divinis nominibus in novissima
Ambrosii Camaldulensis translatione, quam a sanctissimo
domino nostro Papa Nicolao recepimus, sic ait: „Itaque divina
oportet ut intelligamus non humano more, sed toti integre

---

[1] Avicenna führt in der Metaphysik, Abh. X, 2, aus, daß der
Prophet durch allzu genaue Mitteilung der göttlichen Dinge
den Menschen eine übergroße Last aufgebürdet hätte. „Die
Metaphysik Avicennas", ed. M. Horten, Frankfurt 1960, S. 662.
[2] Avicenna, a. a. O., VIII, 5, „ ... Begründung der Einheit des
notwendig Seienden und aller seiner negativen Eigenschaften ...".
[3] Proclus in Parmenidem, a. a. O., p. 70ff und 106. Vgl. Cod.
Cus. 186.

sie ist vielmehr von jener Art, wie sie Avicenna in seiner Metaphysik im Kapitel über die Bestätigung des Propheten begreift, wo er über die Einzigkeit Gottes spricht und empfiehlt, nicht zum Volk über die Einzigkeit zu sprechen, weil es dadurch eher abgewendet als belehrt werde.

Auf diese Weise, auf die er sie zu verbergen mahnt, ist die Einzigkeit die Einzigkeit der Einzigkeiten und so wird Gott der nichteinzige Einzige genannt, wie das endlose Ende und die unbegrenzte Grenze und die nicht unterschiedene Unterscheidung.

Der, welcher das Auge des Geistes auf die absolute Einzigkeit alles Einzelnen richtet, sieht deutlich genug, daß die absolute Allgemeinheit mit der absoluten Einzigkeit zusammenfällt, wie das absolute Größte mit dem absoluten Kleinsten, in dem alles Eines ist. Wenn daher Avicenna mit Hilfe der negativen Theologie zur Einzigkeit Gottes aufzusteigen versucht, löst er Gott von den Einzelnen und Allgemeinen los. Aber noch scharfsinniger versuchte vor ihm Plato, im Parmenides auf dieselbe Weise, den Weg zu Gott zu weisen. Und Dionysius ahmte ihn so sehr nach, daß man sehr oft findet, wie er die Worte Platons reihenweise abgeschrieben hat.

Ich gebe allerdings mit Avicenna zu, daß dies dem Gegner nicht entspricht, der ein gemeiner Mensch ist und die erhabenen Visionen der Propheten zu unverständigen und Gott unangemessenen Begriffen verdreht — entgegen der Meinung aller Weisen und des großen Dionysius, der im 10. Kapitel von ‚De divinis nominibus‘ (in der neuesten Übersetzung des Ambrosius Camaldulensis, die ich von unserem Heiligen Vater Papst Nikolaus erhalten habe) folgendes sagt: ‚Dar-

a nobis ipsis excedentes atque prorsus in Deum transeuntes[1].'
Ubi de hoc plura.

Iam vides, amice, quam puerili atque debili fulciatur firmamento Ignota litteratura."

Cum sic ista seriatim praeceptor noster ad iam dicta replicasset, lectionem continuabam, ubi sequitur, qualiter praeceptor noster glorietur se Dei dono invenisse, quomodo ad incomprehensibilia per transcensum corruptibilium humanitus scibilium incomprehensibiliter ductus fuit. Polst pleraque iniuriosa, quae animum praeceptoris non movebant, ait evangelium primae Corinthiarum 13. huis apertioni contradicere, ubi hic in speculo et aenigmate comprehensionem versari astruit.

Iubebat me praeceptor parum sistere et aiebat: „Ecce, quomodo varietas sensuum oritur, quando respectus variatur. Respexit hic vir ad speculum et aenigma, quasi Deus sit — uti est — incomprehensibilis.

Veritas enim in imagine nequaquam, uti est, videri potest; cadit enim omnis imago eo, quia imago, a veritate sui exemplaris.

Hinc visum est reprehensori incomprehensibilem non capi per transcensum incomprehensibiliter.

Sed qui videt, quomodo imago est exemplaris imago, ille transiliendo imaginem ad incomprehensibilem veritatem incomprehensibiliter se convertit.

Nam ille, qui omnem creaturam unius creatoris concipit imaginem, in se videt, quod, sicut imaginis esse penitus nihil perfectionis ex se habet, sic omnis sua perfectio est ab eo,

---

[1] Dionysius Areopagita, De divinis nominibus, a. a. O., XI, p. 497.

um gebührt es sich, das Göttliche nicht auf menschliche Weise verstehen zu wollen, sondern ganz aus uns selbst vollständig herauszutreten und gänzlich in Gott überzugehen.' Dort findet sich weiteres darüber.

Du siehst schon, mein Freund, durch was für eine kindische und schwache Stütze die Ignota litteratura aufrechterhalten wird."

Nachdem unser Meister dies zu dem bereits Vorgelesenen gesagt hatte, fuhr ich fort zu lesen. Es folgte die Stelle, wo behauptet wird, daß unser Meister sich rühme, durch ein Geschenk Gottes vermittels des Überschreitens des vergänglichen und auf menschliche Weise Wißbaren auf unbegreifliche Weise zum Unbegreiflichen geführt worden zu sein. Nach vielen verletzenden Ungerechtigkeiten, die unseren Lehrer nicht berühren, behauptet Wenck, daß 1 Kor 13 dieser Eröffnung widerspreche, weil danach das Verstehen in Spiegel und Gleichnis bleiben müsse.

Der Meister bat mich, ein wenig innezuhalten, und sagte: „Siehe, wie die Verschiedenheit der sinnlichen Wahrnehmung entsteht, wenn sich der Blickwinkel ändert. Dieser Mann sah in Hinblick auf Spiegel und Gleichnis, daß Gott — wie es ja auch der Fall ist — unbegreiflich ist.

Die Wahrheit kann im Bild keineswegs so gesehen werden, wie sie ist; denn jedes Bild fällt deshalb, weil es Bild ist, der Wahrheit seines Urbildes gegenüber ab.

Daher schien es unserem Kritiker, daß der Unbegreifliche nicht durch den Überstieg auf unbegreifliche Weise erfaßt werden kann.

Aber der, welcher sieht, daß das Abbild das Abbild des Urbildes ist, wendet sich, indem er das Abbild überspringt, auf unbegreifliche Weise zu der unbegreiflichen Wahrheit.

Denn jener, der alle Geschöpfe als Abbild des einen Schöpfers begreift, sieht in sich selbst, daß, wie das Sein des Abbildes keine Vollkommenheit aus sich hat, alle seine Voll-

cuius est imago; exemplar enim mensura et ratio est imaginis. Sic enim Deus relucet in creaturis sicut veritas in imagine. Qui igitur tantam videt rerum varietatem unius Dei esse imaginem, ille, dum linquit omnem omnium imaginum varietatem, incomprehensibiliter ad incomprehensibilem pergit.

In stuporem enim ducitur, dum hoc infinitum esse admiratur, quod in omnibus comprehensibilibus est ut in speculo et aenigmate. Bene videt ille hanc formam nulla creatura comprehensibilem, cuius omnis creatura imago existit; nulla enim imago esse potest veritatis adaequata mensura, cum in eo, quod imago, deficiat. Non igitur comprehensibilis est veritas absoluta.

Si igitur quoquo modo ad ipsam accedi debet, oportet ut hoc quodam incomprehensibili intuitu quasi via momentanei raptus fiat, uti carneo oculo solis claritatem incomprehensibiliter momentanee intuemur, non quod sol non sit maxime visibilis, cum lumen se oculis ingerat propria virtute, sed ob excellentissimam visibilitatem est comprehensibiliter invisibilis. Sic Deus, qui est veritas, quae est obiectum intellectus, est maxime intelligibilis et ob suam superexcelsam intelligibilitatem est inintelligibilis.

Unde sola docta ignorantia seu comprehensibilis incomprehensibilitas verior via manet ad ipsum transcendendi."

Et ego: „Praecare praeceptor, quamvis nullo studio tibi advenerit consideratio, quam in Docta ignorantia aperuisti, sed Dei dono, tamen non dubium multos veterum sapientum quaesivisti, ut videres, si in omnibus idem reluceret. Hinc oro ut, si qua eorum, quae legisti, occurrunt, adicito."

kommenheit von dem stammt, dessen Abbild er ist. Denn das Urbild ist Maß und Wesenssinn des Abbildes. So strahlt Gott in allen Geschöpfen wider, wie die Wahrheit im Abbild. Jener, der erkennt, daß die ungeheure Verschiedenheit der Dinge das Abbild des einen Gottes ist, wird, wenn er alle Vielfalt aller Abbilder verläßt, unbegreiflich zum Unbegreiflichen gelangen.

Wenn er dieses unendliche Sein, das in allem Begreiflichen wie in Spiegel und Gleichnis ist, bewundert, wird er zum Staunen geführt, und er sieht wohl, daß diese Gestalt, deren Abbild jedes Geschöpf ist, durch kein Geschöpf begreiflich ist. Denn kein Abbild kann ein angemessenes Maß der Wahrheit sein, da es ihr gegenüber durch sein Abbildsein unterlegen ist. Darum ist die absolute Wahrheit nicht begreiflich.

Wenn man also auf irgendeine Weise zu ihr gelangen soll, ist es notwendig, daß dies durch eine unbegreifliche Einsicht gleichsam auf dem Wege einer Entrückung im Augenblick geschieht; so wie wir mit dem fleischlichen Auge den Glanz der Sonne nur für einen Augenblick auf unbegreifliche Weise betrachten können; das ist nicht deshalb so, weil die Sonne, wenn ihr Licht mit der ihm eigenen Kraft in das Auge dringt, nicht das am meisten Sichtbare wäre, sondern weil sie ihrer außerordentlichen Sichtbarkeit wegen auf begreifliche Weise unsichtbar ist. Ebenso ist Gott, der als die Wahrheit der Gegenstand des verstehenden Denkens ist, der am meisten Einsichtige und zugleich ob dieser seiner überragenden Einsichtigkeit uneinsichtig.

Daher bleibt allein die wissende Unwissenheit oder die begreifliche Unbegreiflichkeit der wahre Weg, um zu ihm hin zu gelangen."

Darauf erwiderte ich: „Wenn Dir auch, mein teuerster Meister, diese Erkenntnis, die Du in der Docta ignorantia dargelegt hast, ohne Mühe, allein durch die Gnade Gottes kam, hast Du doch sicherlich die Schriften vieler alter Weisen daraufhin geprüft, ob sich in allen dasselbe wiederfinde. Darum bitte ich Dich, daß Du das hinzufügst, was Dir von dem, was Du gelesen hast, einfällt."

Et ipse: „Fateor, amice, non me Dionysium aut quemquam theologorum verorum tunc vidisse, quando desuper conceptum recepi; sed avido cursu me ad doctorum scripta contuli et nihil nisi revelatum varie figuratum inveni. Nam Dionysius ad Gaium ignorantiam perfectissimam scientiam affirmat et de scientia ignorationis multis in locis loquitur[1]; et Augustinus ait Deum potius ignorantia quam scientia attingi[2]. Ignorantia enim abicit, intelligentia colligit; docta vero ignorantia omnes modos, quibus accedi ad veritatem potest, unit.

Ita eleganter dixit Algazel in sua Metaphysica de Deo, quod ‚quisquis scit per probationem necessariam impossibilitatem suam apprehendendi eum, est cognitor et apprehensor, quoniam apprehendit scire ipsum a nullo posse comprehendi. Quisquis autem non potest apprehendere et nescit necessario esse impossibile eum apprehendere per probationem praedictam, est ignorans Deum; et tales sunt omnes homines exceptis dignis et prophetis et sapientibus, qui sunt profundi in sapientia[3]." Haec ille.

Quomodo autem in nobis sit docta ignorantia, Aurelius Augustinus super octavo capitulo ad Romanos, exponens verbum Pauli ‚nescimus, quid oremus', ait post alia: ‚Esse quidem, quod querimus, scimus; sed quale sit, non novimus. Quae, ut ita dicatur, docta ignorantia per spiritum, qui adiuvat infirmitatem nostram, in nobis est.' Et post pauca: ‚Et cum Paulus dicat, quomodo spiritus postulat gemitibus inenarrabilibus[4], designat rem, quae ignoratur, et ignorari

---

[1] Dionysius, a. a. O., Epist. ad Gaium I, 607, „perfecta ignorantia vera cognitio est eius".
[2] Augustinus, Sermo 117.
[3] Al-Ghazzâli, Liber de universali philosophia, in Cod. Cus. 205.
[4] Augustinus, Epist. 130 (121) ad Probam, cap. 15, CSEL 44, III, 72.

Er antwortete: „Ich muß gestehen, mein Freund, daß ich damals, als mir dieser Gedanke von Gott gegeben wurde, weder Dionysius noch einen andern der wahren Theologen verstanden hatte. Dann aber warf ich mich eilendst über die Schriften der Gelehrten und überall fand ich das mir Geoffenbarte auf verschiedene Weise vorgebildet. Dionysius nennt im Brief an Gaius die Unwissenheit das vollkommenste Wissen und spricht an vielen Stellen über das Wissen der Unwissenheit. Und Augustinus sagt, Gott sei eher durch Unwissenheit als durch Wissen zu erreichen. Denn die Unwissenheit entfernt und zerstreut, das Verstehen sammelt; die wissende Unwissenheit aber vereint alle Weisen, nach denen man zur Wahrheit gelangen kann.

Ebenso scharfsinnig sagt Algazel in seiner Metaphysik von Gott, ‚daß, wer immer anerkennt und weiß, daß er notwendigerweise unfähig ist, ihn zu erreichen, ihn erkennt und erreicht, denn er hat jenes Wissen erlangt, daß Gott von niemandem erfaßt werden kann. Wer dieses Wissen aber nicht erreichen kann und keine Kenntnis davon hat, daß es notwendig ist, auf die oben erwähnte Weise die Unmöglichkeit, ihn zu erreichen, anzuerkennen, der weiß nichts von Gott. Und das sind alle Menschen, ausgenommen die Würdigen, die Propheten und Weisen, die in die Weisheit tief eingedrungen sind'. Soweit jener.

Daß nun die wissende Unwissenheit in uns ist, sagt Aurelius Augustinus im Kommentar zum achten Kapitel des Römerbriefes, wo er das Wort des heiligen Paulus ‚wir wissen nicht, um was wir beten' erklärt. Er schreibt unter anderem: ‚Wir wissen zwar, daß wir etwas suchen, aber was es ist, wissen wir nicht. Dieses wissende Nichtwissen — wenn es erlaubt ist, dies so zu nennen — ist in uns durch den Geist, welcher unserer Schwachheit hilft.' Und ein

et non omnino ignorari; cum genitu enim non quaereretur, si omnino ignoraretur.' Haec ille[1].

In nobis igitur est docta ignorantia, sine qua non quaereretur Deus.
Scripsi alias libellum De quaerendo Deum; quem lege. Reperies enim ibi, quod, licet ubique sit et non absit a nobis — ut ait Paulus Atheniensibus[2], quando Dionysium convertit —, tamen et tunc propius ad ipsum acceditur, quando plus fugisse reperitur; quanto enim ipsius inaccessibilis maior elongatio melius capitur, tanto propinquius inaccessibilitas attingitur."

Et cum haec sic praeceptor dixisset, quamvis non satiarer talia audire, tamen plura dici oportere considerans non sinebam ipsum plebeios doctores adducere; aiebam enim proposito nostro egregios istos satisfacere cum hiis, qui in Docta ignorantia allegantur. Et cum acquiesceret et ego cursim continuarem et legerem, quomodo adversarius fatetur praeceptorem cautelam adhibuisse, ut omnem impugnationem evadat, quando admonet intentum suum versari in elevatione mentis ad simplicitatem illam, ubi est contradictoriorum coincidentia, risit praeceptor dicens:

„Ostendit se potius quadam invidia contra personam motum, quando fatetur cautelam additam, quae omnem impugnationem scripti excludit. Sed quando ait semen scientiae, quod in illo principio ‚quodlibet est vel non est' complicatur, et omnem discursum tolli, non sane concipit. Non enim advertit doctam ignorantiam versari circa mentis oculum et intellectibilitatem; et hinc cessat ab omni ratiocinatione, qui ducitur ad visionem, et testimonium eius est de visu.

---

[1] Röm. 8, 26.
[2] Apg. 17, 24—27.

wenig später: ‚Wenn Paulus sagt, daß der Geist mit unzähligen Seufzern sucht, zeigt er damit, daß diese unbekannte Sache sowohl unbekannt als auch nicht ganz unbekannt ist. Denn sie würde nicht mit Seufzern gesucht, wenn sie gänzlich unbekannt wäre.' Soweit Augustinus.

In uns also ist die wissende Unwissenheit ohne die Gott nicht gesucht werden kann.

Andernorts habe ich ein Büchlein De quarendo Deum geschrieben. Wenn du dort nachliest, wirst du finden, daß, ‚wenn er auch überall ist und uns nicht fern' — wie Paulus den Athenern sagte, als er Dionysius bekehrte — man ihm um so näher kommt, je weiter er sich entfernt zu haben scheint. Denn je besser man eine unerreichbare Entfernung erkennt, um so näher kommt man zur Unzugänglichkeit."

Nachdem der Meister dies so gesagt hatte, ließ ich, obwohl ich solches zu hören noch nicht satt war, nicht zu, daß er auch die unbedeutenderen Gelehrten heranzog, sondern hielt es für besser, weiter fortzufahren und sprach zu ihm, daß für unser Vorhaben jene ausgezeichneten Männer, zusammen mit den in der Docta ignorantia angeführten, genügten. Da er schwieg, fuhr ich fort und las, wie der Gegner zugibt, unser Meister habe, um jeden Angriff zu vermeiden, die Vorsicht angewandt, darauf hinzuweisen, daß seine Absicht sich damit beschäftigte, den Geist zu jener Einfachheit zu erheben, in der die Koinzidenz der Gegensätze ist.

Da sagte der Meister lachend: „Wenn er zugibt, daß ein Vorbehalt beigefügt ist, der jeden Angriff gegen die Schrift ausschließt, beweist er damit, daß er eher aus persönlicher Abneigung gehandelt hat. Wenn er aber dann sagt, daß der in dem Prinzip ‚etwas ist oder ist nicht' enthaltene Samen des Wissens auch jeden Fortgang des Gedankens aufhebe, so hat er ihn nicht richtig begriffen. Er bemerkt nicht, daß die wissende Unwissenheit das Auge des Geistes und die vernünftige Verständlichkeit anspricht. Und daher weicht er ab von jeder vernünftigen Denkbewegung, die zur Schau führt. Das Zeugnis, das er gibt, gilt für die Sinnlichkeit.

‚Quod enim vidit, attestatur', uti Iohannes Baptista de Christo et Paulus de raptu suo loquitur[1]. Opus autem habet discursu, qui per testimonium de auditu veritatem venatur — sicuti communius ducimur per fidem, quae ex auditu est.

Unde, si quis diceret: Tu cum dicas testimonium de visu esse certius, quod sine omni argumento et discursu ostendit, igitur negas aliud esse testimonium de auditu et omnem ratiocinationem, nequaquam bene diceret. Logica enim atque omnis philosophica inquisitio nondum ad visionem venit.

Hinc, uti venaticus canis utitur in vestigiis per sensibile experimentum discursu sibi indito, ut demum ea via ad quaesitum attingat: sic quodlibet animal suo modo — et sapientissimus Philo eapropter omnibus animalibus dixit rationem inesse, uti beatissimus recitat Hieronymus in De illustribus viris[2] —, sic homo logica.

Nam, ut ait Algazel, ‚logica nobis naturaliter indita est; nam ets vis rationis'[3].

Rationabilia vero animalia ratiocinantur. Ratiocinatio quaerit et discurrit.

Discursus est necessario terminatus inter terminos a quo et ad quem, et illa adversa sibi dicimus contradictoria. Unde rationi discurrenti termini oppositi et disiuncti sunt. Quare in regione rationis extrema sunt disiuncta, ut in ratione circuli, quae est, quod lineae a centro ad circumferentiam sint aequales, centrum non potest coincidere cum circumferentia.

---

[1] Joh. 3, 32; 2 Kor. 12, 1f
[2] Hieronymus, De viris illustribus II.
[3] Al-Ghazzâli, Logica, Cod. Cus. 205.

‚Denn was er sah, bezeugt er', sprechen Johannes der Täufer von Christus und Paulus von seiner Entrückung. Derjenige, der durch das Zeugnis des Hörens die Wahrheit sucht, braucht einen Fortgang des Gedankens — so wie wir ja auch gemeinhin durch den Glauben, der aus dem Hören ist, geführt werden.

Falls darum jemand sagt: ‚Wenn du behauptest, daß das Zeugnis der Schau, weil es ohne jede Begründung und Überlegung aufweist, sicherer sei, dann leugnest du, daß es außerdem noch das Zeugnis des Hörens und die verständige Denkbewegung gibt' — dann hat er keineswegs richtig gesprochen. Die Logik nämlich und jede philosophische Untersuchung gelangt noch nicht zur Schau.

Wie daher der Jagdhund beim Spurensuchen über die sinnliche Erfahrung seinen ihm angeborenen Spürsinn als Methode gebraucht, um so das Gesuchte endlich zu erreichen, so handhabt es jegliches Lebewesen auf seine Weise — weshalb auch der weise Philo, den der heilige Hieronymus in ‚De illustribus viris' zitiert, sagt, daß jedem Tier Verstandessinn innewohne. Der Mensch gebraucht die Logik.

Die Logik nämlich ist uns, wie Algazel sagt, von Natur angeboren; denn sie ist die Kraft des Verstandes.

Die der verständigen Denkbewegung fähigen Lebewesen schlußfolgern. Die Schlußfolgerung sucht und ist methodisch.

Der methodische Gang ist notwendigerweise zwischen dem Ausgangspunkt und Zielpunkt begrenzt und diese einander entgegengewandten Gegensätze nennen wir kontradiktorische. Daher sind die Zielgrenzen für das methodisch vorgehende Denken entgegengesetzt und getrennt. Darum sind auf der Ebene des Verstandes die Extreme getrennt wie im Wesenssinn des Kreises, der besagt, daß der Mittelpunkt mit dem Umkreis nicht zusammenfallen kann, weil die Entfernung vom Mittelpunkt und Umkreis stets gleich ist.

Sed in regione intellectus, qui vidit in unitate numerum complicari et in puncto lineam et in centro circulum, coincidentia unitatis et pluralitatis, puncti et lineae, centri et circuli attingitur visu mentis sine discursu, uti in libellis De coniecturis videre potuisti, ubi etiam super coincidentiam contradictoriorum Deum esse declaravi, cum sit oppositorum oppositio secundum Dionysium[1].

Fuit aliquando Henricus de Mechlinia, ut scribit in Speculo divinorum, ad hoc ductus, ut in intellectualibus conspiceret unitatis et pluralitatis coincidentiam, de qua plurimum admiratur[2]. Sed, ut saepe audisti, qui videt, quomodo intelligere est motus et quies pariter ipsius intellectus, uti de Deo Augustinus fatetur in Confessionibus, de aliis contradictoriis se facilius expedit[3]."

Admonuit deinde praeceptor, cum haec dixisset, ut attenderem doctam ignorantiam sic aliquem ad visum elevare quasi alta turris. „Videt enim ibi constitutus id, quod discursu vario vestigialiter quaeritur per in agro vagantem; et quantum quaerens accedit et elongatur a quaesito, ipse intuetur. Docta enim ignorantia de alta regione intellectus existens sic iudicat de ratiocinativo discursu."

His taliter recensitis per praeceptorem — quae te puto aliquotiens ab eo in summa audivisse — aiebam ego: „Non videtur impugnator intellexisse, quid volueris per coincidentiam contradictoriorum. Nam, ut audisti, tibi — licet falso — adscribit, quod asseras creaturam cum creatore coincidere, et hanc partem impugnat."

---

[1] Dionysius, a. a. O., De divinis nominibus V, p. 347 u. a.
[2] Heinrich Bate von Mecheln, 1246—1310, Astronom. Cusanus zitiert sein Hauptwerk „Speculum divinorum et quorumdam naturalium" (ed. Wallerand 1931).
[3] Augustinus, Conf. XIII, 37.

Aber auf der Ebene des vernünftigen Geistes, der sieht, daß in der Einheit die Zahl und im Punkt die Linie und im Zentrum der Kreis eingefaltet ist, wird das Zusammenfallen von Einheit und Vielheit, Punkt und Linie, Zentrum und Umkreis in der Schau des Geistes ohne methodisches Hin und Her erreicht; das konntest du in den Büchern De coniecturis sehen, wo ich dargelegt habe, daß Gott sogar über dem Zusammenfall der kontradiktorischen Gegensätze steht, da er nach Dionysius der Gegensatz der Gegensätze ist.

Heinrich von Mecheln schreibt im Speculum divinorum, daß er einmal dahin geführt worden sei, im Geistigen die Koinzidenz von Einheit und Vielheit in höchster Bewunderung zu erblicken. Du hast oft gehört, daß derjenige sich leichter von den anderen kontradiktorischen Gegensätzen löst, der erkennt, daß, wie Augustinus in den Confessiones von Gott sagt, Verstehen zugleich Bewegung und Ruhe des Geistes ist."

Nach diesen Worten mahnte mich der Meister, zu beachten, daß die wissende Unwissenheit einem hohen Turme gleich jeden zur Schau erhebe. „Denn wer dort oben steht, übersieht alles, was der unten über das Feld Schweifende auf verschiedenen Wegen nach Spuren forschend sucht; er erblickt auch, inwieweit der Suchende sich dem Gesuchten nähert oder entfernt. So urteilt die wissende Unwissenheit, die aus der Höhe des vernünftigen Geistes stammt, über den methodischen Gang der verständigen Denkbewegung."

Nachdem der Meister dies durchgesprochen hatte — sicher hast du das schon irgendeinmal kurz von ihm gehört —, bemerkte ich: „Unser Gegner scheint nicht verstanden zu haben, was du mit der Koinzidenz der Gegensätze wolltest. Denn du hast gehört, wie er dir fälschlich zuschreibt, du hättest behauptet, daß das Geschöpf mit dem Schöpfer zusammenfalle. Und das bekämpft er."

Ad quae ille: «Dixi, quomodo animalis homo non percipit ea, quae sunt de regno Dei, et si passio eum non vicisset, non falsificasset scripta. Statuit autem, ut videtur, quomodo omnino impugnare vellet scripta illa; et pro suo desiderio tam in sensu quam verbis falsarius reperitur.

‚Mos est pertinacissimorum haereticorum detruncare scripturas', aiunt sextae synodi Patres. Nam tale quid ex libellis Doctae ignorantiae veritatis amator haberi negat neque quidquam eorum, admitteret quae elicit, modo, quo elicit. Nam dicere imaginem coincidere cum exemplari et causatum cum sua causa potius est insensati hominis quam errantis.

Per hoc enim, quod omnia sunt in Deo ut causata in causa, non sequitur causatum esse causam — licet in causa non sint nisi causa, sicut de unitate et numero saepe audisti. Nam numerus non est unitas, quamvis omnis numerus in unitate sit complicitus sicut causatum in causa; sed id, quod intelligimus numerum, est explicatio virtutis unitatis. Sic numerus in unitate non est nisi unitas.

Arbitror autem te satis concepisse, quid in ea re sentiam, ex hiis, quae in libello De dato lumine[1] impigre lectitasti. Oportet enim, qui scribentis in re aliqua mentem investigat, ut omnia scripta legat attente et in unam concordantem sententiam resolvat.

Facile enim est ex truncatis scripturis aliquid reperiri, [quod in se videtur][2] dissonum; sed collatum ad integritatem voluminis est concordans — uti venenosa animalia, quan-

---
[1] Nicolaus Cusanus, De dato patris luminum, 1445.
[2] Fehlt in Cod. Cusanus 218.

Darauf er: „Ich habe dargelegt, daß der sinnliche Mensch das, was zum Reiche Gottes gehört, nicht begreift, und wenn Wenck nicht von seiner Voreingenommenheit überwältigt worden wäre, hätte er die Schrift nicht durch falsche Beschuldigungen entstellt. Er scheint aber beschlossen zu haben, sie unter allen Umständen zu bekämpfen und aus diesem Bestreben wird er in Sinn und Wort als Lügner erfunden.

‚Es ist die Art hartnäckiger Häretiker, die Schriften zu verstümmeln‘, sagten die Väter des Sechsten Synode. Ein wahrheitsliebender Mensch nämlich wird nicht zugeben, solches aus den Büchern der Docta ignorantia herauszulesen, noch würde er gelten lassen, daß irgend etwas auf jene Weise, wie dieser es tat, herausgegriffen wird. Denn zu behaupten, das Abbild sei mit seinem Urbild identisch und das Begründete mit seinem Grund, kommt eher einem Verrückten denn einem Irrenden zu.

Darum nämlich, weil in Gott alles ist wie das Begründete in seinem Grund, kann folglich das Begründete nicht der Grund sein, wenn es auch im Grund nichts als der Grund selbst ist. Solches hast du über die Einheit und die Zahl oft gehört. Denn die Zahl ist nicht die Einheit, obwohl jede Zahl in der Einheit wie das Begründete im Grund eingeschlossen ist, sondern das, was wir unter Zahl verstehen, ist die Ausfaltung der Wirk-Kraft der Einheit; deshalb ist die Zahl in der Einheit nichts als die Einheit.

Ich glaube aber, daß du auf Grund dessen, was du in dem Büchlein De dato lumine eifrig gelesen hast, zur Genüge verstanden hast, was ich darüber denke. Wenn jemand die Ansicht eines Schriftstellers über irgendein Thema untersucht, so ist es notwendig, daß er dessen sämtliche Schriften aufmerksam liest und diese in ein einheitliches Sinnganzes auflöst.

Denn es ist leicht, aus verstümmelten Schriften etwas zu finden, das in sich widersprüchlich erscheint; wenn man es aber dem vollständigen Werk gegenüberstellt, ist es einheit-

do separatim ab universo conspiciuntur, nihil pulchritudinis aut bonitatis habere videntur, sed ad universum collata, cuius sunt membra, suam habere pulchritudinem et bonitatem reperiuntur, cum universum, quod est totaliter pulchrum, ex partium pulchra componatur harmonia.

Recitat in simili sanctus Thomas Contra gentiles[1] quosdam ex dictis magni Dionysii occasionem recepisse, ut dicerent omnia esse Deum, quia ait in Caelesti hierarchia Deum esse omnium esse; si illi omnia eiusdem Ariopagitae opuscula legissent, utique in De divinis nominibus repperissent sic Deum esse omnium esse quod tamen nullum omnium, cum causatum numquam possit in aequalitate suae causae elevari[2].

Neque puto hoc aliter quam in docta percipi posse ignorantia. Sicut enim Deus ita est ubique quod nullibi — cum nullo loco desit, qui in nullo loco est —, ut sit in omni loco illocaliter sicut magnus sine quantitate: ita est etiam Deus ipse omnis locus illocaliter et omne tempus intemporaliter et omne ens non-enter.

Et ob hoc non est aliquod entium sicut non est aliquis locus vel aliquod tempus, quamvis omnia sit in omnibus, quasi monas est omnia in omnibus numeris, quia ea sublata nequit numerus esse, qui solum per ipsam esse potest; et quia monas est omnis numerus, non tamen numeraliter, sed complicite, ideo non est aliquis numerus; nam nec binarius nec ternarius."

Ad quae cum ego subiungerem, ut missis superfluis citius evacuaret adversarii phantasmata, quod faciliter fieri posse adiunxi, cum in falso fundentur supposito, praecepit, ut ego saltim faciliora convellerem et sibi, quoad fieri posset, in arduis versari indulgerem. Tunc textum adversarii ad manus

---

[1] Thomas, Summa contra Gentiles I, 26.
[2] Dionysius, a. a. O., De div. nom. VII, p. 405.

lich, so wie giftige Tiere, wenn man sie vom Gesamt getrennt betrachtet, nichts Schönes oder Gutes zu haben scheinen, wenn man sie aber dem Ganzen gegenüberstellt, dessen Glieder sie sind, findet man, daß sie ihre eigene Schönheit und Güte besitzen, da das Gesamt, das ganzheitlich schön ist, sich aus der schönen Harmonie der Teile zusammensetzt.

Ähnlich berichtet der heilige Thomas in der Schrift Contra gentiles, daß einige Leute bei den Aussprüchen des großen Dionysius die Gelegenheit benützten, zu behaupten, alles sei Gott, weil dieser in De caelesti hierarchia sagt, Gott sei das Sein von allem. Aber wenn sie alle Werke des Areopagiten gelesen hätten, dann hätten sie auf alle Fälle in De divinis nominibus gefunden, daß Gott so das Sein von allem ist, daß er nichts von allem ist, weil das Begründete niemals zur Gleichheit mit seinem Grund erhoben werden kann.

Ich glaube, daß dies auf keine andere Weise als in wissender Unwissenheit verstanden werden kann. Wie nämlich Gott so überall ist, daß er nirgends ist — da der an keinem Ort fehlt, der an keinem Ort ist, so daß er an jedem Ort auf nicht-örtliche Weise ist, ebenso wie er groß ohne Größe ist — so ist auch Gott selbst jeder Ort unörtlich, jede Zeit unzeitlich und jedes Sein nichtseiend.

Und darum ist er nicht irgendein Seiendes, wie er auch nicht ein bestimmter Ort oder eine gewisse Zeit ist, obwohl er alles in allem ist, ähnlich wie die Monas alles in allen Zahlen ist, weil die Zahl allein durch sie und ohne sie nicht zu sein vermag. Und da die Monas jede Zahl ist, jedoch nicht zahlenhaft, sondern einschließend, ist sie nicht irgendeine Zahl; weder eine Zwei noch eine Drei."

Als ich ihn aufforderte, er solle das Überflüssige weglassen, um schneller die Wahnideen des Gegners zu entkräften, was, wie ich hinzufügte, leicht geschehen könne, da sie auf einer falschen Grundlage beruhten, entschied er, daß ich sogleich die geringeren Probleme erledigen und ihm soweit als mög-

habens legi ibi, ubi ait non recte dici scire esse ignorare, cum habitus et privatio distinguantur."

Statim interrupta lectura, aiebat praeceptor: „Miror hominem, qui se magni aliquid esse putat, cur hoc sic scriptum in libellis Doctae ignorantiae affirmet. Nam etsi rubrum primi capituli inquisitorie dicat ‚Quomodo scire sit ignorare', tamen ob hoc non affirmat scire esse ignorare, nisi modo quo declaratur ibidem; qui est scilicet, quod se sciat ignorare.

De qua scientia ignorationis in eo capitulo clarissima scribitur apertio, prout etiam supra de hoc actum est sufficienter; quam magnus Dionysius in principio libri De divinis nominibus supremam divinamque esse ait[1], adiungens eam scientiam, qua ipsum supersubstantiale nescitur, sermonem omnem ac sensum vincere et Deo adscribendam esse."

Legi post hoc, quomodo hanc partem, qua linqui sensibilia mandantur in docta ignorantia, ut ad incomprehensibile perveniatur, ex eo reprehendit, quasi hoc sit contra ea, quae Sapientiae tertio decimo capitulo leguntur[2], scilicet a magnitudine speciei creaturae cognoscibiliter posse creatorem videri[3].

Quod nihil obesse proposito aiebam. Nam cum non sit proportio creaturae ad creatorem, nihil eorum, quae creata sunt, speciem gerit, per quam creator attingi possit. Sed a magnitudine speciei et decoris creaturae ad infinite et incomprehensibiliter pulchrum erigimur sicut ab artificiato ad magisterium, licet artificiatum nihil proportionale habeat ad magisterium; adiciendo, quomodo adversarius sua erube-

---

[1] Dionysius, a. a. O., De divinis nominibus I, p. 7f.
[2] Weisheit, 13, 5.
[3] Wenck, 23, 25—24, 3.

lich die Beschäftigung mit den schwierigeren überlassen solle. Ich nahm also den Text des Widersachers zur Hand und las die Stelle, an der er sagt, daß es unrichtig sei, zu behaupten, Wissen sei Nichtwissen, da Besitz und Beraubung zu unterscheiden seien.

Sofort unterbrach der Meister die Vorlesung und sagte: „Ich staune, wie dieser Mann, der sich einbildet, etwas Bedeutendes zu sein, behaupten kann, dies sei so in den Büchern der Docta ignorantia geschrieben. Denn wenn auch die Überschrift des ersten Kapitels in der Form der Frage lautet: ,Auf welche Weise Wissen Nichtwissen ist?', so wird darob trotzdem nicht behauptet, daß Wissen Nichtwissen sei; außer natürlich auf die dort dargelegte Art, nämlich, daß man um sein Nichtwissen weiß.

Über das Wissen des Nichtwissens wird in diesem Kapitel eine sehr klare Ausführung geboten; außerdem ist früher schon genügend davon geschrieben worden. Der große Dionysius nennt es am Anfang seines Buches De divinis nominibus das höchste und göttliche und fügt hinzu, daß dieses Wissen, durch das, was jenseits der Substanz liegt, nicht gewußt wird, jede Rede und jeden Sinn überträfe und in Hinblick auf Gott gelte."

Darauf las ich, wie er den Abschnitt der Docta ignorantia, in dem empfohlen wird, das Sinnliche zu verlassen, um zu dem Unbegreiflichen zu gelangen, darum tadelt, weil er angeblich zu dem, was im 13. Kapitel des Weisheitsbuches zu lesen ist, nämlich, daß durch die Größe der Geschöpfe der Schöpfer erkannt werden kann, im Widerspruch steht.

Darin liege, so sagte ich, kein Gegensatz. Denn da es keinen Verhältnisbezug des Geschöpfes zum Schöpfer gibt, trägt keines von den Geschöpfen eine Eigengestalt, durch die der Schöpfer erreicht werden könnte. Aber wir werden von der Größe der Eigengestalten und der Zierde der Geschöpfe zu dem unendlich und unfaßbar Schönen ausgerichtet wie vom Kunstwerk zum Künstler, obwohl das Kunstwerk kein

scentia merito confundi debuit, quando subsumpsit praeceptorem doctae ignorantiae repudiasse creaturas[1], quasi ad Dei cognitionem non proficiant, cum reperiat in ultimo capitulo primi libri Doctae ignorantiae sufficientissime declaratum omnem Dei culturam in affirmativis positionibus necessario fundari, licet docta ignorantia sibi iudicium veri retineat.

Ex quo conclusi, quod hominis istius quisque perversum animum facile deprehendit et ruditatem intelligentiae, quando ait: „Sic ergo scriba Doctae ignorantiae intrans caliginem tenebrarum, linquens omnem speciem et decorem creaturarum, evanescit in cogitationibus; et non valens Deum intueri, sicuti est, quia adhuc viator, ipsum nequaquam glorificat, sed in tenebris suis eans culmen divinae laudis, ad quod omnis psalmodia perducitur, dereliquit[2]. Quod fore nefandissimum et incredulum quis fidelium ignorat?", addens, quomodo „ad hunc errorem eum paucitas instructionis logicae induxit, qua putavit in sua ignorantia adaequatam et praecisam ad Deum proportionem tamquam medium Deum venandi et noscendi reperisse."

Ad quae ego: „Ecce mendacis et arrogantis hominis verba, qui omni theologia caret."

Praeceptor laudans, quae dixi, subiunxit potius parcendum esse deliro quam contra ipsum insultandum. „Nam id, quod improperat, quaeritur in docta ignorantia, uti Dionysius noster, cuius hodie festa agimus, in Mystica theologia sic cum Moyse in caliginem ascendendum instruit[3]. Tunc enim reperitur Deus, quando omnia linquuntur; et haec tenebra est lux in Domino.

---
[1] Wenck, 24, 4—7.
[2] Wenck, 24, 7—16.
[3] Dionysius, a. a. O., De mystica Theologia I, p. 574.

Verhältnis zum Künstler hat. Der Meister fügte hinzu, daß der Gegner, als er ihm unterstellte, der Lehrer der wissenden Unwissenheit schätze die Geschöpfe gering, als ob sie der Gotteserkenntnis keinen Nutzen brächten, durch sein Schamgefühl hätte verwirrt werden sollen, wenn er im letzten Kapitel des ersten Buches der Docta ignorantia ausführlichst erklärt findet, daß alle Verehrung Gottes notwendigerweise in bestimmten Bejahungen begründet sei, wenn auch die wissende Unwissenheit sich das Urteil über das Wahre selbst zurückbehält.

Daraus schloß ich, daß jeder Beliebige den verkehrten Geist dieses Mannes und die mangelnde Ausbildung seines Denkens leicht entdecken kann, wenn er sagt: „So also betritt der Schreiber der Docta ignorantia tiefe Dunkelheit, verläßt alle Form und Schönheit der Geschöpfe und verliert sich in seinen Gedankengängen; und als einer, der noch auf der Wanderschaft ist, ist er unfähig, Gott so, wie er ist, zu betrachten. Er lobt ihn in keiner Weise, sondern verläßt auf dem Gang durch seine Dunkelheit für immer den Gipfel des Göttlichen Lobes, zu dem alle Psalmengesänge führen. Und welcher Gläubige weiß nicht, daß dies höchst frevelhaft und ungläubig ist?" und er fügt hinzu, daß „ihn zu diesem Irrtum seine ungenügende Ausbildung in der Logik führte, auf Grund deren er glaubte, in seiner Unwissenheit ein angemessenes und präzises Verhältnis zu Gott, gleichsam als Mittel ihn zu erjagen und zu erkennen, gefunden zu haben".

Darauf sagte ich: „Dies sind Worte eines verlogenen und hochmütigen Mannes, der von der Theologie keine Ahnung hat."

Der Meister stimmte dem völlig bei, fügte aber hinzu, man müsse den Verrückten eher schonen denn verhöhnen. „Denn das, was er mir vorwirft, wird in der Docta ignorantia so untersucht, wie es Dionysius, dessen Fest wir heute feiern, in der Mystischen Theologie lehrt, nämlich, daß wir mit Moses in der Dunkelheit aufsteigen müssen. Denn Gott findet man dann, wenn man alles andere verläßt, und dieses Dunkel ist Licht im Herrn.

Et in illa tam docta ignorantia acceditur propius ad ipsum, uti omnes sapientes et ante et post Dionysium conati sunt.

Unde aiebat primus Graecus commentator[1] Dionysii: ‚Videtur potius ad nihil quam ad aliquid ascendere, qui ad Deum pertingere cupit, quia non reperitur Deus nisi per eum, qui omnia linquit.' Et talis videtur per adversarium evanescere, quando omnia linquit, qui secundum primos theologos tunc primum rapi potest cum Moyse ad locum, ubi stetit Deus invisibilis.

Vocat autem Dionysius caliginem divinum radium, dicens eos — de quorum numero est adversarius —, qui visibilibus affixi nihil super ea, quae obtutibus et sensibus patent, supersubstantialiter esse arbitrantur, putare scientia sua illum assequi, qui posuit tenebras latibulum; praecipiens Timotheo[2], ut caveat, ne talium rudium aliquis audiat haec mystica."

Et mihi tunc iniunxit pietate sua praeceptor noster, ut, si fieri posset, caritative admoneam adversarium, cum sit istarum altarum intellectionum incapax, ut ori suo silentium indicat et id, quod capere nequit, admiretur potius quam mordeat, neque credat studio aliquo quemquam ad haec mystica ascendere posse, cui Deus non dederit.

„Sed si gratiam assequi sperat, ut de caecitate ad lumen transferatur, legat cum intellectu Mysticam theologiam iam dictam, Maximum monachum, Hugonem de Sancto Victore, Robertum Lincolniensem, Iohannem Scotigenam, abbatem Vercellensem et ceteros moderniores commentatores illius libelli; et indubie se hactenus caecum fuisse reperiet."

---

[1] Maximus, Scholien zu Dionysius; zu De caelesti hierarchia II.
[2] Dionysius, a. a. O., De div. nom. I, p. 56; III, p. 132f; De myst. theol. I, p. 567.

Und in dieser so sehr wissenden Unwissenheit gelangt man näher zu ihm, wie es alle Weisen sowohl vor als auch nach Dionysius versucht haben.

Darum sagt auch der erste griechische Kommentator des Dionysius: ‚Derjenige, welcher Gott zu erreichen strebt, scheint eher zu nichts als zu etwas emporzusteigen, da Gott von niemandem gefunden wird als nur von dem, der alles verläßt.' Und jemand, der alles verläßt, der nach der Meinung der ersten Theologen erst dann mit Moses zu jenem Ort entrückt werden kann, wo der unsichtbare Gott steht, scheint dem Gegner etwas Nichtiges zu tun!

Dionysius dagegen nennt dieses Dunkel einen göttlichen Lichtstrahl und sagt, daß diejenigen — unter ihnen auch unser Gegner —, die dem Sichtbaren verhaftet sind und glauben, daß nichts über das, was den Blicken und Sinnen zugänglich ist, auf eine Weise jenseits der Substanz bestehe, meinen, mit ihrem Wissen den zu erreichen, der das Dunkel als verborgenen Aufenthalt wählte. Darum schrieb er Timotheus vor, sich zu hüten, daß irgendeiner dieser Barbaren etwas von solcher Mystik höre."

Nun trug mir unser Meister mit der ihm eigenen Nachsicht auf, den Gegner, wenn es möglich sei, liebevoll zu ermahnen, daß er, da er für jene hohen Gedankengänge nicht geeignet sei, schweige und das, was er nicht begreifen könne eher bewundern möge als es anzugreifen; auch möge er sich nicht einbilden, daß jemand, dem es Gott nicht gegeben habe, durch irgendwelche Anstrengung zum Mystischen aufsteigen könne.

„Aber, wenn er die Gnade zu erlangen hofft, aus seiner Blindheit zum Licht geführt zu werden, so möge er mit einsichtiger Aufmerksamkeit die schon genannte Mystische Theologie, dann den Mönch Maximus, Hugo von St. Victor, Robert Grosseteste, Johannes Scotus, den Abt von Vercelli und die übrigen neuzeitlichen Kommentatoren dieses Buches lesen; und ohne Zweifel wird er finden, daß er bis jetzt blind gewesen ist."

Et ego patientiam praeceptoris admirans subintuli: „Impatienter fero, quod te comparat ignoranti logicam, uti Averrois Avicennam."

Ad quae ipse: „Non te offendat istud. Nam etsi omnium sim ignorantissimus, sufficiat saltim mihi, quod huius ignorantiae scientiam habeam, quam adversarius non habet, licet desipiat. Legitur beatissimum Ambrosium letaniis addidisse: ,A dialecticis libera nos, Domine.' Nam garrula logica sacratissimae theologiae potius obest quam conferat[1]."

Et ego: „Cum tu, praeceptor, nisus sis ostendere Deum sciri non posse, uti est — in quo est radix doctae ignorantiae —, cur tibi mendacium imponit adaequatae praecisionis?"

Ad quae praeceptor: „Nunc sic, tunc aliter dicit, quia non legit Doctae ignorantiae libellos, nisi ut, si posset, bene dicta confutaret. Hinc nihil intellexit eorum, quae legit. Sic actum est, ut reprehendendo non-scriptum quasi scriptum seipsum potius confunderet quam doctam sacram ignorantiam laederet, quae a nullo sperni potest, qui eam apprehendit. Nihil enim apertius in omnibus meis opusculis reperitur quam huius contrarium, in quod impingit.

Undique enim, si voluisset, me hoc tantum sentire, quod praecisio, uti est, omnibus inaccessibilis manet, comperisset — licet solam doctam ignorantiam fatear, omnem modum Deum contemplandi incomparabiliter praecellere, quemadmodum omnes sancti id ipsum fatentur."

Continuavi ego lecturam, ubi dicit adversarius: „Venio nunc specialius ad eius dicta per conslusiones et correlaria. Prima conclusio: Omnia cum Deo coincidunt. Patet, quia est maxi-

---

[1] Die Stelle findet sich nicht bei Ambrosius.

Voll Bewunderung für die Geduld des Meisters warf ich ein: „Ich bin ungeduldig, weil er dich mit einem logischen Ignoranten vergleicht, wie Averroes den Avicenna."

Darauf erwiderte er: „Laß dich dadurch nicht beleidigen. Auch wenn ich der Unwissendste von allen sein sollte, würde es mir vollkommen genügen, daß ich um diese meine Unwissenheit weiß und der Gegner um seine nicht, wenn er auch unsinnig handelt. Man liest, daß der heilige Ambrosius der Litanei hinzugefügt habe: ‚Von den Dialektikern erlöse uns o Herr.' Denn eine geschwätzige Logik schadet der heiligen Theologie mehr als sie nützt."

Ich sagte: „Da du, Meister, dich zu zeigen bemühst, daß Gott nicht so gewußt werden kann, wie er ist — darin liegt die Wurzel der wissenden Unwissenheit —, wie kann er dir dann die Lüge zuschreiben, du habest dir eine genaue Angleichung angemaßt."

Der Meister antwortete: „Wenck spricht einmal so und einmal so, weil er die Bücher der Docta ignorantia nicht gelesen oder, wenn das möglich wäre, die richtigen Worte verdreht hat. Darum hat er nichts von dem, was er gelesen hat, verstanden, und so kommt es, daß er dadurch, daß er Nicht-Geschriebenes als Geschriebenes tadelt, sich eher selbst verwirrt, als daß er der heiligen wissenden Unwissenheit schadet. Sie nämlich kann von niemandem, der sie einmal verstanden hat, verachtet werden. In allen meinen Schriften ist nichts deutlicher zu finden als das Gegenteil von dem, was er angreift.

Wenn er gewollt hätte, hätte er erfahren, daß meine Meinung nur dahin geht, daß die wirkliche Genauigkeit allen unerreichbar bleibt — wenn ich auch gestehe, daß die wissende Unwissenheit — wie es alle Heiligen bekennen —, jede andere Weise, Gott zu betrachten, unvergleichlich übertrifft."

Ich fuhr fort zu lesen und kam zu der Stelle, wo der Gegner sagt: „Ich komme nun mit Hilfe von Schlußfolgerungen und Wechselbeziehungen ausführlicher auf das von

mum absolutum non admittens excedens et excessum, ergo
nihil sibi oppositum; et per consequens ob defectum discretionis ipse est universitas rerum, et nullum nomen potest ei
proprie convenire, cum impositio nominis sit a determinata
qualitate eius, cui nomen imponitur; cui alludit magister
Eckardus[1]."

Subiungit episcopum Argentinensem condemnasse eos, qui
dicebant Deum esse omnia formaliter et se esse Deum sine
distinctione per naturam[2]. Deinde contra probationem dicit
absurdissimum esse, quod sequeretur, si nulla esset distinctio
nec relationis oppositio in divinis; sublata enim tunc foret
Trinitas, et cetera.

Ad quae praeceptor: „Nonne falsarius iste potius ridendus
quam confutandus esset? Cur non dicit locum, ubi in libellis
Doctae ignorantiae haec conclusio reperitur?"

Et ego: „Quia nusquam reperitur, dicere non potuit. Legi
enim ego quam diligenter et non memini umquam reperisse,
quod omnia cum Deo coincidunt. Repperi bene in secundo
Doctae ignorantiae creaturam non esse Deum nec nihil;
neque capio, quid velit adversarius dicere, neque forte ipse
se intelligit.

Nam omnia attributa divina coincidere in Deo et totam
theologiam esse in circulo positam, sic quod iustitia in Deo
est bonitas et e converso — ita de reliquis —, necessarium
comperi et ita legi; et in hoc concordant omnes sancti, qui
ad infinitam Dei simplicitatem respexerunt.

---

[1] Eckhart, Das Buch der göttlichen Tröstung (Die deutschen
Werke, V, p. 12f; Stuttgart 1954).
[2] Wenck, 25, 17—28; vgl. Denz. 891ff.

ihm Gesagte zu sprechen. Erste Schlußfolgerung: Alles fällt mit Gott zusammen. Da das absolut Größte nichts Hervorgehendes und nichts Hervorgegangenes zuläßt, ist es klar, daß ihm nichts entgegengesetzt ist; folglich ist es wegen des Fehlens der Unterscheidung die Gesamtheit der Dinge und da jeder Name nach der bestimmten Qualität des zu Benennenden diesem beigelegt wird, kann ihm kein Name wahrhaft entsprechen. Darauf spielt Meister Eckhart an."

Er fügt hinzu, daß der Bischof von Straßburg jene verdammt habe, die sagten, Gott sei formaliter alles und sie selbst seien ohne Unterschied der Natur Gott. Dann sagt er gegen die Beweisführung, daß ihre Folgerung völlig absurd sei, wenn es keine Unterscheidung noch Gegensatz der Beziehung im Göttlichen gäbe. Dann wäre die Dreifaltigkeit und alles übrige aufgehoben.

Dazu sagte der Meister: „Wäre es nicht besser, diesen Lügner auszulachen als zu überführen? Warum gibt er nicht die Stelle an, wo man in der Docta ignorantia diesen Schluß findet?"

Ich antwortete: „Weil man sie nicht findet, konnte er sie nicht nennen. Ich habe die Schrift mit der größtmöglichen Aufmerksamkeit gelesen und erinnere mich nicht, irgendwo die Behauptung entdeckt zu haben, daß alles mit Gott zusammenfalle. Dagegen habe ich wohl im zweiten Buch der Docta ignorantia gefunden, daß das Geschöpf weder Gott noch nichts ist. Darum begreife ich nicht, was der Gegner sagen will; vielleicht versteht er sich selbst nicht.

Denn es ist notwendig, daß man erfährt und liest, daß alle göttlichen Attribute in Gott zusammenfallen und daß die ganze Theologie in einem Zirkel steht, und zwar dergestalt, daß die Gerechtigkeit in Gott die Güte ist und umgekehrt — und in allen andern Fällen ebenso. Darin stimmen alle Heiligen, die zur unendlichen Einfachheit Gottes blicken, überein.

Cum hoc tamen stat superbenedicta Trinitas. Infinita enim simplicitas admittit ita Deum unum esse quod est trinus, ita trinum quod est unus, sicut clarius illud in libellis Doctae ignorantiae explicatur. Legitur consimiliter Coelestinum Papam in professione fidei sic dixisse: Profitemur nos credere indivisibilem sanctam Trinitatem, hoc est Patrem et Filium et Spiritum sanctum, ita unum ut trinum et ita trinum ut unum. Ecce, quomodo penitus nullum habet intellectum in theologicis, qui ad coincidentiam unitatis et trinitatis non respicit; nec ex hoc sequitur Patrem esse Filium vel Spiritum sanctum. Et non potest hoc pervenire ad hominem durae cervicis, quomodo scilicet in coincidentia summae simplicitatis et indivisibilitatis atque unitatis et trinitatis alia sit persona Patris, alia Filii, alia Spiritus sancti; et obsunt ei vocabula, quorum significata theologiae non conveniunt.

Cum enim dicitur Patrem unam esse personam et Filium alteram et Spiritum sanctum tertiam, non potest alteritas significatum suum tenere, cum sit haec dictio imposita, ut significet alteritatem ab unitate divisam et distinctam; et ita non est alteritas sine numero. Talis autem alteritas nequaquam indivisibili Trinitate convenire potest. Unde ait commentator Boethii De trinitate[1], vir facile omnium, quos legerim, ingenio clarissimus: ‚Ex quo in divinis non est numerus, ubi trinitas est unitas — ubi, ut Augustinus ait, si incipis numerare, incipis errare[2] —, tunc proprie non est differentia in divinis.'

Dicit ‚proprie' secundum impositionem vocabuli; et hoc melius intelligitur quam dici possit, licet numquam adeo perfecte intelligatur, quin perfectius sit intelligibile.

---

[1] (Pseudo-)Beda, Commentarium in Boethii De Trinitate, Vorwort. Opera VIII, Köln 1688.
[2] Kein wörtliches Zitat aus Augustinus; inhaltlich entspricht z. B. De Trinitate VI, 7.

Damit besteht dennoch die über alles gepriesene Dreifaltigkeit. Denn die unendliche Einfachheit gestattet, daß Gott so einer ist, daß er drei ist und daß er so drei ist, daß er einer ist; in der Docta ignorantia wird dies genauer erklärt. In gleicher Weise liest man auch, daß der Papst Coelestin in der Professio fidei gesagt hat: Wir bekennen, daß wir an die unsichtbare Heilige Dreifaltigkeit glauben, den Vater, den Sohn und den Heiligen Geist; Gott ist so einer, daß er drei und so drei, daß er einer ist. Demnach hat derjenige, der die Koinzidenz der Einheit und Dreiheit nicht beachtet, nicht die geringste Einsicht in die Theologie; denn daraus folgt nicht, daß der Vater der Sohn oder der Heilige Geist ist. Auch kann die Einsicht, daß in der Koinzidenz der höchsten Einfachheit und Unteilbarkeit, Einheit und Dreiheit, eine Person die des Vaters, eine andere die des Sohnes, eine andere die des Heiligen Geistes ist, nicht zu einem hartnäckig verstockten Menschen gelangen. Es hindern ihn daran die Wörter, deren Bedeutungen der Theologie nicht entsprechen.

Wenn man nämlich sagt, der Vater sei eine Person, der Sohn die andere und der Heilige Geist die dritte, dann kann die Andersheit ihre Bedeutung nicht behalten, da dieser Ausdruck gegeben ist, um eine von der Einheit getrennte und unterschiedene Andersheit zu bezeichnen, weshalb es keine Andersheit ohne die Zahl gibt. Eine solche Andersheit kann aber niemals der unteilbaren Dreiheit zukommen. Daher sagt der Kommentator von Boethius' De Trinitate, bei weitem der begabteste Autor, den ich gelesen habe: ‚Darum, daß es bei Gott, wo die Dreiheit die Einheit ist, keine Zahl gibt — wo man, wie Augustinus sagt, zu irren beginnt, sobald man zu zählen anfängt —, gibt es eigentlich keinen Unterschied im Göttlichen.'

Er sagt „eigentlich" entsprechend dem Sinn des Wortes; und dies kann man besser verstehen als ausdrücken, wenn es auch niemals so vollkommen erfaßt wird, daß es nicht noch vollkommener erfaßt werden könnte.

Necesse est, ut se elevet quisque supra omnes modos imaginabiles et intelligibiles, qui ad divinum modum scandere cupit. Nam ille modus, qui est omnis modi modus, non attingitur nisi supra omnem modum, cum nihil simile ei cadere possit in mentem nostram, ut Paulus Actuum XVII. elegantissime dixit[1]. Quis enim modum concipere possit discretum indiscrete, ut ait Athanasius[2], ‚neque confundentes personas neque substantiam separantes'? Sunt enim omnes similitudines, quas sancti ponunt, etiam divinissimus Dionysius, penitus improportionales et omnibus non habentibus doctam ignorantiam — huius scilicet scientiam, quod sunt penitus improportionales, — potius inutiles quam utiles. De hiis tamen modo quo Deus dedit, libro primo Doctae ignorantiae satis scriptum reperitur, licet improportionabiliter minus quam dici possit."

Et ego non sinens indiscussum relinqui id, quod de magistro Eckardo adversarius allegavit, interrogabam, an praeceptor aliquid de eo audisset.

Qui ait se multa eius expositoria opera hincinde in librariis vidisse super plerisque libris Bibliae et sermones multos, disputata multa, atque etiam plures legisse articulos ex scriptis suis super Iohannem extractos, ab aliis notatos et refutatos, vidisseque Moguntiae breve scriptum eiusdem apud magistrum Iohannem Guldenschaff, ubi respondet illis, qui eum nisi fuerunt reprehendere, declarando se atque, quod reprehensores eum non intellexerunt, ostendendo. Aiebat tamen praeceptor numquam legisse ipsum sensisse creaturam esse creatorem, laudans ingenium et studium ipsius; sed optavit, quod libri sui amoverentur de locis publicis, quia vulgus non est aptus ad ea, quae praeter consuetudinem aliorum doctorum ipse saepe intermiscet, licet intelligentes multa subtilia et utilia in ipsis reperiant.

---

[1] Apg. 17, 29.
[2] Die ihm früher zugeschriebene „Fides Athanasii", Denzinger, Ench. Symb., No. 75, „Trinitatem in unitate veneremur, necque confundentes personam necque substantiam separantes".

Es ist notwendig, daß jeder, der zur Weise des Göttlichen aufzusteigen wünscht, sich über alle vorstellbaren und denkbaren Weisen erhebt. Denn da, wie es Paulus in der Apostelgeschichte XVII sehr gut zum Ausdruck bringt, nichts ihm Ähnliches in unseren Geist eindringen kann, wird jener Modus, der die Weise aller Weisen ist, nur über jene Weisen erreicht. Denn wer könnte eine Weise fassen, nichtgeschieden unterscheiden, wie Athanasius sagt, die ‚weder die Personen verschmilzt noch die Substanz trennt'? Alle Ähnlichkeiten, die die Heiligen geben, auch die des Dionysius, sind völlig unentsprechend und für alle, die die wissende Unwissenheit nicht haben — das Wissen davon nämlich, daß sie völlig unentsprechend sind —, eher unnütz als nützlich. Diese Fragen findet man auf die Weise, wie es mir Gott gab, im ersten Buch der Docta ignorantia genügend ausgeführt, wenn auch unverhältnismäßig weniger als man sagen könnte.

Da ich das, was der Gegner vom Meister Eckhart gesagt hatte, nicht ungeklärt übergehen wollte, fragte ich den Meister, ob er etwas darüber gehört hätte.

Er antwortete mir, daß er viele von dessen Kommentaren zu den meisten Büchern der Bibel in den Bibliotheken gesehen und viele Reden, viele Streitgespräche und noch mehr Artikel gelesen habe, die aus seinen Schriften über Johannes exzerpiert, von anderen angemerkt und angegriffen worden sind. Und in Mainz habe er bei dem Magister Johannes Guldenschaff eine kurze Schrift gesehen, in der er jenen, die nur darauf aus waren ihn zu tadeln, erwidert, indem er erklärte und zeigte, daß sie ihn nicht verstanden hätten. Dennoch sagte der Meister, habe er niemals gelesen, daß Eckharts Meinung nach das Geschöpf mit dem Schöpfer identisch sei. Er lobte seine Begabung und seinen Eifer, aber sprach zugleich auch den Wunsch aus, daß seine Bücher der Öffentlichkeit entzogen würden; denn, wenn auch die Einsichtigen viel Feines und Nutzbringendes darin fänden, so sei das Volk doch nicht reif für das, was er oft konträr zur Gepflogenheit der anderen Gelehrten einflicht.

Et cum consequenter correlarium, quod adversarius ponit, legerem — quomodo ‚in maximitate absoluta omnia id sunt, quod sunt, quia est entitas absoluta, sine qua nihil est'; addendo Eckardum[1] similiter dicere esse esse Deum, inferendo per hoc tolli subsistentias rerum in proprio genere, — aiebat praeceptor:

„Posset dici adversario illud, quod dixit Augustinus [in Confessionibus], dum laudaret Deum tamquam venam omnis esse, subiungendo[2]: ‚Quid ad me, si non intelligis?' Nam cum creatorem nominemus Deum et dicimus eum esse, ad coincidentiam nos elevantes dicimus Deum cum esse coincidere. Moyses nominat eum formatorem: ‚Formavit igitur Deus hominem'[3], et cetera. Si igitur ipse est formarum forma, ipse dat esse, licet forma terrae det terrae esse et forma ignis igni. Forma vero, quae dat esse, Deus est, qui format omnem formam. Unde, sicut imago habet formam, quae dat ei esse hoc, per quod est imago, et forma imaginis est forma formata et id, quod est veritas, non habet nisi ex forma, quae est veritas et exemplar: sic omnis creatura in Deo est id, quod est.

Nam ibi est omnis creatura, quae est imago Dei, in sua veritate.

Per hoc tamen non tolluntur subsistentiae rerum in suis propriis formis, et si hic homo veritatem amaret, addere debuisset correlarium contrarium ex hiis, quae legere potuit multum diffuse, clare et expresse in Docta ignorantia.

Similiter etiam, quando allegat magistrum Eckardum[4]; nam Eckardus circa principium Genesis, ubi praemittit de esse, postquam probavit Deum esse ipsum esse et qui dat esse et

---

[1] Eckhart, Opus propositionum, Lat. Werke I. Stuttgart 1936ff, p. 156ff.
[2] Augustinus, Conf. I, 6. „Quid ad me, si quis non intelligat?"
[3] 1 Mos. 2, 7.
[4] Eckhart, Prologus in opus propositionum, a. a. O., I, 176ff.

Als ich anschließend nun das von dem Gegner zusammengestellte Korrelarium las — daß „in der absoluten Größe alles das ist, was es ist, weil sie die absolute Seiendheit ist, ohne die nichts ist" indem er hinzufügt, daß Eckhart in ähnlicher Weise sage, daß das Sein Gott sei, und noch einflicht, daß dadurch der Grundbestand der Dinge in ihrer eigenen Gattung aufgehoben werde —, sagte der Meister:

„Man könnte dem Gegner das sagen, was Augustinus in den Confessiones sagt, wo er Gott als Lebensnerv alles Seins preist: ‚Was geht es mich an, wenn du mich nicht verstehst?' Denn wenn wir den Schöpfer Gott nennen und sagen, daß er ist, erheben wir uns zur Koinzidenz und sagen, daß Gott mit dem Sein koinzidiert. Moses nennt ihn den Bildner: ‚Es bildete also Gott den Menschen' usw. Wenn er also selbst die Gestalt der Gestalten ist, gibt er auch selbst das Sein, so wie die Gestalt der Erde der Erde das Sein gibt und die Gestalt des Feuers dem Feuer. Die Gestalt aber, die das Sein gibt, ist Gott, der jede Gestalt gestaltet. Wie daher das Bild eine Gestalt hat, die ihm das Bild-Sein gibt und die Gestalt des Bildes eine gestaltete Gestalt ist und es das, was Wahrheit ist, nur aus jener Gestalt hat, die Wahrheit und Urbild ist, so ist jedes Geschöpf in Gott das, was es ist.

Denn dort ist jedes Geschöpf, das ein Abbild Gottes ist, in seiner Wahrheit.

Dadurch werden aber die Bestandgründe der Dinge in ihren eigentlichen Gestalten nicht aufgehoben; und wenn dieser Mann die Wahrheit liebte, hätte er aus dem, was er ausführlich, klar und deutlich in der Docta ignorantia lesen konnte, ein völlig gegensätzliches Korrelarium hinzufügen müssen.

Genauso verhält es sich mit seinem Hinweis auf Meister Eckhart. Denn nachdem dieser im Kommentar zum Anfang der Genesis, wo er zuerst über das Sein spricht, bewiesen

formas particulares hoc et hoc esse: subiungit per hoc non tolli subsistentias rerum in proprio esse, sed potius fundari, probando hoc per tria similia, scilicet materiam, partes totius et humanitatem Christi.

Non enim tollitur materia et penitus in nihil vertitur per hoc, quod omne esse totius est a forma, nec pars per hoc, quod partis esse est penitus ab esse totius; nec per hoc, quod dicimus in Christo unicum esse personale hypostaticum ipsius Verbi, negamus Christum fuisse verum hominem cum aliis hominibus, addendo ibidem ad hoc rationes."

Legi deinceps aliud correlarium, quomodo „maximitas absoluta habet in se omnia et est in omnibus", adiciendo, quomodo adversarius ait universalizantes omnia essentialiter deificari in huiusmodi praecisa abstractione[2].

Ad quae praeceptor: „Nescio, quid velit per ‚universalizantes'. Hoc notum est ex Paulo apostolo et omnibus sapientibus Deum esse in omnibus et omnia in ipso. Per hoc tamen nemo ponit compositionem in Deo, quia omnia in Deo Deus; nam non est terra in Deo terra, sed Deus; ita de singulis. Unde penitus nihil intelligit hic homo inferendo[1] hoc repugnare simplicitati divinae. Nam sicut simplicitati unitatis non repugnat omnem numerum in ea complicari, sic simplicitati causae omnia causata.

Et cum dicat infinitatem perfectionem non posse plus perfici[3], fateor", aiebat praeceptor; „ob hoc omnis perfectio omnium perfectorum est in ipso Deo ipse, qui est omnium

---
[1] Wenck, 26, 26—33.
[2] Cod. Cus. hat statt inferendo: quam infert inde.
[3] Wenck, 26, 35—27, 1.

hat, daß Gott das Sein ist und das Sein gibt, so daß auch die Einzelgestalten des So- und So-Seins sind, fügt er hinzu, daß dadurch die Bestandgründe der Dinge im eigentlichen Sein nicht aufgehoben, sondern eher begründet werden. Das bewies er durch drei analoge Beispiele, nämlich die Materie, die Teile des Ganzen und die Menschheit Christi.

Dadurch, daß alles Sein von der Gestalt des Ganzen kommt, wird die Materie nicht aufgehoben und völlig ins Nichts verwandelt, noch dadurch, daß das Sein des Teiles völlig vom Sein des Ganzen ist, der Teil; auch leugnen wir nicht, wenn wir sagen, daß in Christus die personale Hypostase des Wortes eine einzige sei, daß Christus mit den andern Menschen ein wahrer Mensch gewesen ist. — Er führt dort noch weitere diesbezügliche Gründe an."

Darauf las ich ein anderes Korrelarium, in dem Wenck schreibt, „daß die absolute Größe in sich alles hat und in allem ist", wobei ich hinzufügte, wie der Gegner behauptet, daß diejenigen, die verallgemeinern, damit darstellen, daß in einer solchen genauen Abstraktion alles wesenhaft vergöttlicht werde.

Dazu sagte der Meister: „Ich weiß nicht, was er mit den ‚Verallgemeinernden' meint. Aus den Briefen des Apostels Paulus und den Schriften aller Weisen ist bekannt, daß Gott in allem ist und alles in ihm. Aber deshalb, weil alles in Gott ist, schreibt ihm doch niemand eine Zusammengesetztheit zu; denn die Erde ist in Gott nicht Erde, sondern Gott; und ebenso verhält es sich mit allem. Wenn er einwendet, daß dies der Einfachheit Gottes widerspreche, zeigt es sich, daß dieser Mensch absolut nichts verstanden hat. Denn wie es nicht der Einfachheit der Einheit widerspricht, daß jede Zahl in ihr enthalten ist, so auch nicht der Einfachheit des Grundes, daß alles Gegründete in ihm ist.

Und da er sagt, daß die unendliche Vollkommenheit nicht weiter vervollkommnet werden kann, gestehe ich", so sagte der Meister, „daß darob in Gott, der absoluten Vollkom-

absoluta perfectio omnes complicans omnium perfectiones. Si enim esset dabilis aliqua perfectio, quae non complicaretur in divina, illa posset esse maior et non esset infinita."

Vide, amice et condiscipule praecare, quomodo praeceptor noster ex ratione adversarii contra ipsum concludit!

Post haec legi praeceptori secundam conclusionem, quam traxit adversarius, scilicet praecisionem incomprehensibilem, et admirationem eius, quomodo videtur in docta ignorantia, si est incomprehensibilis[1].

Tunc praeceptor adiunxit: „Non mirum, si admiratur, quia nihil mirabilius homini quam docta ignorantia, videre scilicet praecisionem videri non posse — ut supra et satis de hoc dictum est. Ubi ait hoc fundamentum annullare scientiam divinorum[2], verum dicit: Quia non est scientia, qua quis credit se scire, quod sciri nequit, ibi scire est scire se non posse scire. Dixit correlarium verum, scilicet omnem similitudinem claudicare[3]. Sed cum admiratur, quomodo dato simili semper in infinitum similius dari possit in habentibus terminos magnitudinis suae, consideret divisionem lineae finitae, ubi ad indivisibilem punctum non pertingitur, licet per partium partes ad ipsum accedere videamur. — Correlarium aliud similiter est verum, scilicet quod per similitudinem non attingitur veritas."

Consequenter legi tertiam conclusionem, quam ex Docta ignorantia traxisse [se] asserit, scilicet quod quidditas est inattingibilis[4].

---

[1] Wenck, 27, 4—12.
[2] Wenck, 27, 12.
[3] Wenck, 27, 29 — 28, 12.
[4] Wenck, 28, 26 — 29, 8.

menheit, die die Vollkommenheiten aller in sich schließt, die Vollkommenheit aller Vollkommenheiten er selbst ist. Denn wenn es eine Vollkommenheit gäbe, die nicht in der göttlichen eingeschlossen ist, dann könnte diese größer sein und wäre nicht unendlich."

Sieh, mein Freund und teuerster Mitschüler, wie unser Meister die Argumente des Gegners gegen diesen selbst kehrt!

Nun las ich dem Meister die zweite Schlußfolgerung des Gegners vor, nämlich jene über die unfaßbare Genauigkeit, und seine Verwunderung, wie diese, wenn sie unfaßbar ist, in der wissenden Unwissenheit gesehen werden kann.

Darauf sagte der Meister: „Es ist kein Wunder, wenn er staunt, denn nichts ist erstaunlicher für den Menschen als die wissende Unwissenheit: zu sehen, daß die Genauigkeit nicht gesehen werden kann — wie es oben ausführlich dargelegt wurde. Wenn er sagt, daß dieses Fundament das Wissen um das Göttliche zunichte mache, sagt er die Wahrheit, denn ein Wissen, durch das jemand glaubt, etwas zu wissen, was nicht gewußt werden kann, ist kein Wissen. In diesem Fall bedeutet darum Wissen, daß man weiß, nichts wissen zu können. Im Korrelarium kommt etwas Wahres zum Ausdruck, nämlich, daß jeder Vergleich hinke. Aber, wenn er erstaunt, daß in den Dingen, die ein Ende ihrer Größe haben, zum gegebenen Ähnlichen ohne Ende ein noch Ähnlicheres gegeben werden kann, möge er die Teilung der begrenzten Linie bedenken, bei der man den unteilbaren Punkt nicht erreicht, obwohl man sich ihm durch Teilen der Teile zu nähern scheint. — Das andere Korrelarium, daß man die Wahrheit durch Ähnlichkeit und Gleichnis nicht erreicht, ist auf ähnliche Weise wahr."

In der Folge las ich die dritte Schlußfolgerung, die, wie Wenck versichert, aus der Docta ignarantia gewonnen ist, nämlich, daß die Washeit unerreichbar ist.

Dixit praeceptor: „Licet etiam intelligibilis, ut opponit: tamen actu numquam intelligitur, sicut Deus est summe intelligibilis et sol summe visibilis. Nec sequitur ex coincidentia etiam oppositorum in maximo hoc ‚venenum erroris et perfidiae'‚ scilicet destructio seminis scientiarum, primi principii, ut impugnator elicit. Nam illud principium est quoad rationem discurrentem primum, sed nequaquam quoad intellectum videntem, — ut supra de hoc.

Neque est verum, si Deus est omne, quod est, quod propterea non creaverit omnia de nihilo. Nam cum Deus solum sit complicatio omnis esse cuiuscumque existentis, hinc creando explicavit caelum et terram; immo, quia Deus est omnia complicite modo intellectualiter divino, hinc et omnium explicator, creator, factor et quidquid circa hoc dici potest; sic arguit magnus Dionysius[2].

Et si fuierunt Begardi, qui sic dicebant, ut scribit, scilicet se esse Deum per naturam, merito fuerunt condemnati, prout etiam Almaricus fuit per Innocentium III. condemnatus in concilio generali, de quo in capitulo ‚Damnamus de summa Trinitate'; qui non habuit sanum intellectum, quomodo Deus est omnia complicite; de cuius erroribus Iohannes Andreas aliqua recitat in Novella[3].

Accidit autem hoc viris parvi intellectus, ut in errores incidant, quando altiora sine docta ignorantia perquirunt; et fiunt ab infinitate lucis summe intelligibilis in oculo mentis caeci et suae caecitatis scientiam non habentes credunt se videre et quasi videntes indurantur in assertionibus, sicut Iudaei per litteram non habentes spiritum ducuntur in mortem. Sunt alii, qui illos videntes sapientes putant ignorantes et errantes, quando in eis legunt eis insolita, et maxime, quando reperiunt eos tunc se doctos credere, quando cog-

---

[1] Wenck, 29, 9—19.
[2] Dionysius, a. a. O., De div. nominibus, IV, p. 319 u. a.
[3] Johannes Andreae (1270—1348), Kanonist, Novella in Decretales Greg. IX (1321—1338). Vgl. Denz. No. 808.

Der Meister sagte: „Wenn sie auch, wie der Gegner behauptet, einsichtig ist, so wird sie dennoch niemals wirklich eingesehen, wie auch Gott höchst einsichtig und die Sonne höchst sichtbar ist. Auch folgt nicht aus der Koinzidenz der Gegensätze im Größten, dieses ‚Gift des Irrtums und der Ruchlosigkeit‘, nämlich die Vernichtung des Keimes der Wissenschaften, des ersten Prinzips, wie es der Gegner folgert. Denn dieses Prinzip ist zwar das erste hinsichtlich der schlußfolgernden Vernunft, ist es aber keineswegs in bezug auf den schauenden Geist (vgl. oben).

Noch ist es wahr, daß Gott nicht alles aus dem Nichts erschaffen hätte, wenn er alles ist, was ist. Denn wenn Gott allein die Einfaltung alles Seins und eines jeden Existierenden ist, entfaltet er von da durch die Schöpfung Himmel und Erde; da Gott in göttlicher Art auf geistige Weise alles eingefaltet ist, ist er daher auch der Entfalter, Schöpfer, Bildner und was in dieser Beziehung noch gesagt werden kann von allem. So stellt es der große Dionysius dar.

Und wenn es Begarden gab, die derartige Ansichten, wie er schreibt — nämlich, daß sie von Natur Gott seien —, vertraten, so wurden sie mit Recht verdammt, so wie auch Almaricus von Innozenz III. auf dem allgemeinen Konzil verdammt wurde (vgl. dazu das Kapitel ‚damnamus de summa Trinitate‘). Dieser hatte nicht richtig verstanden, wie Gott alles in Einfaltung ist. Einige von seinen Irrtümern behandelt Johannes Andreas in der ‚Novella‘.

Es geschieht aber, daß Männer geringeren Geistes in Irrtümer geraten, wenn sie Höheres ohne die wissende Unwissenheit erforschen. Durch die unendliche Größe des höchst einsichtigen Lichtes wird das Auge ihres Geistes blind und sie, ihrer Blindheit nicht bewußt, glauben zu sehen und wie Sehende bestehen sie auf ihren Behauptungen und werden, wie die Juden, die den Geist nicht haben, durch den Buchstaben in den Tod geführt. Es gibt andere, welche die sehenden Weisen für Unwissende und Irrende halten, wenn

noscunt se ignorantes. Unde recte admonent omnes sancti, quod illis debilibus mentis oculis lux intellectualis subtrahatur. Sunt autem illis nequaquam libri sancti Dionysii, Marii Victorini ad Candidum Arrianum, Clavis physicae Theodori, Iohannis Scotigenae Περὶ φύσεως, tomi David de Dynanto, Commentaria Iohannis de Mossbach in Propositiones Proculi et consimiles libri ostendendi."

Et cum consequenter iterum legerem quartam conclusionem, et praeceptor audiret, quomodo adversarius in ea dicit ex Docta ignorantia haberi unam esse naturam imaginis et exemplaris[1], exclamavit praeceptor dicens:

„Absit, absit! Ecce detestandum facinus inverecundi falsarii!" Et arrepto codice Doctae ignorantiae libro primo capitulo undecimo legit[2]:

„Hoc autem, quod spiritualia per se a nobis inattingibilia symbolice investigentur, radicem habet ab hiis, quae superius dicta sunt, quoniam omnia ad se invicem quandam, nobis tamen occultam et incomprehensibilem habent proportionem, ut ex omnibus unum exsurgat universum et omnia in uno maximo sint ipsum maximum. Et quamvis omnis imago accedere videatur ad similitudinem exemplaris, tamen praeter maximam imaginem, quae est hoc ipsum quod exemplar in unitate naturae, non est imago adeo similis aut aequalis exemplari, quin per infinitum similior et aequalior esse possit, ut iam illa ex superioribus patefacta sunt." Haec ibi.

„Ecce", aiebat praeceptor, „quomodo id, quod secundum Paulum de unigenito Filio, qui est imago consubstantialis Patri, excipitur, ille falsarius asserit de omni imagine diminuta positum."

---
[1] Wenck, 30, 10—14.
[2] Cusanus, De docta ignorantia I, 11.

sie bei ihnen Ungewohntes lesen, vor allem dann, wenn sie finden, daß diese sich dann für Wissende halten, wenn sie sich als Unwissende erkennen. Daher mahnen mit Recht alle Heiligen, daß jenen schwachen Augen des Geistes das Licht der Einsicht entzogen werden solle. Ihnen darf man auf keinen Fall die Bücher des heiligen Dionysius, das von Marius Victorinus dem Candidus Arrianus gewidmete Buch, den Clavis physicae des Theodor, das Werk Peri physeos des Johannes Scotus Eriugena, die Schriften des David von Dynant, die Kommentare des Johannes von Mossbach zu den Propositionen des Proklos und ähnliche Bücher zeigen."

Darauf las ich die vierte Schlußfolgerung und der Meister hörte, wie der Gegner darin sagte, es ergäbe sich aus der Docta ignorantia, daß die Natur des Abbildes und des Urbildes eine sei.

Da rief er aus: „Höre auf! Was für ein abscheuliches Verbrechen des schamlosen Betrügers!" Er ergriff den Band der Docta ignorantia und las aus dem ersten Buch im 11. Kapitel:

„Die Tatsache, daß die geistigen Dinge, die durch sich für uns unerreichbar sind, symbolisch erforscht werden, hat ihre Wurzel in dem oben Gesagten; darin nämlich, daß alles zueinander in einem, wenn auch uns verborgenen und unfaßbaren Verhältnis steht, so daß aus allen das eine Gesamt entsteht und alles in dem einen Größten dieses Größte selbst ist. Und obwohl jedes Abbild sich der Ähnlichkeit des Urbildes zu nähern scheint, ist trotzdem außer dem größten Abbild, welches das selbst ist, was das Urbild in der Einheit der Natur ist, kein Abbild dem Urbild so ähnlich oder gleich, daß es nicht noch unendlich ähnlicher und gleicher sein könnte, wie dies aus dem Vorhergehenden offenbar ist."

„Sieh", sagte der Meister, „wie jener Betrüger sagt, daß das, was nach Paulus von dem eingeborenen Sohn, der das wesensgleiche Abbild des Vaters ist, festgestellt wird, von jedem geringeren Abbild behauptet wird."

Ad quae ego concitatissimus adieci: „Eat nunc mendax truncator librorum et abscondat se. Non enim est dignus luce, qui in lucem offendit, quod censeo esse peccatum in Spiritum sanctum."

Et cum cursim sequentia legerem, ostendit mihi praeceptor, quomodo adversarius usus est falsitate et truncatione et mendacio atque perversa interpretatione in omnibus, quae sequuntur. Et ubi de Socrate aliqua dicere nititur, quae ignorat, „Videat", ait praeceptor, „libellum Platonis De apologia Socratis, ubi in iudicio se excusat, et reperiet phantasias suas ab omni veritate vacuas."

Et ego: „Mirandum est de profectae aetatis cano homine, qui se sciolum putat, quod ita pueriles ineptias scribat, maxime quando interpretatur doctam ignorantiam ‚abstractam vitam'¹."

Et cum interrogarem, an [aliquid] dicendum occurreret contra impugnationem, quam adversarius in quinta conclusione contra hoc facit, quod maximum est actu omne possibile, aiebat, quod cum carente intellectu supervacue contenditur². „Nam cum Deus sit purissimus infinitus actus, tunc est absolute omne absolute possibile; et in coincidentia illa latet omnis theologia apprehensibilis. Neque intelligit adversarius, quid sit theologia, neque quid impugnet, neque quid allegat. Nam cum habeatur in Docta ignorantia, quomodo ‚Deus non istud quidem est et aliud non est, sed est omnia et nihil omnium' — quae sunt verba sancti Dionysii³ — dicit hoc contradicitionem in se habere ‚esse omnia et nihil omnium'⁴ et non intelligit, quomodo est complicative omnia et nihil omnium explicative. Et cum non habeat aliquid de intellectu, ridet, quando legit ponderosissima verba, nesciens illa esse sanctorum et per eum qui doctam ignorantiam

---

¹ Wenck, 31, 24.
² Wenck, 31, 29 — 32, 35.
³ Dionysius, a. a. O., De divinis nominibus V, p. 405f.
⁴ Wenck, 33, 1—8.

Ich sagte höchst erregt: „Dieser verlogene Verstümmler der Schriften sollte verschwinden und sich verstecken. Denn der, der gegen das Licht sündigt, ist des Lichtes nicht würdig; das halte ich für die Sünde wider den Heiligen Geist."

Im weiteren Verlauf meines Vorlesens zeigte mir der Meister, wie der Gegner sich in allem, was folgt, der Täuschung, Verstümmelung, Entstellung und böswilligen Interpretation bedient. Dort, wo er über Sokrates etwas zu sagen versuchte, was er nicht wußte, sagte der Meister, er möge in Platons Apologie des Sokrates, wo dieser sich vor Gericht verteidigt, nachsehen. Dort würde er finden, daß seine Phantasien jeglicher Wahrheit entbehren.

Ich sagte darauf: „Es ist erstaunlich, daß ein grauhaariger Mann vorgerückten Alters, der sich noch dazu für einen Wissenden hält, solche kindische Dummheiten schreibt, am meisten, wenn er die wissende Unwissenheit als abstraktes Leben deutet."

Als ich fragte, ob irgend etwas gegen den Angriff zu sagen sei, welchen der Gegner in der fünften Schlußfolgerung gegen den Satz, daß das Größte als Wirklichkeit alles Mögliche ist, vorbringt, gab er mir zur Antwort, daß es sinnlos sei, mit einem, der keinen Verstand hat, zu streiten. „Denn wenn Gott die reinste, unendliche Wirkung und Wirklichkeit ist, dann ist er in absoluter Weise alles absolut Mögliche; und in dieser Koinzidenz ist jede sinnvolle Theologie verborgen. Aber der Gegner begreift weder was Theologie ist noch was er eigentlich bekämpft noch worauf er sich beruft. Denn da in der Docta ignorantia steht, daß Gott nicht das ist und nichts anderes, sondern alles und nichts von allem — das sind Worte des heiligen Dionysius —, behauptet er, daß dieser Satz ‚alles und nichts von allem sein' in sich einen Widerspruch beinhalte; er begreift nicht, daß das bedeutet: komplikativ alles und explikativ nichts von allem sein. Und

explanavit, adducta, ut secundum doctrinam sancti Dionysii non exiret terminos sanctorum[1].

Uti etiam sunt illa, quae in tertio correlario quintae conclusionis et in sequenti de mensura ponuntur[2].

Nam capere nequit, quomodo inifinitum est adaequatissima mensura finitorum, licet finitum sit ad ipsum infinitum penitus improportionale. Neque capere potest exemplum de infinita linea, quod impugnat de falsitate, — licet supervacue, cum impossibilitas essendi lineam infinitam actu sit multipliciter in Docta ignorantia ostensum[3]; iuvat tamen se intellectus per positionem lineae infinitae, ut intret ad simpliciter infinitum, quod est ipsa absoluta essendi necessitas."

Subiunxit Augustinum Deum mensuram sic attigisse: „Deus est in omnibus non per partes, sed totus in omnibus, sive illa sint magna sive parva. Im omnibus igitur cum sit aequaliter, ipse est omnis mensura aequalissima. Per hoc tamen non negat, quin magnitudinis eius non sit finis, quae est magnitudo absoluta[4]."

Ubi vero in sexta conclusione Parmenidem impugnat[5], non illum tantum, sed omnes doctos et sanctos theologos impugnare nititur, quos nequaquam intelligit; de quo supra.

---

[1] Dionysius, De cael. hierarchia VI.
[2] Wenck, 33, 15—24.
[3] Cusanus, De doc. ign. I, 3; I, 16.
[4] Der ganze Abschnitt (Subiunxit... absoluta) fehlt in Cod. Cus. 218 und den von ihm abhängigen Handschriften und Drucken; das Zitat ist wörtlich bei Augustinus nicht zu finden.
[5] Wenck, 33, 32—34, 15.

da er überhaupt keine Einsicht hat, lacht er, wenn er diese gewichtigen Worte liest und ahnt nicht, daß sie von den Heiligen stammen, und von dem, welcher die wissende Unwissenheit erklärte, nur herangezogen wurde, damit er gemäß der Lehre des heiligen Dionysius, die Grenzen der Heiligen nicht überschreite.

Ebenso verhält es sich mit dem, was im dritten Korrelarium der fünften Schlußfolgerung und in der folgenden über das Maß gesagt wird.

Er kann nämlich nicht begreifen, warum das Unendliche das adäquateste Maß des Endlichen ist, wenn auch das Endliche zum Unendlichen völlig ohne Verhältnis ist. Ebensowenig begreift er das Beispiel der unendlichen Linie, das er als falsch bekämpft — wenn auch vollkommen überflüssig, da die Unmöglichkeit des Seins einer tatsächlich unendlichen Linie in der Docta ignorantia vielfach bewiesen wurde. Dennoch hilft sich der Geist durch die Setzung dieser unendlichen Linie, um zu dem schlechthin Unendlichen zu gelangen, das die absolute Notwendigkeit des Seins ist."

Er fügte hinzu, daß Augustinus Gott als das Maß auf folgende Weise erreicht habe: Gott ist in allem nicht nur durch Teile, sondern als Ganzer ist er in allem, ob nun die Teile groß oder klein sind. Da er in allem auf gleiche Weise ist, ist er eines Jeden angeglichenstes und angemessenstes Maß. Damit leugnet er jedoch nicht, daß seine Größe, die die absolute Größe ist, kein Ende hat.

In der sechsten Schlußfolgerung greift Wenck Parmenides an. Aber er bemüht sich nicht nur, ihn allein zu bekämpfen, sondern auch alle gelehrten und heiligen Theologen, die er in keiner Weise versteht (siehe oben).

Modo suo falsissime dicit post hoc ex Docta ignorantia haberi[1]: ‚Quia omnia, quae conveniunt Deo, sunt Deus, ideo neque Pater est neque Filius, et cetera.' Bene habetur, quomodo secundum considerationem infinitatis Deus neque Pater est neque Filius, quia per negationem est consideratio de Deo secundum infinitatem; et ideo omnia tunc negantur, prout etiam sanctus Dionysius in fine Mysticae theologiae per eadem verba hoc idem determinat[2].

Ubi providentiam impugnat, penitus se ignorantem ostendit[3]. Nam capitulum illud, licet clarissime sit positum, est inattingibile per talem sensibilem consideratorem, qualem se esse adversarius ostendit.

Et quia in conclusionibus sequentibus falsarius procedit modo addendo, quae non repperit, tunc affirmando non affirmatum, taedio affectus praeceptor voluit se ad utiliora studia convertere. Sic artabar velocius transcurrere adversarii invectivam.

Postquam autem raptim legi ex Ignota litteratura conclusiones, quas se ex Docta ignorantia extraxisse scribit, praeceptor arrepto codice Doctae ignorantiae legit secundum et tertium capitulum secundi libri et ad oculum ostendit septimam conclusionem cum correlariis perverse extractam[4]. Nam nihil aliud in illis capitulis ex intentione tractatur, quam quod creaturae esse sit ab esse absoluto, modo quo dici aut intelligi nequit; et alia non est assertio, licet tangantur modi dicendi diversi.

Ubi vero adversarius impugnat Deum absolutam omnium quidditatem[5], aiebat praeceptor: „Nihil penitus intelligit homo ille. Nam Deus est quidditas omnium quidditatum et

---

[1] Wenck, 34, 33—35, 2.
[2] Dionysius, a. a. O., De myst. Theologia V, p. 597ff.
[3] Wenck, 35, 6—18.
[4] Wenck, 35, 23.
[5] Wenck, 36, 11—15.

Nach seiner Art sagt er danach völlig unrichtig, aus der Docta ignorantia ergäbe sich, daß ‚da alles, was Gott zukommt, Gott ist, er weder Vater noch Sohn usw. ist'. Es ist durchaus richtig, daß nach der Betrachtung der Unendlichkeit Gott weder Vater noch Sohn ist, weil diese Betrachtung über Gott gemäß seiner Unendlichkeit durch Negation zustande kommt; und folglich wird alles geleugnet, wie auch der heilige Dionysius gegen Ende der Mystischen Theologie dasselbe mit den gleichen Worten ausdrückt.

Vollends unwissend zeigt er sich, wo er die Vorsehung bekämpft. Denn jenes Kapitel ist, obwohl ganz klar dargelegt, unerreichbar für einen derartig sinnenverhafteten Betrachter, wie sich der Gegner zeigt.

Da in den weiteren Schlußfolgerungen der Betrüger fortfährt hinzuzufügen, was er nicht gefunden hat, und zu behaupten, was nicht behauptet ist, wollte der Meister voller Überdruß sich nützlicherem Studium zuwenden. So wurde ich gedrängt, die Schmähschrift des Gegners schneller durchzugehen.

Nachdem ich aber eilig einige Schlüsse der Ignota litteratura, von denen Wenck behauptet, er habe sie aus der Docta ignorantia gewonnen, vorlas, griff der Meister wieder zu seiner Schrift, las das zweite und dritte Kapitel des zweiten Buches vor und zeigte ganz klar, daß die siebente Schlußfolgerung samt den Korrelarien sinnwidrig entnommen sei. Denn nichts anderes soll in diesen Kapiteln behandelt werden, als daß das Sein des Geschöpfes auf eine Art, die nicht ausgesagt oder eingesehen werden kann, vom absoluten Sein stammt. Und keine andere Behauptung findet sich dort, wenn auch verschiedene Aussageweisen berührt werden.

Zu der Stelle, wo der Gegner Gott als absolute Washeit von allem angreift, bemerkte der Meister: „Dieser Mensch begreift überhaupt nichts. Denn Gott ist die Washeit aller

absoluta omnium quidditas sicut absoluta entitas entium et absolut vita viventium. Ita dicit Ecclesia in oratione: ‚Deus vita viventium' et reliqua. Nec hoc dicere est confundere aut destruere quidditates rerum, sed construere, ut intelligunt sapientes."

Et ad alias conclusiones nihil dicere curavit praeceptor et sprevit ruditatem adversarii. Rogavi tamen, ut aliqua diceret ad hoc, quod adversarius impolito ore ipsum miserum, pauperem, caecum et nudum intellectu iniuriose despicit[1]. Ad quae praeceptor: „Omnia, quae de caecitate intellectus dicit, plane fateor." Sed aiebat se excellere adversarium in hoc, quod se caecum sciebat.

Et ubi impingit Iesum dehonorari[2], aiebat praeceptor: „Non est haec Doctae ignorantiae intentio, ut Iesus dehonoretur, sed ut maior fiat in intellectu et affectu."

Sed adversarium loqui ostendit, quasi quis diceret, quod, si quis exaltatur in maxime publicam personam, ut sit rex regum et dominus dominantium, uti Christus exaltatur, — quod per hoc dehonoretur; et hoc dictum quisque dementis esse non ambigit.

Applicatis igitur adversarii scriptis ad textum Doctae ignorantiae et ostenso, quod impugnator false elicuit assertas conclusiones et nihil ex omnibus intellexit aut saltim intelligere voluit omnia perverse interpretando, dixit praeceptor:

„Quae de Iesu scripta sunt in Docta ignorantia, secundum Scripturas sanctas modo convenienti ad finem, ut Christus in nobis crescat, scripta sunt. Ad ea enim, quae Iohannes evangelista et apostolus Paulus et Hierotheus et Dionysius

---

[1] Wenck, 38, 7.
[2] Wenck, 38, 14.

Washeiten und die absolute Washeit von allem, wie er auch die absolute Seinendheit der Seienden und das absolute Leben der Lebenden ist. So betet die Kirche: ‚Gott, Du Leben der Lebenden...' usw. So zu sprechen bedeutet nicht, die Washeiten der Dinge zu verwirren oder zu zerstören, sondern sie aufzubauen; so verstehen es die Weisen."

Zu den anderen Schlüssen etwas zu sagen, bemühte sich der Meister nicht, da er die Roheit des Gegners verachtete. Dennoch bat ich ihn, etwas dazu zu bemerken, da der Gegner mit seinem ungeschliffenen Mund ihn als elend, arm, blind und geistlos zu unrecht verachte. Darauf meinte er: „Allem, was er über die Blindheit des Geistes sagt, stimme ich vorbehaltlos zu." Darin aber, daß er seine Blindheit kenne, übertreffe er jenen.

Zu der Behauptung, daß Jesus entehrt werde, entgegnete der Meister: „Es ist nicht die Absicht der Docta ignorantia, Jesu Ehre zu vermindern, sondern vielmehr ihn größer werden zu lassen in Geist und Liebe."

Aber er zeigte, daß der Gegner so spricht, als ob jemand dann, wenn man einen berühmten Menschen aufs höchste erhöhen würde, so daß er der König der Könige und der Herr der Herren wäre (wie Christus erhöht wird), der Ansicht wäre, daß dieser Mensch dadurch entehrt werde; und niemand zweifelt, daß das die Ansicht eines Wahnsinnigen ist.

Nachdem er also die Schrift des Gegners mit dem Text der Docta ignorantia verglichen und gezeigt hatte, daß der Gegner fälschlich Schlüsse gezogen habe, die von ihm für wahr ausgegeben wurden und, indem er alles verkehrt interpretierte, nichts von allem verstanden habe oder wenigstens verstehen wollte, sagte der Meister:

„Was in der Docta ignorantia über Jesus geschrieben ist, ist entsprechend der Heiligen Schrift in zutreffender Weise zu dem Zweck geschrieben, daß Christus in uns wachse. Denn die wissende Unwissenheit bemüht sich auf ihre Weise, uns

et Leo Papa, Ambrosius in Epistolis ad Herennium et Fulgentius atque ceteri altissimi intellectus sancti nobis de Christo reliquerunt, nititur Docta ignorantia suo modo nos ducere, licet ipsa et omnes deficiant, qui se ad describendum illud mysterium umquam contulerunt."

Et ad me amoroso vultu conversus aiebat: „Amice, optime nosti, quomodo hii, qui sensibilia transilientes per altitudinem fidei Christo et veritati coniuncti ab ignorantibus huius mundi contemptui habiti sunt, quia testante maximo Dionysio De divinis nominibus capitulo decimo[1] ‚is, qui veritati coniunctus est, novit quam bene habeat, etiam si plures illum corripiant quasi amentem et extra se factum', et [quod] per mortem contestati sunt principales duces veritatis hanc solum esse unicam et simplicem divinam notionem."

Hinc maximo animi affectu admonuit, ut non tepescerem in studii ferventia, quousque ad simplicitatem intelligentiae elevarer ad melius cognoscendum incognoscibilem Deum, qui ‚in omnibus et ab omnibus per scientiam et ignorantiam agnoscitur', ut in eodem capitulo Dionysius attestatur, et Iesum benedictum, qui est solus altissimus, perfectio et plenitudo omnium; quodque eo studio omnem conatum mentis ad hoc — quanto acutius concederetur — conferrem, ut me semper nihil dignum intelligere viderem; promittens numquam quemquam sophistarum me turbare posse, si tanti secreti ineffabilis gratiae divinam dulcedinem qualitercumque degustarem.

„Nam cum omni motu non quaeratur nisi pax, et haec pax, quae exsuperat omnem sensum, sit pax nostra, scilicet vita vitae nostrae, ex qua et in qua vivendo indicibili delectatione quiescimus, cum Paulo omnis dicet apprehensor[2]: ‚Quis

---

[1] Dionysius, a. a. O., De divinis nominibus VII, p. 411.
[2] Röm. 8, 35—39.

zu dem zu führen, was der Evangelist Johannes, der Apostel Paulus, Hierotheus, Dionysius, Papst Leo, Ambrosius in den Briefen an Herennius, Fulgentius und die übrigen heiligen Weisen von Christus überliefert haben, wenn auch sie und alle anderen, die sich jemals dazu gewandt haben, dieses Mysterium zu beschreiben, ihre Grenze fanden."

Zu mir gewandt sagte er liebevoll: „Freund, du hast wohl gewußt, wie diejenigen, die das Sinnliche überschreiten und durch die Tiefe des Glaubens Christus und der Wahrheit verbunden sind, von den Toren dieser Welt verachtet werden, weil nach Dionysius De divinis nominibus, Kapitel 10, ‚der, welcher der Wahrheit vereint ist, weiß, was für ein Gut er hat, wenn auch die Vielen über ihn wie über einen Wahnsinnigen, der außer sich ist, herfallen', und daß die ersten Lehrer der Wahrheit durch den Tod bezeugt haben, daß dies allein die einzige und schlichte Erkenntnis des Göttlichen ist."

Darauf mahnte er mich bewegt, im Eifer meines Studiums nicht lau zu werden, bis ich zur Einfachheit des Geistes und zur besseren Erkenntnis des unerkennbaren Gottes erhoben würde, der „in allem und von allem durch Wissen und Nichtwissen anerkannt wird" (wie es Dionysius in dem genannten Kapitel bezeugt), und auch zum hochgelobten Herrn Jesus, der allein der Höchste, die Vollkommenheit und Fülle von allem ist, gelange. Und er mahnte mich, daß ich in diesem Streben jedes Bemühen des Geistes — soweit es mir zugestanden würde — darauf wende, mir immer vor Augen zu halten, daß ich nichts Würdiges erkenne; und er versprach mir, daß mich niemals einer der Sophisten werde verwirren können, wenn ich irgendwie die göttliche Süße dieses großen Geheimnisses der unaussprechlichen Gnade gekostet hätte.

„Denn, da durch alles Streben nichts gesucht wird als der Friede, und dieser Friede, der jeden Sinn übertrifft, unser Friede ist, nämlich das Leben unseres Lebens, aus dem und in dem wir in einem Leben unsagbaren Entzückens ruhen,

me separabit ab hac veritate vitae? Non mors, quia moriendo vivo.' Nihil igitur tunc te separabit, quando omnium terribilium terribilissimum te non terrebit. Ridebis omnes caecos, quando tibi eum ostendere promittent, quem non vident, et inhaerebis eius amplexibus, quem diliget anima tua ex omnibus viribus suis. Cui gloria in saecula."

Ecce, condiscipule praeamate, quae ex pectore praeceptoris pro defensione Doctae ignorantiae recollegi; licet plura e memoria exciderint, ea tibi legenda atque, ubi opus videris, communicanda transmitto, ut in tua ferventia crescat admirabile semen, quo ad divina videnda elevamur, uti iam dudum audivi per Italiam ex hoc semine per tuam sollicitam culturam in studiosis ingeniis recepto magnum fructum affuturum.

Vincet enim indubie haec speculatio omnes omnium philosophorum ratiocinandi modos, licet difficile sit consueta reliquere.

Et quantum profeceris, me continue participem facere non pigriteris; nam hoc solo quasi divino quodam pabulo gaudiose reficior, hic — prout concedere dignatur Deus — in docta ignorantia aspirans continue ad fruitionem vitae illius quam nunc sic a remotis conspicio et propius dietim accedere contendo. Et ut eam divino dono hinc absoluti assequamur, concedat Deus tantopere desideratus in aeternum benedictus.

wird jeder, der es erfaßt hat, mit Paulus sagen: ‚Wer wird mich von dieser Wahrheit des Lebens trennen? Nicht der Tod, denn durch Sterben lebe ich.' Nichts wird dich also trennen, wenn der schrecklichste aller Schrecken dich nicht schreckt. Du wirst alle Blinden verlachen, wenn sie versprechen, dir den zu zeigen, den sie nicht sehen, und du wirst in den Armen dessen liegen, den deine Seele aus allen ihren Kräften liebt. Ihm sei Ehre in Ewigkeit."

Dies, mein vielgeliebter Mitschüler, ist, was ich aus dem Herzen des Meisters zur Verteidigung der wissenden Unwissenheit gesammelt habe, wenn auch vieles meinem Gedächtnis entfallen ist. Ich überlasse es Dir, daß Du es liest und, wo es Dir nötig erscheint, weiter verbreitest, damit in der Glut Deines Eifers der wunderbare Samen wachse, durch den wir zur Schau des Göttlichen erhoben werden; denn schon längst habe ich gehört, daß in ganz Italien durch Deine sorgende Mühe und Pflege aus diesem Samen, der vom eifrig suchenden Geist empfangen wurde, herrliche Frucht am Reifen ist.

Diese Betrachtungsart wird, wenn es auch schwierig ist, das Gewohnte aufzugeben, ohne Zweifel alle Arten des Schlußfolgerns sämtlicher Philosophen überwinden.

Ermüde nicht, mich stets teilnehmen zu lassen an Deinen Fortschritten; denn diese göttliche Nahrung allein ist es, die mich freudig erquickt. Fortgesetzt bemühe ich mich hier, je nachdem mich Gott für würdig hält, es mir zu schenken, im Lebenshauch wissender Unwissenheit täglich dem Genuß jenes Lebens, das ich nun aus so weiter Ferne erblicke, näherzukommen. Daß wir, von dieser Welt befreit, jenes Leben durch göttliches Geschenk erreichen, möge uns Gott gewähren, der, so sehr ersehnt, in Ewigkeit gepriesen sei.

NIKOLAUS VON KUES

PHILOSOPHISCH-
THEOLOGISCHE SCHRIFTEN

LATEINISCH—DEUTSCH

II. Band

De coniecturis	Die Vermutungen
De principio	Der Ursprung
De possest	Das Können-Ist
De apice theoriae	Der Gipfel der Theorie
De filiatione Dei	Die Gotteskindschaft
De genesi	Der Anfang
Directio speculantis	Anleitung zum Denken
(seu de non aliud)	(Das Nicht-Andere)
De dato patris luminum	Das Geschenk vom Vater des Lichtes
De quaerendo Deum	Das Gott-Suchen
De ludo globi	Das Kugel-Spiel
De Beryllo	Der Beryll

III. Band

Compendium	Kompendium
De visione Dei	Die Gottes-Schau
De aequalitate	Die Gleichheit
Idiota de sapientia	Der Laie und die Weisheit
Idiota de mente	Der Laie und der Geist
Idiota de staticis experimentis	Der Laie und die Experimente
Complementum theologicum	Theologische Ergänzungen
De pace fidei	Der Friede im Glauben
De cribratione Alchorani	Sichtung des Korans

Gesamtregister
Literaturverzeichnis

NIKOLAUS VON KUES
corrigenda Bd. I

- p. 12 Z(eile) 4 v(on) u(nten): quod (statt quot)
- p. 14 Z. 2 v.o.: discursu (statt discurso)
- p. 14 Z. 8 v.u.: deficere (statt dificere)
- p. 15 Z. 11 v.u.: was (es) sein kann
- p. 21 Z. 12f v.o.: Wenn der Geometer einen Kreis zieht, ahmt er die Natur nach; (statt Wenn ... nachzuahmen)
- p. 27 Z. 10f v.o.: Was dieses Lichthafte ist, zeigt auf andere Weise der tierische Samen, der eine Teilhabe an diesem Keim ist (statt Das Lichthafte ... Weise)
- p. 27 Z. 19 v.o.: dieser (statt diesen)
- p. 28 Konjektur verfällt
- p. 29 Z. 7/8 v.u.: schließt es einen Widerspruch ein zu sagen, daß die passive Möglichkeit sich selbst zur Wirklichkeit bringt (statt schließt ... bringt)
- p. 29 Z. 1 v.u.: Desgleichen versichert (statt aber)
- p. 37 Z. 6 v.o.: was nur (ohne wir)
- p. 60 Z. 5 v.o.: fieri (statt firei)
- p. 67 Z. 17 v.u.: das Unsterbliche (statt Sterbliche)
- p. 67 Z. 13 bis 11 v.u.: Denn einen Gott, der etwas anderem entgegengesetzt wird, gibt es nicht, da er jedem Unterschied von Gegensätzen vorausgeht (statt Denn da ... entgegengesetzt)
- p. 77 Z. 17 v.u.: Seele (statt Lebewesen)
- p. 86 Z. 7 v.u.: imitantes (statt imitates)
- p. 108 Z. 1 v.o.: figura (statt fingura)
- p. 132 Z. 17 v.u.: notionaliter (statt nationaliter)
- p. 137 Z. 1 v.o.: das bedeutet, Ziel-Sein von allem
- p. 144 Z. 5 bis 8 v.o.: neuer Abschnitt nach utraque; kein Paragraph zwischen existit und Secunda
- p. 145 Z. 17 v.u.: Das Begonnene ohne vorhergehenden Ursprung (statt Das Begonnene ohne vorher Begonnenes)
- p. 154 Z. 12 v.o.: principia (statt principa)
- p. 155 Z. 9 v.o.: letzten (statt äußersten)
- p. 158 Z. 13 v.o.: quae (statt que)
- p. 160 Z. 6 bis 10 v.o.: neuer Abschnitt mit Video; kein Abschnitt zwischen sufficientiae und Et
- p. 166 Z. 8 v.u.: devenitur (statt devinitur)
- p. 189 Z. 5 v.o.: ungeformten (statt umgeformten)
- p. 199 Z. 3f v.o.: Da ich die Wissenschaft des Nichtwis-

sens, die ich für die größte halte, behandeln will (statt Da ich ... will)
p. 211 Z. 4 v.o.: was (sie) sein kann;
p. 215 Z. 3 bis 6 v.u.: daß das schlechthin Größte so notwendig ist, daß es absolute Notwendigkeit ist. Es ist aber bereits gezeigt worden, daß es nur ein schlechthin Größtes geben kann. Darum (statt daß das ... Darum)
p. 229 Z. 21 v.u.: so gibt es neben dem größten Bild (statt so ist ... gegenüber)
p. 291 Z. 13 v.u.: anders (statt anderes)
p. 325 Z. 14 bis 12 v.u.: nicht einsehbar ist, ist auch das Sein-vom-Sein nicht einsehbar; ebensowenig wie das Dasein des Hinzukommenden einsichtig ist (statt nicht einsehbar ... einsichtig)
p. 327 Z. 10 bis 8 v.u.: Denn das Sein des Geschöpfes gibt es nicht vor dem Sein-vom-Sein, so als wäre es dies wie der Spiegel, der (statt Denn das ... Spiegel)
p. 329 Z. 16 v.u.: dieser (statt einer)
p. 355 Z. 18 v.o.: er (statt es)
p. 365 Z. 19 v.u.: eine Unfähigkeit (statt ein Fehler)
p. 365 Z. 17 v.u.: eine Unfähigkeit (statt ein Fehler)
p. 370 Z. 3 v.u.: formam (statt forman)
p. 379 Z. 19 bis 17 v.u.: Die Weltseele besitzt Sein also nur zusammen mit der Möglichkeit, durch die sie verschränkt wird und ist nicht wie der Geist von den Dingen getrennt oder trennbar (statt Die Weltseele ... trennbar)
p. 396 Z. 7 v.o.: condicionibus (statt conditionibus)
p. 439 Z. 14 v.u.: erreichte (statt erreicht)
p. 441 Z. 8 v.u.: der beste (statt das Beste)
p. 513 Z. 1 v.o.: während (statt wenn)
p. 513 Z. 15 v.o.: Auch kann die Kirche auf keine andere Weise mehr eins sein (statt So ... sein)